Flor María Rodríguez-Arenas

Bibliografía
de la
Literatura
Colombiana
del Siglo XIX

Tomo II
M-Z

Rodríguez-Arenas, Flor María
    Bibliografía de la literatura colombiana del siglo XIX :
    Tomo 2 : M-Z -
    1a ed. - Buenos Aires : Stock Cero, 2006.
    v. 2, 508 p. ; 22x15 cm.

    ISBN 987-1136-47-1

    1. Literatura Colombiana. 2. Investigación Literaria. I. Título
    CDD Co860

Copyright © Flor María Rodríguez-Arenas
de esta edición © Stockcero 2006

1º edición: 2006
Stockcero
ISBN-10: 987-1136-47-1
ISBN-13: 978-987-1136-47-6
Libro de Edición Argentina.

Hecho el depósito que prevé la ley 11.723.
Printed in the United States of America.

Ninguna parte de esta publicación, incluido el diseño de la cubierta, puede ser reproducida, almacenada o transmitida en manera alguna ni por ningún medio, ya sea eléctrico, químico, mecánico, óptico, de grabación o de fotocopia, sin permiso previo del editor.

stockcero.com
Viamonte 1592 C1055ABD
Buenos Aires Argentina
54 11 4372 9322
stockcero@stockcero.com

Flor María Rodríguez-Arenas

Bibliografía de la Literatura Colombiana del Siglo XIX

Tomo II
M-Z

Códigos empleados

Para la realización de las entradas bibliográficas se empleó la metodología del Modern Language Association (MLA), así como los siguientes códigos:

[Comp].	=	compilador/a
[Coord].	=	coordinador/a
[Coaut].	=	coautor/a
[Trad].	=	traductor/a
[res.]	=	reseña
[s.l]	=	sin lugar de edición
[s.edit]	=	sin editorial
[s.f]	=	sin fecha de publicación
[s.p]	=	sin número de páginas
[título]	=	obra inédita o cuya mención se conoce, pero que no se ha podido encontrar o consultar para el cotejo de datos

TOMO 1

A	*1*
B	*147*
C	*173*
D	*332*
E	*349*
F	*373*
G	*407*
H	*458*
I	*464*
J	*521*
K	*525*
L	*526*

TOMO 2

M	*1*
N	*51*
O	*89*
P	*125*
Q	*208*
R	*212*
S	*256*
T	*363*
U	*391*
V	*432*
W	*489*
X	*490*
Y	*491*
Z	*492*

M

M. A. C., seudónimo de Miguel Antonio Caro.
MACÍA, RAFAEL E. (1866- ?) (Seud. Remy).
MACÍAS, seudónimo de Carlos Posada.
MACÍAS, seudónimo de José Caicedo Rojas.

MADIEDO, MANUEL MARÍA (Cartagena, 1815- Bogotá, 1888) (Seuds. Cachifo, Cachiporra, Dademio, Damiedo, Deidamo, Lidos, Periquito, Uriel, Venecio, Zurriago). Redactor de: *El Catolicismo*, *La Ilustración* (del cual también fue director desde 1870*)*, *La Imprenta*, *Veteranos de la Libertad*, *Investigador Católico*, *La Voz*, *La Voz de la Patria* y *La Voz del Tolima*. Colaborador de: *El Comercio*(San José de Cúcuta), *La Libertad* (Medellín), *La Matricaria* (Popayán), *La Revista Municipal* (Zipaquirá). En Bogotá: *El Correo de los Estados*, *El Monitor Industrial*, *El Porvenir*, *El Conservador*, *La Alianza*, *La Palabra*, *La Patria*, *La Patria Colombiana* y *La Prensa*. Periodista, escritor, editor y político, filósofo, internacionalista y tratadista de ciencias sociales. Es uno de los ideólogos del partido conservador.

POESÍA:

———. «Alberto Urdaneta». *Papel Periódico Ilustrado* (Bogotá) V.114-116 (abr. 29, 1888): 290.

———. «Al Magdalena». *Colombia Ilustrada* (Bogotá) 15 (ag. 15, 1890): 230-231.

——— *Hojas de Cultura Popular Colombiana* (Bogotá) 20 (ag., 1952): [s.p].

———. «A un ánjel dormido». *Biblioteca de Señoritas* (Bogotá) II.62 (jun. 25, 1859): 43-44.

———. «Dos hijos del pueblo o historia de cincuenta i cuatro años». *El Mosaico* (Bogotá) IV.11 (abr. 8, 1865): 83-84.

———. «El huérfano: al R. P. José Telésforo Paul de la Compañía de Jesús». *El Catolicismo* (Bogotá) 7. 430 (jul. 10, 1860): 436.

———. *El 25 de septiembre; leyenda nacional*. Bogotá: Imprenta de «El Neo-Granadino», 1855. 42p.

———. «Himno». *El Hogar. Periódico dedicado al bello sexo* (Bogotá) I.11 (abr. 4, 1868): 86-87.

———. «La vida». *Biblioteca de Señoritas* (Bogotá) II.61 (18 de junio de 1859): 33.

———. «Literatura: noche-buena. Belén». *El Catolicismo* (Bogotá) 7. 402 (ene. 3, 1860): 10-11.

———. *Mi canto*. Zipaquirá: [s.edit], 1880. 1h.

———. «Nuestra suerte». *Papel Periódico Ilustrado* (Bogotá) I.2 (oct. 1°, 1881); 32.

———. «Obras literarias de Manuel María Madiedo. Muestras: Así se ama». *El Albor Literario, periódico científico, literario i noticioso* (Bogotá) 1 (1846): 156.

———. «Otra vez Antioquia». *El Catolicismo* (Bogotá) 7. 428 (jun. 26, 1860): 402-405.

———. «Poesías». *Antología de la poesía hispanoamericana: Colombia*. Ginés de Albareda y Francisco Garfias. (Eds.). Madrid: Biblioteca Nueva, 1957. [s.p].

———. «Poesías». *Corona poética de la Virgen María: recuerdo del 8 de diciembre de 1872*. Bogotá: Imprenta de «El Tradicionista», 1872. [s.p].

———. *Poesías de Manuel María Madiedo: precedidas de un tratado de métrica*. Bogotá: Imprenta de la Nación, 1859. 508p.

———. «Postrimerías». *Papel Periódico Ilustrado* (Bogotá) IV.83 (ene. 20, 1885): 172-173.

———. «Vida, muerte y esperanza». *El Mosaico* (Bogotá) I.24 (jun. 4, 1859): 187-190.

NOVELA:

———. [El desconocido]

———. «La maldición; novela». *El Mosaico* (Bogotá) I.38 (sept. 24, 1859): 305-307; I.39 (oct. 1°, 1859): 314-316; I.40 (oct. 8, 1859): 323-324; I.44 (nov. 5, 1859): 355-356; I.45 (nov. 12, 363-364; I.49 (nov. 26, 1859): 396; I.50 (dic. 17, 1859): 404; II.2 (ene. 15, 1860): 15-16; II.3 (ene. 22, 1860): 24; II.4 (ene. 29, 1860): 31-32; II.5 (feb. 4, 1860): 40; II.6 (feb. 11, 1860): 47-48.

RELATO:

———. «Anécdotas». *El Mosaico, Álbum Neo-Granadino* (Bogotá) II.38 (sept. 26, 1860): 304.

———. «El boga del Magdalena». *Museo de cuadros de costumbres, variedades y viajes. Biblioteca de «El Mosaico»*. I. Bogotá: Biblioteca del Banco Popular, 1973. 13-22.

———. «El contrabandista». *Museo de cuadros de costumbres i variedades*. Biblioteca de *«El Mosaico»*. II. Bogotá: Foción Mantilla, 1866. 175-182.

———— *Museo de cuadros de costumbres, variedades y viajes. Biblioteca de «El Mosaico»*. I. Bogotá: Biblioteca del Banco Popular, 1973. 309-320.

————. [Coaut]. «Literatura de folletín en el siglo XIX». *Revista Credencial Historia* (Bogotá) 17 (mayo, 1991): 8-11.

————. «Nuestro siglo XIX». *El Mosaico, Álbum Neo-Granadino* (Bogotá) II.38 (sept. 26, 1860): 300-304.

————. *Nuestro siglo XIX. Cuadros nacionales*. Bogotá: Imprenta de Nicolás Pontón y Cª., 1868. 447p.

————. «Viaje a Oriente». *Cuadros de costumbres y descripciones locales de Colombia* Artículos escogidos y publicados por José Joaquín Borda. Librería y Papelería de Francisco García Rico, 1878. 335-243.

———— *Museo de cuadros de costumbres, variedades y viajes*. Biblioteca de «*El Mosaico*». IV. Bogotá: Biblioteca del Banco Popular, 1973. 245-256.

TEATRO:

————. [El Dr. Berenjena (comedia en verso y en tres actos)]

————. [La caída de los Tarquinos (Trajedia en verso en tres actos)]

————. [La niña de la posada (drama en prosa)]

————. [Trajedia de Coroliano (en verso y en cinco actos)]

————. *Tres diablos sueltos: juguete escénico*. Bogotá: Tipografía de Nicolás Pontón i Compañía, 1872. 40p.

————. *Una idea-abismo: drama de la vida íntima*. Bogotá: Nicolás Pontón, 1872. 29p.

————. [Una mujer de las que no se usan (comedia en verso y en tres actos)]

OTROS:

————. «Adán i Eva». *El Hogar. Periódico dedicado al bello sexo* (Bogotá) I.29 (ag. 15, 1868): 229.

————. «Al general Hermógenes Maza». *Papel Periódico Ilustrado* (Bogotá) IV.84 (feb. 5, 1885): 187.

————. «Algo más sobre nuestros males». *El Catolicismo* (Bogotá) 7. 439 (sept.11, 1860): 577-578.

————. «Bolívar». *El Liberal Ilustrado* (Bogotá) 2.964-19 (mayo 2, 1914): 292-293.

————. *Carta a Teodoro Valenzuela contándole el atentado de que fue víctima por parte de un señor Manrique*. Mss. Bogotá: sept., 1869. Colección de manuscritos de la Biblioteca Luis Ángel Arango.

————. «¿Cuál es la verdadera causa de nuestros males?». *El Catolicismo* (Bogotá) 7.436 (ag. 21, 1860): 531-532.

————. *Defensa de Ricardo i Enrique Morales, llamados a juicio por el homicidio del doctor Cornelio Manrique*. Bogotá: Imprenta de Gaitán, 1874. 55p.

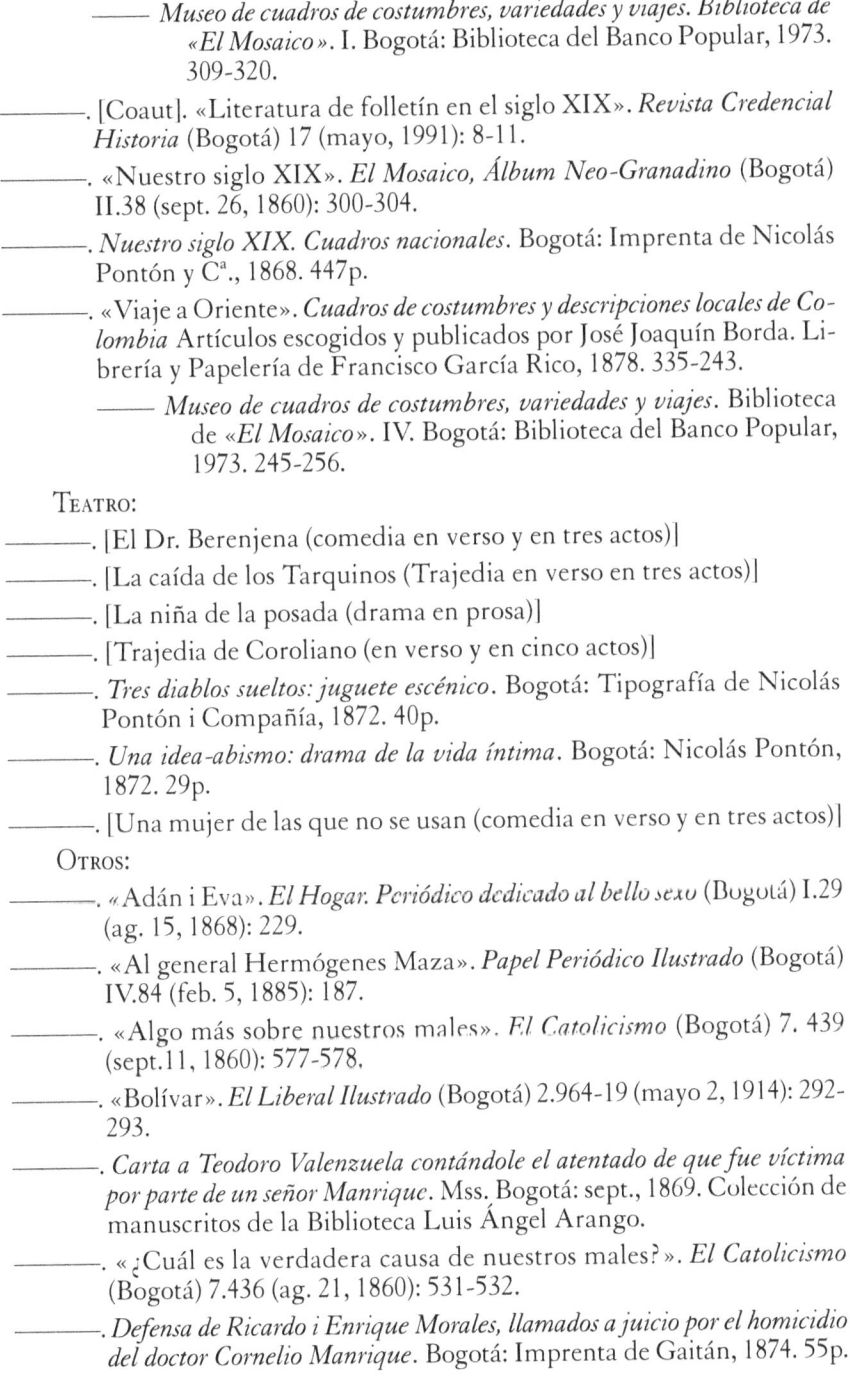

———. *Derecho de jentes*. Bogotá: [s.edit], 1875. 549p.

———. «Destello del arte». *Colombia Ilustrada* (Bogotá) 2 (mayo 1°, 1889): 34-35.

———. *Discursos pronunciados ante el jurado en defensa de los señores Manuel María i Manuel Justino Madiedo, por los señores doctores Francisco E. Álvarez, Teodoro Valenzuela, Juan E. Zamara i Enrique Berbeo*. Bogotá: Imprenta de la Nación, 1865. 35

———. *Ecos de la noche*. Bogotá: Imprenta de Nicolás Pontón i Compañía, 1870. 290p. [Religión; filosofía; política; poesía, etc.]

———. *El arte de probar el alcance de todo el mundo*. Bogotá: Imprenta de Nicolás Pontón i Compañía, 1874. 91p.

———. *El Catolicismo i la libertad: al clero i a todos*. Quito: Huérfanos de V. Valencia, 1863. 15p.

———. (Ed.). *El Catolicismo. Periódico religioso*. Bogotá: Imprenta de Nicolás Pontón i compañía, año [1]-2, trimestre 1-7, no. 1-84; mayo 4, 1868-dic. 15, 1869.

———. «El cristianismo i el Cristo o mi fe relijiosa». *El Catolicismo* (Bogotá) 8.461 (feb. 5, 1861): 82-87.

———. *El dedo en la llaga: quienes son responsables de las guerras civiles i de todos los escándalos i de todos los crímenes i de todas las desgracias de los pueblos de la América española*. Caracas: Imprenta Federal, 1876. 52p.

———. «El General Hermógenes Maza». *Papel Periódico Ilustrado* (Bogotá) 4.84 (feb. 5, 1885): 187.

———. «El lucero de la tarde». *El Hogar. Periódico dedicado al bello sexo* (Bogotá) I.23 (jul. 4, 1868): 178-178.

———. «El Papa i los reyes». *El Catolicismo* (Bogotá) 8.464 (feb. 26, 1861): 140-141.

———. «El señor Madiedo i "El Tiempo"». *El Catolicismo* (Bogotá) 7.426 (jun. 12, 1860): 371-373.

———. «Filosofía de la idea católica: o mi fe relijiosa». *El Catolicismo* (Bogotá) 8. 463 (feb. 19, 1861): 119-124.

———. *Filosofía de la idea católica*. 2ª ed. Bogotá: Imprenta de la Libertad, 1864. 30p.

———. *Hechos graves ejecutados en las comarcas del Arauca por las autoridades militares de la República de Venezuela, en el territorio de los Estados Unidos de Colombia, i contra la vida i propiedades de varios colombianos, durante los años de 1859 a 1863*. Bogotá: Imprenta de El Mosaico, 1864. 23p.

———. *Hombres, flores, armonías*. Bogotá: Imprenta de «La Luz», 1886. 310p.

———. *Ideas fundamentales de los partidos políticos en la Nueva Granada*. Bogotá: Imprenta de El Núcleo Liberal, 1858. 28p.

―――― Bogotá, Colombia: Editorial Incunables, 1983. 37p.

――――. «Inserciones: "El Diario de Avisos" de Caracas». *El Catolicismo* (Bogotá) 7.442 (oct. 2, 1860): 628-629.

――――. «La autoridad». *El Catolicismo* (Bogotá) 7.420 (mayo 1°, 1860): 271-275.

――――. «La ciencia social: a la juventud de mi patria, Dios - el derecho - la justicia i el orden». *El Catolicismo* (Bogotá) 7.447 (nov. 6, 1860): 706-708.

――――. *La ciencia social*. Bogotá: Tipografía de Nicolás Pontón, 1863. 477p.

―――― 2ª ed. Bogotá: Editorial Incunables, 1982. 477p.

――――. «La cuestión relijiosa». *El Catolicismo* (Bogotá) 6.69 (dic. 1°, 1852): 589-592.

――――. «La España». *El Hogar. Periódico dedicado al bello sexo* (Bogotá) I.14 (mayo 2, 1868): 112.

――――. «La oración». *El Hogar. Periódico dedicado al bello sexo* (Bogotá) I.19 (jun. 6, 1868): 147-148.

――――. «La revista». Manuel María Madiedo. *El Mosaico, Álbum Neo-Granadino* (Bogotá) II.38 (sept. 26, 1860): 297.

――――. «Libertad absoluta de la prensa». *El Catolicismo* (Bogotá) 7.427 (jun. 19, 1860): 388-390.

――――. «¿Los gólgotas son cristianos?». *El Catolicismo* (Bogotá) 8.459 (ene. 22, 1861): 50-53.

――――. «Los hombres i las ideas: los liberales i los conservadores». *El Catolicismo* (Bogotá) 7.440 (sept.18, 1860): 589-592.

――――. *Lumbres, flores y armonías*. Bogotá: Imprenta de «La Luz», 1886. 303p.

――――. «Oración fúnebre». *El Hogar. Periódico dedicado al bello sexo* (Bogotá) I.15 (mayo 9, 1868): 117-118.

――――. *Origen del lenguaje*. Bogotá: Imprenta de Medardo Rivas, 1884. 152p.

――――. *Orígenes de los partidos políticos en Colombia. Textos de Manuel María Madiedo, José María Samper y Tomás Cipriano de Mosquera*. Jorge Orlando Melo, selección y prólogo. Bogotá: Instituto Colombiano de Cultura, 1978. 293p.

――――. «Ortografía castellana». *El Hogar. Periódico dedicado al bello sexo* (Bogotá) I.19 (jun. 6, 1868): 151-152. [crítica sobre art. de Borda del mismo nombre en el # 2 de *El Hogar*]

――――. «Pensamiento». *Papel Periódico Ilustrado* (Bogotá) II.46-48 (jul. 24, 1883): 397.

――――. «Portentoso hallazgo». *El Mosaico* (Bogotá) IV.4 (feb. 18, 1865): 27-28.

――――. «Prólogo». *Museo de cuadros de costumbres i variedades*. II. Bogotá: Imprenta a cargo de Foción Mantilla, 1866. [sin numeración]

———. «Prospecto de las obras literarias de un granadino». *El Día* (Bogotá) 356 (mayo 16, 1846): 3-4. [art. descriptivo sobre sus propias obras]

———. «Rasgo biográfico de Antonio María Amézquita». *Defensa del clero español y americano y guía geográfico-religiosa del estado soberano de Cundinamarca*. Bogotá: Imprenta de «La Ilustración», 1882. 551p.

———. *Señor Doctor Manuel Fernández Saavedra*. Bogotá: Nicolás Pontón, 1863. 1h. [Contenido: Pide al Pbro Fernández Saavedra impida con su firmeza, elocuencia y autoridad que algunas personas "tomen la religión por enseña para desplegarla en los campamentos de las luchas políticas i manchar así la mas noble de las causas ..."]

———. «Seudónimos». *Papel Periódico Ilustrado* (Bogotá) IV.74 (sept. 1°, 1884): 23. [Sus propios seudónimos]

———. *Teoría social*. Bogotá: Imprenta de Francisco Torres Amaya, 1856. 42p.

———. *Tratado de crítica jeneral o arte de dirijir el entendimiento en la investigación de la verdad*. Bogotá: Imprenta de Gaitán, 1868. 379p.

———. [Tratado completo de métrica]

———. *Tratado de derecho de jentes, internacional, diplomático i consular*. Bogotá: Tipografía de Nicolás Pontón i Compañía, 1874. 549p.

———. [Tratado de política elemental]

———.*Un bello horizonte o porvenir del Partido Conservador: bosquejo político*. Bogotá: Imprenta de F. Torres Amaya, 1877. 21p.

———. «Un diálogo i nada más». *El Catolicismo* (Bogotá) 7.443 (oct. 9, 1860): 642-644.

———. «Un hecho que aún no se ha contestado». *El Catolicismo* (Bogotá) 7.441 (sept.25, 1860): 608-609.

———. *Un eco de Hahnemann en los Andes*. Bogotá: Tipografía de Nicolás Pontón i Compañía, 1863. 32p.

———. *Una gran revolución: o la razón del hombre juzgada por sí misma*. Caracas: Imprenta de «La Opinión Nacional», 1876. 505p.

———. «Un hecho asombroso». *El Mosaico, Álbum Neo-Granadino* (Bogotá) II.38 (sept. 26, 1860): 297-300.

———. *Una idea abismo. Drama de la vida íntima*. Bogotá: Imprenta de Nicolás Pontón i Compañía, 1872. 29p.

———. *Verdadera defensa del clero: a los prelados católicos de América*. Bogotá: Imprenta de Gaitán, 1866. 15p.

CRÍTICA:

Anónimo. «El señor Manuel María Madiedo». *El Día* (Bogotá) 662 (oct. 24, 1849): 2.

Anónimo. *La teoría política de Manuel María Madiedo, el socialismo en la Nueva Granada*. Bogotá: Colegio Mayor de Nuestra Señora del Rosario, 1989.195p.

Borda, José Joaquín y José María Vergara y Vergara. (Eds.). *La lira granadina: colección de poesías nacionales*. Bogotá: El Mosaico, 1860. 199p.

Díaz Castro, Eugenio. «La variedad de gustos». *El Mosaico* al cual está unida *La Biblioteca de Señoritas* (Bogotá) I.43 (oct. 29, 1859): 348. [crítica sobre «La maldición» de M. M. Madiedo]

——— *Novelas y cuadros de costumbres*. Eugenio Díaz Castro. II. Bogotá: Procultura S. A., 1985. 369-371.

Laverde Amaya, Isidoro. «Dr. Manuel María Madiedo». *El Liberal Ilustrado* (Bogotá) 2.964 (mayo 2, 1914): 289-292.

Múnera, Alfonso. *Ensayos costeños: de la colonia a la república, 1770-1890*. Colombia: Colcultura, 1994. 477p. [contenido: «El informe sobre la provincia de Santa Marta y Río Hacha de 1778»: Antonio de Narváez y la Torre. «El informe a la Junta Suprema de Cartagena de Indias de 1810»: José Ignacio de Pombo. «Meditaciones colombianas»: Juan García del Río. «Los partidos políticos en Colombia»: Manuel María Madiedo. «Ideas fundamentales de los partidos políticos de la Nueva Granada»: Manuel María Madiedo. «Selección de escritos de La reforma política»: Rafael Núñez.]

Ortega Chaparro, José del Carmen. *La teoría política de Manuel María Madiedo, el socialismo en la Nueva Granada*. Tesis (Abogado). Colegio Mayor de Nuestra Señora del Rosario. Facultad de Jurisprudencia, Bogotá, 1989. 195h.

Rodríguez-Arenas, Flor María. «La maldición». *La novela decimonónica colombiana: 1835-1870: estudio, informes 1, 2 e informe final*. Bogotá: Colcultura. Subdirección de Artes, 1995. 3 vols.

MADRE IGNACIA, nombre religioso de Bertilda Samper Acosta.

MALQUÍAS, seudónimo de Eladio Urizarri.

MALDONADO, DOMINGO A. (1810-1886) (Seuds. Casimiro Flórez y/i Cadena, Casimiro Flores y/i Cadena, D. A. M., Dam, José María Cadenas de Flórez, O. O. O).

POESÍA:

———. «Mi patria se achica». *El Mosaico* (Bogotá) 2.24 (jun. 4, 1859): 185. [Firmado: Casimiro Flores y Cadena]

———. «Por una bizca». *El Mosaico* (Bogotá) I.13 (mzo. 19, 1859): 102.

RELATO:

———. «La tijera». *El Duende. Periódico de buen humor, dedicado a los cachacos de ambos sexos* (Bogotá) 17 (ag. 9, 1846): iv-viii.

——— *Museo de cuadros de costumbres i variedades*. Biblioteca de «El Mosaico». II. Bogotá: Imprenta a cargo de Foción Mantilla, 1866. 331-336.

———. «Artículo tomado de *El Duende*». *Museo de cuadros de costumbres, variedades y viajes. Biblioteca de «El Mosaico»*. II. Bogotá: Biblioteca del Banco Popular, 1973. 201-211.

———. «Yugo matrimonial». *El Mosaico* (Bogotá) I.11 (mzo. 5, 1859): 81-82. [Firmado: Casimiro Flores i Cadena]

OTROS:

———. «Carta». *El Duende. Periódico de buen humor, dedicado a los cachacos de ambos sexos* (Bogotá) 28 (oct. 25, 1846): 6.

———. «Mi patria se achica». *El Mosaico* (Bogotá) I.24 (jun. 4, 1859): 185.

CRÍTICA:

Urdaneta, Alberto. *Domingo A. Maldonado* [Material gráfico]. 1 dibujo original: lápiz sobre papel; 30 X 22 cm. Passe partout en cartón arte. [Pertenece al cuaderno de dibujo *Personajes nacionales*]

MALLARINO, JULIO DANIEL (1853- ?) (Seud. Alberto España).

OTROS:

———. «D. José Triana». *Colombia Ilustrada* (Bogotá) 22 (ag. 7, 1891): 338-342.

———. *Informe de la Junta Directiva y del revisor del Banco de Bogotá*. Bogotá: Imprenta de «La Luz», 1890. 18p.

MALLARINO, MANUEL MARÍA (Cali 1808 - Bogotá, 1872) (Seuds. Abancaí, Bembo, Civis, Dulvasio, Fidel, Gama, Instoga, Juancho, Lascario, M. M. M.; Palamijén, Primavera). Estadista y político. Presidente de la República durante el período 1855-1857. Conocido en la historia nacional por su gobierno de paz y conciliación, en los años que siguieron a las guerras civiles.

POESÍA:

———. «A Cipriano». *El Mosaico* (Bogotá) III.16 (abr. 30, 1864): 127. [Firmado: Fidel]

RELATO:

———. «Los parvenidos». *El Mosaico* (Bogotá) I.2 (ene. 1°, 1859): 13-14. [Firmado: Lascario]

OTROS:

———. «Academia de la lengua». *La Caridad* (Bogotá) 2.2 (sept.9, 1865): 17-19.

———. «A Jermán Piñerez». *El Mosaico* (Bogotá) IV.23 (jul. 8, 1865): 183-184. [Firmado: Gama]

———. *Arreglo de las deudas flotante i de tesorería*. Bogotá: Imprenta del Estado, 1856. 16p.

———. «Claridad del estilo». *La Caridad* (Bogotá) 2.36 (mayo 11, 1866): 564-565.

———. «Correspondencia de la Dirección Jeneral de Instrucción Pública». *La Escuela Normal* (Bogotá) 1.20 (mayo 20, 1871): 305.

———. «Correspondencia de la Dirección Jeneral de Instrucción Pública». *La Escuela Normal* (Bogotá) 2.32 (ag. 12, 1871): 498.

———. y J. Miguel Cárdenas. «Correspondencia de la Dirección Jeneral de Instrucción Pública». *La Escuela Normal* (Bogotá) 2.46 (nov. 18, 1871): 737-738.

———. «D. José Triana». *Colombia Ilustrada* (Bogotá) 22 (ag. 7, 1891): 338-342.

———. *Decreto reglamentario del Puerto Franco de Cartajena*. Bogotá: Imprenta del Estado, 1856. 11p.

———. «El libro del estudiante». *La Caridad* (Bogotá) 2.25 (feb. 16, 1866): 394-395.

———. «El señor Miralla». *La Caridad* (Bogotá) 2.16 (dic. 15, 1865): 245-246.

———.Eduardo Espinosa Guzmán, 1896) [s.p].

———. «La Instrucción Pública baja el aspecto económico». *La Escuela Normal* (Bogotá) 1.9 (mzo. 4, 1871): 129-130. [Firmado: M. M. M.]

———. «Lo que cuesta la guerra». *La Caridad* (Bogotá) 1.44 (jul. 28, 1865): 707-708.

———. «Los Parvenidos». *El Mosaico* (Bogotá) 1.2 (ene. 1°, 1859): 13-14. [Firmado: Lascario]

———. *Memoria del Gobernador de Buenaventura a la Cámara provincial en sus sesiones de 1843*. Cali: [s.edit], 1843. 16p.

———. *Oficio dirigido al gobernador de la Provincia de Santa Marta comunicándole la decisión del gobierno facultándolo para que nombre un inspector de bogas*. Mss. Bogotá (nov., 1846) 1 folio. Colección de manuscritos de la Biblioteca Luis Ángel Arango.

———. «Organización de la Instrucción Pública». *La Escuela Normal* (Bogotá) 2.49-51 (dic. 16, 1871): 769-814.

———. «Páginas olvidadas a la muerte de cada paso». *Revista Senderos* (Bogotá) 1 (feb., 1934): 22.

———. «Peso, pesantes». *La Caridad* (Bogotá) 2.33 (abr. 20, 1866): 523-525.

———. «Plural de los apellidos».*La Caridad* (Bogotá) 1.7 (nov. 4, 1864): 49-53. [Firmado: Gama]

———. «Reclamación literaria». *El Mosaico* (Bogotá) III.46 (nov. 31, 1864): 367.

———. «Relajamiento sobre publicación i administración de "*La Escuela Normal*"». *La Escuela Normal* (Bogotá) 1.1 (ene. 7, 1871): 1.

———. «Respeto a la mujer». *La Caridad* (Bogotá) 1.3 (oct. 7, 1864): 36-38.

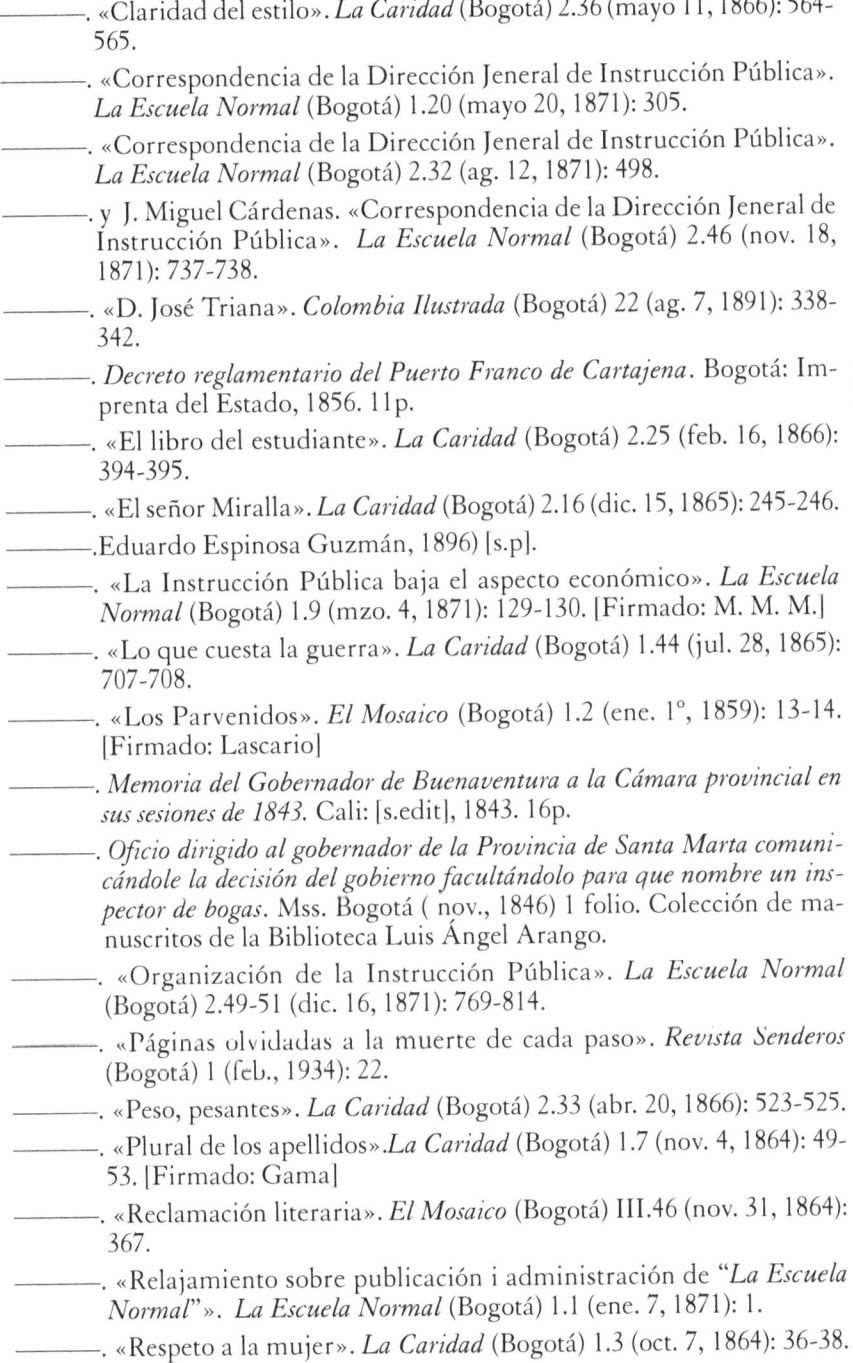

———. «Vicepresidente de Colombia: ejerció el Poder Ejecutivo de 1855 i 1857». *El Gráfico* (Bogotá) 27.173-174 (mzo., 1914): 185.

CRÍTICA:

Archivo Histórico Casa de Moneda. Etapa Directores. *Secretaría de Relaciones Exteriores; 1846 y la Secretaría de Hacienda 1850*. Mss. Santafé de Bogotá, 1846-1850. 1 legajo manuscrito. 2 folios. Colección de manuscritos de la Biblioteca Luis Ángel Arango.

Archivo Histórico Casa de Moneda. Etapa Directores. *Solicitud de un expediente de servicios militares, por parte de la Secretaría de Relaciones Exteriores, a la Comisión Colombiana; jun., 1847*. Mss. Santafé de Bogotá, 1847. 1 legajo manuscrito. 1 folio. Colección de manuscritos de la Biblioteca Luis Ángel Arango.

M

Anónimo. «Cuestiones de nombre y de sentido: paradigma dedicado al Honorable señor Gama». *La Caridad* (Bogotá) 1. 2 (jul. 14, 1865): 657-660.

Anónimo. «Notas gráficas». *El Gráfico* (Bogotá) 17.173-174 (mzo. 7, 1914): 185.

Benjamín, B. Belalcázar. *Conferencia "Instrucción Popular": Dictada en honor del Dr. Manuel María Mallarino en su primer centenario*. Pasto: Editorial Imprenta del Departamento, 1908. 20p.

Coronado Guzmán, César. «El Doctor Manuel María Mallarino». *La Escuela Normal* (Bogotá) 2.53 (ene. 6, 1871): 840.

Escallón, Julián. *Don Manuel M. Mallarino y su obra*. Bogotá: Imprenta de «La República», 1916. 16p.

Gamboa, Octavio. (Ed.). *Prosa del Valle del Cauca*. Manuel María Mallarino. [et al]. Cali: Editorial Pacífico, 1986. 199p. 1h.

López Ocampo, Javier. «Manuel María Mallarino». Biblioteca Virtual del Banco de la República, 2004.

Martínez Delgado, Luis. «Comentarios sobre la administración del Doctor Manuel María Mallarino». *Bolívar* (Bogotá) 37 (mzo., 1955): 370-399.

———. «Manuel María Mallarino». *Apuntes histórico-biográficos*. Bogotá: ABC, 1940. 410p. [contenido: «Apuntes sobre el gran mariscal de Ayacucho y sobre la identidad de sus restos». «Documentos: El señor doctor Sucre y los padres franciscanos». «Juan José Flores; su gran traición». «José María Obando». «El arzobispo Mosquera». «Gabriel García Moreno». «Federico González Suárez». «Manuel María Mallarino». «Rito Antonio Martínez». «Carlos Martínez Silva». «Carlos Holguín». «Luis Martínez Silva». «Apéndice: Alegato del doctor Nicolás Esguerra ante la corte marcial en defensa del doctor Luis Martínez Silva»]

Zuleta, Eduardo. «La guerra de Melo y las administraciones de Obaldía y Mallarino 1854-1857». *Repertorio Histórico* (Medellín) 14.144 (jul.,1939): 268-274.

MANRIQUE, JOSÉ ÁNGEL (Santafé de Bogotá 1777-Cúcuta, 1822).
POESÍA:
―――. *La tocaimada (Poema burlesco)*. Popayán, [s.edit], 1855. 12p.
―――. *San Dionisio de los Caballeros de Tocaima*. Alejandro Carranza. Bogotá: [s.edit], 1941. [s.p].
―――. [La tunjanada] (Poema burlesco).
CRÍTICA:
Anónimo. «Literatos neo-granadinos: el doctor José Ánjel Manrique». *El Mosaico* al cual está unida *La Biblioteca de Señoritas* (Bogotá) II.30 (jul. 1°, 1860): 234-235.
Díaz Díaz, Oswaldo. «El prócer José Ángel Manrique». *Boletín de Historia y Antigüedades* (Bogotá) 48.559-560 (mayo-jun., 1961): 300-312.
Gómez Restrepo, Antonio. «Don José Ángel Manrique». *Historia de la literatura colombiana*. III. Bogotá: Litografía Villegas, 1957. 287-288.

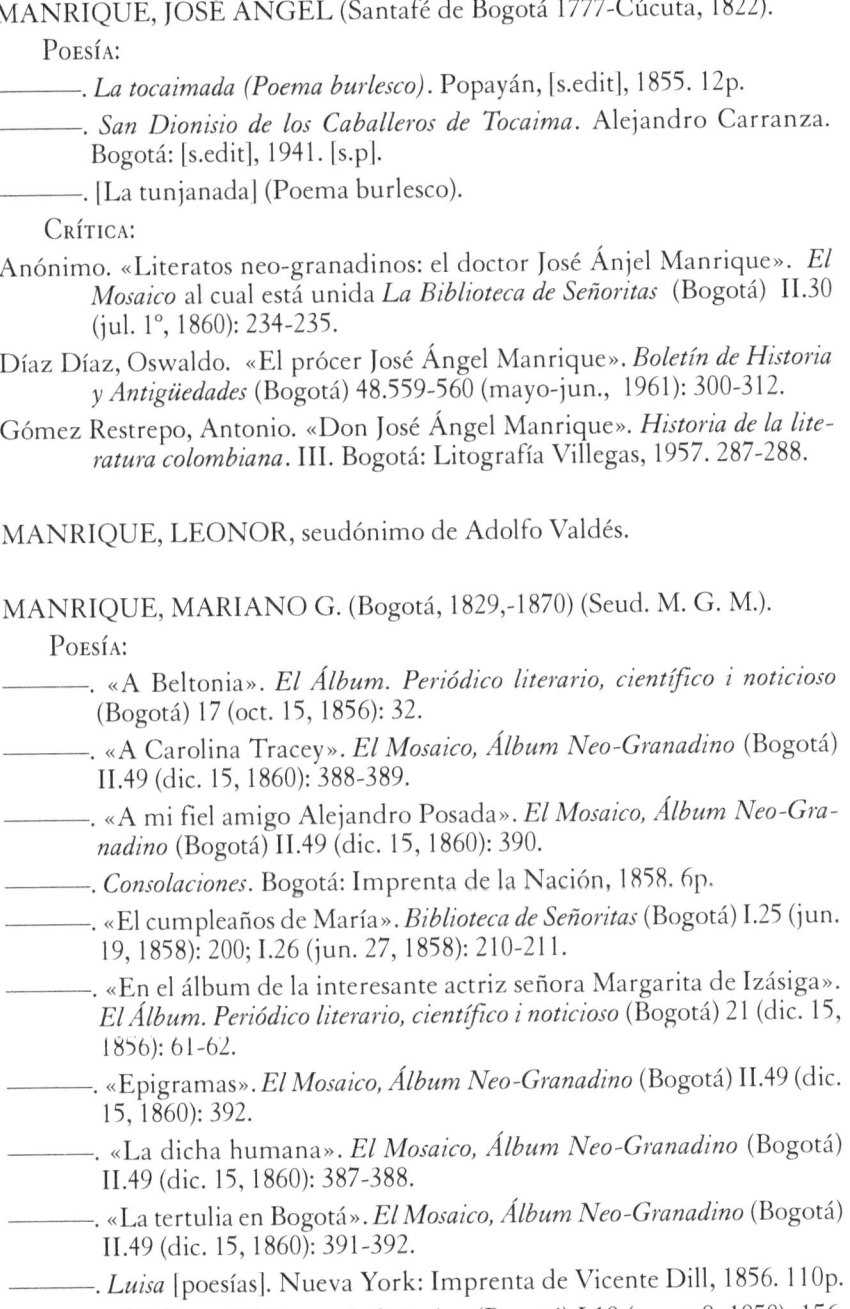

MANRIQUE, LEONOR, seudónimo de Adolfo Valdés.

MANRIQUE, MARIANO G. (Bogotá, 1829,-1870) (Seud. M. G. M.).
POESÍA:
―――. «A Beltonia». *El Álbum. Periódico literario, científico i noticioso* (Bogotá) 17 (oct. 15, 1856): 32.
―――. «A Carolina Tracey». *El Mosaico, Álbum Neo-Granadino* (Bogotá) II.49 (dic. 15, 1860): 388-389.
―――. «A mi fiel amigo Alejandro Posada». *El Mosaico, Álbum Neo-Granadino* (Bogotá) II.49 (dic. 15, 1860): 390.
―――. *Consolaciones*. Bogotá: Imprenta de la Nación, 1858. 6p.
―――. «El cumpleaños de María». *Biblioteca de Señoritas* (Bogotá) I.25 (jun. 19, 1858): 200; I.26 (jun. 27, 1858): 210-211.
―――. «En el álbum de la interesante actriz señora Margarita de Izásiga». *El Álbum. Periódico literario, científico i noticioso* (Bogotá) 21 (dic. 15, 1856): 61-62.
―――. «Epigramas». *El Mosaico, Álbum Neo-Granadino* (Bogotá) II.49 (dic. 15, 1860): 392.
―――. «La dicha humana». *El Mosaico, Álbum Neo-Granadino* (Bogotá) II.49 (dic. 15, 1860): 387-388.
―――. «La tertulia en Bogotá». *El Mosaico, Álbum Neo-Granadino* (Bogotá) II.49 (dic. 15, 1860): 391-392.
―――. *Luisa* [poesías]. Nueva York: Imprenta de Vicente Dill, 1856. 110p.
―――. «Mi flor». *Biblioteca de Señoritas* (Bogotá) I.19 (mayo 8, 1858): 156. [Firmado; M. G. M.]

———. [Ofrendas rústicas]

———. «Lo que puede un pie». *El Mosaico* (Bogotá) II (1860): 385-387.

———. «Palmas i fuentes». *El Mosaico* (Bogotá) II (1860): 389-190.

———. «Tus canarios: a la señorita J. G.». *El Mosaico* al cual está unida *La Biblioteca de Señoritas* (Bogotá) II.12 (mzo. 24, 1860): 92.

———. «Una flor de España». *Biblioteca de Señoritas* (Bogotá) II.62 (25 de junio de 1859): 40.

———. «Un pincel para un retrato». *El Mosaico, Álbum Neo-Granadino* (Bogotá) II.49 (dic. 15, 1860): 391.

———. «Un ramo de flores». *El Mosaico* (Bogotá) II (1860): 390-391.

RELATO:

———. «Apuntes de mi cartera». *El Álbum. Periódico literario, científico i noticioso* (Bogotá) 18 (nov. 1º, 1856): 35; 19 (nov. 15, 1856): 45-46; 20 (dic. 1º, 1856): 53-54; 22 (ene. 8, 1856): 67-68; 24 (feb. 4, 1857): 88.

———. «Ofrendas rústicas: Lo que puede un pie!». *El Mosaico, Álbum Neo-Granadino* (Bogotá) II.49 (dic. 15, 1860): 385-387.

OTROS:

———. [Trad]. «Adiós a Roma». Traducción de la poesía de Casimiro Delavigne. *El Álbum. Periódico literario, científico i noticioso* (Bogotá) 15 (sept. 15, 1856): 11.

———. «Al lector». *El Mosaico, Álbum Neo-Granadino* (Bogotá) II.49 (dic. 15, 1860): 388.

———. «Fernando Caicedo Santamaría». *El Mosaico* (Bogotá) III.23 (jun. 18, 1864): 184.

———. «Palmas i fuentes». *El Mosaico, Álbum Neo-Granadino* (Bogotá) II.49 (dic. 15, 1860): 389.

———. «Un ramo de flores». *El Mosaico, Álbum Neo-Granadino* (Bogotá) II.49 (dic. 15, 1860): 390-391.

CRÍTICA:

Pombo, Rafael. «Cumpleaños. Al señor Mariano G. Manrique». *El Mosaico* (Bogotá) 2.22 (mayo 21, 1859): 70.

MANTILLA [OBREGOSO], DANIEL (1836-1868) (Seud. Abel Karl).

POESÍA:

———. «A ella». *El Mosaico* (Bogotá) III.17 (mayo 7, 1864): 136. [Firmado: Abel Karl]

———. «A Matilde Cavaletti». *El Hogar. Periódico dedicado al bello sexo* (Bogotá) I.4 (feb. 15, 1868): 26. [Firmado: Abel Karl]

———. «En un álbum». *El Mosaico* (Bogotá) III.41 (oct. 26, 1864): 328.

———. «Lágrimas i espinas». *El Mosaico* (Bogotá) III.24 (jun. 25, 1864): 187-188. [Firmado: Abel Karl]

———. «Vivir - llorar». *El Mosaico* (Bogotá) III.46 (nov. 31, 1864): 368. [Firmado: Abel Karl]

NOVELA:

———. «Resignación». *Artículos escogidos*. Bogotá: Imprenta de Echeverría Hermanos, 1879. [s.p].

——— «Resignación». *Novelas Santandereanas del siglo XIX*. I. Gonzalo España, Mario Palencia Silva. Bucaramanga, Colombia: Editorial UNAB, 2001. 45-72.

———. *Una tarde de verano*. París: Imprenta de C. Thunot y Cía., 1860. [s.p].

——— *Novelas Santandereanas del siglo XIX*. I. Gonzalo España, Mario Palencia Silva. Bucaramanga, Colombia: Editorial UNAB, 2001. 21-44.

RELATO:

———. *Artículos escogidos de Abel Karl*. Bogotá: Imprenta de Echeverría Hermanos, 1879. 211p.

OTROS:

———. *Alfonso de Lamartine*. París: E. Thunot, 1861. 64p.

———. «Date obolum». *El Mosaico* (Bogotá) III.47 (ene. 7, 1865): 371-373. [art. Sobre Daniel Cardona poeta cucuteño] [Firmado: Abel Karl]

———. *Las cortesanas*. Socorro: Imprenta del Estado, 1871. 91p.

CRÍTICA:

España, Gonzalo. «La novela Santandereana del siglo XIX». *Novelas Santandereanas del siglo XIX*. I. Gonzalo España, Mario Palencia Silva. Bucaramanga, Colombia: Editorial UNAB, 2001. 7-20.

Palencia Silva, Mario. «Visión de mundo en la novela santandereana del siglo XIX». *Novelas Santandereanas del siglo XIX*. I. Gonzalo España, Mario Palencia Silva. Bucaramanga, Colombia: Editorial UNAB, 2001. 379-408.

Posada, Joaquín P. «A Abel Karl». *El Mosaico* (Bogotá) III.47 (ene. 7, 1865): 370-371.

MANUEL, seudónimo de José Asunción Silva.

MANUEL, seudónimo de Miguel Antonio Caro.

MANUEL IGNACIO, seudónimo de José Asunción Silva.

MARCHIALY, seudónimo de Jorge Isaacs.

MARCOS GIL, seudónimo de José Asunción Silva.

MARÍA, seudónimo de Mercedes Párraga de Quijano.

MARIELA, seudónimo de Mercedes Párraga de Quijano.

MARIUS, seudónimo de Jorge Quijano.

MARQUETANO, seudónimo de Aníbal Galindo.

MÁRQUEZ, ANTONIO JOSÉ (1845-1913) (Seud. Víctor Heim).
RELATO:
———. *Fantasías*. Barranquilla, A. J. Márquez, 1900. 207p.
NOVELA:
———. *En lo silvestre: novela colombiana*. Barranquilla: [s.l]: [s.edit], 19—? 472p.
OTROS:
———. *A la sanción pública*. Barranquilla: Tipografía de Antonio José Márquez, 1906. 30p.
———. *El «algo más» del Dr. Ramón Urueta*. Barranquilla: Tipografía de Antonio José Márquez, 1906. 121, xlixp.
———. *En defensa del derecho: luchar por lo justo es defender los principios sociales*. New York: [s.edit], 1905. 16p.
———. *La crisis pendiente*. Barranquilla: Tipografía de Antonio José Márquez, 1910. 519p.
—— Barranquilla: [s.edit], 1911. 519p.
———. *La lepra y su curabilidad*. New York: E. Pérez, 1881. 48p.
———. (Ed.). *La patria: Revista semanal de política, ciencias, literatura*. Barranquilla: Tipografía de Antonio J. Márquez, 1899. [s.p].
———. *Los insanos moralmente: primera réplica*. Barranquilla: Tipografía Privada de Antonio J. Márquez, 1911. 48p.
———. *Los insanos moralmente: tercera réplica*. Barranquilla: Tipografía Privada de Antonio J. Márquez, 1913. 38p.
———. *Los traficantes en pleitos: primera parte*. Barranquilla: Imprenta de Antonio José Márquez, 1910. 26p.
———. *Razones comprobadas contra calumnias*. Barranquilla: Tipografía de Antonio José Márquez, 1907. 102p.
———. *Saludo a Barranquilla en la celebración de su primer centenario*. [s.l]: Tipografía de A. J. Márquez, 1913. 20p.
CRÍTICA:
Bustillo, Pablo J. *Juicio de reivindicación: alegato de Pablo J. Bustillo, apoderado de una de las demandas, 1914*. Barranquilla: Tipografía Mogollón, 1915. 28p.
Llanos García, Sebastián. *Demanda ordinaria: Sebastián Llanos García contra Antonio J. Márquez, sobre liquidación de la Sociedad Márquez Hermanos, nulidad de un contrato y restitución de cinco casas con sus frutos*. Barranquilla: Imprenta a Vapor del Progreso, 1910? 12p.

MARROQUÍN, ANDRÉS MARÍA (18 ?- ?).

POESÍA:

———. «Al chocolate» (oda) «Doña Teresa Villa». «Los héroes del Santuario». Al Señor Fernando Vergara». *Historia de la literatura colombiana.* III. Antonio Gómez Restrepo. Bogotá: Litografía Villegas, 1957. 305-312.

———. «En noche borrascosa». *Revista Nacional* (Bogotá) 1.4 (ag., 1897): 292-294.

———. «La mazamorra de ceniza». *El Mosaico* (Bogotá) I.17 (abr. 16, 1859): 133-135.

———. «Poesías». *Antología de la poesía hispanoamericana: Colombia.* Ginés de Albareda y Francisco Garfias. (Eds.). Madrid: Biblioteca Nueva, 1957. [s.p].

OTROS:

———. «Hombres distinguidos: Andrés María Marroquín». *La Caridad* Bogotá 2.8 (oct. 20, 1865): 116-121.

CRÍTICA:

Gómez Restrepo, Antonio. «Don Andrés Marroquín». *Historia de la literatura colombiana.* III. Bogotá: Litografía Villegas, 1957. 303-314.

MARROQUÍN, JOSÉ MANUEL (1827-1908) (Seuds. El parlanchín entrometido, Gonzalo González de la Gonzalera, J. M. M.; P. P. de P.; Pero Pérez de/i Perales).

POESÍA:

———. «A Baltazara (soneto)». *El Mosaico* (Bogotá) I.3 (ene. 8, 1859): 22.

———. «A bordo de un difunto». *Biblioteca de Señoritas* (Bogotá) I.8 (feb. 20, 1858): 68. [Firmado: J. M. M.]

———. «A Gaspara». *El Mosaico* (Bogotá) III.46 (nov. 31, 1864): 368.

———. «A Ricardo Carrasquilla». *El Mosaico* (Bogotá) III.6 (feb. 20, 1864): 47-48.

———. «Al sembrar un árbol». *Revista Nacional* (Bogotá) 1.1 (mayo, 1897): 65-66.

———. «Al señor Pascual Cándido Rincón (En su cumpleaños)». *El Mosaico* (Bogotá) I.1 (dic. 24, 1858): 6.

———. «A mi amada». *El Mosaico* (Bogotá) I.6 (ene. 29, 1859): 45.

———. «Balboa». *Papel Periódico Ilustrado* (Bogotá) 1.8 (ene. 15, 1882): 131.

———. «Carta dirijida al señor Pascual Cándido Rincón». *El Mosaico, Álbum Neo-Granadino* (Bogotá) II.37 (sept. 19, 1860): 291-292. [Firmado: J. M. M.]

———. «Chistes de 0,666». *El Mosaico* (Bogotá) III.25 (jul. 2, 1864): 198-199. [Firmado: P. P. de P.]

———. «Diálogo monosilábico». *El Mosaico* (Bogotá) I.8 (feb. 12, 1859): 58.

———. «Dos animalados». *La Caridad ó Correo de las Aldeas* (Bogotá) 4.38 (abr. 8, 1869): 607-608.

———. «El canto del circo». *Papel Periódico Ilustrado* (Bogotá) IV.95 (jul. 24, 1885): 365.

———. «El cerdo i el gorrión (fábula)». *Biblioteca de Señoritas* (Bogotá) I.18 (mayo 1°, 1858): 145. [Firmado: J. M. M.]

———. «El tigre y el conejo». «La perrilla»». *Historia de la literatura colombiana*. José J. Ortega T. Bogotá: Editorial Cromos, 1935. 263-264.

———. «Encierro misterioso». *El Mosaico* (Bogotá) I.13 (mzo. 9, 1859): 101.

———. *En familia. Bocetos. Historia de Yerbabuena*. Bogotá: Editorial Cromos, 1921. 171p.

———. *En familia*. Bogotá: Instituto Caro y Cuervo, 1985. 560p

———. «En noche borrascosa». *Revista Nacional* (Bogotá) 1.4 (ag., 1897): 292-294.

———. «En un álbum». *El Mosaico* (Bogotá) I.18 (abr. 25, 1859): 146.

———. «Epigrama». *El Mosaico al cual está unida La Biblioteca de Señoritas* (Bogotá) II.14 (abr. 7, 1860): 107.

———. «Espediente de suministros». Ricardo Carrasquilla. Medardo Rivas. J. M. Marroquín. *El Mosaico* (Bogotá) III.7 (feb. 27, 1864): 52-53.

———. «Imitación de Delille». *El Mosaico* (Bogotá) III.33 (ag. 27, 1864): 264. [Firmado: J. M. M.]

———. «Júpiter i una sabandija». *El Mosaico, Álbum Neo-Granadino* (Bogotá) II.35 (sept. 5, 1860): 279.

———. «La elección de amigos». *El Mosaico al cual está unida La Biblioteca de Señoritas* (Bogotá) II.23 (jun. 13, 1860): 179-180.

———. «La lechera». *La Caridad* (Bogotá) 1.7 (nov. 4, 1864): 108-109.

———. «La perrilla». *Hojas de Cultura Popular Colombiana* (Bogotá) 31 (jul., 1952. [s.p].

———. «La noche borrascosa: inédito». *El Gráfico* (Bogotá) 16.843 (ag., 1927): 1637.

———. «La serenata». *Papel Periódico Ilustrado* (Bogotá) IV.75 (sept. 21, 1884): 45.

———. «La vida del campo». *El Mosaico* (Bogotá) I.10 (feb. 226, 1859): 74.

———. «Las ruinas de Quito: parodia de la canción de Rioja a las ruinas de Itálica». *La Caridad* (Bogotá) 3.40 (jun. 28, 1867): 631.

———. «Los cazadores i la perrilla». *Biblioteca de Señoritas* (Bogotá) I.2 (ene. 9, 1858): 12. [Firmado: J. M. M.]

——— *La Caridad* (Bogotá) 1. 9 (Nov. 18 1864): 141-142.

———. «Los forros». *Papel Periódico Ilustrado* (Bogotá) I.2 (oct. 1°, 1881): 33.

———. *Ofrendas del ingenio al bazar de los pobres en 1884. Colección de poesías escogidas.* Bogotá: Imprenta de Pizano, [s.f]. 216p.

———. «Opinión de un viejo». *Papel Periódico Ilustrado* (Bogotá) III.65 (mayo 1°, 1884): 266.

———. *Parnaso colombiano.* Bogotá: F. Mantilla, 1867. 3 t. [Contenido: T. 1: Poesías del señor J. M. Marroquín; t. 2: Poesías del señor Gregorio Gutiérrez González; t. 3: Poesías del señor José Caicedo Rojas]

———. «Poesías». *Antología de la poesía hispanoamericana: Colombia.* Ginés de Albareda y Francisco Garfias. (Eds.). Madrid: Biblioteca Nueva, 1957. [s.p].

———. «Poesías». *Poemas de Colombia; antología de la Academia Colombiana.* Prólogo y epílogo de Félix Restrepo S. J. Edición y notas de Carlos López Narváez. Medellín: Editorial Bedout, 1959. [s.p].

———. «Proceso judicial pero poético. Declaración por J. M. Marroquín». *El Mosaico* al cual está unida *La Biblioteca de Señoritas* (Bogotá) II.20 (mayo 23, 1860): 158.

———. «Rectificación». *Papel Periódico Ilustrado* (Bogotá) I.24 (ag. 2, 1882): 397-298.

———. «Serenata». *El Mosaico, Álbum Neo-Granadino* (Bogotá) II.35 (sept. 5, 1860): 276.

———. «Soneto». *El Mosaico* (Bogotá) III.12 (abr. 2, 1864): 96.

———. «Tu nombre». *El Mosaico* (Bogotá) I.6 (ene. 29, 1859): 45.

———. «Un coto». *Biblioteca de Señoritas* (Bogotá) I.11 (mzo. 14, 1858): 88. [Firmado: J. M. M.]

———. «Un nombre». J. M. Marroquín. *El Mosaico* al cual está unida *La Biblioteca de Señoritas* (Bogotá) II.19 (mayo 16, 1860): 150.

———. «Un presajio». *El Mosaico* (Bogotá) I.11 (mzo. 5, 1859): 82-83. [Firmado: J. M. M.]

NOVELA:

———. *Amores y leyes.* Bogotá: G. R. Calderón, 1898. 304p.

———. *Blas Gil.* Bogotá: J. J. Pérez, 1896. 432p.

—— Bogotá: J. J. Pérez, 1897. 432p.

—— Bogotá: Caro y Cuervo, 1973. 394p.

———. *El moro.* Original. Mss. Bogotá, 1800? 403, 10p.

—— Bogotá: Nueva York: D. Appleton, 1897. 298p.

—— Bogotá: Arboleda & Valencia, 1921. 341p.

—— Bogotá: Editorial ABC, 1937. 384p.

—— Bogotá: Ministerio de Educación Nacional, 1938. 164p.

—— Buenos Aires: Editorial Colombia, 1943. 280p.

—— Medellín: Académicas, 1969. 267p.

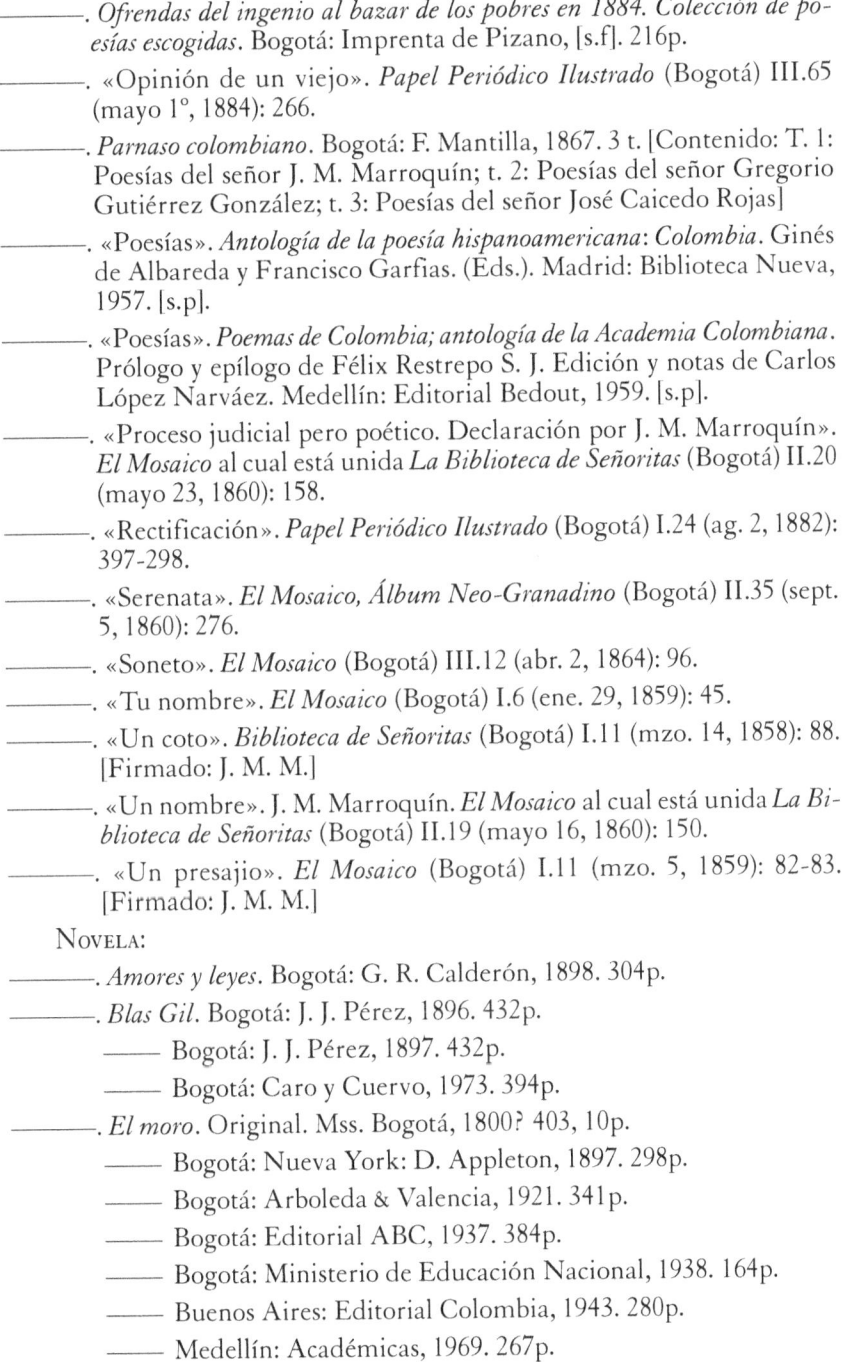

—— Medellín: Editorial Bedout, 19-? 255p.
—— Bogotá: Instituto Caro y Cuervo, 1971. 366p.
—— Bogotá: Círculo de Lectores, 1984. 285p.
—— Bogotá: Editorial La Oveja Negra, 1985. 195p.
—— Medellín: Editorial Bedout, 1985. 255p.
—— Bogotá: Editorial Montaña Mágica, 1987. 254p.
—— Bogotá: Arango Editores; El Áncora Editores, 1988. 314p.
—— Santafé de Bogotá: Panamericana Editorial, 1993. 270p.
—— Medellín: Cometa de Papel, c1997. 262p.
—— Santafé de Bogotá: El Pensador, 1999. 221p.

——. «El moro». *Revista Nacional de Agricultura* (Bogotá) 784 (dic., 1971): 34.36.

——. *Entre primos*. Bogotá: E. Espinosa Guzmán, 1897. 404p.

—— Bogotá: Instituto Caro y Cuervo, 1978. 500p.

RELATO:

——. «Al señor Ricardo Carrasquilla». *Museo de cuadros de costumbres i variedades*. Bogotá: Imprenta a cargo de Foción Mantilla, 1866. 266-268.

——. «Apolinar Perales». *Revista Nacional* (Bogotá) 1.2 (jun., 1897): 128-132.

——. «El azote de Bogotá». *Papel Periódico Ilustrado* (Bogotá) I.20 (jul. 1°, 1882): 315-324.

——. «El humo». *Cuadros de costumbres*. Carlos Nicolás Hernández (ed).. Santafé de Bogotá, Colombia: Panamericana Editorial, 1998. [s.p]. [contenido: «Los pintores de cuadros de costumbres»; «Motivo por el cual»: Juan Francisco Ortiz. «Un domingo en casa»; «Un remiendito»: Ricardo Silva. «El trilladero de El Vínculo»: Eugenio Díaz. «Una docena de pañuelos»: José David Guarín. «La tienda de don Antuco»: José Manuel Groot. «Dos paseos al Salto»: José Caicedo Rojas. «La niña Águeda»: Manuel Pombo. «Las fiestas en mi parroquia»: Rafael Eliseo Santander. «La carrera de mi sobrino»: José Manuel Marroquín. «El humo»: José María Vergara y Vergara. «Mi compadre Facundo»: Emiro Kastos

——. «Contribuciones directas». *Museo de cuadros de costumbres, variedades y viajes. Biblioteca de «El Mosaico»*. I. Bogotá: Biblioteca del Banco Popular, 1973. 23-34.

——. «José Manuel Marroquín». *Cuadros de costumbres: por los mejores cronistas de la época*. Bogotá: Ediciones Colombia, 1925. 158p.

——. «Investigación sobre algunas antigüedades». *El Mosaico* (Bogotá) III.17 (mayo 7, 1864): 129-132. [Firmado: P. P. de P.]

—— *Museo de cuadros de costumbres, variedades y viajes*. Biblioteca de *«El Mosaico»*. III. Bogotá: Biblioteca del Banco Popular, 1973. 183-194.

———. «La carrera de mi sobrino». *El Mosaico* (Bogotá) III.14 (abr. 16, 1864): 108-112. [Firmado: : P. P. de P.]

——— *Museo de cuadros de costumbres i variedades*. Biblioteca de «*El Mosaico*». II. Bogotá: Imprenta a cargo de Foción Mantilla, 1866. 308-315.

———. *Revista Pan* (Bogotá) 35 (dic., 1939): 14.2

——— *Museo de cuadros de costumbres, variedades y viajes. Biblioteca de «El Mosaico»*. II. Bogotá: Biblioteca del Banco Popular, 1973. 159-170.

——— *Cuadros de costumbres*. Santafé de Bogotá: Panamericana Editorial, 1998. 195-216.

———. «La casa de don Bernabé». «La noche en tierra caliente». «Los niños». *Historia de la literatura colombiana*. José J. Ortega T. Bogotá: Editorial Cromos, 1935. 258-266.

———. «Las coronas». *El Mosaico* (Bogotá) III.18 (mayo 14, 1864): 141-142. [Firmado: P. P. de P.]

——— *Cuadros de costumbres y descripciones locales de Colombia* Artículos escogidos y publicados por José Joaquín Borda. Librería y Papelería de Francisco García Rico, 1878. 256-259.

——— *Museo de cuadros de costumbres, variedades y viajes*. Biblioteca de «*El Mosaico*». IV. Bogotá: Biblioteca del Banco Popular, 1973. 133-138.

———. «Las vasijas y los vanidosos». *Papel Periódico Ilustrado* (Bogotá) II.33 (ene. 31, 1883): 139.

———. «Los mendigos i los dolientes». *El Mosaico* (Bogotá) III.20 (mayo 28, 1864): 155-157. [Firmado: P. P. de P.]

———. «Mi tintero». *El Mosaico* (Bogotá) 3.27 (jul. 16, 1864): 213-215. [Firmado: P. P. de P]

———. «Mis aguinaldos». *El Mosaico* (Bogotá) I.2 (ene. 1°, 1859): 9-11. [Firmado: Pero Pérez i Perales]

———. «Mis confidencias». *El Mosaico* (Bogotá) III.23 (jun. 18, 1864): 180-183. [Firmado: P. P. de P.]

———. *Nada nuevo: historias, cuentos y otros escritos viejos*. Bogotá: Imprenta de «La Luz», 1908. 288p.

———. «Penitencia». *Museo de cuadros de costumbres i variedades*. Biblioteca de «*El Mosaico*». II. Bogotá: Imprenta a cargo de Foción Mantilla, 1866. 182-185.

——— *Museo de cuadros de costumbres, variedades y viajes. Biblioteca de «El Mosaico»*. I. Bogotá: Biblioteca del Banco Popular, 1973. 321-328.

———. «Polvos... y lodos». *Revista Nacional* (Bogotá) 1.5 (sept., 1897): 323-336.

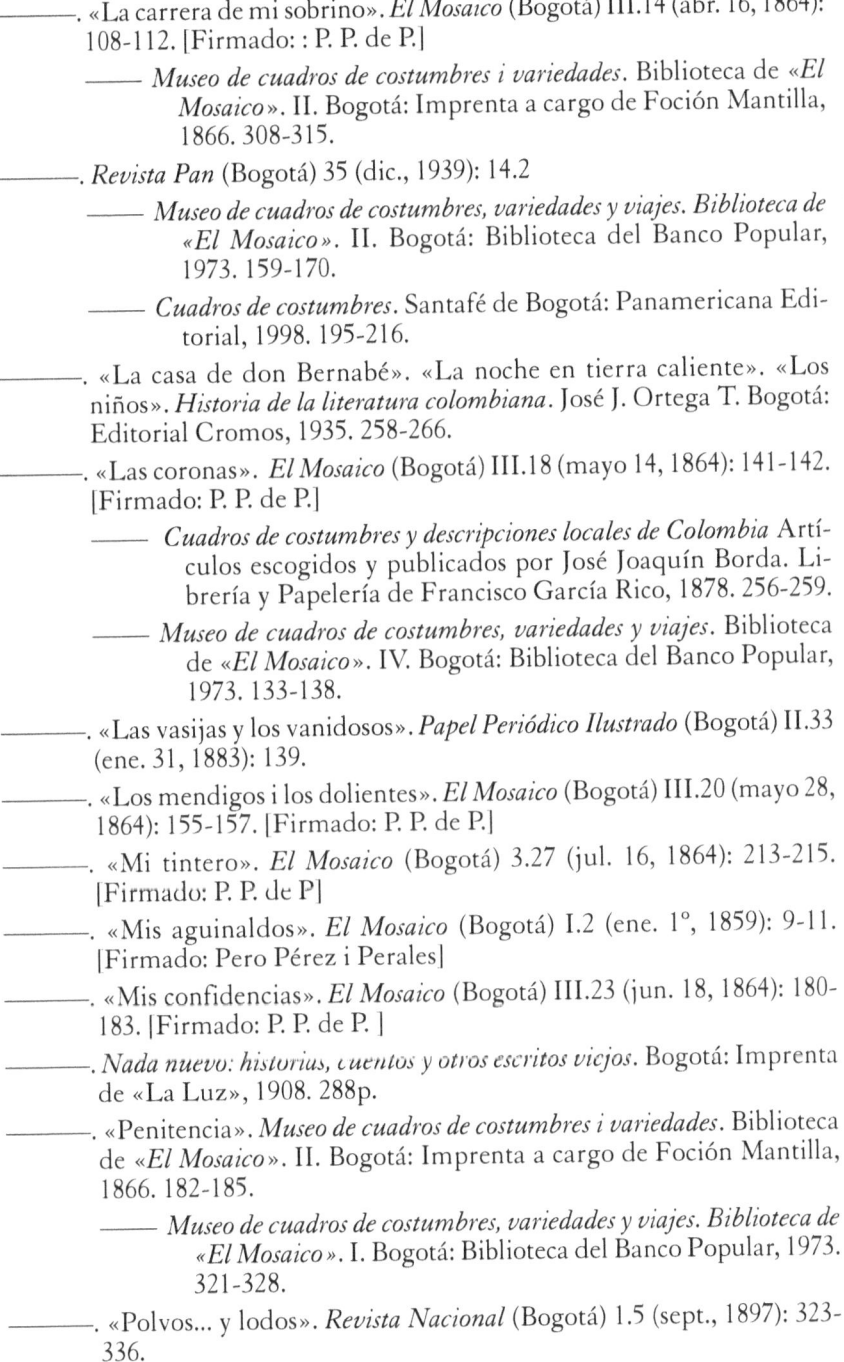

———. «¡Quién es el más feliz de los mortales!». *El Mosaico* (Bogotá) III.16 (abr. 30, 1864): 124-127. [Firmado: P. P. de P.]

——— «¿Quién es el más feliz de los mortales?». *Museo de cuadros de costumbres, variedades y viajes. Biblioteca de «El Mosaico».* II. Bogotá: Biblioteca del Banco Popular, 1973. 331-338.

———. «Recojida de caballos en la corraleja de *El Mosaico*». *El Mosaico* (Bogotá) III.33 (ag. 27, 1864): 257-258. [Firmado: P. P. de P.]

———. «Vamos a misa al pueblo». *El Mosaico, Álbum Neo-Granadino* (Bogotá) II.35 (sept. 5, 1860): 277-279.

——— *Museo de cuadros de costumbres i variedades.* Biblioteca de *«El Mosaico».* II. Bogotá: Imprenta a cargo de Foción Mantilla, 1866. 360-366.

——— *Museo de cuadros de costumbres, variedades y viajes. Biblioteca de «El Mosaico».* II. Bogotá: Biblioteca del Banco Popular, 1973. 235-246.

———. «Una excursión por el Valle del Cauca». *Cuadros de costumbres.* Eugenio Díaz [et. al]. Prólogo de Rafael Maya. Cali: Carvajal y Compañía, 1969. [s.p].

———. «Una rosa». *El Mosaico, Álbum Neo-Granadino* (Bogotá) II.37 (sept. 19, 1860): 290-291. [Firmado: J. M. M.]

TEATRO:

———. *El elixir de la juventud* (zarzuela). Mss. Letra de José Manuel Marroquín. 19-? 9h. Colección de manuscritos de la Biblioteca Luis Ángel Arango.

———. *Elixir de la juventud.* Música: zarzuela en dos actos. [s.f]. 1 partitura manuscrita. 28p. Colección de manuscritos de la Biblioteca Luis Ángel Arango.

——— (zarzuela en dos actos) Bogotá: Ediciones de la Idea, 1900. 23p.

———. «La disparidad de cultos. Drama en cinco actos i en prosa». *El Mosaico* (Bogotá) III.42 (nov. 3, 1864): 329-332.

——— *Teatro colombiano: siglo XIX: de costumbres y comedias.* Selección y notas Carlos Nicolás Hernández. Bogotá: Tres Culturas Editores, 1989. 269-295.

———. «Penitencia». *El Mosaico* (Bogotá) 1.9 (feb. 19, 1859): 67-68. [Firmado: Pero Pérez de Perales]

———. «Un recurso dramático». *Revista Nacional* (Bogotá) 1.5 (sept., 1897): 430-439.

OTROS:

———. «A latter day novel». *El Repertorio Colombiano* (Bogotá) II.10 (abr., 1879): 255-260.

———. «Alberto Urdaneta». *Papel Periódico Ilustrado* (Bogotá) V.114-116 (mayo 1°, 1888): 298-299.

———. «Alocución al director de la Academia Colombiana». *El Repertorio Colombiano* (Bogotá) VII.42 (dic., 1881): 401-403.

———. «Al señor Bernardo Tequendama». *La Caridad* (Bogotá) 1.32 (mayo 5, 1865): 507-508.

———. «Al señor Ricardo Carrasquilla». *El Mosaico, Álbum Neo-Granadino* (Bogotá) II.35 (sept. 5, 1860): 274-276.

———. «Apuntamientos sobre Ricardo Carrasquilla». *El Gráfico* (Bogotá) .16.845 (ag., 1927): 1730-1732.

———. «Arar en el mar (modismos)». *Revista del Colegio Mayor de Nuestra Señora del Rosario* (Bogotá) 2.12 (mzo., 1906): 108.

———. *Artículos literarios*. Bogotá: Librería Santa Fe, 1920. 2 vols.

———. «Biografía de don Francisco Antonio Moreno». *El Mosaico* (Bogotá) IV.7 (mzo. 11, 1865): 49-52; IV.8 (mzo. 18, 1865): 57-59.

———. «Carta a don José Antonio Soffia». *El Repertorio Colombiano* (Bogotá) X.1 (sept., 1883): 96.

———. *Cartas de los señores, J. de D. Ulloa, Manuel Carvajal V., Ignacio Palau y José Manuel Marroquín, sobre Directorio Nacionalista Departamental*. Cali, [s.edit], 1902. 15p.

———. «Concurso conmemorativo del cuarto centenario de la llegada de los dominicos a Colombia». *Boletín de Historia y Antigüedades* (Bogotá) 18.211 (jul., 1930): 554-556.

———. *Contestación dada a un memorial por el Vicepresidente de la República*. Bogotá: Imprenta Nacional, 1902. 20p.

———. «Contestación». *Papel Periódico Ilustrado* (Bogotá) III.63 (abr. 15, 1884): 242.

———. «Contribuciones directas». *Biblioteca de Señoritas* (Bogotá) II.60 (jun. 11, 1859): 22-26. [Firmado: Pero Pérez de Perales]

——— *Museo de cuadros de costumbres i variedades»*. II. Bogotá: Imprenta a cargo de Foción Mantilla, 1866. 7-14.

———. «Cuasi-estudio literario». *Papel Periódico Ilustrado* (Bogotá) IV.83 (ene. 20, 1885): 178-179.

———. *Cuentas alegres y cuentos tristes*. Bogotá: Librería Nueva, Jorge Roa Editor, [s.f]. 259.

———. «D. José Manuel Restrepo». *Papel Periódico Ilustrado* (Bogotá) I.7 (ene. 1°, 1882): 102-107.

———. «De la neografía en América y particularmente en Colombia». *El Repertorio Colombiano* (Bogotá) II.12 (jun., 1879): 403-425.

———. *Diccionario ortográfico: o catálogo de las voces castellanas cuya ortografía puede ofrecer dificultad*. Bogotá: Imprenta a cargo de Foción Mantilla, 1867. 158p.

——— 2ª ed. Bogotá: Imprenta de Echeverría Hermanos, 1873. 151p.

—— Bogotá: Librería Colombiana Camacho Roldán & Tamayo, 1917. 156p.

—— París; México: Librería de la Vda. de Ch. Bouret, 1920. 160p.

—— Bogotá: Presencia, 1930? 149p.

——. 27ª ed. enmendada, aumentada y corregida con un prontuario de sinónimos usuales. Bogotá: Librería y Papelería El Mensajero, 1956. 278p.

—— México: Editorial Pax-México: Librería Cesarman, 1987. 182p.

——. «Dios: a Celta». *La Caridad* (Bogotá) 2.4 (sept.22, 1865): 53-56.

——. «Discurso». *El Repertorio Colombiano* (Bogotá) XI.12 (ag., 1884): 446-451.

——. «Discurso leído por el señor D. José Manuel Marroquín en sesión del día 6 de agosto de 1879 de la Academia Colombiana». *El Repertorio Colombiano* (Bogotá) 14 (ag., 1879): 114-129.

——. «Discurso [...] en contestación al señor Samper». *El Repertorio Colombiano* (Bogotá) XII.1 (sept., 1886): 82-93.

——. «Discurso [...] leído en la Academia Colombiana». III.14 (ag., 1879): 117-129.

——. *Discurso pronunciado por el Presidente de la Academia Colombiana de Historia José Manuel Marroquín en la sesión solemne del 1º de agosto de 1929, celebrada para glorificar la memoria del historiador dominico Fr. Alonso de Zamora, colocando su retrato en el sala de la Academia*. Bogotá: Imprenta de Cromos, 1929. 15p.

——. *Discursos académicos y otros escritos sobre filología y corrección del lenguaje*. Bogotá: Santafé, 1929. 255p.

——. *Don José Manuel Marroquín íntimo*. Bogotá: Arboleda & Valencia, 1915. 520p.

——. *Dos farsantes más: Trata de los escritos en el periodico titulado: Papel Periódico contra José Manuel Marroquín por dos ingratos*. [s.p.i]. 1h.

——. «El doctor Francisco Margallo». *El Repertorio Colombiano* (Bogotá) VIII.46 (abr., 1882): 304-318.

——. «El ganso y su dueño». *La Caridad* (Bogotá) 2.41 (jun. 15, 1866): 649-650.

——. «Elogio del Académico de número señor canónigo José Alejandro Bermúdez». *Boletín de Historia y Antigüedades* (Bogotá) 25.282 (abr., 1938): 193-200.

——. «El museo de cuadros de costumbres». *La Caridad* (Bogotá) 3.1 (ag. 10, 1866): 3-6.

——. «El primer obispo de tierra firme, Fray Juan de Quevedo». *Santafé y Bogotá* (Bogotá) 1. 13 (ene., 1924): 1-8.

——. «El puente del Común y sus inmediaciones». *Papel Periódico Ilustrado* (Bogotá) II.44 (jul. 15, 1883): 316-320, 322.

───── *Hojas de Cultura Popular Colombiana* 26 (feb., 1953): [s.p].
─────. *Escritos históricos*. Bogotá: Biblioteca Banco Popular, 1982. 374p.
─────. *Escritos inéditos*. Bogotá: Imprenta del Corazón de Jesús, 1927. 56p.
─────. *Escritos varios*. Bogotá: Editorial Minerva, 1933. 265p.
─────. *Estudio sobre los verbos irregulares castellanos*. Barcelona: L. Tasso, 1877. 46p.
─────. y José María Vergara y Vergara. «Exámenes en el Colejio de Pérez». *El Mosaico, Álbum Neo-Granadino* (Bogotá) II.46 (nov. 24, 1860): 361-362. [Firmado: J. M. M. J. M. V. i V.]
─────. «Exhumaciones de una gaveta». *Revista Literaria* (Bogotá) I (1890): 158-169.
─────. «Francisco Antonio Moreno y Escandón». *Papel Periódico Ilustrado* (Bogotá) IV.89 (abr. 15, 1885): 266-272.
─────. *Historiadores de América*. Bogotá: Ministerio de Educación Nacional, 1948. 23p.
─────. «Informe sobre la candidatura del Reverendo padre Constantino Bayle». *Boletín de Historia y Antigüedades* (Bogotá) 18.207 (mzo., 1930): 195.
─────. «Investigaciones sobre algunas antigüedades». *Hojas de Cultura Popular Colombiana* (Bogotá) 30 (feb., 1954): [s.p].
─────. «José Antonio Soffía». *Papel Periódico Ilustrado* (Bogotá) III.69 (jun. 25, 1884): 330-331.
─────. «La carrera de mi sobrino». *Revista Pan* (Bogotá) 35 (dic., 1939): 14.
─────. «Lápida conmemorativa de la junta de festejos de 1929 en el campo de Boyacá». *Boletín de Historia y Antigüedades* (Bogotá) 18.205 (ene., 1930): 34-36.
─────. «Las coronas. Conversación en dos cuadros». *El Mosaico* (Bogotá) 3.18 (mayo 14, 1864): 141-142. [Firmado: P. P. de P.]
─────. *Lecciones elementales de retórica y poética*. Bogotá: Imprenta de «La Luz», 1889. 114p.
───── Bogotá: Imprenta de «La Luz», 1893. 126p.
─────. *Lecciones de métrica*. Bogotá: Imprenta de Medardo Rivas, 1888. 70p.
─────. *Lecciones de urbanidad: acomodadas a las costumbres colombianas*. 4ª ed. aumentada y corregida. Bogotá: Imprenta Eléctrica, 1911. 80p.
─────. «Los cristos de la Veracruz». *Papel Periódico Ilustrado* (Bogotá) IV.88 (abr. 1°, 1885): 250-251.
───── *Hojas de Cultura Popular Colombiana* (Bogotá) 28 (abr., 1953): [s.p].
─────. *Los Gutiérrez*. Bogotá: Imprenta de Medardo Rivas, 1896. 40p.[Genealogía]

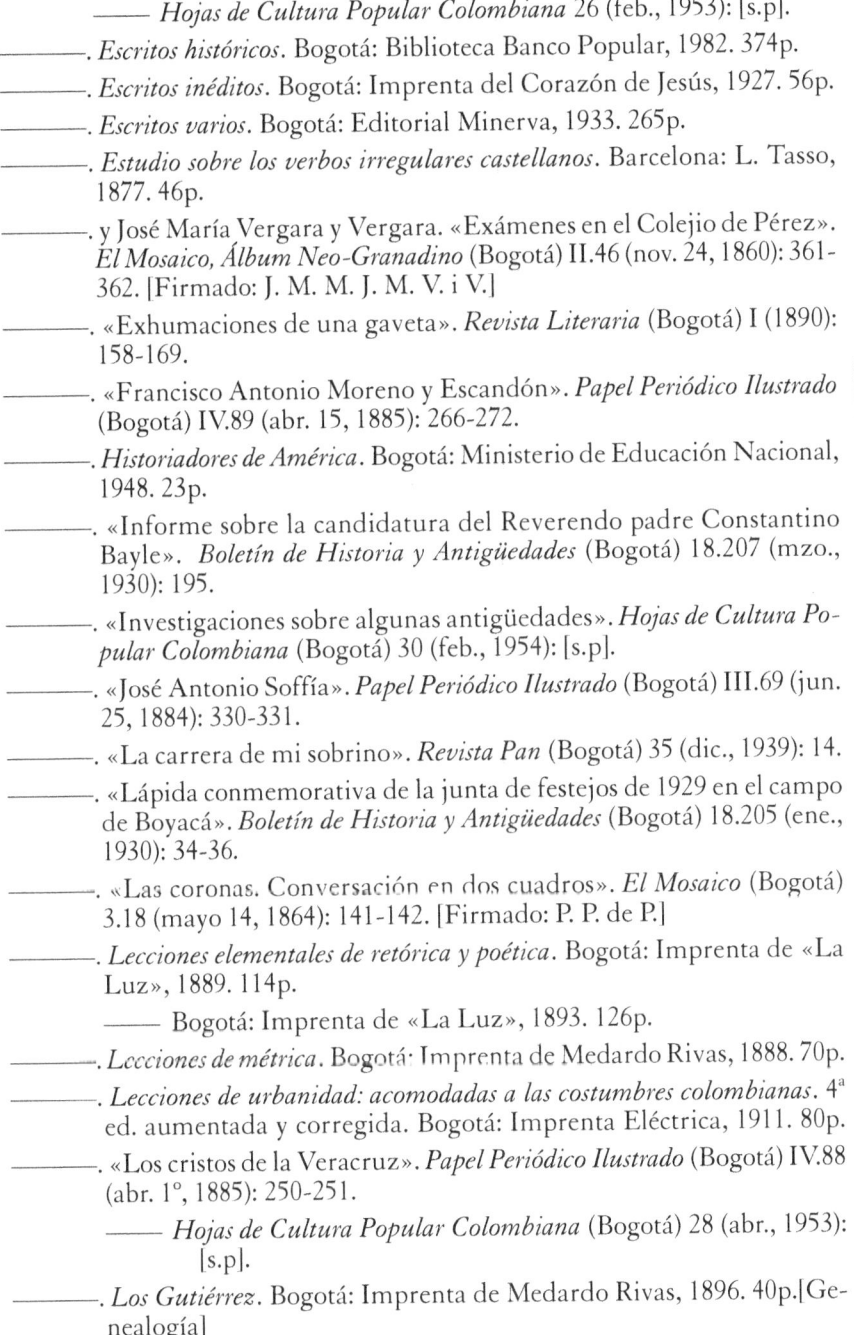

———. «Los oradores». *La Caridad* (Bogotá) 2.9 (oct. 27, 1865): 132-135.

———. «Los nombres de pila». *Boletín de la Academia Colombiana* (Bogotá) 23.99 (ag.-sept., 1973): 360-371.

———. «Más sobre los últimos ajusticiados». *Papel Periódico Ilustrado* (Bogotá) IV.84 (feb. 5, 1885): 191, 194.

———. *Memoria del presidente y discurso del Dr. José Manuel Marroquín, leídos en la sesión solemne celebrada el 21 de julio de 1889*. Bogotá: Imprenta de M. Rivas y Compañía, 1889. 31p.

———. *Memoria del presidente y discurso del socio Cesar Medina, leídos en la sesión solemne celebrada el día 26 de julio de 1891*. Bogotá: Imprenta de Antonio María Silvestre, 1891. 26p.

———. *Memoria del presidente y discurso del socio José Joaquín Ortiz, leídos en la sesión solemne celebrada el día 24 de julio de 1881*. Bogotá: Imprenta de Medardo Rivas, 1881. 25p.

———. *Memoria del Presidente y discurso del socio José Manuel Marroquín: leídos en la sesión solemne celebrada el día 27 de julio de 1879*. Bogotá: Imprenta de Echeverría Hermanos, 1879. 18p. [Sociedad de San Vicente de Paúl]

———. *Memoria del presidente y discurso del socio José Manuel Marroquín, leídos en la sesión solemne celebrada el día 21 de julio de 1895*. Bogotá: Imprenta de Antonio María Silvestre, 1895. 35p.

———. *Memoria del presidente y discurso del socio Luis Martínez Silva, leídos en la sesión solemne celebrada el 24 de julio de 1887*. Bogotá: Imprenta de Silvestre y Compañía, 1887. 20p.

———. *Nada nuevo. Historia, cuento y otros viejos*. Bogotá: Imprenta de «La Luz»., 1908. 288p.

———. *Nuevo diccionario ortográfico de voces castellanas*. Bogotá: Editorial Voluntad, 1969. 243p.

———. *Obras escogidas en prosa y verso*. Bogotá: Imprenta y Librería de «El Tradicionalista», 1875. 254p.

———. *Oficio al Gobernador del Depto. del Magdalena sobre los alumnos de ese departamento en el Colegio Mayor de Nuestra Señora del Rosario; Carta desde la Presidencia de la República al Sr. Luis Carlos Rico, sobre nombramiento del Dr. Aurelio Mutis para Cónsul de Colombia en Bruselas*. Mss. Bogotá, noviembre, 1890. 2 folios. Colección de manuscritos de la Biblioteca Luis Ángel Arango.

———. y Ricardo Carrasquilla. *Ofrendas del ingenio; Al bazar de los pobres en 1884: Colección de poesías escogidas*. Bogotá: Imprenta de Pizano, 1884. 216p.

———. «Oración conmemorativa». *Santafé y Bogotá* (Bogotá) 5.54 (jun., 1927): 253-259.

———. *Oradores sagrados*. Bogotá: Editorial Minerva, 1937. 281p.

———. *Oradores sagrados de la Generación del centenario*. José Manuel Marroquín, José Alejandro Bermúdez y Félix Restrepo.
  ——— Bogotá: Ministerio de Educación Nacional, 1936. 187p.
  ——— Bogotá: Editorial Minerva, 1937. 281p.
———. «Poesías de José Joaquín Ortiz». *El Repertorio Colombiano* (Bogotá) 28 (oct.,1880): 225-235.
———. «Prólogo». *Escenas de la gleba*. Fermín de Pimentel y Vargas. Bogotá: Librería Nueva, 1899. [s.p].
———. «Prólogo». *Poemas y poesías de J. A. Soffía*. Londres: Publicado por Juan M. Fonnegra, 1885. [s.p].
———. «Prólogo». *Reminiscencias de D. Juan Francisco Ortiz: opúsculo autobiográfico, 1808 á 1861*. Bogotá: Librería Americana, 1907. 318p.
  ——— Bogotá: Librería Americana, 1914. [s.p]
  ——— Bogotá: Ministerio de Educación Nacional, 1946. [s.p].
———. «Prólogo» *Santafé y Bogotá*. José María Cordovez Moure. 5ª ed. Bogotá: Librería Americana, 1912. [s.p].
———. «Recogida de caballos. En la Corraleja de "*El Mosaico*"». *El Mosaico* (Bogotá) 3.33 (ag. 27, 1864): 257-259. [Formado: P. P. de P.]
———. «Relaciones hispano-americanas». *Santafé y Bogotá* (Bogotá) 2.22 (oct., 1924): 217-220.
———. *Retórica y poética*. Bogotá: Editorial Minerva, 1935. 159p.
———. «Revolviendo papeles». *Santafé y Bogotá* (Bogotá) 4.47 (nov., 1926): 269-271.
———. «Revolución de Papeles». *Santafé y Bogotá* (Bogotá) 4. 47 (nov., 1926): 200-203.
———. *Renuncia de dos ministros y contestación del Vicepresidente de la República*. Bogotá: Imprenta Nacional, 1903. [Carece de paginación]
———. «Respuesta al señor José M. Izaguirre». *El Repertorio Colombiano* (Bogotá) XI.12 (ag., 1884): 455-457.
———. *Retórica y poética*. 3ª ed. Bogotá: Ministerio de Educación Nacional, 1935. 159p.
———. «Revista». *El Mosaico, Álbum Neo-Granadino* (Bogotá) II.35 (sept. 5, 1860): 273-274.
———. «Sección de cuñas». *El Mosaico, Álbum Neo-Granadino* (Bogotá) II.35 (sept. 5, 1860): 279-280.
———. «Seudónimos». *Papel Periódico Ilustrado* (Bogotá) IV.74 (sept. 1º, 1884): 21-23.
———. *Tratado completo de ortografía castellana*. Bogotá: Imprenta del Estado de Cundinamarca, 1862. 136p.
  ——— 4ª ed., en la que se hallan nuevas e importantes reformas i adiciones. Bogotá: Imprenta de Gaitán, 1866. 128p.

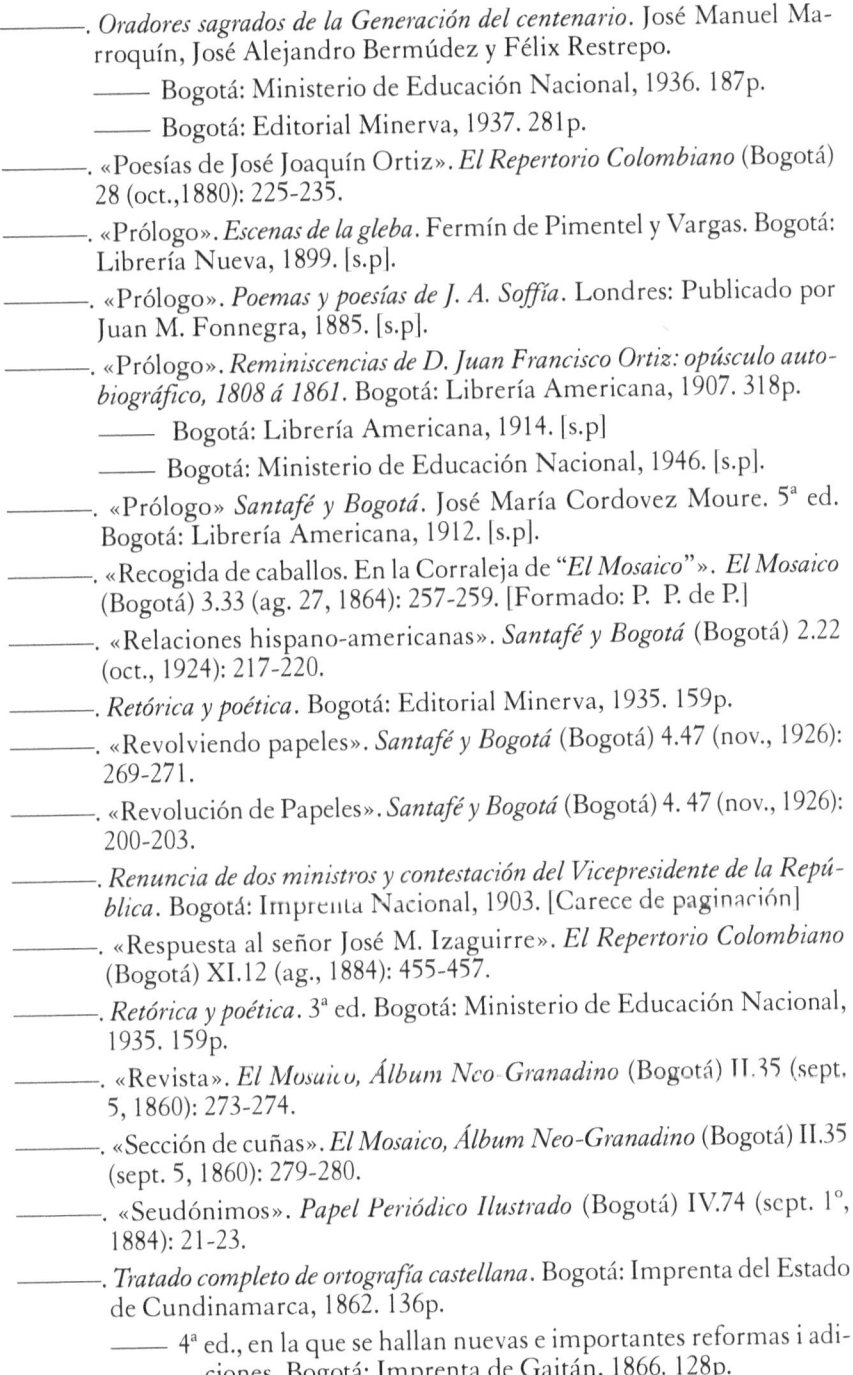

—— Chicago, New York: D. Appleton, 1914. 182p.

—— Bogotá: Librería y Papelería de «El Mensajero», 1939. 199p.

—— Bogotá: Academia Colombiana de la Lengua, 1973. 206p.

———. «Tratado de ortografía». *Biblioteca de Señoritas* (Bogotá) II.54 (30 de abril de 1859): 136.

———. *Tratado de ortología y ortografía de la lengua castellana*. New York: D. Appleton y Cía., 1890. 167p.

—— Bogotá: Librería Americana, 1885. 167p.

—— Nueva ed. revisada, corregida y aumentada por el autor en 1908. Bogotá: Librería Americana, 1908. 184p.

—— Nueva edición revisada y aumentada por D. Miguel de Toro y Gómez. París: Casa Editorial Garnier Hermanos, [s.f]. 168p.

—— Bogotá: Librería y Papelería de «El Mensajero», 1939. 199p.

—— *Novísima edición, corregida de acuerdo con las reformas introducidas por la Academia Españosla*. Bogotá: Librería y Papelería de «El Mensajero», 1945. 222p.

—— Bogotá: Academia Colombiana de la Lengua, 1973. 206p.

—— Bogotá: Temis, 1980. 193p.

—— Bogotá: Academia Colombiana de la Lengua, 1980. 191p.

—— Bogotá: Academia Colombiana de la Lengua, 1994. 226p.

—— Medellín: Ediciones Triángulo, 1989. 166p.

———. «Una historia que debería escribirse. Trabajo dedicado al señor Dr. Juan de la Cruz Vargas». *El Mosaico* (Bogotá) 3. 7 (sept. 24, 1864): 289-294.

———. *Vida y carácter de don Juan Antonio Marroquín*. Bogotá: Imprenta de Medardo Rivas, 1883. 66p.

CRÍTICA:

Academia Nacional de Historia. «Moción». *Boletín de Historia y Antigüedades* (Bogotá) V.60 (jun., 1909): 741. [Extracto de las Actas de las sesiones]

Anónimo. *Centenario de Don José Manuel Marroquín, 1827-1927*. Bogotá: Casa Editorial Santafé, 1928. 113p.

Anónimo. «Entre primos». [res.] *Revista Nacional* (Bogotá) 1.1 (mayo, 1897): 54-64.

Anónimo. «José Manuel Marroquín». *El Gráfico* (Bogotá) .16.843 (ag., 1927): 1536.

Anónimo. «Notas gráficas». *El Gráfico* (Bogotá) 28.279 (mzo. 18, 1916): 228.

Anónimo. «Ortografía castellana de J. M. Marroquín». *El Mosaico* (Bogotá) I.8 (feb. 12, 1859): 58.

Anónimo. «Quién es José Manuel Marroquín». *Biblioteca de Señoritas* (Bogotá) II.64 (jul. 9, 1859): 58.

Anónimo. «Un poeta en tierra prosaida». *La Caridad* (Bogotá) 3.43 (jul. 19, 1867): 678-681.

Arboleda, Julio. «[Nota sobre ortografía castellana de J. M. Marroquín]». *El Mosaico* (Bogotá) I.8 (feb. 12, 1859): 58.

Bejarano Díaz, Horacio. «José Manuel Marroquín, poeta festivo y novelista de La Sabana». *La República* [Suplemento Literario] (Bogotá) 493 (jul. 17, 1955): 1, 4.

Bermúdez, José Alejandro. «José Manuel Marroquín». *Santafé y Bogotá* (Bogotá) 5.56 (ag., 1927): 63-68.

Borda, José Joaquín. y José María Vergara y Vergara. (Eds.). «José Manuel Marroquín». *La lira granadina: colección de poesías nacionales.* Bogotá: *El Mosaico*, 1860. [s.p].

Caicedo Rojas, José. «José Manuel Marroquín». *Papel Periódico Ilustrado* (Bogotá) I.20 (jul. 1°, 1882); 314.

———. «Las cosas: modismos de la lengua, al señor José Manuel Marroquín». *La Caridad* (Bogotá) 1.23 (feb. 24, 1865): 358-359.

Camacho Carrizosa, Guillermo. «Discurso en la Academia Colombiana de la Lengua, leído por don Guillermo Camacho Carrizosa, el día 4 de mayo de 1919». *Anuario de la Academia Colombiana* (Bogotá) IV (1914-1924): 154-165.

Caparroso, Carlos Arturo. «El Moro de Marroquín». *El Siglo* [Páginas Literarias] (Bogotá) 3513 (sept. 21, 1946): 1-2.

———. «El Moro». *Boletín Cultural y Bibliográfico* (Bogotá) III.9 (sept., 1960): 596-597.

Caro, Víctor Eduardo. «Marroquín, poeta festivo». *Santafé y Bogotá* (Bogotá) 5.56 (ag., 1927): 69-73.

Carrasquilla, R. M. «Un libro que va olvidándose». *Revista del Colegio Mayor de Nuestra Señora del Rosario* (Bogotá) XV.148 (sept., 1920): 449-465. [Sobre «Entre primos»]

Casas Castañeda, José Joaquín. *Obra selecta*. Bogotá: Talleres Gráficos del Banco de la República, 1970. 224p.

———. *Semblanza de don José Manuel Marroquín: leída en la junta pública que para celebrar el centenario de su nacimiento verificó la Academia Colombiana de Historia, en la noche del 6 de agosto de 1927*. Bogotá: Editorial Minerva, 1927. 69p.

——— *Boletín de la Academia Colombiana* (Bogotá) 1.3 (ag., 1936): 157-182.

———. *Semblanzas (Diego Fallón y José Manuel Marroquín)*. 3ª ed. Bogotá: Editorial Minerva, 1936. 165p.

Casas Castañeda, Vicente. «No es un cuento: al doctor José Manuel Marroquín». *El Gráfico* (Bogotá) 16.840 (jul., 1927): 1515.

Cortázar, Roberto. «Tres novelistas raizales». *Revista del Colegio Mayor de Nuestra Señora del Rosario* (Bogotá) V.41 (feb., 1909): 1-22.

Delgado Téllez, Ismael Enrique. «El Moro de Marroquín». *Noticias Culturales* (Bogotá) 133 (feb. 1°, 1972): 1-2.

Duffey, Frank. «José Manuel Marroquín». *The early cuadros de costumbres in Colombia*. Chapell Hill: The University of North Carolina Press, 1956. 59-67.

Forero, Manuel José. «En elogio de don José Manuel Marroquín». *Boletín de la Academia Colombiana* (Bogotá) 21.87 (abr.-mayo, 1971): 208-214.

Garay, Epifanio. *José Manuel Marroquín*. Material audiovisual. 1 diapositiva. Colección de diapositivas de la Biblioteca Luis Ángel Arango.

García Prada, Carlos. «Resúmenes biográfico de los fundadores de la Academia Colombiana». *Boletín de la Academia Colombiana* (Bogotá) 21.86 (feb.-mzo., 1971): 98-113. [Contenido: José María Vergara y Vergara, José Manuel Marroquín, José Caicedo Rojas]

M

González Mutis, Eugenio. «El moro». *Revista Nacional* (Bogotá) 1.5 (sept., 1897): 372-378.

Gordillo, Andrés. «José Manuel Marroquín». *El corazón y la norma: aproximación al canon conservador del siglo XIX*. Bogotá: Alcaldía Mayor de Bogotá, IDCT, 2000. [s.p].

Guerra Azuola, Ramón. «La nueva administración». *Anales de Ingeniería* (Bogotá) 10.119-120 (jul.-ag., 1898): 198-200.

Guerrero, Jenaro. *Estudio sobre la administración Marroquín*. Bogotá: Imprenta de Hermanos Santos, 1904. 32p.

Guzmán Esponda, Eduardo. «José Manuel Marroquín: *En familia*». *Thesaurus* (Bogotá) 41.1-3 (ene.-dic., 1986): 424-425.

Herrera, Luis Carlos. «Ediciones críticas. Tres obras corregidas». *El Espectador* (Bogotá) [Magazín Dominical] 23739 (nov. 4, 1973): 4.

Marroquín Osorio, José Manuel. *Don José Manuel Marroquín íntimo*. Bogotá: Arboleda & Valencia, 1915. 550p.

Martínez, Fernando Antonio. «Sobre el léxico de Marroquín: ensayo de método aplicado al vocabulario regional». *Thesaurus: Boletín del Instituto Caro y Cuervo: Muestra antológica 1945-1985*. Santafé de Bogotá: Instituto Caro y Cuervo, 1993. [s.p].

Martínez Silva, Carlos. «Amores y leyes». *El Repertorio Colombiano* (Bogotá) XIX.2 (ene., 1899): 214-225.

Maya, Rafael. «La traducción francesa de *El Moro*, de Marroquín». [res.]. *Bolívar* (Bogotá) 40 (jun., 1955): 921-930.

Mendoza Varela, Eduardo. «Doce ejemplares. *En familia*». [res.] *Thesaurus* (Bogotá) 41.1-3 (ene.-dic., 1986): 425-426.

Pineda Botero. Álvaro. «Entre primos». *La fábula y el desastre: estudios críticos sobre la novela colombiana, 1650-1931*. Fondo Editorial. Universidad EAFIT, 1999. 365-370.

———. «El moro». *La fábula y el desastre: estudios críticos sobre la novela co-

lombiana, 1650-1931. Fondo Editorial. Universidad EAFIT, 1999. 359-364.

Pombo, Rafael. «J. Manuel Marroquín». *Revista Ilustrada* (Bogotá) 1.4 (ag., 1898): 52-55.

Posada, Joaquín P. «Al señor J. Manuel Marroquín». *El Mosaico* (Bogotá) I.26 (jun. 25, 1859): 206.

Torres Quintero, Rafael. [Comp]. «José Manuel Marroquín». *Bello en Colombia*. 2ª ed. Bogotá: Instituto Caro y Cuervo, 1981. [s.p].

Raab, Mary Ricarda. *José Manuel Marroquín: a study of his works.* Ann Arbor: University Microfils International, 1985. 461h.

Ramos, Óscar Gerardo. «Los dos mundos de El Moro». *De Manuela a Macondo*. Bogotá: Instituto Colombiano de Cultura, 1972. 41-48.

Roa, Jorge. (Ed.). *Colección de grandes escritores nacionales y extranjeros.* III. Bogotá: Jorge Roa Editor, 1898. [s.p].

———. «José Manuel Marroquín». *Colección de grandes escritores nacionales y extranjeros.* XVII. Bogotá: Jorge Roa Editor, 1898. [s.p].

R. M. y M. «La ortografía y la perrilla». *Santafé y Bogotá* (Bogotá) 5.56 (ag., 1927): 79-62.

Santos Molano, Enrique. «La gracia de Marroquín». *Boletín Cultural y Bibliográfico* (Bogotá) 16.2 (1979): 143-154.

Urdaneta, Alberto. *José Manuel Marroquín.* [Material gráfico]. 1 dibujo original: lápiz sobre papel; 30 X 22 cm. Passe partout en cartón arte. [Pertenece al cuaderno de dibujo *Personajes nacionales*]

Uribe, Antonio José. *El gobierno del Excmo Sr. Marroquín ante la república y ante la constitución.* Bogotá: Imprenta Nacional, 1901. 35p.

Vargas Vila, José María. *Los césares de la decadencia.* París: Librería Americana, 1913.

Vélez, Bonifacio. «El "moro" de Marroquín». *Revista Nacional* (Bogotá) 1.5 (sept., 1897): 358-370.

MARROQUÍN, LORENZO (Bogotá 1856-Londres 1918) (Seud. Maximino).

POESÍA:

———. [El tiple]

———. [La cosecha]

NOVELA:

———. José María Rivas Groot. *Pax.* Bogotá: Imprenta de «La Luz», 1907. 475p.

——— Novela de costumbres latinoamericanas. 2ª ed. Bogotá: Imprenta de «La Luz», 1907. 475p.

—— París: Sociedad de Ediciones Literarias y Artísticas, Librería: Ollendorff, [s.f]. 498p.

—— París: Sociedad de Ediciones Literarias y Artísticas, 1912. 498p.

—— (English) Isaacs Goldenberg y W. V. Schierbrand, Traductores. New York: Brentano's Publisher, 1920. 480p.

—— Bogotá: Prensas de la Biblioteca Nacional Ministerio de Educación de Colombia, 1946. 2 vols. 1: 302p.2: 312p.

—— Medellín: Editorial Bedout, 1971. 495p.

—— Bogotá: Círculo de Lectores, 1985. 447p.

—— Bogotá: Círculo de Lectores, 1986. 447p.

—— Bogotá: La Oveja Negra, 1986. 355p.

——. y Emiliano Isaza. *Primer centenario de la independencia de Colombia, 1810-1910*. Bogotá: Escuela Tipográfica Salesiana, 1911. 420p.

RELATO:

——. «Mañana sabanera». *Historia de la literatura colombiana*. José J. Ortega T. Bogotá: Editorial Cromos, 1935. 327-330.

TEATRO:

——. [El doctor Puracé]

——. [Yo y Cartagena la heroica]

——. *L'irremediable: drame en trois actes, en prose represente a Bogotá, au theatre Colon, le 13 mai 1905*. París: A. et Roger et F. Chernoviz, 1907. 32p.

——. y José María Rivas Groot. *Lo irremediable: (Drama en tres actos y en prosa)* Bogotá: Cándido Pontón, 1905. 53p.

——. *Drama en tres actos y en prosa*. Bogotá: Editorial Minerva, 1936. 151p.

—— Bogotá: Ministerio de Educación Nacional, 1936. 151p.

—— Bogotá: Editorial Minerva, 1937. 180p.

OTROS:

——. *Artículos políticos*. Bogotá: Imprenta de Luis M. Holguín, 1898. 288p.

——. *Chantilly, Reims, Verdun*. London: The Salesian Press, [s.f]. 204p.

——. *Derecho de defensa. Apuntaciones y documentos para una ley de prensa*. Bogotá: Editorial Tiempo Nuevo, 1909. 185p.

——. *Dictadura de la incapacidad: cinco años de desorden*. Bogotá: Imprenta de «La Luz», 1909. 65p.

——. *Discursos de los exmos. señores L. Marroquín e I. Mariscal en la Academia Mexicana de la Lengua*. México: Imprenta de Francisco Díaz de León, 1899. 20p.

——. *El Canal. (Artículos publicados en «El Renacimiento»)*. Bogotá: Imprenta de Vapor de Zalamea Hermanos, 1903. 125p.

———. «El juicio final de Miguel Ángel». *Revista Nacional* (Bogotá) 1.1 (mayo, 1897): 19-50.

———. «Elogio de don Rafael Pombo». *Revista del Colegio Mayor de Nuestra Señora del Rosario* (Bogotá) 71.78 (sept., 1912): 449.

———. «El poema del Cid». *Revista Nacional* (Bogotá) 1.3 (jul., 1897): 161-185.

———. *Historias de Panamá*. Bogotá: Imprenta de la Cruzada, 1912. 40p.

——— Bogotá: Imprenta de la Cruzada, 1912. 40p.

———. *Informe del Ministro de Colombia en México y Centro América*. Bogotá: Imprenta de «La Luz», 1901. 212p.

———. *La cosecha: Testimonio de respeto y cariño al Illmo. J. Telésforo Paúl, Arzobispo de Bogotá*. Bogotá: Casa Editorial de Medardo Rivas, 1887. 46p.

———. *Las cosas en su punto: ojeada sobre la situación de la Iglesia colombiana*. Bogotá: Imprenta Nacional, 1887. 147p.

——— Bogotá: Imprenta Nacional, 1898. 147p.

———. *Lecciones elementales de retórica y poética*. Bogotá: Imprenta de Medardo Rivas, 1882. 71p.

———. [Los precursores]

———. «Ocho días de gracia; recuerdos de un viaje». *El Repertorio Colombiano* (Bogotá) 3.5 (nov., 1983): 216-240; (ene., 1984): 392-407.

———. [«Peregrinaciones al Santuario de Lourdes]

———. *Precursores: Nariño, Los Ricaurtes, doctor don Antonio Ricaurte precursor y promotor de la libertad*. Bogotá: Imprenta Eléctrica, 1913. 154p.

———. «*Protección a la industria nacional*»: *artículos publicados en «El Correo Nacional»*. Bogotá: Imprenta de "El Correo Nacional", 1896. 88p.

———. [Rafael Pombo (Discurso)]

———. *Recuerdos de Lourdes*. *Revista Nacional* (Bogotá) 1.4 (ag., 1897): 308-320.

———. «*Tierra virgen*: novela por Eduardo Zuleta». *Revista Nacional* (Bogotá) 1.3 (jul., 1897): 212-223.

CRÍTICA:

Albornoz, Currito. «Pax, el lastre de la malevolencia». *El Republicano* (mayo 28, 1907): [s.p].

Andrade González, Gerardo. «Pax novela costumbrista y psicológica». *El Siglo* [Semanario Dominical] (Bogotá) 10348 (sept. 8, 1968): 18.

Bejarano Díaz, Horacio. «La nueva edición de la novela *Pax*». *Boletín de la Academia Colombiana* (Bogotá) 37.158 (oct.-dic., 1987): 223-239.

Bermúdez, José Alejandro. «Lorenzo Marroquín». *Santafé y Bogotá* (Bogotá) 4.41 (mayo, 1926): 221-229.

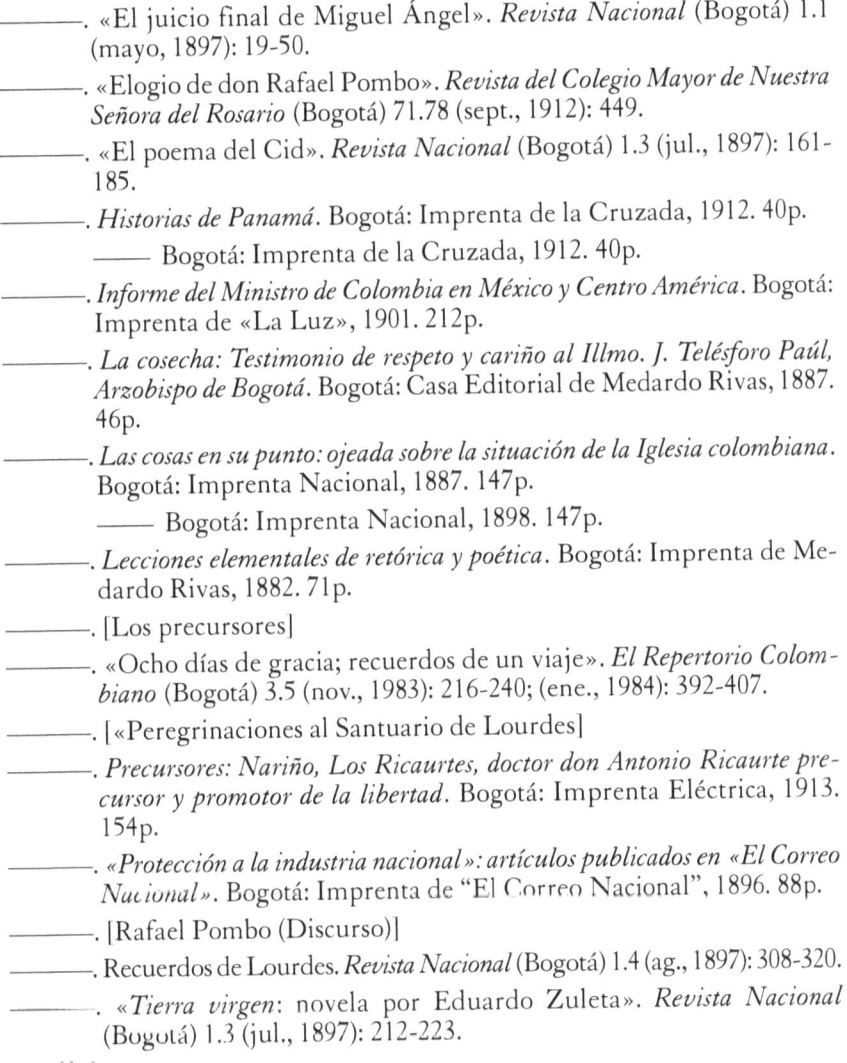

Camacho Carrizosa, Guillermo. «Pax». *El Nuevo Tiempo Literario* (Bogotá) (abr. 21, 1907): [s.p].

Gómez Corena, Pedro. «Lorenzo Marroquín: el hombre que no se dejaba perdonar». Sábado (Bogotá) 103 (jun. 30, 1945): 7, 14.

McGrady, Donald. «Sobre una alusión literaria en la novela Pax». *Revista Iberoamericana* (Pittsburgh) XXIX.55 (ene.-jun., 1963): [s.p].

Moreno Durán, Rafael Humberto. «*Pax*: el divertimento crítico». *Gran Enciclopedia de Colombia*. 4. Santafé de Bogotá: Círculo de Lectores, 1992. 157-159.

Pérez y Soto, Juan Bautista. *Apelación*. Bogotá: Imprenta de J. Casis, 1912. 60p.

———. *Lo que se iba quedando en el Tintero (V): Inocentes y verídicos*. Bogotá: Imprenta Eléctrica, 1912. 76p.

Posada Gaviria, Leonidas. *Análisis gramatical de «Pax»*. Bogotá: «La Luz», 1907. 220p.

Santa, Eduardo. «Consideraciones en torno a la novela *Pax*». *Thesaurus: Boletín del Instituto Caro y Cuervo* (Bogotá) (mayo-ag., 1990): 441-465.

———. «Consideraciones en torno a la novela *Pax*». Bogotá: Instituto Caro y Cuervo, 1990? 25p.

Suárez, Marco Fidel. *Análisis gramatical de «Pax»*. Bogotá: Imprenta de «La Luz», 1907. 220p.

Vergara y Velasco, Francisco Javier. *Un nuevo escritor militar; «Pax» y el arte de la guera*. Bogotá: Imprenta Eléctrica, 1907. 22p.

MARTÍNEZ SILVA, CARLOS (San Gil 1847-Tunja 1903) (Seud. Simón). Ideólogo del conservatismo colombiano, parlamentario, educador, periodista, diplomático, ministro, académico y escritor santandereano.

NOVELA:

———. «El marquesito». *El Repertorio Colombiano* (Bogotá) XV.1 (ene. 1°, 1997): 1-17.

RELATO:

———. «Baile de sombras». *Cuadros de costumbres y descripciones locales de Colombia* Artículos escogidos y publicados por José Joaquín Borda. Librería y Papelería de Francisco García Rico, 1878. 43-44.

——— *Museo de cuadros de costumbres, variedades y viajes*. Biblioteca de «*El Mosaico*». III. Bogotá: Biblioteca del Banco Popular, 1973. 259-262.

———. «El baile de las sombras». *Revista Literaria* (Bogotá) 1.1 (mzo., 1891): 277-279.

TEATRO:

———. *Araure: drama histórico en tres actos.* Caracas: Imprenta Bolívar, 1883. 48p.

OTROS:

———. *A la memoria de José María Vergara y Vergara: Recuerdo de sus hijos.* Bogotá: [s.edit], 1890. 28p.

———. «Amores y leyes». *El Repertorio Colombiano* (Bogotá) XIX.2 (ene., 1899): 214-225.

———. *Artículos doctrinarios. Edición oficial hecha bajo la dirección de Luis Martínez Delgado.* Bogotá: Imprenta Nacional, 1934. 198p.

———. «Bibliografía». *La Caridad* (Bogotá) 3.33 (mzo. 22, 1867): 521-523.

———. *Biografía de D. José Fernández Madrid.* Bogotá: Nicolás Pontón, 1889. 475p.

———. *Capítulos de historia política de Colombia.* Bogotá: Banco Popular, 1973. 3 vols.

———. *Causa contra el Presbítero Tomás Escobar: alegatos de los defensores y documentos.* Bogotá: Imprenta de Silvestre, 1885. 122p.

———. «Colombia y la guerra del Pacífico». *El Repertorio Colombiano* (Bogotá) IV.20 (feb., 1880): 130-138.

———. «Cómo se escoge un candidato en los Estados Unidos». *El Repertorio Colombiano* (Bogotá) XIV.3 (sept., 1896): 212-215.

———. *Compendio de geografía.* 4ª ed. notablemente corregida. Bogotá: Librería Colombiana, 1900. 256p.

———. *Compendio de geografía para el uso de los colegios y escuelas.* Bogotá: Echeverría, 1887. 108p.

——— Bogotá: Librería Colombiana, 1900. 250p.

——— Bogotá: Casa Editorial Colombia, 1923. 160p.

———. *Compendio de geografía universal.* Bogotá: Librería Americana, 1890. 318p.

——— Bogotá: 8ª ed. notablemente corregida y aumentada y puesta al corriente por Miguel Abadía Méndez. Bogotá: Librería Americana, 1911. 301p.

——— 10ª ed. Bogotá: Librería Americana, Librería Colombiana, [s.f], 287p.

——— 16ª ed. notablemente corregida, renovada y aumentada por Miguel Abadía Méndez. Bogotá: Editorial Cromos, 1889? 164p.

———. *Compendio de historia antigua.* 2ª ed. Bogotá: Librería Colombiana Camacho Roldán y Tamayo, 1890. 424p.

——— Bogotá: 5ª ed. Arboleda & Valencia, 1919. 393p.

———. Bogotá: Imprenta Nacional, 1935. 378p.

———. «Correspondencia». *La Caridad ó Correo de las Aldeas* (Bogotá) 4.12 (sept. 23, 1868): 184-187.

———. «Correspondencia». *La Caridad ó Correo de las Aldeas* (Bogotá) 4.15 (oct. 14, 1868): 234-235.

———. «Correspondencia». *La Caridad ó Correo de las Aldeas* (Bogotá) 4.29 (ene. 21, 1869): 452-454.

———. *Defensa de Florentino Sánchez ante el jurado: llamado a fallar sobre el delito conocido con el nombre de Puente de Cualla*. Bogotá: Imprenta de «La Luz», 1877. 37p.

———. «D. Manuel Pombo». *El Repertorio Colombiano* (Bogotá) XVIII.6 (oct., 1898): 518-519.

———. «Derechos políticos del clero». *El Repertorio Colombiano* (Bogotá) XVII.4 (feb., 18980: 286-294.

———. «Discurso leído ante la Academia Colombiana... en el acto de su recepción». *El Repertorio Colombiano* (Bogotá) II.11 (mayo, 1879): 317-338.

———. *Discursos leídos ante la Academia Colombiana: en la recepción del Sr. Carlos Martínez Silva, el 23 de abril de 1879*. Bogotá: Imprenta de Echeverría Hermanos, 1879. 80p.

———. *Discurso leído por Carlos Martínez Silva en el certamen de jurisprudencia en la Universidad Nacional*. Bogotá: Imprenta a cargo de Foción Mantilla, 1869. 18p.

———. *Discurso pronunciado por el señor Carlos Martínez Silva en la sesión del 12 de noviembre, sobre emisiones ilegales del Banco Nacional*. Bogotá: Imprenta de El Correo Nacional, 1884. 28p.

———. «El conflicto anglo-venezolano». *El Repertorio Colombiano* (Bogotá) XV.3 (mzo., 1897): 184-191.

———. «El conflicto greco-turco». *El Repertorio Colombiano* (Bogotá) XVI.2 (jun., 1897): 132-140.

———. «El contratista». *El Repertorio Colombiano* (Bogotá) XVI.2 (jun., 1897): 107-112.

———. [*El Correo Nacional* (periódico)]

———. «El crimen del puente de Cualla». *El Repertorio Colombiano* (Bogotá) XXI (oct., 1899): 59-103.

———. «El doctor Olegario Martínez». *El Repertorio Colombiano* (Bogotá) XXI (oct., 1899): 119-120.

———. *El gran ciudadano: artículos biográficos y necrológicos referentes a don Miguel Samper*. Bogotá: Imprenta Departamental Antonio Nariño, [s.f]. 230p.

———. «El libro de D. Ricardo Becerra». *El Repertorio Colombiano* (Bogotá) 15.3 (mzo., 1897): 191-194.

———. «El número 7». *El Hogar. Periódico dedicado al bello sexo* (Bogotá) I.5 (feb. 23, 1868): 37-39.

———. *El Repertorio Colombiano*. Bogotá: Librería Americana y Española, 1978-1899. Vol 1.1 (jul., 1878)- vol 21.1 (oct., 1899): [s.p].

———. *Ensayos biográficos*. Bogotá: Imprenta Nacional, 1935. 241p.

———. *Ensayos literarios e históricos*. Bucaramanga: Imprenta Departamental, 1932. 196p.

———. *Escritos políticos, literarios y económicos*. VIII. Bogotá: Imprenta Nacional, 1937. 366p.

———. *Escritos varios*. Bogotá: Editorial Kelly, 1954. 418p.

———. «Estado actual de la instrucción pública en Colombia». *El Repertorio Colombiano* (Bogotá) XIV.4 (oct. 1°, 1896): 298-310.

———. «Exposición del Santísimo Sacramento». *La Caridad* (Bogotá) 3.8 (sept. 28, 1866): 116-117.

———. *Inconsecuencias doctrinarias*. Bogotá: Imprenta de Lleras, 1896. 21p.

———. *Informe que el Ministro del Tesoro de Colombia dirige al Congreso Constitucional de 1888*. Bogotá: Ed. de J. J. Pérez, 1888. 79p.

———. «José María Vergara y Vergara». *El Repertorio Colombiano* (Bogotá) 17 (nov., 1879): 368-394.

———. «La política en los Estados Unidos». *El Repertorio Colombiano* (Bogotá) 5 (nov., 1878): 385-400.

———. «La República de Chile». *El Repertorio Colombiano* (Bogotá) 15-16 (sept.-oct., 1879): 294-319.

———. «Leyes inconstitucionales». *El Repertorio Colombiano* (Bogotá) 165.63 (oct., 1897): 449-459.

———. «Las contribuciones en Cundinamarca». *El Repertorio Colombiano* (Bogotá) III.13 (jul., 1879): 58-71.

———. *Las emisiones clandestinas del Banco Nacional*. Bogotá: Imprenta Nacional, 1937. 388p.

———. «Las facciones y la integridad del territorio patrio». *El Repertorio Colombiano* (Bogotá) XV.3 (mzo., 1897): 177-184.

———. [Trad]. «Los amores de mi tío Rubén (traducción)». *El Repertorio Colombiano* (Bogotá) XIV.3 (sept., 1896): 210-212.

———. «Los Comuneros». *El Repertorio Colombiano* (Bogotá) VI.35 (mayo, 1881): 374-384.

———. «Los refranes y la economía política: discurso leído ante la Academia Colombiana, en la junta inaugural del 6 de agosto de 1882». *El Repertorio Colombiano* (Bogotá) 50 (ag., 1882): 118-133.

———. «Neologismos ortográficos: a mi amigo el señor Miguel Antonio Caro». *La Caridad* (Bogotá) 2.28 (mzo., 9 1866): 441-444.

———. *Noticia biográfica de Sebastián Ospina*. Bogotá: Imprenta de Echeverría, 1877. 96p.

———. *Obras completas*. Bogotá: Imprenta Nacional, 1934-1940. 10 Vols. [Contenido: t. 1. Revistas políticas publicadas en *El Repertorio Colombiano*. Julio de 1878-septiembre de 1879. t. 2. Revistas políticas publicadas en *El Repertorio Colombiano*. Agosto 31 de 1886 a septiembre 30 de 1899. t. 3. Artículos doctrinarios. t. 4. Biografía de J. Fernández Madrid. t. 5 Tratados de pruebas judiciales. escritos jurídicos. t. 6. Ensayos biográficos. t. 7. Compendio de historia antigua. t. 8. Escritos políticos, literarios, económicos seleccionados por G. Otero Muñoz y L. Martínez delgado. t. 7. Las emisiones clandestinas del Banco Nacional y otros escritos con notas y comentarios; edición dirigida por L. Martínez Delgado y G. Otero Muñoz. t. 10. Relación de una hermana, recuerdos de familia recogidos por P. La Ferronnays de Graven i. e. Craven: Traducida de la vigésima edición francesa por C. Martínez Silva]

———. *Oficios dirigidos al Sr. Luis Cuervo Márquez: el primero desde el Ministerio de Relaciones Exteriores y el segundo de la Legación de Colombia en Washington*. Mss. Bogotá y Washington, 1900-1901. 2 folios. Colección de manuscritos de la Biblioteca Luis Ángel Arango.

———. «Partidos y facciones». *El Repertorio Colombiano* (Bogotá) 14.2 (ag., 1896): 81-89.

———. «Pedro Justo Berrío». *Repertorio Histórico* (Medellín) 15.146 (ag., 1940): 494-500.

———. *Por qué caen los partidos políticos*. Juicio crítico de L. E. Nieto Caballero, comentarios y notas de Hernando Martínez Santamaría. Bogotá: Juan Casis, 1934. 568p.

———. y Elicio Payán. *Primera liquidación general de los presupuestos nacionales de rentas y gastos para el bienio ecónomico de 1887 a 1888*. Bogotá: Imprenta de «La Luz». 1887. 58p.

———. *Principios de derecho internacional*. Madrid: Imprenta de A. Pérez Dubruel, 1883. 2 vols.

———. *Programa del curso de derecho internacional privado dictado en el Colegio Mayor de Nuestra Señora del Rosario*. Bogotá: Imprenta de «La Luz», 1886. 32p.

———. *Programa del curso de filosofía del derecho*. Bogotá: Imprenta de «La Luz», 1886. 55p.

———. *Prosa política*. Bogotá: Editorial Minerva, 1920. 166p.

—— Bogotá: Editorial Minerva, 1936. 166p.

—— Bogotá: Editorial Minerva, 1937. 280p.

———. *Puente sobre el abismo. Los intransigentes por Baltasar Vélez V.* 2ª ed. Bogotá: Imprenta de «La Luz», 1897. 59p.

———. «Puente sobre el abismo colombiano». *El Repertorio Colombiano* (Bogotá) 15.2 (feb., 1897): 105-122.

———. «Puntos constitucionales». *El Repertorio Colombiano* (Bogotá) 15.4-6 (abr.-mayo, 1087): 315-324; 427-436.

———. [Trad]. *Relación de una hermana: recuerdos de familia*. Paulina La Ferronnays de Graven; tr. de la 20ª ed. francesa. Bogotá: Imprenta Nacional, 1940. 319p.

———. «Resultados de las guerras civiles». *La Caridad* (Bogotá) 1.46 (ag. 11, 1865): 745-746.

———. *Revistas políticas publicadas por Carlos Martínez Silva en «El Repertorio Colombiano»*. Bogotá: Librería Americana, 1912. 403p.

——— Bogotá: Imprenta Nacional, 1934. 2 vols.

———. «Sistema aduanero durante el régimen colonial». *El Repertorio Colombiano* (Bogotá) 16.5 (sept., 1897): 338-353.

———. [Sobre reforma en los estudios]

———. *Tratado de pruebas judiciales*. 2ª ed. Bogotá: Imprenta de Antonio María Silvestre, 1895. 145p.

——— 3ª ed. Bogotá: Arboleda & Valencia, 1919. 154p.

——— 4ª ed. Bogotá: Casa Editorial de «La Cruzada», 1924. 157p.

——— Bogotá: Imprenta Nacional, 1935. 139p.

——— 6ª ed. dirigida por Luis Martínez Delgado. Bogotá: Imprenta Nacional, 1935. 139p.

——— Buenos Aires: Editorial Atalaya, 1947. 156p.

——— Bogotá: Ediciones Ariel, 1968. 216p.

——— Medellín: Editorial Bedout, 1978. 191p.

———. *Tres colombianos: esbozo crítico-biográfico*. Bogotá: [s.edit], 1895? 313-355.

———. «Un hecho: en que se nota la intervención divina». *La Caridad* (Bogotá) 2.45 (jul. 13, 1866): 708-709.

———. «Un libro original. [*El moro*]». *El Repertorio Colombiano* (Bogotá) XVI.2 (jun., 1897): 81-96.

CRÍTICA:

Abadía Méndez, Miguel. *Carta dirigida al Dr. Carlos Martínez Silva, Ministro Plenipotenciario en Washington; con el encargo de contratar un buque de guerra para la pacificación del país* Mss. (Bogotá) diciembre 10 de 1901. 2h. Colección de manuscritos de la Biblioteca Luis Ángel Arango.

Anónimo. *Eruditos antioqueños: Tomás O. Eastman, Laureano García Ortiz, Baldomero Sanín Cano*. Bogotá: Editorial Minerva, 1937. 324p.

Arias, Tomás. *Justificación de la independencia de la República de Panamá*. Panamá: Imprenta Nacional, 1927. 47p.

Cuervo, Luis Augusto. «Homenaje a la memoria del doctor Carlos Martínez

Silva». *Boletín de Historia y Antigüedades* (Bogotá) 36.398 (dic., 1947): 796.

Gutiérrez, Rufino. «Don Carlos Martínez Silva». *Santafé y Bogotá* (Bogotá) 7.80 (sept. 30, 1930): 376-384.

García Valencia, Abel. «Evocación de don Carlos Martínez Silva». *Universidad de Antioquia* (Medellín) 85 (ene.-feb., 1948): 29-37.

López Ocampo, Javier. «Carlos Martínez Silva». Biblioteca Virtual del Banco de la República, 2004.

Martínez Delgado, Luis. *A propósito del Dr. Carlos Martínez Silva: capítulos de historia política de Colombia*. Bogotá: Editorial Minerva, 1926. 378p.

—— 2ª ed. Bogotá: Editorial Marconi, 1930. 526p.

——. «Carlos Martínez Silva». *Apuntes histórico-biográficos*. Bogotá: ABC, 1940. 410p.

——. «Carlos Martínez Silva». *Revista de América* (Bogotá) 12.35 (nov., 1947): 182-201.

—— *Revista Policía Nacional* (Bogotá) 14.70 (jul-ag., 1958): 37.

—— *Universidad de Antioquia* (Medellín) 135-136 (oct., 1958-mzo., 1959): 590-599.

——. *Carlos Martínez Silva: noticia biografica*. Bogotá: Editorial Kelly, 1971. 106p.

Merchán, Rafael María. «Historia por Martínez Silva». *Revista Literaria* (Bogotá) 1.5 (sept., 1890): 253-265.

Walker, John Grimes. *Comunicación dirigida al Sr. Carlos Martínez Silva, Ministro Plenipotenciario de Colombia: sobre la negociación del Canal de Panamá*. Mss. Washington, January 10, 1902. 2h. Coleción de manuscritos de la Biblioteca Luis Ángel Arango.

Zaldúa, Manuel María. *Al público*. Bogotá: Imprenta de La América, 1874. 25p.

MARTÍNEZ DE NÍSSER, MARÍA (Sonsón, 1812 – Medellín 1872). Heroína y escritora antioqueña, célebre por su participación como combatiente en Salamina, el 4 de mayo de 1841, durante la llamada guerra de los Supremos.

Relato:

——. *Diario de los sucesos de la revolución en la provincia de Antioquia en los años de 1840 i 41*. 1ª ed. Bogotá: Imprenta de Benito Gaitán, 1843. [s.p].

—— 2ª ed. Emilio Robledo, (Ed.). Manizales: Archivo Historial, [s.f]. [s.p].

—— 3ª ed. «Diario de los sucesos de la revolución en la provincia de

Antioquia en los años de 1840 i 41». *María Martínez de Nisser y la revolución de los supremos.* Roberto M. Tisnés Jiménez, (Ed.). Bogotá: Talleres Gráficos Banco Popular, 1983: 279-366.

———. «Una dama se viste de soldado (La guerra de los supremos)». [Fragmento del *Diario*]. *Reportaje de la historia de Colombia. Del descubrimiento a la era republicana.* I. Bogotá: Planeta, 1989: 413-423.

CRÍTICA:

Botero G., Néstor. «María Martínez de Nisser». *Pregón* (Sonsón) 17.119 (sept.-oct., 1994): 8-12.

Mujica Velásquez, Elisa. «María Martínez de Nisser: escritora y soldado». *Boletín Cultural y Bibliográfico* (Bogotá) 16.5 (1979): 166-169.

Otero Muñoz, Gustavo. «Huellas femeninas en las letras colombianas». *Conferencias. Dictadas en la Academia de Historia con motivo de los festejos patrios.* Bogotá: Editorial Selecta, 1937: 3-29.

Pérez Silva, Vicente. «Una mujer de combate». *Arco* (Bogotá) 244 (mayo, 1981): 71-74.

Rodríguez-Arenas, Flor María. «María Martínez de Nisser (1843): el diario como (re)construcción de estrategias discursivas». *¿Y las mujeres? Estudios de literatura colombiana.* (Coautora) Medellín: Universidad de Antioquia, 1991. 89-108.

Tisnés Jiménez, Roberto M. *Efemérides sonsonesas. (1761-1971)* Bogotá: Editorial Retina, 1975. [s.p].

———. *María Martínez de Nisser y la revolución de los supremos.* Bogotá: Banco Popular, 1983. 383p.

Zapata Cuencar, Heriberto. «María Martínez de Nisser». Biiblioteca Virtual del Banco de la República, 2004.

MARY BELL, seudónimo de José Asunción Silva.

MATA LEAL, JUAN DE, seudónimo de Jacinto Albarracín C.

MATTA, GUILLERMO (1829-1899).

POESÍA:

———. *Nuevas poesías: tomo primero.* Leipzing: F. A. Brockhaus, 1887. 562p.

———. «Su retrato». *El Mosaico* (Bogotá) I.3 (ene. 8, 1859): 21-22.

CRÍTICA:

Otero Muñoz, Gustavo. «La Misión del señor Matta a Colombia y la guerra del pacífico». *Santafé y Bogotá* (Bogotá) 5.52 (abr., 1927): 188-200; 5.53 (mayo, 1927): 241-249; 5.54 (jun., 1927): 275-280.

MATA LEAL, JUAN DE, seudónimo de Jacinto Albarracín C.
MATUZALÉN ANARKOS, seudónimo de Guillermo Valencia.
MAUS, seudónimo de Diógenes A. Arrieta.
MAUS, ZORAIDA, seudónimo de Diógenes A. Arrieta.
MAXIMINO, seudónimo de Lorenzo Marroquín.
MÁXIMO, seudónimo de Rafael Pombo.
MAYO, seudónimo de José María Vergara y Vergara.
M. C., seudónimo de Diego Fallón.

MEJÍA, EPIFANIO (Yarumal 1838-Medellín 1913) (Seud. Emilio).
   Poesía:
   ———. «A Anita». *El Oasis. Periódico Literario de Antioquia* (Medellín) 2 (ene. 18, 1868): 15.
   ———. [Amelia]
   ———. «A mi amigo José María Vergara y Vergara». *El Mosaico, periódico de la juventud. Destinado exclusivamente a la literatura* (Bogotá) 24 (jul. 16, 1871): 187-188.
   ———. «A una niña». *El Oasis. Periódico Literario de Antioquia* (Medellín) 6 (feb. 15, 1868): 46.
   ———. [Crepúsculos y auroras]
   ———. «El canto del antioqueño». *Hojas de Cultura Popular Colombiana* (Bogotá) 2.27 (feb., 1952): [s.p].
   ———. «El canto del antioqueño». «La muerte del novillo». «Quieres amanecer». «El canto del cisne». *Historia de la literatura colombiana.* José J. Ortega T. Bogotá: Editorial Cromos, 1935. 160-163.
   ———. *Epifanio Mejía*. Medellín: El Mundo, 1999. 62p.
   ———. *Epifanio Mejía: selección*. Dirección editorial Alberto Ramírez Santos. Santafé de Bogotá: Panamericana Editorial, 1997. 70p.
   ———. *Gregorio y Epifanio: sus mejores versos*. Lima: Editora Popular Panamericana, 1961. 141p.
   ———. «La ceiba de Junín». *El Oasis. Periódico Literario de Antioquia* (Medellín) 1868): 103-104.
   ———. «La paloma del arca». *Hojas de Cultura Popular Colombiana* (Bogotá) 26 (feb., 1953): [s.p].
   ———. «La tórtola». *Hojas de Cultura Popular Colombiana* (Bogotá) 26 (feb., 1953): [s.p].
   ———. «Poesías». *Antología de la poesía hispanoamericana: Colombia*. Ginés de Albareda y Francisco Garfias. (Eds.). Madrid: Biblioteca Nueva, 1957. [s.p].

———. *Poesías de Epifanio Mejía: precedidas del discurso pronunciado por Juan de D. Uribe en elogio del poeta, el 5 de Agosto de 1893.* Medellín: Tipografía Central, 1902. 109p.

———. *Poesías escogidas.* Medellín: Cámara de Comercio de Medellín, 2000. 256p.

———. *Poesías escogidas: colección de poesías, en su mayor parte inéditas.* Medellín: Librería Buffalo, 1934. 140p.

———. *Poesías selectas.* Bogotá: Imprenta Nacional, 1958. 261p.

———. «Un canto salvaje». *El Gráfico* (Bogotá) 11.575 (nov. 5, 1921): 390.

———. «Un himno antioqueño; poetas nacionales». *El Gráfico* (Bogotá) 15.146 (ag. 16, 1913): [s.p].

RELATO:

———. «Una escena en el campo». *El Oasis. Periódico Literario de Antioquia* (Medellín) 4 (feb. 1°, 1868): 28.

OTROS:

———. «El arriero de Antioquia». *Revista del Folklore* (Bogotá) 2ª época.2 (jun., 1953): 175-176.

———. *Obras completas.* Medellín: Imprenta Oficial, 1939. 372p.

——— Medellín: Ediciones Académicas, 1960. 500p.

——— Medellín: Editorial Bedout, 1961. 500p.

——— Medellín: Edinalco, 1989. 385p.

CRÍTICA:

Academia Antioqueña de Historia (Medellín, Colombia). *Epifanio Mejía y un poco de literatura antioqueña.* Medellín: Editorial Salesiana, 1973. 172p.

Anónimo. «Epifanio Mejía». *Revista Gris* (Bogotá) 1.11 (ag., 1893): 369.

Benítez Giraldo, Darío. (Ed.). *Cantemos el sentir popular: textos de Rafael Pombo, Epifanio Mejía, Francisco Martínez de la Rosa, Blanco Belmonte, Miguel López, S. J., y numerosas coplas populares.* Música de León J. Simar. Dirigió y editó este libro Darío Benítez Giraldo, S. J; lo transcribió Leonor Martínez Zuluaga. Cali: Carvajal & Cía. Ltda., 1954. 79p.

Cano, León. *Epifanio Mejía.* Material audiovisual. 1 diapositiva. Colección de diapositivas de la Biblioteca Luis Ángel Arango.

———. *El colegio de San Ignacio de Medellín a Epifanio Mejía: homenaje en el primer centenario de su nacimiento.* Bogotá: Imprenta del C. de J., 1938. 71p.

Carrasquilla, Tomás. «Tres hombres». *El Liberal Ilustrado* (Bogotá). 725 (ag. 30, 1913): 14-16.

Hernández, Carlos Nicolás. [Comp]. *Poetas antioqueños.* Santafé de Bogotá: Panamericana Editorial, 2000. 91p.

Jaramillo A., Roberto. «Comentarios. Poesías de Epifanio Mejía». *Universidad de Antioquia* (Medellín) 33 (ag.-sept., 1939): 131-135.

García Maffla, Jaime. «Epifanio Mejía». *Gran Enciclopedia de Colombia*. 4. Santafé de Bogotá: Círculo de Lectores, 1992. 75-76.

Gómez Restrepo, Antonio. «Cuadernillo de poesía colombiana, 44: Epifanio Mejía». *Universidad Católica Bolivariana* (Medellín) 17.64 (abr.-jun., 1952): [s.p].

———. «Epifanio Mejía». *Historia de la literatura colombiana*. IV. Bogotá: Litografía Villegas, 1957. 275-290.

Jaramillo Arango Rafael. «Una visita a Epifanio Mejía». *El Gráfico* (Bogotá) 11.575 (nov. 5, 1921): 389.

Jaramillo Meza, Juan Bautista. «Epifanio Mejía. Una visita al poeta en la celda del manicomio». *Universidad de Antioquia* (Medellín) 24 (mayo, 1938): 559-566.

Levy, Kurt L. *Gregorio Gutiérrez González y Epifanio Mejía: Pioneros de una tradición». Homenaje a Hans Flasche*. Karl-Herman Korner y Gunther Zimmermann. (Ed.). Rafael Lapesa Melgar, Introducción. Stuttgart: Steiner, 1991. [s.p].

Montoya Moreno, Orlando. *Epifanio Mejía: ¿locura o libertad?* Medellín: Tecnificar, 1994. 72p.

Pereyra, Hipólito. «Epifanio Mejía: Recordemos al poeta». *Voces* (Barranquilla) 3.19-20 (abr. 20, 1918): 340-342.

Pubén, José. «Epifanio Mejía: poesías selectas». *Bolívar* (Bogotá) 51 (mzo.-mayo, 1959): 616-618.

Restrepo, Antonio José. y Juan de Dios Uribe. *Gregorio y Epifanio: sus mejores versos*. Lima: Editora Popular Panamericana, 1960? 141p.

Restrepo Mejía, Félix. «Epifanio Mejía: el poeta y su obra». *Universidad Javeriana* (Bogotá) 40 (jul., 1938): 11-45.

——— Medellín: [s.edit], 1938. 60p.

Restrepo González, Alberto. *Testigos de mi pueblo*. Medellín: Argemiro Salazar, 1978. 301p.

Uribe, Juan de Dios. «Epifanio Mejía». *Hojas de Cultura Popular Colombiana* (Bogotá) 26 (feb., 1953): [s.p].

———. «Epifanio Mejía». *Sábado* (Bogotá) 8.438 (abr. 5, 1952): 7, 15.

Valle, Paz del. «Epifanio Mejía». *Sábado* (Medellín) 1.13 (jul. 30, 1921): 133.

Vergara y Vergara, José María. «A mi amigo Epifanio Mejía». *El Mosaico, periódico de la juventud. Destinado exclusivamente a la literatura* (Bogotá) 24 (jul. 16, 1871): 188.

Vives Guerra, Julio. «Anecdotario colombiano: Del poeta loco». *El Gráfico* (Bogotá) 22.1109 (dic., 1932): 2762.

MEJÍA DE GÓMEZ, ISABEL (18 ?-19 ?).
POESÍA:
———. *La virgen de La Caridad...* Medellín: Imprenta de El Espectador, 1887.

MEJÍA, SEBASTIÁN.
NOVELA:
———. [Noche de bodas (1897)]

MEJID, seudónimo de Ricardo Carrasquilla.

MELENDRO, JOSÉ MARIANO
RELATO:
———. «Una administración en Ibagué». Eujenio Melendro [=error] [nombre verdadero José Mariano Melendro]. *El Mosaico* (Bogotá) I.28 (jul. 9, 1859): 226-227.

MÉNDEZ DE MENDOZA, MENDO, seudónimo de Diego Rafael de Guzmán.
MENDO MÉNDEZ DE MENDOZA. Ver Méndez de Mendoza, Mendo.

MENDOZA DE VIVES, MARÍA (1819-1894)
NOVELA:
———. *El alma de una madre.* Bogotá: Tipografía de Nicolás Pontón i Compañía, 1873. 200p.
———. *Quien mal anda, mal acaba.* Bogotá: Tipografía de Nicolás Pontón i Compañía, 1873. 52p.
CRÍTICA:
Luque Valderrama, Lucía. «Figuras femeninas de la novela en el siglo XIX. María Mendoza de Vives». *La novela femenina colombiana.* (Tesis para optar al grado de doctor en Filosofía, Letras y Pedagogía) Bogotá: Artes Gráficas, 1954. 50.

MENMIO, seudónimo de Rafael Núñez.
M. G. M., seudónimo de Mariano G. Manrique.
MINGRELIO, seudónimo de Francisco de Paula Muñoz.

MIRALLA ZULETA, ELENA (Bogotá 18 ?- ?).
POESÍA:

———. *Corona fúnebre a señorita Magdalena Rivas Tejada*. Bogotá: [s.edit], 1877. 28p.

———. *Homenaje del Gobierno de Colombia al Capitán Antonio Ricaurte, héroe de San Mateo, en el primer centenario de su natalicio*. Cupertino Salgado, [Comp]. Bogotá: Imprenta de «La Luz», 1886. [s.p].

Otros:

———. *Carta de Elena Miralla Zuleta a la señora Soledad Acosta de Samper*. Bogotá: Imprenta de «El Progreso», 1891. 15p.

MIRANDA, LEONOR, seudónimo de Vicente Holguín.

M. J. B., seudónimo de Berenice Samper Acosta.

M. JULIO BALSEÑOR. Ver Balseñor, M. Julio.

M. M. M., seudónimo de Manuel María Mallarino.

MODESTO ACKS. Ver Acks, Modesto.

MOLINA, JUAN JOSÉ (1838-1902) (Seuds. Jelimer, Orión).

Novela:

———. [Oyendo llover (1880)]

———. [Pergoleso y Annunziata (1874)]

Relato:

———. «Los entreactos de Lucía». *Cuadros de costumbres y descripciones locales de Colombia* Artículos escogidos y publicados por José Joaquín Borda. Librería y Papelería de Francisco García Rico, 1878. 368-378.

——— *Museo de cuadros de costumbres, variedades y viajes*. Biblioteca de «*El Mosaico*». IV. Bogotá: Biblioteca del Banco Popular, 1973. 289-302.

Otros:

———. *Antioquia literaria: colección de las mejores producciones de los escritores antioqueños desde 1812 hasta hoy*. 2ª ed. Medellín: Imprenta del Estado, 1878. [s.p].

——— 2ª ed. Medellín: C. I. Giraldo Gómez, 1998. 625p.

———. *Artículos literarios*. Bogotá: [s.edit], 1897. 165-196.

———. *Ensayos de literatura y de moral*. Medellín: Imprenta Republicana, 1886. 394p.

———. [Comp]. *Páginas históricas de la Independencia americana*. Bogotá: [s.edit], [s.f]. 200p.

MONCAYO, JUAN E. (1842-1918) (Seud. Agustín Agualongo).

Crítica:

López Álvarez, Leopoldo. «El general Juan E. Moncayo». *Boletín de Estudios Históricos* (Pasto) 2.20 (mayo, 1929): 225-227.

Valenzuela, Mario. «Cartas a Juan Moncayo». *Boletín de Estudios Históricos* (Pasto) 2.20 (mayo, 1929): 227-228.

MONTALBÁN, TOMÁS, seudónimo de Fray Diego Francisco Padilla.

MONTALVO, JOSÉ MIGUEL (1782-1816).
Teatro:
———. [El zagal de Bogotá]
Relato:
———. [Los ratones federados (fábula política)]

MONTENEGRO, WENCESLAO (18 ?- ?).
Poesía:
———. «A un niño pobre y ciego». *El Mosaico* (Bogotá) I.31 (jul. 30, 1859): 250-251.
———. «El Dolor». *El Mosaico* (Bogotá) I.16 (abr. 9, 1859): [numeración equivocada] 124-125.
———. «Las flores». *La Caridad* (Bogotá) 2. 6 (dic. 15, 1865): 247.

MONTES DEL VALLE, AGRIPINA (Sabatina, Caldas 1844-Anolaima, Cundinamarca 1915) (Seuds. Azucena del Valle, Porcia).
Poesía:
———. «A Fernández Madrid en su centenario». *Colombia Ilustrada* (Bogotá) 1 (abr. 2, 1889): 4.
———. «Agripina Montes del Valle». *Las sacerdotisas: antología de la poesía femenina de Colombia en el siglo XIX*. Héctor H Orjuela (ed.). Santafé de Bogotá, Colombia: Kelly, 2000. [s.p].
———. «Agripina Montes del Valle». *Poemas a la patria*. Selección y prólogo de Federico Díaz-Granados. Bogotá, D. C.: Planeta, 2002. [s.p]. [contenido: «Rafael Núñez». «Juan de Castellanos». «José Fernández Madrid». «Rafael Álvarez Lozano». «José Eusebio Caro». «Joaquín Pablo Posada». «Ricardo Carrasquilla». «José María Samper». «Rafael Pombo». «Belisario Peña». «Felipe Pérez». «Jorge Isaacs». «Miguel Antonio Caro». «Agripina Montes del Valle». «Roberto Mac Douall». «Julio de Franco». «José Asunción Casas». «Max Grillo». «Porfirio Barba Jacob». «Jorge Bayona Posada». «León de Greiff». «José Umaña Bernal». «Luis Vidales». «Aurelio Arturo». «Tomás Vargas Osorio». «Darío Samper». «Matilde Espinosa de Pérez». «Eduardo Carranza». «Fernando Charry Lara». «Óscar

Hernández». «Mario Rivero». «José Manuel Arango». «Giovanni Quessep». «Miguel Méndez Camacho». «Pedro Manuel Rincón». «Henry Luque Muñoz». «María Mercedes Carranza». «José-Luis Díaz-Granados». «Juan Manuel Roca». «Juan Gustavo Cobo Borda». «William Ospina». «Santiago Mutis Durán». «Juan Felipe Robledo»]

———. «A la señorita Rosa Franco Acosta». *La Mujer. Lecturas para las familias. Revista quincenal, redactada exclusivamente por señoras y señoritas, bajo la dirección de la señora Soledad Acosta de Samper* (Bogotá) II.14 (abr. 20, 1879): 38.

———. «A mi amiga: la sensible poetisa Leonor Blander». *El Mosaico* (Bogotá) III.40 (oct. 19, 1864): 320.

———. «A mi señora doña Pía Rigán». *El Mosaico, periódico de la juventud. Destinado exclusivamente a la literatura* (Bogotá) II.27 (jul. 23, 1872): 212.

———. «Al Tequendama». *Revista Pan* (Bogotá) 7 (feb.-abr., 1936): 1.

———. «Al Tequendama». «La tierra de los pijaos». «A Cristo Sacramentado». *Historia de la literatura colombiana*. José J. Ortega T. Bogotá: Editorial Cromos, 1935. 164-169.

———. «A mi señora doña Carmen de Vargas, en su día». *La Mujer. Lecturas para las familias. Revista quincenal, redactada exclusivamente por señoras y señoritas, bajo la dirección de la señora Soledad Acosta de Samper* (Bogotá) I.4 (oct. 17, 1878): 82.

———. *Antioquia literaria*. Juan José Molina. 2ª ed. Medellín: Imprenta del Estado, 1878. [s.p].

———. *Antología colombiana*. Emiliano Isaza. París: Librería de la Vda. de Bouret, 1895. [s.p].

———. *Antología de la poesía hispanoamericana: Colombia*. Ginés Alvareda y Francisco Garfias. (Eds.). Madrid: Biblioteca Nueva, 1957. [s.f].

———. *Antología de la poesía hispanoamericana*. Julio Caillet Bois. Madrid: Editorial Aguilar, 1958. [s.p].

———. *Antología lírica; 100 poemas colombianos*. 4ª ed. Carlos Arturo Caparroso. Bogotá: Editorial A.B.C., 1951. [s.p].

———. *Antología poética hispanoamericana*. (Ed.). Calixto Oyuela. Buenos Aires: A. Estrada y Cía., 1919-1920. T. III. [s.p].

———. «Apólogo». *La Mujer. Lecturas para las familias. Revista quincenal, redactada exclusivamente por señoras y señoritas, bajo la dirección de la señora Soledad Acosta de Samper* (Bogotá) III.25 (oct. 1°, 1879): 7. [Firmado: Azucena del Valle]

———. «A un turpial goajiro» *Colombia Ilustrada* (Bogotá) 18 (oct. 28, 1890): 279.

———. *Breve bosquejo de literatura infantil*. Olga Castilla Barrios. Bogotá: Aedita Ltda. Cromos, 1954. [s.p].

———. «Canción». *La Mujer. Lecturas para las familias. Revista quincenal, redactada exclusivamente por señoras y señoritas, bajo la dirección de la señora Soledad Acosta de Samper* (Bogotá) I.12 (mzo. 15, 1879): 283 [Falta]. [Firmado: Azucena del Valle]

———. *Cincuenta poesías selectas de autores colombianos.* 2ª ed. Lisímaco Palau. Bogotá: Imprenta Eléctrica, 1912. [s.p].

———. *Colombia, el hombre y el paisaje*; una antología escogida. Jaime Tello. Bogotá: Editorial Iqueima, 1955. [s.p].

———. «Charada». *La Mujer. Lecturas para las familias. Revista quincenal, redactada exclusivamente por señoras y señoritas, bajo la dirección de la señora Soledad Acosta de Samper* (Bogotá) I.11 (feb. 21, 1879): 243. [Firmado: Azucena del Valle]

———. «Charada». Azucena del Valle. *La Mujer. Lecturas para las familias. Revista quincenal, redactada exclusivamente por señoras y señoritas, bajo la dirección de la señora Soledad Acosta de Samper* (Bogotá) I.12 (mzo. 15, 1879): 273. [Firmado: Azucena del Valle]

———. «Charada». *La Mujer. Lecturas para las familias. Revista quincenal, redactada exclusivamente por señoras y señoritas, bajo la dirección de la señora Soledad Acosta de Samper* (Bogotá) II.13 (abr. 5, 1879): 9.

———. «Dios. A mi Señora doña P. A de B.». *La Mujer. Lecturas para las familias. Revista quincenal, redactada exclusivamente por señoras y señoritas, bajo la dirección de la señora Soledad Acosta de Samper* (Bogotá) I.2 (sept 18, 1878): 33.

———. *El mundo literario americano; escritores contemporáneos, semblanzas, poesías, apreciaciones, pinceladas.* Emilia Serrano de Wilson, Baronesa de Wilson. Barcelona: Maucci, 1903. [s.p].

———. *El Parnaso Colombiano.* Julio Áñez. 1ª ed. Bogotá: Imprenta de Medardo Rivas, 1884. [s.p].

——— 2ª ed. Bogotá: Librería de Camacho Roldán, 1886-1987. [s.f]. 2 vols.

———. «Eterno amor». 4 *Revista Gris* (Bogotá) 2.12 (Dic. 1894): 407-409.

———. *Folletines de «La Luz».* III. Rafael María Merchán. Núms. 289 361. Bogotá: Imprenta de «La Luz», 1882-1884. [s.p].

———. «Historia biográfica de la poesía en Antioquia». *Repertorio Histórico* (Medellín) 12.6 (mayo, 1934): 395-779. [s.p].

———. *Historia de la literatura colombiana.* José Joaquín Ortega Torres. 2ª ed. aumentada. Bogotá: Editorial Cromos, 1935. [s.p].

———. *Homenaje de Colombia al Libertador Simón Bolívar en su primer centenario. 1783-1883.* Bogotá: Medardo Rivas, 1884. [s.p].

———. «José María Vergara y Vergara». *El Mosaico, periódico de la juventud. Destinado exclusivamente a la literatura* (Bogotá) II.13 (abr. 16, 1872): 104.

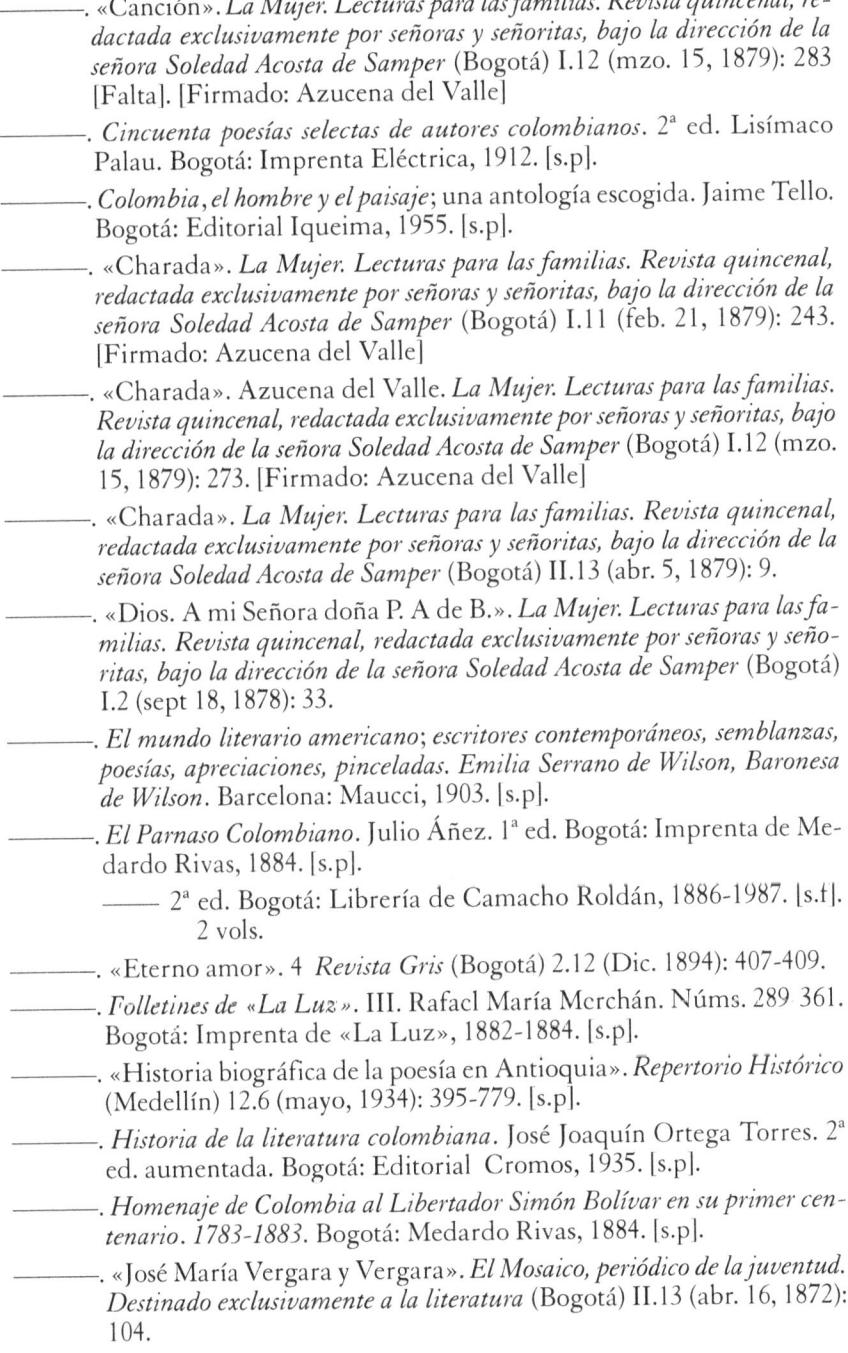

———. «La ausencia». *El Mosaico, periódico de la juventud. Destinado exclusivamente a la literatura* (Bogotá) II.15 (abr. 30, 1872): 117.

———. «La azucena y la rosa». *La Mujer. Lecturas para las familias. Revista quincenal, redactada exclusivamente por señoras y señoritas, bajo la dirección de la señora Soledad Acosta de Samper* (Bogotá) II.19 (jul. 5, 1879): 159.

———. «La vida!». *La Mujer. Lecturas para las familias. Revista quincenal, redactada exclusivamente por señoras y señoritas, bajo la dirección de la señora Soledad Acosta de Samper* (Bogotá) II.15 (mayo 5, 1879): 55. [Firmado: Azucena del Valle]

———. «La vida de las rosas. A la señorita Rosa Vargas, en el día de su santo». *La Mujer. Lecturas para las familias. Revista quincenal, redactada exclusivamente por señoras y señoritas, bajo la dirección de la señora Soledad Acosta de Samper* (Bogotá) I.7 (dic. 15, 1878): 148.

———. *Las cien mejores poesías (líricas) colombianas*. José Vargas Tamayo. Madrid: Sáenz de Júbera, 1924. [s.p].

———. *Las mejores poetisas colombianas*. Bogotá: Editorial Minerva, 1936. 75-83.

———. *Literatura de «El Heraldo»*. III, IV. Bogotá: J. J. Pérez, 1893-1895. [s.p].

———. «Los últimos instantes de Magdalena, la hija extraviada». *El Mosaico, periódico de la juventud. Destinado exclusivamente a la literatura* (Bogotá) 38 (oct. 22, 1871): 298.

———. *Parnaso colombiano*. 4ª ed. Francisco Caro Grau. Barcelona: Editorial Maucci, 1920. [s.p].

———. «Poesías». *Antología de la poesía hispanoamericana: Colombia*. Ginés de Albareda y Francisco Garfias. (Eds.). Madrid: Biblioteca Nueva, 1957. [s.p].

———. *Poesías de Agripina Montes del Valle*. Bogotá: Vapor de Zalamea Hermanos, 1883. 157p.

———. *Poesía de autoras colombianas*. Eddy Torres. [Comp]. Bogotá: Oficina de Divulgación de la Caja de Crédito Agrario, 1975. 65-78.

———. *Poetisas americanas*. José Domingo Cortés. París: Librería de A. Bouret e Hijo, 1875, [s.p].

———. *Poetisas de América*. Amapola Fenochio Fúrlong, (Ed.). México: [s.edit], 1956. [s.p].

———. «Recuerdos de una tarde». *El Mosaico* (Bogotá) III.45 (nov. 24, 1864): 360.

———. *Romancero colombiano*; homenaje a la memoria del Libertador Simón Bolívar en su primer centenario, 1783-1883. José Antonio Soffía. Bogotá: Imprenta Nacional, 1942. [s.p].

———. *Sabatina; ciudad poesía*. Jairo Maya Betancourt y Rubén Sierra Mejía. Manizales: Tipografía Cervantes, 1955? [s.p].

———. «Silva». *El Mosaico, periódico de la juventud. Destinado exclusivamente a la literatura* (Bogotá) 34 (sept. 24, 1871): 267.

———. «Silva». *El Mosaico, periódico de la juventud. Destinado exclusivamente a la literatura* (Bogotá) II.18 (mayo 21, 1872): 146-147.

———. «Silva a la muerte». *El Mosaico, periódico de la juventud. Destinado exclusivamente a la literatura* (Bogotá) 47 (ene. 7, 1872): 371.

———. «Silva. En la muerte de mi hijo. A mi querida hermana la señorita Vicenta del Valle». *El Mosaico* (Bogotá) 2.19 (mayo 28, 1872): 146-147.

———. *Tesoro poético del siglo XIX*. «Poetas independientes». P. V. Gómez Bravo. IV. Madrid: Jubera Hermanos, 1902. [s.p].

———. «Tus ojos. a la señorita Angelina Aguilar Toscano». *La Mujer. Lecturas para las familias. Revista quincenal, redactada exclusivamente por señoras y señoritas, bajo la dirección de la señora Soledad Acosta de Samper* (Bogotá) I.5 (nov. 5, 1878): 108.

———. «Un recuerdo de cariñosa amistad en la muerte de su querida madre, a la señora doña Emilia Otálora de M.». Agripina Montes del Valle. *La Mujer. Lecturas para las familias. Revista quincenal, redactada exclusivamente por señoras y señoritas, bajo la dirección de la señora Soledad Acosta de Samper* (Bogotá) II.17 (jun. 5, 1879): 110.111.

OTROS:

———. «Carta». *El Mosaico, periódico de la juventud. Destinado exclusivamente a la literatura* (Bogotá) II.42 (nov. 5, 1872): 330-331.

———. «El 27 de noviembre». *El Mosaico* (Bogotá) III.42 (nov. 3, 1864): 336.

———. «Memorias de la guerra. A mi señora y amiga doña Isidora Liths». *La Mujer. Lecturas para las familias. Revista quincenal, redactada exclusivamente por señoras y señoritas, bajo la dirección de la señora Soledad Acosta de Samper* (Bogotá) I.11 (feb. 21, 1879): 249-250.

———. «Recuerdos». *El Hogar. Periódico dedicado al bello sexo* (Bogotá) I.14 (mayo 2, 1868): 112.

CRÍTICA:

García Maffla, Jaime. «Agripina Montes del Valle». *Gran Enciclopedia de Colombia*. 4. Santafé de Bogotá: Círculo de Lectores, 1992. 77-78.

MONTOYA, VICENTE A. (18 ?- ?).

POESÍA:

———. «Ella! Ella!». *El Oasis. Periódico Literario de Antioquia* (Medellín) 5 (feb. 8, 1868): 39.

———. «Epigrama». *El Oasis. Periódico Literario de Antioquia* (Medellín) 52 (dic. 26, 1868): 418.

———. y J. Botero. «Señora Agripina Montes de Del Valle». *El Oasis. Periódico Literario de Antioquia* (Medellín) 18 (mayo 2, 1868): 144.

———. «Sr. Dr. Gregorio Gutiérrez González». *El Oasis. Periódico Literario de Antioquia* (Medellín) 12 (mzo. 21, 1868): 96.

———. «Un baile de garrote en el campo». *El Oasis. Periódico Literario de Antioquia* (Medellín) 1 (ene. 11, 1868): 5-7.

Relato:

———. «El peñón de la muerte». *El Oasis. Periódico Literario de Antioquia* (Medellín) 1868): 110-11.

Crítica:

Montes del Valle, Agripina. «Señores Juan J. Botero i Vicente A. Montoya». *El Oasis. Periódico Literario de Antioquia* (Medellín) 41 (oct. 10, 1868): 327-328.

M

MORELI, seudónimo de Ángel Cuervo.

M. S. T., seudónimo de Manuel S. Toro.

MUA, seudónimo de Manuel Uribe Ángel.

MUDARRA, seudónimo de José Joaquín Borda.

MÚLIER, seudónimo de Ruperto Segundo Gómez.

MUÑOZ, FRANCISCO DE PAULA (1840-1914) (Seud. Juancho Barinas, Mingrelio).

Otros:

———. *Escritos y discursos de Francisco de Paula Muñoz*. Medellín: Tipografía del Comercio, 1897. 3 vols.

———. *El crimen de Aguacatal*. Medellín: Imprenta del Estado, 1874. [s.p].

——— Prólogo: Juan José Hoyos. Medellín: Secretaría de Educación y Cultura de Antioquia, Dirección de Cultura, 1998. 377p.

MUÑOZ, T. M. (18 ?- ?).

Relato:

———. «Espejo del alma». *El Mosaico, periódico de industria, ciencias, artes, literatura e inventos* (Bogotá) VI.30 (sept. 4, 1865): 237-239; (Bogotá) VI.31 (sept. 11, 1865): 244-246.

MURC, CIRIACO, seudónimo de Diógenes A. Arrieta.

MUTIS GAMA, MANUEL (1811-1841) (Seud. Albino de Ferry).

N

NADIE, seudónimo de Ricardo Carrasquilla.

NARIÑO, ANTONIO (1765-1823) (Seud. Enrique de Somoyar)
Relato:
———. «Los toros de Fucha». *Boletín de Historia y Antigüedades* (Bogotá) (Separata) LX (1973): 702.
———. *Los toros de Fucha*. 1823. Alberto Miramón, introducción y notas. Bogotá: Editorial Kelly, 1973. 13p.

Otros:
———. «Acta de la Independencia de Cundinamarca». *El Gráfico* (Bogotá) 15. 43 (jul. 26, 1913): [s.p].
———. *Archivo Nariño*. Guillermo Hernández de Alba, [Comp]. Gonzalo Hernández de Alba y Andrés Olivos Lombana, ordenamiento. Bogotá: Fundación para la Conmemoración del Bicentenario de la Muerte el general Francisco de Paula Santander, 1990. 6 vols. [Contenido: V.1-2. Infancia, juventud, 1727-1810. v.3-4. Presidencia de Cundinamarca, 1809-1814. v.5. Campaña del sur, 1812-1815. v.6. Cárcel, destierro y regreso, 1816-1823]
———. *Cartas intimas de Nariño*. Guillermo Hernández de Alba. Bogotá: Ediciones Sol y Luna, 1966. 260p.
———. *Conducta del gobierno de Santafé, después de su transformación, para con el Arzobispo electo D. Juan Bautista Sacristán y motivos que han obligado a decretar últimamente, en uso de la potestad tuitiva y económica, su perpetua inadmisión*. Santafé de Bogotá: En la Imprenta Real, 1811. 14p.
———. «Contestación al oficio del gobernador actual de Quito Don Toribio Montes impreso en el Boletin num. 1». *El Mensagero de Cartagena de Indias* (Cartagena de Indias) 1.8 (abr. 1º, 1814): 41-42.
———. «Contestación al Oficio del Gobernador de Quito Don Torivio Montes impreso en el Boletín 2». *Boletín del Excercito del Sur Popayán* 4 (mzo. 8, 1814): 1.

―――. *Correspondencia y otros documentos del General Antonio Nariño, y otros dirigidos a él*. Mss. Editor: 1800? 20 piezas. Colección de manuscritos de la Biblioteca Luis Ángel Arango.

―――. «Declaración de los derechos del hombre y del ciudadano». *Revista Nacional de Agricultura* (Bogotá) 7.1 (jul., 1912): 451-453.

―――. *Defensa del General Nariño*. Bogotá: Imprenta de Espinosa, 1823. 89p.

―――. *Defensa del General Antonio Nariño: pronunciada ante el Senado de la República el 14 de mayo de 1823*. Bogotá: Imprenta Nacional, 1980. 103p.

―――. «Documentos históricos». *Revista del Colegio Mayor de Nuestra Señora del Rosario* (Bogotá) 3.22 (mzo., 1907): 124.

―――. *Documentos relacionados con el nombramiento de dos comisarios para los barrios del Príncipe y de Santa Bárbara*. Santafé, 1792. 2 folios. Colección de manuscritos de la Biblioteca Luis Ángel Arango.

―――. «Don Antonio Nariño presidente del Estado de Cundinamarca y general en xefe del exercito convinado del sur». *Boletín de Noticias del Día* (Santafé) 72 (ene. 24, 1814): 1-2.

―――. «D. Antonio Nariño Presidente del Estado de Cundinamarca y general en Jefe del ejército combinado del Sur». *Argos de la Nueva Granada* (Tunja) 15 (feb. 17, 1814): 61.

―――. *El ciudadano Antonio Nariño y Ortega al público*. Bogotá: Imprenta de Espinosa, 1822. 12p.

―――. «En la ciudad de Santafé a 20 de Octubre de 1812, El Exmo. Señor Presidente del Estado, Don Antonio Nariño acordó y resolvió lo siguiente». *Boletín de Provincias del Gobierno* (Santafé) 3 (oct. 20, 1812): 1.

―――. *Escrito presentado por don Antonio Nariño al tribunal de Gobierno de Santafé de Bogotá, el 17 de abril de 1811*. Bogotá: Imprenta Real, por don Bruno Espinosa de los Monteros, 1811. 20p.

―――. *Escritos políticos*. Gabriel Fonnegra, selección y recopilación. Bogotá: El Áncora Editores, 1982. 156p.

―――. *Escritos varios del General Antonio Nariño*. 3ª ed. Editor Jorge Roa. Bogotá: Librería Nueva, 1897. 65-103.

―――. «Firmeza republicana». *El Patriota* (Bogotá) 30 (jun., 1823): 232-233.

―――. «Formulario para elecciones de Diputados». *Boletín de Noticias del Día* (Santafé) 72 (ene. 24, 1814): 2.

―――. «Formulario para elecciones de diputados». *El Gráfico* (Bogotá) 50.502 (oct. 18, 1919): 26-27.

―――. «Fragmento del escrito: del campo histórico». *El Gráfico* (Bogotá) 15.143 (jul. 26, 1913): [s.p].

―――. *Informe sobre la decadencia de la agricultura i medios de su fomento, presentado a la Prefectura de este departamento, como Miembro de la Co-*

misión nombrada para este fin por la Junta de Comerciantes. Bogotá: Imprenta por J. A. Cualla, 1830. 7p.

———. *La Bagatela* (Santafé de Bogotá) 1.1 (jul. 14, 1811)1.38 (abr. 12, 1812): [s.p].

———. *La Bagatela. 1811-1812*. Bogotá: Vanegas, 1966. 148p.

———. *La Bagatela*. Bogotá: Editorial «Cahur», 1947. 224p

——— Bogotá: Ministerio de Educación Nacional, 1947. 204p.

——— Bogotá: Incunables, 1982. 148p.

———. «La relijión católica i nuestra independencia política». *El Catolicismo* (Bogotá) 4.51 (mayo 1°, 1852): 423-424.

———. *Los toros de Fucha*. 1823. Edición Facsimilar. Bogotá: Editorial Kelly, 1973. 13p.

———. *Manifiesto: Al público de Cundinamarca*. Santafé de Bogotá: En la Imprenta de D. Bruno Espinosa, 1812. 7p.

———. *Oficio de Exmo. Señor General en xefe del ejercito libertador del sur don Antonio Nariño y Álvarez*. Boletín de Noticias del Día (Santafé) 73 (jun. 3, 1814): 1-2.

———. «Oficio del general en xefe de la expedición del sur al segundo comandante de las tropas enemigas». *Boletín de Noticias del Día* (Santafé) 68 (ene. 13, 1814): 2.

———. «Oficio del general en xefe del Ejercito del sur Don Antonio Nariño a este supremo poder Executivo». *Boletín de Noticias del Día* (Santafé) 68 (ene. 13, 1814): 1-2; 69 (ene. 15, 1814): 1; 70 (ene. 24, 1814): 1-2; 71 (ene. 28, 1814): 1-3.

———. «Oficio de Señor D. Antonio Nariño prisionero en aquella ciudad al Gobierno de Cundinamarca». *El Mensagero de Cartagena de Indias* (Cartagena de Indias) 2.29 (ag. 26, 1814): 127.

———. «Oficio dirigido por el Exmo. Sr. General al muy ilustrado Cabildo de la ciudad de Pasto». *El Mensagero de Cartagena de Indias* (Cartagena de Indias) 1.8 (abr. 1°, 1814): 42

———. *Oficio que el General de división Antonio Nariño pasó al soberano Congreso*. Mss. Bogotá?: 1815? 4h. Colección de manuscritos de la Biblioteca Luis Ángel Arango.

———. «Parte del general en xefe del ejercito del sur don Antonio Nariño a este gobierno». *Boletín de Noticias del Día* (Santafé) 67 (ene. 9, 1814): 1.

———. «Por el correo del interior ha recibido el gobierno la noticia siguiente». *El Mensagero de Cartagena de Indias* (Cartagena de Indias) 1.1 (feb. 11, 1814): 9-11.

———. *Proceso de Nariño: fiel copia del original que existe en el Archivo General de Indias de Sevilla*. 1. Cuidadosamente confrontada y publicada por José Manuel Pérez Sarmiento. Cádiz: M. Álvarez, 1914. 238p.

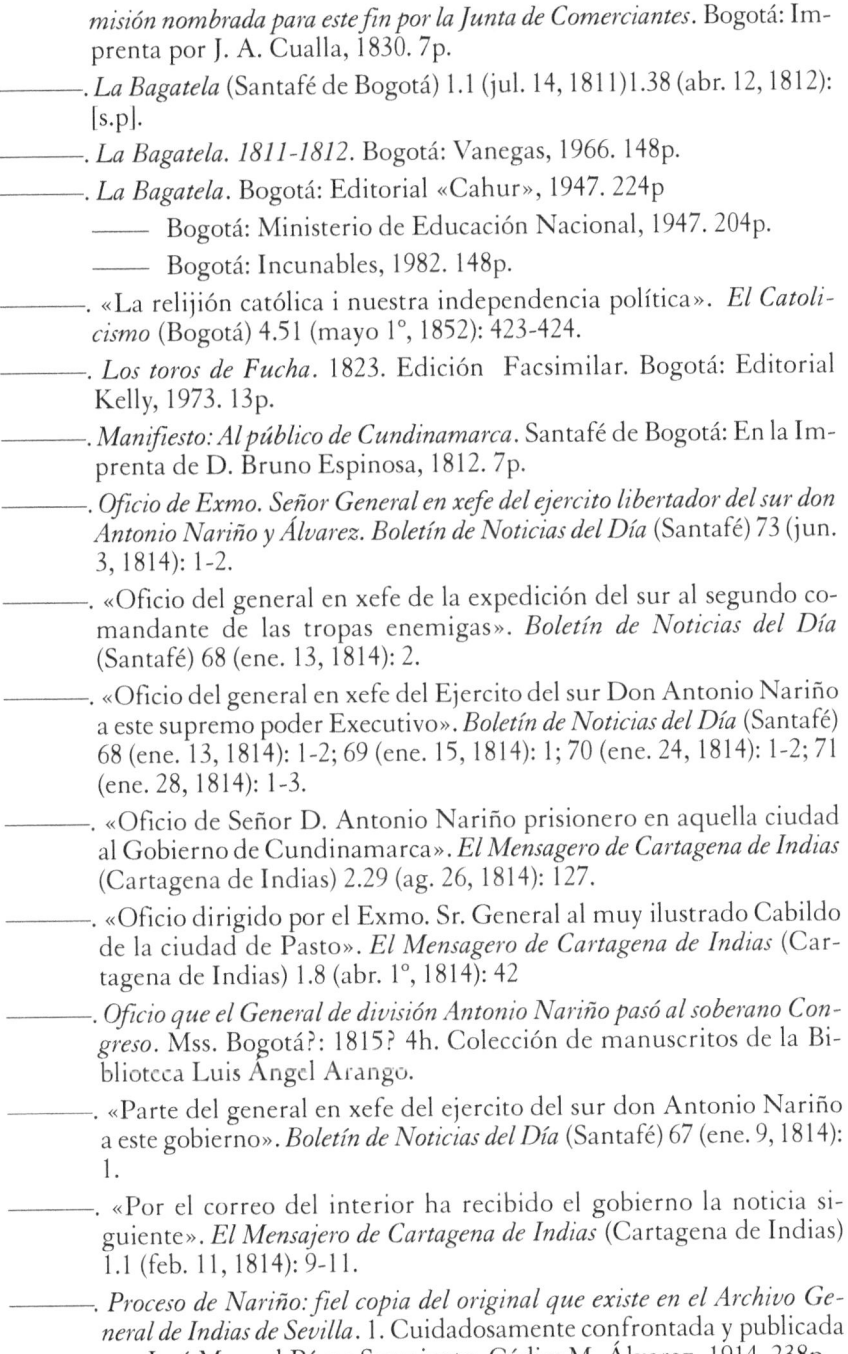

———. *Proceso contra don Antonio Nariño, por la publicación clandestina de la declaración de los derechos del hombre y del ciudadano*. Guillermo Hernández de Alba, compilación y prólogo. Bogotá: Imprenta Nacional, 1980. [s.p].

———. *Reflexiones al Manifiesto de la Junta Gubernativa de Cartagena, sobre el proyecto de establecer el Congreso Supremo en la Villa de Medellín, comunicado a esta Suprema Provisional*. Santafé de Bogotá, Imprenta Real, 1810. 29p.

———. *Segunda corrida: al patriota; Los toros de Fucha; Tercera corrida*. Bogotá: Imprenta de Espinosa, 1823-1824. 14p.

———. «Sobre la educación (1791?)». *Cuadernos de Filosofía Latinoamericana* (Bogotá) 41-42 (oct.-mzo., 1989-1990): 117-118.

———. *Vida y escritos del General Antonio Nariño*. Bogotá: Imprenta de Pizano i Pérez, 1859. 257p.

——— 2ª ed. Bogotá: Imprenta Nacional, 1946. 342p.

CRÍTICA:

Abella Rodríguez, Arturo. «El proceso de Nariño se agravó con el descubierto de la tesorería de diezmos». *Revista del Colegio Mayor de Nuestra Señora del Rosario* (Bogotá) 467 (jul-ag., 1964): 153.

Academia Colombiana de Historia. *Los Derechos del hombre y la independencia de la América Española; documentos que presenta la Academia Colombiana de Historia a la Sociedad Interamericana de Prensa, con motivo de su reunión en Lima en octubre de 1966*. Bogotá, Ediciones Lerner, 1966. 29p.

Academia Colombiana de Historia. Junta de Festejos Patrios. *Exposición Antonio Nariño y los derechos del hombre: homenaje de la Junta de Festejos Patrios a las Fuerzas Armadas de la Nación*. Bogotá: La Academia, 1953. 90p.

Academia Colombiana de Historia (Bogotá) *Segundo centenario del nacimiento de don Antonio Nariño, 1765-1965*. Bogotá: Editorial Kelly, 1965. 213p.

Acevedo Bernal, Ricardo. *Antonio Nariño*. Material audiovisual. 1 diapositiva. Colección de diapositivas de la Biblioteca Luis Ángel Arango.

Acosta de Samper, Soledad. «Antonio Nariño». *Biblioteca histórica: época de la independencia y presidentes de la Nueva Granada*. vol 1. Bogotá: Imprenta Moderna, 1910. [s.p].

———. *Biografía del general Antonio Nariño*. Pasto: Imprenta Departamental, 1910. 220p.

Aguilera, Miguel. «Antonio Nariño». *Boletín de Historia y Antigüedades* (Bogotá) 36.417-419 (jul.-sept., 1959): 445-453.

———. «Página histórica: intriguillas y odios de prócer a prócer». *El Gráfico* (Bogotá) 26.1276 (abr., 1936): 12-14.

Álvarez, Manuel Bernardo. *Justo desengaño al público, a que obliga el papel titulado: La contra Bagatela*. Santafé: Imprenta Real, 1811. 4p.

Anónimo. *Antonio Nariño, F. de P. Santander y Julio Arboleda*. Bogotá: Editorial Minerva, c1936. 143p.

——— Bogotá: Editorial Minerva, 1937. 205p.

Anónimo. «Antonio Nariño: el precursor». *Revista de Colombia* (Bogotá) 1 (abr., 1910): 32.

Anónimo. «Centenario de la muerte de Nariño». *El Gráfico* (Bogotá) 14.674 (dic. 15, 1923): 1169-1170.

Anónimo. *El precursor*. Bogotá: Finis, 18?? [s.p]. [Biblioteca de Historia Nacional. Colección Alfonso Palacio Rudas]

Anónimo. «En honor de los próceres». *El Gráfico* (Bogotá) 15.142 (jul. 19, 1913): [s.p].

Anónimo. «Hombres distinguidos». *La Caridad* (Bogotá) 1.13 (dic. 15, 1864): 199-203.

Anónimo. *Nariño y los derechos del hombre*. Pasto: Imprenta del Departamento, 1911. 16p.

Anónimo. *Próceres ideólogos de la independencia: don Antonio Nariño, homenaje a la memoria del precursor en el 166° aniversario de la Independencia de Cundinamarca*. Bogotá: Subsecretaria General de la Presidencia de la República, 1979. 29p.

Anónimo. «Precursor y profeta». *Consigna* (Bogotá) 11.346 (jul. 15, 1988): 47.

Anónimo. «¿Qué ocurrió en Villa de Leiva?». *Consigna* (Bogotá) 15.387 (mayo 31, 1990): 30-34.

Anónimo. «Rasgos del benemérito General Antonio Nariño». *Repertorio Boyacense* (Tunja) 2.21 (ene., 1915): 961-966.

Anónimo. «Verdades que parecen mentiras». *El Patriota* (Bogotá) 20 (abr. 13, 1823): 152-156.

Ariza S., Alberto E., Fray. «El hito final de Nariño». *Revista de las Fuerzas Armadas* (Bogotá) 26.76 (abr.-jun., 1974): 93-96.

———. *El ocaso misterioso del precursor*. Bogotá: Imprenta y Litografía de las Fuerzas Militares, 1973. 22p.

Arteaga, José Benjamín. «Barbacoas, 1821-1921». *Boletín de Estudios Históricos* (Pasto) 1.3.70-76 (Dic., 1927): [s.p].

Autor del Patriota. «El autor del Patriota al Jeneral Nariño». *El Patriota* (Bogotá) 18 (abr. 6, 1823): 138-140.

Azula Barrera, Rafael. «Nariño: padre nuestro». *Revista de las Indias* (Bogotá) 24.77 (mayo, 1945): 239-264; 24.78 (jun., 1945): 375-414.

Banco de la República (Bogotá). *Próceres 1810* Bogotá: Banco de la República, 1960. 225p.

Barón Ortega, Julio. *Don Antonio Nariño y su defensor José A. Ricaurte Rigueiros*. Tunja (Colombia): Academia Boyacense de Historia, 1997. 100p.

Barón Wilches, Moisés. *El sino trágico de Antonio Nariño*. Bucaramanga: Imprenta del Departamento, 1969. 287p.

─── 2ª ed. Medellín: Fondo Cultural Cafetero, 1977. 235p.

Bayo, Ciro. «Bolívar y sus tenientes: San Martín y sus aliados». Madrid: R. Caro Raggio, 1929. 296p.

───. *Examen de próceres americanos (los libertadores)*. Madrid: Librería de la Viuda de Pueyo, 1916. 412p. [Contenido: Francisco de Miranda, Simón Bolívar, Antonio Nariño, José de San Martín]

Bernal Gamboa, Samuel. *El mártir de la cárcel, don Antonio Nariño*. Bogotá: Imprenta Departamental, 1951. 105p.

───. «El precursor». *Policía Nacional* (Bogotá) 7.35-36 (mzo.-jun., 1955): 6.

Bernal Medina, Rafael. «Discurso en el colegio: "Magdalena Ortega de Nariño"». *Boletín de Historia y Antigüedades* (Bogotá) 42.606-608 (abr.-jun., 1965): 421-424.

───. «El prócer y la idea: selección y comentario». *Revista Policía Nacional* (Bogotá) 7.35-36 (mayo- jun., 1955): 23.

Blossom, Thomas. *Nariño: Hero of Colombian Independence*. Tucson: University of Arizona, 1969. 212p.

Buendía Narváez, Jorge. «El balcón donde se presentó Nariño en Pasto». *Cultura Nariñense* (Pasto) 10.89 (ene., 1976): 405-414.

Cacua Prada, Antonio. *Antonio Nariño y Eugenio Espejo: dos adelantados de la libertad*. Guayaquil, Ecuador: Archivo Histórico del Guayas, 2000. 174p.

───. «La Bagatela: primer periódico político en la Nueva Granada». *Investigación y Desarrollo Social* (Bogotá) 5.1 (ene-jun., 1994): 63-86.

───. «Con la bagatela inició Antonio Nariño el periodismo político». *Revista Senderos* (Bogotá) 7.24-30 (dic., 1994): 876- 903.

───. «En la Nueva Granada con La Bagatela inició Antonio Nariño el periodismo político». *Revista Senderos* (Bogotá) 7.29-30 (dic., 1994): 876-903.

Cadavid Restrepo, Tomás. «El Precursor». *Colegio Mayor de Nuestra Señora del Rosario* (Bogotá) 121.124 (mayo, 1917): 231.

Caycedo, Bernardo J. *Grandezas y miserias de dos victorias*. Bogotá: Librería Voluntad, 1951. 228p.

Carrasquilla, Rafael María. «Oración Pronunciada en la catedral de Bogotá: al inaugurar el sepulcro del general Antonio Nariño». *Colegio Mayor de Nuestra Señora del Rosario* (Bogotá) 81.87 (ag., 1913): 285.

Carrera, Luis. «Palabras en la Universidad de América». *Boletín de Historia y Antigüedades* (Bogotá) 52.606-607 (abr.-jun., 1965): 367-370.

Castillo, Eduardo. «Los caballeros de la gesta». *El Gráfico* (Bogotá) 49.483-484 (ag. 9, 1919): 262.

Caycedo, Bernardo J. *Grandezas y miserias de dos victorias*. Bogotá: Librería Voluntad, 1951. 226p.

———. «La verdad sobre el federalismo de Nariño». *Boletín de Historia y Antigüedades* (Bogotá) 63.495-496 (ene.-feb., 1956): 816-843.

Clavery, Edouard. «El proceso de Nariño». *Boletín de Historia y Antigüedades* (Bogotá) 15.175 (mayo, 1926): 428-447.

———. *El proceso de Nariño*. Quito: Impreso por Luis A. Haro, 1922. 22p.

———. *El proceso de Nariño 1794-1807*. 2ª ed. española revisada. Quito: Librería Americana de Antonio Lucio Paredes, 1926. 69p.

———. *Le proces de Nariño*. París: Imprenta Coueslant, 1921.15p.

———. *Trois precurseurs de l'independance des democraties sud-americaines: Miranda 1756-1816, Nariño 1765-1823, Espejo 1747-1795*. París: Fernand Michel, 1932.192p.

Cortázar Toledo, Roberto. «La Acusación de Nariño en el Senado de 1823». *Santafé y Bogotá* (Bogotá) 1.10 (oct., 1923): 203-218.

Cortes Vargas, Carlos. *De Arauca a Nunchia: Campaña Libertadora de 1819*. Bogotá: Talleres del Estado Mayor General, 1919.134p.

Cuervo, Luis Augusto. «Entierro de Nariño». *Boletín de Historia y Antigüedades* (Bogotá) 29.335 (sept.-oct., 1942): 929-931.

———. «Información matrimonial del general Antonio Nariño». *Boletín de Historia y Antigüedades* (Bogotá) 28.319 (mayo-jun., 1941): 441-446.

———. «Instrucción que se ha de observar para la prisión de don Antonio Nariño y de don Fermín Vargas». *Boletín de Historia y Antigüedades* (Bogotá) 41.471-472 (ene.-feb., 1954): 118-119.

Díaz Díaz, Oswaldo. «Cinco encuentros con don Antonio Nariño». *Revista de América* (Bogotá) 8.22 (oct., 1946): 97-103.

———. *Nuestro precursor: biografía de Don Antonio Nariño*. Bogotá?: Acción Cultural Popular, 1960? 122p.

———. «Nuevo encuentro con don Antonio Nariño». *Boletín de Historia y Antigüedades* (Bogotá) 42.606-607 (abr.-jun., 1965): 285-306.

Echeverri Herrera, Jorge. «La primera etapa misional de Nariño». *Economía Colombiana* (Bogotá) 9.25 (mayo, 1956): 269.

Espinosa, José María. *Retrato de Antonio Nariño*. Material audiovisual. 1 diapositiva. Colección de diapositivas de la Biblioteca Luis Ángel Arango.

Estrada Monsalve, Joaquín. «Discurso pronunciado ante la estatua de don Antonio Nariño». *Boletín de Historia y Antigüedades* (Bogotá) 39.444-452 (jul.-sept., 1947): 393-395.

Forero, José Manuel. *Antonio Nariño, el Precursor*. Bogotá: Editorial Iris, 1957 94p.

——— Bogotá: [s.edit], 1973. 72p.

——— Bogotá: Iris, 1975. 94p.

———. «De cómo doña Magdalena Ortega tomó la pluma para defender a Nariño». *Boletín Cultural y Bibliográfico* (Bogotá) 8.6 (1965): 874-876.

Forero Benavides, Abelardo. «Ante la estatua». *Boletín de Historia y Antigüedades* (Bogotá) 52.606-607 (abr.-jun., 1965): 317-335.

———. «El proceso de Nariño tuvo un carácter eminentemente político». *Revista del Colegio Mayor de Nuestra Señora del Rosario* (Bogotá) 467 (jul.-ag., 1964): 129.

——— *Cauce* (Tunja) 45-46 (ene.-feb., 1965): 57-81; 334-339.

———. *Impresión y represión de los derechos del hombre*. Bogotá: Universidad de los Andes, 1967. 170p.

———. «La defensa de Nariño». *Boletín Cultural y Bibliográfico* (Bogotá) 8.1 (1965): 18-23.

———. «Nariño precursor y presidente». *Boletín Cultural y Bibliográfico* (Bogotá) 1.1 (1971): 8-15.

Galvis Salazar, Fernando. *Don Antonio Nariño: visión panorámica de la vida del precursor: drama en once cuadros*. Bogotá: Imprenta Departamental; 1962. 132p.

García, Juan Crisóstomo. «Sepulcro de Nariño en la Catedral de Bogotá». *El Gráfico* (Bogotá) 14.674 (dic. 15, 1923): 1179.

Garrido, Margarita y Alberto Ramírez Santos. *Antonio Nariño*. Santafé de Bogotá, D. C., Colombia: Panamericana Editorial, 1999. 143p.

Giraldo Jaramillo, Gabriel. *Bibliografía selecta de Nariño*. Bogotá: Ed. Sucre, 1953. 24p.

———. «Los biógrafos de Nariño». *Revista Policía Nacional de Colombia* (Bogotá) 7.35-36 (mayo-jun., 1955): 36.

Gómez Hoyos, Rafael. «Los escritos de Canga-Argüelles y las ideas democráticas de Nariño». *Boletín Cultural y Bibliográfico* (Bogotá) 5.1 (feb., 1962): 137-141.

———. «Nariño, conciencia viva de la patria». *Boletín de Historia y Antigüedades* (Bogotá) 52.606-607 (abr.-jun., 1965): 307-316.

Gómez Restrepo, Antonio. «Don Antonio Nariño». *Historia de la literatura colombiana*. III. Bogotá: Litografía Villegas, 1957. 149-168.

Guevara Rodríguez, Carlos Hernando. *Esbozos literarios: sonetos, precursor Antonio Nariño, cien años de soledad*. Bogotá: [s.edit], 1982. 86p.

Guzmán Mora, Fernando. «Don Antonio Nariño y Álvarez: múltiples citas con la muerte». *Investigación y Desarrollo Social* (Bogotá) 5.7 (ene-jun., 1994): 93-97.

Hernández de Alba, Guillermo. «Antonio Nariño: periodista». *Revista Policía Nacional* (Bogotá) 7.35-36 (mayo-jun., 1955): 36.

———. *Cartas íntimas de Nariño.* Bogotá: Sol y Luna, 1966. [s.p].

———. *Diez años en la vida de Nariño.* Bogotá: Imprenta Patriótica del Instituto Caro y Cuervo, 1965. 63p.

———. *El proceso de Nariño a la luz de documentos inéditos.* Bogotá: Editorial ABC, 1958. 327p.

———. [Comp]. *El proceso contra Don Antonio Nariño: por la publicación clandestina de la Declaración de los Derechos del Hombre y del Ciudadano.* Bogotá: Presidencia de la República, 1980-1984. 2 vols.

———. y Fernando Restrepo Uribe. *Iconografía de don Antonio Nariño y recuerdos de su vida.* Bogotá: Empresa de Teléfonos, 1983. 34p.

———. *Nariño precursor de la asistencia social: una faceta desconocida.* Villa de Leiva: Departamento de Publicaciones de la Beneficencia de Cundinamarca, 1973. 14p.

———. *Proceso contra don Antonio Nariño.* Bogotá: Imprenta Nacional, 1980. [s.p].

———. «Prólogo». *Como nació la República de Colombia.* Bogotá: Talleres Gráficos del Banco de la República, 1965? 96p.

——— 3ª ed. Bogotá: Banco de la República, 1978. 120p.

Ibáñez, Pedro María. Carta inédita del General Nariño». *Boletín de Historia y Antigüedades* (Bogotá) 3.32 (dic., 1905): 493-496.

———. *Iconografía de don Antonio Nariño y recuerdos de su familia.* Bogotá: Publicismo y Ediciones, 1983. 84p.

———. «Lo que debe la libertad de Colombia al general Antonio Nariño». *Boletín de Historia y Antigüedades* (Bogotá) 45.522-523 (abr.-jun., 1958): 193-214.

———. «Los restos de Nariño». *El Gráfico* (Bogotá) 6.54 (sept. 2, 1911): [s.p].

———. «Nariño en el poder». *Boletín de Historia y Antigüedades* (Bogotá) 6.68 (ene., 1911): 508-525.

———. «Nariño: fianza sobre la tesorería de diezmos». *Boletín de Historia y Antigüedades* (Bogotá) 6.70 (mzo., 1911): 646-649.

Liévano Reyes Roberto. «En casa del precursor: tertulias literarias en Santafé y Bogotá». *El Gráfico* (Bogotá) 38.371 (sept. 29, 1917): 162-163.

Lleras Camargo, Alberto. «Nariño». *Boletín de Historia y Antigüedades* (Bogotá) 52.606-608 (abr.-jun., 1965): 347-366.

López Álvarez, Leopoldo. «Campaña del sur y destrucción del ejercito patriota». *Boletín de Estudios Históricos* (Pasto) 2.16 (ene., 1929): 127-128; 2.17 (feb., 1929): 149-160; 2.18 (mzo., 1929): 185-190; 2.19 (abr., 1929): 215-224; 2.20 (mayo, 1929): 236-243; 2.21 (jun., 1929): 283-287; 2.22 (jul., 1929): 308-316; 2.23 (ag., 1929): 324-330.

———. «La prisión del general Antonio Nariño en Pasto». *Boletín de Estudios Históricos* (Pasto) 7.83 (jul., 1938): 347-348.

Lozano y Lozano, Juan. «Antonio Nariño». *Universidad Pontificia Bolivariana* (Medellín) 27.97 (abr.-jun., 1965): 320-328.

———. «Antonio Nariño: prócer de la independencia». *Cauce* (Tunja) 45-46 (ene.-feb., 1965): 83-92.

Madrid-Malo, Néstor. *Nariño el infortunado.* Bogotá: Imprenta Departamental, 1974. 87p.

———. *Nariño, lo sventurato.* Roma: [s.edit], 1960? 35p.

Mancini, Julio. «Nariño durante la colonia». *El Gráfico* (Bogotá) 193-194 (jul. 20, 1914): 344-346

Mantilla Pineda, Benigno. «Antonio Nariño, traductor de los derechos del hombre y del ciudadano». *Estudios de Derecho* (Medellín) 54.119 (mzo., 1995): 185-212.

Márquez, Ezequiel. *El árbol de la libertad plantado por el general Antonio Nariño en 1813.* Cuenca: Tipografía Universidad, 1936. 21p.

Marroquín, Lorenzo. *Precursores: Nariño; Los Ricaurtes; don José Antonio Ricaurte, precursor y promotor de la libertad.* Bogotá: Imprenta Eléctrica, 1913. 154p.

Martínez Delgado, Luis. «Carta de Justo Veraz sobre lo que debe la libertad de Colombia al general de división Antonio Nariño». *Boletín de Historia y Antigüedades* (Bogotá) 45.519-520 (abr.-mzo., 1958): 133-149.

Martínez Zulaica, Antonio. *La agonía del precursor: Los últimos días de don Antonio Nariño.* Tunja: Universidad Pedagógica y Tecnológica de Colombia, Fondo Especial de Publicaciones y Ayudas Educativas, 1974. 40p.

———. *Antonio Nariño: prometeo andino.* Tunja: Caja Popular Cooperativa, 1992. 282p.

Mendoza G., Manuel. «Antonio Nariño». *Repertorio Histórico* (Medellín) 16.153-154 (sept., 1942): 352-358.

Miramón, Alberto. «Las biografías de Nariño». *Revista de las Indias* (Bogotá) 2.6 (mayo, 1939): 252-257.

———. «Nariño en la inquisición». *Boletín de Historia y Antigüedades* (Bogotá) 49.510-511 (abr.-jun., 1957): 206-219.

———. *Nariño: una conciencia criolla contra la tiranía.* Bogotá: Academia Colombiana de Historia; Editorial Kelly, 1960. 381p

———. «Nariño y la escuela romántica». *Boletín Cultural y Bibliográfico* (Bogotá) 2.5 (jun., 1959): 274-277.

Molina Marino, Jorge Enrique. «Don Antonio Nariño en Cartagena de Indias». *Hojas Universitarias* (Bogotá) 4.39 (ene.-mzo., 1994): 24-38.

Monsalve, José Dolores. «Apuntes y comentarios: Nariño». *Boletín de Historia y Antigüedades* (Bogotá) 20.231-232 (jun.-jul., 1933): 231-232.

Montezuma Hurtado, Alberto. *Cánones y molinos de viento: Nariño y la campaña del sur.* Bogotá: Ediciones Tercer Mundo, 1980. 183p.

Moreno Arango, Sebastián. *Biografía del general Antonio Nariño*. Bogotá: Imprenta de «La Unidad», 1913. 32p.

Navas Sierra, J. Alberto. «Nariño, ideólogo y constitucionalista». *Hojas Universitarias* (Bogotá) 4.39 (ene.-mzo., 1994): 39-55.

Negret, Rafael. *Campaña del Sur del general don Antonio Nariño, 1813-1814*. Bogotá: Imprenta del Estado Mayor General, 1919. 134p.

Nieto Caballero, Luis Eduardo. «Nariño». *Boletín de Historia y Antigüedades* (Bogotá) 26.293-294 (mzo.-abr., 1939): 293-294.

Núñez Segura, José Aristides. «Antonio Nariño». *Cultura Nariñense* (Pasto) 7.66 (dic., 1973): 295-299.

Olano Valderrama, Carlos Alberto. «Autodefensa del general Antonio Nariño». *Audiencias célebres de todos los tiempos*. Bogotá: Librería del Profesional, 1985. [s.p].

Ortega y Nariño, José María. «Nariño». *Boletín de Historia y Antigüedades* (Bogotá) 49.547-548 (mayo-jun., 1960): 371-372.

Ortega Ricaurte, Carmen. *El enigma del medallón: polémica histórica sobre la infidelidad de Magdalena Ortega de Nariño*. Santafé de Bogotá: Planeta Colombiana, 2000. 218p.

Ortega Ricaurte, Carmen. «Sobre las hijas de Nariño». *Boletín de Historia y Antigüedades* (Bogotá) 83.792 (ene.-mzo., 1996): 225-233.

Ortega Ricaurte, Daniel. «Antonio Nariño». *Cauce* (Tunja) 45-46 (ene.-jun., 1965): 20-23.

Ortiz, Sergio Elías. «En el centenario de la muerte del precursor de la independencia Antonio Nariño y Álvarez». *Boletín de Estudios Históricos* (Pasto) 1.3 (dic., 1927): 63-67.

Ortiz Vidales, Darío. «Antonio Nariño: ¿precursor también de la masonería?». *Consigna* (Bogotá) 15.394 (sept. 15, 1990): 38-42.

Pardo Tovar, Andrés. «Dos vidas paralelas: Miranda y Nariño». *Bolívar* (Bogotá) 55-58 (ene.-dic., 1960): 101-116.

Paredes Pardo, Jaime. *Nariño, Colombia*. Bogotá: Cafam, 1978. 130p.

Pareja, Carlos Enrique. *El padre Camilo: el cura guerrillero, 4 ensayos sobre la lucha entre el pueblo y la oligarquía en la historia de Colombia*. México: Editorial Nuestra América, 1968. 262p.

Parra Pérez, C. *Nariño y las guerras civiles*. Madrid: Cultura Hispánica, 1958-1959. 2 vols. [v.1 La revolución de las reformas. v. 2 El gran partido liberal]

Pérez Sarmiento, José Manuel. *Proceso de Nariño: fiel copia del original que existe en el Archivo General de Indias de Sevilla*. Cádiz: Imprenta de M. Álvarez, 1914. [s.p].

Porter, Mary Erin. *Oratory of the South American independence: an analysis of speeches by Antonio Nariño and Francisco de Paula Santander; 1968*. Ann Arbor; London: Univ. Microfilms International, 1979. 228h.

Posada, Eduardo. «Documentos inéditos sobre la vida de Nariño: desde 1794 hasta 1814». *Boletín de Estudios Históricos* (Pasto) 2.13 (oct., 1928): 7-20.

Posada, Eduardo. «Informe de la comisión que falló el concurso sobre la campaña de Nariño en el sur de Colombia. (1813-1814)». *Boletín de Historia y Antigüedades* (Bogotá) 9.104 (nov., 1914): 496-497.

Perea Rodríguez, Jaime. *Antonio Nariño, padre de mi país.* Bogotá: Editorial Carbel, 1991. 387p.

Pérez Sarmiento, José Manuel. «El general Nariño y los derechos del hombre». *Boletín de Estudios Históricos* (Pasto) 2.15 (Dic., 1928): 88-96.

———. «El general Nariño y los derechos del hombre: continuación». *Boletín de Estudios Históricos* (Pasto) 2.16 (ene., 1929): 108-112.

Pérez Silva, Vicente. «Antonio Nariño: precursor de la libertad del pensamiento y de imprenta». *Boletín Cultural y Bibliográfico* (Bogotá) 7.4 (1965): 495-501.

Posada, Eduardo. y Pedro M. Ibáñez. *El precursor: documentos sobre la vida pública y privada del general Antonio Nariño.* Bogotá: Academia Colombiana de Historia, 1903. 653p.

Posada, Jaime. «Don Antonio Nariño, apóstol de libertadores». *Hojas Universitarias* (Bogotá) 4.39 (ene.-mzo., 1994): 15-23.

Quijano, Arturo. «Los derechos del hombre». *El Gráfico* (Bogotá) 14.674 (dic. 15, 1923): 1178-1180.

Ramírez B., Roberto. [Comp]. *Elocuencia colombiana.* Bogotá: Imprenta Comercial, 1912. 78p.

Restrepo, José María. «Genealogía de don Antonio Nariño». *Boletín de Historia y Antigüedades* (Bogotá) 52.606 (abr.-jun., 1965): 225-232.

Restrepo Canal, Carlos. «Estudio preliminar». *Nariño periodista.* Bogotá: Academia Colombiana de Historia, 1960. 515p.

———. «Nariño periodista y hombre de estado». *Boletín de Historia y Antigüedades* (Bogotá) 52.606-607 (abr.-jun., 1965): [s.p].

———. «Nariño: primer periodista político en Colombia». *Boletín de Historia y Antigüedades* (Bogotá) 744 (ene.-mzo., 1984): 82-96.

Restrepo Sáenz, José María. «Familia de Nariño». *Colegio Mayor de Nuestra Señora del Rosario* (Bogotá) 51.51 (feb., 1910): 45.

Restrepo Tirado, Ernesto. «Nariño y el duque de Frías». *Boletín de Historia y Antigüedades* (Bogotá) 30.347-348(sept.-oct., 1943): 926-929.

Restrepo Uribe, Fernando. *Del hombre los derechos, Nariño predicando...* Bogotá: Editorial Presencia, 1989. 96p.

Riaño, Camilo. *El teniente general don Antonio Nariño.* Bogotá: Imprenta y Litografía de las Fuerzas Militares, 1973. 324p.

———. «Nariño en la historia militar de Colombia». *Boletín de Historia y Antigüedades* (Bogotá) 52.259-284 (abr.-jun., 1965): 259-284.

Rivas, Raimundo. *El andante caballero don Antonio Nariño*. Bogotá: Imprenta de «La Luz», 1936. 388p.

——— 2ª ed. Bogotá: Editorial ABC, 1938. 274p.

———. «En defensa de Nariño». *Boletín de Historia y Antigüedades* (Bogotá) 26.293-294 (mzo.-abr., 1939): 293-294.

Rivas Escobar, Raimundo. «La nochebuena de Nariño: del campo histórico». *El Gráfico* (Bogotá) 39. 86-387 (dic. 22, 1917): 289-290.

Roa, Jorge. (Ed.). «Antonio Nariño». *Colección de grandes escritores nacionales y extranjeros*. I. Bogotá: Jorge Roa Editor, 1893. [s.p].

Robledo Correa, Eusebio. «Un rasgo de Nariño». *Revista Moderna* (Bogotá) 3.16 (feb. 15, 1916): 162-166

Rodríguez Garavito, Agustín. «Sófocles: las siete tragedias; Julián Motta Salas». *Boletín Cultural y Bibliográfico* (Bogotá) 10 (nov., 1958): 355-356.

Rojas, Ulises. *El profesor Dr. Juan Gualberto Gutiérrez: medico del precursor general Antonio Nariño y del Ejercito Libertador de la Nueva Granada*. Tunja: Imprenta Oficial, 1940. 59p.

Romero, Mario Germán. «Actos de otras entidades». *Boletín de Historia y Antigüedades* (Bogotá) 52.606-608 (abr.-jun., 1965): 405-410.

———. «¿De qué obra tradujo Nariño "Los derechos del derecho?"». *Boletín de Historia y Antigüedades* (Bogotá) 53.626 (dic., 1965): 717-736.

———. «La opinión del fiscal: del texto de la acusación del fiscal». *Boletín de Historia y Antigüedades* (Bogotá) 53.626 (dic., 1966): 715.

———. «Nariño y la libertad de imprenta». *Boletín de Historia y Antigüedades* (Bogotá) 53.626 (dic., 1966): 713-715.

———. «Programa: segundo centenario del nacimiento de don Antonio Nariño». *Boletín de Historia y Antigüedades* (Bogotá) 52.606-608 (abr.-jun., 1965): 233-235.

———. «Tres cartas de Nariño». *Boletín de Historia y Antigüedades* (Bogotá) 48.555-556 (ene.-feb., 1961): 113-116.

———. «Una carta desconocida de Nariño». *Boletín de Historia y Antigüedades* (Bogotá) 52.606-608 (abr.-jun., 1965): 425-427.

Rueda Vargas, Tomas. «Nariño». *Revista de las Indias* (Bogotá)18.55 (jul., 1943): 24-34.

Ruiz Martínez, Eduardo. *Aproximación a una bibliografía de Don Antonio Nariño Álvarez*. Bogotá: Instituto Caro y Cuervo, 1995. 390p.

———. *La librería de Nariño y los derechos del hombre*. Mireya Fonseca Leal. (Ed.). Bogotá: Editorial Planeta, 1990. 503p.

———. «Nariño, El precursor, también era masón y librero». *Revista Credencial Historia* (Bogotá) 17 (mayo, 1991): 12-13.

———. «Nariño: en la guillotina criolla». *El Tiempo* [Lecturas Dominicales] (Bogotá) (jul. 9, 1989): 12-13.

Sánchez Eusse, Hernando. «Don Antonio Nariño un producto de su medio social». *Universidad de Medellín* (Medellín) 10 (mayo, 1965): 99-101.

Santos Molano, Enrique. *Antonio Nariño*. Bogotá: Instituto Colombiano de Cultura, 1972. 2 vols.

———. *Antonio Nariño, filósofo revolucionario*. Santafé de Bogotá: Planeta, 1999. 595p.

Serrano Gómez, Gustavo. «Semblanza del precursor Antonio Nariño». *Revista Policía Nacional* (Bogotá) 28.138 (nov., dic., 1969): 66.

———. *Sociedad Nariñista de Boyacá. Don Antonio Nariño en las letras boyacenses*. Tunja: Editorial Talleres Gráficos, 1994. 220p.

Silva Escobar, Jaime. *Antonio Nariño: perseguido y abandonado*. Bogotá: Imprenta Departamental de Cundinamarca, 1989. 213p.

Sociedad Nariñista de Colombia. *La Bagatela*. Santafé de Bogotá: La Sociedad, 1993. [s.p].

———. *Don Antonio Nariño en las letras boyacenses*. Tunja, Boyacá: Sociedad Nariñista de Boyacá, 1994. 220p.

Solís Moncada, José. «Hombres célebres». *Repertorio Histórico* (Medellín) 16.153-156 (sept., 1942): 352-374.

Soriano Lleras, Andrés. *Historia clínica de don Antonio Nariño y otros ensayos: páginas de historia de la medicina colombiana*. Bogotá: Imprenta Departamental, «Antonio Nariño», 1972. 72p.

Soto C., Margarita de. *Villa de Leyva y el andante caballero*. Bogotá: Editorial E. Salazar F., 1972. 243p.

Tisnés Jiménez, Roberto María. «D. Pedro Fermín de Vargas y D. Antonio Nariño». *Boletín Cultural y Bibliográfico* (Bogotá) 5.2 (Feb., 1962): 147-152.

Tobar, Manuel M. «Estudios históricos». *Revista del Colegio Mayor de Nuestra Señora del Rosario* (Bogotá) 3.23 (abr., 1907): 166.

———. «La casa de Antonio Nariño». *Revista del Colegio Mayor de Nuestra Señora del Rosario* (Bogotá) 101.109 (oct., 1915): 536.

Torres, Carlos Arturo. *Estudios de crítica moderna: estudios ingleses, estudios americanos, estudios varios*. Tunja: Academia Boyacense de Historia, 1997. 204p.

———. *La estatua del Precursor*. Liverpool: Philip Son & Nephew, 1907. 24p.

———. «La figura del precursor». *El Gráfico* (Bogotá) 193-194 (jul. 20, 1914): 346.

Torres, Juan Lorenzo de. «Biografía inédita de Nariño». *Boletín Historial* (Cartagena) 1.9 (ene.,1916): 298-299.

Torres Duque, Óscar. «Antonio Nariño». *Gran Enciclopedia de Colombia*. 5. Santafé de Bogotá: Círculo de Lectores, 1994. 145.

Trujillo Trujillo, Julieta. *Antonio Nariño: el precursor*. Bogotá: Universidad de la Sabana. Ciencias Sociales, 1985. 135p

Uprimny, Leopoldo. «El problema de Nariño con la caja de diezmos a la luz de las leyes indias». *Revista del Colegio Mayor de Nuestra Señora del Rosario* (Bogotá) 447-448 (ag.-oct., 1958): 114.

Valencia, Guillermo León. *La estatua del general Antonio Nariño en Popayán*. Popayán: Universidad del Cauca, 1956. 32p.

Valencia Benavides, Hernán. «Antonio Nariño y el periodismo». *Investigación y Desarrollo Social* (Bogotá) 5.7 (ene-jun.,1994): 89-92.

Varios. *Segundo centenario del nacimiento de don Antonio Nariño*. Bogotá: Editorial Kelly, 1965. 213p.

Vejarano Segura, Jorge Ricardo. «Carta sobre Nariño». *Boletín de Historia y Antigüedades* (Bogotá) 26.297 (jul., 1939): 478-483.

———. «Hacia la aventura». *Revista Policía Nacional* (Bogotá) 4.35-36 (mayo- jun., 1955): 33.

———. *Nariño: su vida, sus infortunios, su talla histórica*. Bogotá: Editorial Santa Fe, 1938. 412p.

——— Bogotá: Editorial Centro, 1945. 404p.

——— Bogotá: Editorial de la Caja de Crédito Agrario, 1972. 417p.

———. *Nariño*. Bogotá: Instituto Colombiano de Cultura, 1978. 324p.

——— 2ª ed. Bogotá: Universidad Incca, 1978. 284p.

Vejarano Segura, Jorge Ricardo. «La extraordinaria de Nariño». *Boletín de Historia y Antigüedades* (Bogotá) 23.259-262 (abr.-jun., 1936): 255-296; 398-417.

———. «Postrimerías de Nariño». *Hojas de Cultura Popular Colombiana* (Bogotá) 49 (ene., 1955): [s.p].

Velandia, Roberto. «Nariño y la declaración de los derechos del hombre y del ciudadano». *Hojas Universitarias* (Bogotá) 4.39 (ene.-mzo., 1994): 56-65.

Velasco, Donaldo. *Antonio Nariño ante la juventud hispanoamericana*. Bogotá: Editorial Cromos, 1923. 226p.

Vergara y Vergara, José María. *Vida i escritos del jeneral Antonio Nariño*. Bogotá: Imprenta de Pizano i Pérez, 1859. 1 vol.

——— 2ª ed. Bogotá: Imprenta Nacional, 1946. 342p.

Vidales Jaramillo, Luis. «El caballero del trébol». *Boletín Cultural y Bibliográfico* (Bogotá) 8.4 (1965): 483-491.

Villaveces, Manuel. «Historia anecdótica: tradiciones de la familia Nariño sobre el precursor». *Boletín de Historia y Antigüedades* (Bogotá) 23.258 (mzo., 1936): 177-192.

Zuleta, Concha de. «Documentos para la historia del general Nariño». *Boletín de Estudios Históricos* (Pasto) 8.91 (mzo., 1939): 222-230; 92 (abr., 1939): 231-241.

NARVÁEZ, JUAN SALVADOR DE (1788-1827).
CRÍTICA:
Pretelt Mendoza, Manuel H. «Los cartageneros Narváez, próceres genuinos». *Boletín Historial* (Cartagena) 55.147 (oct., 1970): 13-18.
Narváez, Enrique de. *Juan Salvador de Narváez (1788-1827): apuntes biográficos*. Bogotá: Editorial Minerva, 1927. 310p.

NARVÁEZ, JUAN SALVADOR DE (Bogotá, 1826-1868) (Seud. Emero).
POESÍA:
———. «A Carmen. Soneto». *El Mosaico* (Bogotá) 3.22 (jun. 11, 1864): 170.
———. *A Chile*. Bogotá: Impreso por Foción Mantilla, 1886. 44p.
———. «A la señorita M. C. Dolora». *El Mosaico* (Bogotá) 3.28 (jul. 23, 1864): 224.
———. [«Al mar»]
———. «A Carmen». *Historia de la literatura colombiana*. Antonio Gómez Restrepo. Bogotá: Litografía Villegas, 1957. 311-312.
———. «Poesías». *Antología de la poesía hispanoamericana: Colombia*. Ginés de Albareda y Francisco Garfias. (Eds.). Madrid: Biblioteca Nueva, 1957. [s.p].
———. «Soneto». *El Mosaico* (Bogotá) 2.12 (abr. 9, 1872): 92.
CRÍTICA:
Gómez Restrepo, Antonio. «Juan Salvador de Narváez». *Historia de la literatura colombiana*. IV. Bogotá: Litografía Villegas, 1957. 311-312.
Holguín Carlos. «El centenario de un colombiano ilustre: Juan Salvador de Narváez». *Santafé y Bogotá* (Bogotá) 4.45 (sept., 1926): 137-140.

NATES, PEDRO PABLO (18 ? - ?).
POESÍA:
———. «Poesías». *Álbum literario dedicado al centenario del Libertador Simón Bolívar*. Bogotá: N. Torres, 1883. [s.p].

NAVARRO, NEPOMUCENO (San Gil, 1834-1890).
NOVELA:
———. *El Camarada*. Bogotá: [s.edit], 1866. [s.p].
——— *Flores del campo*. Colección de producciones literarias. Socorro: Imprenta del Estado, 1871. 243-280.
———. «El gamonal. Novela de costubres». *Flores del campo*. Colección de producciones literarias. Socorro: Imprenta del Estado, 1871. 1-56.
——— «El gamonal». *Novelas Santandereanas del siglo XIX*. I.

Gonzalo España, Mario Palencia Silva. Bucaramanga, Colombia: Editorial UNAB, 2001. 73-152.

———. «El zapatero. Novela histórica». *Flores del campo*. Colección de producciones literarias. Socorro: Imprenta del Estado, 1871. 243-280.

———. «La estrella del destino. Episodio de la colonización de Suramérica». *Flores del campo*. Colección de producciones literarias. Socorro: Imprenta del Estado, 1871. 283-320.

Relato:

———. «Agentes y gorristas». *Flores del campo*. Colección de producciones literarias. Socorro: Imprenta del Estado, 1871. 83-86.

———. «Costumbres». *Flores del campo*. Colección de producciones literarias. Socorro: Imprenta del Estado, 1871. 138-140.

———. «Cuento histórico-burlesco. Cartas a tía Casimira o las tres edades de la mujer». *El Mosaico* (Bogotá) III.3 (ene. 27, 1864): 22-23; III.4 (feb. 3, 1864): 31-32. «Carta segunda». III.7 (feb. 27, 1864): 49; III.8 (mzo. 5, 1864): 60-61.

———. «Delirium tremens». *Flores del campo*. Colección de producciones literarias. Socorro: Imprenta del Estado, 1871. 140-142.

———. «Días aciagos o la fuerza del destino». *Flores del campo*. Colección de producciones literarias. Socorro: Imprenta del Estado, 1871. 121-123.

———. «El arriero». *Flores del campo*. Colección de producciones literarias. Socorro: Imprenta del Estado, 1871. 99-104.

———. «El huérfano». *Flores del campo*. Colección de producciones literarias. Socorro: Imprenta del Estado, 1871. 123-128.

———. «El tabaco». *Flores del campo*. Colección de producciones literarias. Socorro: Imprenta del Estado, 1871. 61-63.

———. «El tresillo». *Flores del campo*. Colección de producciones literarias. Socorro: Imprenta del Estado, 1871. 135-138.

———. «Exigencias indebidas». *Flores del campo*. Colección de producciones literarias. Socorro: Imprenta del Estado, 1871. 326-328.

———. *Flores del campo*. Colección de producciones literarias. Socorro: Imprenta del Estado, 1871. 343p.

———. «Juego de muchachos». *Flores del campo*. Colección de producciones literarias. Socorro: Imprenta del Estado, 1871. 79-80.

———. «Juegos de prendas». *Flores del campo*. Colección de producciones literarias. Socorro: Imprenta del Estado, 1871. 129-131.

———. «La escuela». *Flores del campo*. Colección de producciones literarias. Socorro: Imprenta del Estado, 1871. 86-90.

———. «La despensera». *Flores del campo*. Colección de producciones literarias. Socorro: Imprenta del Estado, 1871. 94-99.

———. «La gatomaquia». *Flores del campo*. Colección de producciones literarias. Socorro: Imprenta del Estado, 1871. 109-112.

———. «La herencia de un pobre (cuento popular)». *Flores del campo*. Colección de producciones literarias. Socorro: Imprenta del Estado, 1871. 328-334.

———. «Las gracias de Jacinto». *Flores del campo*. Colección de producciones literarias. Socorro: Imprenta del Estado, 1871. 228-230.

———. «Las principales edades de la mujer». *Cuadros de costumbres y descripciones locales de Colombia* Artículos escogidos y publicados por José Joaquín Borda. Librería y Papelería de Francisco García Rico, 1878. 312-321.

——— *Museo de cuadros de costumbres, variedades y viajes*. Biblioteca de «*El Mosaico*». IV. Bogotá: Biblioteca del Banco Popular, 1973. 211-224.

———. «Las recomendaciones». *Flores del campo*. Colección de producciones literarias. Socorro: Imprenta del Estado, 1871. 90-94.

———. «Las tres edades de la mujer (cuento histórico burlesco)». *Flores del campo*. Colección de producciones literarias. Socorro: Imprenta del Estado, 1871. 143-151.

———. «Los criados». *Flores del campo*. Colección de producciones literarias. Socorro: Imprenta del Estado, 1871. 81-83.

———. «Orden doméstico». *Flores del campo*. Colección de producciones literarias. Socorro: Imprenta del Estado, 1871. 64-66.

———. «Para el álbum de la señorita...». *Flores del campo*. Colección de producciones literarias. Socorro: Imprenta del Estado, 1871. 158-162.

———. «Préstamos». *Flores del campo*. Colección de producciones literarias. Socorro: Imprenta del Estado, 1871. 334-339.

———. «Reminiscencias». *Flores del campo*. Colección de producciones literarias. Socorro: Imprenta del Estado, 1871. 75-79.

———. «Sucesos mercantiles». *Flores del campo*. Colección de producciones literarias. Socorro: Imprenta del Estado, 1871. 113-115.

———. «Un novicio en alta corte». *Flores del campo*. Colección de producciones literarias. Socorro: Imprenta del Estado, 1871. 116-120.

———. «Una criada (por la calle)». *Flores del campo*. Colección de producciones literarias. Socorro: Imprenta del Estado, 1871. 57-58.

———. «Versalles». *Flores del campo*. Colección de producciones literarias. Socorro: Imprenta del Estado, 1871. 105-109.

TEATRO:

———. *El espíritu burlón*. Bogotá: Imprenta de «La Luz», 1884. 8p.

———. [El hijo de la costurera]

———. «Ventajas de la amonedación». *Flores del campo*. Colección de producciones literarias. Socorro: Imprenta del Estado, 1871. 239-240.

OTROS:

———. «Anacoana». *Flores del campo*. Colección de producciones literarias. Socorro: Imprenta del Estado, 1871. 132-135.

———. «Carta a una amiga». *Flores del campo*. Colección de producciones literarias. Socorro: Imprenta del Estado, 1871. 66-68.

———. «Cartas al redactor de "El Comercio"». *Flores del campo*. Colección de producciones literarias. Socorro: Imprenta del Estado, 1871. 217-227.

———. «Colegio de San Gil». *Flores del campo*. Colección de producciones literarias. Socorro: Imprenta del Estado, 1871. 233-238.

———. «Dos tumbas». *Flores del campo*. Colección de producciones literarias. Socorro: Imprenta del Estado, 1871. 104.

———. [Historia de la fundación de la imprenta en América]

———. «Instrucción pública». *Flores del campo*. Colección de producciones literarias. Socorro: Imprenta del Estado, 1871. 321-325.

———. «La chochez». *Flores del campo*. Colección de producciones literarias. Socorro: Imprenta del Estado, 1871. 69-71.

———. *Lirios y azucenas: colección de producciones literarias*. Socorro: Imprenta del Estado, 1c 1871.

———. «Los muchachos». *Flores del campo*. Colección de producciones literarias. Socorro: Imprenta del Estado, 1871. 71-74.

———. «Modas». *Flores del campo*. Colección de producciones literarias. Socorro: Imprenta del Estado, 1871. 230-233.

———. *Noticia biográfica del Coronel de la independencia señor José María González*. Bogotá: Imprenta de José M. Lleras, 1876. 68p.

———. «Teatro». *Flores del campo*. Colección de producciones literarias. Socorro: Imprenta del Estado, 1871. 152-154.

———. «Un puente». *Flores del campo*. Colección de producciones literarias. Socorro: Imprenta del Estado, 1871. 155-158.

———. «Una poetisa en su retiro (Josefa Acevedo de Gómez)». *Flores del campo*. Colección de producciones literarias. Socorro: Imprenta del Estado, 1871. 59-60.

CRÍTICA:

Arias, Juan de Dios. *Letras santandereanas*. Bucaramanga: Academia de Historia de Santander, 1963. 52.

España, Gonzalo. «La novela Santandereana del siglo XIX». *Novelas Santandereanas del siglo XIX*. I. Gonzalo España, Mario Palencia Silva. Bucaramanga, Colombia: Editorial UNAB, 2001. 7-20.

Guarín, J. David. «Juicios críticos». *Flores del campo*. Colección de producciones literarias. Socorro: Imprenta del Estado, 1871. v-x.

Palencia Silva, Mario. «Visión de mundo en la novela santandereana del siglo

XIX». *Novelas Santandereanas del siglo XIX*. I. Gonzalo España, Mario Palencia Silva. Bucaramanga, Colombia: Editorial UNAB, 2001. 379-408.

Rodríguez-Arenas, Flor María. «El camarada». *La novela decimonónica colombiana: 1835-1870: estudio, informes 1, 2 e informe final*. Bogotá: Colcultura. Subdirección de Artes, 1995. 3 vols.

NAZARENO, seudónimo de Camilo Botero Guerra.

NEIRA, JOSÉ IGNACIO, ver Neira Acevedo, José Ignacio.

NEIRA A., JOSÉ I., ver Neira Acevedo, José Ignacio.

NEIRA ACEVEDO, JOSÉ IGNACIO (18 ?-?).
   NOVELA:
   ———. *El sereno de Bogotá*. Novela histórica. Bogotá: Imprenta de la Nación, 1867. 135p.
   ——— Barcelona: Llorens Hermanos Editores, 187? 80p.
   ——— Barcelona: Imprenta de Juan Tarral y Compañía, 1890. 64p.
   ——— Bogotá: [s.edit], 1918. [s.p].
   CRÍTICA:
Nieto Caballero, Luis Eduardo. *Libros colombianos*. 2ª serie. Bogotá: [s.edit], 1928. 36-40.

NEIRA ACEVEDO, DOLORES (18 ?- ?) Prosista.
   OTROS:
   ———. «El señor Pedro Neira Acevedo». *La Caridad* (Bogotá) 1.39 (jun. 23, 1865): 617-619.
   ———. [Trad]. «La fuente de Vaucluse». *El Hogar. Periódico literario dedicado al bello sexo* (Bogotá) II.50 (ene. 9, 1869): 12-13.

NEIRA ACEVEDO, PEDRO (Bogotá, 1829-La Mesa, 1858).
   POESÍA:
   ———. «América: fragmento». *La Caridad* (Bogotá) 1.39 (jun. 23, 1865): 619-620.
   ———. «América: Cundinamarca». *La Caridad* (Bogotá) 1.40 (jun. 30, 1865): 631-634.
   ———. *El cristiano. Ensayo épico*. Dedicado al Ilustrísimo señor Antonio Herrán. Arzobispo de Bogotá. Bogotá: Imprenta de El «Neo-Granadino», 1857. 38p.
   ———. *María*. Bogotá: Imprenta de «El Bien Social», 1879. 1p.

———. «Poesías». *Antología de la poesía hispanoamericana: Colombia*. Ginés de Albareda y Francisco Garfias. (Eds.). Madrid: Biblioteca Nueva, 1957. [s.p].

NOVELA:

———. *La Aurora Granadina o Colección de novelas*. Bogotá: Imprenta de J. A. Cualla, 1848. 63p. [Contenido: Nisida, El perro rabioso, El esclavo, Las dos divisas, El tesoro]

TEATRO:

———. *La bogotana: drama dedicado al doctor Lorenzo María Lleras*. Bogotá: [s.l]: [s.edit], 1820? 22p.

OTROS:

———. [Cristóbal Colón]

———. *Introducción i discurso preliminar a la historia de Colombia*. Bogotá: Imprenta de Echeverría, 1857. 30p.

———. *Manifiesto a la Nación*. Bogotá: Imprenta de «El Neo-Granadino», 1855. 17p.

———. *Representación al Congreso de 1857, y otras publicaciones referentes al general Juan José Neira*. Bogotá: [s.edit], 1857. 16p.

CRÍTICA:

Gómez Restrepo, Antonio. «Pedro Neira Acevedo». *Historia de la literatura colombiana*. IV. Bogotá: Litografía Villegas, 1957. 313-319.

Neira Acevedo, Dolores. «El señor Pedro Neira Acevedo». *La Caridad* (Bogotá) 1.39 (jun. 23, 1865): 617-619.

NEVER, seudónimo de Ruperto Segundo Gómez.

NIETO [GIL], JUAN JOSÉ (Cibarco - Bolívar, 1804-Cartagena, 1866).

NOVELA:

———. *Los moriscos*. Novela histórica. Kingston: Imprenta de Rafael J. Córdova, «Gleaner», 1845. 119p.

———. Rosina o la prisión del castillo de Chagres. *La Democracia* (Cartagena) 32 (jul. 11, 1850): 2-3; 33 (jul. 18, 1850): 3; 34 (jul. 25, 1850): 2-3; 35 (ag. 1°, 1850): 2-3; 36 (ag. 8, 1850): 2-3; 37 (ag.15, 1850): 2-3; 38 (ag. 22, 1850): 2-3; 39 (ag. 29, 1850): 2-3; 40 (sept.5, 1850): 2-3; 41 (sept. 12, 1850): 2-3; 46 (sept. 26, 1850): 3; (oct. 3, 1850): 2-3; (oct. 10, 1850): 2-3.

———. *Yngermina o la hija de Calamar. Novela histórica o Recuerdos de la Conquista, 1533 1 1537, con una breve noticia de los usos, costumbres, i religión del pueblo de Cala*mzo. Kingston, Jamaica: Imprenta de Rafael J. de Córdova, en la Oficina del «Gleaner», 1844. 2 vols.

——— Santa Fe de Bogotá: Cargraphics Impresion, 1998. 133p.

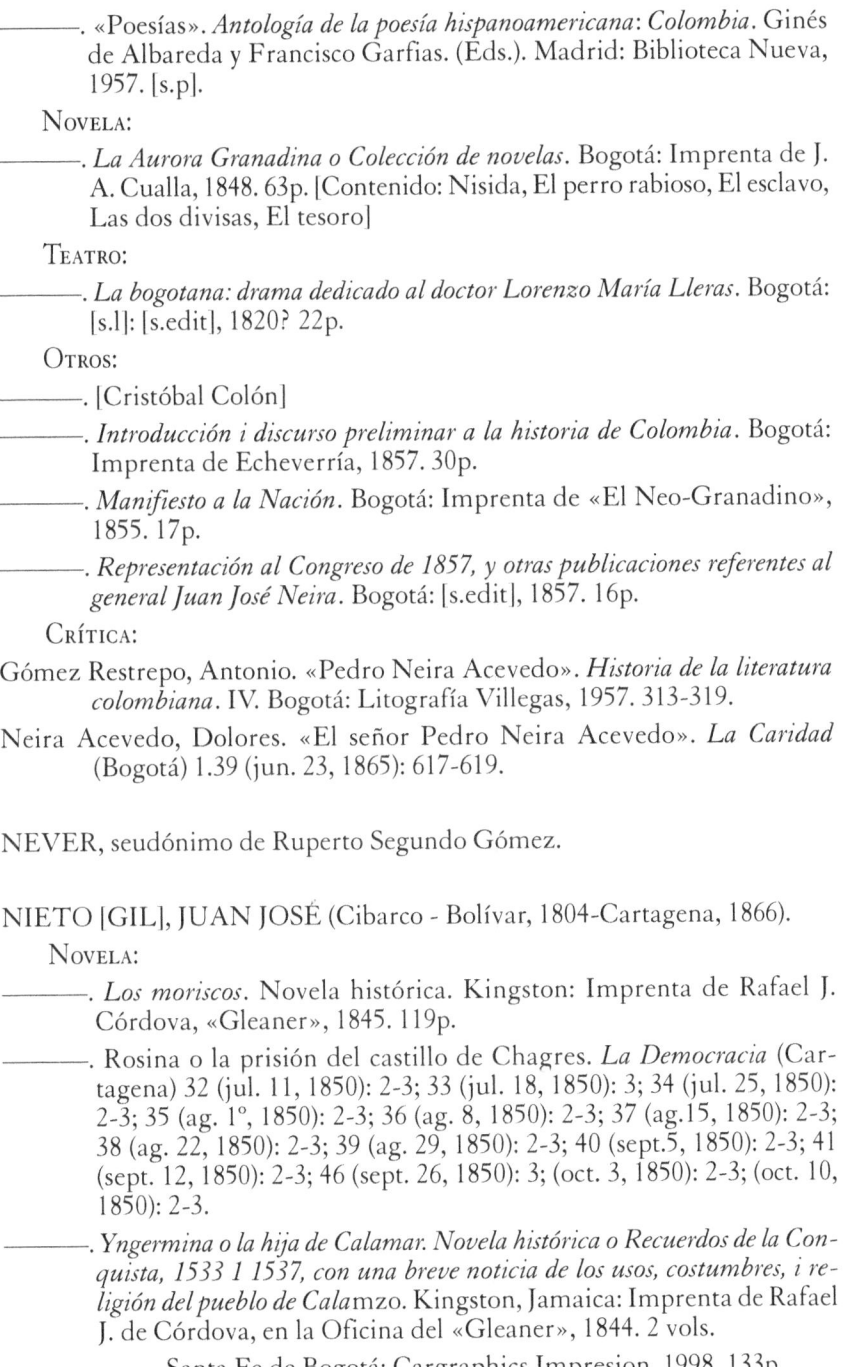

TEATRO:
———. [El hijo de sí propio]
OTROS:
———. «A última hora». *El Catolicismo* (Bogotá) 7.411 (feb. 28, 1860): 133.
———. *Autodefensa*. [s.l]: [s.edit], 1855? 65p.
———. *Bosquejo histórico de la revolución que regeneró al Estado de Bolívar*. Cartagena: Imprenta de Rúiz e Hijo, 1862. 52p.
———. «Breve noticia histórica de los usos, costumbres y religión de los habitantes del pueblo de Calamar. Tomada de los fragmentos de una antigua crónica inédita de Agustinos de Cartagena, por fray Alonso de la Cruz Paredes». *Huella* (Barranquilla) 28 (abr., 1990): 52-59.
———. *Derechos y deberes del hombre en sociedad. 1834*. Cartagena: Eduardo Hernández, 1834. 58p.
———. [Diccionario mercantil español-inglés e inglés-español]
———. *El ciudadano Juan José Nieto, gobernador suspenso de la provincia de Cartagena ante los hombres honrados e imparciales de todos los partidos*. Bogotá: [s.edit], 1855. 65p.
———. *El ciudadano Juan José Nieto Presidente constitucional al Estado Soberano de Bolívar i jeneral en jefe l cuarto ejército de los Estados Unidos de Colombia*. Cartajena: Imprenta de Ruiz e Hijo, 1862. 52p.
———. *Geografía histórica, estadística y local de la provincia de Cartagena en el Nuevo Reino de Granada, descrita por cantones, por el ciudadano Juan José Nieto, natural de dicha provincia, quien la dedica a los buenos cartageneros*. Cartagena: Imprenta de Eduardo Hernández, 1839. 251p.
——— Boletín Historial de la Academia de la Historia de Cartagena (Cartagena) 34-36 (abr., 1918): [s.p].
———. *Juan José Nieto, selección de textos políticos, geográficos e históricos*. Barranquilla: Ediciones Gobernación del Atlántico, 1993. 225p.
———. «Mensaje a la Asamblea Constituyente del Estado de Bolívar (1860)». *El Liberal Ilustrado* (Bogotá) 7.1856 (jul. 29, 1916): 6-7.
———. *Mercantile Dictionary: English and Spanish, Spanish and English... with a gegraphical sketch of the Republic of New Granada, the terms and abreviations used in cemmerce and an eplanation of the weights measures, and coins of the above-mentioned nations*. Jamaica: Gordon, 1846. 126p.
———. *Observaciones al discurso-mensaje que el ciudadano jeneral Tomás C. de Mosquera leyó ante la convención constituyente de Ríonegro en febrero de 1863*. Cartajena: Imprenta de Ruiz, 1863. 25p.
———. *Juan José Nieto: selección de textos políticos, geográficos e históricos*. Bell Lemus, Gustavo Adolfo. [Comp]. Barranquilla: Ediciones Gobernación del Atlántico, 1993. 225p.

CRÍTICA:

Anónimo. «Juan José Nieto». *Anales Masónicos del Gr. Or. Central Colombiano* I.9 (sept. 20, 1886): 82-84.

Anónimo. «Juan José Nieto». *El Liberal Ilustrado* (Bogotá) 7.1856 (jul. 29, 1916): 3-6.

Archila Neira, Mauricio. «Creamos: cachacos violentos, costeños pachangosos». *Boletín Cultural y Bibliográfico* (Bogotá) 21.2 (1984): 112-113.

Espriella, Juan Antonio de la. «Juan José Nieto». *Boletín Historial de Cartagena* (Cartagena) 103 (oct., 1946): [s.p].

Fals Borda, Orlando. *El presidente Nieto. Historia doble de la Costa*. Bogotá: Carlos Valencia Editores, 1981. [s.p].

Lemaitre Román, Eduardo. *El general Juan José Nieto y su época*. Bogotá: Carlos Valencia Editores, 1983. 96p.

López Narváez, Carlos. «Síntesis de la novelística neogranadina y colombiana». *Boletín Cultural y Bibliográfico* (Bogotá) X.12 (1967): 45-57.

Mercado, Ramón. *Protesta de Ramón Mercado contra Juan José Nieto en su calidad de empleados*. Cartajena: Imprenta de Ruiz e Hijo, 1863. 28p.

Otero Muñoz, Gustavo. *Historia de la literatura colombiana*. Bogotá: Librería Voluntad S. A., 1943. 232.

Pineda Botero. Álvaro. «Yngermina o la hija de Calamar». *La fábula y el desastre: estudios críticos sobre la novela colombiana, 1650-1931*. Fondo Editorial. Universidad EAFIT, 1999. 101-108.

Rodríguez-Arenas, Flor María. «Rosina o la prisión del castillo de Chagres». *La novela decimonónica colombiana: 1835-1870: estudio, informes 1, 2 e informe final*. Bogotá: Colcultura. Subdirección de Artes, 1995. 3 vols.

⸻. «Yngermina o la hija de Calamar». *La novela decimonónica colombiana: 1835-1870: estudio, informes 1, 2 e informe final*. Bogotá: Colcultura. Subdirección de Artes, 1995. 3 vols.

Zaldúa, Francisco Javier. *Explicación de la conducta como Magistrado de la Corte Suprema de Justicia de la Nueva Granada y refutación de las inculpaciones que se le han hecho en la cuestión de la suspensión del Sr. José Araujo como Fiscal del Tribunal del Magdalena hecha por el Gobernador Juan José Nieto*. Bogotá: [s.edit], 1854. 64p.

NIGREROS, JOSÉ, seudónimo de José Joaquín Ortiz Rojas.
NIR, seudónimo de Bernardino Torres Torrente.
NIRENO BRAD, seudónimo de Bernardino Torres Torrente.
NOCEZA, seudónimo de Gregorio Gutiérrez González.
NOEL, LEÓN, seudónimo de Diógenes A. Arrieta.
NOTICIAS DEL MOSAICO, seudónimo de José David Guarín.

NÚÑEZ, RAFAEL (1825-1894) (Seuds. Alijar, Aristo, Blas, Cibertars, David de Olmedo, Demócrito, Don Federico, Firmus, Ictiopolitanus, Job, Lindero, Menmio, Orión, Repúblico, Ripelit, Romaneg, Segismundo, W., Wenzel).

Poesía:

———. «A la señora María de Jesús Arias. (En su álbum)». *Papel Periódico Ilustrado* (Bogotá) I.21 (jul. 10, 1882): 338.

———. *Álbum de versos: poemas sueltos*. Mss. Bogotá, 1876-1877. 1 álbum. Colección de manuscritos de la Biblioteca Luis Ángel Arango.

———. «A mi hija». *Papel Periódico Ilustrado* (Bogotá) IV.95 (jul. 24, 1885): 372.

———. «A mi madre». *El Mosaico* (Bogotá) III.8 (mzo. 5, 1864): 60.

———. «Al pie de un crucifijo». *Papel Periódico Ilustrado* (Bogotá) I.95 (jul 24, 1885): 366.

———. «En el álbum de la señora Magdalena Vinent de Calvo». *Papel Periódico Ilustrado* (Bogotá) IV.94 (jul. 1°, 1885): 355.

———. «En el álbum de la señorita M. G.». *Papel Periódico Ilustrado* (Bogotá) III.71 (jul. 20, 1884): 381.

———. «Imitación de Haydn». *El Mosaico* (Bogotá) III.5 (feb. 10, 1864): 39.

———. «Imitación del Eclesiastés». *El Mosaico* (Bogotá) III.3 (ene. 27, 1864): 23-24.

———. «La flor y la mariposa». *Papel Periódico Ilustrado* (Bogotá) IV.95 (jul. 24, 1885): 373.

———. «La salamandra i el pez (apólogo)». *El Mosaico* (Bogotá) III.5 (feb. 10, 1864): 39.

———. «La yedra y el olmo». *Papel Periódico Ilustrado* (Bogotá) I.1 (ag. 6, 1881): 18.

———. *Los poetas de la patria*. Bogotá: Editorial Minerva, c1936. 200p.

———. «Poesías». *Antología de la poesía hispanoamericana: Colombia*. Ginés de Albareda y Francisco Garfias. (Eds.). Madrid: Biblioteca Nueva, 1957. [s.p].

———. «Poesías». *Poemas de Colombia; antología de la Academia Colombiana*. Prólogo y epílogo de Félix Restrepo S. J. Edición y notas de Carlos López Narváez. Medellín: Editorial Bedout, 1959. [s.p].

———. *Poesías*. Cartagena: Imprenta Departamental, 1946. 182p.

———. *Poesías*. Ramón de Zubiría, prólogo. Carlos Valenzuela Andrade y Nicolás del Castillo Mathieu, estudios. Bogotá: Instituto Caro y Cuervo, 1977. 402p.

———. *Poesías*. Bogotá: Círculo de Lectores, 1986. 286p.

———. *Poesías de Rafael Núñez*. Bogotá: Imprenta de La Luz, 1887. [s.p].

——— 2ª ed. que contiene todas las poesías inéditas. Bogotá: Imprenta de «La Luz», 1914. 249p.

——— Edición definitiva y única auténtica. París: Librería de Hachette, 1889. 230p. [Contenido: A mi madre; ¿Que sais-je?; Todavía; Belleza, llanto y virtud; Lo inescrutable; Al Tequendama; Despedida de la Patria; Heloísa (En el cementerio del Padre Lachaise); La mujer; El Mar Muerto; César (Fragmento); Lo invisible; Eros; Ausente; A Soledad R. de Núñez (Bajando del Río Magdalena); Memorias; Moisés (Fragmento); Dulce ignorancia; Fantasía; Espíritu; Urania; Imitación del Eclesiastés; Cenizas; En un álbum; De viaje (A Soledad); A Cartagena; Rimas ; Reacción; Presentimiento; Calma; Sursum ; En un álbum; Pensamientos; Psiquis; Hamlet; La langosta; Leyendo el Quijote; Ideales; Ultra; Libertad; Noche de luna; Véspero; En un álbum; Problema; Sideral; In memoriam; Epicteto; Hércules; Darwin; Sócrates]

———. *Poesías*. Prólogo de Aníbal Esquivia Vásquez. Cartagena: Ediciones Velamen, 1946. 104p.

———. «Sentencia de Confucio». *El Mosaico* (Bogotá) III.7 (feb. 27, 1864): 52.

———. «Sursum». *Papel Periódico Ilustrado* (Bogotá) IV.93 (jun. 15, 1885): 329.

——— *Historia de la literatura colombiana*. José J. Ortega T. Bogotá: Editorial Cromos, 1935. 468-469.

RELATO:

———. «A mi madre» *Historia de la literatura colombiana*. José J. Ortega T. Bogotá: Editorial Cromos, 1935. 469-471.

OTROS:

———. *Antecedentes de la Constitución de Colombia de 1886 y debates del proyecto en el Consejo Nacional Constituyente*. Bogotá: Librería Americana, 1913. 431p.

———. «Apuntamientos sobre las constituciones escolares de la Gran Bretaña». *La Escuela Normal* (Bogotá) 1.22 (jun. 3, 1871): 337-339.

———. *Arreglos de las deudas flotantes y de tesorería*. Bogotá: [s.edit], 1856. 16p.

———. *Cartas a María Gregoria de Haro*. Mss. París, 1865-1872. 2 vols. Colección de manuscritos de la Biblioteca Luis Ángel Arango.

———. *Cartas de Rafael Núñez a Marceliano Vélez*. Mss. Bogotá, 1885-1891. 162h. Colección de manuscritos de la Biblioteca Luis Ángel Arango.

———. *Cartas del Sr. Rafael Núñez a su amigo Alejandro MacDouall, sobre asuntos de política y personales. Nombramiento que hace como Secretario de Gobierno al señor Felipe Pérez como Gobernador de la Provincia de Cipaquira*. Mss. Bogotá, 1853, 1862. 3 folios. Colección de manuscritos de la Biblioteca Luis Ángel Arango.

———. *Cartas dirigidas por Rafael Núñez al Dr. Luis Carlos Rico, de 1876 hasta 1893: y otras cartas dirigidas a Núñez por diferentes personas de 1878 hasta 1891*. 1876-1893. 52 cartas. Colección de manuscritos de la Biblioteca Luis Ángel Arango.

———. «Correspondencia de la Dirección Jeneral de Instrucción Pública». *La Escuela Normal* (Bogotá) 2.55 (ene. 20, 1871): 17-19; 2.37 (sept. 16, 1871): 577-579.

———. «Correspondencia: La Mesa, 9 de mayo de 1865, al señor redactor de *La Caridad*». *La Caridad* (Bogotá) 1.35 (mayo 26, 1865): 557.

———. «Cuatro artículos literarios del Doctor Rafael Núñez». *Bolívar* (Bogotá) 8 (abr., 1952): 579-601.

———. y Rafael Pérez. «Decreto número 32 de 1881 (de 21 de Enero), por el cual se hace un nombramiento en el ramo de Instrucción Pública». *El Maestro de Escuela* (Bogotá) 8.444 (ene. 28, 1881): 1801.

———. y Ricardo Becerra. «Decreto número 173 de 1881 (9 de Marzo) por el cual se establece una escuela de mujeres en la ciudad de Bogotá». *El Maestro de Escuela* (Bogotá) 9.453 (mzo. 28, 1881): 1837.

———. *Diccionario político*. Bogotá: Editorial ABC, 1952. 340p.

———. «Discurso». *Papel Periódico Ilustrado* (Bogotá) V.114-116 (mayo 29, 1888): 322.

———. «Documento curioso». *El Mosaico* (Bogotá) 3.7 (feb. 27, 1864): 51-52.

———. *El Concordato celebrado entre el Papa León XIII y Rafael Núñez, Presidente de Colombia*. Bogotá: Asociación de Hombres Libres de Colombia, 1962. 36p.

———. *El Ferrocarril del Norte: un punto cardinal del problema*. París: Tipografía Lahure, 1874. 17p.

———. «El gran general Mosquera». *El Liberal Ilustrado* (Bogotá) 2.842 (ene. 3, 1914): 17-24.

———. *Ensayos de crítica social*. Rouen: E. Gagniard, 1874. 431p.

 ——— 2ª ed. Asesor editorial Jorge García Usta. Cartagena: Universidad de Cartagena. Facultad de Ciencias Humanas; Medellín: Editorial Lealón, 1994. 305p.

———. «Ensayo sobre los elementos orgánicos del gobierno representativo». *Revista de Colombia* (Bogotá) 5.21 (jul. 10, 1873): 165.

———. *Epistolario de Rafael Núñez con Miguel Antonio Caro*. Eduardo Lemaitre, estudio. Bogotá: Instituto Caro y Cuervo, 1977. 216p.

———. *Escritos políticos*. Bogotá: El Áncora Editores, 1986. 117p.

———. *Esposición que el Secretario de Estado del Despacho de Hacienda de la Nueva Granada, dirije al Congreso Constitucional de 1856*. Bogotá: Imprenta de «El Neo-Granadino», 1856. 124p.

———. *Exposición sobre reforma constitucional, que dirige al Consejo Nacional de Delegatarios el Presidente de la República, contestación y acuerdo.* Bogotá: Imprenta de Silvestre, 1885. 32p.

———. «García de Toledo». *Papel Periódico Ilustrado* (Bogotá) I.11 (mzo. 1°, 1882): 166-169.

———. *Himno Nacional de Colombia.* Bogotá: Editorial Centro-Instituto, 1947. 2p.

———. *Informe relativo a la solicitud elevada por la lejislatura de Cartajena, sobre esta materia.* Bogotá: Imprenta de Echeverría Hermanos, 1854. 8p.

———. *La crisis económica.* Bogotá: Imprenta de «La Luz», 1886. 119p.

———. «La divina doctora». *Revista Gris* (Bogotá) 2.10 (oct., 1894): 317-326.

———. *La reforma política en Colombia.* Bogotá: Ministerio de Educación, 1950. [s.p].

———. *La reforma política en Colombia; colección de artículos publicados en «La Luz» y «La Nación» de Bogotá, «El Porvenir» y «El Impulso» de Cartagena, de 1878 a 1888.* 3ª ed. Bogotá: «La Luz», 1888. 672p.

———. *La reforma política en Colombia; colección de artículos publicados en «La Luz» de Bogotá y "El Porvenir" de Cartagena de 1881 a 1884.* Bogotá: Imprenta de «La Luz», 1885. 806p.

—— Bogotá: Imprenta Nacional, 1944. 611p.

—— Bogotá: Antena, 1945. 2 vols.

———. «La evolución política y la guerra de 1876: cartas de Rafael Núñez a Aquileo Parra». *Revista del Colegio Mayor de Nuestra Señora del Rosario* (Bogotá) 72.493-494 (ene.-abr., 1973): 101-129.

———. *La reforma política en Colombia: colección de artículos y discursos publicados en «El Impulso» y «El Porvenir de Cartagena», «La Nación» de Bogotá de 1890 a 1892.* Bogotá: Imprenta Nacional; ABC; Ministerio de Educación Nacional, 1944-1950. 7 vols.

———. *La reforma política en Colombia. Colección de artículos publicados en «La Luz» de Bogotá y «El Porvenir» de Cartagena, de 1878 1 888.* Rafael M. Merchán, prólogo. 3ª ed. Bogotá: Imprenta de «La Luz», 1888. 1268p.

—— Bogotá: Ministerio de Educación Nacional, 1944. 5 vols. [Contenido: v. 1. Artículos publicados en «La Luz» de Bogotá, 1881-1882. Artículos publicados en «El Porvenir» de Cartagena, 1883-1884. v. 2. Colección de artículos y discursos publicados en «El Impulso» y «El Porvenir» de Cartagena. «La Nación» de Bogotá, 1878-1888. v. 3. 1888-1890. vols. 4-5. 1890-1892]

———. *La reforma política: (selección de textos) Asesor editorial Jorge García Usta.* Cartagena: Universidad de Cartagena, 1994. 286p.

———. *La vida real de Núñez.* Bogotá: [s.edit], [s.f]. 429p.

———. «Lo dijo Núñez». *Semana* (Bogotá) 445 (nov.13-20, 1990): 44-50.

———. *Los mejores artículos políticos de Rafael Núñez*. 3ª ed. Bogotá: Editorial Minerva, 1930? 164p.

——— Bogotá: Editorial Minerva, 1936. 164p.

——— Bogotá: Editorial Minerva, 1937. 226p.

———. *Los mejores artículos políticos*. Santafé de Bogotá: Universidad Sergio Arboleda, 1998. 154p.

———. *Máximas a mi hijo*. Cartagena: Imprenta Departamental, 1975. 10p.

———. «Mensaje de Rafael Núñez en el 85 pidiendo la reforma de la Constitución». *Universidad* (Bogotá) 2ª época.123 (mzo. 2, 1929): 261-263.

———. *Mensaje del Presidente de Colombia al Congreso Constitucional: instalado el 20 de julio de 1888*. Bogotá: Casa Editorial de J. J. Pérez, 1888. 15p.

———. *Mensaje del presidente de la Unión al Congreso Federal de 1882*. Bogotá: Imprenta de Echeverría Hermanos, 1882. 36p.

———. «Rafael Núñez. Material audiovisual». 1 diapositiva. Colección de diapositivas de la Biblioteca Luis Ángel Arango.

———. *Reforma política en Colombia: colección de artículos publicados en «La Nación» de Bogotá y «El Porvenir» de Cartagena, de 1886 a 1888 y algunos discursos*. Bogotá: Imprenta de «La Luz», 1888. 937-1267.

———. [Trad]. «Tisbe». *Revista Gris* (Bogotá) 2.10 (oct., 1894): 326-327.

———. *Tres cartas de Rafael Núñez a Luis Carlos Rico*. Mss. Bogotá, 1881. 4h. Colección de manuscritos de la Biblioteca Luis Ángel Arango.

———. y Sindici, Orestes. *Himno Nacional de Colombia*. Música. Colombia: [s.edit], 19-? 1 partitura. 3p.Colección de manuscritos de la Biblioteca Luis Ángel Arango.

CRÍTICA:

Abella Rodríguez, Arturo. «El honorable representante Núñez». *Revista Javeriana* (Bogotá) 22.108 (sept., 1944): 141-148.

——— *La República* [Lecturas Dominicales] (sept., 1973): 4-5.

———. «Clave de una figura clave». *Boletín Cultural y Bibliográfico* (Bogotá) 9.12 (dic., 1966): 2392-2396.

———. *Faldas pero también sotanas en la Regeneración*. Bogotá: Ediciones Tercer Mundo, 1986. 90p.

———. *Núñez*. Bogotá: Editorial Pax, 1945. 249p.

Acevedo Bernal, Ricardo. *Rafael Núñez*. Material audiovisual. 1 diapositiva. Colección de diapositivas de la Biblioteca Luis Ángel Arango.

Acosta, Pedro. «El amor de Soledad Román y Rafael Núñez: un escándalo que cabalga los siglos». *Cromos* (Bogotá) 3988 (sept. 12, 1994): 196-206.

Aizpurua, Armando. «Trágica muerte de doña María de los Dolores Gallegos». *Revista de América* (Bogotá) 20.60 (ene., 1950): 72-81.

Álvarez, Francisco Eustaquio. *Juicios sobre la administración Núñez*. Bogotá: Imprenta de Gaitán, 19-? 64p.

Andrade, Rafael. *Carta al ciudadano Presidente de los Estados Unidos de Colombia, Dr. Rafael Núñez, sobre la «Conjuración del 6 de agosto de 1875»*. Quito: Imprenta de la Heredera de P. S. Paredes, 1885. 26p.

Anónimo. *Antología de poetas hispanoamericanos: Luis Vargas Tejada, Julio Arboleda, José Eusebio Caro, Rafael Núñez, Olegario Andrade, Rafael M. Merchán, G. Núñez de Arce, José Velarde, Fray Luis de León*. Bogotá: Librería Nueva, 1900? [s.p].

Anónimo. «Arte nacional: la estatua de Núñez». *El Gráfico* (Bogotá) 12.608 (jul.29, 1922): 125.

Anónimo. «El Centenario de Núñez». *Santafé y Bogotá* (Bogotá) 3.36 (dic., 1925): 245-276.

Anónimo. *El concordato celebrado entre el Papa León XIII y el dr. Rafael Núñez presidente de Colombia: firmado en diciembre 31 de 1887*. Cartagena: [s.edit], 1955. 42p.

Anónimo. «Elecciones para presidente, la lucha electoral de 1875 (Recuerdos e impresiones de un viejo liberal)». *El Gráfico* (Bogotá) 39.391-392 (feb. 9, 1918): 322-324.

Anónimo. *Homenaje al doctor Rafael Núñez: en el sesquicentenario de su nacimiento*. Bogotá: Editorial Kelly, 1975. 63p.

Anónimo. *Honores a la memoria del Excelentísimo Dr. Rafael Núñez, presidencia de la República*. Medellín: Imprenta del Departamento, 1894. 61p.

Anónimo. *Juicios sobre la administración Núñez*. Bogotá: Imprenta de Gaitán, 1882. 77p.

Anónimo. «La constitución del 86: su proceso íntimo». *Boletín Historial* (Cartagena) 38.119 (mayo-jun., 1954): 139-153.

Anónimo. *La rebelión: noticias de la guerra*. Bogotá: Imprenta de «La Luz», 1885. 214p.

Anónimo. «La vida de Rafael Núñez». *La Tadeo* (Bogotá) 29 (abr.-jun., 1991): 20-27.

Anónimo. «Rafael Núñez». *El Gráfico* (Bogotá) 12.609 (ag.5, 1922): 133-134.

Biblioteca Luis Ángel Arango (Bogotá). *Rafael Núñez. Bibliografías especializadas* (Bogotá) 29 (1984): 5h.

Blanco Soto, Pedro. «Las promesas falaces de la Regeneración». *Universidad* (Bogotá) 2ª época. 100 (sept. 22, 1928): 318-320.

Bohórquez Prada, Miguel. «Núñez en la historia». *Estudio* (Bucaramanga) 56.308 (jun., 1988): 33-47.

Bossa Herazo, Donaldo. «Las poesías de Rafael Núñez». *Nueva Frontera* (Bogotá) 48.5 (sept., 1975): 13.

Calderón Reyes, Carlos. *Núñez y la Regeneración*. París: Imprenta Vve Goupy, 1894. 112p.

——— Sevilla: Librería e Imprenta de Izquierdo, 1895. 110p.

Calvo Núñez, Haroldo. «¿De qué murió Rafael Núñez?». *El Espectador* [Magazín Dominical] (Bogotá) 185 (oct. 12, 1986): 18-20.

Cano, Francisco Antonio. *Rafael Núñez*. Material audiovisual. 1 diapositiva. Colección de diapositivas de la Biblioteca Luis Ángel Arango.

Carbonell, Abel. «El carácter de Núñez». *Universidad* (Bogotá) 95 (ag. 18, 1928): 195-196.

Carrasquilla, Rafael María. *Oración fúnebre del excelentísimo Señor doctor Rafael Núñez pronunciada en la catedral de Bogotá el 3 de octubre de 1894*. Bogotá: Imprenta de Antonio María Silvestre, 1894. 16p.

Casas Castañeda, José Joaquín. «A Núñez». *Revista Colombiana* (Bogotá) 3.29 (jun.,1934): 150.

Castillero Reyes, Ernesto de Jesús. «Historia de una moneda: la cocobola». *Revista de América* (Bogotá) 7.19 (jul., 1946): 54-60.

Castillo Mathieu, Nicolás del. *Biografía de Rafael Núñez*. Bogotá: Editorial Iqueima, 1955. [s.p].

———. «El matrimonio de Núñez con Dolores Gallegos». *Boletín Historial* (Cartagena) 40.121 (ene.-mzo., 1955): 68-77.

———. *El primer Núñez*. Bogotá: Tercer Mundo, 1971. 289p.

———. *Núñez: su trayectoria ideológica*. Bogotá: Editorial Iqueima, 1952. 84p

———. «Rafael Núñez a través de sus cartas desde Nueva York y Europa». *Thesaurus: Boletín del Instituto Caro y Cuervo* (Bogotá) 42.3 (sept.-dic., 1987): 674-736.

Centro Popular para América Latina de Comunicación. *La república de Núñez*. Guión Félix A. Posada; dibujos Roque. 2ª ed. Bogotá: CEPALC, 1989. 24p.

Colombia. *El concordato celebrado entre el Papa León XIII y el Dr. Rafael Núñez, presidente de Colombia*. Bogotá: Colombia, 1962. 36p.

———. *Proyecto e informe sobre honores a la memoria del Excelentísimo doctor don Rafael Núñez*. Bogotá: Imprenta Oficial, 1894. 8p.

Colombia. Secretaría de Hacienda. *Esposición que el Secretario de Estado del Despacho de Hacienda de la Nueva Granada dirije al Congreso Constitucional de 1856*. Bogotá: Imprenta de «El Neo-Granadino», 1856. 124p.

———. *Esposición que el Secretario de Estado del Despacho de Hacienda de la Nueva Granada dirije al Congreso Constitucional de 1857*. Bogotá: Imprenta del Estado, 1857. 72p.

Cruz Santos, Abel. *Cinco hombres en la historia de Colombia*. Bogotá: Instituto Caro y Cuervo, 1982. 318p. [Contenido: Francisco de Paula Santander, José María del Castillo y Rada, Pedro Gual, José Hilario López, Rafael Núñez]

———. «Rafael Núñez economista del futuro». *Arco* (Bogotá) 178 (nov., 1975): 33-45.

Dangond Uribe, Alberto. *Rafel Núñez: el regenerador de Colombia*. Madrid: Anaya, 1988. 126p.

Darío, Rubén. «Núñez juzgado por Darío: un poeta presidente». *El Gráfico* (Bogotá) 28.274 (feb. 12, 1916): 191-192.

Darío, Rubín. *Rafael Núñez*. Buenos Aires: La Nación, 1984. 3p.

Echeverri Herrera, Jorge. «Dos políticas frente a la moneda: Núñez y Reyes». *Economía Colombiana* (Bogotá) 1.1 (mayo, 1954): 55-60.

———. «El primer gobierno de Núñez». *Economía Colombiana* (Bogotá) 18.52 (ag., 1958): 331.

Escallón, Inés Elvira. *Europa en las rectificaciones de Núñez*. Bogotá: Universidad de la Sabana. Ciencias Sociales, 1986. 219p.

España, Gonzalo Pablo Emilio. *Guerra civil de 1885: Núñez y la derrota del radicalismo*. Bogotá: El Áncora Editores, 1985. 199p.

Espriella, Ramiro de la. *Acercamiento a Núñez*. Bogotá: Ediciones Tercer Mundo, 1978. 122p.

———. «Bolívar y Núñez: un objetivo común». *Economía Colombiana* (Bogotá) 120 (jun., 1979): 58-64.

Estrada Monsalve, *Joaquín. Núñez: el político y el hombre*. Bogotá: Editorial Minerva, 1946. 310p.

Forero, Manuel José. «Rafael Núñez estadista». *Revista Policía Nacional* (Bogotá) 11.59-60 (mayo-jun., 1957): 16.

Forero Benavides, Abelardo. «A veces en tinieblas veo mejor». *El Tiempo* [Lecturas Dominicales] (Bogotá) (oct. 7, 1984): 13.

———. «Núñez antes de Núñez». *El Tiempo* [Lecturas Dominicales] (Bogotá) (ag. 3, 1986): 14-16.

Francisco (Seud). *Bases teóricas de la «reforma política en Colombia» de Rafael Núñez*. Bogotá: Programa Centenario de la Constitución, Banco de la República, 1983. 72p.

Gaibrois Nieto, José Trinidad y Ramírez B. Roberto. *Homenaje a la memoria del doctor Rafael Núñez; prólogo Roberto Ramírez B.; datos biográficos*. Bogotá: Imprenta Eléctrica, 1904. 55p.

Galofre, Julio N. *Núñez y Caro*. Bogotá: Imprenta del «Diario de Cundinamarca», 1891. 15p.

Galvis Noyes, Antonio José. «Rafael Núñez, la poesía y el pensamiento religioso». *El Siglo* (Bogotá) [Semanario Dominical] 8 (abr., 1970): [s.p].

Garay, Epifanio. *Rafael Núñez*. Material audiovisual. 1 diapositiva. Colección de diapositivas de la Biblioteca Luis Ángel Arango.

González-Rodas, Publio. «Rubén Darío y Rafael Núñez». *La Torre: Revista de la Universidad de Puerto Rico* (San Juan, P. R.) 4.15 (jul.-sept., 1990): 317-349.

Gómez Restrepo, Antonio. «Las poesías de Rafael Núñez». *Santafé y Bogotá* (Bogotá) 3.34 (oct., 1925): 145-156.

———. *Medallones clásicos: semblanzas*. Medellín: Universidad Pontificia Bolivariana, 1969. 66p. [Contenido: Rafael Pombo. Monseñor Rafael María Carrasquilla. Rufino José Cuervo. José Eusebio Caro. Rafael Núñez]

———. «Rafael Núñez». *Historia de la literatura colombiana*. IV. Bogotá: Litografía Villegas, 1957. 121-146.

Gómez Valderrama, Pedro. «Pretextos: fábula del pensador y el cisne». *Nueva Frontera* (Bogotá) 298 (sept., 1980): 15-16.

González Rodas, Publio. «Rubén Darío y Rafael Núñez». *La Torre: Revista de la Universidad de Puerto Rico* 4.15 (jul.-sept., 1990): 317-349.

Guerra, Jesús Lorenzo. «Tras una huella del egregio Rafael Núñez en el viejo mundo». *Revista Policía Nacional* (Bogotá) 12.6. 63- 64 (sept.-oct., 1957): 83.

Guerrero, Jenaro. *Los amigos de Núñez: injusticia, ingratitud y deslealtad del señor Marco Fidel Suárez con sus mejores amigos*. Bogotá: Editorial Minerva, 1921. 26p.

——— 2ª ed. Bogotá: Editorial Minerva, 1923. 25p.

Gutiérrez, Alberto. «¿Por qué Núñez miró hacia la Iglesia?». *Revista Javeriana* (Bogotá) 90.450 (nov., 1978): 477-486

Guzmán Esponda, Eduardo. «Apunte sobre el doctor Rafael Núñez, leído por el director de la Academia, Eduardo Guzmán Esponda, en la sesión del dos de octubre de 1975». *Boletín de la Academia Colombiana* (Bogotá) 26.111 (ene-mzo., 1976): 3-7.

Hanssen, Alfonso. «El significado histórico de Núñez». *Boletín Cultural y Bibliográfico* (Bogotá) 12.3 (mzo., 1969): 64-68.

Hernández de Alba, Guillermo. [Comp]. *Ensayistas colombianos: Miguel Antonio Caro, Rufino José Cuervo, Marco Fidel Suárez, Rafael Núñez, Carlos Arturo Torres* Buenos Aires: W. M. Jackson, 1945. 460p.

Hispano, Cornelio, seud. de Ismael López. *Cesarismo teocrático*. San José de Costa Rica, 1922. 75p.

Hodges, Gerald Garant. *The historiography of Rafael Núñez*. Florida: University of Florida, 1967. 119p.

Holguín, Carlos, *La traición del doctor Núñez: Carta décima quinta*. Guayaquil: Imprenta Comercial, 1893. 21p.

———. *Rafael Núñez*. Bogotá: Imprenta Nacional, 1894. 62p.

Holguín y Caro, Hernando. «El veredicto justiciero». *Revista Moderna* (Bogotá) 3. 18 (mzo. 18, 1916): 241-270.

Hurtado García, José. «Bogotá, contra Núñez». *Sábado* (Bogotá) (jun., 1950): 5.

Iriarte, Alfredo. «Núñez en televisión». *Nueva Frontera* (Bogotá) 463 (dic., 1983): 19-21.

———. «Se abre un nuevo concurso». *Consigna* (Bogotá) 4.152 (ene., 1980): 39-40.

Jaramillo Uribe, Jaime. «Del liberalismo clásico al neoliberalismo: la obra crítica de Rafael Núñez». *Eco* (Bogotá) 6.1 (nov., 1962): 83-107.

Jiménez P., David. *Historia de la crítica literaria en Colombia: siglos XIX y XX*. Bogotá: Universidad Nacional de Colombia, Instituto Colombiano de Cultura, 1992. 239p.

Justo Ramón, Hermano. *En torno al Himno Nacional en el sesquicentenario de Núñez*. Bogotá: Imprenta y Publicaciones de las Fuerzas Militares, 1976. 38p.

Landínez Castro, Vicente. «El "Rafael Núñez" o una nueva forma de escribir la historia; por Mario H. Perico Ramírez». *Boletín Cultural y Bibliográfico* (Bogotá) 14.3 (dic., 1973): 114-117.

Laverde Amaya, Isidoro. «La poesía del Doctor Núñez». *Revista Literaria* (Bogotá) 1.5 (sept., 1890): 332-347.

Lemaitre, Daniel. *Soledad Román de Núñez: recuerdos*. Cartagena: Tipografía Mogollón, 1927. 139p.

Lemaitre Román, Eduardo. *Contra viento y marea: la lucha de Rafael Núñez por el poder*. Bogotá: Instituto Caro y Cuervo, 1990. 306p.

———. «Las cuatro mujeres de Núñez: "De amores y amantes" en las historias colombianas». *El Tiempo* [Lecturas Dominicales] (Bogotá) (nov. 18, 1990): 8-12.

———. *Núñez y su leyenda negra*. Bogotá: Ediciones Tercer Mundo, 1977. 219p.

Liévano Aguirre, Indalecio. *Rafael Núñez*. Bogotá: Ediciones Siglo XX, Editorial Cromos, 1944. 442p.

——— 2ª ed. corregida. Bogotá: Ediciones Siglo XX, Editorial ABC, 1944. 429p.

——— Bogotá: Editorial Latinoamericana, c1944. 456p.

——— 3ª ed. Bogotá: Cromos, 1946. 438p.

——— Lima; Bogotá: Editora Latinoamericana, Organización Continental de los Festivales del Libro, 1968? 456p.

——— Bogotá: Legislación Económica, 1973. 438p.

——— Bogotá: Instituto Colombiano de Cultura, c1977. 521p.

——— Bogotá: El Áncora Editores, 1985. 510p.

Londoño Vélez, Santiago. «La lira nueva y su época». *Boletín Cultural y Bibliográfico* (Bogotá) 23.9 (1986): 44-60.

Lozano y Lozano, Carlos. *Escritos políticos*. Bogotá: Colcultura, 1980. 467p.

———. *¿Quién fue Núñez?* Cartagena: Imprenta Departamental, 1939. 231p.

Manotas Llinás, Alberto. *El espíritu apasionado de un presidente en los secretos de la arenosa: vidas paralelas*. Bogotá: Editorial Ilustrada Sensación, 1993. 349p.

Martínez, Frederic. «En los orígenes del nacionalismo colombiano: europeísmo e ideología nacional en Samper, Núñez y Holguín (1861-1894)». *Boletín Cultural y Bibliográfico* (Bogotá) 32.39 (1995): 27-59.

Matson Figueroa, Arturo. *El pensamiento de Núñez en la Constitución de 1991*. Cartagena: [s.edit], 1993. [s.p].

Mendoza, Carlos A. y Vicente Stamato. *Periódicos panameños de oposición, 1892-1899: selección de artículos, editoriales y noticias de la prensa liberal itsmeña, opuesta a la regeneración colombiana de Núñez y Caro*. Santafé de Bogotá: Impreandes, 1996. 323p.

Miramón, Alberto. «El influjo de Lord Byron en la poesía amorosa de Núñez». *Nueva Frontera* (Bogotá) 48 (sept., 1975): 14-15.

———. *La angustia creadora en Núñez y Pombo*. Bogotá: Instituto Caro y Cuervo, 1975. 114p.

———. «Núñez». *Revista de las Indias* (Bogotá) 2.7 (jun., 1939): 375-381.

———. «Núñez periodista». *Revista del Colegio Mayor de Nuestra Señora del Rosario*. (Bogotá) 405.408 (jun.-sept., 1947): 206.

———. «Rafael Núñez, visto por Rubén Darío». *Boletín Cultural y Bibliográfico*. (Bogotá) 9.12 (dic., 1966): 2397-2402.

———. «Rafael Núñez y la poesía». *Revista de las Indias* (Bogotá) 31. 97 (jun., 1947): 103-116.

Mora, Luis María. *Monumento a Núñez*. Bogotá: Imprenta Comercial, 1914. 16p.

Moreno Gómez, Alberto. «Enigma e inconsecuencias de Rafael Núñez». *Boletín Cultural y Bibliográfico* (Bogotá) 12.1 (ene. 1969): 88-93.

Múnera, Luis A. *Núñez y el radicalismo*. Cartagena: [s.edit], 1944. 384p.

Nieto, Máximo A. *Recuerdos de la regeneración*. Bogotá; Marconi, 1924. 347p.

Nieto Caballero, Luis Eduardo. «Recuerdos de Núñez». *El Gráfico* (Bogotá) 13.638 (abr. 7, 1923): 602-603.

Núñez Amaya, Rafael. «¿Contubernio o madurez política?: la democracia Colombiana y el artículo 120 de la Constitución». *El Tiempo* [Lecturas Dominicales] (Bogotá) (ag. 5, 1984):11.

Ocampo López, Javier. *El positivismo y el movimiento de «La regeneración en Colombia»*. México: Universidad Nacional Autónoma, 1968. 109p.

Ortega, Alfredo Tomás. *Rafael Núñez*. Bogotá: Imprenta Oficial, 1894. 15p.

Pabón Gaitán, Lucio Antonio. «La obra de Núñez». *La República* [Lecturas Dominicales] (Bogotá) (jun., 1975): 5.

Pabón Núñez, Lucio. «Los matrimonios de Núñez y el concordato». *Arco* (Bogotá) 167 (dic., 1974): 69-73.

―――. «Rafael Núñez, poeta o del existencialismo a la beatitud de Cristo». *Boletín Cultural y Bibliográfico* (Bogotá) 9.12 (dic., 1966): 2355-2391

Palacio, Julio H. *Núñez: recuerdos y memorias (1839-1894)*. Barranquilla: Tipografía Mogollón, [s.f]. 73p.

Park, James William. *Rafael Núñez and the Politics of Colombian Regionalism. 1863-1886*. Baton Rouge: Louisiana State University Press, 1985. 304p.

Pérez y Soto, Juan Bautista. *Rafael Núñez*. Bogotá: [s.edit], 1894. 8p.

Perico Ramírez, Mario H. *Mi demonio, la carne y yo... Núñez*. Bogotá: Editorial Cosmos, 1973. 329p.

―――. *Rafael Núñez, su demonio y su carne*. Bogotá: Editorial Herrera, 1986. 319p.

Phillips, J. M. *Humareda: (del Libro «Recuerdos»)*. Bucaramanga: Editorial Marco A. Gómez, 1935. 23p.

Pinzón. Martín Alonso. *Núñez, amante y brujo*. Cartagena: Ediciones Tercer Mundo, 1975. 121p.

Porras, José Ángel. *La poesía del señor Núñez*. Bogotá: E. A. Escovar, 1889. 83p.

Posada Carbo, Eduardo. «Centenario de la muerte del regenerador: Rafael Núñez, sus últimos días». *Revista Credencial Historia* (Bogotá) 57 (sept.,1994): 4-8.

Porras Troconis, Gabriel. *Rafael Núñez y la regeneracion: (ojeada a la historia colombiana después de la emancipación)*. Madrid: Revista de Indias, 1949. 41p.

Otero Muñoz, Gustavo. *La vida azarosa de Rafael Núñez, un hombre y una época*. Bogotá: Editorial ABC, 1951. 439p.

―――. «Núñez internacionalista: La conferencia de Panamá en 1882». *Bolívar* (Bogotá) 2 (ag., 1951): 250-262.

―――. «Rafael Núñez: Síntesis biográfico-cronológica». *Revista Policia Nacional* (Bogotá) 11.6.59-60 (mayo-jun., 1957): 9.

Perico Ramírez, Mario H. *Diálogos irreverentes* Tunja: Ediciones del Fondo Rotatorio de Publicaciones, Contraloría General de Boyacá, 1968. 224p.

Ramírez B., Roberto. *Elocuencia colombiana*. Bogotá: Imprenta Comercial, 1912. 78p.

Restrepo, Antonio José. *Sombras chinescas: (tragicomedia de la regeneración); Núñez*. Cali: Editorial Progreso, 1947. 493p.

Restrepo Piedrahita, Carlos. «De la propia boca de Núñez». *El Tiempo* [Lecturas Dominicales] (Bogotá) (oct. 5, 1986): 3-5.

Revollo, Pedro María. *Recuerdos del doctor Rafael Núñez*. Barranquilla: Editorial Arte, 1951. 152p.

Revollo del Castillo, Enrique. *Rafael Núñez: rasgos de su vida; su muerte relatada por Soledad Román Vda. de Núñez*. Bogotá: Editorial Minerva, [s.f]. 14p.

——. *Núñez desconocido*. Barranquilla: América Española, 1939. 111p.

Rivas, Raimundo. *Cuatro figuras colombianas*. Bogotá: Editorial Cromos, 1933. 248p. [Tomás Cipriano de Mosquera, Joaquín Posada Gutiérrez, Rafael Núñez, Liborio Mejía]

——. «La estatua del doctor Núñez». *Cultura* (Bogotá) 2.11 (ene., 1916): 311-363.

Rivas Saconi, Fernando. «Rafael Núñez poeta». *Revista Policía Nacional* (Bogotá) 11.6.59-60 (mayo-jun., 1957): 30.

Roa, Jorge. (Ed.). «Rafael Núñez». *Colección de grandes escritores nacionales y extranjeros*. VIII Bogotá: Jorge Roa editor, 1894. [s.p].

Rodríguez Piñeres, Eduardo. «Otro estudio sobre Núñez». *El Tiempo* [Lecturas Dominicales] (ene., 1953): 2.

Román de Núñez, Soledad. *Recuerdos*. Cartagena: Mogollón, 1927. 100p.

Romero Aguirre, Alfonso. *Ayer, hoy y mañana del liberalismo colombiano*. Bogotá: Editorial Iqueima, 1947. 666p.

—— 3ª ed. Bogotá: Iqueima, 1949. 4 vols.

—— 4ª ed. aumentada y corregida. Bogotá: ABC, 1972. 403p.

Rubió y Lluch, Antonio. «Carta a Don Rafael Núñez». *Santafé y Bogotá* (Bogotá) 2.19 (jul., 1924): 45-54.

Sáchica Aponte, Luis Carlos. *1886: de la utopía al realismo ecléctico*. Bogotá: Ediciones Rosaristas, 1974. 105p.

Samper Pizano, Ernesto. «"El Núñez que se le escapó a la Lemaitre"». *El Tiempo* [Lecturas Dominicales] (Bogotá) (abr. 15, 1984): 5.

Sanín Cano, Baldomero. *Núñez poeta: artículos que comenzaron a publicarse en «La Sanción»*. Bogotá: F. Pontón, 1888. 32p.

Salgado, José Agustín. «Página histórica: Aquileo Parra y Rafael Núñez». *El Gráfico* (Bogotá) 25.1254 (nov., 1935): 144-145.

Santos Molano, Enrique. «Economía, política y vida cotidiana en la época de José Asunción Silva». *Gaceta* (Bogotá) 32-33 (abr., 1996): 14-25.

Serrano Camargo, Rafael. *El Regenerador: vida genio y estampa de Rafael Núñez, 1825-1865-1866-1894*. Bogotá: Ediciones Lerner, 1973. 445p.

Simposio Núñez-Caro (1986: Cartagena). *Núñez y Caro 1886: documentos*. Bogotá: Banco de la República, 1986. 147p.

Soto, Foción. *Memorias sobre el movimiento de resistencia a la dictadura de Rafael Núñez, 1884-1885*. Bogotá: Arboleda & Valencia, 1913. [s.p].

—— 2ª ed. Bogotá: Editorial Incunables, 1986. 2 vols.

—— Bucaramanga: Imprenta Departamental, 1990. 214p.

Suárez, Marco Fidel. *Rafael Núñez y Carlos Holguín*. Bogotá: Imprenta Nacional, 1894. 47p.

Tamayo, Joaquín. *Núñez*. Bogotá: Cromos, 1939. 224p.

———. *Núñez, Mosquera, José María Plata*. Bogotá: Banco Popular, 1975. 439p.

———. «Núñez y la influencia romántica». *Revista de las Indias* (Bogotá) 1.4 (mzo., 1939): 545-556.

Torres, Carlos Arturo. «Dos fuertes reaccionarios». *El Gráfico* (Bogotá) 17.173-174 (mzo. 7, 1914): 191.

Torres Duque, Óscar. «Rafael Núñez». *Gran Enciclopedia de Colombia*. 5. Santafé de Bogotá: Círculo de Lectores, 1994. 149.

Universidad Nacional de Colombia. (Bogotá) Facultad de Ciencias Humanas. Departamento de Sociología. *Cien años de la sociología en Colombia, 1882-1982*. Bogotá: Universidad Nacional, 1982. 83p.

Urdaneta, Alberto. *Lo que va de ayer a hoi: Disgustos en familia*. [Material gráfico]. 1 dibujo original: lápiz sobre papel; 38 X 24 cm. [Pertenece al cuaderno *Dibujos y caricaturas*]

———. *Rafael Núñez*. [Material gráfico]. 1 dibujo original: lápiz sobre papel; 30 X 22 cm. Passe partout en cartón arte. [Pertenece al cuaderno de dibujo *Personajes nacionales*]

Uribe, Antonio José. *Labor parlamentaria*. Bogotá; Librería Colombiana Camacho Roldan y Tamayo, 1926. 102p.

Uribe Uribe, Rafael. *La regeneración conservadora de Núñez y Caro*. Santa Fe de Bogotá: Instituto para el Desarrollo de la Democracia. Luis Carlos Galán, 1995. 463p.

Valenzuela, Teodoro. *El discurso académico del presidente*. [s.l]: [s.edit], 1900. 32p.

Vallejo, Alejandro. «Rafael Núñez: genio y figura». *Reportajes con la historia*. Manizales: Biblioteca de Escritores Caldenses, 1945. [s.p].

Vargas, Leopoldo. «Como vivíamos en los tiempos de Núñez». *Consigna* (Bogotá) 5.174 (dic., 1980): 38-50.

Vargas Paúl, Guillermo. *Núñez, el Arzobispo Paúl y otros escritos*. Tunja: Academia Boyacense de Historia, 1992. 153p.

Vega, Fernando de la. *Aspectos de Núñez*. Cartagena: Ediciones Corralito de Piedra, 1975. 184p.

———. *Bolívar Legislador; Núñez, Bolivariano*. Bucaramanga: Gómez & Páez, 1938. 212p.

——— Bucaramanga: Gómez & Páez, 1949. 212p.

———. «De la Vega Nuñizta». *Boletín Historial* (Cartagena) 38.119 (mayo-jun., 1954): 69-138.

Vargas Vila, José María. *Páginas escogidas: ante la tumba de Diógenes Arrieta*.

Juicio sobre Núñez, Caro y Marroquín. Bogotá: Editorial Publicitaria, 1972. 40p.

Vergara, José Ramón. *Escrutinio histórico: Rafael Núñez*. Bogotá: Editorial ABC, 1939. 497p.

———. «Rafael Núñez». *Revista de las Indias* (Bogotá) 5.14 (feb., 1940): 160.

Villa, Hernando. «El Sr. Caro y el Dr. Núñez». *Revista Pan* (Bogotá) 31 (jun., 1939): 122.

Villalba Bustillo, Carlos. *Entre Núñez y Uribe: dos estilos y un pensamiento*. Bogotá: Ediciones Tercer Mundo, 1979. 175p.

———. *Núñez: la vocación de poder*. [s.l]: [s.edit], 1950. 5p.

Vives Guerra, Julio. «Anecdotario colombiano: la locura del doctor Núñez». *El Gráfico* (Bogotá) 22.1083 (jun., 1932): 1602.

Wong Hui, Alberto. «Rafael Núñez y la política regional en el estado soberano de Bolívar». *Huellas* (Barranquilla) 42 (dic., 1994): 24-32.

Zubiría, Ramón de. «Prólogo a una nueva edición de un libro sobre la poesía de Rafael Núñez». *Nueva Frontera* (Bogotá) 49 (sept., 1975): 6-7.

O

O. A., seudónimo de Ricardo R. Becerra.

O. BARRERA, FRANCISCO. Ver Francisco Ortiz Barrera.

OBESO, CANDELARIO (Mompox 1849-Bogotá 1884) (Seud. Publio Chapelet).

POESÍA:

―――. «Amor de las mujeres». *El Rocío* (Bogotá) (abr. 22, 1874): 178-179.

―――. [Trad]. «Beati qui lugent». (Traducción de Marie Jenna). *El Rocío* (Bogotá) (oct. 6, 1873): 456.

―――. «Canción der boga ausente». *Papel Periódico Ilustrado* (Bogotá) I.74 (sept. 1°, 1884): 17.

―――. «Candelario Obeso». *Antología de poetas cartageneros*. Roberto Arrázola. [Comp]. Cartagena: Imprenta Marina, 1961. [s.p].

―――. «Candelario Obeso». *Parnaso colombiano*. Julio Áñez. Bogotá: Librería Colombiana, 1986-1987. [s.p].

―――. «Candelario Obeso». *Parnaso colombiano*. Carlos Nicolás Hernández (ed). Santafé de Bogotá, D.C., Colombia: Panamericana Editorial, 2001. [s.p]. [contenido: «José Eusebio Caro». «Miguel Antonio Caro». «Julio Arboleda». «José Joaquín Ortiz». «José Caicedo Rojas». «Felipe Pérez». «Santiago Pérez». «Medardo Rivas». «José María Samper». «Rafael Pombo». «Ricardo Carrasquilla». «Rafel Núñez». «Epifanio Mejía». «Gregorio Gutiérrez González». «Candelario Obeso». «José María Rivas Groot». «Julio Flórez». «Manuel Pombo». «Carlos Arturo Torres». «Diego Uribe». «José Manuel Marroquín». «Enrique Álvarez Henao». «Joaquín Pablo Posada». «Clímaco Soto Borda». «Diego Fallon»]

―――. «Cantos populares de mi tierra». *El Rocío* (Bogotá) (mzo. 11, 1874): 120.

―――. *Cantos populares de mi tierra*. Bogotá: Imprenta de Borda, 1877. 44p

―――― Bogotá: Ministerio de Educación Nacional, 1950. 253p. [Contenido: *Cantos populares de mi tierra*, *Lectura para ti*, y *La lucha de la vida*]

———. *Cantos populares de mi tierra*. Cartagena: Editorial Costa Norte, 1984. 68p.

——— Roberto Burgos Cantor, prólogo. Bogotá: Arango Editores - El Áncora Editores, 1988. 79p.

———. «Confía i espera». *El Rocío* (Bogotá) (ag. 18, 1874): 360.

———. «Del Fausto de Goethe (fragmento traducido)». *La Patria* (Bogotá) II. (1878): 33.

———. «El amante infiel». *El Rocío* (Bogotá) (mzo. 6, 1874): 201.

———. «El amor maternal. (Imitación de Millevoye)». *El Rocío* (Bogotá) (sept. 15, 1873): 425-426.

———. «El arroyuelo. Canción sueca». *El Rocío* (Bogotá): 181.

———. «El crucifijo». *El Rocío* (Bogotá) (jul. 7, 1873): 294.

———. «En la reja». *El Rocío* (Bogotá) (abr. 15, 1874): 174.

———. «Fantasía». *El Rocío* (Bogotá) (ag. 18, 1873): 365-366.

———. «Fantasía». *El Rocío* (Bogotá) (sept. 22, 1874): 423-424.

———. «El genio». *La Patria* (Bogotá) I.I (1878): 537-538.

———. «El lirio silvestre. Fantasía». *El Rocío* (Bogotá) (mayo 13, 1874): 212-213.

———. «El sueño de la esperanza. Dolora». *El Vergel Colombiano* (Bogotá) (mayo 20, 1876): 240.

———. «Fragmento de "La lucha de la vida"». *Papel Periódico Ilustrado* (Bogotá) I.17 (jun. 1°, 1882): 273.

———. «Jilma. (Poema inédito)». *El Reporter Ilustrado* (Bogotá) ene. 4, 1890): 6-7.

———. «La cabeza de la sultana». (Fragmento de Copée) *La Patria* (Bogotá) II.III (1979): 56-57.

———. «La gota de agua». *El Rocío* (Bogotá) (jun. 3, 1874): 256.

———. [Trad]. «Las grullas de Ibico». (Traducción de Schiller) *La Patria* (Bogotá) II.III (1879): 143-144.

———. «Lo que es el mundo. (Imitación de Moor)». *El Rocío* (Bogotá) (feb. 25, 1874): 95.

———. «Los parias. (De F. Copée)». *La Patria* (Bogotá) II.III (1879): 86-88.

———. *Lucha por la vida; poema original de C. Obeso*. Bogotá: Imprenta de Silvestre y Compañía, 1882. 152p.

———. «Mi última esperanza. (Balada)». *El Vergel Colombiano* (Bogotá) (jun. 17, 1876): 268.

———. «Mis ilusiones posteriores». *El Rocío* (Bogotá) (jul. 7, 1874): 319-320.

———. «Noche eterna. (Canción de la tarde)». *El Pasatiempo* (Bogotá) (jun. 24, 1882): 145-146.

―――. «Observaciones». *Papel Periódico Ilustrado* (Bogotá) I.19 (jun. 20, 1882): 307.

―――. «Ofrenda a los pobres». *Papel Periódico Ilustrado* (Bogotá) IV.77 (oct. 15, 1884): 71-76.

―――. «Paráfrasis de la vida». *El Elector Popular* (Bogotá) II.III (1879): 86-88.

―――. «Poesías». *La Unión Hispanoamericana* IV (Madrid) (1920): 38-39.

―――. «Poesías». *Poemas de Colombia; antología de la Academia Colombiana*. Prólogo y epílogo de Félix Restrepo S. J. Edición y notas de Carlos López Narváez. Medellín: Editorial Bedout, 1959. [s.p].

―――. *Jorge Artel. Candelario Obeso: selección*. Concepción del proyecto y selección de poemas de Carlos Nicolás Hernández; investigación documental Sonia Nadhezda Truque. Santafé de Bogotá: Panamericana Editorial, 1997 62p.

―――. «¡Que más no llore!...». *El Rocío* (Bogotá) (mzo. 18, 1874): 130.

―――. «Serenata». *El Rocío* (Bogotá) (ag. 11, 1874): 356.

―――. «Sotto voce (a ella) (Inédito)». *La Patria* (Bogotá) II.III (1879): 225.

―――― *Papel Periódico Ilustrado* (Bogotá) IV.74 (sept. 1°, 1884): 18-19.

―――. *Sus mejores versos*. Bogotá: Librería Editorial La Gran Colombia, 1950? 152p.

―――― Bogotá: La Gran Colombia, 1954? 148-180p.

―――. [Trad]. «Tumbas de niños. (Traducción de Paúl Collin)». *El Pasatiempo* (Bogotá) (oct. 25, 1878): 426.

―――. «Tu temor i mi esperanza. Dolora». *El Rocío* (Bogotá) (ag. 25, 1874): 426.

NOVELA:

―――. *Las cosas del mundo. Novelas semi-históricas*. Por Publio Chapelet. *La familia Pygmalión*. Primera serie. Bogotá: Imprenta de Medardo Rivas, 1871. 19p.

TEATRO:

―――. *Secundino el zapatero; comedia en tres actos orijinal i en verso*. Bogotá: Imprenta de Vapor de Zalamea Hermanos, 1880. 38p.

―――― *Teatro colombiano: siglo XIX: de costumbres y comedias*. Selección y notas Carlos Nicolás Hernández. Bogotá: Tres Culturas Editores, 1989. 295-362.

OTROS:

―――. «Advertencia del autor a "Cantos populares de mi tierra: Canción del boga ausente; El boga charlatán; Ario"». *Revista de las Indias* (Bogotá) 34.106 (nov.- dic.,1948): 59-70.

―――. *Candelario Obeso. Registro sonoro: Precursor de la poesía negra en América*. Compañía Bolivarina Libertadora, 1984. LP 0002. 1 disco son. (48 min.): 33 1/3 rpm, estéreo; 30 cms. 1 folleto.

———. [Trad]. *Curso de lengua italiana (según el método de Robertson) de Vitorio Vimercati*. Adaptado al castellano por Candelario Obeso. Bogotá: Imprenta de Vapor de Zalamea Hermanos, 1883. 218p.

———. «El día de la patria». *La Ilustración* (Bogotá) (ag. 4, 1874): 234-235; (ag. 7, 1874): 238-239; (ag. 11, 1874): 241-242; (ag. 14, 1874): 245.

———. y Venancio González Manrique. *Lecciones prácticas de francés extractadas del curso completo de lengua francesa de T. Robertson*. Adaptada al castellano. Bogotá: Imprenta de Vapor de Zalamea Hermanos, 1884. 332p.

———. *Lectura para ti*. Publicación por entregas. Bogotá: Imprenta de Guarín y Compañía, 1878. [s.p].

—— Bogotá: [s.edit], 1893? 291-322.

—— .Bogotá: Librería Nueva, 1897. 322p.

———. «Lo que se suena..., artículo suelto». *La Ilustración* (Bogotá) (sept. 8, 1874): 254.

———. *Miscelánea*. Entrega 1ª. Bogotá: 1874. 16p.

———. [Trad]. *Nociones de táctica de infantería, de caballería y de artillería por León de Sagher*, teniente de infantería belga y adjunto a la escuela especial de oficiales inferiores. Vertidas al castellano por Candelario Obeso. Capitán adjunto al Estado Mayor, general del Ejército de la República. Bogotá: Imprenta a cargo de H. Andrade, 1878. 146p.

———. *Nuevo curso práctico, analítico, teórico y sintáctico de lengua inglesa de J. T. Robertson*. Adaptada al castellano por C. Obeso. Bogotá: Imprenta de Vapor de Zalamea Hermanos, 1884. [s.p].

———. [*Orden público*. Miscelánea (folletos)]

———. «Palabras al aire». *La Ilustración* (Bogotá) (sept. 8, 1874): 276.

———. «Palabras en el entierro de Hernando Arboleda». *Papel Periódico Ilustrado* (Bogotá) II.30 (nov. 28, 1882): 84.

———. y Manrique, Venancio G. *Robertson francés*. Bogotá: Librería de Chaves, 1884. 332p.

———. *Vida íntima*. Bogotá: Imprenta de Vapor de Zalamea Hermanos, 1886. [s.p].

CRÍTICA:

Alemán Padilla, Máximo. «El poeta Candelario Obeso: 120 años de su muerte». *Revista Internacional Magisterio* (Bogotá) 10 (ag.-sept., 2004): 62-64

Áñez, Julio. «Candelario Obeso». *Papel Periódico Ilustrado* (Bogotá) IV.74 (sept. 1°, 1884): 18-19.

—— *Boletín Cultural y Bibliográfico* (Bogotá) V.11 (1962): 1456-1458.

———. «Candelario Obeso». *El Liberal Ilustrado* (Bogotá) 4.1328 (abr. 17, 1915): 161-165.

Anónimo. «Candelario Obeso». *El Mensajero Federal* (Bogotá) (jul. 7, 1884): 129.

Anónimo. «Candelario Obeso». *Revista de Indias* (Bogotá) XXXIX.106 (nov.-dic., 1948): 59-70.

Anónimo. «Candelario Obeso». *La Actualidad* (Bogotá) (jul. 11, 1884): 145-149.

Anónimo. «Cosas del día». *La Actualidad* (Bogotá) (abr. 8, 1884): 90.

Anónimo. *Libro de oro del centenario de Obeso*. Barranquilla: Editorial Arte, 1949. 43p.

Anónimo. «Noticias diversas. Candelario Obeso». *La Palestra* (Mompós) (ene. 16, 1884): 2.

Anónimo. «Noticias diversas. Partida». *La Palestra* (Mompós) (feb. 16, 1884): 2.

Arango Ferrer, Javier. *Dos horas de literatura colombiana*. Medellín: Departamental de Antioquia, 1963. [s.p].

―――. *La literatura de Colombia*. Buenos Aires: Imprenta y Casa Editorial Coni, 1940. [s.p].

―――. *Raíz y desarrollo de la literatura colombiana: poesía desde las culturas precolombinas hasta la «Gruta Simbólica»*. Bogotá: Academia Colombiana de Historia. Historia Extensa de Colombia. XIX. Bogotá: Ediciones Lerner, 1965. [s.p].

Artel, Jorge. «Una ciudad olvidada. Mompós». *Estampa* (Bogotá) (mzo. 4, 1939): 12-13; 43; 47. [Jorge Artel es seudónimo de Agapito de Arcos]

Arrieta, Diógenes A. «Albores. I. Candelario Obeso». *La Patria* (Bogotá) II.III (1879): 52-58.

Bellini, Giuseppe. «Candelario Obeso». *Figure della lirica negra ispano-americana*. Milano: La Goliardica, 1951. [s.p].

Biblioteca Luis Ángel Arango (Bogotá). *Bibliografía sobre Candelario Obeso*. Bibliografías especializadas (Bogotá) 25 (1984): 2h.

Caraballo, Vicente. *El negro Obeso (apuntes biográficos y escritos varios)*. Bogotá: Editorial ABC, 1943. 202p.

Cárdenas Bueno, Martha Lucía. *La expresión de un pueblo marginado en la obra Cantos populares de mi tierra de Candelario Obeso*. Montréal: Université de Montréal, 1991. 124h. [Tesis].

Caro, Helena. «Candelario Obeso». Biblioteca Virtual del Banco de la República, 2004.

Daniels, Joce Guillermo. *Candelario Obeso: cantos populares de mi tierra*. Cartagena: Impreso en los Talleres de Editorial Costa Norte, 1984. 68p.

Guillén, Nicolás. «Candelario Obeso». *Prosa de prisa*. La Habana, Universidad Central de las Villas, Dirección de Publicaciones, 1962. 302-306.

———. «Sobre Candelario Obeso». *Gramma* (La Habana) (jun. 7, 1966): 2.

Guillen, Nicolás. «Trite Vira e la der probe cuando el rico goza en pa. En el centenario de Calendario Obeso». *Cromos* (Bogotá) 3488 (nov. 20, 1984): 54-55.

Jáuregui, Carlos. «Candelario Obeso». *Revista Casa Silva* (Bogotá) 13 (2000): 44-63.

Jackson, Richard L. «Cultural nationalism and the emergence of literary blackness in Colombia: The originality of Candelario Obeso». *Black writers in Latin América*. Albuquerque: University of New México Press, 1979. 53-62.

Jáuregui, Carlos. «Candelario Obeso». *Revista Casa Silva* (Bogotá) 13 (2000): 44-63.

Lagos, Ramiro. «La poesía ebanita y su precursor Candelario Obeso». *Boletín Cultural y Bibliográfico* (Bogotá) 20.1 (1983): 217-227.

———. *Libro de oro del centenario de Candelario Obeso*. Barranquilla: Editorial Arte, 1949. [s.p].

Martínez Fajardo, Eustorgio. «Candelario Obeso». *El Universal* (Cartagena) (ene. 12, 1949): 4, 7.

Massa, Gaetano. «L'Obsservattore Romano comenta libro sobre Candelario Obeso». *Noticias Culturales* (Bogotá) 21 (nov.-dic., 1985): 19-20.

Morillo, José. «Candelario Obeso». *El Siglo* [Páginas Literarias] (Bogotá) (ene. 16, 1949): 4.

Múnera, Luis A. «Con motivo de candelario Obeso». *El Universal* (Cartagena) (ene. 18, 1949): 4, 8.

Parra, Luisa Fernanda. «Que el "otro" conozca al negro». Obra reseñada: *Candelario Obeso y la iniciación de la poesía negra en Colombia*. Bogotá: Instituto Caro y Cuervo, 1985. 228p.

Peñas Galindo, David Ernesto. «Obra literaria de Candelario Obeso». *Boletín Historial* (Mompós) 39.20-21 (jul., 1985): 29-49.

———. Obra literaria de Candelario Obeso, un relámpago de tinta negra». *Boletín de Antropología* (Medellín) 7.23 (1990): [s.p].

Pérez Silva, Vicente. «Un amor imposible y dos anécdotas de Candelario Obeso». *Noticias Culturales* (Bogotá) 156 (ene. 1°, 1974): 16-17.

Prescott, Laurence E. (Laurence Emmanuel) *Candelario Obeso y la iniciación de la poesía negra en Colombia*. Bogotá: Instituto Caro y Cuervo, 1985. 228p.

———. «Del infierno al paraíso. Revisión de la costa en la poesía de Candelario Obeso». *Cuadernos de ALDEEU* (Madrid) I.2-3 (mayo-oct., 1983): 409-420.

———. «Revisión de Candelario Obeso». *El Tiempo* (Bogotá) [Lecturas Dominicales] (ene. 19, 1975): 6-7, 11.

Ramírez Román, Orlando. «Obeso: hombre medio». *Boletín Historial* (Mompós) 39.20-21 (jul., 1985): 9-16.

Roa, Jorge. «Candelario Obeso». *Colección de grandes escritores nacionales y extranjeros*. XIV. Bogotá: Jorge Roa, 1897. [s.p].

Smith Córdoba, Amir, (Ed.). *Vida y obra de Candelario Obeso*. Bogotá: Centro para la Investigación de la Cultura Negra, 1984. 168p.

Socarrás, José Francisco. «En el centenario de Candelario Obeso». *Boletín de la Academia Colombiana* (Bogotá) 35.150 (oct.-dic., 1985): 245-261.

Solano y Manotas, Ismael (Manlio de Sola) «Diccionario Biográfico colombiano. Candelario Obeso». *Civilización* (Barranquilla) 485 ((dic., 1947): [s.p].

Urdaneta, Alberto. «Candelario Obeso». *Papel Periódico Ilustrado* (Bogotá) III.71 (jul. 20, 1884): 381.

Urdaneta, Alberto. *Candelario Obeso* [Material gráfico]. 1 dibujo original: lápiz sobre papel ; 30 X 22 cm. Passe partout en cartón arte. [Pertenece al cuaderno de dibujo *Personajes nacionales*]

———. *Poeta Candelario Obeso*. Material audiovisual. 1 diapositiva. Colección de diapositivas de la Biblioteca Luis Ángel Arango.

Uribe, Juan de Dios. «Secundino el zapatero, por Candelario Obeso». *Sobre el Yunque*. Obras completas, publicadas, ordenadas y anotadas por Antonio José Restrepo. I. Bogotá: Imprenta de «La Tribuna», 1913. 21-40.

———. y Antonio J. Restrepo. *Candelario Obeso*. Bogotá: Imprenta de Vapor de Zalamea Hermanos, 1886. 28p.

Valencia, Antonio María. *Canción der boga ausente música: para cuatro voces mixtas*. SATB. 196-? 1 partitura manuscrita. 4p. 1 parte sopranos, 1 parte contraltos, 1 parte tenores, 1 parte bajos. Colección de manuscritos de la Biblioteca Luis Ángel Arango.

Vives Guerra, Julio. (seud). «Anecdotario colombiano: el negro Obeso». *El Gráfico* (Bogotá) 22.1172 (mzo., 1933): 924.

———. «Crónicas del siglo XIX. De la historia del poeta negro». *Cromos* (Bogotá) (mayo 1°, 1943): 16.

Zapata Olivella Juan. «Candelario Obeso». *El Tiempo* [Lecturas Dominicales] (Bogotá) (jul. 8, 1984): 12-13.

OLGA, seudónimo de Soledad Acosta de Samper.

OLMEDO, DAVID DE, seudónimo de Rafael Núñcz.

OMAR, seudónimo de Arcesio Escobar Pidrahita.

OMEGA, seudónimo de Arcesio Escobar Pidrahita.

OMEGA, seudónimo de Cenón Fabio Lemos.

OMEGA, seudónimo de Juan de Dios Restrepo.

OMUR, seudónimo de Isidoro Isaza.
ONOFRE, seudónimo de José María Rojas Garrido.
ONOMATOPEYA, seudónimo de José Manuel Groot.
O. O. O., seudónimo de Domingo A. Maldonado.
ORESTES TITO, seudónimo de Arcesio Escobar Pidrahita.
ORFELI, seudónimo de Lisandro Restrepo.
ORIÓN, seudónimo de Juan José Molina.
ORIÓN, seudónimo de Rafael Núñez.
ORIÓN, seudónimo de Ruperto Segundo Gómez.
ORIÓN, seudónimo de Soledad Acosta de Samper.

ORTEGA, ENRIQUE (18 ?- ?).
    Novela:
———. *Justos y pecadores*. París: [s.edit], 1889. [s.p].

ORTIZ, JOSÉ JOAQUÍN, ver Ortiz Rojas, José Joaquín.

ORTIZ, JUAN BUENAVENTURA (1840-1894).
    Relato:
———. «El recluta». *Papel Periódico Ilustrado* (Bogotá) I.12 (abr. 1°, 1882): 194-196.
———. «Quejas al mono de la pila». *Museo de cuadros de costumbres, variedades y viajes*. Biblioteca de «El Mosaico». I. Bogotá: Biblioteca del Banco Popular, 1973. 273-278.
———. «Una tertulia casera». *Museo de cuadros de costumbres, variedades y viajes. Biblioteca de «El Mosaico»*. II. Bogotá: Biblioteca del Banco Popular, 1973. 349-360.
    Otros:
———. *Constituciones sinodales de la diócesis de Popayán*. Popayán: Imprenta de la Diócesis, 1891. 166p.
———. *Diccionario de música*. Bogotá: Imprenta de Gaitán, 1867. 91p.
———. [Trad]. *El hombre a carta cabal, obra escrita en francés por el Abate V. Marchal*. Trad. de la IV ed. por el I. S. Dr. Juan B. Ortiz, Obispo de Popayán. Bogotá: Imprenta de Antonio María Silvestre, 1892. 217p.
———. *Exposición demostrada de la doctrina cristiana*. Bogotá: Imprenta de Silvestre, 1883. 309p.
    —— 3ª. ed. Bogotá: Imprenta de Antonio María Silvestre, 1889. 330p.
    —— 12ª ed. Bogotá: Camacho Roldan & Tamayo, 1922. 265p.

———— 17ª ed. corregida. Bogotá: Editorial Cromos, 1940. 268p.

————. «La doctrina radical». *El Repertorio Colombiano* (Bogotá) 1 (jul., 1878): 22-32.

————. «La polémica religiosa». *El Repertorio Colombiano* (Bogotá) 4 (oct., 1878): 281-290.

————. *Lecciones de filosofía social y ciencia de la legislación*. Bogotá: Imprenta de Echeverría Hermanos, 1880. 450p.

————. «Los esplendores de la fe». *El Repertorio Colombiano* (Bogotá) 39. 42-43, 49 (sept.-dic., 1881) (ene.-jul., 1882): [s.p].

————. «Oración pronunciada en la fiesta de Nuestra señora del Rosario el 3 de octubre de 1886». *Oradores sagrados de fin del siglo*: Carlos Cortes Lee, Francisco Javier Zaldúa y Juan Buenaventura Ortiz. 3ª ed. Bogotá: Editorial Minerva, [s.f]. [s.f].

———— *El Repertorio Colombiano* (Bogotá) (nov., 1886): 175-187.

————. «Sobre educación». *El Repertorio Colombiano* (Bogotá) 31 (ene., 1881): 18-24.

CRÍTICA:

Bueno y Quijano, Manuel Antonio. *Historia de la Diócesis de Popayán: dos estudios por Manuel Antonio Bueno y Quijano y Juan Buenaventura Ortiz*. Bogotá: Academia Colombiana de Historia, 1945. 2 vols.

Romero, Mario Germán. (Ed.). *Epistolario de Miguel Antonio Caro, Rufino José Cuervo y otros colombianos con Joaquín García Icazbalceta*. Edición, presentación y notas de Mario Germán Romero; introducción de Ignacio Bernal. Bogotá: Instituto Caro y Cuervo, 1980. 485p.

ORTIZ, JUAN FRANCISCO (Bogotá, 1808-Buga, 1875) (Seuds. El Sabanero, El Tío Santiago, Piquillo, Saint-Amour, W W W). Colaborador en *La Estrella Nacional*, *El Museo*, *El Mosaico*, El Álbum, entre otros.

POESÍA:

————. [A Celinia en su cumpleaños]

————. «A Clori». *El Mosaico* al cual está unida *La Biblioteca de Señoritas* (Bogotá) II.2 (ene. 15, 1860): 13-14.

————. [Adiós a la esperanza]

————. [A Guarín]

————. [A Guarín (diferente)]

————. [A Inés]

————. [A la batalla de Boyacá]

————. [A la del Santuario]

————. [A la señora Inés Morales de Posada]

———. [A la señora Silveria Espinosa]
———. [A la señora Silveria Espinosa» (inédita)]
———. [A la señora Timotea Carvajal de Obando]
———. [A la señorita Amalia Ferro]
———. [A la señorita Enriqueta Márquez]
———. [A la señorita Gabriela Madrid Martínez]
———. [A la señorita Julia Granados]
———. [A la señorita Luisa Armero]
———. [A la señorita Margarita Quevedo]
———. [A la señorita Matilde Osorio]
———. [A la señorita Rosa Buitrago]
———. [A la señorita Teresa Trimiño]
———. [A las señoritas Serna]
———. [A la soledad de María» (poesía religiosa)]
———. [A la vista del cementerio de Medellín]
———. [A Lesbia]
———. [Al río Buga]
———. [Amantes orijinales]
———. [A mi hermano]
———. [A mi sobrino J. Joaquín» (inédita)]
———. [A Miss Bolivia O'Leary]
———. *Antología poética*. Juan Francisco Ortiz. Edición, introducción y notas de Héctor H. Orjuela. Bogotá: Editora Guadalupe, 2004. 113p.
———. [A una caucana]
———. [A una clásica]
———. [A una niña de diez años]
———. [A una señora]
———. «A unos ojos». *El Mosaico* al cual está unida *La Biblioteca de Señoritas* (Bogotá) II.19 (mayo 16, 1860): 148-149.
———. [Ave Maris Stella (poesía religiosa)]
———. *Córdoba; escena trágica*. Bogotá: J. A. Cualla, 1831. 8p.
———. [Cuando yo perdí tu amor (glosa)]
———. *Cuatro canciones que ofrezco a mis amigos y lectores de Cartagena (tal vez las últimas)* Cartagena: Tipografía de los Herederos de Juan A. Calvo, 1834. 17p.
———. [Don Cosme]
———. [El asno de Sileno]

———. [El coco]
———. [El labrador]
———. «El 8 de diciembre». *La Caridad* (Bogotá) 3.18 (dic. 7, 1866): 273.
———. [En la tumba de Emma (inédita)]
———. «Glosa». *El Mosaico* al cual está unida *La Biblioteca de Señoritas* (Bogotá) II.13 (mzo. 31, 1860): 100.
———. «Glosa de un verso antiguo». *El Mosaico* al cual está unida *La Biblioteca de Señoritas* (Bogotá) II.21 (mayo 30, 1860): 165.
———. [Himno a la libertad]
———. [La bandola]
———. *La corona de humo*. Bogotá: Imprenta del Gobierno, por J. A. Cualla, 1831. 18p. [Contenido: La corona de humo; A la revolución de Roma en 1831; Epístola al señor Lorenzo María Lleras; A los soldados que perecieron en la jornada del 27 de agosto de 1830]
———. «La cruz de mayo». *El Catolicismo* (Bogotá) 2.16 (jun. 15, 1850): 141-142.
———. [La flor del Valle]
———. [La ingratitud judaica]
———. [La Magdalena]
———. [La misa]
———. [La risa]
———. [Mater dolorosa (poesía religiosa)]
———. [Nunca, mi bien hallarás (glosa)]
———. «Poesías». *Corona poética de la Virgen María: recuerdo del 8 de diciembre de 1872*. Bogotá: Imprenta de «El Tradicionista», 1872. 72p.
———. *Pocsías*. Bogotá: [s.cdit], 1833. 17p.
———. *Poesías eróticas de Juan Francisco Ortiz*. Cartagena: Tipografía de J. A. Calvo, 1832. 80p. [Contenido: Poesías eróticas, Odas anacreónticas, Traducciones]
———. «Proceso judicial pero poético. Declaración por Juan Francisco Ortiz. Declaración por J. M. Marroquín». *El Mosaico* al cual está unida *La Biblioteca de Señoritas* (Bogotá) II.20 (mayo 23, 1860): 158.
———. [Respuesta]
———. [Sáficos a la Inmaculada Concepción (poesía religiosa)]
———. [San Pedro]
———. [Semiacróstico]
———. «Un soneto». *El Mosaico* (Bogotá) IV.19 (jun. 5, 1865): 149.
———. [Unas coplas]

Novela:

———. «Carolina la bella». *La Guirnalda* II (Bogotá) (1856): 23-50.

——— por D. Juan Francisco Ortiz. *Biblioteca Popular* (Bogotá) XIV (1897): 108-140.

——— 3ª ed. Bogotá: Librería Nueva, 189? 108-140.

——— Bogotá: [s.edit], [s.f]. 14p.

——— *Boletín Cultural y Bibliográfico* (Bogotá) 7.4 (1964) 652-676.

———. «El Oidor de Santafé». *El Día* (Bogotá) V.261 (ene. 23, 1845): 1-4; 262 (ene. 26, 1845): 2-3; 263 (feb. 2, 1845): 2-3.

———. «El oidor Cortés de Mesa». *Cuadros de costumbres y descripciones locales de Colombia* Artículos escogidos y publicados por José Joaquín Borda. Librería y Papelería de Francisco García Rico, 1878. 49-83.

——— *Museo de cuadros de costumbres, variedades y viajes.* Biblioteca de «El Mosaico». III. Bogotá: Biblioteca del Banco Popular, 1973. 271-316.

———. [El padre José]

———. [El Tío Santiago]

———. [La venganza de una muger]

———. *Teresa: leyenda americana.* Bogotá: Imprenta de «El Día», 1851. 43p.

Relato:

———. *A las señoras i señoritas de Lima.* Barranquilla: [s.edit], 1874. [Contenido: Motivo por el cual. Cuentecillo al galope y al paso. Al Ilustrísimo Señor Félix Dupanloup, dignísimo Obispo de Orleans, Recuerdos. Las pascuas. Santa Fe de Bogotá. Una virgen romana, Poesías]

———. [Bogotá i siempre Bogotá». *La Guirnalda*]

———. «Conversación a bordo». *El Mosaico* al cual está unida *La Biblioteca de Señoritas* (Bogotá) I.42 (oct. 22, 1859): 334-337.

———. [¿Cuál de los tres?]

———. «Don Valerio». *El Álbum. Periódico literario, científico i noticioso* (Bogotá) 14 (sept. 1°, 1856): 2-4.

———. «Dos meses en Europa». *La Caridad* (Bogotá) 3.11 (oct. 19, 1866): 163-169.

———. [El aguinaldo]

———. [El álbum de Mimí]

———. [El amigote]

———. [El cajoncito de diamantes]

———. [El camarico]

———. [El cura de mi pueblo]

———. [El diablo Drake]
———. [El diputado Ciruelo]
———. [El llanero]
———. [El matrimonio mercantil]
———. [El puente de Pandi]
———. «El Salto del Tequendama». *El Mosaico* al cual está unida *La Biblioteca de Señoritas* (Bogotá) II.22 (jun. ?, 1860): 172-174.
    ——— *Museo de cuadros de costumbres i variedades*. Biblioteca de «El Mosaico». Bogotá: Imprenta a cargo de Foción Mantilla, 1866. 367-374.
    ——— *Museo de cuadros de costumbres, variedades y viajes*. Biblioteca de «El Mosaico». II. Bogotá: Biblioteca del Banco Popular, 1973. 251-264.
———. [«El Teatro de Bogotá». *La Guirnalda*]
———. [El tinterillo de aldea]
———. «El tío Lila». *El Mosaico* (Bogotá) III.42 (nov. 3, 1864): 332-336.
———. *El tío Santiago*. Bogotá: J. A. Cualla, 1848. 147p.
———. *El tío Santiago*: (Capítulo X: *La Prensa*) Bogotá: Imprenta de Ancízar, 1848. 14p.
———. [El viaje de don Pascualito]
———. «En tiempo de los pacificadores». «Recuerdos de infancia». *Historia de la literatura colombiana*. José J. Ortega T. Bogotá: Editorial Cromos, 1935. 266-269.
———. [Entre amigos, ¿quién repara?]
———. [¡Esto es una farsa!]
———. [Impresiones de un baile]
———. «La choza de la montaña». *El Catolicismo* (Bogotá) 7.434 (ag. 7, 1860): 489-491.
———. «La ciénaga de Buga». *El Mosaico* al cual está unida *La Biblioteca de Señoritas* (Bogotá) II.19 (mayo 16, 1860): 147-148.
———. [La luna de miel]
———. [La mujer de cinco maridos]
———. [La Pichirre]
———. [La plaza de toros]
———. «La serenata». *Museo de cuadros de costumbres, variedades y viajes*. Biblioteca de «El Mosaico». II. Bogotá: Biblioteca del Banco Popular, 1973. 7-14.
———. [Las dos primas]
———. [Las niñas del corazón]

———. [Los anteojos]

———. [Los dos conciertos]

———. «Los dos gatos». *El Mosaico, Álbum Neo-Granadino* (Bogotá) II.42 (oct. 26, 1860): 333-334.

———. «Los saltos de la ninfa i del carbonero». *El Álbum. Periódico literario, científico i noticioso* (Bogotá) 11 (ag. 3, 1856): 89-90.

———. [Lucinda]

———. [Masanielo]

———. «Mis tres loros». *El Mosaico* (Bogotá) I.38 (sept. 24, 1859): 301-302.

———. «Motivo por el cual...». *Museo de cuadros de costumbres i variedades*. Biblioteca de «El Mosaico». II. Bogotá: Imprenta a cargo de Foción Mantilla, 1866. 138-143.

 ——— *A las señoras i señoritas de Lima*. Barranquilla: [s.edit], 1874. 1-17.

 ——— *Cuadros de costumbres*. Eugenio Díaz ... [et. al]; prólogo de Rafael Maya. Cali: Carvajal y Compañía, 1969. [s.p].

 ——— *Las fiestas de toros... y otras fiestas: cuadros de costumbres*. Bogotá: Instituto Colombiano de Cultura, 1971. [s.p].

———. «Motivo por el cual», «Una taza de chocolate». *Cuadros de costumbres de Rafael Eliseo Santander, Juan Francisco Ortiz y José Caicedo Rojas*. Bogotá: Editorial Minerva, 1936. [s.p].

 ——— *Museo de cuadros de costumbres, variedades y viajes. Biblioteca de «El Mosaico»*. I. Bogotá: Biblioteca del Banco Popular, 1973. 251-262.

 ——— *Cuadros de costumbres*. Bogotá: Panamericana Editorial, 1998. 21-38.

———. [Mr. Keg]

———. [Muchachas y bocadillos]

———. [Necrolojía de la marquesita]

———. [¡No más jarana!]

———. «Pandi». *La Caridad* (Bogotá) 3.12 (oct. 26, 1866): 179-184.

———. *Pandi o el puente de Icononzo*. Bogotá: Imprenta de G. Morales, 1850. 11p.

———. «Relación de un viaje por las provincias del norte de la Nueva Granada». *El Álbum. Periódico literario, científico i noticioso* (Bogotá) 15 (sept. 15, 1856): 12-14; 17 (oct. 15, 1856): 26-28; 19 (nov. 15, 1856): 46; 20 (dic. 1°, 1856): 54-55.

———. [Un milagro de amor]

———. [Un solterón]

———. «Una taza de chocolate». *Museo de cuadros de costumbres i variedades*.

Biblioteca de «El Mosaico». II. Bogotá: Imprenta a cargo de Foción Mantilla, 1866. 278-284.

——— *Museo de cuadros de costumbres, variedades y viajes. Biblioteca de «El Mosaico».* II. Bogotá: Biblioteca del Banco Popular, 1973. 97-108.

———. «Vamos a la ópera». *El Mosaico* (Bogotá) I.1 (dic., 24, 1858): 4-6.

———. [Visitar o no visitar]

TEATRO:

———. *El alto de Soraca o Los retozos democráticos: Dolora Dramática.* Bogotá: Foción Mantilla, 1871. 14p.

———. «[La linda limeña. Comedia de costumbres]

OTROS:

———. [Al coronel Pineda]

———. [Al Editor del Parnaso Granadino]

———. [A mi sobrina]

———. [Cali, Buga y Cartago]

———. y Eufemia Cabrera de Borda. «Carolina Samper». *El Mosaico, periódico de la juventud. Destinado exclusivamente a la literatura* (Bogotá) II.42 (nov. 5, 1872): 329-330. [art. necrológico]

———. [Cartas a Piquillo i de Piquillo]

———. [Trad]. «Catarina». Goldsmith. *El Mosaico al cual está unida La Biblioteca de Señoritas* (Bogotá) II.12 (mzo. 24, 1860): 91.

———. *El álbum de los pobres: entre los muchos objetos que la caridad cedió en este año a la Sociedad de San Vicente de Paúl para el bazar de los pobres, se encontró un álbum en blanco; los literatos de Bogotá, socios de San Vicente, llenaron ese álbum con composiciones hachas a la lijera, i que se ostenta toda la jovialidad del carácter granadino.* Bogotá: [s.edit], [s.f]. 43p.

———. [Trad]. «Dorotea». *El Mosaico al cual está unida La Biblioteca de Señoritas* (Bogotá) II.27 (jul. 11, 1860): 211-213. [Trad. de *Memoir of a Spaniard*]

———. «El General Obando». *El Liberal Ilustrado* (Bogotá) 2.889 8 (1914): 115-121.

———. [El globo aerostático]

———. *El sueño de los tres candidatos.* Bogotá: Imprenta de M. Sánchez, [s.f]. 7p.

———. *El trovador: Al señor Juan Antonio Velasco.* [s.l]: Imprenta por Juan N. Barros, 1831. 2p.

———. «Fantasía dantesca: al señor doctor don José María Torres Caicedo, encargado de negocios de Venezuela y redactor del "Correo de Ultramar"». *La Caridad* (Bogotá) 2.34 (abr. 27, 1866): 531-535.

———. «El General Obando». *El Liberal Ilustrado* (Bogotá) 2.889 (feb. 14, 1914): 113-121.

———. [Frenolojía y magnetismo]

———. [Gabriela Fernández Madrid (necrolojía)]

———. [La tumba de un patriota]

———. «Literatura latina». *La Caridad* (Bogotá) 1.43 (jul. 21, 1865): 702.

———. [Modo de viajar por la cordillera]

———. *Obras literarias de José Eusebio Caro, Luis Vargas Tejada i Juan Francisco Ortiz: poesías de José Eusebio Caro*. I. Bogotá: Imprenta de Ortiz, 1857. 2 vols.

———. *Observaciones al pasquín i a los libelos de Pedro Alcántara Castillo*. Bogotá: Imprenta de «El Neo-Granadino», 1853. 21p.

———. «Proceso judicial pero poético. Declaración por Juan Francisco Ortiz. Declaración por J. M. Marroquín». *El Mosaico* al cual está unida *La Biblioteca de Señoritas* (Bogotá) II.20 (mayo 23, 1860): 158.

———. [Trad]. «Pulchra, Pura, Púdica, Pía, Miseris, Miserere, María: Himno a Ave Maris Stella». Traducción. *El Mosaico* al cual está unida *La Biblioteca de Señoritas* (Bogotá) I.49 (dic. 10, 1859): 391.

———. *Recuerdos del señor Arzobispo de Bogotá*. Bogotá: Imprenta de N. Gómez, 1854. 22p.

———. [Relación de viajes a las provincias del norte de la Nueva Granada]

———. *Reminiscencias de D. Juan Francisco Ortiz: opúsculo autobiográfico, 1808 á 1861*; con prólogo de D. J. Manuel Marroquín. Bogotá: Librería Americana, 1907. 430p.

——— Bogotá: Librería Americana, 1914. 430p.

——— Bogotá: Imprenta de Educación de Colombia, 1946. 307p.

———. [Reseña del Teatro de Bogotá]

———. [Sebastopol]

———. [Socaliñas americanas]

———. «Un naturalista». *El Mosaico* (Bogotá) 2.32 (ag. 27, 1872): 249. {firmado: Saint-Amour]

———. «Vergara y Vergara». *El Mosaico, periódico de la juventud. Destinado exclusivamente a la literatura* (Bogotá) II.24 (jul. 2, 1872): 185-186. [Firmado: Saint - Amour].

CRÍTICA:

Borda, José Joaquín. «A mi antiguo y estimado amigo Saint - Amour». *El Mosaico, periódico de la juventud. Destinado exclusivamente a la literatura* (Bogotá) II.2 (ene. 30, 1872): 12.

Borda, José Joaquín y José María Vergara i Vergara. (Eds.). *La lira granadina: colección de poesías nacionales*. El Mosaico, 1860. [s.p].

Castillo, Pedro A. *Contestación a la defensa de Juan Francisco Ortiz, publicada en el numero 27 y último del «Orden»*. Bogotá: Imprenta de F. Torres, 1853. 19p.

Duffey, Frank. «Juan Francisco Ortiz». *The early cuadro de costumbres in Colombia*. Chapel Hill: The University of Carolina Press, 1956. 21-24.

Los Editores. «Obras de Juan F. Ortiz. Indice». *El Mosaico* al cual está unida *La Biblioteca de Señoritas* (Bogotá) II.13 (mzo. 31, 1860): 103-104.

McGrady, Donald. *La novela histórica en Colombia*. Bogotá: Editorial Kelly, [s.f]. 119-120.

Rivera Garrido, Luciano. «Don Juan Francisco Ortiz». *Revista Literaria* (Bogotá) II (feb. 22, 1892): 603-630.

Rodríguez-Arenas, Flor María. «Carolina la bella». *La novela decimonónica colombiana: 1835-1870: estudio, informes 1, 2 e informe final*. Bogotá: Colcultura. Subdirección de Artes, 1995. 3 vols.

——. «La representación del pasado colonial en El Oidor de Santafé de Juan Francisco Ortiz (1845)». *Crisis, apocalipsis y utopías*. Rodrigo Cánovas & Roberto Hozven. (Eds.). Instituto de Letras. Pontifica Universidad Católica de Chile: Aug., 2000. 489-493.

——. «El Oidor de Santa Fe». *La novela decimonónica colombiana: 1835-1870: estudio, informes 1, 2 e informe final*. Bogotá: Colcultura. Subdirección de Artes, 1995. 3 vols.

——. «*La Estrella Nacional* (1836): Comienzos de la novela decimonónica en Colombia.» *Cuadernos de Literatura. Pontificia Universidad Javeriana* (Santafé de Bogotá) II.3 (Jan.-June, 1996): 7-16.

Vergara y Vergara, José María. «A Saint - Amour». *El Mosaico, periódico de la juventud. Destinado exclusivamente a la literatura* (Bogotá) 30 (ag. 27, 1871): 234.

ORTIZ, MELITÓN (18 ?- ?).

NOVELA:

——. y Gooding, G. *Los dos amigos. Novela de costumbres*. Bogotá: Imprenta de Vapor de Zalamea Hermanos, 1889. 113p.

ORTIZ, RAFAEL (1844-?).

NOVELA:

——. *Eduvigis. Novela de costumbres*. Bogotá: Imprenta de Vapor de Zalamea Hermanos, 1889. 113p.

OTROS:

——. *Ánima*. Material audiovisual. 1 diapositiva. Colección de diapositivas de la Biblioteca Luis Ángel Arango.

——. *Cruzando el río*. Material audiovisual. 1 diapositiva. Colección de diapositivas de la Biblioteca Luis Ángel Arango.

———. *ERBEIL* Material audiovisual. 1 diapositiva. Colección de diapositivas de la Biblioteca Luis Ángel Arango.

———. *Espectros sobre el río Magdalena*. N° 1 material audiovisual. 1 diapositiva. Colección de diapositivas de la Biblioteca Luis Ángel Arango.

———. *Espectros sobre el río Magdalena*. N° 2 material audiovisual. 1 diapositiva. Colección de diapositivas de la Biblioteca Luis Ángel Arango.

———. *Estudio del Entierro de Cristo de Tiziano*. Material audiovisual. 1 diapositiva. Colección de diapositivas de la Biblioteca Luis Ángel Arango.

———. *Estudios preparatorios del Entierro de Cristo de Tiziano*. Material audiovisual. 3 diapositivas. Colección de diapositivas de la Biblioteca Luis Ángel Arango.

———. *Memoria del presidente y discurso del socio Gral. Rafael Ortiz, leídos en la sesión solemne celebrada el día 26 de julio de 1896*. Bogotá: Casa Editorial de J. & L. Pérez, 1896. 48p.

CRÍTICA:

Galería El Museo (Bogotá). *Rafael Ortiz: pinturas*. Bogotá-Cali: La Galería, 1994. 18p.

Núñez, Rafael. «Correspondencia: La Mesa, 9 de mayo de 1865, al señor redactor de La Caridad». *La Caridad* (Bogotá) 1.35 (mayo 26, 1865): 557.

ORTIZ, VENANCIO (1818-1891) (Seud. Tirso).

POESÍA:

———. «A Jesús Buitrago». *El Mosaico* (Bogotá) I.7 (feb. 5, 1859): 52-53. [Firmado: V. Ortiz]

———. «Desengaños». *El Álbum. Periódico literario, científico i noticioso* (Bogotá) 10 (jul. 27, 1856): 85-86. [Firmado: V. O.]

———. «Poesías». *Corona poética de la Virgen María: recuerdo del 8 de diciembre de 1872*. Bogotá: Imprenta de «El Tradicionista», 1872. [s.p].

RELATO:

———. «Recuerdos de un pobre viejo». *Revista Pan* (Bogotá) 10 (sept., 1936): 98.

OTROS:

———. *Biografía del ilustrísimo señor Obispo de Pasto Dr. Juan Manuel García Tejada*. Bogotá: Imprenta de N. Pontón, 1870. 52p.

———. *De la propiedad en la Nueva Granada*. Bogotá: Imprenta Imparcial, 1852. 10p.

———. «El Iris». *El Iris, periódico literario dedicado al bello sexo* (Bogotá) 1 (feb. 11, 1866): 5-6.

———. «Gregorio VII». *La Caridad* (Bogotá) 3.9 (oct. 5, 1866): 136-141.

———. *Historia de la revolución del 17 de abril de 1854*. Bogotá: Imprenta de Francisco Torres Amaya, 1855. 365p.

—— Bogotá: Imprenta del Banco Popular, 1972. 453p.

———. «Lijeras reflexiones sobre el estado moral i político de la República». *El Catolicismo* (Bogotá) 7.82 (abr. 8, 1853): 707-708.

———. «Poesías». *El álbum de los pobres: entre los muchos objetos que la caridad cedió en este año a la Sociedad de San Vicente de Paúl para el bazar de los pobres, se encontró un álbum en blanco; los literatos de Bogotá, socios de San Vicente, llenaron ese álbum con composiciones hachas a la lijera, i que se ostenta toda la jovialidad del carácter granadino* .Bogotá: [s.edit], [s.f]. [s.p].

———. «Recuerdos de la guerra de 1840». *Revista Literaria* (Bogotá) 1.2 (jun., 1890): 101-107

ORTIZ BARRERA, FRANCISCO (1827-1861) (Seuds. Francisco O. Barrera, Patroclo).

POESÍA:

———. *El álbum de mis versos*: colección de ensayos poéticos juveniles. Mompós: Imprenta del Dr. Manuel S. Rodríguez, 1856. 32p.

RELATO:

———. «El mercado». *Cuadros de costumbres y descripciones locales de Colombia* Artículos escogidos y publicados por José Joaquín Borda. Librería y Papelería de Francisco García Rico, 1878. 161-164.

—— *Museo de cuadros de costumbres, variedades y viajes*. Biblioteca de «El Mosaico». IV. Bogotá: Biblioteca del Banco Popular, 1973. 7-14.

OTROS:

———. *Tratado de retórica, oratoria i poética: arreglado según los mejores autores, para el uso de los estudiantes de literatura*. Bogotá: Imprenta del «Neo-Granadino», 1856. 188p.

CRÍTICA:

Peña, Belisario. «Francisco Ortiz Barrera. Elegía». *El Mosaico* (Bogotá) 3.11 (mzo. 26, 1864): 85.

———. «Poesía de Belisario Peña». *Revista Senderos* (Bogotá) 2.7-8 (ag.-sept., 1934): 88-91.

ORTIZ ROJAS, JOSÉ JOAQUÍN (Tunja, 1814-Bogotá, 1892) (Seuds. José Nigreros, Lina Caro, Un Sacerdote Católico). Colaborador en *La Estrella Nacional*, *El Mosaico*, *Papel Periódico Ilustrado*.

Poesía:

———. «A Chile». *El Mosaico* (Bogotá) III.10 (mzo. 19, 1864): 75-76.

———. «A Dios». *Revista del Colegio Mayor de Nuestra Señora del Rosario* (Bogotá) 31.37 (ag.,1908): 414.

———. «Adoración de los magos». *El Catolicismo* (Bogotá) 2.24 (oct. 15, 1850): 212.

———. «A Galileo». *Biblioteca de Señoritas* (Bogotá) II.67 (jul. 30, 1859): 84.

———. «Al señor Francisco Javier Caro». *El Mosaico* (Bogotá) I.25 (jun. 18, 1859): 193-194. [Firmado: José Nigreros]

———. «A nuestra señora». *La Caridad* (Bogotá) 2.15 (dic. 8, 1865): 232-233.

———. «Apoteosis de Bolívar». *Papel Periódico Ilustrado* (Bogotá) II.46-48 (jul. 24, 1883): 394-396.

———. «A Tunja». *El Gráfico* (Bogotá) 17.163 (dic. 13, 1913): 103.

———. «Balboa». *La Caridad* (Bogotá) 1.3 (oct. 7, 1864): 45-48.

———. «Colombia y España». *Papel Periódico Ilustrado* (Bogotá) I.23 (jul. 24, 1882): 363-365.

———. «Corona patriótica». *Corona poética de la Virgen María: recuerdo del 8 de diciembre de 1872*. Bogotá: Imprenta de «El Tradicionista», 1872. [s.p].

———. «Cuadernillo de poesía No. 60». *Universidad Católica Bolivariana* (Medellín) 23.82 (sept.-dic.; ene.-mzo., 1958-1959): [s.p].

———. *El libro del estudiante: colección de tratados elementales, obra aprobada por el Consejo de Instrucción Publica del Estado de Cundinamarca, i designada como texto en gran número de colejios de la República*. Bogotá: Imprenta de Ortiz, 1860. 592p.

——— 3ª ed. París: Imprenta de Eduardo Blot, 1866. 544p.

———. *El parnaso granadino: colección escogida de poesías nacionales*. Bogotá: Imprenta de Ancízar, 1848. 1 vol.

———. «El poeta y el leñador». *El Mosaico* (Bogotá) I.22 (mayo 21, 1859): 169. [Firmado: José Nigreros]

———. «El triunfo 1854-1860». *El Catolicismo* (Bogotá) 7.452 (dic. 8, 1860): 831-832.

———. «En el álbum de la señorita M. A.». *La Caridad* (Bogotá) 1.1 (sept. 24, 1864): 15-16.

———. «Fábula (Los dos hermanitos)». *El Mosaico* (Bogotá) I.1 (dic. 24, 1858): 6-7. [Firmado: José Nigreros]

———. «Funerales de una hija del pueblo: versos del hogar, 1844-1865». *La Caridad* (Bogotá) 1.26 (mzo. 17, 1865): 408-409.

———. «Himno a la Virgen». *Revista del Colegio Mayor de Nuestra Señora del Rosario* (Bogotá) 171.174 (mayo,1923): 197.

———. *Horas de descanso.* Bogotá: Tipografía de los Herederos de Juan Calvo, [s.f]. [s.p].

———. *José Joaquín Ortiz: Poemas.* Medellín, Colombia: Ediciones de Universidad Pontificia Bolivariana, [s.f]. 16p.

———. «La anciana i la niña». *El Mosaico* (Bogotá) III.4 (feb. 3, 1864): 29.

———. «La bandera colombiana (fragmentos)». *Papel Periódico Ilustrado* (Bogotá) I.4 (oct. 28, 1881): 65.

——— *Revista del Colegio Mayor de Nuestra Señora del Rosario* (Bogotá) 51.57 (jul.,1910): 409.

——— *Hojas de Cultura Popular Colombiana* (Bogotá) 54 (jun., 1955): [s.p].

———. «La bandera colombiana». «Los colonos». *Historia de la literatura colombiana.* José J. Ortega T. Bogotá: Editorial Cromos, 1935. 108-115.

———. «La bienvenida. (En el nacimiento de mi última hija)». *El Mosaico* (Bogotá) I.7 (feb. 5, 1859): 54-55. [Firmado: José Nigreros]

———. «Las bombas de jabón». *El Mosaico* (Bogotá) I.20 (mayo 7, 1859): 153-154. [Firmado: José Nigreros]

———. «La golondrina». *Revista del Colegio Mayor de Nuestra Señora del Rosario* (Bogotá) 91.98 (sept., 1914): 476.

———. «La gloria». *La Estrella Nacional* (Bogotá) 12 (abr. 17, 1836): [1]. [Firmado: J. J. O.]

———. «La Guajira». *La Caridad ó Correo de las Aldeas* (Bogotá) 4.41 (abr. 29, 1869): 641-643.

———. «La ley del deber». *Papel Periódico Ilustrado* (Bogotá) II.28 (oct. 1°, 1882): 55.

———. «La misión». *El Álbum. Periódico literario, científico i noticioso* (Bogotá) 5 (jun. 21, 1856): 42-44. [Firmado: José Nigreros]

———. «La sepultura de un guerrillero (Guasca, 1877)». *Papel Periódico Ilustrado* (Bogotá) IV.73 (ag. 6, 1884): 8-9.

———. «La última luz». *Revista Literaria* (Bogotá) 1.3 (jul., 1890): 175-180.

———. *Lecciones de literatura castellana: colección selecta de poesías españolas i americanas.* Bogotá: Imprenta a cargo de Foción Mantilla, 1866. 358p.

——— 2ª ed. Bogotá: Imprenta de Echeverría, 1879. 414p.

———. «Los colonos: de los recuerdos de la patria. Al señor José María Vergara y Vergara». *La Caridad* (Bogotá) 1.36 (jun. 2, 1865): 566-568.

———. «Los colonos». *El Mosaico* (Bogotá) IV.19 (jun. 5, 1865): 145-147.

——— *Revista de Bogotá. Literatura, ciencias, filosofía, historia, viajes, teatro, memorias, etc., etc., etc.* (Bogotá) I (1871): 180-186.

———. «Los niños». *La Caridad* (Bogotá) 1.19 (ene. 27, 1865): 297.

———. «Los sepulcros de la aldea». Al señor doctor José María Torres Caicedo como testimonio de admiración por su constancia valerosa en la defensa de la religión y de la patria. *La Caridad* (Bogotá) 3.9 (oct. 5, 1866): 133-135.

———. «Mañana». *La Caridad* (Bogotá) 1.41 (jul. 7, 1865): 655.

———. *Obra selecta en verso*. Edición, introducción y notas de Héctor H. Orjuela. Bogotá: Editora Guadalupe, 2004. 118p.

———. «Poesías». *Antología de la poesía hispanoamericana: Colombia*. Ginés de Albareda y Francisco Garfias. (Eds.). Madrid: Biblioteca Nueva, 1957. [s.p].

———. «Poesías». *Poemas de Colombia; antología de la Academia Colombiana*. Prólogo y epílogo de Félix Restrepo S. J. Edición y notas de Carlos López Narváez. Medellín: Editorial Bedout, 1959. [s.p].

———. *Poesías de José Joaquín Ortiz*. Bogotá: Imprenta de Echeverría Hermanos, 1880. 237p.

———. «Recuerdos de la independencia». *El Álbum. Periódico literario, científico i noticioso* (Bogotá) 9 (jul. 20, 1856): 73-74.

———. «Un húsar de la guardia del Libertador». *Papel Periódico Ilustrado* (Bogotá) III.72 (jul. 24, 1884): 386-388.

———. «Un poema nacional». *La Caridad* (Bogotá) 2.24 (feb. 9, 1866): 370-375.

———. «Un poema nacional». *La Caridad* (Bogotá) 2.25 (feb. 16, 1866): 386-390.

NOVELA:

———. «Huérfanas de madre!». *La Caridad* (Bogotá) VIII.23-24 (oct. 17, , 1872): 360-368; (oct. 24, 1872): 371-384.

———. «María Dolores o la historia de mi casamiento». *El Cóndor. Periódico Semanal, Político i Literario* (Bogotá) 1 (mzo. 11, 1841): 3; 4. «Capítulo II». 2 (mzo. 18, 1841): 5-8. «Capítulo III». 3 (mzo. 27, 1841): 9-11. «Capítulo IV»: 11-12. «Continuación capítulo IV». 4 (abr. 4, 1841): 13-16. «Continuación del capítulo IV». 5 (abr. 8, 1841): 17-20. «Fin». 6 (abr. 18, 1841): 21-24.

—— *Biblioteca Popular* (Bogotá) II.15-16 (1898): 1-39.

—— *Biblioteca Popular*. Bogotá: Librería Nueva, 1917. 39p.

RELATO:

———. «Benedicto Nieves o la mano de la Providencia». *La Caridad* (Bogotá) 1.6 (oct. 28, 1864): 88-90.

—— *Cuadros de costumbres y descripciones locales de Colombia* Artículos escogidos y publicados por José Joaquín Borda. Librería y Papelería de Francisco García Rico, 1878. 191-195.

—— *Museo de cuadros de costumbres, variedades y viajes*. Biblioteca de «El Mosaico». IV. Bogotá: Bogotá: Biblioteca del Banco Popular, 1973. 51-56.

———. «Las enjalmas». *Papel Periódico Ilustrado* (Bogotá) II.32 (dic. 31, 1882): 37.

TEATRO:

———. *Sulma: tragedia en cinco actos, seguida de mis horas de descanso.* Cartagena: Tipografía de los Herederos de Juan A. Calvo, 1834. 144p.

——— Bogotá: Arango Editores, 1988. 78p.

OTROS:

———. «Alberto Urdaneta». *Papel Periódico Ilustrado* (Bogotá) V.114-116 (mayo 1°, 1888): 305.

———. «A los señores suscriptores». *El Mosaico, periódico de la juventud. Destinado exclusivamente a la literatura* (Bogotá) 5 (mzo. 2, 1871): 35-36.

———. «Al señor José María Vergara i Vergara: redactor de «El Heraldo». *El Catolicismo* (Bogotá) 7.450 (nov. 27, 1860): 799-803.

———. «Bolívar». *Papel Periódico Ilustrado* (Bogotá) I.1 (ag. 6, 1881): 5-7.

———. «Bolívar orador militar». *Revista del Colegio Mayor de Nuestra Señora del Rosario* (Bogotá) 31.36 (jul., 1908): 321.

———. «Cartas». *La Caridad* (Bogotá) 2.34 (abr. 27, 1866): 530-531.

———. *Carta del Sr. José Joaquín Ortiz dirigida al señor Justo Briceño, gobernador del Estado de Cundinamarca.* Ibagué: Tipografía J. Navarro D., 1870. 23p.

———. *Cartas de un sacerdote católico al redactor del Neo-Granadino.* Bogotá: Ortiz Malo, 1857. 186p.

———. *Colejio de Boyacá. Cartas 1 y 2.* Tunja: Imprenta de Arias y Pedroza, 1859. 14p.

———. *Compendio de la historia eclesiástica desde la bajada del Espíritu Santo hasta el pontificado de León XIII.* Bogotá: L. M. Holguín, 1899. 222p.

——— 16ª ed. Bogotá: Imprenta de la Cruzada, 1916. 310p.

———. (Ed.). *Correo de las Aldeas.* Bogotá: Fernando Pontón, 1887-1888. 640p. [Continuación de: *La Caridad: Lecturas del Hogar; La Caridad: Correo de las Aldeas*]

———. «Correspondencia: al reverendo padre José Telésforo Paúl, de la compañía de Jesús, Guatemala». *La Caridad* (Bogotá) 3.5 (sept. 7, 1866): 68-70.

———. «Crítica literaria». *La Estrella Nacional* (Bogotá) 6 (feb. 4, 1836): [1-2] [Firmado: J. J. O.]

———. «D. Silveria Espinosa de Rendón. Nota necrológica». *Papel Periódico Ilustrado* (Bogotá) V.100 (sept. 20, 1886): 50.

———. «De Ercilla y de su poema: discurso que leyó el señor José Joaquín Ortiz en sesión inaugural de la Academia Colombiana el día 6 de agosto del corriente año». *El Repertorio Colombiano* (Bogotá) 3 (sept., 1878): 203-212.

———. «Discurso en el Ateneo de Bogotá». *Papel Periódico Ilustrado* (Bogotá) IV.75 (sept. 21, 1884): 37.

———. «El evangelio según Renan». *La Caridad* (Bogotá) 1.43 (jul. 21, 1865): 673-702.

———. *El libro del estudiante. Colección de tratados elementales*. 3ª ed. París: Imprenta de Eduardo Blot, 1866. [s.p]. [contenido: Moral i Urbanidad. Doctrina cristiana. Historia santa. Gramática castellana. Aritmética. Cálculo de memoria. Jeografía jeneral. Teneduría de libros por el método de partida doble]

———. [El Liceo Granadino]

———. (Ed.). *El Parnaso Granadino. Colección escojidas de poesías nacionales*. Bogotá: Imprenta de Ancízar, 1848. 1 vol.

———. *El pueblo*. [s.l]: [s.edit], 1863. 20p.

———. «El señor Andrés Bello». *La Caridad* (Bogotá) 2.17 (dic. 22, 1865): 257-270.

———. *Gramática de la lengua castellana: (del libro del estudiante) por José Joaquín Ortiz; para uso de los alumnos de los colegios rejentados por los reverendos padres de la Compañía de Jesús en la República del Ecuador*. 6ª ed. Riobamba: Imprenta del Colegio de San Felipe Neri por J. A. Araujo, 1874 167p.

———. «Hechos paralelos». *Revista Literaria* (Bogotá) 2.15 (jul., 1891): 205-208.

———. «Instrucción pública: Colegio de Santo Tomás de Aquino». *La Caridad* (Bogotá) 1.12 (dic. 8, 1864): 170-173.

———. «La caridad». *La Caridad ó Correo de las Aldeas* (Bogotá) 4.1 (jul. 8, 1868): 1-2.

———. *La Guirnalda. Colección de poesías y cuadros de costumbres*. Bogotá: Imprenta de Ortiz y Cía., 1855-1856. 2 vols.

———. [et. al]. (Ed.). *La Estrella Nacional* (Bogotá) 1-12 (ene. 1º-abr. 17, 1836): [s.p].

———. París: Tipografía Lahure, 1850. 246p.

———. «Las sirenas: discurso de José Joaquín Ortiz, a la juventud colombiana contra la moral sensualista de Bentham». *La Caridad ó Correo de las Aldeas* (Bogotá) 4.6 (ago. 12, 1868): 81-82.

———. *Las sirenas*: discursos de José Joaquín Ortiz contra la moral sensualista de Jeremías Bentham. Bogotá: Ortiz Malo, 1868. 209p.

———. *Lecciones de literatura castellana: colección selecta de poesías españolas i americanas*. Bogotá: Imprenta de Foción Mantilla, 1866. 358p.

———. *Lecturas selectas en prosa y verso para los alumnos de las escuelas de Co-

lombia. Bogotá: Imprenta de Medardo Rivas, 1880. 318p.

―――― 2ª ed. Bogotá: F. Pontón, 1888. 320p.

―――― 6ª ed. Bogotá: Librería Colombiana, 1880. 328p.

――――. «Liceos de la caridad». *La Caridad* (Bogotá) 1.27 (mzo 24, 1865): 418-419.

――――. «Meditación». *La Caridad* (Bogotá) 2.44 (jul. 6, 1866): 698.

――――. «Meditación». *La Caridad ó Correo de las Aldeas* (Bogotá) 4.46 (jun. 3, 1869): 724-725.

――――. *Noticia biográfica de Joaquín Caicedo Cuero*. Bogotá: Imprenta de Francisco Torres Amaya, 1854. 25p.

――――. «Noticia biográfica del doctor Juan María Céspedes». *El Mosaico* al cual está unida *La Biblioteca de Señoritas* (Bogotá) II.16 (abr. 21, 1860): 126-127; II.17 (mayo 2, 1860): 135-136.

――――. «Noticia biográfica del doctor Juan María Céspedes». *Bocetos biográfico de Juan María Céspedes*. [s.p.i]. 13-25.

――――. *O todo o nada*. Bogotá: Imprenta de «El Mosaico», 1873. 88p.

――――. «Página para los niños: moral y urbanidad». *La Caridad* (Bogotá) 1.25 (mzo. 10, 1865): 393-398; 1.26 (mzo. 17, 1865): 411-414.

――――. «Página para los niños: los funerales de un pajarito». *La Caridad* (Bogotá) 2.9 (oct. 27, 1865): 141-142.

――――. «Página para los niños: Jaime, a mi hija Isabel de la Paz». *La Caridad* (Bogotá) 2.29 (mzo. 16, 1866): 460-463.

――――. *Poesías de Caro i Vargas Tejada*. Bogotá: Imprenta de Ortiz, 1857. [s.p].

――――. *Programas de enseñanza del Instituto de Cristo*; director José Joaquín Ortiz. [s.l]: [s.edit], [s.f]. 332p.

――――. «Prospecto». *La Caridad* (Bogotá) 1.1 (sept. 24, 1864): 1-3.

――――. *Recuerdo de la fiesta de la Purísima Concepción de María, en Maracaibo. 1883. O todo ó nada*. Bogotá: [s.edit], 1883. 54p. [contenido: Artículos editoriales de *La Caridad* de Bogotá, redactados por el sr. José Joaquín Ortiz]

――――. *Resumen de la historia sagrada del antiguo y nuevo testamento: (del libro del estudiante)*. 16ª ed. Bogotá: Librería Colombiana; Librería Nueva de Jorge Roa, 1899. 206p.

――――. «Sociedad de San Vicente de Paúl». *La Caridad* (Bogotá) 1.41 (jul. 7, 1865): 641-646.

――――. «Sociedad de San Vicente de Paúl: informe». *La Caridad* (Bogotá) 2.20 (ene. 12, 1866): 305-310.

――――. «Una romería». *La Caridad* (Bogotá) 2.7 (oct. 13, 1865): 99-103.

――――. «Un pobre y un cristiano». *La Caridad* (Bogotá) 1.23 (feb. 24, 1865): 356-357.

CRÍTICA:

Anónimo. «El señor José Joaquín Ortiz Rojas». *El Álbum. Periódico literario, científico i noticioso* (Bogotá) 14 (sept. 1°, 1856): 2.

Anónimo. «José Joaquín Ortiz». *Repertorio Boyacense* (Tunja) 2.18 (jul., 1914): 774-836.

Arrieta Arrieta, Diógenes Antonio. *Colombianos contemporáneos*. Caracas: Imprenta de «La Opinión Nacional», 1883. [s.p].

Borda, José Joaquín. «El señor doctor José J. Ortiz. *El Mosaico, periódico de la juventud. Destinado exclusivamente a la literatura* (Bogotá) 5 (mzo. 2, 1871): 33-34.

———. Y José María Vergara i Vergara. (Eds.). *La lira granadina: colección de poesías nacionales*. Bogotá: El Mosaico, 1860 199p.

Caro, Miguel Antonio. «Señor redactor de "La Caridad"». *La Caridad*. (Bogotá) 2.9 (oct. 27, 1865): 136-140.

Carrasquilla, Rafael María. «D. José Joaquín Ortiz». *Papel Periódico Ilustrado* (Bogotá) II.28 (oct. 1ª, 1882): 50-54.

——— *La Revista Colombiana* (1895): [s.p].

——— *Revista del Colegio Mayor de Nuestra Señora del Rosario* (Bogotá) VII.67 (ag. 1911): 385-412.

———. «Elogio de don José Joaquín Ortiz, leído en la Academia Colombiana con ocasión del centenario del poeta». *Colegio Mayor de Nuestra Señora del Rosario* (Bogotá) X.97 (ag., 1914): 454-472.

Casas, José Joaquín. «Recuerdos de don José Joaquín Ortiz». *Anuario de la Academia Colombiana* (Bogotá) VI (1935-1938): 332-377.

Díaz Lira, Rafael Luis. *Don José Joaquín Ortiz*. Santiago de Chile: Imprenta Barcelona, 1892. 84p.

Forero Morales, N. «El alma de una ciudad». *Cromos* (Bogotá) XV.354 (mayo 19, 1923): 276.

Galán, Ángel María. *Refutación de «Las sirenas» del doctor J. J. Ortiz*. Bogotá: Echeverría Hermanos, 1870. 246p.

García Barriga, Ernesto. *Ortiz*. Bogotá: Editorial Minerva, 1939. 87p.

García Maffla, Jaime. «José Joaquín Ortiz». *Gran Enciclopedia de Colombia*. 4. Santafé de Bogotá: Círculo de Lectores, 1992. 70.

Gómez Restrepo, Antonio. *Historia de la literatura colombiana*. IV. Bogotá: Litografía Villegas, 1957. 14-37.

González Cajiao, Fernando. [res.] «Revolución teatral en moldes viejos». *Boletín Cultural y Bibliográfico* (Bogotá) 26.19 (1989): 97-101.

Laverde Amaya, Isidoro. «Don José Joaquín Ortiz». *Revista Literaria* (Bogotá) 2.23 (mzo., 1892): 722-724.

Marino Sánchez, Juan. «El mundo romántico de José Joaquín Ortiz». *Revista Policía Nacional* (Bogotá) 14.72 (Nov.-dic., 1958): 3.

Mesa Ortiz, Rafael M. [Comp]. *Colombianos ilustres: (estudios y biografías)*. 1. Bogotá: Imprenta de la República, 1916. [s.p].

Pineda Botero, Álvaro. «María Dolores o la historia de mi casamiento». *La fábula y el desastre: estudios críticos sobre la novela colombiana, 1650-1931*. Fondo Editorial. Universidad EAFIT, 1999. 97-100.

Posse Martínez, Alejo. *Sr. José María Vergara Vergara. Carta en favor de la honradez y reputación del Sr. José Joaquín Ortiz; fechada en Bogotá a 2 de Agosto de 1863*. Bogotá: [s.edit], 1863. 1h.

Reyes, Carlos José. «José Joaquín Ortiz». *Gran Enciclopedia de Colombia*. 5. Santafé de Bogotá: Círculo de Lectores, 1994. 267-268.

Rincón Rosas, Saúl. *Historia del arte literario en Boyacá*; su evolución sociológica. Tunja: Imprenta Departamental, 1939. 21-31.

Roa, Jorge. *Colección de grandes escritores nacionales y extranjeros*. II. Bogotá: Jorge Roa Editor, 1893. [s.p].

———. *Colección de grandes escritores nacionales y extranjeros*. XII. Bogotá: Jorge Roa Editor, 1896. [s.p].

Rodríguez, Antonio. *José Joaquín Ortiz Rojas* (Bogotá-Colombia). Material gráfico: 1882. Bogotá, 1975. 1 placa fotográfica. Biblioteca Luis Ángel Arango.

Rodríguez-Arenas, Flor María. «María Dolores o la historia de mi casamiento». *La novela decimonónica colombiana: 1835-1870: estudio, informes 1, 2 e informe final*. Bogotá: Colcultura. Subdirección de Artes, 1995. 3 vols.

———. «Los orígenes de la novela decimonónica colombiana: *María Dolores o la historia de mi casamiento* (1836) de José Joaquín Ortiz». *Literatura: Teoría, Historia Crítica* (Universidad Nacional de Colombia, Bogotá) 3 (jul.-dic., 2002): 37-64.

Rueda Arciniegas, Pablo. «El arte y la muchedumbre». *Revista Policía Nacional* (Bogotá) 14.72 (nov.-dic., 1958): 6.

Rúiz Lara, Guillermo. «José Joaquín Ortiz, el poeta». *Noticias Culturales* (Bogotá: Instituto Caro y Cuervo) 58 (ene.-feb., 1992): 1-3.

Urdaneta, Alberto. *José Joaquín Ortiz* [Material gráfico]. 1 dibujo original: lápiz sobre papel; 30 X 22 cm. Passe partout en cartón arte. [Pertenece al cuaderno de dibujo *Personajes nacionales*]

Wilson, Jorge. «José Joaquín Ortiz». *Revista Gris* (Bogotá) 1.6 (mzo., 1893): 189-193.

OSELIE, seudónimo de Rafael Eliseo Santander.

OSORIO, CRISÓSTOMO (18 ?- ?).
 Relato:

———.«Quejas al mono de la pila». *Museo de cuadros de costumbres i variedades*. II. Bogotá: Imprenta a cargo de Foción Mantilla, 1866. 155-158.

OTROS:

———. «Breves apuntes para la historia de la música en Colombia». *El Repertorio Colombiano* (Bogotá) 3.15 (sept., 1879): 161-178.

OSPINA, LINO RICARDO (1837- ?) (Seud. Hebel Delhi).

OSPINA, PEDRO NEL (1858-1927) (Seuds. M. Julio Balseñor, Pío San, Rob Roy, Servíbilis). Presidente de la República.

RELATO:

———. «En el silencio de las selvas». *El Cuento* (Medellín) 24 (mayo, 1957): 709-713.

———. «La mula». *Santafé y Bogotá* (Bogotá) 5.59 (nov., 1927): 192-202.

———. *Revista Universidad de Antioquia* (Medellín) 130. (jul.-sept., 1957): 346-356.

——— *Universidad Católica Bolivariana* (Medellín) 22.81 (mayo-ag., 1958): 411(?)-506.

——— *Boletín Cultural y Bibliográfico* (Bogotá) 5.2 (1962): 1471-1479.

OTROS:

———. *Archivo: General Pedro Nel Ospina*. 1882-1895.

———*Archivo general Pedro Nel Ospina*. Microforma. Fundación Antioqueña para los Estudios Sociales. 1882-1895. 8 carretes de microfilme.

———. «Asnos y mulas». *Carta Ganadera* (Bogotá) 20.6 (jun., 1983): 39-44.

———. *Cartas dirigidas al señor Roberto Mac Dowall*. Mss. 1912-1915. Colección de manuscritos de la Biblioteca Luis Ángel Arango.

———. *Cuestiones del día*. Medellín: Tipografía Popular, 1912. 14p.

———. *Discurso del general Pedro Nel Ospina, Presidente del Congreso: en el acto de posesión del nuevo Presidente de la República*. Medellín: Tipografía Bedout, 1918. 24p.

———. «Los intereses de la crisis». *El Espectador* (Bogotá) (mzo. 20, 1996): 3.

———. *Mensaje del Presidente de la República de Colombia al Congreso Nacional en las sesiones de 1924*. Bogotá: Imprenta Nacional, 1924. 159p.

———. «Prólogo a *Frutos de mi tierra*». *Universidad Católica Bolivariana* (Medellín) 23.82 (sept.-dic., 1958-1959): 50-63.

———. «Semblanza de Gonzalo Restrepo Jaramillo». *Universidad Católica Bolivariana* (Medellín) 29.103 (mayo-sept., 1967): 287-292.

CRÍTICA:

Anónimo. «Actualidad política nombramientos: notas gráficas». *El Gráfico* (Bogotá) 43.429-430 (ag. 24, 1918): 230.

Anónimo. *A la memoria del general Pedro Nel Ospina*. Medellín: Tipografía Bedout, 1928. 182p.

Anónimo. «Cuatro lustros de gobernantes: Pedro Nel Ospina». *El Gráfico* (Bogotá) 21.989 (jul., 1930): 649.

Anónimo. «Dos presidentes de Colombia». *El Gráfico* (Bogotá) 16.839 (jul., 1927): 1475-1476.

Anónimo.« General Pedro Nel Ospina». *Economía Colombiana* (Santafé de Bogotá) 100 (jul-ag., 1973): [s.p].

Anónimo. «Los designados». *El Gráfico* (Bogotá) 51.508 (nov. 29, 1919): 124.

Arcila, Luis M. *Salvamento de voto del Magistrado Luis M. Arcila. en el auto en que el Tribunal Superior del D. J. de Manizales confirma el enjuiciamiento proferido en contra de Gonzalo Restrepo en el juicio por injurias al General Pedro Nel Ospina, actual Presidente de la República*. Manizales: El Universal, 1924. 29p.

Camacho, Jorge. *El general Ospina; biografía*. Bogotá, Editorial ABC, 1960. 230p.

Caycedo, Bernardo J. «Primer Centenario del natalicio del general Pedro Nel Ospina». *Boletín de Historia y Antigüedades* (Bogotá) 46.534-536 (abr.-jun., 1959): 200-204.

Gómez, Laureano. *El carácter del General Ospina*. Bogotá: Ediciones Colombia, 1928. 79p.

—— *Universidad* (Bogotá) 2ª época.68 (feb. 11, 1928): 105-108.

Gómez Barrientos, Estanislao. *A la memoria del general Pedro Nel Ospina*. Medellín, Bedout, 1928. 182p.

Holguín y Caro, Álvaro. «El general Ospina». *Santafé y Bogotá* (Bogotá) 5.55 (jul., 1927): 9-15.

Hoyos, Jesús Antonio. «Mis recuerdos del General Ospina: Pedro Nel». *Universidad de Antioquia* (Medellín) 38-39 (mayo, 1940): 307-311.

Martínez, Fernando Antonio. «Pedro Nel Ospina: estadista». *Revista Policía Nacional* (Bogotá) 12.61-62 (jul.-ag., 1957): 28.

Mejía de López, Ángela. *Algunos aspectos de la administración: Pedro Nel Ospina*. Universidad Nacional de Colombia, 1978. 106p.

Ospina Ortiz, Jaime. «Etopeya del general Ospina». *Revista Policía Nacional* (Bogotá) 12.61-62 (jul.-ag., 1957): 20.

Osuna, Héctor. *Pedro Nel Ospina*. Material audiovisual. 1 diapositiva. Colección de diapositivas de la Biblioteca Luis Ángel Arango.

Pardo Ospina, Juan Antonio. *Tres presidentes de Colombia y semblanzas de personajes de la familia Ospina*. Bogotá: Editorial Santafé, 1946. 173p.

Patiño Ospina, Carlos S. «Datos biográficos del general Pedro Nel Ospina». *Revista Policía Nacional* (Bogotá) 12.61-62 (jul.-ag., 1957): 9.

Pineda, José J. «Vida del General Pedro Nel Ospina». *Universidad de Antioquia* (Medellín) 145 (abr.-jun., 1961): 373-387.

Rendón, Ricardo. *Sin título: Pedro Nel Ospina y otros*. Material audiovisual. 1 diapositiva. Colección de diapositivas de la Biblioteca Luis Ángel Arango.

Restrepo Yusti, Manuel. Pedro Nel Ospina y su época. Universidad de Antioquia (Medellín) 54 (ene.-mzo., 1987): 38-52

Robledo Correa, Emilio. *La vida del general Pedro Nel Ospina*. Medellín: Imprenta Departamental, 1959. 322p.

———. «La vida del General Pedro Nel Ospina: capítulo VI, la Asamblea Constituyente, el gobierno republicano del Dr. Carlos E. Restrepo». *Universidad de Antioquia* (Medellín) 137 (abr.-jun., 1959): 33-44.

———. «La vida del General Pedro Nel Ospina». *Universidad de Antioquia* (Medellín) 141 (abr.-jun., 1960): 630-631.

Sánchez Camacho, Jorge. *El General Ospina: (biografía)*. Bogotá: Editorial A B C, 1960. 230p.

Serrano Blanco, Manuel. *Los presidentes que yo conocí*. Bucaramanga: Cámara de Comercio de Bucaramanga, 1987. 112p.

Valencia, Guillermo. «Discurso ante la tumba del General Ospina: el 28 de Abril de 1929». *Revista Policía Nacional* (Bogotá) 12.61-62 (jul.-ag., 1957): 33.

Vernaza, José Ignacio. *Biografía del general Pedro Nel Ospina*. Cali: Editorial América, 1935. 267p.

Villa, Vicente B. *Historia del Banco de la República: documentos varios manuscritos*. Mss. Vicente B. Villa, Pedro Nel Ospina, Enrique Olaya Herrera. Medellín, 1922. 24h. Colección de manuscritos de la Biblioteca Luis Ángel Arango.

Villegas, Aquilino y Laureano Gómez. *Ospina y Herrera: semblanzas y apreciaciones políticas*. San José, Costa Rica: Tip. Falcó y Borrasé, 1922. 34p.

Villegas Jaramillo, Silvio. «La vigorosa personalidad del General Ospina». *Revista Policía Nacional* (Bogotá) 12.61-62 (jul.-ag., 1957): 31.

Vives Guerra, Julio. «Anecdotario colombiano: la amistad de los políticos». *El Gráfico* (Bogotá) 13.1199 (oct., 1934): 1117.

OSPINA RODRÍGUEZ, MARIANO (Guasca, 1805-Medellín, 1885) (Seuds. Ángelo, B y B, Bartolo, Brembo, Caldas, Caracucho, Carafuerte, Celfo, El Capitán Regocijos, El Décimo Nieto de Lloco Cehá Chó, El Tío Pirriquio Kornikoff, Inarco Celenio, Judus, Justo Nivel, Patricio, Probo, Silverio, Tirbe).

Relato:
———. [El lujo]
———. «En el silencio de las selvas». *Novela Semanal* (Bogotá) 1.33 (sept. 6, 1923): 360-363
    ——— *El Cuento* (Medellín) 24 (mayo, 1957): 709-713.
———. «La mula». *Universidad de Antioquia* (Medellín) 130 (jul.-sept., 1957): 346-356.
    ——— *Universidad Católica Bolivariana* (Medellín) 22.81 (mayo-ag., 1958): 411-506.
    ——— *Boletín Cultural y Bibliográfico* (Bogotá) 5.2 (1962): 1471-1479.
    ——— *Carta Ganadera* (Bogotá) 20.6 (jun., 1983): 39-44.
Otros:
———. [Alegoría]
———. *Alocución del Presidente de la Confederación*. Bogotá: Imprenta de la Nación, 1861.1h.
———. *Antología del pensamiento de Mariano Ospina Rodríguez*. Doris Wise de Gouzy, investigadora principal. Bogotá: Banco de la República, 1990. 2 vols.
———. *Artículos*. 2ª ed. Bogotá, Colombia: Librería Nueva, 1897. 103p.
———. *Artículos del Dr. Mariano Ospina*. [s.p.i]. 402. [Contenido: La muela; Carta a la señorita Josefa Ospina, la víspera de su matrimonio; Ojeada sobre Guatemala; Alegoría en un álbum; Opiniones de Pedro Grullo sobre moneda, bancos, minas y negocios en general]
———. *Artículos escogidos*. Medellín: [s.edit], 187? 344p.
———. *Artículos escogidos 3er cuaderno*. Medellín: Imprenta Republicana, 1884. 425p.
———. *Biografía del doctor José Félix de Restrepo, escrita por Mariano Ospina Rodríguez*. Medellín: J. C. Barrientos, 1888. 48p.
    ——— Sabaneta (Antioquia): Centro de Estudios José Félix de Restrepo, 1888. 55p.
    ——— Medellín: Imprenta de La Libertad, 1888. 48p.
———. «Candidatura conservadora. Acta». *El Catolicismo* (Bogotá) 1.207 (mayo 6, 1856): 100-102.
———. *Carta a la señorita María Josefa Ospina, la víspera de su matrimonio (1884)*. Bogotá: Imprenta de Silvestre, 1884. 16p.
———. y José Eusebio Caro. *Carta a nuestros amigos políticos i a todos los amigos de los Jesuitas*. Bogotá: Imprenta de «El Día», 1850. 1h.
———. *Cartas a Lino de Pombo y documentos oficiales*. Mss. 1841-1861. Colección de manuscritos de la Biblioteca Luis Ángel Arango.
———. *Cartas autógrafas del señor Mariano Ospina Rodríguez dirigidas al señor*

Francisco Zarama. Mss. 1859-1860. Colección de manuscritos de la Biblioteca Luis Ángel Arango.

———. *Cartas dirigidas al señor Roberto MacDowall: durante los años de 1912-1915*. Mss. 3 cartas. Colección de manuscritos de la Biblioteca Luis Ángel Arango.

———. *Circular pidiendo varios datos para la formación de los que deben pasa[r]se al Congreso*. Bogota: Imprenta del Estado por J. A. Cualla, 1843. 2p.

———. Circular *sobre persecución, conducción i mantenimiento de reos...* Bogotá: Imprenta del Estado por J. A. Cualla, 1843. [s,p].

———. [Código penal]

———. *Colección de las disposiciones vijentes sobre administración, recaudación inversión contibilidad de los bienes i rentas de fábrica de las iglesias, contiene la lei de i 14 de junio de 1843*. Bogotá: Imprenta del Estado, 1844. 70p.

———. *Cuestiones del día*. Medellín: Tipografía Popular, 1906. 14p.

———. *Cultivo del café: nociones elementales al alcance de todos los labradores*. Medellín: Imprenta del Estado, 1880. 30p.

———. *Discursos pronunciados en el acto de posesión del Excelentísimo Señor Presidente de la República el día 7 de agosto de 1918*. Bogotá: Imprenta Nacional, 1918. 35p.

———. *Documentos importantes: cartas dirigidas al Gral. Marcelino Vélez y a D. José Manuel Marroquín refiriendose a su prisión, 1901*. [s.p.i]. 22p.

———. *Documentos importantes sobre la expulsión de los jesuitas*. Bogotá: Imprenta de «El Día», 1850. 57p.

———. *El doctor José Félix de Restrepo y su época*. Bogotá: Editorial Minerva, 1936. 157p.

——— Bogotá: Editorial Minerva, 1937. 216p.

———. *El Presidente de la Confederación a los granadinos*. [et. al]. Bogotá: Imprenta de la Nación, 1860. 1h.

———. *Escritos sobre economía política*. Bogotá: Universidad Nacional de Colombia, 1969. 246p.

———. *Esposición que el Secretario de Estado en el Despacho de lo Interior de la Nueva Granada presenta al Congreso Constitucional de 1845*. Bogotá: Imprenta de José A. Cualla, 1845. 89p.

———. «Fausto y su leyenda». *El Repertorio Colombiano* (Bogotá) 12 (ag., 1884): 418-444.

———. *Informe del Presidente de la Confederación Granadina al Congreso Nacional de 1859*. Bogotá: Imprenta de la Nación, 1859. 43p.

———. *Informe del Presidente de la Confederación Granadina al Congreso Nacional de 1860*. Bogotá: Imprenta de la Nación, 1860. 39p.

———. *Informe del Presidente de la Confederación Granadina al Congreso Nacional de 1861.* Bogotá: Imprenta de la Nación, 1861. 34p.

———. «Jeneral Ortega». *El Catolicismo* (Bogotá) 7.453 (dic. 11, 1860): 842.

———. «La crisis». *Economía colombiana* (Bogotá) 89 (oct., 1971): 39-41.

———. *La guerra.* Bogotá: Imprenta Imparcial, 1852. 28p.

———. [La instrucción pública y la libertad de enseñanza]

———. «Los intereses de la crisis». *El Espectador* (Bogotá) (mzo. 20, 1996): 3.

———. [Los israelitas y los antioqueños]

———. [Manual del cultivo del café]

———. *Mensaje del presidente de la República de Colombia al Congreso Nacional en las sesiones de 1926.* Bogotá: Imprenta Nacional, 1926. 209p.

———. [Ojeada sobre Guatemala]

———. *Ojeada sobre los primeros catorce meses de la administración del 7 de marzo, dedicada a los hombres imparciales i justos, 1850.* Bogotá: Imprenta de «El Día», 1850? 62p.

———. [Opiniones de Pero Grullo]

———. *Páginas escogidas.* San José (Costa Rica): Editores Falco y Borrase, Renovación, 1919. 57p.

———. «Prologo a "Frutos de mi tierra"». *Universidad Católica Bolivariana* (Medellín) 23.82 (sept.-dic., 1958-1959): 50-63.

———. «Semblanza de Gonzalo Restrepo Jaramillo». *Universidad Católica Bolivariana* (Medellín) 29.103 (mayo-sept., 1967): 287-292.

CRÍTICA:

Anónimo. «Al ciudadano Mariano Ospina: expresidente de la Confederación». *El Catolicismo* (Bogotá) 8.465 (abr. 4, 1861): 147-149.

Anónimo. «Candidato para la presidencia de la República». *El Catolicismo* (Bogotá) 1.198 (mzo. 4, 1856): 25.

Anónimo. «El ciudadano Mariano Ospina Rodríguez». *El Catolicismo* (Bogotá) 2.211 (mayo 27, 1856): 132-133.

Anónimo. *El ciudadano Mariano Ospina Rodríguez ó relación de sus hechos, i compendio de sus principios* Bogotá: Imprenta de Francisco Torres Amaya, 1856. 49p.

Anónimo. «Inserciones: un folleto». *El Catolicismo* (Bogotá) 7.445 (oct. 23, 1860): 670-672.

Anónimo. «Noticias». *El Catolicismo* (Bogotá) 8.465 (abr. 4, 1861): 152-155.

Anónimo. «Recibimiento: del presidente de la Confederación». *El Catolicismo* (Bogotá) 7. 437 (ag. 28, 1860): 535-536.

Cacua Prada, Antonio. *Don Mariano Ospina Rodríguez: fundador del conservatismo colombiano.* 1885-1985. Bogotá: Editorial Kelly, 1985. 80p.

———. Mariano Ospina Rodríguez, José Eusebio Caro, fundadores del

Partido Conservador Colombiano. Santafé de Bogotá: Universidad Sergio Arboleda, 1999. 166p.

Canal, Leonardo. *Cartas al Dr. Mariano Ospina acerca de la situación del ejercito y de los asilados de Venezuela, tanto en Santander como en Boyacá*. Mss. San José, ene. 18 y 25, 1861. 2 cartas. Colección de manuscritos de la Biblioteca Luis Ángel Arango.

Gómez Barrientos, Estanislao. *Don Mariano Ospina y su época*. Medellín: Imprenta Editorial, 1913-1915. 2 vols.

———. *Páginas de historia. 25 años a través del Estado de Antioquia: continuación de la obra "Don Mariano Ospina y su época". Primera parte, 1803-1875*. Medellín: San Antonio, 1918. [s.p].

Mesa Ortiz, Rafael M. [Comp]. *Colombianos ilustres: (estudios y biografías)*. 4. Bogotá: Imprenta de la República, 1916. [s.p].

Mosquera, Tomás Cipriano de. «Carta del señor Tomás C. de Mosquera al ciudadano presidente de la Confederación: ciudadano presidente de la Confederación dr. M. Ospina». *El Catolicismo* (Bogotá) 7.455 (dic. 25, 1860): 885-890.

Otero Muñoz, Gustavo. *Mariano Ospina Rodríguez: ensayo biográfico*. Bogotá: Voto Nacional, 1949. 53p.

Pardo Ospina, Juan Antonio. *Tres presidentes de Colombia y semblanzas de personajes de la familia Ospina*. Bogotá: Editorial Santafé, 1946. 173p.

Pérez Soto, Juan Bautista. *Lo que se iba quedando en el tintero (IV): voces de la misión*. Bogotá: Imprenta Eléctrica, 1912. 44p.

Puentes, Milton. *Tres caudillos*. Bogotá: Editorial Hispana, 1900? 103p.

Roa, Jorge. (Ed.). *Colección de grandes escritores nacionales y extranjeros*. VI. Bogotá: Jorge Roa Editor, 1894. [s.p].

Torres Duque, Óscar. «Ospina Rodríguez». *Gran Enciclopedia de Colombia*. 5. Santafé de Bogotá: Círculo de Lectores, 1994. 147-148.

Velasco A., Hugo. *Mariano Ospina Rodríguez*. Bogotá: Editorial Cosmos, 1953. 294p.

Vives Guerra, Julio. «Anecdotario colombiano: la muerte de las Ospinas». *El Gráfico* (Bogotá) 22. 1111 (ene. 1933): 2850-2851. [Mercedes y Marcelina Ospina Vásquez, hijas del doctor Mariano Ospina Rodríguez, quienes murieron en un trágico accidente en Santa Fe de Antioquia]

———. «Anecdotario colombiano: Don Mariano Ospina». *El Gráfico* (Bogotá) 22.1122 (abr., 1933): 3334.

Wise de Gouzy, Doris. *Antología del pensamiento de Mariano Ospina Rodríguez*. Auxiliares Elina Rueda de Flórez, Constanza Toro y Ana María Jaramillo. Bogotá: Faes: Banco de la República, 1990. [s.p].

OSPINA VÁSQUEZ, TULIO (1857-1921).

Relato:
————. «Mariquita la morena». El Repertorio Colombiano (Bogotá) XV.1 (ene. 1º, 1897): 212-220.

Otros:
————. *Agricultura colombiana: notas de un curso en la Universidad de Antioquia*. Medellín: La Familia Cristiana, 1913. 321p.

————. *Disertación sobre los antecedentes y consecuencias de la independencia de Antioquia*. Medellín: Imprenta Oficial, 1913. 23p.

———— «Disertación sobre los antecedentes y consecuencias de la independencia de Antioquia». *Repertorio Histórico* (Medellín) 15.149-152 (ene., 1942): 304-325.

————. *El cultivo del cacao*. Medellín: Imprenta del Departamento, 1886. 26p.

————. *El nuevo pleito de Sucre*. Medellín: Imprenta del Departamento, 1887. 34p.

————. *El Oidor Mon y Velarde, regenerador de Antioquia*. Medellín: Tipografía Externado, 1901. 32p.

————. «La historia de las minas de oro de Marmato». *Revista Universidad de Antioquia* (Medellín) 53.205 (jul.-sept., 1986): 39-47.

————. «La quina». *El Repertorio Colombiano* (Bogotá) 19 (ene., 1880): 13-20.

————. «La verdadera gloria de Colón». *Repertorio Histórico* (Medellín) 3.1-2 (nov., 1919): 1-12.

————. *Los cuadros sinópticos del señor Ministro del Tesoro Tulio Ospina*. Bogotá: Imprenta de «La Luz», 1891. 45p.

————. *Mapa geológico sintético de Colombia*. Material cartográfico: 1915. 1 Mapa

————. *Protocolo hispanoamericano de la urbanidad y el buen tono*. Medellín: Tipografía Bedout, 1919? 233p.

————. *Proyecto de ley que ordena la organización del Banco Nacional y fija la unidad monetaria de la República*. Bogotá: Imprenta de Vapor de Zalamea Hermanos, 1890. 70p.

————. *Réplica al folleto titulado «Pleito Ribon-Ospina»: breve exposición, alegato presentado al Tribunal de Antioquia. Parte resolutiva de una sentencia del Tribunal de Antioquia; Historia comprobada de la Sociedad de Ospina y Compañía*. Medellín: Félix de Bedout e hijos, 1919. 107p.

————. *Reseña geológica de Antioquia*. Medellín: Tipografía. Sansón, 1939. 128p.

————. *Reseña sobre la geología de Colombia, y especialmente del antiguo Departamento de Antioquia*. Medellín: Imprenta de «La Organización», 1911. 101p.

CRÍTICA:

Bernaldez, Andrés. «Don Tulio Ospina». *Universidad* (Bogotá) 1.2 (mzo., 1921): 30- 31.

Martínez A. Gerónimo. *Documentos referentes a un proyecto de ley de organización bancaria, conversión del papel moneda y unificación de la deuda interna, que presentará en las próximas sesiones del Congreso, el Representante por Bolívar don Gerónimo Martínez A.* Cartagena: Mogollón Editor, 1913. 73p.

Mejía Álvarez, Luis María. *Carta a Tulio Ospina sobre amortización de papel moneda.* Medellín: Tipografía del Comercio, 1909. 22p.

Montoya y Flórez, Juan B. (Ed.). *Repertorio Histórico. Director Juan B. Montoya y Flórez.* Medellín: La Academia, 1923. 349p.

Navarro y Euse, Rafael. *Alegato en 1ª instancia del apoderado de Tulio Ospina y observaciones al Dr. Luis Eduardo Villegas.* Medellín: Imprenta del Departamento, 1897. 69p.

O

OTONIEL SUÁREZ. Ver Suárez, Otoniel.

OTRO DIFUNTO, seudónimo de Rafael Pombo.

OWEN, seudónimo de Bernardino Torres Torrente.

P

PABLO, seudónimo de Isidoro Isaza.

PACHO, seudónimo de José Manuel Groot.

PADILLA, DIEGO FRANCISCO (Fray) (Bogotá, 1754-1829) (Seud. Tomás Montalbán y Fonseca).

OTROS:

———. *Aviso al público*. Santafé de Bogotá: Imprenta Gubernamental del Gobierno, 1810- 1811. 1 (sept. 29, 1810)-21 (feb. 16, 1811): [s.p].

———. *Diálogo entre un cura y un feligrés del pueblo de Boxacá sobre el párrafo inserto en la Gazeta de Caracas. t. 1. num. 20, sobre la tolerancia*. Santafé de Bogotá: Bruno Espinosa de los Monteros, 1811. 29p.

——— *Diálogo entre un cura y un feligrés del pueblo de Bojacá sobre un párrafo inserto en «La Gaceta de Caracas», I, número 20, martes 19 de febrero de 1811, sobre la tolerancia*. Reimpreso en Santafé de Bogotá: Imprenta de Bruno Espinosa de los Monteros, 1842. 40p.

———. *El espíritu del español, ó Notas de un americano sobre su papel de reforma regulares*. Impreso en Londres en 31 de marzo de 1813, y reimpreso en Cartagena de Indias el mismo año. Santafé de Bogotá: Imprenta del C. B. Espinosa, 1814. 61p.

———. *Elogio fúnebre de Carlos III*. Santafé de Bogotá: [s.edit], 1789. 42p.

———. *Necesidad de el Congreso*. Santafé de Bogotá: En la Imprenta Patriótica de D. Nicolás Calvo, 1812. 25p. [Firmado: Tomás Montalbán y Fonseca]

———. *Periodistas de los albores de la república*. Bogotá: Editorial Minerva, 1936. 198p. [Jorge Tadeo Lozano, Diego Francisco Padilla, José María Salazar, Juan García del Río]

——— Bogotá: Editorial Minerva, 1937. 396p.

——— Bogotá: Editorial Minerva, 1940? 198p.

———. *Un tratado de economía política en Santafé de Bogotá en 1810; el enigma de Fray Diego Padilla*. Oreste Popescu, (Ed.). Bogotá: Librería de la Academia Colombiana de Historia, 1968. 98p.

CRÍTICA:

Anónimo. «Hombres distinguidos». *La Caridad* (Bogotá) 1.35 (mayo 26, 1865): 548-550.

Fernández, Agustín, Fray. *Oración fúnebre en las honras, que hizo el Convento de Agustinos Calzados de Bogotá, el día 18 de mayo de 1829: a la feliz memoria de su hijo y padre N. M. R. P. maestro fray Diego Francisco Padilla...* Bogotá: Imprenta de Bruno Espinosa, 1829. 39p.

Franco V., Constancio. *Rasgos biográficos de los próceres i mártires de la Independencia.* Bogotá: M. Rivas, 1880. 288p. [contenido: Simón Bolívar. Antonio Nariño. Francisco de Paula Santander. Francisco José de Cáldas. Camilo Tórres. José María Córdoba. Francisco Antonio Zea. Rafael Cuervo. José María Castillo Rada. Antonio Ricaurte. José María Cabal. Diego F. Padilla. Policarpa Salabarrieta. Antonio Moráles Galavis. Manuel Piar. Francisco J. Yánez. Antonio José de Sucre. José Antonio Páez. Juan Jerman Roscio. José Félix Rivas. Santiago Mariño. Juan Bautista Arismendi. Mariano Montilla. José A. Anzoátegui. Manuel Cedeño. Pedro Zaraza. Leonardo Infante]

Gómez Restrepo, Antonio. «Dos sacerdotes beneméritos». *Historia de la literatura colombiana.* III. Bogotá: Litografía Villegas, 1957. 237-240.

Popescu, Oreste. *Un tratado de economía política en Santafé de Bogotá en 1810: el enigma de Fray Diego Padilla.* Bogotá: Salazar, 1968. 98p.

Varios. «Fray Diego Padilla». *Próceres 1810.* Bogotá: Banco de la República, 1960. [s.p].

PÁEZ, ADRIANO (1844-1890) (Seud. Alí-Kelim).

POESÍA:

———. «A Jorge Isaacs». *El Iris, periódico literario dedicado al bello sexo* (Bogotá) 1 (feb. 11, 1866): 6-8.

RELATO:

———. *La Patria. Páginas para el pueblo.* Bogotá: Imprenta de Gaitán, 1877. [s.p].

———. La Patria: (en el Atlántico) *El Liberal Ilustrado* (Bogotá) 4.1.282-5 (1915): 71-72.

———. «Recuerdos de tierra caliente». *Cuadros de costumbres y descripciones locales de Colombia* Artículos escogidos y publicados por José Joaquín Borda. Librería y Papelería de Francisco García Rico, 1878. 230-241.

——— *Museo de cuadros de costumbres, variedades y viajes.* Biblioteca de «El Mosaico». IV. Bogotá: Biblioteca del Banco Popular, 1973. 95-110.

OTROS:

———. «Antonia Santos». *El Iris, periódico literario dedicado al bello sexo* (Bogotá) 4 (mzo. 4, 1866): 40-44; 5 (mzo. 11, 1866): 48-51.

———. «Bolívar». *Papel Periódico Ilustrado* (Bogotá) II.46-48 (jul. 24, 1883): 391.

———. «Cartas». *La Caridad* (Bogotá) 2.34 (abr. 27, 1866): 530-531.

———. «El Hogar». *El Hogar. Periódico dedicado al bello sexo* (Bogotá) I.7 (mzo. 7, 1868): 53-55.

———. [Ed. y redactor]. *El Valle: parte literaria de «La Empresa»*. San José de Cúcuta: Imprenta de San José de Cúcuta por Adriano Páez, 1869-1870. 1.1 (feb 25, 1869)- 2.23 (ene. 28, 1870): [s.p].

———. «Fernán Caballero: a mi hermana Ofelia». *La Caridad* (Bogotá) 2.27 (mzo. 2, 1866): 425-428.

———. [Comp]. *La constitución del Estado Soberano de Santander*. Puesta al alcance del pueblo. Socorro: I. Céspedes, 1865. 76p.

———. «La Francia en 1873». *Revista de Colombia* (Bogotá) 5.28 (ag. 29, 1873): 223-224.

———. *La Guerra del Pacífico i deberes de la América*. Bogotá: Imprenta de Gaitán, 1881. 15p.

——— Panamá: Oficina de "El Canal", 1881. 16p.

———. (Ed.). *La Patria. Revista política y de Instrucción Pública*. Bogotá: Imprenta de Medardo Rivas, 1878. (ene., 1878-nov., 1878): 360p.

———. «Luis Flórez». *El Liberal Ilustrado* (Bogotá) 4.1274 (feb. 27, 1915): 49-53.

———. «Muerte y funerales de Mazzini». *El Gráfico* (Bogotá) 12.600 (jun.3, 1922): 786-787.

———. *Obras. Artículos literarios*. Bogotá: Imprenta de Medardo Rivas, 1878. 50p.

———. *Obras. Artículos políticos*. Bogotá: Imprenta de Medardo Rivas, 1878. 38p.

———. «Párrafos de cartas». *Colombia Ilustrada* (Bogotá) 3 (mayo 5, 1889): 50-51.

———. «Prólogo». *Cuadros de costumbres*. Bogotá: [s.edit], 1880. [s.p].

———. «Seudónimos». *Papel Periódico Ilustrado* (Bogotá) IV.74 (sept. 1º, 1884): 23. [Su propio seudónimo]

———. *Viaje al país del dolor. (Fragmentos de un libro inédito)*. Bogotá: Imprenta de «La Luz», 1891. 36p.

CRÍTICA:

Arrieta Arrieta, Diógenes. «Adriano Páez». *El Liberal Ilustrado* (Bogotá) 4.1282 (mzo. 6, 1915): 65-71.

Cacua Prada, Antonio. *Adriano Páez: eximio periodista y poeta colombiano*. Tunja: Academia Boyacense de Historia, Alcaldía de Chiquinquirá, 1994. 166p.

Mendoza Pérez, Diego. «Astillas de mi taller, Colombia vieja». *El Gráfico* (Bogotá) 12.600 (jun.3, 1922): 786.

PÁEZ M., JULIÁN (1857- ?) (Seud. Tío Juan).
POESÍA:
———. *Dolores*. Bogotá: Imprenta Eléctrica, 1905. 117p.
———. «El centinela nocturno». *Revista Policia Nacional* (Bogotá) 6.62-64 (dic., 1921): 705.
———. *La novia del poeta*. Bogotá: Ed. El Globo, 1899. 14p.
———. *Los olvidados*. Bogotá: Imprenta «La Crónica», 1903. 16p.
RELATO:
———. «¿Abnegación de un agente?». *Revista de la Policía Nacional* (Bogotá) 5.48 (ene.-feb., 1920): 314.
———. «¿Al altar, o al panóptico?». *El Liberal Ilustrado* (Bogotá) 761 (oct. 4, 1913): 13-16.
———. *El amor de un bohemio*. Bogotá: Samper Matiz, 1898. 30p.
———. *Idilio de un ciego*. Bogotá: Samper Matiz, 1899. 23p.
———. «Íntimo». *El Liberal Ilustrado* (Bogotá) 3.1048 (jul. 25, 1914): 108-110.
OTROS:
———. *Aventuras de un viajero: crónicas*. Bogotá: Tipografía Arconvar, 1921. 95p. [Publicadas en 'El Nuevo Tiempo' en los meses corridos de noviembre de 1920 a febrero de 1921]
———. *Cartas a mi sobrina*. Bogotá: Librería Americana, 1912 v, 148p.
———. *Cartas políticas*. Bogotá: Medardo Rivas, 1896. 135p.
———. «Chiquinquirá». *Revista literaria* (Bogotá) 1.4 (ag.. 1890): 216-226.
———. *El tio Juan*. Bogotá: Imprenta Republicana, 1896? [s.p].
———. *Justo homenaje*. Bogotá: [s.edit], 1900? 7p. [sobre Carlos Arturo Torres]
———. [Director] *La Revista Bogotana: periódico noticioso, literario e industrial*. Bogotá: Samper Matiz, 1892. [s.p].
———. «Probidad y honradez en 1923». Revista de Policía Nacional (Bogotá) 24.109 (ene.-feb., 1965): 30.

PALACIOS, EUSTAQUIO (Roldanillo, 1830-Cali, 1898).
POESÍA:
———. *Esneda o amor de madre: Leyenda caucana*. Cali: Imprenta de Eustaquio Palacios, 1874. 36p.
——— Cali: Imprenta del Autor, 1889. 32p.
NOVELA:
———. *El Alférez Real*. Cali: Imprenta del Autor, 1886. 234p.
——— Palmira: Imprenta Popular, 1903. 200p.

—— Lima: Tipografía «El Lucero», 1904. 316p.
—— Crónicas de Cali en el siglo XVIII. Cali: Carvajal, 1923. 284p.
—— Cali: Imprenta Departamental, 1924. 292p.
—— Cali: Imprenta Departamental, 1940? 292p.
—— New York: Oxford University Press, 1941. 205p.
—— Bogotá: Publicaciones del Ministerio de Educación Nacional, 1942. 353p.
—— New York: Oxford University Press, 1942. 205p.
—— Bogotá: Editorial Kelly, 1943.321p.
—— Bogotá: Editorial Antena, 1945. 322p.
—— Santiago de Chile: Editorial Zig-Zag, 1946. 334p.
—— Bogotá: Ministerio de Educación Nacional, 1954. 294p.
—— Bogotá: Cosmos, 1954. 294p.
—— Cali: Biblioteca de la Universidad del Valle, 1959. 309p.
—— Medellín: Editorial Bedout, 1963. 294p.
—— Cali: Carvajal y Compañía, 1966. 340p.
—— Medellín: Editorial Bedout, 1969. 294p.
—— Medellín: Editorial Bedout, 1970? 304p.
—— México: Don Quijote, 1971. 285p.
—— Medellín: Editorial Bedout, 1974. 294p.
—— Bogotá: Panamericana Editorial, 1980? 180p.
—— Bogotá: Ediciones los Comuneros, 1980. 234p.
—— Medellín: Editorial Bedout, 1984. 294p.
—— Bogotá: Editorial Oveja Negra, 1985. 183p.
—— Bogotá: Circulo de Lectores, 1985. 311p.
—— Bogotá: Talleres Gráficas Modernas, 1985. 284p.
—— Bogotá: Panamericana Editorial, 1986? 180p.
—— Santafé de Bogotá: Panamericana Editorial, 1996. 299p.
—— Medellín: Cometa de Papel, c1997. 319p.

RELATO:

——. «La Hacienda de Cañasgordas». *Historia de la literatura colombiana*. José J. Ortega T. Bogotá: Editorial Cromos, 1935. 331-333.

—— «La hacienda de Cañasgordas». *Hojas de Cultura Popular Colombiana* (Bogotá) 27 (mzo., 1953): [s.p].

——. «La pascua». *Hojas de Cultura Popular Colombiana* (Bogotá) 63 (mzo., 1956): [s.p].

——. «Una Semana Santa en Cali, hace 150 años». *El Gráfico* (Bogotá) 26.1274 (abr.,1936): 1093-1094.

OTROS:

———. *Eustaquio Palacios: autobiografía*. Roldanillo: Ediciones Embalaje del Museo Rayo, 1998. 25p.

———. «Cali en 1879». *Hojas de Cultura Popular Colombiana* (Bogotá) 2.15 (mzo., 1952): [s.p]

———. *Elementos de literatura española, que comprenden la gramática, la versificación, la poética, la retórica*. 4ª ed. corregida. Cali: Imprenta del Autor, 1876. 298p.

———. [Director]. *El Ferrocarril: periódico industrial, literario, político i noticioso: órgano de la Empresa del Ferrocarril del Cauca*. Cali: Imprenta de Eustaquio Palacios, 1879. [s.p].

———. [Explicación de las oraciones latinas]

———. (Ed.). *Por caridad: colección de pensamientos, en prosa y en verso*. Cali, Colombia: Imprenta de H. A. del Pino, 1893. 25p. [contenido: La caridad: Roberto Escovar Pino. Beneficencia: Zenón Fabio Lemos. Los leprosos: José M. Payán. Consolar al triste: Juan A. Sanchez. Caridad: Sadecil. Los huerfanos: Eduardo González. La caridad: Nelson. Los Lazáros: Hermelinda Zorrilla. El Lazarino: Gama. Mendicidad: Francisco de P. Ulloa. El Lazareto: Eva P. Corsino. Originales y escritos especialmente para favorecer a los leprosos del Lazareto de Cali. Cali 3 de mayo de 1893". "A los lectores" por Eustaquio Palacios, Cali, 24 de Abril de 1893"]

———. *Refutación de un informe*. Cali: Imprenta del Autor, 1873. 33p. [Sobre gramática del español]

CRÍTICA:

Anónimo. «El Alférez Real. Por Eustaquio Palacios. Cali: Universidad del Valle...». *Revista de la Universidad Pontificia Boivariana* (Medellín) XXIV.86 (abr.-jul., 1960): 349.

Anónimo. *Corona fúnebre en honor del doctor Eustaquio Palacios homenaje de sus hijos*. Cali: Imprenta de Palacios, 1899. 120p.

Anónimo. «Palacios, Eustaquio, El Alférez Real...». *Revista de Indias* (Bogotá) XLII.210 (nov., 1954): 318-319.

Carvajal, Alberto. «Un bello libro ignorado». *El Gráfico* (Bogotá) LIII.532 (jun. 26, 1920): 506-508.

García Maffla, Jaime. «*El alférez real*». *Gran Enciclopedia de Colombia*. 4. Santafé de Bogotá: Círculo de Lectores, 1992. 86-87.

Gómez Restrepo, Antonio. «El Alférez Real (novela de don Eustaquio Palacios)». *Santafé y Bogotá* (Bogotá) 14 (1924): 118.

Gómez Restrepo, Antonio. «*El Alférez Real*». *Santafé y Bogotá* (Bogotá) 2.17 (mayo, 1924): 293-300.

Henao Botero, Félix. «Familias de la ceja: Tomás de J. Palacio». *Universidad Católica Bolivariana* (Medellín) 22.86 (abr.-jul., 1960): 349.

Hidalgo Zapata, Ana Julia. *El divino y la crisis de valores: un recorrido histórico por el Valle del Cauca a través de seis novelas*. Santiago de Cali: Imprenta Departamental, 1998. 152p.

Pineda Botero. Álvaro. «El Alférez Real». *La fábula y el desastre: estudios críticos sobre la novela colombiana, 1650-1931*. Fondo Editorial. Universidad EAFIT, 1999. 275-284.

Ortiz de la Roche, Mario. «El Alférez Real». *La República* (Bogotá) [Suplemento] 3428 (nov. 3, 1963): 3.

Pérez Silva, Vicente. «Eustaquio Palacios». *Noticias Culturales* (Bogotá) 156 (ene. 1ª, 1974): 4-9.

Salazar R. Rafael H. «Joya del costumbrismo: centenaro del *Alférez Real*». *El Tiempo* [Lecturas Dominicales] (Bogotá) (sept. 14, 1986): 14.

Silva Holguín, Raúl. *Eustaquio Palacios: de su vida y su obra*. Cali: Editorial Feriva, 1972. 269p.

Universidad de San Buenaventura. *Eustaquio Palacios: primer centenario de su muerte (1898- 1998): homenaje franciscano*. Cali: La Universidad, 2000. 80p.

Velasco, Jorge. *Eustaquio Palacios, El Alferez real*. Cali: Atenas Editores, 1990? 30p.

Zambrano Cárdenas, Ramiro. «Recuerdo de un género que no puede repetirse: *El Alférez Real*. En el mismo valle de María». *El Espectador* (Bogotá) [Magazín Dominical] 15082 (dic. 27, 1959): 6.

PALAMIJÉN, seudónimo de Manuel María Mallarino.

PANTERO, seudónimo de José Manuel Groot.

PÁRAMO, JEREMÍAS, seudónimo de José María Samper Agudelo.

PARDO, NICOLÁS (1834-1881).

Relato:

———. *Correría de Bogotá al Territorio de San Martín o quince días en Villavicencio*. Bogotá: Imprenta de Gaitán, 1875. 28p.

———. «Panoramas de Sanmartín». *Cuadros de costumbres y descripciones locales de Colombia* Artículos escogidos y publicados por José Joaquín Borda. Librería y Papelería de Francisco García Rico, 1878. 181-185.

———. «Panorama de las llanuras de San Martín». *Museo de cuadros de costumbres, variedades y viajes*. Biblioteca de «El Mosaico». IV. Bogotá: Biblioteca del Banco Popular, 1973. 39-44.

Otros:

———. *Alegato del agente fiscal*. Bogotá: [s.edit], 1880. 8p.

———. *Causa célebre por estrangulamiento*. Bogotá: Imprenta de Gaitán, 1877. 16p.

———. *Impresiones de viaje: de Italia a la Palestina y Egipto.* París: Imprenta Barthier, 1872. 128p.

———. *Recuerdos de un viaje a Europa.* Bogotá: Imprenta de «La América», 1873. 252p.

Crítica:

Cubides, J. Gabriel. *Tres ciudadanos eminentes: José Eusebio Otálora, Abelardo Ramos y Nicolás Pardo, homenaje a su memoria.* Bogotá: Editorial de Cromos, 1923. 33p.

PARÍS, JOSÉ IGNACIO (1780-1848).

Crítica:

Cuervo, Luis Augusto. *Elogio de don José Ignacio París (mayo 13 de 1946).* Bogotá: Imprenta Municipal, 1946. 15p.

Espinosa, José María. *José Ignacio París* [material gráfico]. 1 dibujo original: tinta, aguada y lápiz sobre papel ; 14 X 9 cm. Passe partout en cartón arte. Biblioteca Nacional de Colombia.

PARÍS, JOSÉ MARTÍN (1746-1816) (Seud. J. M. P.).

PARLOÁN, JOSÉ, seudónimo de Alejandro Pizarro.

PÁRRAGA DE QUIJANO, MERCEDES (Bogotá 18 ?-1870) (Seuds. María, Mariela).

Poesía:

———. *El álbum de los pobres.* (Ed.). José Caicedo Rojas. Bogotá: Imprenta de Gaitán, 1869. [s.p].

———. *Mosaico.* vols. IV, V. José María Vergara y Vergara. Mss. Bogotá: ¿1865-1866? [s.p].

———. *Poetisas americanas.* José Domingo Cortés. París: Librería de A. Bouret e Hijo, 1875, [s.p].

Novela:

———. «Aurora». *Varias cuentistas colombianas.* Bogotá: Editorial Minerva, 1935. 35-60.

Relato:

———. «Vaya un cuento». *El Hogar. Periódico dedicado al bello sexo* (Bogotá) I.40 (oct. 31, 1868): 315-316.

Crítica:

Luque Valderrama, Lucía. «Figuras femeninas de la novela en el siglo XIX. Mercedes Párraga de Quijano Otero». *La novela femenina colombiana.* (Tesis para optar al grado de doctor en Filosofía, Letras y Pedagogía) Bogotá: Artes Gráficas, 1954. 49-50.

PASCUAL BAILÓN, seudónimo de José Manuel Groot.
PASCUAL GUERRA, seudónimo de José Rafael Sañudo.
PATRICIO, seudónimo de Gregorio Gutiérrez González.
PATRICIO, seudónimo de Mariano Ospina Rodríguez.
PATROCLO, seudónimo de José Manuel Groot.
PATROCLO, seudónimo de Francisco Ortiz Barrera.
PAULINA, seudónimo de Priscila Herrera de Núñez.

PAZ, FLORENTINO (18 ?- ?).
   NOVELA:
   ———. *La ciudad de Rutila*. Pasto: Imprenta de la Diócesis, 1895. [s.p].
   CRÍTICA:
   Caicedo de Cajigas, Cecilia. *La novela en el Departamento de Nariño*. Bogotá: Instituto Caro y Cuervo, 1990. 27-33.

PEDRO PÉREZ DE BIEDMA. Ver Pérez de Biedma, Pedro.

PELÁEZ, JUANA DE (18 ?- ?).
   POESÍA:
   ———. «Luto eterno!». *La Mujer. Lecturas para las familias. Revista quincenal, redactada exclusivamente por señoras y señoritas, bajo la dirección de la señora Soledad Acosta de Samper* (Bogotá) IV.37 (mayo 15, 1880): 7.

PELÁEZ DE MALO, MERCEDES (18 ?- ?).
   POESÍA:
   ———. «A mi hermano Enrique Peláez (muerto en Cartagena)». *La Mujer. Lecturas para las familias. Revista quincenal, redactada exclusivamente por señoras y señoritas, bajo la dirección de la señora Soledad Acosta de Samper* (Bogotá) V.53 (feb. 1°, 1881): 109.
   ———. «El alma del poeta». *La Mujer. Lecturas para las familias. Revista quincenal, redactada exclusivamente por señoras y señoritas, bajo la dirección de la señora Soledad Acosta de Samper* (Bogotá) IV.46 (oct. 1°, 1880): 222. [Firmado: Mercedes Peláez]

PENAGOS, seudónimo de Miguel Antonio Caro.

PEÑA, BELISARIO (Zipaquirá, 1834-Quito, 1906). Miembro de la Academia Ecuatoriana de la Lengua.
   POESÍA:
   ———. «A Dios». *El Mosaico al cual está unida La Biblioteca de Señoritas* (Bogotá) II.29 (jul. 25, 1860): 229.

———. *A la Inmaculada Concepción de María. Tributo del egregio poeta hispano-americano Don Belisario Peña* .. Friburgo de Brisgovia (Alemania): B. Herder, 1905. 34p.

———. «A María». *A María Santísima*. Mss. Poesía. 1800? 1h. Colección de manuscritos de la Biblioteca Luis Ángel Arango.

———. «A María». *Papel Periódico Ilustrado* (Bogotá) II.31 (dic. 16, 1882): 105.

——— *Revista del Colegio Mayor de Nuestra Señora del Rosario* (Bogotá) 101.104 (mayo, 1915): 203.

———. «A Pío X». *Revista del Colegio Mayor de Nuestra Señora del Rosario* (Bogotá) 91.99 (oct., 1914): 544.

———. *Composiciones poéticas del señor don Belisario Peña, para completar la colección*. Manuel M Pólit Laso (ed). Quito: [s.edit], 1932. 27p. [De las 'Memorias de la Academia ecuatoriana', entrega duodécima. Enero de 1932]

———. «Cuadernillo de poesía colombiana No.55». *Universidad Católica Bolivariana* (Medellín) 21.77 (sept.-nov.; feb.-mzo., 1956-1957): [s.p].

———. «¡Dios!». *Crónica del Colegio de La Unión* (Quito) I.10 (dic. 15, 1860): 180-183.

———. [Trad]. «El amado siempre cerca: traducción de Goethe». *El Mosaico* (Bogotá) 2.27 (jul. 11, 1860): 214.

———. «Elegía». *Revista del Colegio Mayor de Nuestra Señora del Rosario* (Bogotá) 4 (mayo, 1905): 245.

——— *Revista del Colegio Mayor de Nuestra Señora del Rosario* (Bogotá) 221.227 (ag., 1928): 400.

———. «Elegía». «A la Concepción Inmaculada de María». «Dios en el alma». «A la muerte de Francisco Ortiz Barrera». *Historia de la literatura colombiana*. José J. Ortega T. Bogotá: Editorial Cromos, 1935. 551-557.

———. «Elejia». *La Caridad* (Bogotá) 2.22 (ene. 26, 1866): 345-346.

———. «Elejía I». *El Iris. Publicación Literaria, Científica i Noticiosa* (Quito) 11ª entrega (abr. 5, 1862): 189-191.

———. «El festín». *El Iris. Publicación Literaria, Científica i Noticiosa* (Quito) entrega 8ª (nov. 5, 1861): 134.

———. «El pobre». *Crónica del Colegio de La Unión* (Quito) I.8 (sept. 22, 1860): 150-151.

———. «El templo». *Crónica del Colegio de La Unión* (Quito) I.8 (sept. 22, 1860): 140-146.

———. «El Tiempo». Al sr. Ignacio Gutiérrez Vergara. *El Catolicismo* (Bogotá) 7.418 (abr. 17, 1860): 239-242.

———. «En la muerte de la niña Rosa Checa». *Crónica del Colegio de La Unión* (Quito) I.5 (jul. 5, 1860): 93-94.

———. «Fantasía». *El Mosaico* al cual está unida *La Biblioteca de Señoritas* (Bogotá) II.27 (jul. 11, 1860): 211.

——— *Crónica del Colegio de La Unión* (Quito) I.9 (nov. 1°, 1860): 164.

———. «Francisco Ortiz Barrera». *El Mosaico* (Bogotá) III.11 (mzo. 26, 1864): 85.

———. «Gloria». *El Mosaico* al cual está unida *La Biblioteca de Señoritas* (Bogotá) II.30 (jul. 1°, 1860): 238.

——— *Crónica del Colegio de La Unión* (Quito) I.7 (sept. 6, 1860): 127.

———. «Himno a Colombia». *Crónica del Colegio de La Unión* (Quito) I.6 (ag. 2, 1860): 102-103.

———. «Himno a Dios». *Crónica del Colegio de La Unión* (Quito) I.4 (jun. 7, 1860): 78.

———. «Imbabura. Alto de los reyes». *El Iris. Publicación Literaria, Científica i Noticiosa* (Quito) entrega 1ª (jul. 20, 1861): 2-4.

———. «Ira i amor». *El Mosaico* al cual está unida *La Biblioteca de Señoritas* (Bogotá) II.28 (jul. 18, 1860): 224.

———. «La primera comunión. A mi muy querido José Joaquín Ortiz Malo». *El Mosaico* al cual está unida *La Biblioteca de Señoritas* (Bogotá) II.26 (jul. 4, 1860): 206-207.

———. «La tumba del estranjero». *El Iris, periódico literario dedicado al bello sexo* (Bogotá) 3 (feb. 25, 1866): 28-29.

———. «La tumba del estranjero». *El Iris. Publicación Literaria, Científica i Noticiosa* (Quito) entrega 9ª (nov. 20, 1861): 149-152.

———. «Misa nueva». *Hojas de Cultura Popular Colombiana* (Bogotá) 23 (nov., 1952): [s.p].

———. *Oda al triunfo obtenido por el ejercito del Sumo Pontifice Pio IX sobre Garibaldi. el 3 de noviembre de 1867 dedicada respetuosamente al Excmo. Sor. Francisco Tavani, delegado apostólico...* Quito: Los Huerfanos de V. Valencia, por J. Mora, 1867. 7p.

———. «Orfandad». *Crónica del Colegio de La Unión* (Quito) I.9 (nov. 1°, 1860): 164.

———. «Página poética: Belisario Peña». *El Gráfico* (Bogotá) 13.1191 (ag., 1934): 769.

———. «Poesía de Belisario Peña». *Revista Senderos* (Bogotá) 2.7-8 (ag.-sept., 1934): 88-91.

———. *Poesías selectas de Belisario Peña*. Bogotá: Editorial Minerva, 1928. 247p.

———. «Poesías». *Antología de la poesía hispanoamericana: Colombia*. Ginés de Albareda y Francisco Garfias. (Eds.). Madrid: Biblioteca Nueva, 1957. [s.p].

———. «Poesías». *Antología lasallana*. Medellín: Tipografía Bedout, 1949. [s.p].

———. «Poesías». *Poemas de Colombia; antología de la Academia Colombiana*. Prólogo y epílogo de Félix Restrepo S. J. Edición y notas de Carlos López Narváez. Medellín: Editorial Bedout, 1959. [s.p].

———. «Sonetos eucarísticos». *Colegio Mayor de Nuestra Señora del Rosario* (Bogotá) 6 (jul., 1905): 344.

———. «Vaguedad». *El Iris. Publicación Literaria, Científica i Noticiosa* (Quito) entrega 5ª (sept. 20, 1861): 71-74.

———. «Vive feliz». *Crónica del Colegio de La Unión* (Quito) I.9 (nov. 1º, 1860): 165.

Relato:

———. «El dolor i el placer». *Crónica del Colegio de La Unión* (Quito) I.7 (sept. 6, 1860): 125.

———. «La pobreza». *Crónica del Colegio de La Unión* (Quito) I.8 (sept. 22, 1860): 146-150.

———. «Leyendas para los niños». *Crónica del Colegio de La Unión* (Quito) I.2 (abr. 5, 1860): 30.

Otros:

———. «Academia nacional. Escuela de Literatura». El Redactor [Belisario Peña]. *El Iris. Publicación Literaria, Científica i Noticiosa* (Quito) entrega 4ª (sept. 5, 1861): 68.

———. «Agentes de *La Crónica*». *Crónica del Colegio de La Unión* (Quito) I.3 (mayo 3, 1860): 40.

———. *A Nueva Granada*. Guayaquil, Empresa Tipográfica i Encuadernación de Calvo, 1863. 15p.

———. «Circular. Belisario Peña, Antonio Gómez de la Torre, F. Cevallos, Pablo Bustamante, Nicanor Guarderas, José María Lasso i Aguirre, Pedro José Bustamante, Miguel Egas, Manuel Vaca, Miguel Riofrío, Ignacio Bucheli, Frai M. Auz, Rafael Villamar, Ventura Proaño, María no Vaca, Jacinto R. Muñoz, Modesto Espinosa, Pablo Herrera, Luis A. Salazar, J. Aguirre Montúfar, José Manuel Espinosa, Carlos Aguirre, Rafael Carvajal, Braulio Buendía, Ramón Narváez, Antonio Muñoz». *Crónica del Colegio de La Unión* (Quito) I.10 (dic. 15, 1860): 171-178.

———. «Colaboradores de *La Crónica*». *Crónica del Colegio de La Unión* (Quito) I.2 (abr. 5, 1860): 38.

———. «Colejio Seminario de San Luis». *Crónica del Colegio de La Unión* (Quito) I.4 (jun. 7, 1860): 60. [Firmado: B. P.]

———. «Cristo y la tempestad». *Papel Periódico Ilustrado* (Bogotá) IV.82 (ene. 1º, 1885): 163.

———. «El lago». *Papel Periódico Ilustrado* (Bogotá) IV.75 (sept. 21, 1884): 38.

———. «Empleados del Colegio de La Unión». *Crónica del Colegio de La Unión* (Quito) I.2 (abr. 5, 1860): 21-23; I.3 (mayo 3, 1860): 40.

———. «En un «álbum». *Crónica del Colegio de La Unión* (Quito) I.3 (mayo 3, 1860): 52-53.

———. *Epistolario de Rufino José Cuervo y Miguel Antonio Caro con Belisario Peña*. Bogotá: Instituto Caro y Cuervo, 1972-1977. 271p.

———. «Esposición pronunciada por el señor Belisario Peña, director del Colegio de La Unión». *Crónica del Colegio de La Unión* (Quito) I.1 (mzo. 1°, 1860): 11-14.

———. «Han entrado al colegio en el mes de abril los alumnos...». *Crónica del Colegio de La Unión* (Quito) I.3 (mayo 3, 1860): 40.

———. [Trad]. «La aurora». *Crónica del Colegio de La Unión* (Quito) I.2 (abr. 5, 1860): 31. [Trad. de la fábula de Herder]

———. «*La Crónica del Colegio de La Unión* publica hoy...». *Crónica del Colegio de La Unión* (Quito) I.3 (mayo 3, 1860): 41.

———. «Lista de los alumnos del Colegio de La Unión». *Crónica del Colegio de La Unión* (Quito) I.2 (abr. 5, 1860): 20; I.7 (sept. 6, 1860): 117.

———. [Trad]. «Los dos ángeles». *Crónica del Colegio de La Unión* (Quito) I.3 (mayo 3, 1860): 49-50. [Trad. del relato de Krummacher]

———. «Prospecto». *Crónica del Colegio de La Unión* (Quito) I.1 (mzo. 1°, 1860): 2-3.

———. «[Nota]». *Crónica del Colegio de La Unión* (Quito) I.1 (mzo. 1°, 1860): 4.

———. [Trad]. «Oración dominical». *Crónica del Colegio de La Unión* (Quito) I.3 (mayo 3, 1860): 48-49. [Trad. de la leyenda de Mahlmann]

———. «Reflexión para las señoritas». *El Hogar. Periódico dedicado al bello sexo* (Bogotá) I.16 (mayo 16, 1868): 127-128.

———. «Reflexiones para señoritas». *El Iris. Publicación Literaria, Científica i Noticiosa* (Quito) entrega 3ª (ag. 20, 1861): 34-36.

———. [Trad]. *Tratado de la verdadera devoción a la Santísima Virgen, por el Beato Luis María Grignión de Montfort*. Trad. de la 12ª. ed. francesa por Belisario Peña. Quito: Imprenta de las EE. CC., por Julio Sáenz R., 1890. [s.p].

———. «Un recuerdo a la querida memoria de la señora Vicenta Riofrío de Carrión». *Crónica del Colegio de La Unión* (Quito) I.9 (nov. 1°, 1860): 161-164.

———. «Una joya literaria». *El Iris. Publicación Literaria, Científica i Noticiosa* (Quito) 11ª entrega (abr. 5, 1862): 177-179.

———. «Variedades». *El Iris. Publicación Literaria, Científica i Noticiosa* (Quito) 11ª entrega (abr. 5, 1862): 184-188; 12ª entrega (abr. 20, 1862): 201-202.

CRÍTICA:

Aguilera, Miguel. «El poeta Belisario Peña: Conferencia leída por el académico Don Manuel Aguilera el 29 de noviembre de 1956, en la sesión especial celebrada por la Academia Colombiana para clausurar el año académico». *Boletín de la Academia Colombiana* (Bogotá) 7.22 (ene.-mzo., 1957): 17-28.

Bravo, Juan de Dios. «Página poética». A Belisario Peña, por Juan de Dios Bravo. *El Gráfico* (Bogotá) 13.1191 (ag., 1934): 769.

Cajiao, Marco Antonio. «La obra poética de Belisario Peña». *Revista del Colegio Mayor de Nuestra Señora del Rosario.* (Bogotá) 221.227 (ag., 1928): 385.

Cuervo, Rufino José. *Epistolario de Rufino José Cuervo y Miguel Antonio Caro con Belisario Peña.* Compilación, introducción y notas de Vicente Pérez Silva. Bogotá: Instituto Caro y Cuervo, 1977. 271p.

De la Torre, Carlos María. *A la memoria del Sr. D. Belisario Peña en el primer aniversario de su fallecimiento, septiembre 7 de 1907; [oración fúnebre].* Quito, Tip. Salesiana, 1907. 25p.

García Maffla, Jaime. «Belisario Peña». *Gran Enciclopedia de Colombia.* 4. Santafé de Bogotá: Círculo de Lectores, 1992. 77.

González Suárez, Federico. «Estudio sobre don Belisario Peña». *Páginas de historia colombiana; publicación de la Academia colombiana de historia con motivo del primer centenario del nacimiento del sr. González Suárez.* Bogotá: Editorial ABC, 1944. [s.p].

Otero Muñoz, Gustavo. «Belisario Peña». *Hojas de Cultura Popular Colombiana.* (Bogotá) 23 (nov., 1952): [s.p].

———. «Don Belisario Peña». *Revista Senderos* (Bogotá) 7-8 (ag.-sept., 1934): 85-88.

Tisnés Jiménez, Roberto María. *Belisario Peña: poeta colombo-ecuatoriano.* Bogotá: Editorial ABC, 1989. 324p.

PEÑA, HELIODORO (1845-1926) (Seud. Camilo).
Otros:

———. *Geografía e historia de la provincia del Quindío: Departamento del Cauca.* Popayán: Imprentad el Departamento, 1892. 150p.

———. «Revolución de 1860». *Boletín de Historia y Antigüedades* (Bogotá) 12.138 (abr., 1919): 376-378.

PEÑA SOLANO, RAFAEL (18 ?- ?).
Otros:

———. «El ciego». *El Hogar. Periódico dedicado al bello sexo* (Bogotá) I.31 (ag. 29, 1868): 243-244.

———. «Mi pupitre». *El Mosaico, Álbum Neo-Granadino* (Bogotá) II.45 (nov. 17, 1860): 360.

CRÍTICA:
Borda, José Joaquín. «Señor Don Rafael Peña Solano». *El Mosaico* (Bogotá) 2.13 (abr. 16, 1872): 101.

PEREIRA GAMBA, BENJAMÍN (1825-1896) (Seud. B. P. G.).
POESÍA:
———. «A don Antonio de Trueba». *El Mosaico* (Bogotá) IV.18 (mayo 27, 1865): 139-140.

———. «A mi hermana». *Crónica del Colegio de La Unión* (Quito) I.5 (jul. 5, 1860): 90-91.

———. «Don Antonio de Trueba (Autor del libro de "Los Cantares")». *El Mosaico* (Bogotá) 4.18 (mayo 27, 1865): 139-141.

———. «La cena». *Crónica del Colegio de La Unión* (Quito) I.3 (mayo 3, 1860): 56-57.

———. «La independencia». *La Caridad* (Bogotá) 2.26 (feb. 23, 1866): 407-408.

———. «La mujer fuerte». *La Caridad* (Bogotá) 2.20 (ene. 12, 1866): 318.

———. «Recuerdos del Valle del Cauca». *El Mosaico* al cual está unida *La Biblioteca de Señoritas* (Bogotá) II.3 (ene. 22, 1860): 22.

———. «Un recuerdo». *El Iris. Publicación Literaria, Científica i Noticiosa* (Quito) 17ª entrega (jul. 15, 1862): 278-280.

———. «20 de julio. A mi patria». *El Iris. Publicación Literaria, Científica i Noticiosa* (Quito) entrega 2ª (ag. 5, 1861): 21-26.

RELATO:
———. «Mariquita». *Cuadros de costumbres y descripciones locales de Colombia* Artículos escogidos y publicados por José Joaquín Borda. Librería y Papelería de Francisco García Rico, 1878. 225-227.

——— *Museo de cuadros de costumbres, variedades y viajes*. Biblioteca de «El Mosaico». IV. Bogotá: Bogotá: Biblioteca del Banco Popular, 1973. 89-92.

——— *Hojas de Cultura Popular Colombiana* (Bogotá) 25 (ene., 1953): [s.p].

———. «Loja. Fragmentos de un viaje al Zamora». *El Iris. Publicación Literaria, Científica i Noticiosa* (Quito) entrega 2ª (ag. 5, 1861): 18-21.

OTROS:
———. *Aniversario fúnebre de José María Forero Segura*. Bogotá: Imprenta "Echeverría", 1888. 8p.

———. *Apuntes biográficos del doctor Miguel Gamba*. Bogotá: [s.edit], 1856. 14p.

———. «Colejio de La Unión de Loja». *Crónica del Colegio de La Unión* (Quito) I.3 (mayo 3, 1860): 58.

———. «Ecuatorianos ilustres. Dr. José Mejía». *El Iris. Publicación Literaria, Científica i Noticiosa* (Quito) entrega 4ª (sept. 5, 1861): 53-57.

———. «Ecuatorianos ilustres. El dor. José Mejía». *El Iris. Publicación Literaria, Científica i Noticiosa* (Quito) entrega 6ª (oct. 5, 1861): 93-103.

———. «El Iris». *El Iris. Publicación Literaria, Científica i Noticiosa* (Quito) entrega 1ª (jul. 20, 1861): 1-2; 10ª entrega (dic. 5, 1861): 161.

———. *Informe del Secretario de Hacienda a la Lejislatura de 1869.* Popayán: Imprenta del Colegio Mayor, 1869. 99p.

———. «La familia cristiana». *Crónica del Colegio de La Unión* (Quito) I.9 (nov. 1°, 1860): 166-168.

———. «La virgen del cisne». *La Caridad* (Bogotá) 2.23 (feb. 2, 1866): 363-366.

———. «Mariquita». *El Álbum. Periódico literario, científico i noticioso* (Bogotá) 15 (sept. 15, 1856): 10-11.

———. «Pichincha». *El Iris. Publicación Literaria, Científica i Noticiosa* (Quito) 10ª entrega (dic. 5, 1861): 161-164.

———. «Poesías de señor Francisco O. Barrera». *El Iris. Publicación Literaria, Científica i Noticiosa* (Quito) entrega 6ª (oct. 5, 1861): 85-90.

———. «Una lágrima! El Illmo. Arzobispo Manuel José Mosquera». *El Catolicismo* (Bogotá) 3.127 (feb. 12, 1854): 306.

CRÍTICA:

Borda, José Joaquín. y José María Vergara i Vergara. (Eds.). «Benjamín Pereira Gamba». *La lira granadina: colección de poesías nacionales.* Bogotá: El Mosaico, 1860. [s.p].

PEREIRA GAMBA, EMILIO (18 ?- ?).

OTROS:

———. «Lijeros apuntamientos biográficos». *El Álbum. Periódico literario, científico i noticioso* (Bogotá) 19 (nov. 15, 1856): 41-44; 20 (dic. 1°, 1856): 49-51.

PEREIRA GAMBA, PRÓSPERO (1825-1896) (Seuds. El Marquetano, Lúpulo, P. P. G.).

POESÍA:

———. «Aguinaldo (Para el álbum de una señorita)». *El Mosaico* (Bogotá) I.2 (ene. 1°, 1859): 12-13.

———. *Akimen-Zaque o La conquista de Tunja; poema épico en doce cantos.* Bogotá: Imprenta de J. A. Cualla, 1858. 252p.

——— 2ª ed. Tunja: Ediciones La Rana y El Águila, 1977. 267p.

———. «A la sabiduría». *Colombia Ilustrada* (Bogotá) 23 (oct. 24, 1891); 358-359.

———. «Despedida de mi patria». *El Mosaico* al cual está unida *La Biblioteca de Señoritas* (Bogotá) I.44 (nov. 5, 1859): 351.

———. *Don Anjel Lei*. Bogotá: Imprenta de J. A. Cualla, 1846. 85p.

———. «El banquete de los mendigos». *Papel Periódico Ilustrado* (Bogotá) IV.88 (abr. 1°, 1885): 260.

———. «El sueño de Bolívar». *El Albor Literario, periódico científico, literario i noticioso* (Bogotá) 1 (1846): 2-3.

———. «En el álbum de la señorita Adela Ponce». *El Iris. Publicación Literaria, Científica i Noticiosa* (Quito) entrega 5ª (sept. 20, 1861): 80.

———. «En el álbum de la señorita Ramona Furnier». *El Albor Literario, periódico científico, literario i noticioso* (Bogotá) 1 (1846): 61.

———. «Epigramas. Un duelo histórico». *El Mosaico* (Bogotá) 3.24 (jun. 25, 1864): 192.

———. *Florilegio de proverbios filosóficos en dísticos endecasílabos*. Bogotá: Editorial Minerva, 1936. 40p.

———. «La esposa del soldado». *Papel Periódico Ilustrado* (Bogotá) IV.86 (mzo. 1°, 1885): 221.

———. «La plaza de Acho (romance limeño)». *El Iris, periódico literario dedicado al bello sexo* (Bogotá) 5 (mzo. 11, 1866): 54-56.

———. «Mi tristeza». *El Albor Literario, periódico científico, literario i noticioso* (Bogotá) 1 (1846): 96.

———. *Poesías de Prospero Pereira Gamba: ensayos líricos, descriptivos i dramáticos*. Bogotá: Torres Amaya, 1854. 255p.

———. *Poesías. Ensayos líricos, descriptivos y dramáticos*. Bogotá: Librería de Ramírez, 1854. 255p.

———. «Viaje fantástico (en un álbum)». *El Iris. Publicación Literaria, Científica i Noticiosa* (Quito) 12ª entrega (abr. 20, 1862): 199-200.

NOVELA:

———. *Amores de estudiante. Novela de costumbres nacionales sacada de un precioso manuscrito neivano*. Bogotá: Imprenta de Echeverría Hermanos, 1865. 132p.

RELATO:

———. «Amores de estudiante». *El Albor Literario, periódico científico, literario i noticioso* (Bogotá) 1 (1846): 173-176. [Firmado: Lúpulo].

———. «La fábula en la historia». *Revista Literaria* (Bogotá) 1.5 (sept., 1890): 315-316.

———. «Mi entrada en el mundo». *El Albor Literario, periódico científico, literario i noticioso* (Bogotá) 1 (1846): 158-160. [Firmado: Lúpulo].

OTROS:

———. *Aniversario fúnebre de José María Forero Segura*. Bogotá: Imprenta de Echeverría, 1888. 8p.

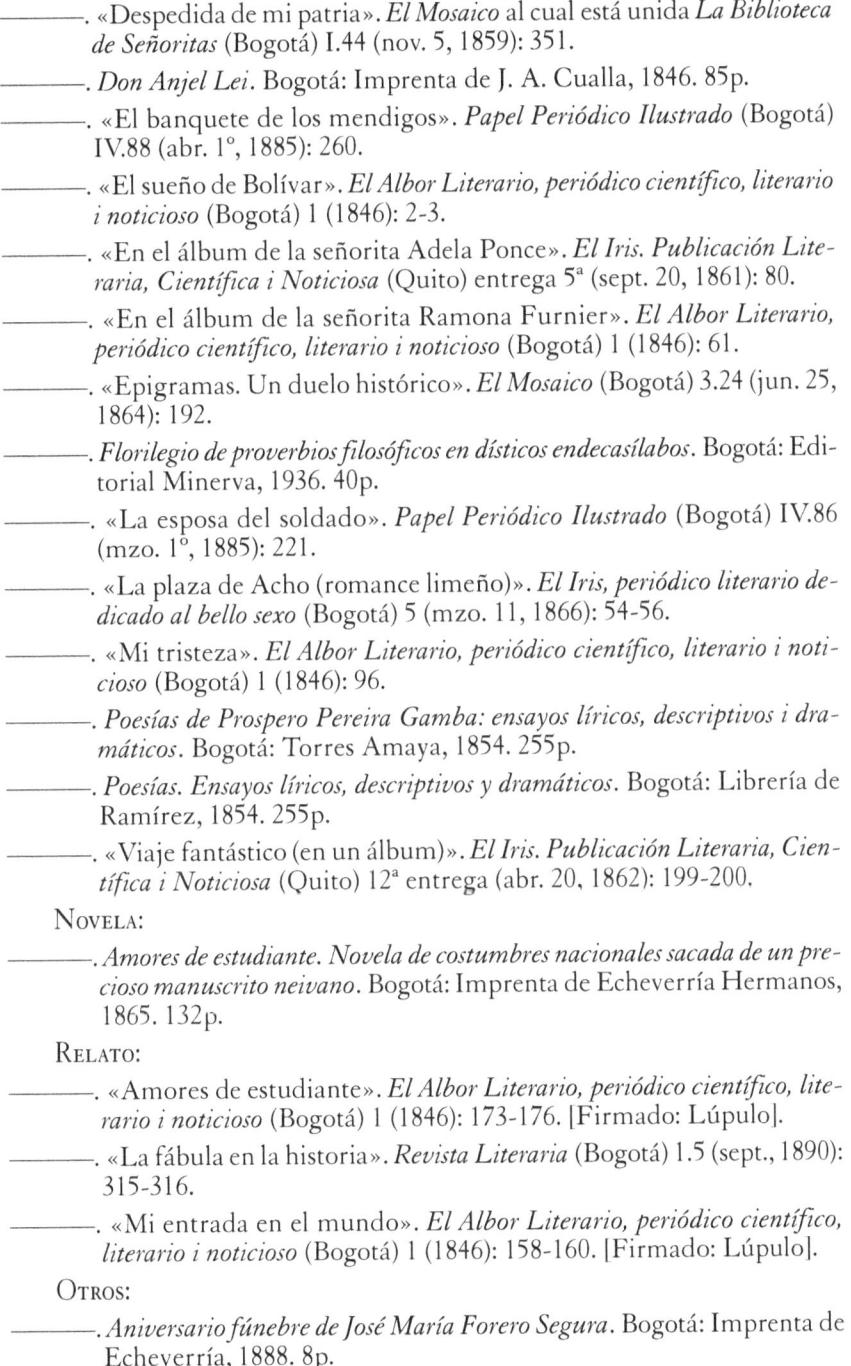

———. «Calendario histórico del Ecuador». *El Iris. Publicación Literaria, Científica i Noticiosa* (Quito) 17ª entrega (jul. 15, 1862): 289-290; 18ª entrega (jul. 31, 1862): 305-306; 19ª entrega (ag. 27, 1862): 322.

———. *Carta al Coronel González.* Mss. [s.l]., 1865. 2 folios. Biblioteca Nacional de Colombia.

———. *Cenno corográfico, político, industriale sul progresso degli Stati Uniti di Colombia a vantaggio del commercio e dell'emigrazione del regno d' Italia.* Napoli: Stabilimento Tipografico L' Italia, 1873. 11p.

———. *Circular sobre la política de Cundinamarca.* Bogotá: Imprenta de Vapor de Zalamea Hermanos, 1882. 8p.

———. y Leopoldo Gómez de Terán. *Compendio de geografía e historia del Paraguay.* Asunción: Imprenta de La Reforma, 1879. 182p.

———. *Congreso americano: (artículos publicados en el Tiempo).* Bogotá: Imprenta de Echeverría, 1864. 30p.

———. (Ed.). *Contestación del secretario de gobierno del estado de Cundinamarca a la nota del Secretario de Gobierno de la nación sobre intervención de la Guardia Colombiana en el mantenimiento del orden público en la capital, el día de las próximas elecciones.* Bogotá: [s.edit], 1882. [s.p].

———. *El porvenir del Ecuador.* Lima: Tipográfico de Aurelio Alfaro, 1860. 28p.

———. «El pueblo de Santa Lucía». *El Albor Literario, periódico científico, literario i noticioso* (Bogotá) 1 (1846): 189-191. [Firmado: Lúpulo]

———. *Florilegio de proverbios filosóficos.* Bogotá: Imprenta de Vapor de Zalamea Hermanos, 1885. 32p.

——— Bogotá: Editorial Minerva, 1936. 40p.

———. «Invasión de Ibagué en 1605». *El Albor Literario, periódico científico, literario i noticioso* (Bogotá) 1 (1846): 97-102. [Firmado: P. P. G.]

———. «La fábula en la historia». *Revista Literaria* (Bogotá) 1.5 (sept., 1890): 315-316.

———. y Gómez de Terán, Leopoldo. *Compendio de geografía e historia del Paraguay.* Asunción: Imprenta de la Reforma, 1879. 182p.

———. «El Porvenir del educador». *El Catolicismo* (Bogotá) 7.425 (jun. 5, 1860): 350-352.

———. *Florilegio de proverbios filosóficos.* Bogotá: Imprenta de Vapor de Zalamea Hermanos, 1885. 32p.

———. «Incorporación de Abogado». *El Mosaico* (Bogotá) 4.50 (dic. 17, 1859): 403-404.

———. «Invasión de Ibagué en 1605». *El Albor Literario, periódico científico, literario i noticioso* (Bogotá) 1 (1846): 97-102. [Firmado: P. P. G.]

———. «Joaquín Monsalve». *Papel Periódico Ilustrado* (Bogotá) IV.85 (feb. 20, 1885): 206.

———. «La ciencia económica moderna». *Colombia Ilustrada* (Bogotá) 17 (oct. 22, 1890): 261-263.; 22 (ag. 7, 1891): 342-343, 346. [Plutología; Financología]

———. «Literatura colombiana. Poesías del señor J. Joaquín Borda». *El Iris. Publicación Literaria, Científica i Noticiosa* (Quito) 17ª entrega (jul. 15, 1862): 280-283.

———. «Manumisión de una esclava. Suceso historial del primer lustro de mi vida». *Colombia Ilustrada* (Bogotá) 18 (oct. 18, 1890): 287-288; 19 (nov. 24, 1890): 296, 298-299. [Relato sobre la mulata Petrona, esclava de doña Mariana Valencia de Gamba, libertada por Bolívar].

———. *Memoria que el secretario de gobierno encargado del despacho de fomento dirige al gobernador del estado para la asamblea legislativa de 1882.* Bogotá: Imprenta de Pizano, 1882? 229p.

———. *Memoria sobre la nueva teoría del crédito social presentada a la Academia Nacional por Próspero Pereira Gamba.* Lima: Imprenta del Progreso, 1867. 42p.

———. [Comp]. *Trabajos científicos del eminente médico granadino Dr. Antonio Vargas Reyes: recopilados en obsequio de la humanidad doliente y de la juventud estudiosa de Colombia.* Bogotá: Imprenta de La Nación, 1859. 214p.

———. *Tratado sobre el principio de la igualdad.* Bogotá: Imprenta de Nicolás Gómez, 1850. 66p.

———. (Ed.). *Últimas notas sobre intervención de la guardia colombiana en el mantenimiento del orden, el día de las elecciones en Cundinamarca.* Bogotá: [s.edit], 1882. [s.p].

———. «Un rasgo pedagógico del celebre educador argentino». *Revista Literaria* (Bogotá) 1.2 (jun., 1890): 75-87. [sobre Domingo Faustino Sarmiento]

———. «20 de julio». *El Iris. Publicación Literaria, Científica i Noticiosa* (Quito) 19ª entrega (ag. 27, 1862): 312-319.

CRÍTICA:

Anónimo. «Al Dr. Próspero Pereira Gamba». *El Día* (Bogotá) 652 (sept. 19, 1849): 3.

Anónimo. «Poesías de Próspero Pereira Gamba». *El Pasatiempo* (Bogotá) 146 (mzo. 29, 1854): 413-414. [art. crítico].

Pérez Silva, Vicente. «Presentación». *Akimen-Zaque o La conquista de Tunja.* 1858. 2ª ed. Poema épico en doce cantos. Tunja: Ediciones La Rana y El Águila, 1977. 7-14.

Pineda Botero, Álvaro. «Amores de estudiante». *La fábula y el desastre: Estudios críticos sobre la novela colombiana, 1650-1931.* Fondo Editorial. Universidad EAFIT, 1999. 189-194.

Tenorio, Marcelo. «La mía: [Hoja en contestación al artículo publicado en el num. 128 del *Neo-Granadino*, por el Dr. Próspero Pereira Gamba, titulado "Réplica perentoria"». Bogotá: Imprenta de N. Gómez, 1851? 1h.

Unos comprofesores. «Incorporación de abogado». *El Mosaico* al cual está unida *La Biblioteca de Señoritas* (Bogotá) I.50 (dic. 17, 1859): 403-404.

PÉREZ DE PERALES, PERO, seudónimo de José Manuel Marroquín.
PÉREZ DEL PULGAR, HERNÁN, seudónimo de Luis Segundo Silvestre.
PÉREZ I PERALES, PERO, seudónimo de José Manuel Marroquín.

PÉREZ, FELIPE (Soconsuca - Boyacá, 1836-Bogotá, 1891). Político, escritor, periodista y geógrafo boyacense.

POESÍA:

———. «A dos ecuatorianas». *El Mosaico, Álbum Neo-Granadino* (Bogotá) II.36 (sept. 12, 1860): 288.

———. «A mi hija». *Biblioteca de Señoritas* (Bogotá) I.12 (mzo. 20, 1858): 98-99. [Firmado: F. Pérez]

———. «A Silvia. Señorita chilena que regresaba a su país». *El Mosaico, periódico de industria, ciencias, artes, literatura e inventos* (Bogotá) VI.27 (ag. 12, 1865): 214-215.

———. *El canto de los héroes*. Bogotá: Imprenta de «El Mosaico, 1861. 39p.

———. «En un álbum». *El Mosaico, Álbum Neo-Granadino* (Bogotá) II.36 (sept. 12, 1860): 288.

———. «La sabana». *El Mosaico, periódico de industria, ciencias, artes, literatura e inventos* (Bogotá) VI.30 (sept. 4, 1865): 235-236.

———. «Las dos sangres». *Papel Periódico Ilustrado* (Bogotá) III.68 (jun. 5, 1884): 319-321.

———. «Lejos de la patria». *El Mosaico, periódico de industria, ciencias, artes, literatura e inventos* (Bogotá) VI.31 (sept. 11, 1865): 244.

———. «Poesías». *Antología de la poesía hispanoamericana: Colombia*. Ginés de Albareda y Francisco Garfias. (Eds.). Madrid: Biblioteca Nueva, 1957. [s.p].

———. «Todo el mundo es Popayán». *Papel Periódico Ilustrado* (Bogotá) IV.74 (sept. 1°, 1884): 28.

———. *Versos de Felipe Pérez*. Bogotá: Imprenta de Gaitán, 1867. 162p.

NOVELA:

———. *Atahuallpa; novela orijinal*. Bogotá: Imprenta de Echeverría Hermanos, 1856. 143p.

——— *El Tiempo* (Bogotá) II-61-63, 66-68, 70, 72 (feb. 26-mayo 13, 1856): [s.p].

———. *Carlota Corday; novela original*. Bogotá: Imprenta de Colunje y Vallarino, 1881. 174p.

———. «El bosquecillo de álamos». *Samuel Beli-Beth, el judío...* Bogotá: Imprenta Echeverría, 1888. 71-115.

———. *El caballero de la barba negra; novela orijinal*. Bogotá: Imprenta de Ovalles i Compañía, 1858. 57p.

———. *El caballero de Rauzán. Novela original*. Bogotá: Imprenta de Echeverría Hermanos, 1887. 416p.

——— Bogotá: Lito Formas de Colombia, 1978. 197p.

———. [El doctor Jener]

———. «El piloto de Huelva». *El Relator* (Bogotá) 16 (jun. 29, 1877): 62-63; 18 (jul. 6, 1877): 70-71; 19 (jul. 10, 1877): 74-75; 20 (jul. 13, 1877): 78-79; 21 (jul. 17, 1877): 82-83.

———. «Escenas de la vida de París: la morgue». *El Mosaico, periódico de industria, ciencias, artes, literatura e inventos* (Bogotá) VI.25 (jul. 29, 1865): 199-200; VI.26 (ag. 5, 1865): 206-208; Ud. es mi capricho. VI.28 (ag. 217, 1865): 220-222; (Bogotá) VI.29 (ag. 28, 1865): 228-230.

———. «Estela o los mirajes». *El Relator* 1877. Bogotá: Librería (Bogotá) 61 (dic. 4, 1877): 242-243, 62 (dic. 7, 1877): 246- 247; 63 (dic. 11, 1877): 250-251; 64 (doc. 14, 1877): 254-255; 65 (dic. 18, 1877): 258-259; 66 (dic. 21, 1877): 262-263; 67 (dic. 25, 1877): 266-267; 68 (dic. 28, 1877): 270-271; 69 (ene. 1°, 1878): 274-275; 70 (ene. 4, 1878): 278-279; 71 (ene. 8, 1878): 282-283; 72 (ene. 11, 1878): 286-287; 73 (ene. 15, 1878): 290-291; 74 (ene. 18, 1878): 294-295; 75 (ene. 22, 1878): 298-299; 76 (ene. 25, 1878): 302-303; 77 (ene. 29, 1878): 78 (feb. 1°, 1878): 310-311; 79 (feb. 5, 1878): 314-315; 80 (feb. 8, 1878): 318-319; 81 (feb. 12, 1878): 322-324.

——— Folletines de *El Relator*. Bogotá: Imprenta de Echeverría Hermanos, 1878. 108-167.

——— *El Contemporáneo* (Bogotá) I.3 (abr. 20, 1893): 10; I.4 (abr. 27, 1893): 14. I.5 (mayo 4, 1893): 18; I.7 (mayo 18, 1893): 26; I.9 (jun. 1°, 1893): 34; I.11 (jun. 15, 1893): 43; I.12 (jun. 22, 1893): 47-48; I.13 (jun. 30, 1893): 51-52; I.14 (jul. 6, 1893): 55-56; I.15 (jul. 13, 1893): 59-60; I.16 (jul. 20, 1893): 63. [Incompleta]

——— *Biblioteca Popular* (Bogotá) XIII.126-129 (1896): 170- 307.

———. «Hayna Capac, novela original». *El Tiempo* (Bogotá) (dic., 1855-feb., 1856): [s.p].

——— Bogotá: Imprenta de Echeverría Hermanos, 1856. 112p.

——— *Boletín Cultural y Bibliográfico* (Bogotá) VII.5 (1964) 846-906.

———. *Imina; novela orijinal*. Bogotá: Imprenta de Colunje & Vallarino, 1881. 415p.

———. *Jilma o continuación de Los Pizarros*. Bogotá: Imprenta de Ovalles i

Cª, 1858. 211p.

— *El Comercio* (Bogotá) trim.III.31 (dic. 7, 1858):2-3;.32 (dic. 14, 1858): 2-3; 33 (dic. 21, 1858): 2-3; 34 (dic. 28, 1858): 2-3; 35 (ene. 4, 1859): 2-3; 36 (ene. 11, 1859): 2-3; 37 (ene. 18, 1859): 2-3; 38 (ene. 25, 1959): 2-3; IV.40 (feb. 8, 1859): 2-3; 41 (feb. 15, 1859): 2-3; 43 (mzo. 1º, 1859): 2-3; 47 (mzo. 29, 1859): 2-3; 51 (abr. 26, 1859): 2-3; 52 (mayo 3, 1859): 2-3; II.I.53 (mayo 10, 1859): 2-3; 55 (mayo 24, 1859): 2-3; 56 (mayo 31, 1859): 2-3.

———. «La familia de Matías». *El Tiempo*. (Bogotá) (oct., 1856): [s.p].

———. [La gamuza]

———. [Las golondrinas]

———. *Las soledades. Samuel Beli-Beth*, el judío. Bogotá: 1888. [s.p].

———. *Los jigantes: novela original*. [s.l]: [s.edit], 1860. 116p.

— Bogotá: Imprenta de Gaitán, 1875. 354p.

———. «Los pecados sociales». *El Relator* (Bogotá) 83 (fe. 19, 1878): 330-331; 84 (feb. 22, 1878): 334-335; 85 (feb. 26, 1878): 338-339; 86 (mzo. 1ª, 1878): 342-343; 87 (mzo. 5, 1878): 88 (mzo. 8, 1878): 350-351; 89 (mzo. 12, 1878): 354-355; 90 (mzo. 15, 1878): 358-359; 91 (mzo. 19, 1978): 362-363; 92 (mzo. 22, 1878): 366-367; 93 (mzo. 26, 1878): 370-371; 94 (mzo. 29, 1878): 374-375; 95 (abr. 2, 1878): 378-379; 96 (abr. 5, 1878): 382-383; 97 (abr. 9, 1878): 386-387; 98 (abr. 12, 1878): 390-391; 99 (abr. 16, 18978): 394-395; 100 (abr. 23, 1978): 398-399; 103 (jun. 14, 1878): 410-411; 104 (jun. 18, 1878): 414-415; 105 (jun. 21, 1878): 418-419; 106 (jun. 25, 1878): 422-423; 107 (jun. 28, 1878): 426-427; 108 (jul. 2, 1878): 430-431; 109 (jul 5, 1878): 434-435; 110 (jul. 9, 1878): 438-439; 112 (jul. 16, 1878): 446-447; 113 (jul. 19, 1878): 450-451; 114 (jul. 23, 1878): 454-455; 115 (jul. 26, 1878): 458-459; 116 ((jul. 30, 1878): 462-463; 117 (ag. 2, 1878): 466-467; 118 (ag. 6, 1878): 470-471; 119 (ag. 9, 1878): 474-475; 120 (ag. 13, 1878): 478-479; 121 (ag. 16, 1878): 482-483; 122 (ag. 20, 1878): 486-487; 123 (ag. 23, 1878): 490-491; 124 (ag. 27, 1878): 494-495; 125 (ag. 30, 1878): 498-499; 126 (sept. 3, 1878): 502-503; 127 (sept. 6, 1878): 506-507; 128(sept. 10, 1878): 510-511; 129 (sept. 13, 1878): 514-515; 130 (sept. 17, 1878): 518-519; 131 (sept. 20, 1878): 522-523; 132 (sept. 24, 1878): 526-527; 133 (sept. 27, 1878): 530-531; 134 (oct. 1º, 1878): 534-535; 135 (oct. 4, 1878): 538-539; 136 (oct. 8, 1878): 542-543; 137 (oct. 11, 1878): 546-547; 138 (oct. 15, 1878): 550-551; 139 (oct. 18, 1878): 554-555; 140 (oct. 22, 1878): 558-559; 141 (oct. 25, 1878): 562-563; 142 (oct. 29, 1878): 566-567; 143 (nov. 1º, 1878): 570-571; 144 (nov. 5, 1878): 574-575; 145 (nov. 8, 1878): 578.

———. [Los cuentos del gran capitán]

———. *Los pizarros, novela original*. Bogotá: Imprenta de Echeverría Hermanos, 1857. 556p.

—— (Continuación de Atahuallpa) *El Tiempo* (Bogotá) III.113 (feb. 24, 1857): 2-3; 114 (mzo. 3, 1857): 2-3; 115 (mzo. 10, 1857): 2-3; 116 (mzo. 17, 1857): 2-3; 117 (mzo. 24, 1857): 2-3; 118 (mzo. 31, 1857): 2-3; 119 (abr. 7, 1857): 2-3; 121 (abr. 21, 1857): 2-3; 122 (abr. 28, 1857): 2-3; 123 (mayo 5, 1857): 2-3; 124 (mayo 12, 1857): 2-3; 127 (jun 2, 1857): 2-3; 128 (jun. 9, 1857): 2-3; 129 (jun 16, 1857): 2-3; 130 (jun 23, 1857): 2-3; 132 (jul. 7, 1857): 2-3; 133 (jul. 14, 1857): 2-3; 134 (jul. 20, 1857): 2-3; 137 (ag. 11, 1857): 2-3; 138 (ag. 18, 1857): 2-3; 139 (ag. 25, 1857): 2-3; 140 (sept. 1°, 1857): 2-3; 141 (sept. 8, 1857): 2-3; 142 (sept. 15, 1857): 2-3; 143(sept. 22, 1857): 2-3; 147 (oct. 20, 1857): 2-3; 148 (oct. 27, 1857): 2-3; 149 (nov. 3, 1857): 2-3; 150 (nov. 10, 1857): 2-3; 152 (nov. 24, 1857): 2-3; 153 (dic. 1°, 1857); 2-3; 154 (dic. 8, 1857): 2-3; 155 (dic. 15, 1857): 2-3.

——. *Samuel Beli - Beth, el judío*. Bogotá: Imprenta «Echeverría», 1888. 115p.

——. *Sara, novela original*. Bogotá: Imprenta de Echeverría Hermanos, 1883. 249p.

——. *20 de julio de 1810: capítulos de una novela*. Socorro: Imprenta del Estado, 1878. 50p.

Relato:

——. «Ana Dorset». *El Mosaico, Álbum Neo-Granadino* (Bogotá) II.36 (sept. 12, 1860): 285-288.

——. «El Desierto de la Candelaria». *Cuadros de costumbres y descripciones locales de Colombia* Artículos escogidos y publicados por José Joaquín Borda. Librería y Papelería de Francisco García Rico, 1878. 45-48.

   —— *Museo de cuadros de costumbres, variedades y viajes*. Biblioteca de «El Mosaico». III. Bogotá: Biblioteca del Banco Popular, 1973. 263-270.

——. «Elemento moderador». *El Gráfico* (Bogotá) 3.105 (oct. 5, 1912): [s.p].

——. *Folletines de «El Relator»*. Bogotá: Imprenta de Echevarría, 1878. 167p.

——. «La madre árabe». *El Mosaico* (Bogotá) IV.20 (jun. 10, 1865): 153-155.

——. «Los llanos». *Museo de cuadros de costumbres, variedades y viajes*. Biblioteca de «El Mosaico». II. Bogotá: Biblioteca del Banco Popular, 1973. 339-346.

——. «Los viajeros en Colombia y Sur América». *Museo de cuadros de costumbres i variedades*. Biblioteca de «El Mosaico». II. Bogotá: Imprenta a cargo de Foción Mantilla, 1866. 288-292.

   —— *Museo de cuadros de costumbres, variedades y viajes. Biblioteca de «El Mosaico»*. II. Bogotá: Biblioteca del Banco Popular, 1973. 117-124.:

———. «La patria» (fragmento) *Historia de la literatura colombiana*. José J. Ortega T. Bogotá: Editorial Cromos, 1935. 270-275.

———. «Viajes por Europa i América: El cementerio del padre Lachaise». *El Mosaico, periódico de industria, ciencias, artes, literatura e inventos* (Bogotá) VI.31 (sept. 11, 1865): 241-244; El Niágara. VI.32 (sept. 18, 1865): 249-251; VI.33 (sept. 25, 1865): 257-260; El brindis de hielo. VI.34 (oct. 6, 1865): 265-267; VI.35 (oct. 21, 1865): 273-278; Los inválidos. VI.36 (nov. 16, 1865): 281-284.

TEATRO:

———. «Escena final de un drama». *El Mosaico, Album Neo-Granadino* (Bogotá) II.36 (sept. 12, 1860): 283.

———. *Gonzalo Pizarro*, drama histórico. Bogotá: Imprenta de Echeverría Hermanos, 1857. xiv, 74p. [Representado por primera vez en el teatro de Bogotá el día 12 de abril de 1857].

OTROS:

———. y Emilio G. Barriga. «Actas de las Sesiones del Consejo». *El Maestro de Escuela* (Bogotá) 5.297 (mzo. 7, 1878): 1186; 6.304 (abr. 10, 1878): 1213-1215; 6.305 (abr. 15, 1878): 1217-1219; 6.306 (abr. 22, 1878): 1223-1224; 6.307 (abr. 30, 1878): 1226; 6.309 (May. 10,1878): 1235-1236; 6.323 (jul. 20, 1878): 1291-1292; 6.325 (ag. 1°, 1878): 1299-1300; 6.326 (ag. 8, 1878): 1303-1304; 6.327 (ag. 13, 1878): 1306-1307; 6.328 (ag. 21, 1878): 1311-1312; 6.331 (oct. 23, 1878): 323; 6.334 (nov. 5, 1878): 1334; 6.336 (nov. 15, 1878): 1342; 6.338 (dic. 6, 1878): 1351-1352; 6.346 (ene. 16, 1879): 1382; 6.347 (ene. 23, 1879): 1385-1386.

———. «Acuerdo número 2 de 1878, adicional al de 22 de diciembre de 1877, sobre presupuesto de rentas i gastos para el año de 1878». *El Maestro de Escuela* (Bogotá) 5.293 (feb. 20, 1878): 1170.

———. y Emilio G. Barriga. «Acuerdo número 3 (de 27 de febrero de 1878) adicional a las de presupuestos de rentas y gastos para el servicio del año de 1878». 1182.

———. y Emilio G. Barriga. «Acuerdo número 4 (de 27 de febrero de 1878) reformatorio del 4 de marzo de 1874, en ejecución del artículo 363 de la recopilación de leyes sobre Instrucción Pública». 1182-1183.

———. y Emilio G. Barriga. «Acuerdo número 5 (de 14 de marzo de 1878), sobre sueldos de las empleadas del Consejo Fiscal, i por el cual se suprime el empleo de abogado del mismo Consejo». *El Maestro de Escuela* (Bogotá) 5.300 (mzo. 18, 1878): 117.

———. y Dámaso Zapata. «Acuerdo número 6 de 1879, aprobatorio del contrato celebrado por el director de la Instrucción Pública del Estado con el señor Felipe Pérez, sobre compra de una casa-quinta para el servicio de la Escuela Normal de Institutores». *El Maestro de Escuela* (Bogotá) 7.370 (ago. 20, 1879): 1479.

———. y José Ignacio Escobar. «Acuerdo número 7 de 1878, adicional al de presupuesto de rentas i gastos para el servicio de la instrucción pública en el año de 1878». *El Maestro de Escuela* (Bogotá) 6.308 (mayo 3, 1878): 1232.

———. «Acuerdo número 8 de 1878, adicional y reformatorio de los 4 de marzo de 1874 i 27 de febrero de 1878, en ejecución del artículo 363 de la recopilación de leyes sobre Instrucción Pública». *El Maestro de Escuela* (Bogotá) 6.309 (mayo 10, 1878): 1235.

———. y José Ignacio Escobar. «Acuerdo número 10, adicional al de presupuestos de rentas i gastos de la instrucción pública para el servicio de 1878». *El Maestro de Escuela* (Bogotá) 6.325 (ag. 1°, 1878): 1299.

———. y José Ignacio Escobar. «Acuerdo número 12 de 1878, adicional al presupuesto de rentas i gastos para la Instrucción Pública en el año de 1878». *El Maestro de Escuela* (Bogotá) 6.335 (nov. 9, 1878): 1339.

———. y José Ignacio Escobar. «Acuerdo número 13 de 1878, sobre presupuestos de rentas i gastos jenerales de la Instrucción Pública Primaria del Estado Soberano de Cundinamarca para el año de 1879». *El Maestro de Escuela* (Bogotá) 6.342 (dic. 28, 1878): 1365-1366.

———. «Adiós». *Biblioteca de Señoritas* (Bogotá) I.26 (jun. 27, 1858): 205-206.

———. *Anales de la Revolución: escritos según sus propios documentos.* Primer época que comprende desde el 1° de abril de 1857 hasta el 18 de julio de 1861. Bogotá: Imprenta del Estado de Cundinamarca, 1862. 641p.

———. *Análisis: político, social i económico de la República el Ecuador, precedido de un resumen jeográfico e histórico de la misma.* Bogotá Imprenta de «El Neo-Granadino», 1853. 124p.

———. [Coaut]. *Antología bolivariana*. Bogotá: «Antena», 1938. 305p.

———. *Apuntamientos biográficos sobre Francisco Antonio Zea*. Bogotá: Imprenta de Gaitán, 1876. 53p.

———. *Atlas geográfico e histórico de la República de Colombia (antigua Nueva Granada) el cual comprende las repúblicas de Venezuela y Ecuador con arreglo a los trabajos geográficos del general de ingenieros Agustín Codazzi ejecutados en Venezuela y Nueva Granada. Construida la parte cartográfica por Manuel M. Paz... y redactado el texto explicativo por el doctor Felipe Pérez.* París: Imprenta A. Lahure, 1889. 25p.

———. *Causas i efectos*. Bogotá: Imprenta de Gaitán, 1881. 40p.

———. *Compendio de geografía elemental aplicada y prontuario del atlas colombiano: texto arreglado para el uso de las escuelas de la República.* Bogotá: J. J. Pérez, 1888. 64p.

———. *Compendio de la geografía general de Colombia.* 3ª edición, notablemente correjida i aumentada. Bogotá: Echeverría Hermanos, 1875. 63p.

———. *Compendio de Geografía General de los Estados Unidos de Colombia.* Bogotá: Echeverría Hermanos, 1876. 98p.

———. *Compendio de jeografía para el uso de las escuelas primarias de niños i niñas; contiene la jeografía particular de los Estados Unidos de Colombia.* Bogotá: Imprenta de Echeverría Hermanos, 1865. 61p.

—— 2ª ed. mejorada notablemente por autor. Bogotá: Imprenta de Echeverría Hermanos, 1871. 144p.

—— 3ª ed. Imprenta de Echeverría Hermanos, 1875. 63p.

——. *Compendio de jeografía universal: contiene la jeografía particular de los Estados Unidos de Colombia.* 2ª ed., mejorada notablemente por el autor. Bogotá: Echeverría Hermanos, 1871. 104p.

——. «De la novela». *Biblioteca de Señoritas* (Bogotá) I.11 (mzo. 14, 1858): 85-86; I.12 (mzo. 20, 1858): 93-95.

——. *Documentos dictados por la Secretaría del Tesoro i Crédito Nacional.* [s.p.i]. cxviip.

——. «Dos publicaciones [Sobre El Carnero de Juan Rodríguez Freile]». *El Mosaico* (Bogotá) I (1859): 242-243.

——. *El álbum de las flores.* Bogotá: Echeverría Hermanos, 1866. 110p.

——. «El doctrinarismo y la autoridad». *El Liberal Ilustrado* (Bogotá) 4.1298 (mzo. 20, 1915): 100-103.

——. *El doctrinarismo i la autoridad: compilaciones históricas i observaciones políticas.* Bogotá: J. B. Gaitán, 1879. 332p.

——. «Elemento moderador». *El Gráfico* (Bogotá) 11.105 (oct. 5, 1012): [s.p].

——. «*El Mosaico* en su nuevo carácter». *El Mosaico, periódico de industria, ciencias, artes, literatura e inventos* (Bogotá) VI.24 (jul. 22, 1865): 185-186.

——. *Episodios de un viaje.* Bogotá: Imprenta de Colunje i Vallarino, 1881. 284p.

—— Bogotá: Editorial ABC, 1946. 246p.

——. «Episodios de un viaje». *Hojas de Cultura Popular Colombiana* (Bogotá) 77 (mayo, 1957): [s.p].

——. «Fiestas nacionales». *Biblioteca de Señoritas* (Bogotá) II.66 (23 de julio de 1859): 69-71.

——. *Geografía general física y política de los estados unidos de Colombia y geografía particular de la ciudad de Bogotá.* 2ª ed. Bogotá, Imprenta de Echeverría hermanos, 1883. 455p.

——. *Folletines de «El Relator».* Bogotá: Imprenta de Echeverría Hermanos, 1878. 167p.

——. *Jeografía física i política del Distrito Federal, capital de los Estados Unidos de Colombia; escrita de orden del gobierno jeneral.* Bogotá: Imprenta de la Nación, 1861. 96p.

—— Bogotá: Imprenta de la Nación, 1862. 64p.

——. *Jeografía física i política del Estado de Bolívar, escrita de orden del gobierno jeneral.* Bogotá: Imprenta de la Nación, 1863. 40p.

———. *Jeografia física y política del Estado de Boyacá*. Bogotá: Imprenta de la Nación, 1863. 139p.

———. *Jeografía física i política del Estado del Cauca*. Bogotá: Imprenta de la Nación, 1862. 334p.

———. *Jeografia física i política del Estado de Cundinamarca*. Bogotá: Imprenta del Estado de Cundinamarca, 1861. 131p.

——— Bogotá: Imprenta de la Nación, 1863. 117p.

———. *Jeografia física i política del Estado del Magdalena*. Bogotá: Imprenta de la Nación, 1861. 53p.

———. *Jeografía física i política del Estado de Panamá, escrita de orden del gobierno jeneral*. Bogotá: Imprenta de la Nación, 1862. 107p.

———. *Jeografia física i política del Estado de Santander*. Bogotá: Imprenta de La Nación, 1863. 94p.

———. *Jeografia física i política del Estado del Tolima*. Bogotá: Imprenta de la Nación, 1863. 106p.

———. *Jeografía física y política de los Estados Unidos de Colombia*. Bogotá: Imprenta de la Nación, 1862-1863. 2 vols.

———. *Jeografía jeneral del Nuevo Mundo y particularidades de cada uno de los países y colonias que lo componen: arreglada para el uso de los colegios hispanoamericanos*. Bogotá: J. J. Pérez, 1888. 212p.

———. *Jeografía jeneral de los Estados Unidos de Colombia, escrita de orden del gobierno*. París: Librería de Roda y Bouret, 1865. 376p.

———. *Jeografía jeneral, física y política de los Estados Unidos de Colombia y: Jeografía particular de la ciudad de Bogotá*. 1. Bogotá: Imprenta de Echeverría hermanos, 1883. 455p.

———. *Hacienda Nacional: artículo publicado en «El Tiempo» i dedicado al señor Murillo Toro*. Bogotá: Imprenta de Echevarría Hermanos, 1864. 48p.

———. *Homenajes al jenio: estudios históricos*. Bogotá: Imprenta de Gaitán, 1876. 99p.

———. *La ley del tiempo: (Editorial del No. 516 de «El Relator»*. Medellín: Tipografía de «El Espectador», 1891. 17p.

———. «La patria». *Revista Literaria* (Bogotá) I (jul., 1890): 129-138.

———. *La situación*. Bogotá: Imprenta de Echeverría Hermanos, 1883. 18p.

———. «Los doctrinarios». *El Gráfico* (Bogotá) 13.632 (feb.17, 1923): 502-503.

———. *Los grandes líricos españoles*. Bogotá: Imprenta de Echeverría Hermanos, 1882. 320p.

———. «Luis Vargas Tejada». *Papel Periódico Ilustrado* (Bogotá) I.2 (oct. 1°, 1881): 35-36.

——— «Luis Vargas Tejada». *El Liberal Ilustrado* (Bogotá) 3.1027 (jul.

4, 1914): 49-52.

———. *Manuel Murillo*. Bogotá: Litografía de Ayala, 1881. 32p.

——— 2ª ed. Bogotá: Imprenta de Colunje i Vallarino, 1881. 26p.

———. «Manuel Murillo Toro: la vida de un hombre ilustre». *Sábado* (Bogotá) 7.472 (dic. 13, 1952): 3, 6.

———. *Memoria del Secretario del Tesoro i Crédito Nacional*. Bogotá: Imprenta de Gaitán, 1873. 69p.

———. *Memoria del Secretario del Tesoro i Crédito Nacional dirijida al Presidente de Colombia*. Bogotá: Imprenta de Gaitán, 1874. 58p.

———. *Memoria presentada al Presidente de los Estados Unidos de Colombia por el Secretario del Tesoro i Crédito Nacional: 1873*. Bogotá: Imprenta de Gaitán, 1873. 69p.

———. «Observaciones». *El Mosaico, periódico de industria, ciencias, artes, literatura e inventos* (Bogotá) VI.32 (sept. 18, 1865): 256.

———. *Otras dos palabras relativas a Boyacá*. [s.edit]: [s.l], 1871. 12p.

———. *Periodistas liberales del siglo XIX*. (Felipe Pérez, Santiago Pérez, Tomás Cuenca, Felipe Zapata y Fidel Cano) Bogotá: Editorial Minerva, 1936. 174p.

———. *Solicitud: alcance a «El Relator», Numero 286*. Bogotá: Imprenta «Echeverría», 1888. 1h. pleg.

———. «Seudónimos». *Papel Periódico Ilustrado* (Bogotá) IV.74 (sept. 1°, 1884): 23. [No usa seudónimo].

———. *Tratado de la puntuación castellana*. Bogotá: Imprenta de Echeverría Hermanos, 1863. 39p.

——— 2ª ed., notablemente corregida i aumentada por el autor. Bogotá: Imprenta de Echeverría Hermanos, 1867. 36p.

———. «Una hora de melancolía». *El Mosaico, Álbum Neo-Granadino* (Bogotá) II.36 (sept. 12, 1860): 281-283.

CRÍTICA:

Acosta Peñaloza, Carmen Elisa. *El imaginario de la conquista: Felipe Pérez y la novela histórica*. Bogotá: Universidad Nacional de Colombia, 2002. 107p.

Anónimo. *Felipe Pérez*. Bogotá: Imprenta de Gaitán, 1883. 32p.

Anónimo. *Justicia, nada más que justicia: humilde homenaje a la memoria de don Felipe Pérez*. Cali: Imprenta de E. Palacios, 1891. 8p.

Anónimo. *La ley del tiempo*. Bucaramanga: Tipografía Mercantil, 1891. 20p.

Anónimo. «Recuerdos e impresiones de un viejo liberal: Soraca y Paipa». *El Gráfico* (Bogotá) 40. 395-396 (mzo. 2, 1918): 362-363.

Arango Ferrer, Javier. «La novela modernista en Colombia». *Boletín Cultural y Bibliográfico* (Bogotá) IV.9 (sept., 1961): 801-806.

Arosemena, Justo. *Carta dirigida al Sr. Felipe Pérez, sobre una negociación*. Mss. Londres, 1872. 1h. Colección de manuscritos de la Biblioteca Luis Ángel Arango.

Boyacá (Colombia) Asamblea Legislativa. *La Asamblea Lejislativa del Estado S. de Boyacá aprueba la conducta del señor Presidente doctor Felipe Pérez*. Mss. Tunja, 5 de octubre, 1870. 1 folio.

Cevallos, Pedro Fermín. *Cartas cruzadas entre Pedro Fermín Cevallos y Felipe Pérez sobre la expulsión de los Jesuitas*. Mss. Guayaquil, 1852. Descripción: 2 cartas. Colección de manuscritos de la Biblioteca Luis Ángel Arango.

Colegio de Jesús, María y José de Chiquinquirá. *Dos memoriales dirigidos uno a la Suprema Corte y otro al Presidente del Estado de Boyacá, Sr. Felipe Pérez*. Bogotá: Imprenta de Foción Mantilla, 1870. 25p.

Coronado, José María. *Vindicación documentada del gobernador de Zipaquirá*. Bogotá: Imprenta de Echeverría Hermanos, 1854. 52p.

Domínguez, Camilo Arturo. Felipe Pérez (1836-1891): geógrafo e iniciador de la novela histórica en Colombia. *Revista Credencial Historia* (Bogotá) 21 (sept., 1991): 12-13.

———. «Repaso de historia. Felipe Pérez (1836-1891) Geógrafo e iniciador de la Novela Histórica en Colombia». Editorial:Biblioteca Virtual del Banco de la República, 2005.

Durán L., Emilio. «Informe de una comisión». *Boletín de Historia y Antigüedades* (Bogotá) VII.73 (jun., 1911): 56-58.

Galindo, Aníbal. *Para verdades el tiempo i para justicias Dios*. Bogotá: Imprenta de Gaitán, 1881. 54p.

———. *Para verdades el tiempo i para justicias Dios: (segunda parte)*. Bogotá: Tipografía de «El Telegrama», 1893. 22p.

García Maffla, Jaime. «Felipe Pérez». *Gran Enciclopedia de Colombia*. 4. Santafé de Bogotá: Círculo de Lectores, 1992. 86.

Guerrero S., Miguel y Zamorano. *Belisario. La ley de la opinión*. Cali: Imprenta de Hurtado, 1891. 8p.

Holguín y Caro, Carlos. *Equivalencias de las libras esterlinas*. Bogotá: Imprenta de La América, 1874. 88p.

Largacha, Froilán. *Nombramiento al Sr. Felipe Pérez como Oficial Mayor Jefe de la Sección Central i del Tesoro; Ministerio del Tesoro y Crédito Nacional*. Mss. Bogotá, abril 15, 1863. 2 folios. Colección de manuscritos de la Biblioteca Luis Ángel Arango.

Laverde Amaya, Isidoro. «Don Felipe Pérez». *Revista Literaria* (Bogotá) 1.11 (mzo., 1891): 306-309.

———. «De las novelas colombianas». *Revista Literaria* (Bogotá) IV (1894): 79, 81.

Losada Plise, Manuel de. *Carta a Felipe Pérez sobre cuestiones de límites entre Chile y Perú*. Mss. Guayaquil, Julio, 1889. 1 carta. Colección de manuscritos de la Biblioteca Luis Ángel Arango.

Lozano y Lozano, Juan. «Estampa viva de Felipe Pérez». *Sábado* (Bogotá) II (mzo. 10, 1945): [s.p].

Martín, Carlos. *Carta al Dr. Felipe Pérez, sobre acontecimientos políticos en 1871.* Mss. Bogotá, mayo, 1871. 1 carta. Colección de manuscritos de la Biblioteca Luis Ángel Arango.

Mendoza Pérez, Diego. «Astillas de mi taller -Colombia vieja- IX». *El Gráfico* (Bogotá) XIII.632 (feb. 17, 1923): 501-502.

Merchán, Rafael María. *Estudios críticos*. Bogotá: Imprenta de «La Luz», 1886. 712p.

Monsalve, J. D. «Vida de Felipe Pérez (Informe de una comisión)». *Boletín de Historia y Antigüedades* (Bogotá) VIII.75 (ag., 1911): 143-155.

Núñez, Rafael. *Cartas del Sr. Rafael Núñez a su amigo Alejandro MacDouall, sobre asuntos de política y personales manuscrito: Nombramiento que hace como Secretario de Gobierno al señor Felipe Pérez como Gobernador de la Provincia de Cipaquirá.* Bogotá, 1853, 1862. 3 folios. Colección de manuscritos de la Biblioteca Luis Ángel Arango.

Núñez, Ricardo. *Dos cartas a Felipe Pérez*. Mss. Bruselas, Roma, 1895. 3h. Colección de manuscritos de la Biblioteca Luis Ángel Arango.

Otero Muñoz, Gustavo. «Don Felipe Pérez». *El Gráfico* (Bogotá) VIII.273-274 (oct. 13, 1917): 185-186.

Pérez, Enrique. *Causa y efecto*. Bogotá: Imprenta Eléctrica, 1910. 336p.

———. *Vida de Felipe Pérez*. Bogotá: Imprenta de «La Luz», 1911. 336p.

Pineda Botero. Álvaro. «El caballero de Rauzán». *La fábula y el desastre: estudios críticos sobre la novela colombiana, 1650-1931*. Fondo Editorial. Universidad EAFIT, 1999. 291-296.

Roa, Jorge. «Felipe Pérez». *El Liberal Ilustrado* (Bogotá) 4.1298 (mzo. 20, 1915): 97-100.

———. *Colección de grandes escritores nacionales y extranjeros*. XIII. Bogotá: Jorge Roa, 1896. 340p.

Rodríguez, Carlos Nicolás. *Comunicación al Sr. Felipe Pérez de su nombramiento como Secretario de Guerra y Marina*. Mss. Bogotá, Enero 22, 1877. 1 folio. Colección de manuscritos de la Biblioteca Luis Ángel Arango.

Rodríguez-Arenas, Flor María. «Atahuallpa ». *La novela decimonónica colombiana: 1835-1870: estudio, informes 1, 2 e informe final*. Bogotá: Colcultura. Subdirección de Artes, 1995. 3 vols.

———. «Huayna Capac ». *La novela decimonónica colombiana: 1835-1870: estudio, informes 1, 2 e informe final*. Bogotá: Colcultura. Subdirección de Artes, 1995. 3 vols.

———. «Jilma o continuación de los Pizarros ». *La novela decimonónica colombiana: 1835-1870: estudio, informes 1, 2 e informe final*. Bogotá: Colcultura. Subdirección de Artes, 1995. 3 vols.

―――. «Los Pizarros». *La novela decimonónica colombiana: 1835-1870: estudio, informes 1, 2 e informe final*. Bogotá: Colcultura. Subdirección de Artes, 1995. 3 vols.

Trujillo, Julián. *Comunicación al Sr. Felipe Pérez de su nombramiento como agente administrador de los bienes que pertenecieron al Monasterio de la Concepción manuscrito; Resolución por la cual se asciende al General de Brigada Eustorgio Salgar a General de División, junio 5, 1878*. Oct. 10, 1861 y julio 5, 1878. 2 folios. Colección de manuscritos de la Biblioteca Luis Ángel Arango.

Vásquez V., Claudia. «Felipe Pérez». Biblioteca Virtual del Banco de la República, 2004.

Vergara y Vergara, José María. *Comunicación de la Gobernación del Estado de Cundinamarca al señor Felipe Pérez, nombrandolo Procurador del Estado*. Mss. 1800? 1h. Colección de manuscritos de la Biblioteca Luis Ángel Arango.

Zaldúa, Francisco Javier. *Oficios dirigidos al señor Intendente Jral. de Santamarta, nos. 169 y 197 de 1849. Cartas personales y política al Sr. Felipe Pérez; Invitación al Dr. Octavio Salazar*. Mss. Bogotá, Choachí, 1849, 1881, 1882. 5 folios. Colección de manuscritos de la Biblioteca Luis Ángel Arango.

PÉREZ DE BIEDMA, PEDRO, seudónimo de Ricardo Carrasquilla.

PÉREZ, JOSÉ IGNACIO, seudónimo de Eduardo Zuleta.

PÉREZ, LÁZARO MARÍA (Cartagena, 1822-Vichy - Francia, 1892) (Seuds. Cabrión, Tito Livio).

POESÍA:

―――. «Al señor D. José T. Gaibrois (en su álbum de autógrafos)». *Colombia Ilustrada* (Bogotá) 12 (abr. 2, 1890): 181.

―――. «Amarguras del alma». *El Albor Literario, periódico científico, literario i noticioso* (Bogotá) 1 (1846): 26-28.

―――. *Cantos del costeño*. [s.p.i]. 8p.

―――. «Fernández Madrid». *El Albor Literario, periódico científico, literario i noticioso* (Bogotá) 1 (1846): 181-182.

―――. «Flores marchitas». *El Albor Literario, periódico científico, literario i noticioso* (Bogotá) 1 (1846): 167-169.

―――. «Elvira o el reló de las monjas (romance)». *El Albor Literario, periódico científico, literario i noticioso* (Bogotá) 1 (1846): 103-110.

―――. «La esperanza». *Papel Periódico Ilustrado* (Bogotá) I.5 (nov. 15, 1881): 80.

———. «Matilde (romance histórico)». *El Albor Literario, periódico científico, literario i noticioso* (Bogotá) 1 (1846): 145-147.

———. «No me olvides». *Papel Periódico Ilustrado* (Bogotá) II.30 (nov 28, 1882): 92-93.

———. «Poesías». *Antología de la poesía hispanoamericana: Colombia*. Ginés de Albareda y Francisco Garfias. (Eds.). Madrid: Biblioteca Nueva, 1957. [s.p].

RELATO:

———. *El Albor. Elvira o el relo de las monjas de San Placido: leyenda española por Lázaro María Pérez*. Bogotá: [s.edit], 1846? 41-192.

———. «La mascarilla de Napoleón». «La esperanza». *Historia de la literatura colombiana*. José J. Ortega T. Bogotá: Editorial Cromos, 1935. 473-474.

———. «Los enamorados». *Museo de cuadros de costumbres i variedades*. Biblioteca de «El Mosaico». II. Bogotá: Imprenta a cargo de Foción Mantilla, 1866. 158-167.

——— *Museo de cuadros de costumbres, variedades y viajes. Biblioteca de «El Mosaico»*. I. Bogotá: Biblioteca del Banco Popular, 1973. 279-292.

TEATRO:

———. [El corsario negro]

———. [El gondolero de Venecia]

———. [El sitio de Cartagena]

———. *Elvira*; drama en cinco actos, en verso. Bogotá: Imprenta de Echeverría Hermanos, 1857. 96p.

———. *Teresa*; drama en verso, en seis cuadros i un prólogo. Bogotá: Imprenta de Echeverría Hermanos, 1857. 96p.

———. *Una página de oro o El sitio de Cartagena en 1815*. Bogotá: Imprenta C. Pontón, 1873. 86p.

OTROS:

———. *Archivo de correspondencia del general Lázaro María Pérez. 1847-1934*. Mss. 12 carpetas (1729 documentos). Colección de manuscritos de la Biblioteca Luis Ángel Arango.

———. «Bibliografía». *El Iris, periódico literario dedicado al bello sexo* (Bogotá) 2 (feb. 18, 1866): 13-16.

———. *Carta dirigida a Roberto MacDowall*. Mss. 1885. 1h. Colección de manuscritos de la Biblioteca Luis Ángel Arango.

———. «Congreso literario internacional». *El Repertorio Colombiano»*. (Bogotá) XVII (nov., 1879): 321-322.

———. *Crédito público*. Bogotá: [s,edit], 1872? 68p.

———. [Diccionario para pensar]

———. *El Albor*. Bogotá: [s.edit], 1846? 192p.

———. «El general Alberto Urdaneta». *Papel Periódico Ilustrado* (Bogotá) V.114-116 (mayo 1°, 1888): 304.

———. «Gloria Nacional. José María Torres Caicedo». *El Mosaico* (Bogotá) 3. 46 (dic. 31, 1864): 365-366.

———. «Muerte de Cristóbal Colón». *El Albor Literario, periódico científico, literario i noticioso* (Bogotá) 1 (1846): 57-58.

———. *Obras poéticas y dramáticas*. Bogotá: Imprenta de Nicolás Pontón i Compañía, 1875. 288p.

——— París: A. Roger y F. Chernoviz, 1884. 615p.

———. y José María Rivas Groot. *Poetas hispanoamericanos*, México. Bogotá: J. J. Pérez, 1889. 446p.

———. y José Antonio Soffia. (Eds.). *Romancero colombiano*. 2ª ed. Bogotá: J. J. Pérez, 1889. 446p.

———. *Una página de oro: o el sitio de Cartagena en 1815*. Bogotá: Imprenta de C. Pontón, 1873. 86p.

CRÍTICA:

Anónimo. «Elvira o el reloj de las monjas de San Plácido». *El Tiempo* (Bogotá) 91 (sept. 23, 1856): 2. [art. crítico]

Figueroa, Pedro Pablo. *Pensadores americanos*. Santiago de Chile: Imprenta de «El Correo», 1890. 137p.

Pérez Orrantía, José Joaquín. (Ed.). *Recuerdos a la memoria de Lázaro María Pérez, publicados en el primer aniversario de su muerte*. Bogotá: J. J. Pérez, 1893. 228p.

R. A. «Don Lázaro María Pérez». *El Gráfico* (Bogotá) 12.587 (feb.25, 1922): 589.

PÉREZ, RAMÓN, seudónimo de Lisandro Restrepo.

PÉREZ, SANTIAGO (Zipaquirá, 1830-París, 1900) (Seuds. Demos, Un Granadino). Representante, Senador, Ministro de RR. EE., Plenipotenciario en Washington, Rector de la Universidad Nacional, Presidente de la Republica.

POESÍA:

———. «A la señora Magdalena de Calvo». *Papel Periódico Ilustrado* (Bogotá) V.97 (ag. 1886): 14.

———. «Apólogo». *El Mosaico* (Bogotá) III.25 (jul. 2, 1864): 194-195.

———. *Colección de poesías originales de Santiago Pérez*. Bogotá: Imprenta de «El Neo-Granadino», 1849. 48p.

———. *Ensayos líricos y dramáticos de Santiago Pérez*. Lorenzo María Lleras, (Ed.). Bogotá: «El Neo-Granadino», 1851. [s.p].

———— Bogotá: Echeverría Hermanos, 1851. [s.p].

————. *Leonor: leyenda original*. Bogotá: Imprenta de Echeverría, 1855. 120p.

————. «Poesías». *Antología de la poesía hispanoamericana: Colombia*. Ginés de Albareda y Francisco Garfias. (Eds.). Madrid: Biblioteca Nueva, 1957. [s.p].

————. *Poesías*. Bogotá: Imprenta de «El Neo-Granadino», 1849. [s.p].

NOVELA:

————. «Hermano y hermano». *Santafé y Bogotá* (Bogotá) 7.76 (mayo 30, 1930): 186-205.

————. [Vivo o muerto]

RELATO:

————. *Ana María*. [s.l]: [s.edit], 1900? 39p.

————. «Ana María». *El Liberal Ilustrado* (Bogotá) 2.950 (abr. 18, 1914): 261-266.

————. «Apuntes de un viaje a la provincia del Chocó». *Museo de cuadros de costumbres i variedades*. Biblioteca de «El Mosaico». II. Bogotá: Biblioteca del Banco Popular, 1973. 145-158.

————. [Apuntes de un viaje por Antioquia y las provincias del sur]

————. «Apuntes de un viaje por el sur de la Nueva Granada, en 1853». *Museo de cuadros de costumbres i variedades*. Biblioteca de «El Mosaico». II. Bogotá: Foción Mantilla, 1866. 303-308; 375-380.

———— *Museo de cuadros de costumbres, variedades y viajes*. Biblioteca de «El Mosaico». II. Bogotá: Biblioteca del Banco Popular, 1973. 265-276.

————. «Fábulas: la perla y el diamante». *Revista del Colegio Mayor de Nuestra Señora del Rosario* (Bogotá) 41.46 (jul., 1909): 359.

————. «La pirámide de la Itica-Pol. Viajes por Suramérica». *Museo de cuadros de costumbres, variedades y viajes*. Biblioteca de «El Mosaico». III. Bogotá: Biblioteca del Banco Popular, 1973. 65-74.

————. «Navegación por el Chocó». *Cuadros de costumbres y descripciones locales de Colombia* Artículos escogidos y publicados por José Joaquín Borda. Librería y Papelería de Francisco García Rico, 1878. 282-284.

———— *Museo de cuadros de costumbres, variedades y viajes*. Biblioteca de «El Mosaico». IV. Bogotá: Bogotá: Biblioteca del Banco Popular, 1973. 173-176.

———— *Hojas de Cultura Popular Colombiana* (Bogotá) 27 (mzo., 1957): [s.p].

————. «Retrato de viaje». *Revista Senderos* (Bogotá) 5.25-26 (ag., 1993): 621-630.

————. «Vivo o muerto». *Revista Contemporánea* (Bogotá) 2.4,5 (jul-ag., 1905): 342-364, 445-475.

Teatro:

———. *El castillo de Berkeley* (drama histórico en cinco actos, en verso). 1853. Bogotá: Echeverría, 1856. 86p.

———. *Jacobo Molay*, drama original en cinco actos, escrito en verso. Bogotá: Imprenta de «El Neo-Granadino», 1851. 92p.

Otros:

———. «Apuntamientos sobre las instituciones escolares de la Gran Bretaña». *La Escuela Normal* (Bogotá) 1.23 (jun. 10, 1871): 354-356.

———. *Artículos y discursos* precedidos de una noticia biográfica y literaria. Bogotá: Librería Nueva, 1893. 38p.

—— Bogotá: Jorge Roa Editor, 1894. 78p.

—— Bogotá: Librería Nueva, 1899. 293-388.

—— San José, Costa Rica: Imprenta Alsina, 1917. 78p.

———. *Carta al ciudadano jeneral José María Obando. Felicitación por el triunfo obtenido en las elecciones para Presidente y prevención contra el doctor Manuel Murillo Toro*. Bogotá: [s.edit], 1852? 1p.

———. *Carta dirigida al señor don Aquileo Parra*. Mss. 1876-1877. Colección de manuscritos de la Biblioteca Luis Ángel Arango.

———. *Cartas dirigidas a don Aquileo Parra*. Mss. 1876-1877. 11 cartas. Colección de manuscritos de la Biblioteca Luis Ángel Arango.

———. [Trad]. *Casarse o no casarse*. *Inchbald*. Elizabeth Simpson. Bogotá: Imprenta de Cualla, 1848. 96p. [Teatro inglés]

—— Bogotá: Echevarría Hermanos, 1851. 96p.

———. «César Conto». *El Liberal Ilustrado* (Bogotá) 2.1007 (jun. 13, 1914): 3-6.

———. «Círcular de la dirección jeneral de Instrucción Pública». *El Maestro de Escuela* (Bogotá) 2.88 (jun. 5, 1872): [s.p].

———. *Compendio de gramática castellana; obra especialmente destinada a la enseñanza de las escuelas primarias i casas de educación de la República, i en la cual se ha procurado exponer metódicamente, i con la concisión compatible con la claridad, las doctrinas más bien recibidas de Salva, Sicilia, Bello i Martínez López*. Bogotá: Imprenta de «El Neo-Granadino», 1853. 188p. [Firmado: Un Granadino].

—— [s.p.i]. 205p.

———. *Compendio de gramática castellana por un granadino*. Bogotá: Imprenta de «El Neo-Granadino», 1858. [s.p].

———. *Correspondencia de la Dirección Jeneral de Instrucción Pública*. *La Escuela Normal* (Bogotá) 2.54 (ene. 13, 1871) 9-11; 1.19 (mayo 13, 1871): 289-291; 1.21 (mayo 27, 1871): 321-324; 1.25 (jun. 24, 1871): 385-386; 1.26 (jul. 1, 1871): 401-402; 1.27 (jul. 8, 1871): 417-419; 1.23 (jun. 10, 1871): 353-354; 2.30 (jul. 29, 1871): 465-467; 2.33 (Ag. 19, 1871): 513-

516; 2.38 (sept. 23, 1871): 393-396; 2.40 (oct. 7, 1871): 625-628; 2.52 (dic. 30, 1871): 817-820.

———. «Decreto, 14 1876. Decreto número 24 de 1876 (21 de enero) que ordena se trasladen a Ibagué la Dirección de Instrucción Pública i las Escuelas Normales del Estado del Tolima». *La Escuela Normal* (Bogotá) 6.251 (ene. 29, 1876): 338.

———. «Decreto, 104 1876. Decreto número 104 de 1876 (9 de Marzo) por el cual se manda organizar una Escuela Normal Nacional de Varones en el Estado de Antioquia». *La Escuela Normal* (Bogotá) 6.257 (mzo. 11, 1876): 385.

———. *Discurso en la Universidad Nacional.* Bogotá: Arboleda & Valencia, 1920. [s.p].

———. *Economía política y estadística: lecciones didácticas en la Universidad Nacional.* Bogotá: [s.edit], 1940? 252p.

———. *El manual del ciudadano.* Bogotá: Librería Central del Banco de Colombia, 1974. 152p.

———. *El manual del ciudadano.* Bogotá: Universidad Externado de Colombia, 2000. 172p.

———. *Ensayos líricos y dramáticos.* Bogotá: Echeverría Hermanos, 1851. 152p.

———. «Escuela normal de hombres. sabatinas». *El Maestro de Escuela* (Bogotá) 1.32 (sept. 18, 1872): 126-127.

———. *Esposición del Secretario de lo Interior y Relaciones Exteriores de Colombia al Congreso de 1866.* Bogotá: Echeverría Hermanos, 1866. [s.p].

———. «Geografía del Choco». *Revista de Colombia* (Bogotá) 5 (jun. 30, 1910): 152-160.

———. «Hechos Diversos. Maestros de libros». *El Maestro de Escuela* (Bogotá) 1.63 (feb. 12, 1873): 252.

———. «Luis Vargas Tejada». *El Tiempo.* [Lecturas Dominicales] (Bogotá) 1.3 (mayo 27, 1923): 37-38.

———. *Memoria del Secretario de lo Interior y Relaciones Exteriores de Colombia al Congreso de 1869.* Bogotá: Imprenta de Medardo Rivas, 1869.

———. *Mensaje del Presidente de la Unión al Congreso de 1875.* Bogotá: Imprenta de Medardo Rivas, 1875. [s.p].

———. *Mensaje del Presidente de la Unión al Congreso de 1876.* Bogotá: Imprenta de Medardo Rivas, 1876. [s.p].

———. «Navegación por el Chocó». *Hojas de Cultura Popular Colombiana* (Bogotá) 27 (mzo., 1953): [s.p].

———. *Nota enviada a los directores del Partido Liberal en los Departamentos.* Bogotá: [s.edit], 1893. 16p.

———. «Oración fúnebre». *Nueva Frontera* (Bogotá) 314 (dic., 1980): 11-12. [Manuel Murillo Toro]

———. *Periodistas liberales del siglo XIX*. Bogotá: Editorial Minerva, 1936. 174p. [Felipe Pérez; Santiago Pérez; Tomas Cuenca; Felipe Zapata; Fidel Cano]

———. *Programa analítico de economía política*. Mss. Bogotá, 1880. 186p. Biblioteca Nacional de Colombia.

———. *Refutación de la censura que en «El grito de la libertad» periódico de Medellín se ha hecho del drama titulado «Jacobo Molai»*. Bogotá: Imprenta de «El Neo-Granadino», 1853. 81p.

———. y José María Vergara y Vergara. *Reglamento del Archivo Nacional de los Estados Unidos de Colombia, fundado el 17 de enero de 1868*. Bogotá: Imprenta i Estereotipia de «El Liberal», 1869. 15p.

———. *Selección de escritos y discursos*. Bogotá: Librería Voluntad, 1950. 348p.

CRÍTICA:

Aguilera Peña, Mario. «Santiago Pérez y Carlos Holguín. Censura de prensa y responsabilidad presidencial». Biblioteca Virtual del Banco de la República, 2005.

Anónimo. «Don Santiago Pérez». *Santafé y Bogotá* (Bogotá) 7.76 (mayo 30, 1930): 184-186.

Anónimo. «Jacobo Molai». *El Pasatiempo* (Bogotá) 120 (sept. 28, 1853): 157-158.

Anónimo. *Peregrinación a la tumba de Santiago Pérez, 23 de mayo 1911*. París: P. Ollendorff, 1911. 46p.

Anónimo. *Santiago Pérez*. Bogotá: [s.edit], 1899. 59p.

Achury Valenzuela, Darío. «Biografía de Santiago Pérez (1830-1900)». *Boletín de la Academia Colombiana* (Bogotá) 23.96 (feb.-mzo., 1973): 32-47.

Arciniegas, Germán. *(Zancudo la caricatura política en Colombia siglo XIX Urdaneta, Alberto, dib. Santiago Pérez y Murillo Toro*. (Colombia). Material gráfico: 1975. Bogotá, 1978. 1 placa fotográfica. Biblioteca Luis Ángel Arango.

Camacho Carrizosa, Guillermo. *Santiago Pérez y otros estudios*. Bogotá: Editorial Cromos, 1934. 202p.

García, Julio César. «Homenaje a Don Santiago Pérez, uno de los fundadores de la Academia Colombiana». *Boletín de la Academia Colombiana* (Bogotá) 6.21 (oct.-dic., 1956): 383-385.

Lamus Obregon, Marina. «Santiago Pérez». *Boletín Cultural y Bibliográfico* (Bogotá) 38.58 (2001): 2-27.

Ocampo López, Javier. «Centenario de Santiago Pérez: El presidente educador y el humanista de la colombianidad». *Revista Credencial Historia* (Bogotá) 126 (jun., 2000): 12-15.

Parra, Aquileo. Santiago Pérez. Medellín : El Espectador, 1899. 59p.

———. «Santiago Pérez». *El Liberal Ilustrado* (Bogotá) 2.950 (abr. 18, 1914): 257-259.

Posada, Jaime. «Momentos del pensamiento colombiano: don Santiago Pérez». *Boletín de la Academia Colombiana* (Bogotá) 38.161 (jul.-sept., 1988): 194-210.

Ramírez B., Roberto. [Comp]. *Elocuencia colombiana*. Bogotá: Imprenta Comercial, 1912. 78p. [Contenido: discurso de Simón Bolívar, Antonio Nariño, General Santander, El Mariscal Sucre, Francisco Antonio Zea, Joaquín Posada Gutiérrez, Julio Arboleda, Manuel M. Mallarino, Santiago Pérez, José M. Rojas Garrido, Rafael Núñez, Diógenes A. Arrieta, Miguel A Caro, Carlos Holguín, Dr. Rafael M. Carrasquilla, S. Pérez Triana, José Vicente Concha, Carlos Cortés Lec, Antonio Gómez Restrepo, Guillermo Valencia]

Rodríguez Plata, Horacio. «Carlos Arturo Torres y Santiago Pérez». *Boletín Cultural y Bibliográfico* (Bogotá) 10.1 (ene., 1967): 31-35.

Rodríguez Piñeres, Eduardo. «Santiago Pérez». *Sábado* (Bogotá) 6.350 (mayo 6, 1950): 8, 10.

Rodríguez Piñeres, Eduardo. y Luis Eduardo Nieto Caballero, Carlos Lleras Restrepo, Jaime Posada, Vicente Laverde Aponte. *Don Santiago Pérez y su tiempo*. Bogotá: Ediciones Revista de América, 1952. 134p.

Rivadeneira, Antonio José. «Cuatro educadores bolivarianos». *Hojas Universitarias* (Bogotá) 3.23 (sept., 1985): 269-276.

Rivadeneira Vargas, Antonio José. *Don Santiago Pérez; biografía de un carácter*. Bogotá: El Voto Nacional, 1966. 227p.

Rivas, Raimundo. «Don Santiago Pérez, dramaturgo». *Lecturas históricas*. Caracas: Tipografía Americana, 1925. [s.p].

——— *Mosquera y otros estudios*. Bogotá: Editorial Minerva, 1937. [s.p].

Salgar, Januario. *Oficio dirigido a Santiago Pérez, Embajador de los Estados Unidos de Colombia ante el gobierno de los Estados Unidos de Norte América: para gestionar empréstito ante el gobierno de Inglaterra o el de los Estados Unidos de Panamá*. Mss. Bogotá, 1876. 6h. Colección de manuscritos de la Biblioteca Luis Ángel Arango.

Samper, José María. *Acusación que el ciudadano José María Samper formula ante el pueblo colombiano y ante la historia, contra Santiago Pérez, Presidente dictatorial de la Unión Colombiana, y contra sus cómplices, así de gobierno como de Camarilla, por los crímenes de tradición, conspiración y prevaricación*. Bogotá: Imprenta de la Verdad, 1875. 66p.

——— 2ª ed. notablemente corregida y aumentada. Bogotá: Imprenta de Nicolás Gómez, 1875. 80p.

Silva, Juan Bautista. *Alegato del fiscal en juicio de Juan B. Silva y Ricardo Vanegas: defensa, Miguel Chiari*. Bogotá: [s.edit], 1856. 34p.

Vergara y Vergara, José María. *Reglamento del Archivo Nacional de los Estados*

Unidos de Colombia, fundado el 17 de enero de 1868. Bogotá: Imprenta i Estereotipia de «El Liberal», 1869. 15p.

Urdaneta, Alberto. *Desde Estados Unidos Santiago Pérez extiende una cacerola a Manuel Murillo Toro, quien se encuentra a punto de ahogarse.* [Material gráfico]. 1 dibujo original: lápiz sobre papel; 38 X 24 cm. [Pertenece al cuaderno *Dibujos y caricaturas*]

———. *Paz en la tierra a los hombres, 1874 -1876: Progreso, paz, 1874, 1º de abril.* [Material gráfico]. 1 dibujo original: lápiz sobre papel; 38 X 24 cm. [Pertenece al cuaderno *Dibujos y caricaturas*]

PÉREZ TRIANA, SANTIAGO (Bogotá, 1858-Londres, 1916). Fundador de *Hispania*.

Poesía:

———. [A una desconocida]

———. *El deber del canto: cantos colombianos.* Lausana: Imprenta de Jorge Bridel & Cía., 1899. 45p.

———. «Los recitadores». *Lecturas Populares* (Bogotá) (feb. 14, 1914): 85-95.

———. «París». *Revista Gris* (Bogotá) 2.6 (jun., 1894): 179-184.

———. «Poesías». *Antología de la poesía hispanoamericana: Colombia.* Ginés de Albareda y Francisco Garfias. (Eds.). Madrid: Biblioteca Nueva, 1957. [s.p].

———. [Vientos del Llano]

Relato:

———. «Aventuras, desventuras y travesuras de Triquitraque un caballo de palo; La tierra de El Dorado». *Lucero - cuento de navidad y otros cuentos infantiles.* Bogotá: Instituto colombiano de Cultura, 1971. [s.p].

———. *Cuentos a Sonny.* Madrid: Imprenta de Ricardo Fe, 1907. 109p.

———. *Cuentos a Sonny escritos en inglés.* Madrid: Imprenta de Ricardo Fe, 1907. 109p.

———. «De como la familia Chimp vino a la ciudad». *Universidad* (Bogotá) 2ª época. 137 (Jun. 8, 1929): 586-588.

———. «De la vera del camino: piedras de moler». *Lecturas Populares* (Bogotá) 2.15.878) (feb. 14, 1914): 67-75.

———. «El arroyuelo». *País de cuentos: selección colombiana de literatura infantil.* Bogotá: Tres Culturas Editores, 1988. [s.p].

———. «El sombrero». *Revista Moderna* (Bogotá) 1.5 (mayo 1915): 394-402.

———. «La tierra del el dorado», «El galeón». *Lucero-cuento de navidad y otros cuentos infantiles.* Bogotá: Instituto Colombiano de Cultura, 1971. [s.p].

———. «Los recitadores». *Lecturas Populares: Suplemento Literario de El Tiempo* (Bogotá) 2.15-878 (1914): 86-95.

———. «Piedras de moler». *Sábado* (Bogotá) 184 (ene. 18, 1947): 7.

———. *Reminiscencias tudescas.* Madrid: Librería de Fernando Fe, 1902. 148p.

—— 2ª ed. Bogotá: Editorial Minerva, 1935. 210p.

—— 3ª ed. Bogotá: Editorial Minerva, 1936. 165p.

—— Bogotá: Imprenta Nacional, 1946. 140p.

———. *Reminiscencias tudescas y Cuentos a Sonny.* Bogotá: Banco Popular, 1972. 237p.

———. «Sillas de montar». *Lecturas Populares* (Bogotá) 2.15.878 (feb. 14, 1914): 76-84.

———. *Tales to Sonny.* London: Anthony Treherne & Co. Ltd., 1906. 71p. [Contenido: The little stream of water; Minnie and Billie; Mrs. Lyon`s party; The galleon; How the chimp family went to town; The land of El Dorado]

———. «Unas palabras, "Cuentos a Sonny": arroyuelo». *El Gráfico* (Bogotá) 27.263 (nov. 6, 1915): 98.

———. *Un sábado en mi parroquia y otros cuadros.* Bogotá: Editorial Minerva, 1936. 162p.

Otros:

———. «Apuntes internacionales». *Revista Contemporánea* (Bogotá) 2.2 (mayo.,1905): 152-158.

———. *Aspectos de la guerra.* Londres: Hispania, 1913. 263p. [Primera Guerra Mundial]

———. *Carta al Presidente Taft: en pro de la honradez intelectual.* Londres: Imprenta de Wertheimer, Lea, 1909. 16p.

———. *Cartas dirigidas a su primo Diego Mendoza sobre diversos asuntos.* Mss. Madrid, Londres, 1904-1916. Colección de manuscritos de la Biblioteca Luis Ángel Arango.

———. *Cartas dirigidas a su primo Jorge Lagos.* Mss.París - Londres, 1908-1911. Madrid, Londres, 1904-1916. 52 cartas. Colección de manuscritos de la Biblioteca Luis Ángel Arango.

———. *Cartas dirigidas a su sobrino Jorge Lagos.* Mss. París, Londres, 1908-1911. 13 cartas. Colección de manuscritos de la Biblioteca Luis Ángel Arango.

———. *Colombia y el canal por el Atrato.* Londres: Lea y Cía., 1913. 26p.

———. «Conferencia en la Unión Ibero-Americana». *Revista Contemporánea* (Bogotá) 2.5 (ag., 1905): 414-428.

———. *De Bogotá al Atlántico.* París: Imprenta Sudamericana, 1897. 358p.

—— 2ª ed. Madrid: Revista de Archivos, Bibliotecas y Museos, 1905. 368p.

——— Bogotá: Editorial Kelly, 1942. 203p.

——— Bogotá: Editorial Antena, 1945. 206p.

——— Bogotá: Ediciones Guadalupe, 1972. 217p.

——— Bogotá: Presidencia de la República. Instituto Colombiano de Cultura, 1992. 264p.

———. *De Bogotá al Atlántico por la vía de los ríos Meta, Vichada y Orinoco.* París: Imprenta Sudamericana, 1897. 358p.

——— Madrid: Revista de Archivos, Bibliotecas y Museos, 1905. 368p.

——— Bogotá: Ediciones Guadalupe, 1972. 217p.

——— 4ª ed. Bogotá: Editorial Incunables, 1990. 217p.

———. *De ferrocarriles.* Medellín: Tipografía Industrial, 1909. 40p.

———. *Desde lejos.* Londres: Imprenta de Wertheimer, 1907. 242p.

——— Madrid: Revista de Archivos, Bibliotecas y Museos, 1909. 259p.

———. *Desde lejos y desde cerca.* Londres: Imprenta de Wertheimer, 1910. 44p.

———. *Discurso pronunciado en el banquete de la sociedad de beneficencia Iberoamericana de Londres el día 4 de mayo de 1901.* Bogotá?: [s.edit], 1901. 15p.

———. *Dos cartas asuntos colombianos.* Londres: Imprenta de Wertheimer, 1910. 44p.

———. *Down the Orinoco in a Canoe.* London: W. Heinemann, 1902. 253p.

———. *Ecos perdidos: crítica al juicio de M. A. X. sobre esta obra.* Bogotá: Imprenta de Medardo Rivas, 1893. 16p.

———. «El miraje del banano». *Revista Nacional de Agricultura* (Bogotá: 3.9-10 (dic., 1908): 261-266.

———. «El monumento a Enrique Heine». *El Repertorio Colombiano* (Bogotá) 18.4 (ag., 1898): 245-256.

———. «El Patent-Club». *Revista Moderna* (Bogotá) 3.23 (jun. 1, 1916): 512-524.

———. «El peligro amarillo en América». *Revista Contemporánea* (Bogotá) 1.6 (mzo., 1905): 481-492.

———. *Eslabones sueltos.* Londres: Imprenta de Wertheimer, 1910. 217p.

———. *Exposición relativa a los contratos para la construcción del ferrocarril de Antioquia y el de Santander en 1892 y 1983.* Londres: Imprenta de Wertheimer; Lea, 1895. 216p.

———. *Ferrocarril de Puerto Wilches.* Bogotá: [s.edit], 1912. 12p.

———. *Ferrocarril de Puerto-Wilches: (Asuntos Colombianos).* Londres: Imprenta de Wertheimer, 1912? 54p.

———. *La Casa de Pérez Triana & Cia. a sus relacionados.* Medellín: Imprenta de El Espectador, 1890. 16p.

———. *La doctrina Drago: colección de documentos*. Con una advertencia preliminar de S. Pérez Triana; y una introducción de W. T. Stead. Londres: Imprenta de Wertheimer, Lea y Cia., 1908. 257p.

———. *Letter to President Taft: an appel for internacional honesty*. London: Wertheimer, Lea, 1909. 16p.

———. «Los días idos: página de Pérez Triana». *El Gráfico* (Bogotá) 30.291 (jun. 3, 1916): 322-323.

———. «Mi primera campaña». *El Gráfico* (Bogotá) 20.212-213 (nov. 7, 1914): 495-496.

———. «París». *Revista Gris* (Bogotá) 2.6 (jun., 1894): 179-184.

———. *Petit Panamá: Comunicados*. Bogotá: El Correo Nacional, 1893. 1p.

———. *Por el sur de Colombia; excursión pintoresca y científica al Putumayo*. París: Casa Editorial Garnier Hermanos, 1907. 355p.

——— Bogotá: Prensas del Ministerio de Educación Nacional, 1950. 399p.

———. «Recuerdos de F. J. Cisneros». *El Repertorio Colombiano* (Bogotá) 19.3 (ene., 1899): 182-204. [Francisco Javier Cisneros]

———. *Resumen de labor*. Londres: Imprenta de Wertheimer, 1911. 48p.

———. «Sobre la palabra». *El Gráfico* (Bogotá) 30.291 (jun. 3, 1916): 323.

———. *Some aspects of the War*. London: T. F. Unwin, Ltd., 1915. 225p.

———. *The Neutrality of Latin América*. London: Hispania, 1916. 48p.

———. *The Pan-American Financial Conference of 1915*. London: W. Heimemann, 1915. 139p.

———. *Un enigma antioqueño: del libro verdades dolorosas*. Londres: Imprenta de Wertheimer, 1908. 32p.

———. *Una explicación*. [s.l]: [s.edit], 1886. 12p.

———. *Una explicación*. Nueva York: [s.edit], 1886. 52p.

———. *Unificación de deudas*. Londres: Imprenta de Wertheimer, 1912. 217p.

——— Bogotá: Talleres Tipográficos del Banco Popular, 1973. 219p.

———. y Stead, William Thomas. *La doctrina Drago: colección de documentos*. Londres: Imprenta de Wertheimer, 1908. 257p.

CRÍTICA:

Aguilera Peña, Mario. «Santiago Pérez y Carlos Holguín: censura de prensa y responsabilidad presidencial». *Revista Credencial Historia* (Bogotá) 31 (jul., 1992): 7-9.

Anónimo. *Aclaración de «El Correo Nacional»*. Bogotá: El Correo Nacional, 1893. 1h.

Anónimo. *Aclaramos más*. Bogotá: Imprenta de Silvestre y Compañía, 1887. 38p.

Anónimo. *Catorce prosistas amenos*. Prólogo de Tomás O. Eastman. Bogotá:

Imprenta del Departamento, 1955. 260p.

Anónimo. *La prensa liberal y el Petit Panamá*. Bogotá: Imprenta de Lleras, 1893. 16p.

Anónimo. «Santiago Pérez Triana». *El Gráfico* (Bogotá) 29.289-290 (mayo 27, 1916): 311-312.

Anónimo. «Santiago Pérez Triana». *Lecturas Populares* (Bogotá) 2.15.878 (feb. 14, 1914): 65-66.

Anónimo. «Pérez Triana». *Revista Moderna* (Bogotá) 3.23 (jun. 1, 1916): 541-543.

Anónimo. *Por la patria*. Londres: [s.edit], 1913. 6p.

Anónimo. «Santiago Pérez Triana». *Cultura* (Bogotá) 3.14 (jun., 1916): 119-120.

Araújo, Simón. *Ferrocarril de Puerto-Wilches: exposición que hace el Ministro de Obras Publicas sobre el Contrato de 6 de julio de 1912*. Bogotá: Imprenta de «La Tribuna», 1912. 52p.

Calderón Reyes, Clímaco. *Fe política y mercantil del señor Santiago Pérez Triana*. Nueva York: Imprenta El Poliglota, 1887. 38p.

―――― Corregida y aumentada por Clímaco Calderón. Bogotá: Imprenta El Poliglota, 1887. 38p.

Franklin Cárdenas, Jorge. *Santiago Pérez Triana*. [Material gráfico]. 1 dibujo original: acuarela negra sobre papel; 18 X 14 cm. Passe partout en cartón arte]. Biblioteca Nacional de Colombia.

García Mejía, Hernando. [Comp]. *Cuentos infantiles colombianos*. Medellín: Edilux, 1990. 109p.

Giraldo Jaramillo, Gabriel. [Comp]. *Viajeros colombianos en Venezuela*. Bogotá: Imprenta Nacional de Colombia, 1954. 162p. [Contenido: José María Samper, Alberto Urdaneta, Isidoro Laverde Amaya, Modesto Garcés, Santiago Pérez Triana, Pedro A. Peña]

Nieto Caballero, Luis Eduardo. «Santiago Pérez Triana». *Cultura* (Bogotá) 6.32 (nov., 1918): 65-95.

――――. «Santiago Pérez Triana». *Sábado* (Bogotá) 16 (oct. 30, 1943): 7, 10.

――――. «Sobre Pérez Triana». *El Gráfico* (Bogotá) 42.420 (jul. 6, 1918): 158-160.

Ortiz, Sergio Elías. *Santiago Pérez Triana*. Bogotá: Editorial Kelly, 1971. 127p.

Rincón, Nemesiano. «Don Santiago Pérez Triana». *Boletín de Estudios Históricos* (Pasto) 7.73-74 (dic., 1935): 19-39.

Rosas, Gabriel. *Concepto del Procurador General de la Nación y Auto de sobreseimiento proferido por la Corte Suprema, de acuerdo con el pedimento fiscal*. Bogotá: Imprenta de «La Luz», 1896. 72p.

Salazar Álvarez del Pino, Cristina. *País de cuentos: selección colombiana de literatura infantil*. Bogotá: Tres Culturas, 1988. 75p.

Sanín Cano, Baldomero. «Hombres que he conocido. Santiago Pérez Triana». *Revista de América* (Bogotá) 1.2 (feb., 1945): 292-303.

Tamayo, José Agustín. *Santiago Pérez Triana: visto desde lejos*. Panamá: Tipografía Excelsior, 1908. 12p.

Vega, Fernando de la. «Pérez, Triana». *Revista Contemporánea* (Cartagena) 1.4 (oct. 20, 1916): 15-20.

PÉREZ TORRES, ALEJANDRO (18 ?- ?).
Novela:

———. *Amira*. Bogotá: Imprenta de «La Luz», 1895. 50p.

———. *Julia*. Sogamoso: Imprenta a cargo de Horacio Isaza C., 1889. 89p.

Otros:

———. *Artículos literarios*. Sogamoso: Tipografía Sugamuxi, 1936. 53p.

———. *General Silvestre Arenas*. Tunja: Imprenta Oficial, 1943. 29p.

———. *La Batalla de Boyacá, 7 de agosto de 1819: a Antonio Angarita y Armando Solano, con motivo de la celebración del Centenario de esa acción inmortal de armas*. Iquitos (Perú): [s.edit], 1919. 1 pliego pleg. Colección de manuscritos de la Biblioteca Luis Ángel Arango.

PIQUILLO, seudónimo de Juan Francisco Ortiz.

PERICO (EL) DE LOS PALOTES, seudónimo de Ricardo Carrasquilla.

PERIQUITO, seudónimo de Manuel María Madiedo.

PERJUICIOS, seudónimo de José Manuel Groot.

PÍA RIGÁN. Ver Rigán, Pía.

PIERRE, seudónimo de José Manuel Groot.

PIMENTEL Y VARGAS, FERMÍN DE, seudónimo de Camargo, Rafael María.

PINEDA, ANTONIO B. (1837-1869) (Seud. Timón).
Novela:

———. *Sofía. Romance neogranadino*. Bogotá: Imprenta de *El Mosaico*, 1860. 26p.

Relato:

———. «Episodio del siglo XIX». *El Mosaico* al cual está unida *La Biblioteca de Señoritas* (Bogotá) I.50 (dic. 17, 1859): 398-400.

Otros:

———. *Las hojas sueltas*. Bogotá: Imprenta de «El Mosaico», 1860. 1h.

———. *Reflexiones morales i filosóficas*. Bogotá: Imprenta del Estado de Cundinamarca, 1863. 20p.

———. *Secundino Sánchez*. [s.l]: [s.edit], 1900? 7p.

CRÍTICA:

Pineda Botero, Álvaro. «Sofía, romance neogranadino». *La fábula y el desastre: Estudios críticos sobre la novela colombiana, 1650-1931*. Fondo Editorial. Universidad EAFIT, 1999. 173-178.

Samper de Ancízar, Agripina. «Sofía. Romance neo-granadino». *El Mosaico* al cual está unida *La Biblioteca de Señoritas* (Bogotá) II.22 (jun. ?, 1860): 170. [Firmado: Pía Rigán]

PINEDA DE CAICEDO, VICENTA (18 ?- ?) (Seuds. Cevinta, Corinta). Prosista.

PINZÓN, LUCIO (Seud. Philalethes)

POESÍA:

———. «Mi secreto». *El Mosaico, Album Neo-Granadino* (Bogotá) II.51 (dic. 29, 1860): 407-408.

RELATO:

———. «Apuntes de una cartera». *El Mosaico* al cual está unida *La Biblioteca de Señoritas* (Bogotá) II.17 (mayo 2, 1860): 130-132; II.18 (mayo 9, 1860): 140-141; II.20 (mayo 23, 1860): 157-158. [Firmado: Philalethes]

———. «Fragmentos episódicos. Del capítulo único de una obra inédita y sin título, en la cual se trata de cosas más dignas de no ser leídas que de ser contadas. 6a. parte. Donde se dice lo que se ignora y se sabe además lo que no se quisiera que hubiera...». *El Mosaico* (Bogotá) III.43 (nov. 10,1864): 343-344; III.44 (nov. 17, 1864): 350-352. [Firmado: Philalethes]

———. «Historia futura de un perro próximo». *El Mosaico* (Bogotá) III.36 (sept. 17, 1864): 282-283. [Firmado: Philalethes]

———.«Proceso judicial, pero poético. Declaraciones por Lucio Pinzón y por A. Sicard». *El Mosaico* al cual está unida *La Biblioteca de Señoritas* (Bogotá) II.21 (mayo 30, 1860): 166.

PINZÓN RICO, JOSÉ MARÍA (Bogotá, 1834-1886).

POESÍA:

———. «Carta». *El Mosaico, periódico de industria, ciencias, artes, literatura e inventos* (Bogotá) VI.36 (nov. 16, 1865): 285-286.

———. «Carta en verso a su esposa». *Papel Periódico Ilustrado* (Bogotá) V.104 (nov. 15, 1886): 116.

———. «El buzo». *El Mosaico, periódico de la juventud. Destinado exclusivamente a la literatura* (Bogotá) 18 (jun. 4, 1871): 138-139.

——— *Papel Periódico Ilustrado* (Bogotá) IV.92 (jun. 1°, 1885): 317-318.

———. «El despertar de Adán». *Papel Periódico Ilustrado* (Bogotá) II.35 (mzo. 1°, 1883); 179.

———. «El Padre Nuestro». *El Mosaico, periódico de la juventud. Destinado exclusivamente a la literatura* (Bogotá) 20 (jun. 18, 1871): 156.

———. «Girardot». *Papel Periódico Ilustrado* (Bogotá) V.104 (nov. 15, 1886): 117-119.

———. «Improntu». *Papel Periódico Ilustrado* (Bogotá) II.38 (abr. 15, 1883): 223.

———. «Muestras de sus versos». *Papel Periódico Ilustrado* (Bogotá) V.104 (nov. 1886): 114-116.

———. «Poesía a Bolívar». *Papel Periódico Ilustrado* (Bogotá) IV. suplemento (oct. 28, 1884): 84-85.

———. «Poesía en la muerte de Quijano Otero». *Papel Periódico Ilustrado* (Bogotá) III.51 (sept. 30, 1883): 39, 41.

———. «Poesías». *Antología de la poesía hispanoamericana: Colombia*. Ginés de Albareda y Francisco Garfias. (Eds.). Madrid: Biblioteca Nueva, 1957. [s.p].

———. «Soneto a Alberto Urdaneta». *Papel Periódico Ilustrado* (Bogotá) V.104 (nov. 15, 1886): 116.

———. *Trovas del General José María Pinzón Rico*, publicadas por su hermana Adelaida. Prólogo de Rafael Pombo. Bogotá: Imprenta de «La Luz», 1896. 526p.

———. «Un nombre». *El Iris, periódico literario dedicado al bello sexo* (Bogotá) 2 (feb. 18, 1866): 11.

OTROS:

———. y Bruno Maldonado Meléndez y Daniel Figueroa. *Andina: opera en tres actos*. Bogotá: Imprenta J. M. Lombana, 1870. 27p.

———. «En boca de un niño». *Papel Periódico Ilustrado* (Bogotá) IV.95 (jul. 24, 1885): 367.

———. «Epitafio para la tumba de un niño». *Papel Periódico Ilustrado* (Bogotá) IV.95 (jul. 24, 1885): 371.

———. «La tumba y la rosa». *Papel Periódico Ilustrado* (Bogotá) IV.95 (jul. 24, 1885): 372.

CRÍTICA:

García Maffla, Jaime. «José María Pinzón Rico». *Gran Enciclopedia de Colombia*. 4. Santafé de Bogotá: Círculo de Lectores, 1992. 77.

Gómez Restrepo, Antonio. «José María Pinzón Rico». *Historia de la literatura colombiana*. IV. Bogotá: Litografía Villegas, 1957. 327-332.

Rodríguez, Antonio, grab. *José María Pinzón Rico*. (Colombia). Material gráfico: 1886. Bogotá, 1975. 1 placa fotográfica. [*Papel Periódico Ilustrado*]. Biblioteca Luis Ángel Arango.

PLÁCIDO, seudónimo de José Manuel Groot.

POLIBIO, seudónimo de Ruperto Segundo Gómez.

POLIÓN, seudónimo de Gregorio Gutiérrez González.

PÍO SAN, seudónimo de Pedro Nel Ospina.

PIRRIQUIO, seudónimo de José Caicedo Rojas.

PIZARRO, ALEJANDRO (1852-1896) (Seud. Apemanto, José Parloan).

RELATO:

———. «Hasta su altura». *Revista Literaria* (Bogotá) I.4ª (ag. 15, 1890): 230-240.

OTROS:

———. *Alegato y sentencia en el recurso de casación*. Bogotá: Imprenta de la Nación, 1890. 16p.

———. *Cuatro sentencias*. Bogotá: Imprenta de Vapor de Zalamea Hermanos, 1886. 46p.

———. «El ilustrísimo señor D. Ignacio Velasco». *Colombia Ilustrada* (Bogotá) 8 (oct. 15, 1889): 114-115.

———. *La pena capital y la mayoría de la Corte Suprema*. Bogotá: Imprenta de Vapor de Zalamea Hermanos, 1889. 19p.

———. «Los caudillos de Hispanoamérica». *Revista Literaria* (Bogotá) 2.22 (feb., 1892): 638-641.

———. *Tributo a la memoria del general Juan E. Ulloa muerto el 5 de diciembre de 1885*. Bogotá: Imprenta de Silvestre, 1886. 200p.

CRÍTICA:

Anónimo. *De la vieja casa de Pizarro al nuevo palacio de gobierno*. Lima: Ministerio de Fomento y Obras Publicas del Perú, 1938. 314p.

Martín Pastor, Eduardo. *La vieja casa de Pizarro*. Lima: «Torres Aguirre», 1938. 314p.

PHILALETHES, seudónimo de Lucio Pinzón.

PLAZA, JOSÉ ANTONIO DE (1809-1854).

NOVELA:

———. «El Oidor». *El Día* (Bogotá) 503 (abr. 19, 1848): 2-3; 504 (abr. 23, 1848): 2; 505 (abr. 26, 1848): 2; 506 (abr. 29, 1848): 2; 507 (mayo 3, 1848): 2; 508 (mayo 6, 1848): 2; 509 (mayo 10, 1848): 2; 511 (mayo 15, 1848): 3; 515 (mayo 31, 1848): 2-3; 518 (jun. 10, 1848): 2-3; 522 (jun. 24, 1848): 2; 523 (jun. 26, 1848): 2; 525 (jul. 5 1848): 2-3.

——— Bogotá: Imprenta del «Neo-Granadino», 1850. 120p.

Otros:

———. *Apéndice a la recopilación de leyes de la Nueva Granada: formado i publicado de orden del Poder Ejecutivo; Contiene toda la lejislación nacional vijente desde 1845 hasta 1849 inclusive*. Bogotá: Imprenta del «Neo-Granadino», 1850. 302p.

———. y Cerbeleón Pinzón. *Colombia. Secretaría de Estado del Despacho de Gobierno. Colección del Coronel Pineda: documentos importantes para la historia de Colombia*. Bogotá: [s.edit], 1849. 22p.

———. *Compendio de la historia de la Nueva Granada: desde antes de su descubrimiento, hasta el 17 de noviembre de 1831*. Bogotá: Imprenta de «El Neo-Granadino», 1850. 136p.

———. *Defensa del ex-coronel Vicente Vanegas, pronunciada ante el Tribunal de Apelaciones de este distrito*. Bogotá: Imprenta de J. A. Cualla, 1841. 30p.

———. *Lecciones de estadística, o testo de enseñanza para la clase de esta ciencia en el Colejio Nacional de Bogotá*. Bogotá: Imprenta de Morales y Compañía, 1851. 66p.

———. *Memorias para la historia de la Nueva Granada, desde el descubrimiento hasta el 20 de julio de 1810*. Bogotá: Imprenta de «El Neo-Granadino», 1850. 464p.

——— Bogotá: Incunables, 1984. 464p.

———. *Mis opiniones*. Bogotá: Imprenta de J. A. Cualla, 1841. 27p.

———. (Ed.). *Recopilación de leyes de la Nueva Granada, formada y publicada en cumplimiento de la lei de 4 de mayo de 1843 i por comisión del Poder Ejecutivo*. Bogotá: Imprenta de Z. Salazar, 1845. 541p.

——— Bogotá: Imprenta de Zoilo Salazar; Imprenta del «Neo-Granadino», 1845-1850. 2 vols.

———. *Respuesta a un Informe exhibido al Gobierno, por el Sr. Fiscal de la Corte Suprema, Dr. Juan Nepomuceno Núñez Conto, con motivo de la cuestión promovida por mí contra la empresa de ferrería de Pacho*. Bogotá: Imprenta de Morales y Compañía, 1851. 38p.

Crítica:

Anónimo. «Bibliografía. Memorias para la historia de la Nueva Granada desde su descubrimiento hasta el 10 de julio de 1810 por José Antonio de Plaza». *El Pasatiempo* (Bogotá) 33 (feb. 28, 1852): 265-267.

Anónimo. «Bibliografía. Memorias para la historia de la Nueva Granada desde su descubrimiento hasta el 10 de julio de 1810 por José Antonio de Plaza. Artículo III». *El Pasatiempo* (Bogotá) 36 (mzo. 13, 1852): 280-281.

Ibáñez, Pedro María. «José Antonio de Plaza». *Papel Periódico Ilustrado* (Bogotá) 5.109 (feb.1°, 1887): 198-200.

Pineda Botero. Álvaro. «El Oidor, romance del siglo XVI». *La fábula y el desastre: estudios críticos sobre la novela colombiana*. Fondo Editorial. Universidad EAFIT, 1999. 109.

PLUTARCO, seudónimo de José María Samper Agudelo.

P. M., seudónimo de Manuel Pombo.

POMBO [AYERBE], JORGE (1853-1912) (Seud. Castor).
Poesía:
———. «Cumpleaños». *El Mosaico* (Bogotá) I.22 (mayo 21, 1859): 170.
———. «El bola-botín». *Papel Periódico Ilustrado* (Bogotá) IV.77 (oct. 15, 1884): 77.
———. «Elogio fúnebre». *Boletín de Historia y Antigüedades* (Bogotá) 6.70 (mzo., 1911): 644-646.
———. «Ricaurte: poetas nacionales». *El Gráfico* (Bogotá) 17.177 (mzo. 28, 1914): 215.
Otros:
———. *Brisas del Funza*. Música: valses op. 8 para piano. Bogotá: Imprenta de La luz, 1891. 1 partitura. 8p. Biblioteca Luis Ángel Arango.
———. *Chispazos, por Castor & Pólux (Jorge Pombo y Clímaco Soto Borda): Publicados en los diarios Bogotanos «El Sol» y «El Rayo X»*. Bogotá; Tipografía Samper Matiz, 1898. 144p.
———. *Documento de Jorge Pombo al señor General Rafael Ortiz B*. Mss. Bogotá, 1889. 1 documento. Colección de manuscritos de la Biblioteca Luis Ángel Arango.
———. *El correo nacional*. Música: galope de sal para piano. Bogotá: Imprenta de «La Luz», 1892. 1 partitura. Biblioteca Luis Ángel Arango.
———. «Elogio fúnebre». *Boletín de Historia y Antigüedades* (Bogotá) 6.70 (mzo., 1911): 644-646. [Andrés Vargas Muñoz]
———. *Ramo de azahares*. Música: valses para piano. Bogotá: Imprenta de «La Luz», 1889. 1 partitura. 7p. Biblioteca Luis Ángel Arango.
———. [Trad]. *Taize y la iglesia de mañana*. Barcelona: Editorial Hispano Europea, 1970. 294p.
Crítica:
Anónimo. «Jorge Pombo». *El Gráfico* (Bogotá) 9.85 (mayo 18, 1912): [s.p].
Ibáñez, Pedro María. «Muerte de Jorge Pombo». *Boletín de Historia y Antigüedades* (Bogotá) 8.86 (jul., 1912): 106-108.
López, Ricardo. (Ed.). «Jorge Pombo». *Gruta simbólica*. Selección Carlos Nicolás Hernández y Sonia Nadhezda Truque. Santafé de Bogotá: Panamericana Editorial, 1999. [s.p].

POMBO, LINO DE (Cartagena 1797-1862).
Poesía:
———. [Himno de Riego]
Relato:
———.«Cachaco». *Museo de cuadros de costumbres i variedades*. II. Bogotá: Imprenta a cargo de Foción Mantilla, 1866. 101-103.
Otros:
———. (Ed.). Al respetable público. Bogotá: [s.edit], 1835. [s.p].

———. *Cartas personales a su esposa Ana María Rebolledo de Pombo y a una de sus hermanas, Beatriz Felisa Pombo*. Mss. Bogotá: 1841. 19 cartas, 2 folios. Colección de manuscritos de la Biblioteca Luis Ángel Arango.

———. *Circular dirijida por la Secretaría del Interior y Relaciones Esteriores a los gobernadores de las provincias de la República, esponiendo los principios a que ajusta su conducta la administración, relativamente a los perturbadores del orden legal. [Dada a 1º de octubre de 1840]*. Bogotá: Imprenta del Estado, 1840. 2p.

———. «Comunicado. Al Sr. Editor de La Miscelánea». *La Miscelánea* (Bogotá) 34 (7 de mayo de 1826): 136-138.

———. *Correspondencia personal de Lino de Pombo O'Donell: cartas dirigidas por diferentes personalidades de la Nueva Granada, Venezuela y Ecuador: 1822-1862*. 168 folios. Colección de manuscritos de la Biblioteca Luis Ángel Arango.

———. *Correspondencia y documentos oficiales que pertenecieron a Lino de Pombo O'Donnell: autografiados por diversos personajes de la época*. Mss. Bogotá, Rioacha, Pasto, Popayán, Madrid, etc., 1792-1857. 36h. Colección de manuscritos de la Biblioteca Luis Ángel Arango.

———. *Cuarto informe anual de la Junta de Inversión i Superintendencia al Sr. Gobernador de la Provincia*. Bogotá: [s.edit], 1849. 9p.

———. *Cuestión sobre reforma monetaria*. Bogotá: Imprenta de J. A. Cualla, 1846. 5p.

———. *Discurso de apertura de estudios pronunciado en la Universidad Departamental del Cauca el día primero de octubre de 1830*. Santafé de Bogotá: Imprenta de Bruno Espinosa, 1830. 32p.

———. *Discurso pronunciado por D. Lino de Pombo O'Donell en el Colegio Mayor del Rosario de Santafé, dedicando varias tesis de geografía astronómica y descriptiva al Marqués de Selva Alegre y demás patriotas que emprendieron la libertad de Quito el 10 de agosto de 1809*. Santafé: Imprenta Patriótica, 1811. 20p.

———. *Documentos de la Familia Pombo: cartas, diplomas y otros de Lino de Pombo, Manuel de Pombo y Rafael Pombo*. Mss. 1825-1879. 25 folios. Colección de manuscritos de la Biblioteca Luis Ángel Arango.

———. «El sitio de 1815». *Revista de Colombia* (Bogotá) 11 (nov. 15, 1910): 323-332.

———. *Esposición del Director del Crédito Nacional sobre los negocios del ramo de su cargo*. Bogotá: Imprenta de Espinosa, por J. Ayarza, 1839. 26p.

———. *Esposición del Secretario de Estado, en el Despacho del Interior y Relaciones Esteriores del Gobierno de la Nueva Granada al Congreso Constitucional de 1835: sobre los negocios de su departamento*. Bogotá: Imprenta de Nicomedes Lora, 1835. 70p.

———. *Esposición del Secretario de Estado en el despacho del interior i relaciones esteriores del gobierno de la Nueva Granada al Congreso Constitucional del año de 1939 sobre el curso i estado de su departamento*. Bogotá: Imprenta de Nicomedes Lora, 1839. 91p.

———. *Esposición del Secretario de Relaciones Esteriores: al Congreso de la Nueva Granada, en sus sesiones ordinarias de 1856*. Bogotá: Imprenta del «Neo-Granadino», 1856. 52p.

———. *Esposición del Secretario de Relaciones Esteriores al Congreso de la Nueva Granada en sus sesiones ordinarias de 1857*. Bogotá: Imprenta del «Neo-Granadino», 1857. 38p.

———. y Luis María Murillo y Alfredo C. Bateman. *Francisco José de Caldas: su vida, su personalidad y su obra. El descubrimiento de la hipsometría*. Bogotá: Voluntad, 1958. 93p. [Suplemento de la *Revista de la Academia Colombiana de Ciencias Exactas, Físicas y Naturales*. Contenido parcial: Francisco José de Caldas: biografía del sabio por Lino de Pombo; El amor y la sabiduría de Francisco José de Caldas por Luis María Murillo; Caldas y la hipsometría por Alfredo D. Bateman]

———. *Informe del Presidente de la Corte de cuentas al Congreso de 1904*. Bogotá: Ángel Cuervo, 1904. 56p.

———. *Informe del Secretario de Hacienda de la Nueva Granada al Congreso Constitucional de 1846*. Bogotá: Imprenta de Salazar, 1846. 35p. 12h. pleg.

———. *Informe que el Secretario de Relaciones Esteriores al Congreso de la Nueva Granada en sus sesiones ordinarias de 1857*. Bogotá: Imprenta del Estado, 1857. 38p.

———. *Informe que el Superintendente de las Rentas Públicas*. Bogotá: Imprenta Eléctrica, 1908. 28p. 8h. pleg.

. *Informe que presenta el Contador Jeneral a la Secretaría de Hacienda, sobre los negocios de su cargo. 1847*. Bogotá: Imprenta de José A. Cualla, 1847. 8p.

———. *Lecciones de aritmética i álgebra*. Bogotá: Imprenta de la Nación, 1858. 176p.

——— Bogotá: «El Día», 1850. 127p.

———. *Lecciones de jeometria analítica*. Bogotá: Imprenta de «El Día», 1850. 127p.

———. «Memoria dirigida al gobierno por el C Lino de Pombo O'Donell, encargado de levantar el plano de la Bahía de Buenaventura». *Anales de Ingeniería* (Bogotá) 23.269-270 (jul.-ag., 1915): 6-10.

———. «Memoria histórica sobre la vida, carácter, trabajos científicos y literarios, y servicios patrióticos de Francisco José de Caldas». *Anales de Ingeniería* (Bogotá) 8.98-100 (oct.-dic., 1896): 327-367.

———. (Ed.). *Obras inéditas de D. Manuel Pombo*. Publicadas por su hijo Lino de Pombo. Prólogo de Antonio José Restrepo. Bogotá: Librería Colombiana Camacho Roldán y Tamayo, 1914. 312p. [Contenido: De Medellín a Bogotá; La niña Águeda; El maestro Custodio; Recuerdos de la juventud: la contradanza; Por el barrio de Las Nieves; La Guitarra; Cuadro a la Virgen de la Luz]

———. *Presupuesto jeneral de sueldos i gastos del departamento del interior i relaciones esteriores, en el año económico de Hacienda comprensivo desde 1.° de setiembre de 1837 hasta 31 de agosto de 1838, formado con arreglo a las disposiciones vijentes* . Bogotá: [s.edit], 1837. 25p.

———. *Presupuesto Jeneral de las cantidades necesarias para cubrir los gastos ordinarios y estraordinarios de la administración de la República en el año económico de 1846 a 31 de agosto de 1847*. Bogotá: [s.edit], 1846. 80p.

———. *Protocolo de las conferencias tenidas en la ciudad de Bogotá entre los plenipotenciarios de la República de la Nueva Granada i la República de Venezuela, relativas a los negocios colombianos: conferencia del día 6 de setiembre de 1834*. Bogotá: A. Cualla, 1835. 50p.

———. y Plaza, José Antonio de. *Recopilación de leyes de la Nueva Granada, formada i publicada en cumplimiento de la lei del 4 de mayo de 1843 i por comisión del Poder ejecutivo por Lino de Pombo... Contiene toda la lejislación nacional vijente hasta el año de 1844 inclusive*. Bogotá: Imprenta de Z. Salazar, por V. Martínez, 1845. 541p.

——— Bogotá: Imprenta de Zoilo Salazar; Imprenta del «Neo-Granadino», 1845-1850. 2 vols.

———. *Recopilación de leyes de la Nueva Granada formada i publicada en cumplimiento de la lei de 4 de Mayo de 1843 i por comisión del poder ejecutivo*. Bogotá: Imprenta de Zoilo Salazar, por Valentín Martínez, 1845. 541p. [Contiene toda la legislación nacional vigente hasta el año de 1844 inclusive]

———. «Reminiscencia de Cartagena». *Revista Moderna* (Bogotá) 2.7 (jul., 1915): 35-49.

———. «Reminiscencias del sitio de Cartagena». *Revista del Colegio Mayor de Nuestra Señora del Rosario* (Bogotá) 2.20 (nov., 1906): 611.

———. *Resumen del censo jeneral de la población de la República de la Nueva Granada, levanto con arreglo a las disposiciones de la ley de 2 de junio de 1834, en los meses de enero, febrero y marzo del año de 1835, en las diferentes provincias que comprende su territorio, y distribuido por provincias, sexos, edades y clases* . [s.l]: [s.edit], 1835. 1h.

———. *Selección de manuscritos de Lino de Pombo*: fotocopias. Bogotá? 1832-1859. 60h. Colección de manuscritos de la Biblioteca Luis Ángel Arango.

CRÍTICA:

Acosta, Joaquín. *Cartas al Sr. Lino de Pombo: fechadas en Bogotá, 1841, 1842 y 1844*. Mss. Bogotá, 1841-1844. 3 cartas. Colección de manuscritos de la Biblioteca Luis Ángel Arango.

Anónimo. «Bicentenario Don Lino de Pombo». *Anales de Ingenieria* (Bogotá) 104.866 (1996): 24-28.

Anónimo. «Lino de Pombo». *Anales de Ingeniería* (Bogotá) 23.269-270 (jul.-ag., 1915): 5-6.

Arganil, Juan Francisco. *Carta dirigida al Sr. Lino de Pombo, escrita en francés, pidiéndole el favor de hacerle las correcciones a un escrito sobre el carbón*. Mss. 1800? 1h. Colección de manuscritos de la Biblioteca Luis Ángel Arango.

Bateman, Alfredo D. «Lino de Pombo». *Boletín de Historia y Antigüedades* (Bogotá) 579-581 (ene.-mzo., 1963): 100-121.

Cuartas, Carlos Julio. *Lino de Pombo: guía biográfica ilustrada*. Bogotá: Javegraf, 2003. 23p.

Delgado, Francisco Custodio. *Cartas dirigidas a don Lino de Pombo firmadas F. Custodio Delgado*. Mss. Popayán 1833-1839. 5 cartas. Colección de manuscritos de la Biblioteca Luis Ángel Arango.

Espinosa, Germán. *Lino de Pombo: el sabio de las siete esferas*. Santa Fe de Bogotá: Colciencias, Panamericana Editorial, 1998. 120p.

Espinel, Marcos. *Correspondencia con don Lino de Pombo para liquidar la deuda externa de la Gran Colombia al Ecuador*. Mss. Bogotá, 1843-1844. 4 cartas. Colección de manuscritos de la Biblioteca Luis Ángel Arango.

García Toledo de Mosquera, María Josefa. *Carta al señor Lino de Pombo solicitándole ayuda para su sobrino Joaquín García Toledo*. Mss. Madrid, Marzo 8, 1834. 1 carta. Colección de manuscritos de la Biblioteca Luis Ángel Arango.

Gómez Plata, Juan de la Cruz. *Carta a Lino de Pombo, sobre asuntos personales*. Mss. Antioquia, febrero 28, 1846. 1 carta. Colección de manuscritos de la Biblioteca Luis Ángel Arango.

Gómez Restrepo, Antonio. «Don Lino de Pombo». *Historia de la literatura colombiana*. III. Bogotá: Litografía Villegas, 1957. 267-270.

Guerra Azuola, Ramón. «D. Lino de Pombo». *El Liberal Ilustrado* (Bogotá) 2.917 (mzo. 14, 1914): 177-184.

———. «Don Lino de Pombo: tributo en su centenario». *Anales de Ingeniería* (Bogotá) 9.101-102 (ene.-feb., 1897): 1-18.

———. *Lino de Pombo: tributos en su centenario*. Bogotá: Imprenta Nacional, 1897. 25p.

Gutiérrez Vergara, Ignacio. *Cartas a don Lino de Pombo y al señor Manuel María Mosquera*. Mss. Bogotá, 1858-1859. 6 cartas. Colección de manuscritos de la Biblioteca Luis Ángel Arango.

Mackintosh, Jaime. y Edward W. Mark. *Letters: [Cartas enviadas al Secretarío de Relaciones Esteriores, Señor Lino de Pombo sobre la cuestión Mackintosh]*. Bogotá: [s.edit], 1857. 36p.

Mendoza Pérez, Diego. «Caldas y don Lino de Pombo». *Anales de Ingeniería* (Bogotá) 35.413 (ag., 1927): 551-555.

Mosquera, José Rafael. *Carta a Lino de Pombo sobre cuestiones de política, tanto en Popayán como en el Valle*. Mss. Bogotá, abr. 11, 1833. 1 carta. Colección de manuscritos de la Biblioteca Luis Ángel Arango.

———. *Carta al señor Lino de Pombo sobre asuntos personales*. Mss. Bogotá, jun. 8, 1833. 1 carta. Colección de manuscritos de la Biblioteca Luis Ángel Arango.

Mosquera, Tomás Cipriano de. *Cartas a Lino de Pombo y documentos oficiales: uno como diplomático en Chile, otro como General en Jefe del Ejercito Constitucional del Norte y un contrato con el Ingeniero Manuel Ponce*. Mss. Bogotá, Santiago de Chile, 1842, 1848, 1854, 1856. 25 folios. Colección de manuscritos de la Biblioteca Luis Ángel Arango.

Nieto, Juan José. *El ciudadano Juan José Nieto, gobernador suspenso de la Provincia de Cartajena ante los hombres honrados e imparciales de todos los partidos*. Bogotá: Imprenta del Neo-Granadino, 1855. 65p.

Ospina Rodríguez, Mariano. *Cartas a Lino de Pombo y documentos oficiales, 1841-1861*. Mss. 1841-1861. 15 folios. Colección de manuscritos de la Biblioteca Luis Ángel Arango.

Pradilla, Urbano. *Cartas dirigidas a don Lino de Pombo, 1840-1843*. Mss. 1840-1843. 6 cartas. Colección de manuscritos de la Biblioteca Luis Ángel Arango.

Pretelt Mendoza, Manuel. «Don Lino de Pombo». *Boletín Historial* (Cartagena) 68.158 (jun.-dic., 1983): 49-54.

Quijano, Manuel de Jesús. *Carta dirigida al señor Lino de Pombo*. Mss. Popayán, 1832. 1h. Colección de manuscritos de la Biblioteca Luis Ángel Arango.

Rodríguez, Francisco. *Carta a Lino de Pombo sobre las aspiraciones de los ingleses en el Istmo de Panamá y otros asuntos de los países europeos*. Mss. Cádiz, ene. 8, 1838. 1 carta. Colección de manuscritos de la Biblioteca Luis Ángel Arango.

Santamaría, Raimundo. *Carta a don Lino de Pombo solicitándole su aceptación en la Gobernación de Santa Marta, para lo cual él lo candidatizó*. Mss. 1800? 1h. Colección de manuscritos de la Biblioteca Luis Ángel Arango.

POMBO, MANUEL DE (1769-1829).
OTROS:

———. *Carta al "Censor Imparcial", sobre el procedimiento del Sr. Intendente Cristóval Vergara, en haber suspenso de empleo y renta al Superintendente de la Casa de Moneda de Popayán Manuel de Pombo en 3 de mayo de 1826*. Popayán: por Benito Zizéro, 1827. 14p.

———. *Carta dirigida a Julián Santamaría*. Mss. Popayán, 1821. 1h. [Biblioteca Luis Ángel Arango].

———. *Gramática latina: facilitada para uso de principiantes, con algunas advertencias para su enseñanza, frases y ejemplos adecuados para hablar bien este idioma y entenderlo en poco tiempo*. Bogotá: Por N. Lora, 1825. 228p.

———. «La última noche. A José María Vergara y Vergara». *El Mosaico, periódico de la juventud. Destinado exclusivamente a la literatura* (Bogotá) II.9 (mzo. 19, 1872): 66-67.

———. *Resumen histórico de la invasión y conquista de España por los franceses: comprende desde el 2 de mayo de 1808 de la matanza de Madrid, hasta el 9 de enero de 1812 en que fué tomada Valencia*. Santafé: Imprenta Patriótica, 1812. 76p.

———. *Segunda carta de un americano al español, sobre su número XIX y contestación a una segunda carta del mismo americano, por el español en su número XXVIII*. Londres: Imprenta de Guillermo Glindon, 1812. 1 vol. (varias paginaciones).

CRÍTICA:

Santamaria, Julian. *Carta a don Manuel de Pombo informándole la muerte de su hijo don Fidel Pombo y enviándole una relación del equipaje que éste dejó*. Mss. Bogotá: 1827. 4h. Fondos de la Biblioteca Luis Ángel Arango.

Varios. «Manuel Pombo». *Próceres 1810*. Bogotá: Banco de la República, 1960. [s.p].

POMBO, MANUEL ANTONIO (Popayán, 1827-Bogotá, 1898) (Seud. P. M.).
POESÍA:

———. «A la virgen de los dolores». *El Liberal Ilustrado* (Bogotá) 5.1456 (ag. 7, 1915): 28:

———. «En la muerte de Elvira Tracy». *El Mosaico* (Bogotá) III.1 (ene. 13, 1864): 5.

———. «Poesías». *Antología de la poesía hispanoamericana: Colombia*. Ginés de Albareda y Francisco Garfias. (Eds.). Madrid: Biblioteca Nueva, 1957. [s.p].

———. «Soneto«. «A la Virgen de los Dolores». *Historia de la literatura co-*

lombiana. José J. Ortega T. Bogotá: Editorial Cromos, 1935. 282-284.

———. «Soneto». *Hojas de Cultura Popular Colombiana* (Bogotá) 53 (mayo, 1955): [s.p].

Relato:

———. «Bajando el Dagua. 1850». *Museo de cuadros de costumbres i variedades*. Biblioteca de «El Mosaico». II. Bogotá: Imprenta a cargo de Foción Mantilla, 1866. 401-407.

   ——— «1850». *Museo de cuadros de costumbres, variedades y viajes. Biblioteca de «El Mosaico»*. II. Bogotá: Biblioteca del Banco Popular, 1973. 315-324.

———. «Bajando el Dagua». *El Gráfico* (Bogotá) 13.635 (mzo. 10, 1923): 549-551.

   ——— *Historia de la literatura colombiana*. José J. Ortega T. Bogotá: Editorial Cromos, 1935. 276-282.

———. *De Medellín a Bogotá*. Bogotá: Presidencia de la República. Comisión Preparatoria para el V Centenario de Descubrimiento de América, Instituto Colombiano de Cultura, 1992. 174p.

———. «La guitarra». *Museo de cuadros de costumbres, variedades y viajes. Biblioteca de «El Mosaico»*. IV. Bogotá: Biblioteca del Banco Popular, 1973. 357-368.

———. «La niña Águeda». *Museo de cuadros de costumbres, variedades y viajes*. Biblioteca de «El Mosaico». IV. Bogotá: Biblioteca del Banco Popular, 1973. 385-396.

———. *La niña Águeda*. Bogotá: Editorial Minerva, 1932. 145p.

   ——— Bogotá: Ministerio de Educación Nacional, 1936. 128p.

   ——— *Cuadros de costumbres*. Santafé de Bogotá: Panamericana Editorial, 1998. 125-145.

———. *La niña Águeda y otros cuadros*. Bogotá: Editorial Minerva, 1936. 128p. [Contenido: La niña Águeda. El maestro Custodio. Recuerdos de la juventud. Por el barrio de las Nieves. La guitarra. Cuadro de la Virgen de la Luz. Una excursión por el Valle del Cauca. Bajando el Dagua. Los diablitos]

———. «Los diablitos». *Museo de cuadros de costumbres i variedades*. II. Bogotá: Imprenta a cargo de Foción Mantilla, 1866. 51-56.

   ——— *Museo de cuadros de costumbres, variedades y viajes. Biblioteca de «El Mosaico»*. I. Bogotá: Imprenta a cargo de Foción Mantilla, 1866. 107-111.

———. *Obras inéditas de Manuel Pombo*. Publicadas por su hijo Lino de Pombo. Antonio José Restrepo, prólogo. Bogotá: Imprenta de «La Tribuna», 1914. 312p. [Contenido: De Medellín a Bogotá. La niña Águeda. El Maestro Custodio. Recuerdos de la juventud. La contradanza. Por el barrio de las Nieves. La guitarra. Cuadro de la

Virgen de La Luz]

———. «Presentimiento». *Cuadros de costumbres y descripciones locales de Colombia* Artículos escogidos y publicados por José Joaquín Borda. Librería y Papelería de Francisco García Rico, 1878. 87-89.

——— *Museo de cuadros de costumbres, variedades y viajes*. Biblioteca de «El Mosaico». III. Bogotá: Biblioteca del Banco Popular, 1973. 323-326.

———. «Toros en calles i en plaza». *Museo de cuadros de costumbres i variedades*. II. Bogotá: Imprenta a cargo de Foción Mantilla, 1866. 63-72.

———. «Una excursión por el Valle del Cauca». *Museo de cuadros de costumbres i variedades*. Biblioteca de «El Mosaico». II. Bogotá: Imprenta a cargo de Foción Mantilla, 1866. 234-240.

——— *Museo de cuadros de costumbres, variedades y viajes*. Biblioteca de «El Mosaico». II. Bogotá: Biblioteca del Banco Popular, 1973. 33-46.

OTROS:

———. *Carta a Blanco White sobre la independencia de América y Filipinas*. Bogotá: Librería Nueva, 1898. 212-242

———. *Carta dirigida a Julián Santa María*. Mss. Popayán, 1821. 1h. Colección de manuscritos de la Biblioteca Luis Ángel Arango.

———. «El liceo granadino». *Santafé y Bogotá* (Bogotá) 6.65 (mayo, 1928): 220-224.

———. «El maestro custodio». *Santafé y Bogotá* (Bogotá) 5.60 (dic., 1927): 273-280.

———. *Gramática latina facilitada para uso de principiantes*; con algunas advertencias para su enseñanza. Bogotá: Reimpreso en la República por Nicómedes Lora, 1825. 230p.

———. [Los doce códigos de Cundinamarca]

———. «Mandatarios de Colombia». *Boletín de Historia y Antigüedades* (Bogotá) 5.54 (mayo, 1908): 327-329.

———. «Presentimiento». *El Liberal Ilustrado* (Bogotá) 5.1456 (ag. 7, 1915): 23.

———. «Recuerdo». *El Hogar. Periódico dedicado al bello sexo* (Bogotá) I.4 (feb. 15, 1868): 30-31. [art. sobre Antonio Herrán i Zaldúa]

———. «Reminiscencias del sitio de Cartagena». *Revista del Colegio Mayor de Nuestra Señora del Rosario* (Bogotá) 2.20 (nov., 1906): 611.

———. *Resumen histórico de la invasión y conquista de España por los franceses; comprehende desde el 2 de mayo de 1808 de la matanza de Madrid, hasta el 9 de enero de 1812 en el que fue tomada Valencia*. Santafé: Imprenta Patriótica de don Nicolás Calvo, 1812. 76p.

———. [«Revistas de Bogotá». *El Tiempo* (1855-1856)]

———. *Segunda carta de Un Americano al Español sobre su número XIX y Contestación de una Segunda carta del mismo Americano, por el español en su número XXVII*. Londres: Imprenta de Guillermo Glindon, 1812. (Varias paginaciones).

———. y José Joaquín Guerra. *Constituciones de Colombia: recopiladas y precedidas de una breve reseña histórica por Manuel Antonio Pombo y José Joaquín Guerra*. Bogotá: Imprenta Echeverría Hermanos, 1892. 416p.

——— 2ª ed. Bogotá: «La Luz», 1911. 2 vols.

CRÍTICA:

Anónimo. *Corona fúnebre dedicada a la memoria de Manuel Antonio de Pombo*. Bogotá: Imprenta de Carteles, 1910. 29p.

Anónimo. «Don Manuel Pombo». *Santafé y Bogotá* (Bogotá) 5.60 (dic., 1927): 270-271.

Barra, Casimiro de la. «A los pies de usté...». *El Gráfico* (Bogotá) 16.151 (sept. 20, 1913): [s.p].

Borda, José Joaquín. y José María Vergara i Vergara. (Eds.). *La lira granadina: colección de poesías nacionales*. Bogotá: El Mosaico, 1860. [s.p].

Guerrero, José Joaquín. «Elogio de don Manuel Antonio de Pombo». *Boletín de Historia y Antigüedades* (Bogotá) 6.65 (oct., 1910): 294-301.

Mendoza Pérez, Diego. *Astillas de mi taller, Colombia vieja*. *El Gráfico* (Bogotá) 13.635 (mzo. 10, 1923): 549.

Pombo O'Donnell, Fidel. *Cartas dirigidas a sus padres Manuel de Pombo y Beatriz Aduanal de Pombo*. Mss. 1800? 50 cartas. Colección de manuscritos de la Biblioteca Luis Ángel Arango.

Restrepo, Antonio José. «D. Manuel Pombo». *El Liberal Ilustrado* (Bogotá) 5.1456 (ag. 7, 1915): 19-22.

Roa, Jorge. (Ed.). *Colección de grandes escritores nacionales y extranjeros*. XIX. Bogotá: Jorge Roa Editor, 1899. 338p.

———. *Colección de grandes escritores nacionales y extranjeros*. XVI. Bogotá: Jorge Roa Editor, 1898. 344p.

Santamaría, Julián. *Carta a don Manuel de Pombo informándole la muerte de su hijo don Fidel Pombo y enviándole una relación del equipaje que este dejó*. Mss. Bogotá, 1827. 4h. Colección de manuscritos de la Biblioteca Luis Ángel Arango.

POMBO, RAFAEL (Bogotá, 1833-1912) (Seuds. Ascanio, Bemo, Edda, Elo, Exótico, Faraelio, Florencio, Justicia, Lutín, Máximo, Otro Difunto, Soarez de Silva, Tirteo, Vencapavenca. Werti, Yo). Poeta, periodista y traductor bogotano. Fue coronado como poeta nacional el 20 de agosto de 1905, en el Teatro Colón, la misma noche en que murió Diego Fallon, su gran compañero de generación.

Poesía:

———. *100 fábulas: Esopo, Iriarte, Samaniego, La Fontaine, Fedro, Hartzenbuch, Tolstoi, Pombo*. Medellín: Cometa de Papel, c1998, 105p.

———. «A Inés». *Revista Gris* (Bogotá) 1.4 (ene., 1893): 123.

———. «A la patria». *La Caridad* (Bogotá) 3.22 (ene. 4, 1867): 349.

———. «A la tierra, madre de todos». *La Escuela Normal* (Bogotá) 5.208 (dic. 26, 1874): 408.

———. «A mis amigos Alejandro Herrera y Teresa Tanco». *Papel Periódico Ilustrado* (Bogotá) III.60 (mzo. 1°, 1884): 194-195.

———. *Amor y matrimonio*. Bogotá: Imprenta «La Luz», 1874. 17p.

———. «Anjelina». *El Hogar. Periódico dedicado al bello sexo* (Bogotá) I.1 (ene. 25, 1868): 5-8.

———. *Antología poética*. Bogotá: Ministerio de Educación Nacional, 1952. 388p.

———. *Antología poética*. Edición, introducción y notas por Héctor H. Orjuela. Bogotá. Ediciones La Candelaria, 1975. 165p.

———. *Antología poética*. Selección, introducción y notas de Jana V. de Galindo. Bogotá: Banco de la República, 1981. 255p.

———. *Antología poética*. Medellín: Fondo Editorial Universidad Eafit, 2001. 207p.

———. «Ataque y defensa de la prosa teológica en sonetos». *Santafé y Bogotá* (Bogotá) 2.17 (mayo, 1924): 301-312.

———. «Ataque y defensa de la prosa teológica en sonetos». *Hojas de Cultura Popular Colombiana* (Bogotá) 26 (feb., 1953): [s.p].

———. «Bambucos patrióticos». *Hojas de Cultura Popular Colombiana* (Bogotá) 1.10 (oct., 1951): [s.p].

———. «Bambucos patrióticos: música de Orestes Síndici». *Hojas de Cultura Popular Colombiana* (Bogotá) 1.11 (nov., 1951): [s.p].

———. *Biblioteca Apolo: Poesías: Rafael Pombo*. Bogotá: Arboleda & Valencia Editores, 1912. 32p.

———. «Bonheur carre». *Revista Literaria* (Bogotá) 1.10 (feb., 1891): 237-239.

———. *Cantemos con Colmena*. Registro sonoro: y recordemos a Rafael Pombo, II. Colombia: Colmena, 1982. Colmena 002. 1 disco son. 20 min.

———. «Cuba poética». *Papel Periódico Ilustrado* (Bogotá) IV.92 (jun. 1°, 1885): 328.

———. «Cumpleaños». *El Mosaico* (Bogotá) I.22 (mayo 21, 1859): 170.

———. «Decíamos ayer». *Colombia Ilustrada* (Bogotá) 1 (abr. 2, 1889); 20-21.

———. «Delia Antommarchi y García Herreros». *Revista Literaria* (Bogotá) 1.2 (jun., 1890): 117-121.

———. «De noche». *Hojas de Cultura Popular Colombiana* (Bogotá) 1.4 (abr., 1947): [s.p].

——— *Revista Policía Nacional* (Bogotá) 7.31-32 (ene.-feb., 1955): 87.

———. «Días que fueron». *Revista del Colegio Mayor de Nuestra Señora del Rosario* (Bogotá) 41.48 (sept., 1909): 474.

———. *Dieciocho poemas*. Bogotá: Instituto Colombiano de Cultura, 1983. 109p.

———. *Dos documentos inéditos de Pombo a Longfellow*. Bogotá: Instituto. Caro y Cuervo, 1965. 8p.

———. «Dos poesías inéditas». *Revista del Colegio Mayor de Nuestra Señora del Rosario* (Bogotá) 81.82 (mzo., 1913): 109.

———. «Ecos de la soledad». *La Caridad* (Bogotá) 3.22 (ene. 4, 1867): 349.

———. [Trad]. «El arco-iris». *Colombia Ilustrada* (Bogotá) 2 (mayo 1°, 1889); 34.

———. «El Bambuco: aire y baile popular de la Nueva Granada». *Revista Senderos* (Bogotá) 3 (abr., 1934): 116-119.

——— *Hojas de Cultura Popular Colombiana* (Bogotá) 57 (sept., 1955): [s.p].

———. «El cajista». *El Repertorio Colombino* (Bogotá) 52 (oct., 1882): 310-314.

———. «Elegía: Una señora sobre la muerte de su esposo (El señor don Antonio Ospina)». *El Repertorio Colombiano* (Bogotá) 28 (oct., 1880): 310-313.

———. «El mundo para otros». *El Hogar. Periódico dedicado al bello sexo* (Bogotá) I.31 (ag. 29, 1868): 247.

———. «El mundo para unos». *El Hogar. Periódico dedicado al bello sexo* (Bogotá) I.31 (ag. 29, 1868): 247.

———. «El niño y la mariposa». *Hojas de Cultura Popular Colombiana* (Bogotá) 1.10 (oct., 1951): [s.p].

———. *El ocho de diciembre: tributo católico a María*. Bogotá: F. Pontón. (Ed.)., 1877. 47p.

———. «El retrato». *El Mosaico* al cual está unida *La Biblioteca de Señoritas* (Bogotá) I.51 (dic. 24, 1859): 407.

———. «El trabajo: poetas nacionales». *El Gráfico* (Bogotá) 53.524 (mayo 1°, 1920): 372.

———. «El Valle». *Revista del Colegio Mayor de Nuestra Señora del Rosario* (Bogotá) 121.122 (mzo., 1917): 109.

———. «El 6 de octubre». *Revista Literaria* (Bogotá) 1.9 (ene., 1891): 136.

———. (Ed.). *El 8 de Diciembre: tributo católico a María*. Bogotá: F. Pontón, 1877. 47p.

———. «En el Niágara». *El Repertorio Colombiano* (Bogotá) 14 (ag., 1879): 130-136.

———. *En la cumbre: A mis queridos amigos Viente M. Julbe y Emma Molina en su Matrimonio*. New York: [s.edit], 1867. 14p.

———. [Trad]. «El Herrero de Aldea; traducción castellana». *El Repertorio Colombiano* (Bogotá) 29 (nov., 1880): 339-341.

———. *Fábulas*. [s.p.i]. 187p.

———. «Fábulas». *Revista del Colegio Mayor de Nuestra Señora del Rosario* (Bogotá) 51.54 (mayo, 1910): 208.

———. «Fábulas». *Las fábulas más bellas*. Selección de Adriana Herrera Téllez. Santafé de Bogotá: Intermedio Editores, c2000. 2 vols.

———. *Fábulas de Rafael Pombo*. Cd-Rom. Santa Fe Bogotá: HJCK, 199-? 1 Cd-Rom bajo Windows: estéreo.

———. *Fábulas para niños*. Santa Fe de Bogotá: Latinopal Editores, 1992. 72p. [Contenido: Rafael Pombo, Esopo, Tomás de Iriarte y Oropesa, Félix María de Samaniego]

——— 15ª. ed. Santafé de Bogotá: Latinopal, 1997. 71p.

———. *Fábulas para todos. Fábulas para todos*. Uhia Pinilla, Agustín, [Comp]. Bogotá: Educar Cultural Recreativa, 1989. 31p.

———. *Fábulas y cuentos*. Medellín: Editorial Horizonte, 1990. 39p.

———. *Fábulas y cuentos selectos*. Santa Fe de Bogotá: Ediciones Antropos, 1994. 57p.

———. *Fábulas y poesías*. Bogotá: Editorial La Oveja Negra, 1985. 132p.

———. *Fábulas y verdades*. Bogotá: Imprenta Nacional, 1916. 287p.

———. *Fábulas y verdades*. Bogotá: Lit. Villegas, 1956. 363p.

———. *Fábulas y verdades*. Bogotá: Editorial Bedout, 1976. 306p.

———. *Fábulas y verdades*. Bogotá: Círculo de Lectores, 1984. 312p.

———. *Fábulas y verdades*. Santa Fe de Bogotá: Panamericana Editorial, 1997. 245p.

———. *Fábulas y verdades*. Prólogo y apéndice Isaías Peña Gutiérrez. Santafé de Bogotá: Educar Cultural Recreativa, c1998. 395p.

———. *Fábulas y verdades*. Santafé de Bogotá: El Pensador, 1998. 325p.

———. «Figuras de María». *Hojas de Cultura Popular Colombiana* (Bogotá) 79 (jul., 1957): [s.p].

———. «In illo tempore: De noche». *Revista de América* (Bogotá) 14.40 (abr., 1948): 55-56.

———. *Jardín sonoro*. Bogotá: Imprenta de Espinosa Guzmán, 1905? 50p.

——— 2ª ed. Bogotá: Imprenta de Espinosa Guzmán, 1960? 50p.

———. «José Fernández Madrid». *Colombia Ilustrada* (Bogotá) 1 (abr. 2, 1889); 15.

———. «Julio». *La Escuela Normal* (Bogotá) 5.181 (jun. 20, 1874): 192. [Firmado: R. P.]

———. «La casa del cura». *Biblioteca de Señoritas* (Bogotá) I.4 (ene. 23, 1858): 30.

———. «La educación es la fuerza de la mujer». *La Escuela Normal* (Bogotá) 5.165 (feb. 28, 1874): 64.

———. *La hora de tinieblas*. Bogotá: «El Republicano», 1912. xixp.

——— *Hojas de Cultura Popular Colombiana* (Bogotá) 59 (nov., 1955): [s.p].

———. «La lotería». *Revista del Colegio Mayor de Nuestra Señora del Rosario* (Bogotá) 71.75 (jun., 1912): 320.

———. «La muerte de Ricardo Carrasquilla». *Papel Periódico Ilustrado* (Bogotá) V.107 (ene. 1º, 1887): 176.

———. «La muerte de Ricardo Carrasquilla». *Revista del Colegio Mayor de Nuestra Señora del Rosario* (Bogotá) 217 (ag., 1927): 422.

———. «La obra de la mujer». *La Escuela Normal* (Bogotá) 5.201 (nov. 7, 1874): 360.

———. «La pobre viejecita». *Hojas de Cultura Popular Colombiana* (Bogotá) 1.10 (oct., 1951): [s.p].

———. *La pobre viejecita*. México: Consejo Nacional para la Cultura y las Artes, 1999. 24p.

———. *La pobre viejecita = an tsakam uxkwe'lab; El renacuajo paseador = an belelma' t'imk'wa*. México: Del ReyMono, Conaculta; Fonca, 2001. 24p. [Edición bilingüe espanol-tenek (Lengua indígena mexicana)]

———. «La soledad». *El Repertorio Colombiano* (Bogotá) 17.3 (ene., 1898): 189-193.

———. «Las edades del estilo». *Universidad de Antioquia* (Medellín) 2 (jun., 1935): 209-211.

———. «Las norteamericanas en Broadway». *Hojas de Cultura Popular Colombiana* (Bogotá) 59 (nov., 1955): [s.p].

———. *Las quince poesías más populares del gran poeta colombiano don Rafael Pombo*. Bogotá: Editorial «El Gráfico», [s.f] 50p.

———. *Las tres cataratas; silva humorística americana*. Bogotá: «La Reforma», 1884. 12p.

———. *Los mejores versos de Rafael Pombo* [s.p.i]. 38p.

———. «Magia». *El Repertorio Colombiano* (Bogotá) 17.6 (abr., 1898): 444-449.

———. «Mi tipo». *Revista Pan* (Bogotá) 7 (feb.-abr., 1936): 147.

———. «Oración del niño al acostarse». *Hojas de Cultura Popular Colombiana* (Bogotá) 1.10 (oct., 1951): [s.p].

———. «Página poética: la boca de la eternidad». *El Gráfico* (Bogotá) 22.1153 (nov., 1933): 99.

———. «Página poética: de noche». *El Gráfico* (Bogotá) 22.1153 (nov., 1933): 99.

———. «Página poética: Dios». *El Gráfico* (Bogotá) 22.1153 (nov., 1933): 99.

———. «Página poética: In illo tempore». *El Gráfico* (Bogotá) 22.1153 (nov., 1933): 99.

———. «(Para el 20 de julio) lo que vieron los viejos». *La Escuela Normal* (Bogotá) 5.184 (jul. 11, 1874): 209-210.

———. *Pasión: versos de Rafael Pombo a la venezolana Socorro Quintero*. Edición, introducción y notas de Héctor H. Orjuela. Bogotá: Quebecor Impreandes, 2000. 128p.

———. «Perfil lírico del bambuco». *Colombia Ilustrada* (Medellín) 4.11 (mayo-ag., 1973): 25.

———. *Poemas*. Bogotá: Editorial Norma, 1987. 56p.

———. *Poemas escogidos*. Medellín: Editorial Bedout, 1983. 40p.

———. *Poesía inédita y olvidada*. Edición, introducción y notas por Héctor H. Orjuela. Bogotá: Instituto Caro y Cuervo, 1970. 2 vols.

———. *Poesía infantil*. Grabación sonora; Gloria lee a Pombo. Bogotá: [s.edit], 198? 1 casete son. 60 min.

———. «Poesías». *Antología de la poesía hispanoamericana: Colombia*. Ginés de Albareda y Francisco Garfias. (Eds.). Madrid: Biblioteca Nueva, 1957. [s.p].

———. «Poesías». *Poemas de Colombia; antología de la Academia Colombiana*. Prólogo y epílogo de Félix Restrepo S. J. Edición y notas de Carlos López Narváez. Medellín: Editorial Bedout, 1959. [s.p].

———. «Poesías». *La Unión Hispanoamericana* IV (Madrid) (1920): 38-39.

———. *Poesías completas*. Madrid: Aguilar Ediciones, 1957. 1641p.

———. *Poesías de Rafael Pombo*. Bogotá: Imprenta Nacional, 1916-1917. 2 vols.

———. «Queseras del medio». *Colombia Ilustrada* (Bogotá) 14 (jun. 13, 1890); 215, 218-219.

———. *Rafael Pombo*: selección. Ricardo Rendón López (Ed.). Santafé de Bogotá: Panamericana Editorial, 1997. 69p.

———. *Recreación educativa infantil: Poesías de Rafael Pombo*. Oliverio y Gustavo Perry (Eds.). Bogotá: Editorial Argra; Banco Cafetero, 1965. 70p.

———. «Sonetos a Caldas». *Papel Periódico Ilustrado* (Bogotá) I.24 (ag. 2, 1882): 387, 390.

———. *Sus mejores poesías*. Bogotá: Editorial de Cromos, 1965. 356p.

——— 2ª ed. revisada por E. Guzmán Esponda. Bogotá: Editorial Kelly, 1983. 422p.

———. *Sus mejores versos*. Bogotá: La Gran Colombia, [s.f]. 194-240.

———. «Una bella poesía». *Revista del Colegio Mayor de Nuestra Señora del Rosario* (Bogotá) 51.52 (mzo., 1910): 65.

———. «Una copa de vino». *El Mosaico* al cual está unida *La Biblioteca de Señoritas* (Bogotá) II.22 (jun. ?, 1860): 171-172

———. y Orestes Sindici. *Los cantos de la escuela*. Música: para coro a dos voces. 1 partitura manuscrita. 3p.

———. *18 poemas*. Bogotá: Instituto Colombiano de Cultura, 1983. 109p.

RELATO:

———. *Antología de la literatura colombiana*, 1 grabación sonora. Bucaramanga: Biblioteca Publica Gabriel Turbay, 1995? 1 casete: estéreo. [Lado A: Rafael Pombo: El pardillo, El renacuajo paseador, Simón el bobito, La pobre viejecita, El gato bandido, Juan Matachín, Mirringa Mirronga, Una noche; José Asunción Silva: Mi recluta, La respuesta de la tierra, Lentes ajenos, Los maderos de San Juan, Flores negras, Todo nos llega tarde, Job, A Bogotá, Porque se mató Silva, Me preguntas, Arráncame los ojos cuando muera, Al mar Caribe; Porfirio Barba Jacob: Acuarimántima, Parábola del retorno, Futuro, Canción de la vida profunda, Elegía de un azul imposible]

———. *Colecciones de cuentos*. Pereira: Casa Editorial El Tiempo, 2000. 88p. [contenido: El renacuajo paseador. Juaco el ballenero. Juan Chunguero. El gato bandido. La pobre viejecita. Simón el bobito. Mirringa mirronga. Pastorcita. El niño y la mariposa. El pardillo. Curioso método de lectura]

———. *Cuentos*. Bogotá Círculo de Lectores, 1987. 58p.

——— Bogotá: Intermedio Editores, 1991. 58p.

———. *Cuentos de Pombo*. Bogotá: Carlos Valencia Editores, 1983. 70p.

———. *Cuentos de Pombo*. Pintados por Lorenzo Jaramillo. Bogotá: Carlos Valencia Editores, 1983. 70p.

——— 2ª ed. Bogotá: Carlos Valencia Editores, 1989. 150p.

——— 3ª ed. Santa Fe de Bogotá: Carlos Valencia Editores, 1991. 104p.

———. Santafé de Bogotá: El Áncora, Panamericana Editorial, 1997. 73p.

———. Santafé de Bogotá: Panamericana Editorial, 1997. 62p.

——— 3ª. ed. Santafé de Bogotá: Panamericana Editorial, 1998. 62p.

———. *Cuentos de Pombo*. Pintados por Antonio Caballero. Santafé de Bogotá: El Áncora, 1996. 73p.

———. *Cuentos de Rafael Pombo*. Ilustrados por Alfredo Lleras. Bogotá: Círculo de Lectores, 1987. 61p.

———. *Cuentos de Rafael Pombo*. Bogotá: Instituto Nacional para Ciegos, 2001. 97h. Libros para ciegos. [contenido: El pardillo. El renacuajo paseador. Simón el bobito. Pastorcita. Juan Chunguero. La pobre viejecita. El gato.bandido. Tía pasitrote. Juan Matachín. Mirringa Mirronga. Chanchito. Doña Pánfaga. Las 7 vidas del gato. El gato guardián].

———. *Cuentos de Rafael Pombo*. CD-Rom. Multimedia familiar. Santa Fe de Bogotá: Kimera, 1996. 1 CD-Rom bajo Windows.

———. *Cuentos ilustrados de Rafael Pombo*. Bogotá: Intermedio Editores, c2000. 161p.

———. *Cuentos para siempre: la mejor literatura clásica infantil*. Traducción Jesús Villamizar H., Consuelo Gaitán G. Santafé de Bogotá: Educar Cultural Recreativa, c1997. 3 vols.

———. *Cuentos pintados*. Bogotá: Ediciones Triángulo, 1955. 86p.

———. *Cuentos pintados*. Bogotá: Ediciones Triángulo, 1960? 76p.

———. *Cuentos pintados*. Medellín: Movifoto, 1970? 76p.

——— Medellín: Editorial Movifoto, 1980? 84p.

———. *Cuentos pintados*. Bogotá: Ediciones Guiturcol, 1985? 40p.

———. *Cuentos pintados*. Santafé de Bogotá: Panamericana Editorial, 1997. 112p.

———. *Cuentos pintados*. Santa Fe de Bogotá: Panamericana Editorial, 1998. 70p.

——— Santafé de Bogotá: Panamericana Editorial, 1999. 63p.

———. *Cuentos pintados*. Bogotá: Editorial Norma, 1998. 62p.

———.*Cuentos pintados*. Santafé de Bogotá: Alcaldía Mayor de Santa Fé de Bogotá, IDCT, 1999. (Educar, Cultural, Recreativa) 15p.

———. *Cuentos pintados*. Bogotá: Panamericana Editorial, 2001. 8p.

———. *Cuentos pintados y morales*. 2ª ed. Santafé de Bogotá: Panamericana Editorial, 1997. 112p.

———. *El gato con botas*. Medellín: Susaeta, 1987? 14p.

———. «El pirata y la monja». *Boletín Cultural y Bibliográfico* (Bogotá) 6.7 (jul., 1961): 598-603.

———. *El reino mágico de Rafael Pombo*. 7ª reimpresión. Ilustraciones: Adriana Puerta. Medellín: Colina, 1995. 86p.

——— Medellín: Editorial Colina, 1996. 86p.

———. *El renacuajo paseador*. Medellín: Susaeta, 1987? 10p.

——— Santafé de Bogotá: Ediciones Monteverde, c1994. 8p.

———. *El renacuajo paseador; Simón el bobito; La pobre viejecita: cuentos infantiles*. Santafé de Bogotá: Kingraf, 1995. 32p.

———. *Juan chunguero*. Medellín: Susaeta, 1987? 8p.

———. «Las ñapangas de Popayán». *Hojas de Cultura Popular Colombiana* (Bogotá) 27 (mzo., 1953): [s.p].

———. *Lo mejor de Rafael Pombo: cuentos y fábulas*. 2ª. ed. Medellín: Edilux, c1991. 80p.

———. *Los cuentos de Rafael*. Bogotá: Grabar Estudios, 198-? [s.p].

———. *Mirringa mirronga.* Medellín: Susaeta, 1987? 12p.

——— Santiago de Chile: Editorial Andrés Bello, 1994. 16p.

———. *Oyendo y leyendo cuentos.* CD-Rom. Santa fe de Bogotá: Editorial Linotipia Bolívar, 1994.. 1 CD-Rom bajo Windows.

———. *Rafael Pombo.* Santafé de Bogotá: Panamericana Editorial, 1996. 112p.

———. *Rafael Pombo al rescate: Cuentos y fábulas.* Santa Fe de Bogotá: Periódicos Asociados, 1996. 100p.

———. *Rin-Rin renacuajo: cuento sudamericano.* México: Secretaria de Educación Pública, 1942. 16h.

——— 2ª ed. México: Secretaría de Educación Pública; Libros del Rincón Sep, 1988. 16p.

———. *Rin-rin; Simón y la viejecita: tres cuentos infantiles de Rafael Pombo.* Medellín: Editorial Colina, 1987. 30p.

———. *Serie Las fábulas de Rafael Pombo.* Videograbación: Programas del 1º al 11. Bogotá: Presidencia de la República, 198? 1 videocasete. 120 min.

———. *Simón el bobito.* Medellín: Susaeta, 1987? 14p.

———. *Tía Pasitrote.* Medellín; Susaeta, 1987? 14p.

———. «Toros en calle y en plaza». *Museo de cuadros de costumbres, variedades y viajes.* Biblioteca de «El Mosaico». I. Bogotá: Biblioteca del Banco Popular, 1973. 127-144.

———. *Traducciones poéticas. Edición oficial hecha bajo la dirección de don Antonio Gómez Restrepo.* Bogotá: Imprenta Nacional, 1917. 300p.

———. *Tres cuentos infantiles de Rafael Pombo.* Medellín: Colina, 1995. 30p.

TEATRO:

———. *Florinda, o: la Eva del reino godo español; ópera mayor española; poema dramático en cinco actos en verso.* Bogotá: Imprenta de M. Rivas, 1880. 40p.

OTROS:

———. «Alberto Urdaneta». *Papel Periódico Ilustrado* (Bogotá) V.114-116 (mayo 1º, 1888): 294.

———. «Alberto Urdaneta». *El Gráfico* (Bogotá) 22.1041 (ag.,1931): 769.

———. «Apéndice». *Cómo se evapora un ejército.* Ángel Cuervo. Precedido de una noticia biográfica y literaria por D. Rufino J. Cuervo; y seguido de un nuevo apéndice por D. Rafael Pombo. Bogotá: Librería Nueva, 1901. 216p.

———. [Coaut]. *Bello en Colombia.* Estudio y selección de Rafael Torres Quintero. 2ª. ed. Bogotá: Instituto Caro y Cuervo, 1981. 260p.

———. *Buena nueva.* París- Chartres: Imprenta de Durand, 1893. 20p.

———. «Carta de Rafael Pombo a Carlos Martínez Silva "Sobre un Soneto"». *Repertorio Colombiano* (Bogotá) 1 (jul., 1878): 67-71.

———. *Cartas a su madre Ana Revolledo de Pombo*. Mss. La Mesa, 1854. 5 cartas. Colección de manuscritos de la Biblioteca Luis Ángel Arango.

———. *Cartas cruzadas entre Rafael Pombo y el Dr. Carlos Cortes Lee: en las que el Sr. Pombo solicita un concepto sobre las poesías adjuntas*. Mss. 1894. 4 cartas. Colección de manuscritos de la Biblioteca Luis Ángel Arango.

———. «Cartas políticas». *Revista Colombiana* (Bogotá) 1.6 (jun., 1933): [s.p]; 2.14 (nov., 1933): [s.p]; 2.21 (feb., 1934): [s.p]; 3.32 (jul., 1934): [s.p].

———. «Cartilla objetiva o alfabeto imaginario». *Hojas de Cultura Popular Colombiana* (Bogotá) 1.10 (oct., 1951): [s.p].

———. «Colombia y las bellas artes». *Colombia Ilustrada* (Bogotá) 1 (abr. 2, 1889); 11-13.

———. *Correspondencia de Rafael Pombo dirigida a Rafael Baquero T., de 1905 a 1911*. Mss. 1905-1911. 58 cartas. Colección de manuscritos de la Biblioteca Luis Ángel Arango.

———. *Cuervo, Ángel. Epistolario de Ángel y Rufino José Cuervo con Rafael Pombo*. Bogotá: Instituto Caro y Cuervo, 1974. 406p.

———. «Discurso en los funerales de José María Ponce de León». *Papel Periódico Ilustrado* (Bogotá) II.37 (abr. 1°, 1883): 199-200.

———. *Dos documentos inéditos de Pombo a Longfellow*. Bogotá: Instituto Caro y Cuervo, 1965. 8p.

———. «D. José Caicedo Rojas: ante su féretro en el cementerio de Bogotá». *Revista Ilustrada* (Bogotá) 1.7 (nov., 1898): 106-108.

———. *Dos libros en uno: las sacerdotisas de Rafael Pombo y poesías de Agripina Montes del Valle*. Jaime Bedoya Martínez. (Ed). Manizales: Editorial Manigraf, 2000. 179p.

———. [Trad]. «El Herrero de Aldea; traducción castellana». *El Repertorio Colombiano* (Bogotá) 29 (nov., 1880): 339-341.

———. y Elizabeth Peabody. «El kindergarten o la escuela jardín de niños». *La Escuela Normal* (Bogotá) 2.36 (sept. 9, 1871): 563-567.

———. [Trad] «El poeta moribundo». Lamartine. *El Mosaico* al cual está unida *La Biblioteca de Señoritas* (Bogotá) II.26 (jul. 4, 1860): 202-203.

———. y H. G. Summers. «El revuelto Magdalena». *Santafé y Bogotá* (Bogotá) 1.6 (jun., 1923): 371.

———. «Ignacio Gutiérrez Guevara». *Papel Periódico Ilustrado* (Bogotá) IV.76 (oct. 1°, 1884): 52.

———. «Industria y bellas artes». *Revista Ilustrada* (Bogotá) 1.2 (jul.9, 1898): 17-20.

———. «José Caicedo Rojas: ante su féretro en el cementerio de Bogotá». *Revista Ilustrada* (Bogotá) 1.7 (nov., 1898): 106-108.

———. «J. Manuel Marroquín». *Revista Ilustrada* (Bogotá) 1.4 (ag., 1898): 52-55.

———. «José María Ponce de León». *Papel Periódico Ilustrado* (Bogotá) II.37 (abr. 1°, 1883): 198-199.

———. «La "Florinda" de Ponce de León». *Papel Periódico Ilustrado* (Bogotá) II.37 (abr. 1883): 203-206.

———. «La intelectualidad en Colombia: y el presbitero D. Carlos Cortés Lee». *Revista Colombiana* 1.1 (sept., 1895): 3-16.

———. [Trad]. «Lo único que te falta». *El Mosaico* (Bogotá) 4.42 (oct. 22, 1859): 337. [poesía]

———. *Los liberales granadinos i su última víctima*. Bogotá: [s.edit], 1862? 20p.

———. «Manuel Briceño». *Papel Periódico Ilustrado* (Bogotá) IV.96 (ag. 1885): 399, 402.

———. «Manuel Marroquín». *Revista Ilustrada* (Bogotá) 1.4 (ag., 1898): 52-55.

———. «Margarita: por Diego Uribe». *El Repertorio Colombiano* (Bogotá) 1 (mayo, 1899): 14-24.

———. «Música sagrada». *Papel Periódico Ilustrado* (Bogotá) II.37 (abr. 1°, 1883): 203.

———. «Música y poesía». *Universidad de Antioquia* (Medellín) 88 (sept.-oct., 1948): 682.

———. «Nota de pésame a José M. Vergara y Vergara». José M. Samper. José Joaquín Borda. Miguel Antonio Caro. Jorge Isaacs. Teodoro Valenzuela. Ricardo Silva. Alejandro A. Posada. Ricardo Carrasquilla. Manuel Pombo. Salvador Camacho Roldán. José María Quijano O. Diego Fallón. J. David. Guarín. Alberto Urdaneta. José Manuel Marroquín. *El Hogar. Periódico dedicado al bello sexo* (Bogotá) I.6 (feb. 29, 1868): 41.

———. «Noticias sobre la presente edición». *Poesías*. Gregorio Gutiérrez González. Introducción por Salvador Camacho Roldán. Bogotá: Imprenta de Medardo Rivas, 1881. 255p.

———. «Nuevo triunfo de Ponce de León». *Papel Periódico Ilustrado* (Bogotá) II.37 (abr. 1°, 1883): 202-203.

———. «Policarpa Salavarrieta». *Boletín Cultural y Bibliográfico* (Bogotá) 5.8 (ag., 1962): 992-995.

———. «Prólogo». *Trovas del General José María Pinzón Rico*. Publicadas por su hermana Adelaida. Bogotá: Imprenta de «La Luz», 1896. 526p.

———. *Rafael Pombo en Nueva York*. Bogotá: Editorial Kelly, 1983. 271p. [Diarios íntimos, Cartas colombianas]

———. «Recuerdos de José María Ponce de León: a la gloria incruenta de la patria». *Papel Periódico Ilustrado* (Bogotá) 2.37 (abr.1°, 1883): 198-199.

———. «Traducción del soneto de Ratisbonne a Bolívar». *Papel Periódico Ilustrado* (Bogotá) III.72 (jul. 24, 1884): 394.

———. *Traducciones poéticas*. Edicion oficial hecha bajo la dirección de don Antonio Gómez Restrepo. Bogotá: Imprenta Nacional, 1917. 300p.

———. [Trad] «Tres palabras de fortaleza». Johann Christoph Friedrich von Schiller. *Revista Casa Silva* (Bogotá) 13 (2000): 42.

———. «Un hogar ideal». *Colombia Ilustrada* (Bogotá) 23 (oct. 24, 1891): 356-358.

———. «Versos de Enrique Wenceslao Fernández». *El Repertorio Colombiano* (Bogotá) 15.1 (ene., 1897): 43-46.

CRÍTICA:

Aguilera Ardila, Alberto. *Rafael Pombo*. Bogotá: Ediciones Chibchacum, 1989. 2 vols.

Álvarez D'orsonville, José María. «Don Rafael Pombo y la "Hora de tinieblas"». *El Gráfico* (Bogotá) 22.1153 (nov., 1933): 96.

Anónimo. «Con motivo de la muerte de Pombo». *El Gráfico* (Bogotá) 9.84 (mayo 11, l912): [s.p].

Anónimo. «Los 150 años de Rafael Pombo». *Anales de Ingeniería* (Bogotá) 91.820 (nov.-dic., 1983): 62-63.

Anónimo. *Poetas clásicos colombianos*. Medellín: Edilux, 1993 124p. [Poesías de: Rafael Pombo, José Asunción Silva, Guillermo Valencia, Porfirio Barba Jacob, Luis Carlos López, José Eustasio Rivera]

Anónimo. «Rafel Pombo, el poeta, a través de su escritura». *El Gráfico* (Bogotá) 22.1153 (nov., 1933): 94-95.

Anónimo. «Rafael Pombo y su obra poética». *El Gráfico* (Bogotá) 22.1153 (nov., 1933): 100-101.

Anónimo. *Rafael Pombo 1833-1912: a brief summary of Rafael Pombo's biography and a selection of three of his most famous tales, extracted from someavailable Pombo's publications*. Bogotá: Fundación Rafael Pombo, 2002? 20p.

Arango Jaramillo, Daniel. «En torno a la conmemoración de Rafael Pombo». *Revista de las Indias* (Bogotá) 26.82 (oct., 1945): 129-132.

Arévalo. Guillermo Alberto. [Comp]. *Siete poetas colombianos: antología*. Bogotá: El Áncora, 1983. 117p. [Contenido: Rafael Pombo. Julio Flórez. José Asunción Silva. Guillermo Valencia. Porfirio Barba Jacob. Luis Carlos López. José Eustasio Rivera]

Arrubla, Juan Manuel. «Rafael Pombo». *Revista del Colegio Mayor de Nuestra Señora del Rosario* (Bogotá) 281.281 (feb., 1934): 102.

———. *Rafael Pombo y el sentimiento de la naturaleza*. Bogotá: Imprenta de «La Luz», 1934. 28p.

Bayona Posada, Nicolas. «Rafael Pombo». *Revista Javeriana* (Bogotá) 1.1, (feb., 1934): 9-27.

Bateman, Alfredo D. «El sesquicentenario de Rafael Pombo». *Arco* (Bogotá) 266 (mzo.1983): 49-57.

Bedoya Martínez, Jaime. *Rafael Pombo: su hora de tinieblas y sus poemas de arrepentimiento.* Manizales: Editorial Manigraf, 2001? 190p.

Bejarano Díaz, Horacio. «Rafael Pombo». *Revista del Colegio Mayor de Nuestra Señora del Rosario* (Bogotá) 436.437 (jun., 1955): 33.

Benítez Giraldo, Dario. (Ed.). *Cantemos el sentir popular: textos de Rafael Pombo, Epifanio Mejía, Francisco Martínez de la Rosa, Blanco Belmonte, Miguel López, S.J., y numerosas coplas populares.* Música de León J. Simar. Dirigió y editó este libro Darío Benítez Giraldo, S.J; lo transcribió Leonor Martínez Zuluaga. Cali: Carvajal & Cía. Ltda., 1954. 79p.

Brito, Aníbal. «Gloria: a Don Rafael Pombo». *Revista Gris* (Bogotá) 1.5 (feb., 1893): 160-162.

Cané, Miguel. «Rafael Pombo, íntimo». *El Gráfico* (Bogotá) 22.1153 (nov., 1933): 97.

Caparroso, Carlos Arturo. «Exégesis rosarista: Mutis, Pombo, Carrasquilla». *Revista del Colegio Mayor de Nuestra Señora del Rosario* (Bogotá) 435 (dic., 1953): 97.

———. «Para la infancia». *Boletín Cultural y Bibliográfico* (Bogotá) 3.2 (feb., 1960): 118-120.

Caro, Víctor Eduardo. «"Rin Rin" en inglés». *Santafé y Bogotá* (Bogotá) 5.55 (jul., 1927): 5-8.

Carranza Fernández, Eduardo. «Bogotá y su poeta: un insólito Pombo». *Arco* (Bogotá) 268 (mayo, 1983): 49-51.

Carrascosa-Miguel, Pablo. *Rafael Pombo y el verso semilibre hispanoamericano: aportación al estudio de su poesía a través del análisis métrico.* Bogotá: Instituto Caro y Cuervo, 1988. 35p.

Carvajal, Mario. «Las conferencias de "Cultura"». *El Gráfico* (Bogotá) 37.370 (sept. 22, 1917): 154.

Castro, Enrique. [res.] «Varias veces descubiertos». *Boletín Cultural y Bibliográfico* (Bogotá) 27.23 (1990): 116.

Castro Silva, José Vicente. «Discurso». *Revista del Colegio Mayor de Nuestra Señora del Rosario* (Bogotá) 281.281 (feb., 1934): 22.

———. «Rafael Pombo». *Prólogo del Quijote y otros ensayos.* Bogotá: Imprenta Municipal, 1937. [s.p].

———. «Rafael Pombo: Discurso pronunciado en la Academia Colombiana en el centenario de su nacimiento». *Revista del Colegio Mayor de Nuestra Señora del Rosario* (Bogotá) 67.475 (jul.-ag., 1967): 15.

Caycedo Ricaurte, Rafael. *La fábula en la estética de Pombo.* Bogotá: Imprenta de La Época, 1920. 27p.

Centro Literario «Rafael Pombo», (Ed.). *«Centenario de Rafael Pombo», 7 de noviembre de 1833-7 de noviembre de 1933.* Bogotá: [s.edit], [s.f]. 18p.

Cuervo, Ángel. *Epistolario de Ángel y Rufino José Cuervo con Rafael Pombo.* Bogotá: Instituto Caro y Cuervo, 1974. 406p.

Cuervo, Rufino José. «Don Rufino José Cuervo y la coronación de Rafael Pombo». *Santafé y Bogotá* (Bogotá) 6.69 (sept., 1928): 92-94.

Fein, John M. «La correspondencia de Rafael Pombo y Henry W. Longfellow». *Bolívar* (Bogotá) 31 (jul., 1954): 25-47.

Gaibrois de Ballesteros, Mercedes. «Colombia su poeta nacional». *Revista del Colegio Mayor de Nuestra Señora del Rosario* (Bogotá) 141.142 (mzo., 1920): 104.

Garay, Epifanio. *Rafael Pombo.* Material gráfico / caricatura. 1 Original de arte: Dibujo a tinta china sepia, sobre papel marquilla.

García Maffla, Jaime. «Rafael Pombo». *Gran Enciclopedia de Colombia*. 4. Santafé de Bogotá: Círculo de Lectores, 1992. 78-81.

García Prada, Carlos. «Evocando a Rafael Pombo». *Boletín de la Academia Norteamericana de la Lengua Española* (Staten Island) 2-3 (1977-1978): 69-83.

Gómez Restrepo, Antonio. «Coronación de Rafael Pombo, Teatro Colón: discurso». *Lecturas Populares.* 2 .789 (Nov. 8, 1913): 41-52.

———. «Discurso en representación de la Academia Colombiana: ante el cadáver de Rafael Pombo». *Revista del Colegio Mayor de Nuestra Señora del Rosario* (Bogotá) 71.75 (jun., 1912): 312.

———. *Medallones clásicos: semblanzas.* Medellín: Universidad Pontificia Bolivariana, 1969. 66p. [Contenido: Rafael Pombo. Monseñor Rafael María Carrasquilla. Rufino José Cuervo. José Eusebio Caro. Rafael Núñez]

———. «Pombo: palabras pronunciadas en la sesión solemne del Colegio María Auxiliadora». *Revista Senderos* (Bogotá) 3.12 (ene., 1935): 358-361.

———. «Rafael Pombo». *Historia de la literatura colombiana*. IV. Bogotá: Litografía Villegas, 1957. 147-219.

———. «Rafael Pombo». *Hojas de Cultura Popular Colombiana* (Bogotá) 1.10 (oct., 1951): [s.p].

Grillo, Maximiliano. «En recuerdo de Darío». *Revista de América* (Bogotá) 5.15 (mzo., 1946): 408-410.

———. «Rafael Pombo y su obra poética». *Cultura* (Bogotá) 4.23-24 (sept.-oct., 1917): 333-365.

———. «Rafael Pombo y su obra». *El Gráfico* (Bogotá) 37.370 (sept. 22, 1917): 154-155.

Hernández de Mendoza, Cecilia. «Rafael Pombo: honramos hoy las páginas de nuestra revista con un bello capítulo del trabajo presentado al certamen lírico abierto para conmemorar el centenario de Rafael Pombo». *El Gráfico* (Bogotá) 22.1155 (nov., 1933): 182.

Inés. «Una flor: a Rafael Pombo». *Revista Gris* (Bogotá) 1.4 (ene., 1893): 121-122.

Jaramillo Agudelo, Darío. «Pombo y los románticos». *Contrastes* (Bogotá) 3.139 (jul., 1983): 7-10.

———. «Rafael Pombo y la homeopatía, en cuatro poemas». *Revista Credencial Historia* (Bogotá) 30 (jul., 1992): 11-12.

———. «150 años de Pombo». *Nueva Frontera* (Bogotá) 457 (nov., 1983): 21-22.

Jiménez, David. «Los inicios de la poesía moderna en Colombia: Pombo y Silva». *Gaceta* (Bogotá) 32-33 (abr., 1996): 32-40.

Leal G., Jorge Enrique. «Rafael Pombo». *Boletín Cultural y Bibliográfico* (Bogotá) 10 (nov., 1958): 340-346.

Lleras Restrepo, Isabel. «Evocación». *Revista Colombiana* (Bogotá) 2.16 (nov., 1933): 116.

Manrique Terán, Guillermo. «Pequeña elegía». *El Gráfico* (Bogotá) 9.84 (mayo 11, 1912): [s.p].

Marino Sánchez, Juan. «Cuatro tiempos en la vida de Pombo». *Revista Policía Nacional* (Bogotá) 14.71 (sept.-oct., 1958): 8.

Martaw Góngora, Helcías. «El antipombo». *Boletín Cultural y Bibliográfico* (Bogotá) 16.5 (1979): 143-156.

Martínez Delgado, Luis. «Rafael Pombo». *Revista Policía Nacional* (Bogotá) 14.71 (sept.-oct., 1958): 4.

Maya, Rafael. *Estampas de ayer y retratos de hoy*. 2ª ed. Bogotá: Imprenta Nacional de Colombia, 1958. 392p.

———. «Evocación de Rafael Pombo: Discurso leído en la celebración del cincuentenario de Rafael Pombo en la Academia Colombiana». *Boletín de la Academia Colombiana* (Bogotá) 12.44 (jul.-sept., 1962): 223-229.

———. «Rafael Pombo». *Bolívar* (Bogotá) 11 (jul., 1952): 47-68.

——— *Hojas de Cultura Popular Colombiana* (Bogotá) 59 (nov., 1955): [s.p].

Meisel Lanner, Roberto. *Tres titanes de la literatura colombiana: Porfirio Barba Jacob, Rafael Pombo, Guillermo Valencia*. Barranquilla: Ediciones Gobernación del Atlántico, 1996. 220p.

Miramón, Alberto. *La angustia creadora en Núñez y Pombo*. Bogotá: Instituto Caro y Cuervo, 1975. 114p.

Molina, Luis Carlos. «Rafael Pombo». Biblioteca Virtual del Banco de la República, 2004.

Mora, Luis María. «Homenaje de la Academia Colombiana a Don Rafael

Pombo». *Revista del Colegio Mayor de Nuestra Señora del Rosario* (Bogotá) 71.75 (jun., 1912): 307.

———. *Los maestros de principio del siglo*. Bogotá: Editorial ABC, 1938. [s.p].

Nieto Caballero, Luis Eduardo. «Mientras pasan los días...: don Rafael Pombo, candidato presidencial, salve Cartagena». *El Gráfico* (Bogotá) 22.1154 (nov., 1933): 135-136.

Orjuela, Héctor. *Biografía y bibliografía de Rafael Pombo*. Bogotá: Instituto Caro y Cuervo, 1965. 418p.

Orjuela, Héctor H. «Rafael Pombo: Poesía inédita y olvidada». *Diez recobros para la literatura colombiana: textos inéditos, desconocidos u olvidados*. Bogotá: Editorial Kelly, 1998. 243p.

———. *Edda la bogotana: biografía de Rafael Pombo*. Santa Fe de Bogotá: Editorial Kelly, 1997. 175p.

———. *La obra poética de Rafael Pombo*. Bogotá: Instituto Caro y Cuervo, 1975. 457p.

———. *Rafael Pombo: vida y obras*. Ann Arbor: University Microfilms International, 1983. Tesis. University of Kansas, 1960. 2 vols.

Otero Muñoz, Gustavo. «Rafael Pombo». *Colegio Mayor de Nuestra Señora del Rosario* (Bogotá) 271.278 (sept., 1933): 510.

Pachón Gómez, Lilia. *La poesía de Rafael Pombo*. Bogotá: Editorial Pax, 1950. 80p. [Tesis: Pontificia Universidad Católica Javeriana]

Pérez Silva, Vicente. «Un amor apasionado de Rafael Pombo». *Arco* (Bogotá) 271 (ag., 1983): 49-54.

Quijano, Arturo. «La coronación de Pombo». *El Gráfico* (Bogotá) 13.631 (feb. 10, 1923): 495-496.

Roa, Jorge. (Ed.). *Colección de grandes escritores nacionales y extranjeros*. 1. Bogotá: Jorge Roa Editor, 1893. 334p.

Rodríguez Garavito, Agustín. «Rafael Pombo». *Boletín Cultural y Bibliográfico* (Bogotá) 5.5 (mayo, 1962): 573.

Sanín Cano, Baldomero. «Los grandes poetas colombianos: Rafael Pombo». *Noticia de Colombia* (México) 2 (oct., 1941): 7-8.

Scarpetta, Blas S. *Diálogos de Blas S. Scarpetta con José Gers*. Cali: Imprenta Departamental, 1946. 251p.

Urdaneta, Alberto. *Rafael Pombo* [Material gráfico]. 1dibujo original: lápiz sobre papel; 30 X 22 cm. Passe partout en cartón arte. [Pertenece al cuaderno de dibujo *Personajes nacionales*]

Vega, Fernando de la. «Rafael Pombo». *Revista Contemporánea* (Cartagena) 3.13 (jul. 31, 1917): 263-270.

Zamajovskaia, María. «Las fábulas de Rafael Pombo en la U.R.S.S.». *Revista de América* (Bogotá) 6.18 (jun., 1946): 28.

Zuleta, Juan Antonio. «Rafael Pombo». *Colegio Mayor de Nuestra Señora del Rosario* (Bogotá) 121.129 (oct., 1917):.569.

PONTÓN, NICOLÁS (1833- ?) (Seud. Fileno). Director de *El Recopilador*.
POESÍA:

———. (Ed.). *Ecos de la lira universal: colección de poesías de varios autores escogidos*. Bogotá: Imprenta de J. M. Lleras, 1977. 92p.

OTROS:

———. (Ed.). *El Recopilador: Boletín de Noticias y Variedades*. Bogotá: Imprenta de «La Ilustración», 1885-1887. 1.1 (ene. 31, 1885)-18.216 (oct.18, 1887): [s.p].

———. «Indicaciones». *Defensa del clero español y americano y guía geográfico-religiosa del estado soberano de Cundinamarca*. Antonio María Amézquita. Bogotá: Imprenta de «La Ilustración», 1882. 551p.

———. (Ed.). *La Voz del Catolicismo: periódico semanal: órgano de cominicación oficial eclesiástica y consagrado a la defensa de la religión*. Miguel Chiari, redactor. Bogotá: Imprenta Constitucional por Nicolás Pontón, 1864-1865. 1.1 (nov. 5, 1864)- 4.52 (nov. 4, 1865): [s.p].

CRÍTICA:

Morales, Enrique. *Contestación que da Enrique Morales: a la carta de Domingo Díaz; publicada en «El Recopilador», número 200*. Bogotá: Imprenta de «La Luz», 1887. 52p.

Silva, Felipe. *Juicio de calumnia promovido por la Compañía del Ferrocarril de Cúcuta contra el Director y Redactor de «El Recopilador»*. Bogotá: Imprenta a cargo de Fernando Pontón, 1887. 87p.

PORCIA, seudónimo de Agripina Montes del Valle.

POSADA, CARLOS (1845-1887) (Seud. Macías).
POESÍA:

———. «A mi corazón». *El Oasis. Periódico Literario de Antioquia* (Medellín) 28 (jul. 11, 1868): 224. [Firmado: C.]

———. «A Natalia». C. A. Echeverri y Carlos Posada. *El Oasis. Periódico Literario de Antioquia* (Medellín) 18 (mayo 2, 1868): 144.

———. «Celos». *El Oasis. Periódico Literario de Antioquia* (Medellín) 1868): 198-199.

———. «El ciprés». *El Oasis. Periódico Literario de Antioquia* (Medellín) 4 (feb. 1°, 1868): 29-30.

———. «Elegía». *Papel Periódico Ilustrado* (Bogotá) V.108 (ene. 15, 1887): 186-187.

———. «El sacrificio». *El Oasis. Periódico Literario de Antioquia* (Medellín) 1868): 135-136.

———. «En el álbum». *El Hogar. Periódico dedicado al bello sexo* (Bogotá) I.3 (feb. 8, 1868): 22-23.

———. «La señora Saturia V. de Vergara». *El Oasis. Periódico Literario de Antioquia* (Medellín) 12 (mzo. 21, 1868): 92. [Firmado: Macías]

———. «La tumba». *El Oasis. Periódico Literario de Antioquia* (Medellín) 29 (jul. 18, 1868): 230-231.

———. «Matías». *El Oasis. Periódico Literario de Antioquia* (Medellín) 20 (mayo 16, 1868): 158-160.

———. «Poesía». *El Oasis. Periódico Literario de Antioquia* (Medellín) 2 (ene. 18, 1868): 14.

———. *Un cuaderno de versos*. San José: Imprenta Nacional, 1880. 184p.

TEATRO:

———. *La florera: comedia en tres actos i en verso*. Cartajena: Imprenta de Hernández, 1874. 64p.

CRÍTICA:

Echeverri. C. A. «Carta al Sr. Carlos Posada». *El Oasis. Periódico Literario de Antioquia* (Medellín) 32 (ag. 8, 1868): 254.

POSADA [ZÁRATE], FRANCISCO (18 ?- 19 ?).

NOVELA:

———. *Patria (relación de un sueño); fantasía*. Barranquilla: Imprenta Americana, 1896. 72p.

———. *La muerte del apestado*. Bogotá: Imprenta de «La Luz», 1902. 92p.

RELATO:

———. *La muerte del apestado*. Bogotá: Imprenta de «La Luz», 1902. 92p.

———. *Patria: (relación de un sueño); fantasía*. Barranquilla: Imprenta Americana, 1896. 72p.

TEATRO:

———. *En las nebulosas; comedia en tres actos en prosa*. Bogotá: Editorial Santafé, 1928. 58p.

———. *Un cielo entre dos infiernos: drama en dos cuadros y dos actos; El árbol; la corrchuela y el leñador; apólogo*. Bogotá: Editorial Santafé, 1928. 62p.

OTROS:

———. *Apuntes para un plan de Hacienda en vista de la crisis fiscal y económica que atraviesa Colombia*. Bogotá: Imprenta de «La Unidad Nacional», 1899. 22p.

———. «Apuntes sobre la fenomenología». *Mito* (Bogotá) 2. 9 (ag.-sept., 1956): 160-167.

———. *Crédito público*. Bogotá: Imprenta Nueva, 1903. 1h. pleg.

———. *Cuestiones colombianas; el triunfo de la verdad económica y monetaria, conferencia dictada en el salón de la Academia Colombiana de Jurisprudencia el 16 de septiembre de 1909*. Bogotá: Imprenta Eléctrica, 1909. 18p.

———. *Directorio General de la Ciudad de Panamá, y reseña histórica, geográfica, & del departamento...* Panamá: Imprenta Star and Herald, 1898. [s.p].

———. *El liquidador páctico de facturas en forma didáctica*. Bogotá: Tipografía de J. Casis, 1906. 118p.

———. *Ensayo sobre asuntos fiscales: bases, en embrión, para un proyecto de monopolización de la industria bancaria en Colombia*. Bogotá: Imprenta de «La Luz», 1889. 16p.

———. *La revolución del 13 de marzo de 1909, considerada desde los puntos de vista político y económico*. Bogotá: Tipografía de J. Casis, 1909. 13p.

———. *Reflexiones sobre el problema monetario*. Bogotá: Imprenta Nueva, 1903. 1h. pleg.

POSADA, JOAQUÍN PABLO (1825-1880) (Seud. J. P. P.).
POESÍA:

———. «A Abel Karl». *El Mosaico* (Bogotá) III.47 (ene. 7, 1865): 370-371.

———. «Adiós». *El Hogar. Periódico dedicado al bello sexo* (Bogotá) I.22 (jun. 27, 1868): 172.

———. «Aguinaldo». *Vida* (Bogotá) 4 (dic., 1946): 15-16.

———. «A Ismael Ocampo». *El Liberal Ilustrado* (Bogotá) 2. 868 (ene. 24, 1914): 70-71.

———. «A Lastenia». *El Mosaico* al cual está unida *La Biblioteca de Señoritas* (Bogotá) I.44 (nov. 5, 1859): 350.

———. «Al señor J. Manuel Marroquín». *El Mosaico* (Bogotá) I.26 (jun. 25, 1859): 206.

———. «Al señor Tomás G. Uribe». *El Mosaico* al cual está unida *La Biblioteca de Señoritas* (Bogotá) I.40 (oct. 8, 1859): 320-321.

———. «Al Sr. Simón O'Leary». *El Mosaico* (Bogotá) I.19 (abr. 30, 1859): 147-148.

———. «A los señores Raimundo, Andrés i Ricardo Santamaría». *El Mosaico* (Bogotá) I.37 (sept. 17, 1859): 296-297.

———. «A Rafael Elizechea». *Biblioteca de Señoritas* (Bogotá) II.53 (abr. 23, 1859): 127-128.

———. «A una niña». *Biblioteca de Señoritas* (Bogotá) II.60 (jun. 11, 1859): 26.

———. «Cumbarco». *El Mosaico* (Bogotá) III.46 (nov. 31, 1864): 363-365.

———. «De viaje». *El Mosaico* (Bogotá) I.20 (mayo 7, 1859): 155-156.

———. «El monte de dados». *Biblioteca de Señoritas* (Bogotá) II.60 (jun. 11, 1859): 21.

———. «En el álbum de la señora Carmen del Río de Narváez». *El Mosaico* (Bogotá) III.6 (feb. 20, 1864): 44-45.

———. «En el álbum de la señorita Paulina Díaz Granados». *Biblioteca de Señoritas* (Bogotá) I.27 (jul. 8, 1858): 6-7.

———. «En el álbum de la señorita Paulina Díaz Granados». *El Mosaico* al cual está unida *La Biblioteca de Señoritas* (Bogotá) II.16 (abr. 21, 1860): 122.

———. «La Biblioteca». *Biblioteca de Señoritas* (Bogotá) II.67 (jul. 30, 1859): 81.

———. «Logogrifo». *El Mosaico* (Bogotá) I.36 (sept. 3, 1859): 285-286.

———. *Pobre Teresa: chanzoneta amistosa, critico-burlesca*. Bogotá: Imprenta de Echevarría, 1857. 17p.

———. *Poesías*. Cartagena: Ediciones Velamen, 1946. 185p.

———. *Preces cuotidianas a la Divina Pastora*. 2ª ed. Bogotá: Imprenta de Gaitán, 1871. 19p.

———. «Reminiscencias». *El Mosaico* (Bogotá) I.27 (jul. 2, 1859): 213-214.

———. «Romance». *Biblioteca de Señoritas* (Bogotá) I.4 (ene. 23, 1858): 27-28.

———. «Romance». *El Mosaico* al cual está unida *La Biblioteca de Señoritas* (Bogotá) I.40 (oct. 8, 1859): 322-323.

———. «Soneto». *Biblioteca de Señoritas* (Bogotá) II.55 (mayo 7, 1859): 140.

———. «Soneto». *El Mosaico* al cual está unida *La Biblioteca de Señoritas* (Bogotá) I.46 (nov. 19, 1859): 368.

———. «Soneto». *El Iris, periódico literario dedicado al bello sexo* (Bogotá) 18 (jun. 10, 1866): 232.

———. «Un servicio: Al señor Mariano Izquierdo». *El Mosaico* al cual está unida *La Biblioteca de Señoritas* (Bogotá) I.42 (oct. 22, 1859): 338.

———. *Versos de Joaquín Pablo Posada*. Bogotá: Imprenta de Echeverría, 1857. 154p.

RELATO:

———. «Una visita de petición». *Biblioteca de Señoritas* (Bogotá) II.59 (jun. 4, 1859): 19-20.

OTROS:

———. *El Alacrán*. Bogotá: Impreso por V. Posada, 1849. 1-7 (ene. 28-feb. 22, 1849): [s.p].

———. *El Alacrán*. Bogotá: Incunables, 198? 32p. en varias paginaciones.

———. *Camafeos: bosquejos de notabilidades colombianas en política, milicia, comercio, ciencias, artes, literatura, trápalas, malas mañas, y otros efectos; bajo su triple aspecto físico, moral e intelectual, escritos en verso*. Barranquilla: «Imprenta de los Andes», 1879. 79p.

——— Bogotá: [s.edit], 1898. 251-313.

———. *Los revolucionarios de 1854 en las elecciones de 1856*. Bogotá: Imprenta de Nicolás Gómez, 1856. 1h.

———. «Principios i práctica de la educación en las escuelas públicas». *La Escuela Normal* (Bogotá) 3.85 (ag. 17, 1872): 263-264; 3.87 (ag. 30, 1872): 277-278; 3.88 (sept. 7, 1872): 282-286; 3.89 (sept. 14, 1872): 292-295.

———. *Un duelo el día 8 de enero de 1850.* Bogotá: Imprenta del «Neo-Granadino», [s.f]. 23p.

CRÍTICA:

Anónimo. «Joaquín Pablo Posada». *El Mosaico* (Bogotá) I.36 (sept. 3, 1859): 285.

Bayona Posada, Jorge. *El alacrán Posada....* Bogotá, Editorial Santafé, 1946. 61p.

Borda, José Joaquín. y José María Vergara i Vergara. (Eds.). *La lira granadina: colección de poesias nacionales.* Bogotá: El Mosaico, 1860. [s.p].

Llona, Numa Pompilio. *Bosquejos de literatos colombianos.* Bogotá: Imprenta de Silvestre, 1886. 32p. [Evangelina: cuento de acadia; Rafael Núñez y Carlos Holguín; Camafeos: bosquejos de notabilidades colombianas; Almanaque de "El Bogotano" histórico, astronómico y eclesiástico para el año de 1883]

Reyes Posada, Carlos José. ,«Joaquín Pablo Posada (El Alacrán) poeta satírico y periodista comparativo en tiempos de cambio». *Boletín de Historia y Antigüedades* (Bogotá) LXXV.797 (abr.-jun., 1997): 345-382.

———. «Joaquín Pablo Posada: estampa de un periodista crítico y mordaz». *Revista Senderos* (Bogotá) 7.29-30 (dic., 1994): 954-963.

POSADA ARANGO, ANDRÉS (1839-1923).

RELATO:

———. «Una carta de Ultramar». *El Oasis. Periódico Literario de Antioquia* (Medellín) 47 (nov. 21, 1868): 369-371.

———. «Viaje a Oriente». *Cuadros de costumbres y descripciones locales de Colombia* Artículos escogidos y publicados por José Joaquín Borda. Librería y Papelería de Francisco García Rico, 1878. 392-398.

——— *Museo de cuadros de costumbres, variedades y viajes.* Biblioteca de «El Mosaico». IV. Bogotá: Biblioteca del Banco Popular, 1973. 323-330.

OTROS:

———. «Astronomía: instrucción para el pueblo». *La Caridad* (Bogotá) 1.32 (mayo 5, 1865): 408-510. «La luna». 1.34 (mayo 19, 1865): 540-541; «El sol». 1.35 (mayo 26, 1865): 551-554; «Los eclipses». 1.39 (jun. 23, 1865): 621-622; «Las Estrellas». 1.42 (jul. 14, 1865): 669-670; «Los planetas». 1.48 (ag. 25, 1865): 773-774; «Los cometas». 2.1 (sept. 1°, 1865): 11-12; «La estrellas errantes». 2.2 (sept. 9, 1865): 29-31; «El calendario». 2.7 (oct. 13, 1865): 109-111.

———. «Demografía histórica de Medellín». *Revista de Colombia* (Bogotá) 6 (jul. 15, 1910): 176-181.

———. «El arco iris». *La Caridad* (Bogotá) 2.17 (dic. 22, 1865): 264-265:

———. *El Doctor Andrés Posada Arango: ante la opinión pública*. Medellín: Tipografía de San Antonio, 1910. 16p.

———. «El eco». *La Caridad* (Bogotá) 2.19 (ene. 5, 1866): 293-294.

———. «El género caldasia». *Boletín de Historia y Antigüedades* (Bogotá) 4.50 (nov., 1907): 95-97.

———. «El lunario de Caldas: artículo dedicado a la Academia Antioqueña de Historia». *Boletín de Historia y Antigüedades* (Bogotá) 4.48 (sept., 1907): 742-745.

———. *Ensayo etnográfico sobre los aborígenes del Estado de Antioquia en Colombia: presentado a la Sociedad de Antropología*. París: Imprenta de Rouge, 1871. 32p.

———. *Estudios científicos del doctor Andrés Posada con algunos otros escritos suyos sobre diversos temas y con ilustraciones o grabados...* Medellín: Molina, 1909. 432p.

——— Bogotá: Ediciones Guadalupe, 1971. 280p

———. «Félix Restrepo». *Papel Periódico Ilustrado* (Bogotá) III.57 (ene. 15, 1884): 134-135.

———. «Francisco Antonio Zea». *Boletín de Historia y Antigüedades* (Bogotá) 8.87 (ag., 1812): 174-177.

———. «Girardot, Caldas, Restrepo, Córdoba». *Papel Periódico Ilustrado* (Bogotá) II.45 (jul. 20, 1883): 340-341.

———. «La tarabita». *Papel Periódico Ilustrado* (Bogotá) II.38 (abr. 15, 1883): 231-232.

———. «Más sobre Zea». *Boletín de Historia y Antigüedades* (Bogotá) 8.87 (ag., 1912): 177.

———. *Viaje de América a Jerusalén tocando en París, Londres, Loreto, Roma i Egipto*. París: A. E. Rochette, 1869. 281p.

CRÍTICA:

Posada de Greiff, Luz. *Andrés Posada Arango: su vida y su obra*. Bogotá: Fondo FEN Colombia, 1995. 135p.

———. «El doctor Andrés Posada Arango y Doña María Martínez de Nisser». *Pregón* (Sonsón) 17.119 (sept.-oct., 1994): 1-7.

Urdaneta, Alberto. «Andrés Posada Arango». *Papel Periódico Ilustrado* (Bogotá) III.57 (ene. 15, 1884): 134.

POSADA GUTIÉRREZ, JOAQUÍN (Cartagena, 1791-1881) (Seud. Justo Severo).

POESÍA:

———. «A Martín Guerra en su día». «César Conto». «A Pablo Currea». «A Ismael». *Historia de la literatura colombiana*. José J. Ortega T. Bogotá: Editorial Cromos, 1935. 185-188.

———. «Poesías». *Antología de la poesía hispanoamericana: Colombia*. Ginés de Albareda y Francisco Garfias. (Eds.). Madrid: Biblioteca Nueva, 1957. [s.p].

RELATO:

———. «Fiestas de la Candelaria en La Popa». *Museo de cuadros de costumbres i variedades*. Biblioteca de «El Mosaico». II. Bogotá: Imprenta a cargo de Foción Mantilla, 1866. 81-90.

——— *Museo de cuadros de costumbres, variedades y viajes. Biblioteca de «El Mosaico»*. I. Bogotá: Biblioteca del Banco Popular, 1973. 157-174.

———. «La voluntaria». *Museo de cuadros de costumbres i variedades*. Biblioteca de «El Mosaico». II. Bogotá: Imprenta a cargo de Foción Mantilla, 1866. 359.

——— *Museo de cuadros de costumbres, variedades y viajes. Biblioteca de «El Mosaico»*. II. Bogotá: Biblioteca del Banco Popular, 1973. 233-234.

———. «Partida del Libertador. Honda, 1830». *Museo de cuadros de costumbres, variedades y viajes. Biblioteca de «El Mosaico»*. III. Bogotá: Biblioteca del Banco Popular, 1973. 85-94.

OTROS:

———. *Alocución pronunciada por el Jeneral Joaquín Posada Gutierrez, Comandante en jefe de la 1a. División, a las tropas formadas en gran parada en la plaza de La Mesa, el 3 de febrero de 1861* Bogotá: Imprenta de la Nación, 1861. 1h.

———. *Apéndice a los apuntamientos del Jeneral Joaquín Posada Gutiérrez sobre la campaña del Sur; réplica a la contestación que ha dado a ellos el Jeneral graduado M. M. Franco*. Cartajena: Imprenta de los Herederos de J. A. Calvo, 1843. 26p.

———. *Apuntamientos del Jeneral Posada Gutiérrez sobre la campaña del Sur*. Cartajena: mprenta de los Herederos de J. A. Calvo, 1843. 136p.

———. *Cartas dirigidas por el señor Joaquín Posada Gutiérrez*. Mss. 2 cartas. Colección de manuscritos de la Biblioteca Luis Ángel Arango.

———. *El Ferrocarril de Panamá*. Cartagena: Imprenta de Ruiz e Hijo, 1856. 46p.

———. *El jeneral Posada a sus detractores: primera réplica*. Cartajena: Imprenta de Ruiz e Hijo, 1857. 36p.

———. *El jeneral Posada a sus detractores: segunda réplica*. Cartajena: Imprenta de Ruiz e Hijo, 1857. 8p.

———. «Exhumación de los restos del Libertador». *Hojas de Cultura Popular Colombiana* (Bogotá) 29 (mayo, 1953): [s.p].

———. *La batalla del santuario.* 3ª ed. Bogotá: Editorial Minerva, 1936? 179p.

——— Bogotá: Editorial Minerva, 1937. 289p.

———. «La corona de Ayacucho». *Hojas de Cultura Popular Colombiana* (Bogotá) 1.10 (oct., 1951): [s.p].

———. «Memorias histórico-políticas del General Posada: Ojeada a los orígenes de nuestros partidos políticos». *El Repertorio Colombiano* (Bogotá) 33 (mzo., 1881): 217-236.

———. *Memorias histórico-políticas. Últimos días de la Gran Colombia y del Libertador.* Bogotá: Imprenta a cargo de Foción Mantilla, 1865-1881. 2 vols.

——— Bogotá: Librería Americana, 1881. [s.p].

——— Madrid: Editorial América, 1920-1921. 3 vols.

——— Bogotá: Imprenta Nacional, 1929. 4 vols.

——— Bogotá: Editorial Iqueima, 1951. 6 vols.

——— Medellín: Editorial Bedout, 1971. 3 vols.

———. «Traslación de los restos del Libertador a Caracas». *Historia de la literatura colombiana.* José J. Ortega T. Bogotá: Editorial Cromos, 1935. 137-140.

CRÍTICA:

Anónimo. *Cuestión oficial entre el secretario que fue de Relaciones Esteriores, Dr. M. Murillo i el Gobernador que fue de esta provincia Jeneral Joaquín Posada Gutiérrez.* Cartajena: Imprenta de Francisco de B. Ruiz, 1849. 17p.

Anónimo. *Partes oficiales i detallados de la Batalla i esplosion que tuvieron lugar en Manizales en los días 28 i 29 de agosto de 1860.* Manizales: [s.edit], 1860. 32p.

Maya, Rafael. *Estampas de ayer y retratos de hoy.* Bogotá: Imprenta Nacional de Colombia, 1958. 392p.

———. «Joaquín Posada Gutiérrez». *Bolívar* (Bogotá) 5 (nov.-dic., 1951): 1055-1059.

Otero Muñoz, Gustavo. «Joaquín Posada Gutiérrez». *Revista Policía Nacional* (Bogotá) 16.76 (jul.-ag., 1959): 5.

Restrepo Posada, José. «Joaquín Posada Gutiérrez». *Boletín Cultural y Bibliográfico* (Bogotá) 7.11 (1964): 2064-2065.

Reyes, Carlos José. «Joaquín Posada Gutiérrez». *Revista Senderos* (Bogotá) 7.29-30 (dic., 1994): 954-963.

Rivas, Raimundo. *Cuatro figuras colombianas: Mosquera, Liborio Mejía, El general Posada Gutiérrez, Núñez.* Bogotá: Editorial Cromos, 1933. 248p.

Unos Caucanos. *Los Tratados con Mosquera.* Bogotá: Imprenta de El Mosaico, 1860. 1h. [Contenido: Critican los Tratados celebrados entre los Generales Joaquín Posada Gutiérrez y Tomás Cipriano de Mosquera, a quien califican de "jefe de las cuadrillas de malhechores del Cauca" y confían en que el gobierno no los aprobará y dará la orden de atacar a los rebeldes, aprehenderlos y entregarlos a la autoridad]

Urdaneta, Alberto. *Joaquín Posada Gutiérrez: 84 años de edad*. [Material gráfico] 1dibujo original: lápiz sobre papel ; 30 X 22 cm. Passe partout en cartón arte. [Pertenece al cuaderno de dibujo *Personajes nacionales*]

POSSE MARTÍNEZ, ALEJO (1839-1898).

POESÍA:

———. *Recuerdos*. Bogotá: Imprenta de «La Ley», 1876. 31p.

OTROS:

———. «Algo de historia patria». *El Hogar. Periódico dedicado al bello sexo* (Bogotá) I.45 (nov. 28, 1868): 355-359.

———. *Discurso pronunciado por el señor Alejo Posse Martínez, director del Colegio Santo Tomás de Aquino: en la reinstalación de la Academia de Ciencias i Literatura del mismo colegio*. Bogotá: Imprenta de Gaitán, 1866. 12p.

———. *Discurso pronunciado por el señor Alejo Posse Martínez, director del Colegio Santo Tomás de Aquino: al terminar los certámenes públicos del mismo establecimiento, el 24 de noviembre de 1871*. Bogotá: Tipografía de Nicolás Pontón i Compañía, 1872. 12p.

———. *El orador escolar*. Prólogo de José Manuel Marroquín. Bogotá: Imprenta de Silvestre, 1881. 60p.

———. «Exijencia de un suscritor a "El Hogar"». *El Hogar. Periódico dedicado al bello sexo* (Bogotá) I.37 (oct. 10, 1868): 289-291.

———. *Informe del Representante del gobierno en la Ferrería Samacá*. Tunja: Imprenta a cargo de J. Vicente Calderón, 1884. 25p.

———. *Lecciones de contabilidad oficial y mercantil según el sistema de partida doble*. 5ª ed. Bogotá: Imprenta de Vapor de Zalamea Hermanos, 1894. 85p.

———. *Manual del comerciante*. Bogotá: [s.edit], 1857. 103p.

———. «Nos ahogamos». *El Catolicismo* (Bogotá) 7.447 (nov. 6, 1860): 705-706.

———. *Reflexiones sobre el protestantismo*. Bogotá: Cándido Pontón, 1869. 93p.

———. «Sr. José María Vergara Vergara. Carta en favor de la honradez y reputación del Sr. José Joaquín Ortiz; fechada en Bogotá a 2 de Agosto de 1863. Bogotá: [s.edit], 1863. 1h.

———. *Tratado de cálculo*. Bogotá: Imprenta de «El Mosaico», 1865. 46p.

CRÍTICA:

Quijano Otero, José María. *Corona fúnebre de la señora Dolores Amaya de Posse*. Bogotá: Imprenta de la América, 1874. 68p.

P. P. G., seudónimo de Próspero Pereira Gamba.
P. P. DE P., seudónimo de José Manuel Marroquín.

PRADILLA, ANTONIO MARÍA
   Poesía:
   ———. «A la graciosa bailarina». A. M. Pradilla. *El Albor Literario, periódico científico, literario i noticioso* (Bogotá) 1 (1846): 6.
   Otros:
   ———. *Decreto de 28 de abril de 1864: ordenando la publicación de un diario oficial*. Bogotá: [s.edit], 1864. [s.p].
   ———. *Memoria del Secretario de lo Interior i Relaciones Esteriores al Congreso de Colombia*. Bogotá: Imprenta de Medardo Rivas, 1870. (varias paginaciones).

PRIESTLY, seudónimo de Diógenes A. Arrieta.
PRIMAVERA, seudónimo de Manuel María Mallarino.
PROBO, seudónimo de Mariano Ospina Rodríguez.
PROBO, seudónimo de Salomón Forero.
PRÓSPERO GALLO, seudónimo de José Rafael Sañudo.
P. S., seudónimo de José María Samper Agudelo.
PUBLÍCOLA, seudónimo de Alejandro Micolta.
PUBLIO, seudónimo de Juan de Dios Uribe.
PUBLIO CHAPELET. Ver Chapelet, Publio.

QUECUNQUE, seudónimo de José María Facio Lince.
QUIDAM, seudónimo de Manuel S. Toro.

QUIJANO, CLARA M. (18 ?- ?).
 Poesía:
———. *Verdadera ovación*. Homenaje al señor Rafael Reyes. Bogotá: Imprenta de Vapor de Zalamea Hermanos, 1895. [s.p].

QUIJANO OTERO, JOSÉ MARÍA (1836-1883) (Seud. López de Ayala).
 Poesía:
———. «A la señora Matilde U. de Párraga». *El Mosaico* (Bogotá) IV.6 (mzo. 4, 1865): 44.
———. «A mi hija». *El Hogar. Periódico dedicado al bello sexo* (Bogotá) I.1 (ene. 25, 1868): 8.
———. «A mi tabaco». *La Caridad* (Bogotá) 1.48 (ag. 25, 1865): 773.
———. «Dos composiciones». *Papel Periódico Ilustrado* (Bogotá) III.51 (sept. 30, 1883): 43.
 Relato:
———. «El alma del padre Mariño». *Cuadros de costumbres y descripciones locales de Colombia* Artículos escogidos y publicados por José Joaquín Borda. Librería y Papelería de Francisco García Rico, 1878. 5-13.
 —— *Museo de cuadros de costumbres, variedades y viajes*. Biblioteca de «El Mosaico». III. Bogotá: Biblioteca del Banco Popular, 1973. 211-222.
———. *Leyendas de José María Quijano Otero, Luis Capella Toledo, Camilo S. Delgado y Manuel José Forero*. Bogotá: Editorial Minerva, 1936. 173p.
 —— Bogotá: Editorial Minerva, 1937. 347p.
———. *Los Gutiérrez*. 4ª ed. Bogotá: Tipografía Color, 1986. 57p.
———. «Una página». *Museo de cuadros de costumbres, variedades y viajes*. Biblioteca de «El Mosaico». III. Bogotá: Bogotá: Biblioteca del Banco Popular, 1973. 171-174.

TEATRO:

———. y Galán, Ángel María. *El último boabdil o Amor y religión: drama en cuatro actos y un prólogo escrito por Abdul Medjid (Ángel María Galán) y José María Quijano O.* Bogotá: N. Torres, 1853. 72p.

OTROS:

———. «Al Sr. José M. Vergara i Vergara». *El Hogar. Periódico dedicado al bello sexo* (Bogotá) I.6 (feb. 29, 1868): 42.

———. *Biografía del general José María Ortega Nariño.* Bogotá: Imprenta a cargo de Foción Mantilla, 1868. 112p.

———. *Colección de manuscritos históricos.* Recogidos por José María Quijano Otero, Joaquín París... [et. al]. Mss. Bogotá, 1860-1871. 52h. Colección de manuscritos de la Biblioteca Luis Ángel Arango.

———. «Compañía de la Unión». *El Catolicismo* (Bogotá) 8.464 (feb. 26, 1861): 135-136.

———. «Compendio de historia patria: para el uso de las escuelas primarias de Colombia». *La Escuela Normal* (Bogotá) 3.105 (ene. 4, 1872): 3-5.

———. «Compendio de historia patria: para uso de las escuelas primarias de Colombia». *La Escuela Normal* (Bogotá) 3.97 (nov. 9, 1872): 354-356; 3.98 (nov. 16, 1872): 362-364; 3.99 (nov. 23, 1872): 370-371; 3.100 (nov. 30, 1872): 378-381; 3.101 (dic. 7, 1872): 387-389; 3.102 (dic. 14, 1872): 394-396; 4.108 (ene. 25, 1873): 30-32; 4.109 (feb. 1º, 1873): 34; 4. 111 (feb. 15, 1873): 50-51; 4.135 (ag. 2, 1873): 242-243; 4.136 (ag. 9, 1873): 249-250; 4. 137 (ag. 16, 1873): 257-259; 4. 138 (ag. 23 1873): 267-268; 4.139 (ag. 30, 1873): 275-276; 4.140 (sept. 6, 1873): 282-283; 4.141 (sept. 13, 1873): 291-292; 4.142 (sept. 20, 1873): 298-299; 4.143 (sept. 27, 1873): 306-308; 4.144 (oct. 4, 1873): 314-315; 4.145 (oct. 11, 1873): 322-324; 4.146 (oct. 18, 1873): 330-331; 4.148 (nov. 1º, 1873): 347-349; 4.149 (nov. 8, 1973): 354-356; 4.151 (nov. 22, 1878): 370-371; 4.160 (ene. 31, 1874): 26-29; 4.162 (feb. 7, 1874): 33-35; 5.167 (mzo. 14, 1874): 73-75; 5.184 (jul. 11, 1874): [s.p]; 5.191 (ag. 29, 1874): 265-268; 5.193 (sept. 12, 1874): 281-283; 5.194 (sept. 19, 1874): 289-291; 5.201 (nov. 7, 1874): 253-356; 5. 207 (dic. 19, 1874): 393-396;

———. *Compendio de la historia patria.* Bogotá: Imprenta de M. Rivas, 1874. 264p.

——— 2ª ed. Bogotá: Imprenta de Medardo Rivas, 1883. 417p.

——— Bogotá: Imprenta de la Nación, 1891. 417p.

———Bogotá: Librería Colombiana, 1899. 355p.

——— Bogotá: Librería Colombiana, 1910. 328p.

———. [Coaut]. *Corona fúnebre de la señora Dolores Amaya de Posse.* Bogotá: Imprenta de la América, 1874. 68p.

———. *Diario de la guerra civil de 1860 y otros sucesos políticos.* Bogotá: Editorial Incunables, 1982. 209p.

———. «Diario político de la guerra de 1860 y otros acontecimientos posteriores». *Boletín de Historia y Antigüedades* (Bogotá) 18.210 (jun., 1930)-212 (ag., 1930): [s.p].

———. *Discurso sobre la historia de Colombia*. Bogotá: Imprenta de Echeverría, 1871. 12p.

———. «El ilustrísimo señor Herrán». José Joaquín Borda. Ricardo Carrasquilla. J. David Guarín. Jorge Isaacs. José María Quijano Otero. José María Samper. Ricardo Silva. José María Vergara i Vergara. *El Hogar. Periódico dedicado al bello sexo* (Bogotá) I.4 (feb. 15, 1868): 25.

———. *El monumento de los mártires*. Bogotá: [s.edit], 1880. 48p.

———. «Entre dos fechas». *Papel Periódico Ilustrado* (Bogotá) III.49 (ag. 6, 1883): 6-7.

———. [Recop]. *Época colonial: impresos, hojas sueltas*. Mss. Cartagena, Lima, Madrid, Panamá, etc 1623-1736. 300h. Colección de manuscritos de la Biblioteca Luis Ángel Arango.

———. «J[osé] de San Martín: las dos estrellas». *Papel Periódico Ilustrado* (Bogotá) II.25 (ag. 6, 1882): 3-6.

———. (Ed.). *La América*. Bogotá: Editorial de «La América», 1872-1873. 1.1 (jul.-dic., 1872): [s.p].

———. *Límites de la República de los Estados Unidos de Colombia*. Sevilla: Francisco Álvarez, 1881. 429p.

———. «Los sacramentos: discurso pronunciado en una conferencia religiosa». *La Caridad* (Bogotá) 1.44 (jul. 28, 1865): 708-713.

———. *Memoria histórica sobre límites entre la República de Colombia y el imperio del Brasil*. Bogotá: Imprenta de Gaitán, 1869. 558p.

———. «[Nota de pésame a José M. Vergara y Vergara]». José M. Samper. José Joaquín Borda. Miguel Antonio Caro. Jorge Isaacs. Teodoro Valenzuela. Ricardo Silva. Alejandro A. Posada. Ricardo Carrasquilla. Manuel Pombo. Salvador Camacho Roldán. José María Quijano O. Diego Fallón. J. David. Guarín. Alberto Urdaneta. José Manuel Marroquín.*El Hogar. Periódico dedicado al bello sexo* (Bogotá) I.6 (feb. 29, 1868): 41.

———. «Prólogo». *El último boabdil, o amor y religión: drama en cuatro actos*. Un prólogo, escrito por Abdul-Medjid, Ángel M. Galán y José María Quijano O. Bogotá: Editorial Nemesio Torres, 1883. 72p.

———. y Manuel Antonio López. *Recuerdos históricos de la guerra de la independencia. Colombia y el Perú (1819-1826)*. 1878. Madrid: Editorial-América, 1919. 328p.

———. «Súplica al congreso». *Papel Periódico Ilustrado* (Bogotá) III.51 (sept. 30, 1883): 42-43.

———. *¡Tierra! ... ¡tierra!*. Paris: Administración de la Revista Europa y América, 1881. 20p.

———. *Un coronel de milicias*. Bogotá: Litografía Ayala, 1871. 23p.

—— Bogota?: Lit. Ayala?, 1875? 39p.

CRÍTICA:

Aguilera, Miguel. «Página histórica: una famosa polémica histórica». *El Gráfico* (Bogotá) 26.1281 (mayo, 1936): 222-224.

———. «Página histórica: un diplomático de emergencia». *El Gráfico* (Bogotá) 26.1282 (jun., 1936): 266-267.

Anónimo. *Leyendas*. Bogotá: Editorial Minerva, 1937. 347p.

Biblioteca Nacional (Bogotá). *Catalogo del «Fondo José María Quijano Otero»: dispuesto por orden alfabético de autores y de personas a quienes se refieren las piezas contenidas en los volúmenes de la sección respectiva*. Bogotá: Editorial «El Gráfico», 1935. 318p.

Borda, José Joaquín. «A mi amados hermanos, José María Quijano Otero y Virginia Cabrera, el día de su matrimonio». *El Mosaico, periódico de la juventud. Destinado exclusivamente a la literatura* (Bogotá) 48 (ene. 14, 1872): 381.

Briceño, Manuel. «José María Quijano Otero». *Papel Periódico Ilustrado* (Bogotá) III.51 (sept. 30, 1883): 34-35.

Caro Miguel Antonio. «Hechos diversos escusas de tres examinadores». *El Maestro de Escuela* (Bogotá) 2.101 (ag. 21, 1873): 404.

Cuervo, Luis Augusto. «Homenaje a la memoria de José María Quijano Otero en el primer centenario de su nacimiento». *Boletín de Historia y Antigüedades* (Bogotá) 24. 267 (ene., 1937): 1.

Otero Muñoz, Gustavo. «Don José María Quijano Otero». *Boletín de la Academia Colombiana* (Bogotá) 2.6 (ene., 1937): 18-57.

———. «Palabras en el homenaje a la memoria de Quijano Otero». *Boletín de Historia y Antigüedades* (Bogotá) 23.267 (ene., 1937): 2-4.

Pinzón Rico, José María. «Poesía en la muerte de Quijano Otero». *Papel Periódico Ilustrado* (Bogotá) III.51 (sept. 30, 1883): 39-41.

Croa, Jorge (Ed.). *Colección de grandes escritores nacionales y extranjeros*. XVI. Bogotá: Jorge Roa Editor, 1898. 344p.

Urdaneta, Alberto. *José María Quijano Otero*. [Material gráfico] 1 dibujo original: lápiz sobre papel; 30 X 21 cm. Passe partout en cartón arte. [Pertenece al cuaderno de dibujo *Ecos de mi segunda prisión*]

QUINCIO, seudónimo de Juan de Dios Uribe.

QUINDAN, seudónimo de José María Facio Lince.

QUINTERO, CÁNDIDA F. (18 ?- ?).

Poesía:

———. *A unos hombres torpes e injustos*. Ciénaga: Imprenta de El Agricultor, 1891. [s.p].

R

RACINES, ÁLVARO, seudónimo de Jacinto Albarracín C.

RAMIRO, seudónimo de Miguel Antonio Caro.

RAMÓN PÉREZ. Ver Pérez, Ramón.

RAMÓN RODRÍGUEZ RIVERA. Ver Rodríguez Rivera, Ramón.

RAMÓN ROMERO. Ver Romero, Ramón.

RASCAPULGAS, seudónimo de Lisandro Restrepo.

RAZIQUIPA, seudónimo de José David Guarín.

R. C., seudónimo de Ricardo Carrasquilla.

REBECA, seudónimo de Eufemia Cabrera de Borda.

REGINA DEL VALLE, seudónimo de Hortensia Antommarchi de Vásquez.

REMY, seudónimo de Rafael E. Macía.

RENATO, seudónimo de Soledad Acosta de Samper.

RENDÓN, FRANCISCO DE PAULA (Santo Domingo - Antioquia, 1855-1917) (Seuds. F. del Paular, Modesto Acks, Jaime Valmar).
  NOVELA:
  ———. *En la tierra del oro en Colombia* [fragmento de una novela inédita]. Medellín: Editorial Bedout, 1954. 11-18.
  ———. *Inocencia*. Medellín: Casa Editora Librería Restrepo, 1904.175p.
    —— Medellín: Tipografía del Comercio, 1904. 175p.
    —— Medellín: Tipografía Bedout, 1904. 122p.
    —— Bogotá: Editorial Minerva, 1934. 187p
    —— Bogotá: Editorial Minerva, [s.f]. 179p.
    —— Bogotá: Editorial Minerva, 1935. 179p.
    —— Bogotá: Editorial Minerva, 1936. 178p.
    —— *Cuentos y novelas de Francisco de P. Rendón*. Medellín: Editorial Bedout 1954. 19-106.

—— *Sol e Inocencia*. Medellín: Imprenta Departamental, 1959. 71-152.

—— *Siete cuentos colombianos*. Bogotá: Ediciones Guadalupe, 1967. 63-152.

——. *Lenguas y corazones*. *Alpha* (Medellín) 16-17 (abr.-mayo, 1907): 621-679.

—— *La Acción* (Sonsón) 1922. [s.p].

—— *Inocencia*. Bogotá: Editorial Minerva, 1935. 99-179.

—— *Inocecia*. Bogotá: Editorial Minerva, [s.f]. 99-179.

—— *Cuentos y novelas*. Medellín: Editorial Bedout, 1954. 120-189.

—— *Cuentos y novelas*. Medellín: Editorial Bedout, 1964. 120-189.

——. «Sol». *Alpha* (Medellín) IV.40-41 (abr.-mayo, 1909): 125-177.

—— *Sol e inocencia*. Medellín: Secretaría de Educación Pública de Antioquia, Extensión Cultural, 1949. 5-69.

—— *Cuentos y novelas*. Medellín: Editorial Bedout, 1954. 120-189.

—— *Boletín Cultural y Bibliográfico* (Bogotá) 6.12 (1963): 1934-1963.

—— Medellín: Editorial Bedout, 1971. 159p.

—— Medellín: Bedout, 1982. 158p.

——. *Sol e Inocencia: dos novelas*. Medellín: Imprenta Departamental, 1949. 152p.

Relato:

——. *Cuentos y novelas*. Medellín: Editorial Bedout, 1954. 392p.

—— Medellín: Editorial Bedout, 1964. 295p.

—— Bogotá: Círculo de Lectores, 1986. 292p.

——. «El palacio de la felicidad». *Cuentos y novelas*. Medellín: Bedout, 1964. [s.p].

——. «Francisco de Paula Rendón». *Cuentistas antioqueños*. Selección: Carlos Nicolás Hernández. Santafé de Bogotá: Panamericana Editorial, 1999. [s.p].

——. «La Raza». *Santafé y Bogotá* (Bogotá) 1.8 (ag., 1923): 130-140.

——. «Pecados y castigos». *El Cuento* (Medellín) 112 (jun., 1955): 353-360.

——. *Pecados y castigos. capítulo de El Redentor, novela inédita*. Medellín: Editorial Bedout, 1959? 22p.

——. *Novelas y relatos*. Medellín: Secretaría de Educación y Cultura, 1992. 257p.

——. *Siete cuentos colombianos*. Bogotá: Ediciones Sol y Luna, 1967. 219p. [Tomás Carrasquilla, Efe Gómez, Jesús del Corral, Tulio González, Jesús Zarate Moreno, Pacho Rendón]

CRÍTICA:

Aguilar Zuluaga, Hernando. «Rendón y la novela costumbrista». *Universidad de Antioquia* (Medellín) 122 (jun.-ag. 1955): 453-462.

Bayona Posada, Nicolás. «Rendón, Francisco de P. - *Sol e inocencia*. *Revista de Indias* (Bogotá) XXXIII.161 (feb. 1950): 62.

Franco, Horacio. «Rendón, maestro del costumbrismo». *El Espectador* (Bogotá) [Magazín Dominical] 14289 (mayo 8, 1955): 7.

García Valencia, Abel. «Francisco de Paula Rendón». *Universidad Católica Bolivariana* (Medellín) 20.73 (feb.-abr., 1955): 279-281.

Henao Mejía, Gabriel. «Tres centenarios». *Universidad Católica Bolivariana*. (Medellín) 20.73 (feb.-abr., 1955): 271-278.

Hurtado García, José. «El centenario de Rendón». *Bolívar* (Bogotá) 40 (jun., 1955): 1048-1049.

Jaramillo Medina, «Sol». *Alpha* (Medellín) IV.43 (jul., 1909): 282.

Jaramillo Meza, Juan B. «Autores antioqueños: Francisco de P. Rendón». *La Patria* (Manizales) [Letras e Ideas] 10088 (sept. 7, 1952): 2.

López Gómez, Adel. [res.] «Sol». *El Impresor* 81 (ene-mzo, 1972): 22-23.

Moreno Ceballos, Magdalena. *Dos novelistas y un pueblo*. Medellín: Editorial Bedout, 1960. 183p.

Panesso Posada, Fernando. «Cuentos y novelas. Por Francisco de P. Rendón». *Universidad Católica Bolivariana*. (Medellín) 19.71 (mayo–jul., 1953): 520.521.

RENNEPOT, seudónimo de Juan de Dios Uribe.

REPÚBLICO, seudónimo de José María Samper Agudelo.

REPÚBLICO, seudónimo de Rafael Núñez.

RESTREPO, JOSÉ DE LA CRUZ (1828-1884).

RELATO:

———. «El lazarino». *Cuadros de costumbres y descripciones locales de Colombia* Artículos escogidos y publicados por José Joaquín Borda. Librería y Papelería de Francisco García Rico, 1878. 99-101.

——— *Museo de cuadros de costumbres, variedades y viajes*. Biblioteca de «El Mosaico». III. Bogotá: Biblioteca del Banco Popular, 1973. 343-346.

———. «La patria y la gratitud». *El Catolicismo* (Bogotá) 1.94 (jul. 7, 1853): 32.

———. «La razón y el sentimiento». *La Caridad* (Bogotá) 1.45 (ag. 4, 1865): 729-731.

———. «Nuestra situación moral». *La Caridad* (Bogotá) 1.47 (ag. 18, 1865): 756-757.

CRÍTICA:

Anónimo. *Don José de la Cruz Restrepo: su centenario; Doctor Venancio Restrepo, rasgos biográficos*. Abejorral: Tipografía San José, 1929. 127p.

Mejía Álvarez, Luis María. *Vida y carácter de D. José de la Cruz Restrepo*. Medellín: Imprenta Republicana, 1885. 26p.

———— Medellín: Imprenta Editorial, 1928. 23p.

RESTREPO, JOSÉ MANUEL (Envigado 1781-1863)

RELATO:

————. «Al devoto provincial del orden de Agustinos Descalzos». *El Constitucional* (Bogotá) 116 (nov. 9, 1826): 3.

OTROS:

————. *Acuerdos del Consejo de Gobierno de la República de Colombia*. t. 1. 1821-1824. t. 2. 1825-1827. 3ª ed. Bogotá: Fundación para la Conmemoración del Bicentenario del Natalicio y el Sesquicentenario de la Muerte del General Francisco de Paula Santander, 1988. 2 vols.

————. «Al Señor Secretario Jeneral de S. E. El Libertador Presidente». *El Conductor* (Bogotá) 1.16 (mzo. 27, 1827): 61-62.

————. *Apéndice a la historia de Colombia*. Bogotá Imprenta Nacional, 1969-1970. 1 vol.

————. «Apuntes sobre la emigración que hice en 1816, de la provincia de Antioquia a la de Popayán». *Hojas de Cultura Popular Colombiana* (Bogotá) 76 (abr., 1957): [s.p].

————. *Archivo histórico José Manuel Restrepo* Microforma: 1683-1916. Bogotá, 1683-1916. 98 carretes de microfilme.

————. «Autobiografía». *Hojas de Cultura Popular Colombiana* (Bogotá) 77-79 (mayo-jul., 1957): [s.p].

————. *Autobiografía*. Bogotá: Incunables, 1985. 163p.

————. *Autobiografía: apuntamientos sobre la inmigración de 1816 e Índice del «Diario Político»*. Bogotá: Empresa Nacional de Publicaciones; Editorial Kelly, 1957. 255p.

———— Bogotá: Incunables, 1985. 163p.

————. [et. al]. *Biografía del prócer Juan del Corral*. Bogotá: Editorial Bochica, 1951. 64p. [Contenido: documentos relativos al Gobierno de Antioquia y datos de familia].

————. *Carta de la República de Colombia: publicada en la obra «Historia de la República de Colombia» (material cartográfico)*. París: [s.edit], 1827. 1 mapa.

————. *Carta del Departamento de Cundinamarca* Material audiovisual. 1 diapositiva. Colección de diapositivas de la Biblioteca Luis Ángel Arango.

———. *Carta del Departamento de Cundinamarca*. Material cartográfico. París: [s.edit], 1827. 1 mapa.

———. «Cartas inéditas de Don José Manuel Restrepo». *Repertorio Histórico* (Medellín) 3.3-4 (dic., 1919): 91-122.

———. *Catalogo general del archivo histórico: José Manuel Restrepo*. Bogotá: Telecom, 1990. 2 vols.

———. «Circular. República de Colombia. Secretaría de Estado del Despacho del Interior. Al Sr. intendente del Departamento de...». *Constitucional* (Bogotá) 119 (dic. 7, 1820): 1.

———. «Cuestión relijiosa». *El Catolicismo* (Bogotá) 7.81 (abr. 1, 1853): 695-698.

———. *Cuestión religiosa*. Bogotá: Imprenta de F. Torres Amaya, por Carlos López, 1853. 4p.

———. *Cultivo del café*. Bogotá: Imprenta de Ortiz, 1856. 8p.

——— Bogotá: Banco de la República, 1952. 209p.

———. [Decreto. Francisco de Paula Santander, J. M. Restrepo. (abr. 10, 1827): 1p. [Contenido:: Cuerpos Legislativos, Constitución 1827]

———. «Decreto. Francisco de P. Santander, Jeneral de División de los Ejércitos de Colombia, Vicepresidente de la República encargado del Poder Ejecutivo». *El Conductor* (Bogotá) 2.40 (jun. 19, 1827): 149.

———. «Diario de un emigrado». *Revista Moderna* (Bogotá) 1.4 (abr., 1915): 292-305.

———. *Diario político y militar: memorias sobre los sucesos importantes de la época para servir a la historia de la revolución de Colombia y de la Nueva Granada, desde 1819 para adelante*. Bogotá: Biblioteca de la Presidencia de Colombia, 1924. 4 vols. [Contenido: v.1. 1819-1828; v.2. 1829-1834; v.3. 1835-1848; v.4. 1849-1858]

——— Bogotá: Imprenta Nacional, 1954. 4 vols. [Contenido: t. 1: Comprende el tiempo corrido desde 28 de julio de 1819, hasta fin de 1834. t. 2: Comprende el tiempo corrido desde 10 de enero de 1829, hasta fin de 1834. t. 3: Comprende el tiempo corrido desde 1?° de enero de 1835, hasta 28 de julio de 1858]

———. «Diario político y militar» [res]. *Historia* (Bogotá) 1.2-4 (abr.-oct., 1955): 240.

———. *Documentos importantes de la Nueva Granada, Venezuela y Colombia: índice de la historia de Colombia*. Bogotá: Imprenta Nacional, 1969-1970. 2 vols.

——— Bogotá: Imprenta Nacional, 1970. 5 vols.

———. «El Consejo de Administración de la Sociedad de Instrucción Elemental. Al Sr. José Manuel Restrepo, Ministerio del Interior». *El Conductor* (Bogotá) 1.9 (mzo. 2, 1827): 35.

———.*El coronel José Concha: juzgado por ilustres contemporáneos*. Bogotá: Imprenta de Nicolás Pontón i Compañía, 1863.16p.

———. «Ensayo sobre la geografía, producciones, industria y población de la provincia de Antioquia en el Nuevo Reyno de Granada». *Semanario del Nuevo Reyno de Granada* (Santafé) 6 (feb. 12, 1809): 41-48; 7 (feb. 19, 1809): 49-56; 8 (feb. 26, 1809): 57-64; 9 (mzo.5, 1809): 65-72; 10 (mzo. 12, 1809): 73-80; 11 (mzo. 19, 1809): 81-88; No. 12 (mzo. 26, 1809): 89-92.

———. *Esposición que el Secretario de Estado del Despacho del Interior de la República hace al Congreso de 1826, sobre los negocios de su departamento* Bogotá: Imprenta de Manuel M. Viller-Calderón, 1826: 37p.

———. «Esposición que el Secretario de Estado del Despacho del Interior de la República de Colombia, hace al Congreso de 1826, sobre los negocios de su departamento». *El Constitucional* (Bogotá) 74 (ene. 26, 1826): 3.

———. *Exposición que el Secretario de Estado del Despacho del Interior del gobierno de la República de Colombia hace al Congreso de 1827 sobre los negocios de su departamento*. Bogotá: Imprenta de Pedro Cubides, 1827. 36p.

———. *Esposición que el Secretario de Estado en el despacho de Relaciones Esteriores de la República de Colombia hace al Congreso de 1827, sobre los negocios de su departamento; nota al honorable señor Pedro Gual, Plenipotenciario de Colombia en la Asamblea General Americana*. Mss. Bogotá, (mzo.- jun., 1827). 17 folios. Biblioteca Nacional de Colombia.

———. *Esposición que el Secretario de Estado en el Despacho de Relaciones Esteriores de la República de Colombia hace al Congreso de 1827 sobre los negocios de su departamento*. Bogotá: Imprenta de Pedro Cubides, 1827. 14p.

———. «Esposición que el Secretario de Estado del Despacho del Interior del gobierno de la República de Colombia hace al Congreso de 1827 sobre los negocios de su departamento». *El Constitucional* (Bogotá) 144 (mayo 31, 1827): 1-3; 151 (jul. 19, 1827): 1.

———. *Esposición que el Secretario de Estado del despacho de Hacienda de la Confederación Granadina dirije al Congreso Constitucional de 1860*. Bogotá: Imprenta de la Nación, 1860? 69p.

———. *Esposicion que hace la Dirección Jeneral de Tabacos, para presentar al Congreso de 1834*. Bogotá: Imprenta de Nicomedes Lora, 1834. 40p.

———. «Historia de Colombia». *El Catolicismo* (Bogotá) 4.131 (mzo. 5, 1854): 337 .

———. «Gran Convención. El Senado y Cámara de Representantes de la República de Colombia reunidos en Congreso». *El Constitucional* (Bogotá) 155 (ag. 16, 1827): 1.

———. *Historia de la Nueva Granada*. Bogotá: Editorial Minerva, 1936. 158p.

——— Bogotá: Editorial Minerva, 1937. 188p.

——— Bogotá: Editorial Cromos, Editorial El Catolicismo, 1952-1963. 2 vols. [v. 1: 1832 a 1845. v. 2: 1845 a 1854]

——— Bogotá: Cromos, 1952. 413p.

——— Bogotá: Editorial Cromos, 1953. 2 vols.

——— Bogotá: El Catolicismo, 1962-1963. 2 vols.

———. *Historia de la revolución de la República de Colombia en la América meridional*. Paris: Librería Americana, 1827. 11 vols.

——— Besanzon: José Jacguin, 1858. 4v.

——— Bogotá: Talleres Gráficos Luz, Editorial Iqueima, 1942-1950. 8 vols.

——— Medellín: Editorial Bedout, 1969-1970. 6 vols.

——— Medellín: Editorial Bedout, 1974. 5 vols.

———. *Historia de la Revolución de la República de Colombia en la América Meridional*. Besanzon: José Jacguin, 1858. 4 vols. [Contenido: v. I: Introducción Parte primera. Historia de la revolución de la Nueva Granada. Parte segunda. Historia de la Revolución de Venezuela en la América Meridional. v. II: Historia de la revolución de Venezuela. (Continuación). v. III: Parte tercera. Historia de la revolución de la República de Colombia en la América Meridional. v. IV: Parte 3ª (Continuada). Apéndice: Notas ilustrativas]

——— Bogotá: Talleres Gráficos Luz, Editorial Iqueima, 1942-1950. 8 vols.

——— Bogotá: Talleres Gráficos Luz, 1942. [s.p].

———. *Informe de la Dirección jeneral de instrucción pública, sobre la enseñanza del Bentham, al que se refiere la resolución del poder ejecutivo publicada en La Gaceta de la Nueva Granada, No. 212*. Bogotá: Imprenta de Antonio Mora Peláez, 1835. 4p.

———. «Inventario del archivo del historiador José Manuel Restrepo». *Archivos* (Bogotá) 1.1 (ene.-jun., 1967): 179-199.

———. «Manifiesto que el Poder Ejecutivo de Colombia presenta a la República y al mundo, sobre los acontecimientos de Venezuela, desde el 30 de abril del presente año de 1826». *El Constitucional* (Bogotá) 99 (jul. 20, 1826): 1-3.

———. *Memoires des Secrétaires d'Etat de la Republique de Colombie, présentés au Premier Congres Constitutionnel, année 1823, XIIIe de la République; traduits des documens officiels*. Londres: Teuttel et Wurtz, 1824. 193p. [Contenido parcial: Message du Pouvoir Exécutif de Colombie, a l'ouverture de Premier Congrés Constitutionnel de la República, Francisco de Paula Santander . Memoire du Ministére d'Etat et des Relations Extérieures de la République de Colombie, lu au Premier Congrés National, le 21 avril de l'an 1823 . Memoire que le Ministre de l'Interieur a présentée au Congrés de Colombie sur les affaires de son Département, an 1823. Memoire que le Misnitre des Finances a présenté au Congrés de Colombie, sur les affaires de son Département, an 1823. Memoire du Ministre de la Marine, au Premier Congrés Constitutionnel de Colombie, l'an 1823. Memoire du Ministre de la Guerre au Premier Congrés Constitutionnel de Colombie, an 1823].

―――. *Memoria que el Secretario de Estado y del despacho del Interior presentó al Congreso de Colombia, sobre los negocios de su Departamento*. Bogotá: Por Espinosa, 1823. 40p.

―――. *Memoria raciocinada con las salinas de Zipaquirá*. Bogotá: Imprenta del Banco de la República, 1952. 27p.

―――. *Memoria sobre amonedación de oro i plata en la Nueva Granada, desde el 12 de julio de 1753 hasta el 31 de agosto de 1859*. Bogotá: Imprenta de la Nación, 1860. 36p.

――― Bogotá: Imprenta del Banco de la República, 1952. 59p.

―――. *Memoria sobre el cultivo del café*. Bogotá: Imprenta del Banco de la República, 1952. 209p.

―――. «Misceláneas Políticas. Aviso. José Fernández Madrid al Público». *El Constitucional* (Bogotá) 45 (jul. 7, 1825): 3.

―――. «Misceláneas Políticas. Comunicado. Al respetable Público» . *El Constitucional* (Bogotá) 41 (jun. 9, 1825): 2.

―――. «Misceláneas Políticas. Comunicado. (Aviso) Contestación a "La defensa de los regulares"». *El Constitucional* (Bogotá) 108 (sept. 21, 1826): 3.

―――. «Monedas». *El Catolicismo* (Bogotá) 7.418 (abr. 17, 1860): 237-239.

―――. «Noticia biográfica de don José María del Castillo y Rada». *Revista Literaria* (Bogotá) 2.13 (mayo, 1891): 30-31.

―――. «Noticia biográfica de don Juan del Corral». *Revista de Bogotá* (Bogotá) 1.2 (sept., 1871): 67; 1.3 (oct., 1871): 154-158.

―――. «Para la historia». *El Catolicismo* (Bogotá) 2.163 (jul. 24, 1855): 161-162.

―――. «Proclama del Vice-Presidente de la República de Colombia encargado del Poder Ejecutivo. A los Pueblos». *El Constitucional* (Bogotá) 104 (ag. 24, 1826): 1.

―――. «San Andrés Bebola». *Revista Javeriana* (Bogotá) 9.45 (jun., 1938): 321-331.

―――. «Secretaría de Estado del Despacho del Interior.-Sec. III. Al Sr. Capitan Francisco Montufar». *El Constitucional* (Bogotá) 110 (oct. 5, 1826): 1.

―――. «Secretaría de Estado del despacho interior. Al Sr. intendente del departamento del Ecuador». *El Constitucional* (Bogotá) 113 (oct. 26, 1826): 1.

———. «Secretario de Estado del despacho del interior.- Sección II. José Manuel Restrepo». *El Constitucional* (Bogotá) 99 (jul. 20, 1826): 1.

———. «Sección 2ª». *El Conductor* (Bogotá) 1.9 (mzo. 2, 1827): 35.

———. «Simón Bolívar, Libertador Presidente de Colombia». *El Constitucional* (Bogotá) 120 (dic. 14, 1826): 1-2.

———. *Testimonio del registro del Consejo de Gobierno que pasa a la honorable Cámara del Senado por la Secretaría de Estado del Despacho del Interior.* Bogotá: [s.edit], [s.f]. 367p.

CRÍTICA:

Anónimo. «Historia de Colombia por el señor J. M. Restrepo». *El Mosaico* (Bogotá) I.33 (ag. 13, 1859): 263.

———. «Homenaje al Departamento de Antioquia, en el primer centenario de su independencia». *El Liberal* (Bogotá) 3.706-707 (ag. 11, 1913): 1-53.

Botero Restrepo, Juan. *El prócer historiador José Manuel Restrepo (1781-1863).* Medellín: Secretaria de Educación y Cultura, 1982. 2 vols.

Fernández Madrid, José. *Breve respuesta a los cargos que el señor José Manuel Restrepo hace en su Historia de Colombia, al Doctor José Fernández de Madrid.* Cartagena de Colombia: Imprenta de los Herederos de J. A. Calvo, 1828. 15p.

Gómez Hoyos, Rafael. «Bicentenario del natalicio de don José Manuel Restrepo: historiador de Colombia». *Boletín de Historia y Antigüedades* (Bogotá) 373 (abr- jun., 1982): 410-425.

———. «José Manuel Restrepo: fundador de la República y padre de la historia moderna». *Boletín de Historia y Antigüedades* (Bogotá) 50.582-584 (mayo-jun., 1963): 198-219.

Gómez Restrepo, Antonio. «Don José Manuel Restrepo». *Historia de la literatura colombiana.* III. Bogotá: Litografía Villegas, 1957. 199-206.

———. «José Manuel Restrepo». *Hojas de Cultura Popular Colombiana* (Bogotá) 57 (sept., 1955): [s.p].

Henao Botero, Félix. «Autobiografía: apuntes sobre la emigración de 1816, e índices del "Diario Político"». *Universidad Católica Bolivariana* (Medellín) 22.78 (abr.-jul., 1957): 119.

Jullien, A. M. «Al Sr. José Manuel Restrepo, Ministro del Interior de la República de Colombia». *El Conductor* (Bogotá) 2.40 (jun. 19, 1827): 1.

Marroquín, José Manuel. *Historiadores de América.* Bogotá: Ministerio de Educación Nacional, 1948. 23p.

Maya, Rafael. *Estampas de ayer y retratos de hoy.* Bogotá: Imprenta Nacional de Colombia, 1958. 392p.

Melo, Jorge Orlando. «José Manuel Restrepo: primer historiador de Colombia». *Revista Credencial Historia* (Bogotá) 3 (mzo., 1990): 12-13.

Mesa Ortiz, Rafael M. [Comp]. *Colombianos ilustres: (estudios y biografías)*. 1. Bogotá: Imprenta de la República, 1916. [s.p].

Molina Gracia, Ruperto. «Recordación de José Manuel Restrepo». *Boletín Cultural y Bibliográfico* (Bogotá) 6.5 (1963): 698-701.

Panesso Posada, Fernando. «Historia de la Nueva Granada». *Universidad Católica Bolivariana* (Medellín) 19.71 (mayo-jul., 1954): 518-519.

Restrepo Manrique, Daniel. «Bibliografía del historiador don José Manuel Restrepo». *Boletín de Historia y Antigüedades* (Bogotá) 740 (ene.-mzo., 1983): 255-270.

Roa, Jorge. (Ed.). *Colección de grandes escritores nacionales y extranjeros*. XVIII. Bogotá: 1899. [s.p].

Sánchez Montenegro, Víctor. «José Manuel Restrepo: Autobiografía: apuntamientos sobre la emigración de 1816». *Bolívar* (Bogotá) 47 (sept., 1957): 341-346.

Tobón Villegas, Jairo. *Repertorio Histórico de la Academia Antioqueña de Historia*. (Medellín) 36.245 (mayo-ag., 1984): 41-44.

Vergara y Vergara, José María. «Historia de Colombia, por el señor J. M. Restrepo». *El Mosaico* (Bogotá) 3.33 (ag. 13, 1859): 263-264.

RESTREPO, JUAN DE DIOS (1825-1894) (Seuds. El Mundo, Emiro Kastos, Falinos, Harmodio, Isac e Ismael, Juan Algarrobo, Justus, Omega).

RELATO:

———. «Arturo y sus habladurías». *El Pueblo* (Medellín) 35 (feb. 8, 1856): [s.p].

——— *Artículos escogidos*. Bogotá: Imprenta Banco Popular, 1972. 216-22.

———. «Correría por Villeta y Guaduas. Impresiones de viaje». *El Pasatiempo* (Bogotá) 62 (sept. 1°, 1852): [s.p].

——— *Artículos escogidos*. Bogotá: Imprenta Banco Popular, 1972. 119-128.

———. *Cuadros vivos*. [s.p.i]. 561-598. [Contenido: Mi compadre Facundo; Julia; Recuerdos de mi juventud: el primer amor; Una botella de brandy y otra de ginebra] [Firmado: Emiro Kastos]

———. «El cigarro». *El Tiempo* (Bogotá) 32 (ag. 7, 1855): [s.p].

——— *Artículos escogidos*. Bogotá: Imprenta Banco Popular, 1972. 160-163.

———. «El lago de las serpientes». *Cuadros de costumbres y descripciones locales de Colombia* Artículos escogidos y publicados por José Joaquín

Borda. Librería y Papelería de Francisco García Rico, 1878. 14-15.

───── *Museo de cuadros de costumbres, variedades y viajes*. Biblioteca de «El Mosaico». III. Bogotá: Biblioteca del Banco Popular, 1973. 223-224.

─────. «Fantasía». *El Neo-Granadino* (Bogotá) 131 (nov. 29, 1850): [s.p].

───── *Artículos escogidos*. Bogotá: Imprenta Banco Popular, 1972. 49-54.

─────. «Impresiones de un viaje al Cauca». *La Reforma* (Bogotá) 463 (sept. 21, 1884): [s.p]; 464 (sept. 27, 1884): [s.p]; 466 (oct. 5, 1884): [s.p].

───── *Artículos escogidos*. Bogotá: Imprenta Banco Popular, 1972. 394-412.

─────. «Julia». *El Tiempo* (Bogotá) 44 (oct. 30, 1855): [s.p].

───── *Artículos escogidos*. Bogotá: Imprenta Banco Popular, 1972. 197-204.

─────. «La coquetería». *El Neo-Granadino* (Bogotá) 141 (ene. 31, 1851): [s.p].

───── *Artículos escogidos*. Bogotá: Imprenta Banco Popular, 1972. 55-66.

─────. «Los Pepitos». *El Tiempo* (Bogotá) 176 (mayo 25, 1858): [s.p].

───── *Museo de cuadros de costumbres i variedades*. Bogotá: Imprenta a cargo de Foción Mantilla, 1866. 252-256.

───── *Cuadros de costumbres*. Eugenio Díaz, [et. al]. Cali: Carvajal, 1969. [s.p].

───── *Artículos escogidos*. Bogotá: Imprenta Banco Popular, 1972. 288-295.

─────. «Mi compadre Facundo». *El Tiempo* (Bogotá) 29 (jul. 17, 1855): [s.p].

───── *Museo de cuadros de costumbres i variedades*. II. Bogotá: Imprenta a cargo de Foción Mantilla, 1866. 115-122.

───── *Artículos escogidos*. Bogotá: Imprenta Banco Popular, 1972. 148-160.

───── *Cuadros de costumbres*. Santafé de Bogotá: Panamericana Editorial, 1998. 239-260.

─────. «Mi compadre Facundo (fragmento)». «El lago de las serpientes». *Historia de la literatura colombiana*. José J. Ortega T. Bogotá: Editorial Cromos, 1935. 285-288.

─────. *Mi compadre Facundo y otros cuadros por Emiro Kastos*. 3ª ed. Bogotá: Editorial Minerva, 1936. 169p.

─────. «Recuerdos de mi juventud. El primer amor». *El Tiempo* (Bogotá) 66 (abr. 1º, 1856): [s.p].

───── *Artículos escogidos*. Bogotá: Imprenta Banco Popular, 1972. 222-232.

———. «Vanidad y desengaño: Carta a Luisa». *El Tiempo* (Bogotá) 181 (jun. 15, 1858): [s.p].

—— *Artículos escogidos*. Bogotá: Imprenta Banco Popular, 1972. 295-301.

———. «Un baile en Medellín». *El Pueblo* (Medellín) 20 (dic. 28, 1855): [s.p].

—— *Artículos escogidos*. Bogotá: Imprenta Banco Popular, 1972. 205-206.

———. «Un paseo a Rionegro». *El Pueblo* (Medellín) 57 (sept. 21, 1856): [s.p].

—— *Artículos escogidos*. Bogotá: Imprenta Banco Popular, 1972. 262-267.

———. «Una aventura en el Magdalena». *El Tiempo* (Bogotá) 306 (oct. 29, 1861): [s.p].

—— *Artículos escogidos*. Bogotá: Imprenta Banco Popular, 1972. 386-394.

———. «Una botella de brandy y otra de ginebra». *El Tiempo* (Bogotá) 243 (ag. 23, 1959): [s.p].

—— *Artículos escogidos*. Bogotá: Imprenta Banco Popular, 1972. 365-378.

———. «Una noche en Bogotá». *El Pasatiempo* (Bogotá) 41 (abr. 10, 1852): [s.p].

—— *Artículos escogidos*. Bogotá: Imprenta Banco Popular, 1972. 111-118.

OTROS:

———. «Algo sobre las mujeres». *El Tiempo* (Bogotá) 33 (ag. 14, 1855): [s.p].

—— *Artículos escogidos*. Bogotá: Imprenta Banco Popular, 1972. 170-175.

———. «Alpha». *El Neo-Granadino* (Bogotá) 125 (oct. 17, 1850): [s.p].

—— *Artículos escogidos*. Bogotá: Imprenta Banco Popular, 1972. 41-43.

———. «Antioquia y sus costumbres». *El Tiempo* (Bogotá) 186 (jul. 20, 1858): [s.p].

—— *Artículos escogidos*. Bogotá: Imprenta Banco Popular, 1972. 307-313.

———. *Artículos escogidos*. Prólogo por el Dr. D. Manuel Uribe Angel Edicion: Nueva ed., aum. y cuidadosamente corr. Londres: Juan M. Fonnegra, 1885. 414p. [Firmado: Emiro Kastos]

———. *Artículos escogidos*. Bogotá: Banco Popular, 1972. 474p.

———. [Biografía de Manuel Ancízar]

———. «Bogotá después de algunos años de ausencia». *El Tiempo* (Bogotá) 177 (mayo 18, 1858): [s.p].

—— *Artículos escogidos*. Bogotá: Imprenta Banco Popular, 1972. 282-288.

———. «Cargos hechos contra nosotros por conservadores y liberales. Nuestra profesión de fe». *El Liberal* (Bogotá) 12 (jul. 7, 1852): [s.p].

—— *Artículos escogidos*. Bogotá: Imprenta Banco Popular, 1972. 132-139.

———. «Cartas al Dr. Camilo A. Echeverri. Carta cuarta». *El Pueblo* (Medellín) 53 (ag. 21, 1856): [s.p].

—— *Artículos escogidos*. Bogotá: Imprenta Banco Popular, 1972. 254-261.

———. «Cartas al Dr. Camilo A. Echeverri. Carta primera». *El Pueblo* (Medellín) 41 (mayo 29, 1856): [s.p].

—— *Artículos escogidos*. Bogotá: Imprenta Banco Popular, 1972. 232-238.

———. «Cartas al Dr. Camilo A. Echeverri. Carta quinta». *El Pueblo* (Medellín) 83 (abr.16, 1858): [s.p].

—— *Artículos escogidos*. Bogotá: Imprenta Banco Popular, 1972. 276-282.

———. «Cartas al Dr. Camilo A. Echeverri. Carta segunda»: Un paseo por las montañas. *El Pueblo* (Medellín) 42 (jun. 5, 1856): [s.p].

—— *Artículos escogidos*. Bogotá: Imprenta Banco Popular, 1972. 238-246.

———. «Cartas al Dr. Camilo A. Echeverri. Carta tercera». *El Pueblo* (Medellín) 46 (jul. 3, 1856): [s.p].

—— *Artículos escogidos*. Bogotá: Imprenta Banco Popular, 1972. 246-253.

———. «Cartas al doctor Manuel Pombo. Carta primera». *El Tiempo* (Bogotá) 196 (sept. 28, 1858): [s.p].

—— *Artículos escogidos*. Bogotá: Imprenta Banco Popular, 1972. 319-328.

———. «Carta al doctor Manuel Pombo. Carta segunda». *El Tiempo* (Bogotá) 198 (oct. 12, 1858): [s.p].

—— *Artículos escogidos*. Bogotá: Imprenta Banco Popular, 1972. 335-344.

———. «Cartas a un amigo de Bogotá. Carta primera». *El Neo-Granadino* (Bogotá) 187 (dic. 19, 1851): [s.p].

—— *Artículos escogidos*. Bogotá: Imprenta Banco Popular, 1972. 87-93.

———. «Cartas a un amigo de Bogotá. Carta segunda». *El Neo-Granadino* (Bogotá) 190 (ene. 2, 1852): [s.p].

—— *Artículos escogidos*. Bogotá: Imprenta Banco Popular, 1972. 93-100.

———. «Cartas a un amigo de Bogotá. Carta tercera». *El Neo-Granadino* (Bogotá) 192 (ene. 16, 1852): [s.p].

——— *Artículos escogidos*. Bogotá: Imprenta Banco Popular, 1972. 100-106.

———. *Colección de artículos escogidos*. Bogotá: Imprenta de Pizano i Pérez, 1959. 382p.

———. «Correspondencia: Sogamoso 1° de noviembre de 1868». *La Caridad ó Correo de las Aldeas* (Bogotá) 4.28 (ene. 14, 1869): 439-440:

———. «Doña María Josefa Argáez v. de Arias Vargas». *Santafé y Bogotá* (Bogotá) 6.62 (feb. 1928): 89-91. [Contenido: Homenaje póstumo]

———. «El año de 1855». *El Pueblo* (Medellín) 30 (ene. 5, 1856): [s.p].

——— *Artículos escogidos*. Bogotá: Imprenta Banco Popular, 1972. 206-210.

———. (Ed.). *El comercio del Cauca i el contrabando por el Caquetá*. Bogota : Imprenta de Gaitán, 1881. [s.p].

———. «El matrimonio en Bogotá». *El Tiempo* (Bogotá) 213 (ene. 25, 1859): [s.p].

——— *Artículos escogidos*. Bogotá: Imprenta Banco Popular, 1972. 344-351.

———. «El sacerdote católico». *El Neo-Granadino* (Bogotá) 106 (jun. 21, 1850): [s.p].

——— *Artículos escogidos*. Bogotá: Imprenta Banco Popular, 1972. 31-35.

———. «En el álbum de la señorita María J. Argáez». *El Pueblo* (Medellín) 77 (mzo. 2, 1858): [s.p].

——— *Artículos escogidos*. Bogotá: Imprenta Banco Popular, 1972. 275-276.

———. «Enfermedades sociales». *El Tiempo* (Bogotá) 257 (nov. 29, 1859): [s.p].

——— *Artículos escogidos*. Bogotá: Imprenta Banco Popular, 1972. 378-386.

———. «Impresiones eleccionarias». *El Pueblo* (Medellín) 11 (ag. 18, 1855): [s.p].

——— *Artículos escogidos*. Bogotá: Imprenta Banco Popular, 1972. 175-178.

———. «Kossuth. Política internacional de los EE. UU». *El Neo-Granadino* (Bogotá) 206 (jul. 15, 1852): [s.p].

——— *Artículos escogidos*. Bogotá: Imprenta Banco Popular, 1972. 106-111.

———. «La imprenta, la inteligencia y la fuerza». *El Neo-Granadino* (Bogotá) 192 (ene. 16, 1852): [s.p].

―――― *Artículos escogidos*. Bogotá: Imprenta Banco Popular, 1972. 82-87.

――――. «La juventud. Su posición en la Nueva Granada». *El Neo-Granadino* (Bogotá) 129 (nov. 15, 1850): [s.p].

―――― *Artículos escogidos*. Bogotá: Imprenta Banco Popular, 1972. 43-49.

――――. «La minería en Antioquia. Artículo primero». *El Pueblo* (Medellín) 13 (ag. 30, 1855): [s.p].

―――― *Artículos escogidos*. Bogotá: Imprenta Banco Popular, 1972. 178-185.

――――. «La minería en Antioquia. Artículo segundo». *El Pueblo* (Medellín) 14 (sept. 6, 1855): [s.p].

―――― *Artículos escogidos*. Bogotá: Imprenta Banco Popular, 1972. 185-194.

――――. «La mujer fuera del matrimonio». *El Pueblo* (Medellín) 71 (ene. 1°, 1857): [s.p].

―――― *Artículos escogidos*. Bogotá: Imprenta Banco Popular, 1972. 267-275.

――――. «La situación». *El Pueblo* (Medellín) 8 (jul. 26, 1855): [s.p].

―――― *Artículos escogidos*. Bogotá: Imprenta Banco Popular, 1972. 164-170

――――. [«Manuel Ancízar» (1860)]

―――― *Artículos escogidos*. Bogotá: Imprenta Banco Popular, 1972. 413-458.

――――. «Memoria para la historia de la Nueva Granada por José Antonio de Plaza». *El Neo-Granadino* (Bogotá) 144 (feb. 21, 1851): [s.p].

―――― *Artículos escogidos*. Bogotá: Imprenta Banco Popular, 1972. 66-73.

――――. «Mosaico». *El Tiempo* (Bogotá) 184 (jul. 6, 1858): [s.p].

―――― *Artículos escogidos*. Bogotá: Imprenta Banco Popular, 1972. 302-307.

――――. «No hay que desesperar». *El Neo-Granadino* (Bogotá) 170 (ag. 22, 1851): [s.p].

―――― *Artículos escogidos*. Bogotá: Imprenta Banco Popular, 1972. 73-78.

――――. «Notabilidades contemporáneas. Rodin». *El Neo-Granadino* (Bogotá) 224 (oct. 11, 1850): [s.p].

―――― *Artículos escogidos*. Bogotá: Imprenta Banco Popular, 1972. 35-41.

――――. «Orden público». *El Neo-Granadino* (Bogotá) 171 (ag. 29, 1851): [s.p].

―――― *Artículos escogidos*. Bogotá: Imprenta Banco Popular, 1972. 78-82.

———. «Otro poco de charla. Amigos y amigas». *El Tiempo* (Bogotá) 234 (jun. 21, 1859): [s.p].

—— *Artículos escogidos*. Bogotá: Imprenta Banco Popular, 1972. 358-365.

———. «Pobre y rico». *El Tiempo* (Bogotá) 15 (abr. 10, 1855): [s.p].

—— *Artículos escogidos*. Bogotá: Imprenta Banco Popular, 1972. 139-148.

———. «Recuerdo necrológico. El tigre». *El Tiempo* (Bogotá) 192 (ag. 17, 1857): [s.p].

—— Artículos *escogidos*. Bogotá: Imprenta Banco Popular, 1972. 313-316.

———. [Recuerdos de juventud]

———. «Separación del doctor Manuel Murillo del Ministerio». *El Liberal* (Bogotá) 2 (abr. 28, 1852): [s.p].

—— *Artículos escogidos*. Bogotá: Imprenta Banco Popular, 1972. 128-131.

———. «Teatro». *El Pueblo* (Medellín) 15 (sept. 15, 1855): 59.

—— *Artículos escogidos*. Bogotá: Imprenta Banco Popular, 1972. 194-197.

———. «Teatro». *El Pueblo* (Medellín) 33 (ene. 24, 1856): [s.p].

—— *Artículos escogidos*. Bogotá: Imprenta Banco Popular, 1972. 210-213.

———. «Teatro». *El Pueblo* (Medellín) 35 (feb. 8, 1856): 140.

—— *Artículos escogidos*. Bogotá: Imprenta Banco Popular, 1972. 213-216.

———. «Un poco de charla». *El Tiempo* (Bogotá) 231 (mayo 31, 1859): [s.p].

—— *Artículos escogidos*. Bogotá: Imprenta Banco Popular, 1972. 351-358.

———. Santiago, Chile: Imprenta Brasisl, 1903. 200p.

———. «Un recuerdo. A Elías Uribe». *El Tiempo* (Bogotá) 192 (ag. 31, 1858): [s.p].

—— *Artículos escogidos*. Bogotá: Imprenta Banco Popular, 1972. 316-319.

CRÍTICA:

Ancízar, Manuel. «Carta del doctor Manuel Ancízar». (1855). *Artículos escogidos*. Bogotá: Imprenta Banco Popular, 1972. 459-468.

París Lozano, Gonzalo. «Emiro Kastos». *El Liberal Ilustrado* (Bogotá) 3.1096-1113 (sept. 12, 1914): 206-208.

Pombo, Manuel. *Carta del doctor Manuel Pombo*. Mss. (Oct. 4, 1858): [s.p]. Colección de manuscritos de la Biblioteca Luis Ángel Arango.

————— *Artículos escogidos*. Bogotá: Imprenta Banco Popular, 1972. 328-335.

Urdaneta, Alberto. *Juan de Dios Restrepo*: Emiro Kastos (seudónimo). [Material gráfico] 1 dibujo original: lápiz sobre papel; 30 X 22 cm. Passe partout en cartón arte. [Pertenece al cuaderno de dibujo *Personajes nacionales*]

Uribe A., M. «Nota sobre el autor». *Artículos escogidos*. Bogotá: Imprenta Banco Popular, 1972. 13-30.

RESTREPO, LISANDRO (1849-1927) (Seuds. Alpha Capp, Atila, Coneta Jacinto Furia, Juan Valjean, Orfeli, Ramón Pérez, Rascapulgas, Rosildán. Veritas).

NOVELA:

—————. [«Col S». (1899)].

—————. [«De paso». (1899)].

RELATO:

—————. *Ensayos literarios*. Medellín: Imprenta del Departamento, 1899. 508p.

OTROS:

—————. «Prólogo». *Datos para la historia del Derecho nacional*. Fernando Vélez. Prólogo de D. Julián Cock Bayer y D. Lisandro Restrepo. Medellín: Imprenta del Depto., 1891. 345p.

—————. (Ed.). *Revista de Antioquia: periódico literario, noticioso y de variedades*. Medellín: Imprenta del Estado, 1876. [s.p].

RESTREPO, RAFAELA (18 ?- ?).

POESÍA:

—————. *El álbum de los pobres*. Ed, José Caicedo Rojas. Bogotá: Imprenta de Gaitán, 1869. [s.p].

R. G., seudónimo de José María Rivas Groot.

RESTREPO, SATURNINO

NOVELA:

—————. [«El enemigo». (1899)].

RIBÓN, ISSAC (Seud. Casio Brian).

POESÍA:

—————. «A la señorita A. C.». *El Mosaico, periódico de industria, ciencias, artes, literatura e inventos* (Bogotá) VI.30 (sept. 4, 1865): 240. [Firmado: Casio Brian]

———. «El ruiseñor i el poeta». *El Mosaico, periódico de industria, ciencias, artes, literatura e inventos* (Bogotá) VI.25 (jul. 29, 1865): 196-197. [Firmado: Casio Briam]

———. «Himno». *El Mosaico, periódico de industria, ciencias, artes, literatura e inventos* (Bogotá) VI.30 (sept. 4, 1865): 236-237. [Firmado: Casio Brian]

Relato:

———. *Versos y articulos escojidos de Casio Brian*. Mompós: «La Palestra», 1878. 173p.

RICARDO GUAL y JAÉN. Ver Gual, Ricardo.

RICO DE FE, seudónimo de Federico Velásquez C.

RIEZI, seudónimo de Ruperto Segundo Gómez.

RIFONADAS, seudónimo de José Manuel Groot.

RIGÁN, PÍA, seudónimo de Agripina Samper de Ancízar.

RÍOS, JOSÉ LUIS, seudónimo de José Asunción Silva.

RIPELIT, seudónimo de Rafael Núñez.

RIVAS, ANGÉLICA (18 ?- ?).

RIVAS GALLARDO, seudónimo de Luciano Rivera [y] Garrido.

RIVAS [MEJÍA], MEDARDO (Bogotá, 1825 - Tena, Cundinamarca, 1901) (Seuds. El Peregrino, Emilio Souvestre. Emir Omar, Karl Sand, Trasíbulo). Escritor, periodista y editor. Produjo una extensa obra literaria, efectuó aportes a la historia de la agricultura y la industria e impulsó la economía y la historia local y regional.

Poesía:

———. «A Paquita». *Obras de Medardo Rivas*. Novelas, artículos de costumbres, variedades, poesías. I. Bogotá: Fernando Pontón, Editor, 1883. 563-564.

———. «A Pichilí». *Obras de Medardo Rivas*. Novelas, artículos de costumbres, variedades, poesías. I. Bogotá: Fernando Pontón, Editor, 1883. 82.

———. «Adiós a mi hija». *Obras de Medardo Rivas*. Novelas, artículos de costumbres, variedades, poesías. I. Bogotá: Fernando Pontón, Editor, 1883. 204.

———. «A Virginia Cuéllar». *Obras de Medardo Rivas*. Novelas, artículos de costumbres, variedades, poesías. I. Bogotá: Fernando Pontón, Editor, 1883. 528.

———. «Caín a su mujer». *Obras de Medardo Rivas*. Novelas, artículos de costumbres, variedades, poesías. I. Bogotá: Fernando Pontón, Editor, 1883. 392.

———. «Caridad de Dios». *Obras de Medardo Rivas*. Novelas, artículos de costumbres, variedades, poesías. I. Bogotá: Fernando Pontón, Editor, 1883. 66.

———. «Cristo consolador». *Obras de Medardo Rivas*. Novelas, artículos de costumbres, variedades, poesías. I. Bogotá: Fernando Pontón, Editor, 1883. 545-546.

———. «Defensa propia». *Obras de Medardo Rivas*. Novelas, artículos de costumbres, variedades, poesías. I. Bogotá: Fernando Pontón, Editor, 1883. 527.

———. «Despedida». *Obras de Medardo Rivas*. Novelas, artículos de costumbres, variedades, poesías. I. Bogotá: Fernando Pontón, Editor, 1883. 580.

———. «Dios», dedicada a mi padre y amigo, señor José Manuel Groot». *La Caridad* (Bogotá) 2.5 (sept. 29, 1865): 70-71.

———. «Discusión». *Obras de Medardo Rivas*. Novelas, artículos de costumbres, variedades, poesías. I. Bogotá: Fernando Pontón, Editor, 1883. 296.

———. «El lazarino». *Obras de Medardo Rivas*. Novelas, artículos de costumbres, variedades, poesías. I. Bogotá: Fernando Pontón, Editor, 1883. 469-470.

———. «El león». *Obras de Medardo Rivas*. Novelas, artículos de costumbres, variedades, poesías. I. Bogotá: Fernando Pontón, Editor, 1883. 520.

———. «El maromero». *Obras de Medardo Rivas*. Novelas, artículos de costumbres, variedades, poesías. I. Bogotá: Fernando Pontón, Editor, 1883. 275-276.

———. «El pobre a una lechuza». *Obras de Medardo Rivas*. Novelas, artículos de costumbres, variedades, poesías. I. Bogotá: Fernando Pontón, Editor, 1883. 207-208.

———. «En un álbum». *Obras de Medardo Rivas*. Novelas, artículos de costumbres, variedades, poesías. I. Bogotá: Fernando Pontón, Editor, 1883. 50-52.

———. «Escenas del hogar». *Obras de Medardo Rivas*. Novelas, artículos de costumbres, variedades, poesías. I. Bogotá: Fernando Pontón, Editor, 1883. 169-171.

———. «Invasión». *Obras de Medardo Rivas*. Novelas, artículos de costumbres, variedades, poesías. I. Bogotá: Fernando Pontón, Editor, 1883. 227-228.

———. «Italia». *Obras de Medardo Rivas*. Novelas, artículos de costumbres, variedades, poesías. I. Bogotá: Fernando Pontón, Editor, 1883. 483-484.

———. «La dolorosa de mi madre». *Obras de Medardo Rivas*. Novelas, artículos de costumbres, variedades, poesías. I. Bogotá: Fernando Pontón, Editor, 1883. 172.

———. «La huérfana». *Obras de Medardo Rivas.* Novelas, artículos de costumbres, variedades, poesías. I. Bogotá: Fernando Pontón, Editor, 1883. 57-58.

———. «La mariposa». *Obras de Medardo Rivas.* Novelas, artículos de costumbres, variedades, poesías. I. Bogotá: Fernando Pontón, Editor, 1883. 145-146.

———. «La penitencia». *Obras de Medardo Rivas.* Novelas, artículos de costumbres, variedades, poesías. I. Bogotá: Fernando Pontón, Editor, 1883. 238.

———. «La suicida». *Obras de Medardo Rivas.* Novelas, artículos de costumbres, variedades, poesías. I. Bogotá: Fernando Pontón, Editor, 1883. 413-418.

———. «Las dos filosofías». *Obras de Medardo Rivas.* Novelas, artículos de costumbres, variedades, poesías. I. Bogotá: Fernando Pontón, Editor, 1883. 87-88.

———. «Las dos ondas». *Obras de Medardo Rivas.* Novelas, artículos de costumbres, variedades, poesías. I. Bogotá: Fernando Pontón, Editor, 1883. 478.

———. «Los dos Constantinos». *Obras de Medardo Rivas.* Novelas, artículos de costumbres, variedades, poesías. I. Bogotá: Fernando Pontón, Editor, 1883. 386-388.

———. «Mi herencia». *Obras de Medardo Rivas.* Novelas, artículos de costumbres, variedades, poesías. I. Bogotá: Fernando Pontón, Editor, 1883. 312-314.

———. «Miguel Ángel al morir». *Obras de Medardo Rivas.* Novelas, artículos de costumbres, variedades, poesías. I. Bogotá: Fernando Pontón, Editor, 1883. 378.

———. «Pleito común». *Obras de Medardo Rivas.* Novelas, artículos de costumbres, variedades, poesías. I. Bogotá: Fernando Pontón, Editor, 1883. 7.

———. «Raquel». *Obras de Medardo Rivas.* Novelas, artículos de costumbres, variedades, poesías. I. Bogotá: Fernando Pontón, Editor, 1883. 424.

———. «Regalo». *Obras de Medardo Rivas.* Novelas, artículos de costumbres, variedades, poesías. I. Bogotá: Fernando Pontón, Editor, 1883. 178.

———. «Resolución en verso». *Obras de Medardo Rivas.* Novelas, artículos de costumbres, variedades, poesías. I. Bogotá: Fernando Pontón, Editor, 1883. 412.

———. «Tu cumpleaños». *Obras de Medardo Rivas.* Novelas, artículos de costumbres, variedades, poesías. I. Bogotá: Fernando Pontón, Editor, 1883. 131-132.

———. «¿Qué fuera yo?». *Obras de Medardo Rivas.* Novelas, artículos de costumbres, variedades, poesías. I. Bogotá: Fernando Pontón, Editor, 1883. 42.

Novela:

———. *El rey del mundo: novela*. La Habana: Imprenta de Antonio M. Dávila, 1857. [s.p].

———. «Historia de una rosa». *Revista de Colombia* (Bogotá) I. entregas 1ª y 2ª (mzo. 25, 1868): 17-26. [Firmado: Emilio Souvestre]

   ——— *Obras de Medardo Rivas*. Novelas, artículos de costumbres, variedades, poesías. I. Bogotá: Fernando Pontón, Editor, 1883. 9-41.

———. Novela original de don Medardo Rivas, Senador, Ministro, etc., en Colombia. Madrid: Biblioteca Patria, [s.f]. 23p.

———. «Jacinta». *Revista de Colombia* (Bogotá) I. entrega 6ª (jun. 25, 1868): 97-101. [Firmado: Emilio Souvestre]

   ——— *Obras de Medardo Rivas*. Novelas, artículos de costumbres, variedades, poesías. I. Bogotá: Fernando Pontón, Editor, 1883. 67-81.

———. «La novela en la historia». *Obras de Medardo Rivas*. Novelas, artículos de costumbres, variedades, poesías. I. Bogotá: Fernando Pontón, Editor, 1883. 485-520. [novela histórica sobre Colón]

———. «Las dos hermanas». *Obras de Medardo Rivas*. Novelas, artículos de costumbres, variedades, poesías. I. Bogotá: Fernando Pontón, Editor, 1883. 425-468.

———. «Los peregrinos». *Obras de Medardo Rivas*. Novelas, artículos de costumbres, variedades, poesías. I. Bogotá: Fernando Pontón, Editor, 1883. 333-378.

———. «Memorias de un ajusticiado». *Revista de Colombia* (Bogotá) II. entrega 6ª (jun. 25, 1869): 113-123. [Firmado: Emilio Souvestre]

   ——— *Obras de Medardo Rivas*. Novelas, artículos de costumbres, variedades, poesías. I. Bogotá: Fernando Pontón, Editor, 1883. 239-275.

———. «Tradiciones de Tocaima». *Revista de Colombia* (Bogotá) I. entrega 8ª, (ag. 25, 1868): 147-150. [Firmado: Emilio Souvestre]

   ——— *Obras de Medardo Rivas*. Novelas, artículos de costumbres, variedades, poesías. I. Bogotá: Fernando Pontón, Editor, 1883. 147-160.

   ——— *Los trabajadores en tierra caliente*. Bogotá: Imprenta y Librería de Medardo Rivas, 1899. 105-128.

   ——— *Los trabajadores en tierra caliente*. Bogotá: Ministerio de Educación de Colombia, 1946. 91-111.

———. «Un drama salvaje». *Obras de Medardo Rivas*. Novelas, artículos de costumbres, variedades, poesías. I. Bogotá: Fernando Pontón, Editor, 1883. 529-544.

Relato:

———. «A veranear». *Obras de Medardo Rivas.* Novelas, artículos de costumbres, variedades, poesías. I. Bogotá: Fernando Pontón, Editor, 1883. 379-385.

———. «Contrariedades de un redactor». *Obras de Medardo Rivas.* Novelas, artículos de costumbres, variedades, poesías. I. Bogotá: Fernando Pontón, Editor, 1883. 297-311.

———. *Cuadros de costumbres: por los mejores cronistas de la época.* Bogotá: Ediciones Colombia, 1925. 158p. [Contenido: Cuadros de. J. David Guarín, Ricardo Silva, José M. Vergara y Vergara, Eugenio Díaz, Francisco de P. Carrasquilla, J. M. Marroquín, Emiro Kastos, Medardo Rivas y Tomás Carrasquilla]

———. «Dolores». *Revista de Colombia* (Bogotá) II, entrega 1ª y 2ª (feb. 27, 1869): 17-23. [Firmado: Emilio Souvestre]

——— *Obras de Medardo Rivas.* Novelas, artículos de costumbres, variedades, poesías. I. Bogotá: Fernando Pontón, Editor, 1883. 179-196.

———. «Don Querubín». *Obras de Medardo Rivas.* Novelas, artículos de costumbres, variedades, poesías. I. Bogotá: Fernando Pontón, Editor, 1883. 43-49.

———. «Don Zacarías». *Obras de Medardo Rivas.* Novelas, artículos de costumbres, variedades, poesías. I. Bogotá: Fernando Pontón, Editor, 1883. 83-87.

———. «Doña Justa». *Obras de Medardo Rivas.* Novelas, artículos de costumbres, variedades, poesías. I. Bogotá: Fernando Pontón, Editor, 1883. 277-282.

———. «El almanaque». *Obras de Medardo Rivas.* Novelas, artículos de costumbres, variedades, poesías. I. Bogotá: Fernando Pontón, Editor, 1883. 293-295.

———. «El comerciante». *Obras de Medardo Rivas.* Novelas, artículos de costumbres, variedades, poesías. I. Bogotá: Fernando Pontón, Editor, 1883. 197-203.

———. «El cosechero». *Obras de Medardo Rivas.* Novelas, artículos de costumbres, variedades, poesías. I. Bogotá: Fernando Pontón, Editor, 1883. 471-478.

——— *Museo de cuadros de costumbres i variedades.* Biblioteca de «El Mosaico». II. Bogotá: Imprenta a cargo de Foción Mantilla, 1866. 316-321.

——— *Museo de cuadros de costumbres, variedades y viajes.* Biblioteca de «El Mosaico». II. Bogotá: Biblioteca del Banco Popular, 1973. 171-180.

———. «El destino». *Obras de Medardo Rivas.* Novelas, artículos de costumbres, variedades, poesías. I. Bogotá: Fernando Pontón, Editor, 1883. 165-169.

———. «El estudiante». *Obras de Medardo Rivas*. Novelas, artículos de costumbres, variedades, poesías. I. Bogotá: Fernando Pontón, Editor, 1883. 123-131.

———. «El retrato de mi madre». *Obras de Medardo Rivas*. Novelas, artículos de costumbres, variedades, poesías. I. Bogotá: Fernando Pontón, Editor, 1883. 389-392.

———. «El rosario al amanecer». *Obras de Medardo Rivas*. Novelas, artículos de costumbres, variedades, poesías. I. Bogotá: Fernando Pontón, Editor, 1883. 205-207.

———. «El San Pedro en Guataquisito». *Obras de Medardo Rivas*. Novelas, artículos de costumbres, variedades, poesías. I. Bogotá: Fernando Pontón, Editor, 1883. 419-424.

———. «El tochecito». *Obras de Medardo Rivas*. Novelas, artículos de costumbres, variedades, poesías. I. Bogotá: Fernando Pontón, Editor, 1883. 209-212.

———. «Emilio el doctor». *Obras de Medardo Rivas*. Novelas, artículos de costumbres, variedades, poesías. I. Bogotá: Fernando Pontón, Editor, 1883. 3-4.

———. «Fantasía». *Obras de Medardo Rivas*. Novelas, artículos de costumbres, variedades, poesías. I. Bogotá: Fernando Pontón, Editor, 1883. 1-2.

———. «Juan Soldado». *Obras de Medardo Rivas*. Novelas, artículos de costumbres, variedades, poesías. I. Bogotá: Fernando Pontón, Editor, 1883. 521-527.

———. «La beata». *Obras de Medardo Rivas*. Novelas, artículos de costumbres, variedades, poesías. I. Bogotá: Fernando Pontón, Editor, 1883. 161-164.

———. «La bendición del potrero». *Obras de Medardo Rivas*. Novelas, artículos de costumbres, variedades, poesías. I. Bogotá: Fernando Pontón, Editor, 1883. 213-214.

———. «¡Ladrones!». *Obras de Medardo Rivas*. Novelas, artículos de costumbres, variedades, poesías. I. Bogotá: Fernando Pontón, Editor, 1883. 565-570.

———. «La fiesta de los pobres». *Obras de Medardo Rivas*. Novelas, artículos de costumbres, variedades, poesías. I. Bogotá: Fernando Pontón, Editor, 1883. 557-563.

———. «La hermana de la caridad». *Obras de Medardo Rivas*. Novelas, artículos de costumbres, variedades, poesías. I. Bogotá: Fernando Pontón, Editor, 1883. 133-138.

———. «La Mirrilín». *Obras de Medardo Rivas*. Novelas, artículos de costumbres, variedades, poesías. I. Bogotá: Fernando Pontón, Editor, 1883. 581-593.

———. «La posada y el hotel». *Revista Literaria* (Bogotá) 1.4 (ag., 1890): 202-216.

———. «La tempestad». *Obras de Medardo Rivas*. Novelas, artículos de costumbres, variedades, poesías. I. Bogotá: Fernando Pontón, Editor, 1883. 571-580.

———. «La vida». *Obras de Medardo Rivas*. Novelas, artículos de costumbres, variedades, poesías. I. Bogotá: Fernando Pontón, Editor, 1883. 315-316.

———. «La vida en América». *Revista de Colombia* (Bogotá) I. entrega 11 (nov. 25, 1868): 215-221. [Firmado: Emilio Souvestre]

———. «Las fiestas de Piedras». *Obras de Medardo Rivas*. Novelas, artículos de costumbres, variedades, poesías. I. Bogotá: Fernando Pontón, Editor, 1883. 229-237.

——— *Museo de cuadros de costumbres, variedades y viajes*. Biblioteca de «El Mosaico». IV. Bogotá: Biblioteca del Banco Popular, 1973. 303-314.

———. «Las rifas». *Obras de Medardo Rivas*. Novelas, artículos de costumbres, variedades, poesías. I. Bogotá: Fernando Pontón, Editor, 1883. 317-322.

———. «Las visitas en Bogotá». *Revista Literaria* (Bogotá) 1.7 (nov., 1890): 41-43.

———. «Mi sobrina». *Obras de Medardo Rivas*. Novelas, artículos de costumbres, variedades, poesías. I. Bogotá: Fernando Pontón, Editor, 1883. 139-145.

———. «Mi sobrino». *Obras de Medardo Rivas*. Novelas, artículos de costumbres, variedades, poesías. I. Bogotá: Fernando Pontón, Editor, 1883. 215-222.

———. «Ovidio». *Obras de Medardo Rivas*. Novelas, artículos de costumbres, variedades, poesías. I. Bogotá: Fernando Pontón, Editor, 1883. 59-65.

———. «Ovidio el enamorado». *Museo de cuadros de costumbres i variedades*. Biblioteca de «El Mosaico». II. Bogotá: Imprenta a cargo de Foción Mantilla, 1866. 110-115.

——— *Museo de cuadros de costumbres, variedades y viajes. Biblioteca de «El Mosaico»*. I. Bogotá: Biblioteca del Banco Popular, 1973. 215-222.

———. «Perdomo». *Obras de Medardo Rivas*. Novelas, artículos de costumbres, variedades, poesías. I. Bogotá: Fernando Pontón, Editor, 1883. 223-227.

———. «Quejas de un militar». *Obras de Medardo Rivas*. Novelas, artículos de costumbres, variedades, poesías. I. Bogotá: Fernando Pontón, Editor, 1883. 547-556.

———. «Reunión de familia». *Obras de Medardo Rivas*. Novelas, artículos de costumbres, variedades, poesías. I. Bogotá: Fernando Pontón, Editor, 1883. 173-178.

———. «To Kossouth». *Obras de Medardo Rivas*. Novelas, artículos de costumbres, variedades, poesías. I. Bogotá: Fernando Pontón, Editor, 1883. 8.

———. «Un paseo en el campo». *Obras de Medardo Rivas*. Novelas, artículos de costumbres, variedades, poesías. I. Bogotá: Fernando Pontón, Editor, 1883. 285-292.

———. «Un viaje a Paicol». *Obras de Medardo Rivas*. Novelas, artículos de costumbres, variedades, poesías. I. Bogotá: Fernando Pontón, Editor, 1883. 393-412.

———. «Una tempestad en el Magdalena: fragmentos de viaje». *Papel Periódico Ilustrado* (Bogotá) 1.9 (feb.1°, 1882): 147-148.

TEATRO:

———. *La Pola. Drama histórico en cinco actos, a la memoria de los próceres de la Independencia*. Bogotá: Imprenta de Medardo Rivas, 1871. 105p.

——— Drama histórico en cinco actos. 3ª ed. Bogotá: Imprenta de Medardo Rivas, 1895. 82p.

OTROS:

———. «Arsenio Esguerra». *El Liberal Ilustrado* (Bogotá) 5.1.635-24 (1916): 371-374.

———. *Carácter social de la lei sobre Crédito Publico*. Bogotá: Imprenta de Medardo Rivas, 1872. 16p. ["Réplica del Diputado Medardo Rivas al discurso del señor Holguín pronunciado en la Cámara de Representantes en la sesión del 26 de mayo último"]

———. *Conferencias contra criminalidad y reflexiones contra la pena de muerte: hechas en la Universidad Republicana*. Bogotá: Imprenta de Medardo Rivas, 1893. 185p.

———. *Conferencias sobre la educación de la mujer, leídas en el Colejio de la Merced*. Bogotá: Imprenta de Medardo Rivas, 1871. 101p.

———. *Conferencias sobre jurisprudencia criminal y reflexión contra la pena de muerte hechas en la Universidad Republicana*. Bogotá: Imprenta de Medardo Rivas, 1893. 185p.

———. *Conversaciones sobre filosofía*. Bogotá: Medardo Rivas, 1873. 223p.

———. «Conversaciones sobre filosofía». *Revista de Colombia* (Bogotá) 5.19 (jun. 27, 1873): 146-149.

———. «Correspondencia». *Obras de Medardo Rivas*. Novelas, artículos de costumbres, variedades, poesías. I. Bogotá: Fernando Pontón, Editor, 1883. 479-483.

———. «Crítica sobre los vicios de la capital». *Obras de Medardo Rivas*. Novelas, artículos de costumbres, variedades, poesías. I. Bogotá: Fernando Pontón, Editor, 1883. 89-122.

———. «Dolores G. de Calvo». *Obras de Medardo Rivas*. Novelas, artículos de costumbres, variedades, poesías. I. Bogotá: Fernando Pontón, Editor, 1883. 283-284.

———. «El catolicismo pagano». *Revista de Colombia* (Bogotá) 5.23 (jul. 25, 1873): 179-182.

———. (Ed.). *El redactor de la «Revista de Colombia»*. Bogotá: [s.edit], 1869. [s.p].

———. «El sitio de Leiden». *Obras de Medardo Rivas*. Novelas, artículos de costumbres, variedades, poesías. I. Bogotá: Fernando Pontón, Editor, 1883. 53-56.

———. *En memoria de Gabriel Reyes Patria: general de Colombia*. Bogotá: Imprenta de Medardo Rivas, 1884. 34p.

———. *Estudio sobre el origen de la legislación patria. Respetuosamente presentado a la Sociedad Colombiana de Jurisprudencia*. Bogotá: Imprenta de Medardo Rivas, 1899. 29p.

———. [et. al]. «Expediente de suministros». *El Mosaico* (Bogotá) 3.7 (feb. 27, 1864): 52-53.

———. «Ezequiel Rojas». *Revista de Colombia* (Bogotá) 5.28 (ag. 29, 1873): 217.

———. *Informe del Secretario de Guerra i Marina al Ciudadano Presidente de los Estados Unidos de Colombia para el Congreso de 1874*. Bogotá: Imprenta de Gaitán, 1874. 40p,

———. «José María del Castillo Rada». *Papel Periódico Ilustrado* (Bogotá) II.29 (oct. 28, 1882): 67-70.

———. «La cuestión religiosa». *Revista de Colombia* (Bogotá) 5.29 (sept. 5, 1873): 226-227.

———. *La cuestión social*. Bogotá: «El Globo», 1899. 23p.

———. «La escuela ayer». *Obras de Medardo Rivas*. Novelas, artículos de costumbres, variedades, poesías. I. Bogotá: Fernando Pontón, Editor, 1883. 323-329.

———. «La escuela hoy». *Obras de Medardo Rivas*. Novelas, artículos de costumbres, variedades, poesías. I. Bogotá: Fernando Pontón, Editor, 1883. 330-332.

———. «Las Herejías». *Revista de Colombia* (Bogotá) 5.25 (ag. 8,1873): 194-196.

———. *Los trabajadores de tierra caliente*. Bogotá: Imprenta y Librería de Medardo Rivas, 1899. 455p.

——— Bogotá: Ministerio de Educación Nacional. Biblioteca Popular de Cultura Colombiana, 1946. 346p.

——— Bogotá: Imprenta del Banco Popular, 1972. 391p.

——— Bogotá: Incunables, 1983. 356p.

———. «Nada con la instrucción». *Revista de Colombia* (Bogotá) 5.4 (mzo. 15, 1873): 26-27

———. *Obras de Medardo Rivas. Novelas, artículos de costumbres, variedades, poesías*. I. Bogotá: Fernando Pontón, Editor, 1883. 596p.

———. *Obras de Medardo Rivas. Viajes por Colombia, Francia, Inglaterra y Alemania*. II. Bogotá: Fernando Pontón, Editor, 1885. 694p.

———. «Páginas olvidadas: (*El Mosaico* - año III.- número 7)». *Santafé y Bogotá* (Bogotá) 5.54 (jun. 1927): 260-263.

———. «Pobre Cartagena: Fragmentos de viajes». *Papel Periódico Ilustrado* (Bogotá) IV.81 (dic. 20, 1884): 143, 146.

———. *Reflexiones sobre la pena de muerte: tomadas de las conferencias sobre jurisprudencia criminal*. Bogotá: Casa Editorial de Medardo Rivas, 1890. 38p.

———. «Ricardo de la Parra». *El Liberal Ilustrado* (Bogotá) 6.1699 (mzo. 11, 1916): 101-103.

———. «Seudónimos». *Papel Periódico Ilustrado* (Bogotá) IV.75 (sept. 21, 1884): 44. [Sobre dos de sus seudónimos].

———. *Sugamuxi*. Sogamoso: [s.edit], 1889. 8p.

———. *Término del juicio promovido por el señor Ramón Gómez como Procurador general. contra Medardo Rivas, como administrador de la Imprenta de la Nación*. Bogotá: Imprenta de Medardo Rivas, 1872. 16p.

———. *Una fiesta en Bogotá*. Bogotá: Imprenta de Medardo Rivas, 1891. 8p.

CRÍTICA:

Duffey, Frank. «Medardo Rivas». *The early cuadro de costumbres in Colombia*. Chapel Hill: The University of North Carolina Press, 1956. 36-44.

Flórez, Mercedes A. de. *Obras de Medardo Rivas, juzgadas por la señora Mercedes A. de Fórez*. Bogotá: Fernando Pontón, 1884. 28p.

García Maffla, Jaime. «Medardo Rivas». *Gran Enciclopedia de Colombia*. 4. Santafé de Bogotá: Círculo de Lectores, 1992. 83-84.

Guarín, José David. *Juicio crítico de J. David Guarín: sobre las obras de Medardo Rivas*. Bogotá: Imprenta de Medardo Rivas, 1884. 32p.

León Gómez, Gloria. «Medardo Rivas Mejía». Biblioteca Virtual del Banco de la República, 2004.

Olaya Ricaurte, Justiniano. *Queja*. Bogotá: Imprenta a cargo de Fernando Pontón, 1888. 16p.

Quijano, Arturo A. «Centenario de un Colombiano Ilustre». *Santafé y Bogotá* (Bogotá) 3.30 (jun., 1925): 317-323.

———. «Medardo Rivas». *El Liberal Ilustrado* (Bogotá) 6.1.699-7 (1916): 99-101.

———. «Primer centenario de don Medardo Rivas». *El Gráfico* (Bogotá) 16.737 (jun. 6, 1925): 578-580.

Urdaneta, Alberto. *Medardo Rivas*: (Carlos Rasch Z) [Material gráfico] 1 dibujo original: lápiz sobre papel; 30 X 22 cm. Passe partout en cartón arte. [Pertenece al cuaderno de dibujo *Personajes nacionales*]

RIVAS GROOT, JOSÉ MARÍA (1863-1923) (Seuds. J. de Roche-Grosse; J. R. M. G.; J. R. G.; R. G.

Poesía:

———. «A un pajarillo». *El Mosaico* (Bogotá) I.10 (feb. 26, 1859): 77. [Firmado: R. G.]

———. *Canto a Bolívar*. Bogotá: F. Pontón, 1883. 28p.

———. «Constelaciones». *Universidad de Antioquia* (Medellín) 101 (ene.-feb., 1951): 931-933.

——— *Hojas de Cultura Popular Colombiana* (Bogotá) 17 (mayo 1952): [s.p].

———. «El hombre». *El Gráfico* (Bogotá) 14.668 (nov. 3, 1923): 1077.

———. *La lira nueva*. Bogotá: Imprenta de Medardo Rivas & Cía., 1884. 417p.

——— 2ª ed. Santa Fe de Bogotá: Instituto Caro y Cuervo, 1993. [s.p].

———. *La naturaleza, Constelaciones*. Bogotá: Imprenta de Medardo Rivas, 1895. 10p.

———. «Las constelaciones». *El Gráfico* (Bogotá) 14.668 (nov. 3, 1923): 1077.

———. «Llantos en la noche». *Papel Periódico Ilustrado* (Bogotá) IV.95 (jul. 24, 1885): 370.

———. «Naturalismo». *Colombia Ilustrada* (Bogotá) 3 (mayo 15, 1889): 46.

———. «Poesías». *Antología de la poesía hispanoamericana: Colombia*. Ginés de Albareda y Francisco Garfias. (Eds.). Madrid: Biblioteca Nueva, 1957. [s.p].

———. «Poesías». *Poemas de Colombia; antología de la Academia Colombiana*. Prólogo y epílogo de Félix Restrepo S. J. Edición y notas de Carlos López Narváez. Medellín: Editorial Bedout, 1959. [s.p].

Novela:

———. *El triunfo de la vida, novela original*. Madrid: [s.edit], 1916. 148p.

———. *Flor Exótica*. Tours: A. Mame et Fils, 1910. 118p.

———. *Fleur exotique*. Traduit du roman intitulé *Résurrection*. Paris: Tours Maison A. Mame et Fils, [s.f]. 107p.

———. *La lira*. Bogotá: Instituto Caro y Cuervo, 1993. 417p.

———. *Novela y cuentos*. Bogotá: Impreso por Ed. ABC, 1951. 358p.

———. *Resurrección*. (Cuento de artistas). Por J. de Roche-Grosse. *La Opinión* (Bogotá) I.83 (abr. 8, 1901): 731-732; 184 (abr. 9, 1901): 735-736; 185 (abr. 10, 1901): 739-740; 186 (abr. 11, 1901): 744; 187 (abr. 12,

1901): 747; 188 (abr. 13, 1901): 752; 189 (abr. 15, 1901): 756; 190 (abr. 16, 1901): 760; 191 (abr. 17, 1901): 764; 192 (abr. 18, 1901): 767-768; 193 (abr. 19, 1901): 771-772; 194 (abr. 20, 1901): 775-776; 199 (abr. 26, 1901): 795-796.

——. *Resurrección: cuento de artistas*. Bogotá: Tipografía de J. Samper Matiz, 1902. 107p.

—— Bogotá: C. Pontón, 1905. 74p.

—— Madrid: Cervantes, 1905. 94p.

—— Madrid: Biblioteca Patria, 1906. 94p.

—— Barcelona: Herederos de J. Gil, 1912. 123p.

—— Bogotá: J. M. Samper Matiz, 1912. 107p.

—— *Cuentos* por José María y Evaristo Rivas Groot. Bogotá: Editorial Minerva, [s.f]. 17-103.

—— *El Pueblo* (Medellín) VII.446 (feb. 4, 1941): 6-7; 447 (feb. 5, 1941): 5-8; 449 (feb. 7, 1941): 3-4; 8-9; 450 (feb. 8, 1941): 5-8; 451 (feb. 9, 1941); 3-6; 452 (feb.10, 1941): 3-6; 453 (feb. 11, 1941): 5-8; 454 (feb. 12, 1941): 5-8; 455 (feb. 13, 1941): 5-8; 456 (feb. 14, 1941): 3-4; 9-10; 457 (feb. 15, 1941): 5-8; 458 (feb. 16, 1941): 3-6; 459 (feb. 17, 1941): 3-6; 460 (feb. 18, 1941): 5-8; 463 (feb. 21, 1941): 3-4; 9-10; 464 (feb. 22, 1941): 5-8; 465 (feb. 23, 3-6; 466 (feb. 24, 1941): 3-6; 467 (feb. 25, 1941): 5-8; 468 (feb. 26, 1941): 5-6;

—— *Novelas y cuentos*. Bogotá: Ministerio de Educación Nacional, 1951. 43-108.

——. y Lorenzo Marroquín. *Pax*. Bogotá: Imprenta de «La Luz», 1907. 642p.

—— Novela de costumbres latinoamericanas. 2ª ed. Bogotá: Imprenta de «La Luz», 1907. 475p.

—— París: Sociedad de Ediciones Literarias y Artísticas, Librería: Ollendorff, [s.f]. 498p.

—— París: Sociedad de Ediciones Literarias y Artísticas, 1912. 498p.

—— (English) Isaacs Goldenberg y W. V. Schierbrand, Traductores. New York: Brentano's Publisher, 1920. 480p.

—— Bogotá: Prensas de la Biblioteca Nacional Ministerio de Educación de Colombia, 1946. 2 vols. 1: 302p. 2: 312p.

—— Medellín: Editorial Bedout, 1971. 495p.

—— Bogotá: Círculo de Lectores, 1985. 447p.

—— Bogotá: La Oveja Negra, 1986. 355p.

RELATO:

——. *Cuentistas bogotanos*. Selección Carlos Nicolás Hernández. Santafé de Bogotá: Panamericana Editorial, 1999. 280p. [Contenido: José

María Rivas Groot, Octavio Amórtegui, Hernando Tellez, Antonio García, Antonio Montaña, Helena Araujo, Humberto Rodríguez Espinosa, Luis Fayad, Miguel Torres, Nicolás Suescún, Celso Román, Roberto Rubiano Vargas, Francisco Sánchez Jiménez, Guido Tamayo, Óscar Olarte Reyes, Consuelo Triviño Anzola, Evelio José Rosero, Juan Carlos Moyano Ortiz, Gustavo Reyes, Gonzalo Márquez Cristo]

————. y Evaristo Rivas Groot. *Cuentos*. Bogotá: Editorial Minerva, 1936. 192p. [Contenido: *Resurección*; Julieta (José María Rivas Groot); Sueño de amor; El cura de Lenguazaque; Chimborrio (Evarísto Rivas Groot)]

—— Bogotá: Editorial Minerva, [s.f]. 192p.

—— Bogotá: Editorial Minerva, 1937. 239p.

————. «El triunfo de la vida». *Revista Moderna* (Bogotá) 4.27 (ag. 10, 1916): 109-118.

————. «Julieta». *Revista Nacional* (Bogotá) 1.3 (jul., 1897): 185-199.

—— *Revista Ilustrada* (Bogotá) 1.8 (dic., 1898): 121-125.

—— *El Nuevo Tiempo Literario* (Bogotá) II.911-935 (mzo. 19, 1905): 547-550. II.917-936 (mzo. 26, 1905): 569-572.

—— *El Correo Nacional* (Bogotá) (sept. 24, 25, 26, 1906): [s.p].

—— *Historia de una rosa*. Madrid: Biblioteca Patria, [s.f]. 93-121.

—— *Novela Semanal* (Bogotá) 85 (oct. 23, 1924): 211- 221.

—— *Cuentos* por José María y Evaristo Rivas Groot. Bogotá: Editorial Minerva, [s.f]. 105-132.

————. *Novelas y cuentos*. Bogotá: Ministerio de Educación Nacional, Editorial ABC, 1951. 358p.

————. *Novelas y cuentos*. [res.] *Bolívar* (Bogotá) 2 (ag., 1951): 342.

TEATRO:

————. y Lorenzo Marroquín. *Lo irremediable: drama en tres actos y en prosa*. Bogotá: Cándido Pontón, 1905. 53p.

—— Bogotá: Editorial Minerva, 1936. 151p.

—— Bogotá: Editorial Minerva, 1937. 180p.

OTROS:

————. «A nuestros lectores». *Colombia Ilustrada* (Bogotá) 14 (jun. 13, 1890): 210.

————. *Asuntos constitucionales*. Bogotá: Imprenta Moderna, 1908. 155p.

————. *Asuntos constitucionales, económicos y fiscales*. Bogotá: Imprenta Moderna, 1909. 560p.

————. *Asuntos económicos y fiscales*. Bogotá: Imprenta Moderna, [s.f]. 400p.

—— Bogotá: Banco de la República, 1952. [s.p].

———. «Correspondencia». *Epistolario de Miguel Antonio Caro, Rufino José Cuervo y otros colombianos con Joaquín García Icazbalceta*. Edición, presentación y notas de Mario Germán Romero; introducción de Ignacio Bernal. Bogotá: Instituto Caro y Cuervo, 1980. 485p. [Contenido: Correspondencia de: Miguel Antonio Caro, Rufino José Cuervo, Ezequiel Uricoechea, Juan Buenaventura Ortiz, Rufino Gutiérrez, Manuel Narciso Lobo, José Vicente Concha, José María Rivas Groot y Enrique Alvarez Bonilla, con Joaquín García Icazbalceta y Luis García Pimentel con Miguel Antonio Caro y Rufino José Cuervo]

———. *El inglés al alcance de los niños*. Bogotá: Casa Editorial de Medardo Rivas & Cía., 1880. 242p.

——— 2ª ed. Bogotá: Casa Editorial de M. Rivas & Cía., 1886. 180p.

———. y Decker, Jerónimo. *El Nuevo reino de Granada en el siglo XVIII*. Madrid: Imprenta del Asilo de Huérfanos del S. C. de Jesús, 1921. 312p.

———. *El Papa, árbitro internacional*. Bogotá: Imprenta Moderna, 1907. 24p.

———. *El Papa, árbitro internacional*. Bogotá: Imprenta Moderna, 1908. 92p.

———. [Trad]. «El valse». Sully Prudhomme. *Revista Gris* (Bogotá) 2.5 (mayo, 1894): 156-158.

———. [Coaut]. *Homenaje a don Marcelino Menéndez Pelayo en el primer centenario de su nacimiento: tres estudios de don Miguel Antonio Caro, don Antonio Gómez Restrepo, don José María Rivas Groot* Academia Colombiana de la lengua. Antares, 1956. 95p.

———. «Estudio preliminar». *Parnaso colombiano: colección de poesías escogidas*. Julio Añez, (Ed.). Bogotá: Librería Colombiana Camacho Roldán & Tamayo, 1887. [s.p].

———. *La naturaleza, constelaciones*. Bogotá: Imprenta de Medardo Rivas, 1895. 10p.

———. *Le pape arbitre international*. Bogotá: Imprenta des Ecoles Salesiennes, 1907. 55p.

———. *Menéndez Pelayo y la América española*. [s.p.i]. 95p.

———. *Páginas de la historia de Colombia, 1810-1910: asuntos constitucionales, económicos, fiscales y monetarios*. Bogotá: Imprenta Nacional, [s.f]. 560p.

——— Bogotá: Imprenta Moderna, 1911? 560p.

——— Bogotá: Imprenta Moderna, 1912. 440p.

———. *Páginas escogidas*. Estudio preliminar de Antonio Gómez Restrepo. Bogotá: Escuelas Gráficas Salesianas, 1943. 139p.

———. *Problema económico y monetario*. Bogotá: Imprenta Nacional, 1904. 24p.

———. «Santa Teresa de Jesús». *Santafé y Bogotá* (Bogotá) 1.12 (dic., 1923): 347-357.

————. *Tres discursos*. Bogotá: Imprenta Nacional, 1897. 15p.

————. [Trad]. y [Coord]. *Víctor Hugo en América*. Traducciones de ingenios americanos coleccionadas por José Antonio Soffia y José Rivas Groot. Bogotá: Casa Editorial de M. Rivas & Co., 1889. 511p. [Contenido: Estudio preliminar. Odas, Baladas, Las orientales, Las hojas de otoño, Los cantos del crepúsculo, Las voces interiores, Los rayos y las sombras, Los castigos, Las contemplaciones, Las canciones de calles y bosques, El año terrible, La leyenda de los siglos, El arte de ser abuelo, Los cuatro vientos del espíritu]

CRÍTICA:

Bejarano-Díaz, Horacio. «José María Rivas Groot». *Revista del Colegio Mayor de Nuestra Señora del Rosario* (Bogotá) 57.463-464 (ag.-nov., 1963): 105.

————. «La nueva edición de la novela *Pax*». *Boletín de la Academia Colombiana* (Bogotá) 37.158 (oct.-dic., 1987): 223-239.

Bellon Wiessner, Waldemar. «Dámaso Alonso, José María Rivas Groot, Emil Ludwig». *Revista de las Indias* (Bogotá) 33.105 (sept.-oct.,1948): 499-507.

Castellanos, George N. *Modernismo y modernidad en José María Rivas Groot*. Dissertation. New York: City University of New York, 1991. 381p.

————. *Modernismo y modernidad en José María Rivas Groot*. Santafé de Bogotá: Instituto Caro y Cuervo, 1998. 338p.

————. «*Resurrección* y *El Triunfo de la vida*: Dos novelas modernistas de José María Rivas Groot». *Thesaurus: Boletín del Instituto Caro y Cuervo* (Bogotá) 40.2 (mayo-ag., 1985): 374-383.

Díaz, José Manuel. «En el centenario del nacimiento de Don José María Rivas Groot: Oración pronunciada en el tempo de La Veracruz, Panteón Nacional, en la ceremonia religiosa del 29 de abril de 1963». *Boletín de la Academia Colombiana* (Bogotá) 13.48 (jun.-jul., 1963): 161-165.

Fierro Torres, Rodolfo. «Don José María Rivas Groot». *Boletín de la Academia Colombiana* (Bogotá) 13.48 (jun.-jul., 1963): 182-183.

Forero Otero, Antonio J. *José María Rivas Groot*. Bucaramanga: Imprenta Departamental, 1940. 75p.

Gómez Restrepo, Antonio. «Del epistolario de Don Antonio Gómez Restrepo». *Boletín de la Academia Colombiana* (Bogotá) 5.17 (abr., 1951): 130-147.

————. «José M. Rivas Groot». *El Gráfico* (Bogotá) 14.668 (nov. 3, 1923): 1076.

————. «José Rivas Groot». *Santafé y Bogotá* (Bogotá) 1.12 (dic., 1923): 341-346.

————. «José María Rivas Groot, 1863-1923». *Boletín de la Academia Colombiana* (Bogotá) 23.99 (ag.-sept., 1973): 337-341.

Guzmán Esponda, Eduardo. «Don José María Rivas Groot». *Boletín de la Academia Colombiana* (Bogotá) 37.158 (oct.-dic., 1987): 225-232.

Jiménez, José Olivio. (Ed.). *Estudios críticos sobre la prosa modernista hispanoamericana*. New York: Eliseo Torres, 1975. 324p. [Rafael Arévalo Martínez, Regino E.Boti, Julián del Casal, Rubén Darío, Manuel Díaz Rodríguez, Manuel Gutiérrez Nájera, José Martí, Leopoldo Lugones, Amado Nervo, José María Rivas Groot, José Asunción Silva, Enrique Gómez Carrillo]

―――. «Palabras del subdirector en la sesión conmemorativa: En la clausura de la sesión extraordinaria conmemorativa del nacimiento de don José María Rivas Groot». *Boletín de la Academia Colombiana* (Bogotá) 13.48 (jun.-jul., 1963): 180-181.

―――. «José María Rivas Groot». *Boletín de la Academia Colombiana* (Bogotá) 23.99 (ag.-sept., 1973): 337-341.

Martínez, Fernando Antonio. «Individuo y cosmos en la poesía de J. M. Rivas Groot». *Thesaurus: Boletín del Instituto Caro y Cuervo: Muestra antológica 1945-1985*. Santafé de Bogotá: Instituto Caro y Cuervo, 1993. [s.p].

―――. *Individuo y cosmos en la poesía de J. M. Rivas Groot*. Bogotá: Instituto Caro y Cuervo, 1963. 15p.

Maya, Rafael. *Estampas de ayer y retratos de hoy*. Bogotá: Imprenta Nacional de Colombia, 1958. [s.p].

―――. «José María Rivas Groot». *Boletín Cultural y Bibliográfico* (Bogotá) 16.5 (mayo, 1979): 39-47.

Mercado Cardona, Homero. *Narrativa de José María Rivas Groot: algunas aproximaciones filológico-estilísticas*. Bogotá: Instituto Caro y Cuervo, 1999. 172p.

Moreno Durán, Rafael Humberto. «*Pax*: el divertimiento crítico». *Gran Enciclopedia de Colombia*. 4. Santafé de Bogotá: Círculo de Lectores, 1992. 157-159.

Piñeros Corpas, Joaquín. «Don José María Rivas Groot: Discurso pronunciado en la sesión solemne conmemorativa del 29 de abril de 1963». *Boletín de la Academia Colombiana* (Bogotá) 13.48 (jun.-jul., 1963): 166-179.

―――. *Rivas Groot, una vida con firmamento*. Bogotá: Editorial Pax, 1963. 16p. Separata del *Boletín de la Academia Colombiana de la Lengua*, no. 48.

Santa, Eduardo. «Consideraciones en torno a la novela *Pax*». *Thesaurus: Boletín del Instituto Caro y Cuervo* (Bogotá) 45.2 (mayo-ag., 1990): 441-465.

Vega, Fernando de la. «Rivas Groot, novelista». *Revista Contemporánea* (Cartagena) 3.16-17 (mayo 31, 1918): 155.

Zuloaga Toro, Elvira. *Dos románticos colombianos: Diego Fallón y José María Rivas Groot.* Bogotá: Pontificia Universidad Católica Javeriana, 1974. 91p.

RIVERA [Y] GARRIDO, LUCIANO (Buga, 1846-1899 (Seud. Rivas Gallardo).
NOVELA:
———. *Dónde empieza y cómo acaba; páginas de la vida de una mujer.* Palmira: Imprenta de T. Materón, 1888. 78p.

——— Ensayos literarios de Luciano Rivera G. Bogotá: Foción Mantilla, Editor, 1871. [s.p].

———. «El sargento Pedro». *Ensayos literarios.* Bogotá: Imprenta a cargo de Foción Mantilla, Editor, 1871. 27-51.

———. «La novia del desertor». *Ensayos literarios.* Bogotá: Foción Mantilla, Editor, 1871. 3-25.

———. «Un sentenciado a muerte». Relación de Luciano Rivera G. *El Bien Público.* (Bogotá) II.201 (jul. 26, 1872): 286-287; 202 (jul. 30, 1872): 290-291; 203 (ag. 2 de 1872): 294-295; 204 (ag. 6, 1872): 299-300.

RELATO:
———. «La venganza de una mujer». *Ensayos literarios.* Bogotá: Foción Mantilla, Editor, 1871. 53-63.

———. [La visita del obispo]

———. «Popayán y Pasto». *Cuadros de costumbres y descripciones locales de Colombia* Artículos escogidos y publicados por José Joaquín Borda. Librería y Papelería de Francisco García Rico, 1878. 370-284.

——— Museo de cuadros de costumbres, variedades y viajes. Biblioteca de «El Mosaico». IV. Bogotá: Biblioteca del Banco Popular, 1973. 161-172.

———. «Recuerdos de un San Juan en tierra caliente». *El Hogar. Periódico dedicado al bello sexo* (Bogotá) I.22 (jun. 27, 1868): 175-176.

———. [Un cuento que pudiera ser historia]

———. [Una aventura marítima]

RELATO:
———. «Algo sobre el matrimonio». Luciano Rivera G. *El Hogar. Periódico dedicado al bello sexo* (Bogotá) I.33 (sept. 12, 1868): 259-261; I.38 (oct. 17, 1868): 297-298.

———. *Algo sobre el Valle del Cauca: impresiones y recuerdos de un conferencista.* Bogotá: imprenta a cargo de R. A. Pastrana, 1886. 62p.

———. *Cartas al Sr. Julio E. Flórez. remitiendole vistas y orientandole para la ilustración de "La María" de Jorge Isaacs.* Mss. Buga, Julio, Octubre, 1897. 2 cartas. Colección de manuscritos de la Biblioteca Luis Ángel Arango.

———. *De América a Europa. Recuerdo de viaje*. Palmira: Imprenta de Materón, 1875. 210p.

———. [*De Buga a Quito*]

———. «Don Juan Francisco Ortiz». *Revista Literaria* (Bogotá) 2.22 (feb., 1892): 603-630.

———. [*El Observador* (Periódico) (ag. 13, 1881- ?)]

———. «El Quindío (recuerdos de viaje)». *Ensayos literarios*. Bogotá: Foción Mantilla, Editor, 1871. 65-83.

———. [*El Rumor* (Periódico) (Buga)]

———. «El trabajo». *La Alianza* (Bogotá) (1867): [s.p].

———. «En el escenario de "María"». *Revista Ilustrada* (Bogotá) 1.12 (mzo., 1899): 161-165.

———. «En la tumba de Jorge Isaacs. Buga: Imprenta de Enoch Domínguez, 1895. 48p.

———. *Ensayos literarios de Luciano Rivera G*. Bogotá: Foción Mantilla, 1871. 83p.

———. *Hacienda «El Paraíso»*. Material gráfico. Bogotá: [s.edit], 199? 3 diapositivas. [Fotografía publicada en la *Revista Ilustrada* 11 (mzo. 17, 1899).]. Colección de diapositivas de la Biblioteca Luis Ángel Arango.

———. *Impresiones y recuerdos*. Bogotá: Librería Nueva, 1897. 645p.

——— Bogotá: Ministerio de Educación de Colombia, Editorial ABC, 1946. 2 vols.

——— Cali: Carvajal, 1968. 347p. [Contenido: Aventuras y desventuras, Figuras del segundo término, Recuerdos de la infancia, Un noble amigo. ¿Por qué no soy autor dramático?, Historias de bandidos, Pasado, Soledad (Episodios de la Revolución de 1860), Memorias de un colegial, Siluetas y esbozos, Jorge Isaacs (Reminiscencias), ¿Por qué no soy rico?]

——— Cali: Impresión Talleres Heyder's, 1992. 325p.

———. *Impresiones y recuerdos: conceptos de hombres de letras y juicios de la prensa del país, reproducidos por Luis Alberto Rivera para presentarlos como obsequio a los lectores del libro de su padre en el Cauca*. Medellín: Imprenta del Departamento, 1898. 108p.

———. «La esposa del recluta». *Colombia Ilustrada* (Bogotá) 17 (oct. 22, 1890): 269-270.

———. «La mujer». *El Hogar. Periódico dedicado al bello sexo* (Bogotá) I.13 (abr. 25, 1868): 98-99.

———. *Memorias de un colegial*. Bogotá: Editorial Minerva, 1932. 106p.

——— 3ª ed. Bogotá: Editorial Minerva, 1936. 141p.

———. «Páginas blancas». *Revista Literaria* (Bogotá) 1.12 (abr., 1891): 374-375. [Sobre: José David Guarín]

———. «Recuerdos de la infancia». *Historia de la literatura colombiana*. José J. Ortega T. Bogotá: Editorial Cromos, 1935. 335-338.

CRÍTICA:

Anónimo. *Corona fúnebre a la memoria del señor Don Luciano Rivera y Garrido*. Popayán: Imprenta del Departamento, 1899. 78p.

López, Ismael. «Luciano Rivera Garrido». *El Gráfico* (Bogotá) 27.269 (dic. 18, 1915):146-147: [Firmado: Cornelio Hispano]

Roa, Jorge. «Impresiones y recuerdos por Luciano Rivera y Garrido». *El Repertorio Colombiano* (Bogotá) 17.3 (ene., 1898): 202-207.

RIVERA GONZÁLEZ, PACÍFICO (1865-1907) (Seud. Adalmar).

R. M. C., seudónimo de Rafael María Carrasquilla.

ROA, JORGE (1828-1927) (Seud. J. Rústico). Editor y traductor.

OTROS:

———. *Acentos republicanos*. Bogotá: Librería Nueva, 1895. 200p.

———. (Ed.). *Artículos y discursos precedidos de una noticia biográfica y literaria*. Bogotá: Librería Nueva, 1893. 38p.

———. (Ed.). *Biblioteca Popular. Colección de grandes escritores nacionales y extranjeros*. Bogotá: Imprenta del Pasaje Hernández, La Luz, Imprenta Lleras, etc., 1893-1902. 25 vols.

———. [Trad]. *Cuentos maravillosos*. Hans-Christian Andersen. Bogotá: Tres Culturas, 1995. 79p. [Título original: Den lille Havfrue ib und Kristine]. Coedición: Panamericana Editorial.

———. [Trad]. *Cuentos basados en el teatro de Shakespeare*. Charles y Mary Lamb. Santafé de Bogotá: Panamericana Editorial, 1995. 83p. [Título original: Tales from Shakespeare]

———. *Curso elemental de gramática castellana: texto de escuelas y colegios*. Bogotá: Imprenta de Medardo Rivas, 1884. 78p.

——— 3ª ed. Bogotá: Ed. Rivas & Cía., 1886. 115p.

——— 13ª ed. Bogotá: El Mensajero, 19??. 126p.

——— 21ª ed. Bogotá: Libr. Nueva, 1915. 128p.

——— Bogotá: Librería y Papelería de «El Mensajero», 1950. 127p.

——— 59ª ed. Bogotá: Tall. Gráficos Mundo al Día, 1962. 159p.

——— 60ª ed. Bogotá El Mensajero, 1964. 159p.

——— 61ª ed. Bogotá: Librería y Papelería El Mensajero, 1969. 159p.

———. «El Colegio Mayor de Nuestra Señora del Rosario». *Colegio Mayor de Nuestra Señora del Rosario* (Bogotá) 261-268 (sept.-nov., 1932): 474.

———. «El Valle del Cauca: influencia de la electricidad». Revista de Colombia (Bogotá) 4 (jun. 15, 1910): 102-108.

———. [Trad]. *El uno y los más y otros ensayos*. Nicholas Murray Butler. La Habana: Carasa, 1931. 127p.

———. [Trad]. *En un mundo cambiante: en un mundo sin plan, Enanos y gigantes, El paro forzoso*. Nicholas Murray Butler. La Habana: Carasa, 1932. 76p.

———. [Trad].*El violín de Cremona*. E. T. A. Hoffmann, *Evangelina*. Henry Wadsworth Longfellow. Santafé de Bogotá: Panamericana Editorial, 1995. 113p.

———. «Felipe Pérez». *El Liberal Ilustrado* (Bogotá) 4.1298 (mzo. 20, 1915): 97-100.

———. «Impresiones y recuerdos por Luciano Rivera y Garrido». *El Repertorio Colombiano* (Bogotá) 17.3 (ene., 1898): 202-207.

———. «Jorge Isaacs». *El Liberal Ilustrado* (Bogotá) 2.992-24 (1914): 371-373.

———. «José Manuel Lleras». *El Liberal Ilustrado* (Bogotá) 4.1352 (mayo 8, 1915): 209-211.

———. *Los Estados Unidos y Europa en Hispanoamérica: Interpretación política y económica de la doctrina Monroe*. La Habana: Carasa y Cia., 1935. 411p.

———. [Trad]. *Los viajes de Gulliver*. Jonathan Swift. Bogotá: Tres Culturas, 1995. 204p. [Título original: *Gulliver's Travels*] Coedición: Panamericana Editorial.

———. «Ministro de Gobierno. Fotografía». *El Gráfico* (Bogotá) 2.18 (nov. 19, 1910): [s.p].

ROBERTO, seudónimo de Miguel Antonio Caro.
ROB ROY, seudónimo de Pedro Nel Ospina.
ROCA Y ROQUETE, seudónimo de Ángel Cuervo.

RODRÍGUEZ, MANUEL (18 ?- ?).
RELATO:

———. «Indios paeces». *Cuadros de costumbres y descripciones locales de Colombia* Artículos escogidos y publicados por José Joaquín Borda. Librería y Papelería de Francisco García Rico, 1878. 228-229.

——— *Museo de cuadros de costumbres, variedades y viajes*. Biblioteca de «El Mosaico». IV. Bogotá: Biblioteca del Banco Popular, 1973. 93-94.

RODRÍGUEZ RIVERA, RAMÓN, seudónimo de José Asunción Silva.

ROEL Y BERNAL, MARÍA TERESA (18 ?- ?).
RELATO:
———. *Papeles varios de su uso*. Mss. 1818. [s.p]. Colección de manuscritos de la Biblioteca Luis Ángel Arango.

ROJAS, EZEQUIEL (1803-1873).
OTROS:
———. *Alegato en el pleito pendiente: entre los señores Fruhling i Goschen y Ezequiel Rojas*. Bogotá: Imprenta y Estereotipia de «El Liberal», 1868. 78p.

———. [et. al]. *Conjuración de Septiembre*. Escritos varios por Da. Manuela Sáenz, D. Ezequiel Rojas, D. Florentino González y General F. de P. Santander. [s.p.i]. [437]-505.

———. *Contestación al impreso publicado por el Señor Ministro del Tribunal de Cundinamarca, doctor José María Baraya, el 24 de marzo último*. Bogotá: Imprenta de Echeverría Hermanos, 1862. 35p.

———. *Derecho de propiedad*. Bogotá: [s.edit], 1871. 29p.

———. *El doctor Ezequiel Rojas ante El Tribunal de la Opinión*. Bogotá: Imprenta de Echeverría Hermanos, 1862. 43p.

———. *Escritos éticos*. 1882. Bogota: Universidad Santo Tomás, 1988. 467p.

———. *Filosofía moral*. Bogotá: Imprenta de la Nación, 1868. 168p.

———. *Índice jeneral de las disposiciones lejislativas que se hallan vijentes entre las sancionadas desde 1821 hasta el presente y arreglado por el orden de las materias de que se ocupan, para el uso de los cursantes de Jurisprudencia*. Bogotá: Imprenta por Nicolás Gómez, 1841. 42p.

———. *Indice jeneral de las leyes y decretos vijentes, entre los sancionados por los Congresos desde 1821 hasta 1841, y de las disposiciones dictatoriales de los años de 1828, 1829 y 1830, arreglado por el orden de las materias y objetos de que se ocupan*. Bogotá: [s.edit], 1841. [s.p].

———. «La conjuración del 25 de septiembre de 1828». *El Liberal Ilustrado* (Bogotá) 3.1164 (nov. 14, 1914): 326-332.

———. *La conjuración de septiembre; escritos varios por Dña Manuela Sáenz, D. Ezequiel Rojas, D. Florentino González y el general F. de P. Santander*. Bogotá: Librería Nueva, 189?. 437-505p.

———. «Misceláneas políticas. Discurso que pronunció Ezequiel Rojas, Cursante de Economía política en el Colegio de San Bartolomé de esta ciudad al principiar el acto de Conclusiones que sostuvo, la tarde del 15 del próximo Julio, bajo la dirección de su Catedrático Francisco Soto». *El Constitucional* (Bogotá) 50 (ag. 11, 1825): 2.

———. *Obras del Dr. Ezequiel Rojas, coleccionadas i publicadas con una biografía del autor por Ánjel M. Galán*. Bogotá: Imprenta Especial, 1881-

1882. Vol 1: 492p. Vol 2. 469p.

———. *Philosophie de la morale.* Sain-Germain en Laye: Imprenta de L. Toinon, 1870. 317p.

———. *Programa para el estudio de la ciencia de la lójica en el Colegio de Nuestra Señora del Rosario, formado por el Dr. Ezequiel Rojas.* Bogotá: Imprenta de Echeverría, 1869. 40p.

———. *Teoría del crédito público i privado, con su aplicación al de los Estados Unidos de Colombia.* Funza: Imprenta del Estado, 1863. 56p.

———. *Una sentencia en apelación.* Bogotá: Imprenta de Gaitán, 1868. 12p.

———. Un recuerdo. Bogotá: [s.edit], 1863. 56p.

CRÍTICA:

———. Arrieta Arrieta, Diógenes A. «Peregrinación». *El Liberal Ilustrado* (Bogotá) 4.1258-2 (feb. 13, 1915): 20-22.

Baraya, José María. *El doctor Ezequiel Rojas ante la opinión pública.* Bogotá: Imprenta del Estado de Cundinamarca, 1862. 8p.

Galán, José María Ángel. «Dos grandes maestros». *El Liberal Ilustrado* (Bogotá) 3.1250 (feb. 6, 1915): 5-6.

———. «Ezequiel Rojas (Fragmentos)». *El Liberal Ilustrado* (Bogotá) 3.1164 (nov. 14, 1914): 321-325.

Gussoni, María V. [res.] «Un vistazo panorámico». *Boletín Cultural y Bibliográfico* (Bogotá) 23.6 (1986): 103-105.

Pérez, Santiago. [et. al]. «Conceptos sobre el Dr. Ezequiel Rojas». *El Liberal Ilustrado* (Bogotá) 3.1164 (nov. 14, 1914): 325-326. [Sumario: Transcripción de partes de los conceptos sobre Ezequiel Rojas, de: Rojas Garrido; Francisco E. Álvarez; Santiago Pérez; Salvador Camacho Roldán y Camilo A. Echeverri]

Plazas Castañeda, Hernando. «Ezequiel Rojas». *Boletín Cultural y Bibliográfico* (Bogotá) 12.1 (ene., 1969): 94-98.

———. «Los principios filosóficos de Ezequiel Rojas». *Boletín Cultural y Bibliográfico* (Bogotá) 12.12 (dic., 1969): 61-64.

Rivas, Medardo. «Ezequiel Rojas». *Revista de Colombia* (Bogotá) 5.28 (ag. 29, 1873): 217.

Roa, Jorge. (Ed.). *Colección de grandes escritores nacionales y extranjeros.* VI. Bogotá: Jorge Roa Editor, 1894.[s.p].

Rodríguez R., Gustavo Humberto. *Ezequiel Rojas y la primera república liberal.* Bogotá: Editorial A B C, 1970. 250p.

———. *Miraflores.* (Boyacá): Club Social Miraflores, ca.1970. 250p.

——— Bogotá: Universidad Externado de Colombia, 1984. 331p.

Tirado Mejía, Álvaro. [Comp]. *Antología del pensamiento liberal colombiano.* Medellín: El Mundo, 1981. 383p. [Contenido: Constitución de Ríonegro, Reforma constitucional de 1936, Programas de Ezequiel

Rojas, 1848; De Ibagué, 1922; de 1935; Movimiento gaitanista, 1947]

Vargas, Luis A. *Ezequiel Rojas: o, El padre de la filosofía liberal en América.* Bogotá: Antena, 1941. 65p.

ROJAS GARRIDO, JOSÉ MARÍA (1824-1883) (Seuds. Efedepente, Indus, Onofre).

POESÍA:

———. «El cementerio». *El Albor Literario, periódico científico, literario i noticioso* (Bogotá) 1 (1846): 51.

———. «Horas del campo». *El Liberal Ilustrado* (Bogotá) 3.1082 (ag. 29, 1914): 169-170.

RELATO:

———. «Canto a la juventud granadina». *El Albor Literario, periódico científico, literario i noticioso* (Bogotá) 1 (1846): 30-32.

OTROS:

———. «Carta». *Lógica: discurso preliminar del conde Destutt de Tracy.* [Trad]. Enrique Camacho; precedido de una carta de José María Rojas Garrido. Bogotá: Foción Mantilla, Editor, 1871. 136p.

———. *Causa contra el Presidente de los Estados Unidos de Colombia, ciudadano gran jeneral Tomás Cipriano de Mosquera i otros altos funcionarios federales.* Bogotá: Imprenta de la Nación, 1867. [s.p].

———. «Conceptos sobre el Dr. Ezequiel Rojas». Santiago Pérez, [et. al]. *El Liberal Ilustrado* (Bogotá) 3.1164 (nov. 14, 1914): 325-326. [Sumario: Transcripción de partes de los conceptos sobre Ezequiel Rojas, de: Rojas Garrido; Francisco E. Álvarez; Santiago Pérez; Salvador Camacho Roldán y Camilo A. Echeverri]

———. *Defensa ante la nación de los actos del gobierno del gran jeneral Mosquera, presentada al Senado Plenipotenciario.* Bogotá: Imprenta de Echeverría, 1867. 132p.

———. «Discurso de José María Rojas Garrido sobre la influencia del comercio en la prosperidad de las naciones». J. M. Rojas Garrido. *El Albor Literario, periódico científico, literario i noticioso* (Bogotá) 1 (1846): 120 123.

———. «Discurso pronunciado el 20 de julio de 1879, en la plaza de la constitución, al pie de la estatua de Bolívar». *El Liberal Ilustrado* (Bogotá) 3.1082-1111 (ag. 29, 1914): 167-168:

———. *El sistema nervioso.* Bogotá: Imprenta de Gaitán, 1880. 28p.

———. *José María Rojas Garrido: obras selectas.* Bogotá: Imprenta Nacional, 1979. 519p.

———. *Juicio contra el señor Valentín Tejada.* Bogotá: Imprenta de Echeverría, 1868. 60p.

———. *Memoria de la Secretaría de lo Interior y Relaciones Esteriores al Señor Presidente de los Estados Unidos de Colombia*. Bogotá: Imprenta de Echeverría Hermanos, 1867. 23p.

———. *Obras selectas*. Bogotá: Imprenta Nacional /CR., 1979. 519p.

———. «Pruebas judiciales». José María Rojas Garrido. *El Albor Literario, periódico científico, literario i noticioso* (Bogotá) 1 (1846): 89-92.

———. *Tratado de ciencia constitucional*. Bogotá: Imprenta de Ignacio Borda, 1875. 76p.

———. «Una noche romántica i un día clásico». *El Albor Literario, periódico científico, literario i noticioso* (Bogotá) 1 (1846): 3-6. [Firmado: J. M. R. G.] [crítica sobre romanticismo y clasicismo].

———. «13 de Septiembre de 1883». *El Liberal Ilustrado* (Bogotá) 3.1082 (ag. 29, 1914): 166.

———. «20 de julio». *El Gráfico* (Bogotá) 12.607 (jul. 22, 1922): 103.

CRÍTICA:

Acevedo, Juan Miguel. *Juan Miguel Acevedo al señor doctor José María Rojas Garrido*. Bogotá: Imprenta de Gaitán, 1869. 10p.

Anónimo. *Corona fúnebre en honor del señor doctor José M. Rojas Garrido*. Bogotá: Imprenta de Echeverría, 1884. 112p.

Anónimo. *Oradores liberales*. Bogotá: Editorial Minerva, 1936. 209p. [José María Rojas Garrido, Nicolás Esguerra, José Ignacio Escobar, Rafael Uribe Uribe, Antonio Restrepo, Enrique Olaya Herrera]

——— Bogotá: Editorial Minerva, 1937. 221p.

Eastman, Jorge Mario. [Comp]. *Obras selectas*. Bogotá: Imprenta Nacional, 1979. 519p.

Eastman Vélez, Jorge Mario. «Cuando los políticos vivían de la oratoria». *Consigna* (Bogotá) 4.152 (ene., 1980): 57-62.

———. *Trece pensadores del liberalismo social*. Bogotá: Servigraphic, 2000. 237p.

Forero, Salomón, (seud. Alberik). *Comunicación del señor José María Rojas Garrido al Illmo. Señor Arzobispo. Comentario a esta comunicación en la que el señor Rojas pretende justificar las medidas del gobierno sobre diezmos*. [s.l]: Imprenta Constitucional, [s.f]. 4p.

Galán, Ángel María. «Dos grandes maestros». *El Liberal Ilustrado* (Bogotá) 3.1250-1251 (feb. 6, 1915): 5-6.

Gómez, Ramón. «Ante el cadáver del Dr. Rojas Garrido». *El Liberal Ilustrado* (Bogotá) 3.1188 (dic. 5, 1919): 374-375.

Moreno Calderón, Delimiro. *La toga contra la sotana: ensayo liberal sobre dos figuras representativas de Colombia y el Huila en el siglo XIX: el ideólogo José María Rojas Garrido y el obispo Esteban Rojas Tobar*. Neiva: Kimpres Ltda., 1999. 166p.

Piedrahita, Luis María. *Apelación que intenta ante la opinión publica Luis María Piedrahita contra Valentín G. Tejada i José María Rojas Garrido*. Bogotá: Imprenta de Gaitán, 1870. 32p.

Ramírez B., Roberto. [Coord]. *Elocuencia colombiana*. Bogotá: Imprenta Comercial, 1912. [s.p].

Restrepo, Antonio José. «El doctor Rojas Garrido». *Revista de América* (Bogotá) 15. 47 (dic., 1948): 345-359.

Restrepo Canal, Carlos. «José María Rojas Garrido: 1824-1833». *Boletín Cultural y Bibliográfico* (Bogotá) 3.8 (ag., 1960): 514-515.

Rodríguez, César Julio. «Rojas Garrido, profesor». *El Gráfico* (Bogotá) 15.704 (sept. 13, 1924): 52.

Salazar, Marco A. *Boceto biográfico de José María Rojas Garrido*. Medellín: Imprenta de La Libertad, 1883. 18p.

Uribe, Juan de Dios. «José M. Rojas Garrido». *El Liberal Ilustrado* (Bogotá) 3.1082 (ag. 29, 1914): 161-165.

ROMANEG, seudónimo de Rafael Núñez.

ROMERO, ROMÁN, seudónimo de José Asunción Silva.

ROMERO, RAMÓN, seudónimo de José Asunción Silva.

RÓMULO, seudónimo de Ricardo Carrasquilla.

R. PUERTO, seudónimo de Ruperto Segundo Gómez.

ROQUE, seudónimo de Ángel Cuervo.

ROSILDÁN, seudónimo de Lisandro Restrepo.

ROYO TORRES, JOSÉ MANUEL (Cartagena, ¿1805? ¿1810?-1891). (Seud. Yezid).

POESÍA:

———. *Los dos mundos. Rasgo poético dedicado a los fundadores de la patria*. Cartagena: Imprenta de Eusebio Hernández, 1847. 16p.

RELATO:

———. «La montera». *Biblioteca de Señoritas* (Bogotá) II.64 (jul. 9, 1859): 57-58. [Firmado: Yezid]

OTROS:

———. *Lecciones de agrimensura*. París: Editorial Bouret, 1874. [s.p].

———. *Nueva jeografía universal*. París: Casa Editorial Garnier Hermanos, 1873. [s.p].

——— 10ª. ed. revisada por el autor. Cartagena-París: Librería de Ch. Bouret, 1883. 526p.

TEATRO:

———. *El médico pedante*. Cartagena: Imprenta José María Angulo, 1838. [s.p].

——— *Teatro colombiano: siglo XIX: de costumbres y comedias*. Selección y notas Carlos Nicolás Hernández. Bogotá: Tres Culturas Editores, 1989. 53-98.

———. *Eudoro Cleón*. Cartagena: Imprenta de Eduardo Hernández, 1838. [s.p].

———. *La pirámide de Fabio*. Cartagena: Imprenta de José María Angulo, 1839. [s.p].

———. *Obras dramáticas completas...* Cartagena: Eduardo Hernández, 1838. 263p. [Contenido: Eudoro Cleón. El médico pedante. La pirámide de Fabio].

———. *Teatro de José Manuel Royo*. [s.p.i]. 278p. [Contenido: El doncel, El romántico, El cristiano errante]

ROZO, JESÚS SILVESTRE (Guatavita, 1835-1895).

NOVELA:

———. *El último rei de los muiscas*; novela histórica. Bogotá: Imprenta de Echeverría Hermanos, 1864. 112p.

———. *Las travesuras de un tunante. Historia que parece novela, dividida en cincuenta y cuatro capítulos o Cuadros de costumbres nacionales*. Bogotá: Imprenta de «La América», 1873. 349p.

CRÍTICA:

Pineda Botero, Álvaro. «El último rei de los muiscas». *La fábula y el desastre: Estudios críticos sobre la novela colombiana, 1650-1931*. Fondo Editorial. Universidad EAFIT, 1999. 179-184.

RUIZ, ARTURO G. (18 ?- ?).

NOVELA:

———. *Un mundo sin sol*. Cartagena: Imprenta de Ruiz e Hijo, 1887. 64p.

OTROS:

———. *Cristóbal Colón: o el descubrimiento de América, como resultado natural de las aventuras i de los sucesos de aquella época*. Cartagena: Imprenta de Hernández, 1887. 130p.

RUIZ, MERCEDES (18 ? - ?).

POESÍA:

———. *Homenaje del Gobierno de Colombia al Capitán Antonio Ricaurte, héroe de San Mateo, en el primer centenario de su natalicio*. Cupertino Salgado, [Comp]. Bogotá: Imprenta de «La Luz», 1886. [s.p].

RÚSTICO, seudónimo de Miguel Antonio Caro.
R. V. M., seudónimo de José Asunción Silva.

S

S., seudónimo de José Asunción Silva.
S., seudónimo de Luis Segundo Silvestre.
S. A. [Santander Aldana], seudónimo de Rafael Eliseo Santander.
SADECIL, seudónimo de Alcides Isaacs.
SADECIL, seudónimo de Ruperto Segundo Gómez.

SÁENZ ECHEVERRÍA, CARLOS (1853-1893).
Poesía:
———. «El adiós. Balada». *Papel Periódico Ilustrado* (Bogotá) I.9 (feb. 1º, 1882): 148.

———. «La esperanza». *Papel Periódico Ilustrado* (Bogotá) I.1 (ag. 6, 1881): 16.

———. «Las dos monjas». *Papel Periódico Ilustrado* (Bogotá) II.40 (mayo 5, 1883): 256-257.

———. Los piratas: Leyenda histórica. Santiago de Chile: Imprenta Cervantes, 1891. 42p.

———. «Mi ofrenda». *Papel Periódico Ilustrado* (Bogotá) I.7 (ene. 1º, 1882): 113.

———. «¡No seas así!». *Papel Periódico Ilustrado* (Bogotá) II.26 (sept. 1º, 1882): 21.

———. *Poesías*. París: Casa Editorial Garnier Hermanos, 1883. 323p.

Relato:
———. *Los piratas: leyenda histórica*. Santiago de Chile: Imprenta Cervantes, 1891. 42p.

Teatro:
———. *Piezas de teatro de Carlos Sáenz Echeverría y José Manuel Lleras*. Bogotá: Editorial Minerva, 1935. 159p. [Contenido: El estudiante y Similia similibus, por Carlos Sáenz E. El espíritu del siglo, por José Manuel Lleras]

—— Bogotá: Editorial Minerva, 1936. 159p.

—— Bogotá: Editorial Minerva, 1937. 139p.

——. *Similia similibus: zarzuela en dos actos y en verso*. Bogotá: Casa Editorial de Medardo Rivas, 1888. 29p.

—— *Papel Periódico Ilustrado* (Bogotá) III.55 (dic. 20, 1883): 110-115.

—— *Juguetes cómicos. Similia similibus: zarzuela en dos actos*. Bogotá: [s.edit], 1899? 97-128.

OTROS:

——. «Carta sobre Puerto Arboleda». *Papel Periódico Ilustrado* (Bogotá) I.5 (nov. 15, 1881): 83.

——. [Trad]. «La tumba y la rosa». *Papel Periódico Ilustrado* (Bogotá) IV.95 (jul. 24, 1885): 371.

——. «Palabras en el entierro de Quijano Otero». *Papel Periódico Ilustrado* (Bogotá) III.51 (sept. 30, 1883): 38-39.

CRÍTICA:

Reyes, Carlos José. «Carlos Sáenz Echeverría». *Gran Enciclopedia de Colombia*. 5. Santafé de Bogotá: Círculo de Lectores, 1994. 272-273.

SAINT-AMOUR, seudónimo de Juan Francisco Ortiz.

SALAZAR, JOSÉ MARÍA (Ríonegro, Antioquia 1785-1828).

POESÍA:

——. «Bolívar». *Papel Periódico Ilustrado* (Bogotá) II.29 (oct. 28, 1882): 78-79.

——. *Canción Nacional*. [s.p.i]. 1814. [s.p].

——. Canción Nacional. *El Conductor* (Bogotá) 1.19 (abr. 6, 1827): 74.

——. «Centenario del Libertador». *Papel Periódico Ilustrado* (Bogotá) II.46-48 (jul. 24, 1883): 402 403.

——. [El amor a la patria]

——. *El placer público de Santafé; poema en que se celebra el arribo del excelentísimo señor Don Antonio Amar y Borbón, Caballero Profesor del Orden de Santiago, Teniente General de los Reales Exércitos, Virrey, Gobernador y Capitán General del Nuevo Reyno de Granada y de la excelentísima señora su esposa doña Francisca Villanova y Marco, por don José María Salazar, colegial de San Bartolomé dedícase al mismo excelentísimo señor con licencia*. Santa Fe de Bogotá: Imprenta Real por D. Bruno Espinosa de los Monteros, 1804. 46p.

——. *La campaña de Bogotá: canto heroyco; por el autor de la memoria biográfica de la Nueva Granada, hoy Cundinamarca, miembro de su último Congreso, hijo benemérito de la Provincia de Antioquia, en el Departamento de Cundinamarca*. Bogotá: Imprenta de C. B. E., 1820. 12p.

——. *La colombiada: o Colón; el amor a la patria y otras poesías líricas*. Caracas: Oficinas Tipográficas de Briceño y Campbell, 1852. 192p. [Ensayo épico]

———. *Patriarca de la poesía antioqueña: antología*. Edición, introducción y notas de Héctor H. Orjuela Bogotá: Editora Guadalupe, 2002. 109p.

———. «Poesías». *Antología de la poesía hispanoamericana: Colombia*. Ginés de Albareda y Francisco Garfias. Eds]. Madrid: Biblioteca Nueva, 1957. [s.p].

———. *Placer público de Santafé: poema en que se celebra el arribo del Excelentísimo Señor Don Antonio Amar y Borbón ...* Santafé de Bogotá: Imprenta Real, por D. Bruno Espinosa de los Monteros, 1804. 50p.

———. *Proclama en que se exhorta a los habitantes del Nuevo Reino de Granada a la unión y fraternidad en el presente estado de las cosas. Sala de la Suprema Junta de la capital de Santafé*. Santafé de Bogotá: [s.l]: [s.edit], 1810. 8p.

RELATO:

———. «La cascada del Tequendama». *Cuadros de costumbres y descripciones locales de Colombia* Artículos escogidos y publicados por José Joaquín Borda. Librería y Papelería de Francisco García Rico, 1878. 245-246.

——— Museo de cuadros de costumbres, variedades y viajes. Biblioteca de «El Mosaico». IV. Bogotá: Biblioteca del Banco Popular, 1973. 115-118.

TEATRO:

———. [El sacrificio de Idomeo]

———. [El soliloquio de Eneas]

OTROS:

———. «D. Camilo de Torres». *Revista de Bogotá* (Bogotá). 1.10 (mayo, 1872): 603-604.

———. «D. Manuel Rodríguez Torices». *Revista de Bogotá* (Bogotá) 1.10 (mayo, 1872): 605-606.

———. [Trad]. *El arte poético de Boileau. Nicolás Boileau Despresux. Traducida al verso castellano por José María Salazar, quien la dedico al señor José Ignacio Pombo*. Bogotá: Impreso por Valentín Martínez, 1828. 56p.

———. «Jorge Tadeo Lozano». *Papel Periódico Ilustrado* (Bogotá) 3.71 (jul.20, 1884): 372.

———. «La ciudad y su historia: Bogotá en 1810». *Registro Municipal* (Bogotá) 89-90 (sept. 30, 1936): 581-592.

———. «Memoria descriptiva del País de Santafé de Bogotá, que escribió Leblond sobre el mismo objeto Leída en la Academia Real de las Ciencias». *Semanario del Nuevo Reyno de Granada*. Santafé 27 (jul. 9, 1809): 159-196. 28 (jul. 16, 1809): 197-204. 29 (jul. 23, 1809): 205-212. 30 (jul. 30, 1809): 213-220. 31 (ag. 6, 1809): 221-228.

———. [«Memoria sobre Cundinamarca». *Semanario del Nuevo reino de Granada*]

———. «Memoria sobre el Meta, presentada al Congreso de Colombia». *El Catolicismo* (Bogotá) 3.174 (oct. 9, 1855): 254-256.

———. *Observations on the political reforms of Colombia*. Translated from the manuscript, by Edward Barry. Philadelphia: L. L. D., Printed by William Stavely, 1828. 47p.

———. *Observaciones sobre las reformas políticas de Colombia*. Filadelfia: Imprenta de G. Satvely, 1828. 54p.

CRÍTICA:

Anónimo. *Periodistas de los albores de la República: (Jorge Tadeo Lozano, Fray Diego Francisco Padilla, José María Salazar y Juan García del Río)*. Bogotá: Editorial Minerva, 1936? 198p.

Clay, Henry. *Cartas dirigidas a José María Salazar y a Henry Middleton*. Mss. Washington, 1825. 2 cartas 7h. Colección de manuscritos de la Biblioteca Luis Ángel Arango.

Gómez Restrepo, Antonio. «Don José María Salazar». *Historia de la literatura colombiana*. III. Bogotá: Litografía Villegas, 1957. 317-323.

SALCORRAL, seudónimo de Salvador Camacho Roldán.

SALGAR, JANUARIO (1927- ?) (Seud. Javierito Serna).

RELATO:

———. «El chino de Bogotá». *El Mosaico, Álbum Neo-Granadino* (Bogotá) II.31 (ag. 8, 1860): 246-248.

—— *Museo de cuadros de costumbre i variedades*. Biblioteca de «El Mosaico». II. Bogotá: Imprenta a cargo de Foción Mantilla, 1866. 366-367.

—— *El Liberal Ilustrado* (Bogotá) 3.1104 (sept. 19, 1914): 218-222.

—— *Museo de cuadros de costumbres, variedades y viajes*. Biblioteca de «El Mosaico». II. Bogotá: Biblioteca del Banco Popular, 1973. 247-250.

———. [Una mujer de pueblo]

OTROS:

———. «Actas de las sesiones del Consejo». *El Maestro de Escuela* (Bogotá) 1.28 (ag.. 28, 1872): 111-117; 1.32 (sept. 18, 1872): 127-128; 1.50 (dic. 5, 1872): 198; 1.60 (ene. 30, 1873): 239-240; 1.64 (feb. 19, 1873): 254-255; 1.65 (feb. 26, 1873): 258-259; 166 (feb. 28, 1873): 262-263; 2.68 (mzo. 12, 1873): 271-272; 2.70 (mzo. 20, 1873): 279-280; 2.27 (abr. 15, 1873) 306; 2.82 (mayo 14, 1873): 328; 2.86 (jun. 5, 1873): 343-344; 2.87 (jun. 10, 1873): 348; 2.89 (jun. 24, 1873): 353-354; 2.96 (jul. 30, 1873):

383; 2.97 (ag. 2, 1873): 385-386; 2.101 (ag. 21, 1873): 403-404; 2.103 (sept. 1, 1873): 411-412; 2.104 (sept. 6, 1873): 406-407; 2.105 (sept. 11, 1873): 418-419; 2.107 (sept. 25, 1873): 426-427; 2.125 (ene. 16, 1874): 498-499; 2.129 (ene. 30, 1874): 513-515; 3.130 (feb. 6, 1874): 518; 2.102 (ag. 27, 1827): 407.

———. «Acuerdo sobre presupuesto de gastos de la instrucción pública primaria del Estado Soberano de Cundinamarca, para el de 1873». *El Maestro de Escuela* (Bogotá) 1.63 (feb. 12, 1873): 2.

———. «Cuenta de 1872-1873». *El Maestro de Escuela* (Bogotá) 2.86 (jun. 5, 1873): 343.

———. *Enajenación de las salinas para la amortización de la deuda exterior.* Foción Mantilla. (Ed.). Bogotá: F. Mantilla, [s.f]. 102p.

———. *Memoria del Secretario de Hacienda i Fomento dirijida al ciudadano Presidente de los Estados Unidos de Colombia para el Congreso de 1870.* Bogotá: Imprenta de Gaitán, 1870. [varias paginaciones].

———. *Monopolio de la sal.* Bogotá: Imprenta de Echeverría Hermanos, 1884. 23p.

———. *Oficio dirigido a Santiago Pérez, Embajador de los Estados Unidos de Colombia ante el gobierno de los Estados Unidos de Norte América: para gestionar empréstito ante el gobierno de Inglaterra o el de los Estados Unidos de Panamá.* Bogotá, 1876. 6h. Colección de manuscritos de la Biblioteca Luis Ángel Arango.

———. «Reglamento de premios i multas en el servicio de la Instrucción Pública». *El Maestro de Escuela* (Bogotá) 1.19 (jul. 3, 1872): 75-76.

———. Seudónimos». *Papel Periódico Ilustrado* (Bogotá) IV.73 (ag. 6, 1884): 10-11. [Sobre su propio seudónimo]

———. *Una cuestión singular.* Bogotá: Imprenta de Echeverría Hermanos, 1872. 39p.

CRÍTICA:

Roa, Jorge. *Colección de grandes escritores nacionales y extranjeros.* XVII. Bogotá: Jorge Roa editor, 1898. [s.p].

Robayo L., Ambrosio. «Januario Salgar». *El Liberal Ilustrado* (Bogotá) 3.1104-14 (sept. 19, 1914): 209-214.

SAMPER, JOSÉ MARÍA. ver. José María Samper Agudelo.

SAMPER AGUDELO, JOSÉ MARÍA (Honda, 1828-Anapoima, 1888) (Seuds. Abancay, El Marquetano, Fígaro, Jeremías Páramo, José Bálsamo, Juan de la Mina, Juan Sin Tierra, Kornikoff, P. S., Plutarco, Repúblico, Young).

Poesía:

———. «A Jorge Isaacs». *El Mosaico* (Bogotá) III.22 (jun. 11, 1864): 170.

———. «A Eufemia y José Joaquín». *El Mosaico, periódico de la juventud. Destinado exclusivamente a la literatura* (Bogotá) 23 (jul. 9, 1871): 178-179.

———. «Balboa. Romance histórico». *Papel Periódico Ilustrado* (Bogotá) IV.90 (mayo 1°, 1885): 285-287, 289-291.

———. «Bolívar». *Papel Periódico Ilustrado* (Bogotá) II.46-48 (jul. 24, 1883): 379-380.

——— *Historia de la literatura colombiana.* José J. Ortega T. Bogotá: Editorial Cromos, 1935. 294.

———. «Ecos de los Andes». José María Samper. *El Mosaico* al cual está unida *La Biblioteca de Señoritas* (Bogotá) II.29 (jul. 25, 1860): 225-226.

———. *Ecos de los Andes; poesías líricas de José María Samper.* París: E. Thunot y Cª., 1860. 1-339. [Contiene además: «Ensayos poéticos de Pía Rigán: 340-396]

———. «El cementerio de Bogotá». *El Albor Literario, periódico científico, literario i noticioso* (Bogotá) 1 (1846): 187-188.

———. «El hogar». *El Mosaico* al cual está unida *La Biblioteca de Señoritas* (Bogotá) II.29 (jul. 25, 1860): 226-227.

———. «El paso del rubicón o mis treinta i cinco». *El Mosaico* (Bogotá) III.10 (mzo. 19, 1864): 78-79. [Firmado: Samper]

———. *Flores marchitas. Colección de poesías orijinales.* Bogotá: Imprenta de Cualla, 1849. 200p.

———. «José María Samper». *Parnaso colombiano.* Carlos Nicolás Hernández (ed). Santafé de Bogotá, D.C., Colombia: Panamericana Editorial, 2001. [s.p]. [contenido: «José Eusebio Caro». «Miguel Antonio Caro». «Julio Arboleda». «José Joaquín Ortiz». «José Caicedo Rojas». «Felipe Pérez». «Santiago Pérez». «Medardo Rivas». «José María Samper». «Rafael Pombo». «Ricardo Carrasquilla». «Rafel Núñez». «Epifanio Mejía». «Gregorio Gutiérrez González». «Candelario Obeso». «José María Rivas Groot». «Julio Flórez». «Manuel Pombo». «Carlos Arturo Torres». «Diego Uribe». «José Manuel Marroquín». «Enrique Álvarez Henao». «Joaquín Pablo Posada». «Clímaco Soto Borda». «Diego Fallon»]

———. «José María Samper». *Poemas a la patria.* Selección y prólogo de Federico Díaz-Granados. Bogotá: Editorial Planeta, 2003. [s,p]. [contenido: «Rafael Núñez». «Juan de Castellanos». «José Fernández Madrid». «Rafael Álvarez Lozano». «José Eusebio Caro». «Joaquín Pablo Posada». «Ricardo Carrasquilla». «José María Samper». «Rafael Pombo». «Belisario Peña». «Felipe Pérez». «Jorge Isaacs». «Miguel Antonio Caro». «Agripina Montes del Valle». «Roberto Mac Douall». «Julio de Franco». «José Asunción Casas». «Max Grillo». «Porfirio Barba Jacob». «Jorge Bayona Posada». «León de

Greiff». «José Umaña Bernal». «Luis Vidales». «Aurelio Arturo». «Tomás Vargas Osorio». «Darío Samper». «Matilde Espinosa de Pérez». «Eduardo Carranza». «Fernando Charry Lara». «Óscar Hernández». «Mario Rivero». «José Manuel Arango». «Giovanni Quessep». «Miguel Méndez Camacho». «Pedro Manuel Rincón». «Henry Luque Muñoz». «María Mercedes Carranza». «José-Luis Díaz-Granados». «Juan Manuel Roca». «Juan Gustavo Cobo Borda». «William Ospina». «Santiago Mutis Durán». «Juan Felipe Robledo»]

———. *La victoria: Canción dedicada al ciudadano José Hilario López, Jeneral en Jefe del Ejército del Sur.* [Bogotá: [s.edit], 1854. 1h.

———. «Los poetas españoles». *El Mosaico* (Bogotá) III.32 (ag. 21, 1864): 254. [Firmado: Juan de la Mina]

———. «Mis adioses a la política». *El Mosaico* (Bogotá) III.28 (jul. 23, 1864): 221-222. [Firmado: Juan de la Mina]

———. «Plegaria». *La Caridad* (Bogotá) 2.7 (oct. 13, 1865): 108-109.

———. *Últimos cantares.* Tercera colección de poesías líricas. Bogotá: Imprenta de Echeverría Hermanos, 1874. 255p.

———. «Un suspiro». *El Mosaico* (Bogotá) III.27 (jul. 16, 1864): 212-213. [Firmado: Juan de la Mina]

NOVELA:

———. «Coroliano». *El Deber* (Bogotá) 52 (abr. 8, 1879): 208-209. 53 (abr. 15,1879): 212-213. 54 (abr. 18, 1879): 216-217. 55 (abr. 22, 1879): 220-221. 56 (abr. 25, 1879): 224-225. 57 (abr. 29, 1879): 228-229. 58 (mayo 2, 1879): 232-233. 59 (mayo 6, 1879): 236-237. 60 (mayo 9, 1879): 61 (mayo 13, 1879): 244-245. 62 (mayo 16, 1879): 248-249. 63 (mayo 20, 1879): 252-253. 64 (mayo 23, 1879): 256-257.

———. *Clemencia.* Novela original. *El Deber* (Bogotá) 76 (jul. 4, 1879): 304-305. 77 (jul. 8, 1879): 308-309. 78 (jul. 11, 1879): 312-313. 79 (jul. 15, 1879): 316-317. 80 (jul. 18, 1879): 320-321. 81 (jul. 22, 1879): 324-325. 82 (jul. 25, 1879): 328-329. 83 (jul. 29, 1879): 332-333. 84 (ag. 1°, 1879): 336-337. 85 (ag. 5, 1879): 340-341. 86 (ag. 8, 1879): 344-345. 87 (ag. 12, 1879): 348-349. 88 (ag. 15, 1879): 352-353. 89)ag. 19, 1879): 356-357. 90 (ag. 22, 1879): 360-361. 91 (ag. 26, 1879): 364-365. 92 (ag. 29, 1879): 368-369. 93 (sept. 2, 1879): 372-373. 94 (sept. 5, 1879): 376-377. 95 (sept. 9, 1879): 380-381. 96 (sept. 12, 1879): 384-385. 97 (sept. 16, 1879): 388-389.

———. «El poeta soldado». Escenas de la vida colombiana. *El Deber* (Bogotá) III.209 (oct. 19, 1880): 830-831. III.210 (oct. 22, 1880): 834-835. III.21 (oct. 26, 1880): 838-839. III.212 (oct. 28, 1880): 842-843. III.213 (nov. 2, 1880): 846-847. III.214 (nov. 5, 1880): 850-851. III.216 (nov. 12, 1880): 858-859. III.217 (nov. 16, 1880): 862-863. III.218 (nov. 19, 1880): 866-867. III.219 (nov. 23, 1880): 870-871. III.220 (nov. 26, 1880): 874-875. III.221 (nov. 30, 1880): 878-879. III.222 (dic. 3, 1880):

882-883. III.223 (dic. 7, 1880): 886-887. III.224 (dic. 10, 1880): 890-891.
III.225 (dic. 14, 1880): 894-895. III.226 (dic. 17, 1880): 898-899. III.226
(dic. 21, 1880): 902-903. III.227 (dic. 24, 1880): 906-907. III.229 (dic.
28, 1880): 910-911. III.230 (dic. 31, 1880): 914-915. III.231 (ene. 4,
1881): 918-919. III.232 (ene. 7, 1881): 922-923. III.233 (ene. 11, 1881):
926-927. III.234 (ene. 14, 1881): 930-931. III.235 (ene. 18, 1881): 934-
935. III.236 (ene. 21, 1881): 938-939. III.237 (ene. 25, 1881): 942-943.
III.238 (ene. 28, 1881): 946-947. III.239 (feb. 1°, 1881): 950-951. III.240
(feb. 4, 1881): 954-955. III.241 (feb. 8, 1881): 958-959. III.242 (feb. 11,
1881): 962-963. III.243 (feb. 15, 1881): 966-967. III.244 (feb. 18, 1881):
970-971. III.245 (feb. 22, 1881): 974-975. 246 (feb. 25, 1881): 978-979.
III.247 (mzo. 1°, 1881): 982-983. III.248 (mzo. 4, 1881): 986-987.

———— Bogotá: Imprenta de Vapor de Zalamea Hermanos, 1881.
   327p.

————. *Florencio Conde*. Escenas de la vida colombiana. Novela original.
   Bogotá: Imprenta de Echeverría Hermanos, 1875. 210p.

————.«Las coincidencias; escenas de la vida colombiana». *El Tiempo*
   (Bogotá) VIII.355 (oct. 5, 1864)-382 (abr. 12, 1865): [s.p].

————. «Los claveles de Julia; escenas de la vida peruana». *El Deber* (Bogotá)
   III.250 (mzo. 11, 1881): 994-995. III.251 (mzo. 15, 1881): 998-999.
   III.252 (mzo. 18, 1881): 1002-1003. III.253 (mzo. 22, 1881): 1006.
   III.254 (mzo. 25, 1881): 1010-1011. III.255 (mzo. 29, 1881): 1014-1015.
   III.256 (abr. 1°, 1881): 1018-1019. III.257 (abr. 5, 1881): 1022-1023. III.
   258 (abr. 8, 1881): 1026-1027. III.259 (abr.12, 1881): 1030-1031. 260
   (abr. 19, 1881): 1034-1035. III.261 (abr. 22, 1881): 1038-1039. III.262
   (abr. 26, 1881): 1042. III.263 (abr. 27, 1881): 1046-1047. III.264 (abr.
   29, 1881): 1050-1051. III.265 (mayo 3, 1881): 1054-1055. III.266 (mayo
   6, 1881): 1058-1059. III.267 (mayo 10, 1881): 1062-1063. III.268 (mayo
   13, 1881): 1066-1067. [se da cambio de paginación] III.269 (mayo 17,
   1881): 1010 1011. III.270 (mayo 20, 1881): 1014-1015. III.271 (mayo
   24, 1881): 1018-1019. III.272 (mayo 27, 1881): 1022-1023. III.273
   (mayo 31, 1881): 1026-1027. III.274 (jun. 3, 1881): 1030-1031. III.275
   (jun. 7, 1881): 1034-1035. III.276 (jun. 10, 1881): 1038-1039. [se da
   cambio de paginación] III.277 (jun. 14, 1881): 1312-1313. III. 278 (jun.
   17, 1881): 1316-1317. III.279 (jun. 21, 1881): 1320-1321. III.280 (jun.
   24, 1881): 1324-1325. III.282 (jul. 1°, 1881): 1334-1335. III.283 (jul. 5,
   1881): 1338-1339. III.284 (jul. 8, 1881): 1344-1345. III.285 (jul. 12,
   1881): 1348-1349. III.286 (jul. 15, 1881): 1352-1353.

———— *Los claveles de Julia (escenas de la vida peruana): Novela original*.
   Bogotá: Imprenta de Vapor de Zalamea Hermanos, 1881.
   292p.

————. *Lucas Vargas*. Escenas de la vida colombiana. *El Domingo* (Bogotá)
   II.13 (mzo. 19, 1899): 1-12. II.14 (abr. 2, 1899): 78-90. II.15 (abr. 16,
   1899): 126-137. II.16 (abr. 30, 1899): 172-184. II.17 (mayo 14, 1899):
   210-219. II.18 (mayo 28, 1899): 252-261. II.20 (jun. 25, 1899): 342-349.

II.21 (jul. 9, 1899): 414-431. II.22-23 (jul. 30, 1899): 446-485. II.24 (sept. 10, 1899): 548-562.

——— Bogotá: Imprenta de Luis M. Holguín, 1899. 159p.

———. *Martín Flores*. Novela. Bogotá: Imprenta de Gaitán, 1866. 200p.

——— «José María Samper: Martín Flores». Buenos Aires: Imprenta del Mercurio, 1878. [s.p].

———. *Un drama íntimo*, por Juan de la Mina. Novela original. Bogotá: Imprenta a cargo de Foción Mantilla, 1870. 308p.

——— *El Bien Público* (Bogotá) I.8 (ag. 26, 1870): 30-31. I.9 (ag. 30, 1870): 34-35. I.10 (sept. 2, 1870): 38-39. I.11 (sept. 6, 1870): 42-43. I.12 (sept. 9, 1870): 46-47. I.13 (sept. 13, 1870): 50-51. 14 (sept. 16, 1870): 54-55. I.15 (sept. 20, 1870): 58-59. I.16 (sept. 23, 1870): 62-63. I.17 (sept. 27, 1870): 66-67. I.18 (sept. 30, 1870): 70-71. I.19 (oct. 4, 1870): 74-75. I.20 (oct. 7, 1870): 78-79. I.21 (oct. 11, 1870): 82-83. I.22 (oct. 14, 1870): 86-87. I.23 (oct. 18, 1870): 90-91. I.24 (oct. 21, 1870): 94-95. I.25 (oct. 25, 1870): 98-99. I.26 (oct. 28, 1870): 102-103. I.27 (nov. 1°, 1870): 106-107. I.28 (nov. 4, 1870): 110-111. I.29 (nov. 8, 1870): 114-115. I.30 (nov. 11, 1870): 118-119.

———. «Una taza de claveles; escenas dela vida peruana, por Juan de la Mina». *La Opinión* (Bogotá) II.70 (jun. 29, 1864): 363-364. II.71 (jul. 6, 1864): 371-372. II.72 (jul. 13, 1864): 379-380. II.73 (jul. 20, 1864): 390-391. II.74 (jul. 27, 1864): 397-398. II.78 (ag. 21, 1864): 429. II.81 (sept. 7, 1864): 457-458. II.82 (sept. 14, 1864): 468-469. II.85 (oct. 1°, 1864): 500-501. II.87 (oct. 12, 1864): 515-516. II.90 (oct. 26, 1864): 543-544. II.91 (nov. 2, 1864): 559. II.92 (nov. 9, 1864): 567-568. II.93 (nov. 16, 1864): 586-587. II.97 (dic. 14. 1864): 618-619. II.99 (dic. 28, 1864): 636. II.103 (ene. 25, 1865): 30. II.104 (feb. 1°, 1865): 38-39.

———. «Viajes y aventuras de dos cigarros, por Juan de la Mina». *El Mosaico* (Bogotá) III.37 (sept. 24, 1864): 294-296. 38 (oct. 1°, 1864): 301-304; 40 (nov. 19, 1864): 315-320; 41 (nov. 23, 1864): 321-325.

Relato:

———. «Bolívar poeta». *Selección de estudios*. Bogotá: Editorial ABC, 1953. 95-104.

———. «Costumbres». *El Mosaico* (Bogotá) III.26 (jul. 9, 1864): 206-107. [Firmado: Juan de la Mina]

———. «De Honda a Cartagena». *Cuadros de costumbres y descripciones locales de Colombia* Artículos escogidos y publicados por José Joaquín Borda. Librería y Papelería de Francisco García Rico, 1878. 128-139.

——— *Museo de cuadros de costumbres, variedades y viajes*. Biblioteca de «El Mosaico». III. Bogotá: Biblioteca del Banco Popular, 1973. 381-390.

———. «El bambuco». *El Hogar. Periódico dedicado al bello sexo* (Bogotá) I.2 (feb. 1°, 1868): 11-13.

———. «El bambuco». *Hojas de Cultura Popular Colombiana* (Bogotá) 55 (jul., 1955): [s.p].

——— *Boletín de Programas* (Bogotá) 21.211 (abr., 1962): 107-111.

———. «El triunvirato parroquial». *Museo de cuadros de costumbres i variedades*. Biblioteca de «El Mosaico». II. Bogotá: Imprenta a cargo de Foción Mantilla, 1866. 130-137.

——— *Museo de cuadros de costumbres, variedades y viajes. Biblioteca de «El Mosaico»*. I. Bogotá: Biblioteca del Banco Popular, 1973. 237-250.

——— *Miscelánea o colección de artículos escogidos*. París: E. Denné Schmitz, 1869. 78-92.

———. «Las piedras». *El Hogar. Periódico dedicado al bello sexo* (Bogotá) I.4 (feb. 15, 1868): 31-32.

———. «Un cura de aldea». *El Hogar. Periódico dedicado al bello sexo* (Bogotá) I.6 (feb. 29, 1868): 43-47.

———. «Una hora de contemplación». *El Hogar. Periódico dedicado al bello sexo* (Bogotá) I.3 (feb. 8, 1868): 21-22.

TEATRO:

———. *Colección de piezas dramáticas*, orijinales i en verso; escritas para el teatro de Bogotá. Bogotá: Imprenta de «El Neo-Granadino», 1857. 325p.

———. «Dios corrije-no mata. Drama en cuatro actos, con cinco cuadros. Escrito en 1856, i representado por primera vez en el teatro de Bogotá el 24 de febrero de 1857. *Colección de piezas dramáticas*, orijinales i en verso; escritas para el teatro de Bogotá». Bogotá: Imprenta de «El Neo-Granadino», 1857. 66-158.

———. *El hijo del pueblo: drama orijinal en tres actos i en prosa, escrito espresamente para el teatro de Bogotá*. Bogotá: Imprenta de «El Neo-Granadino», 1856. 104p.

———. *La conspiración de septiembre*: drama histórico en cinco actos i en prosa. Bogotá: Imprenta del «Neo-Granadino, 1856. 128p.

———. «Los aguinaldos. Comedia en un acto, de costumbres nacionales. Escrita en 1857. Representada por primera vez en el teatro de Bogotá, el 24 de febrero del mismo año. *Colección de piezas dramáticas*, orijinales i en verso; escritas para el teatro de Bogotá». Bogotá: Imprenta de «El Neo-Granadino», 1857. 159-189.

——— *Pensamiento y Acción* (Tunja) 1.6-9 (nov.-dic., 1978): 16-27.

———. «Percances de un empleo». Comedia de costumbres nacionales, en cuatro actos. Escrita en 1857. *Colección de piezas dramáticas*, orijinales i en verso; escritas para el teatro de Bogotá. Bogotá: Imprenta de «El Neo-Granadino», 1857. 191-300.

———. «Un alcalde a la antigua y dos primos a la moderna. Comedia de costumbres nacionales, en dos actos. Ejecutada en el teatro de Bogotá en los días 16 i 23 de noviembre, i 7 de diciembre de 1856 i 15 de febrero de 1857. *Colección de piezas dramáticas*, orijinales i en verso; escritas para el teatro de Bogotá». Bogotá: Imprenta de «El Neo-Granadino», 1857. 3-65.

—— Bogotá: Editorial Minerva, 1936. 190p.

—— Bogotá: Editorial Minerva, 1937? 190p.

—— Bogotá: Editorial Minerva, 1937. 202p.

—— *Teatro colombiano: siglo XIX: de costumbres y comedias.* Selección y notas Carlos Nicolás Hernández. Bogotá: Tres Culturas Editores, 1989. 139-240.

———. «Un día de pagos. Comedia de costumbres nacionales en un acto i en prosa. Escrita en 1857. *Colección de piezas dramáticas*, orijinales i en verso; escritas para el teatro de Bogotá». Bogotá: Imprenta de «El Neo-Granadino», 1857. 301-325.

Otros:

———. *Acusación que el ciudadano José María Samper formula ante el pueblo y ante la historia: contra Santiago Pérez. Presidente dictatorial de la Unión Colombiana y contra sus cómplices, así de gobierno de camarilla, por los crímenes de traición, conspiración y prevaricación.* Bogotá: Imprenta de la Verdad, 1875. 66p.

———. *Al pueblo colombiano. Acusación que el ciudadano José María Samper formula ante el pueblo colombiano y ante la historia, contra Santiago Pérez, Presidente dictatorial de la Unión Colombiana, y contra sus cómplices, así de gobierno como de camarilla, por los crímenes de traición, conspiración y prevaricación.* 2ª ed. notablemente corregida y aumentada. Bogotá: Imprenta de Nicolás Pontón i Compañía, 1875. 80p.

———. *A mis ciudadanos.* Bogotá: Imprenta de Echeverría, 1876. 7p.

———. *Análisis: social y económica de la República del Ecuador; precedida de un resumen jeográfico e histórico de la misma.* Bogotá: Imprenta del «Neo-Granadino», 1853. 124p.

———. «Anarquía literaria». *El Hogar. Periódico dedicado al bello sexo* (Bogotá) I.21 (jun. 20, 1868): 162-163. [Firmado: Young]

———. *Apuntamientos para la historia política i social de la Nueva Granada, desde 1810, i especialmente de la administración del 7 de marzo.* Bogotá: Imprenta del «Neo-Granadino», 1853. 585p.

—— *Apuntamientos para la historia de la Nueva Granada.* 3ªed. Bogotá: Editorial Incunables, 1984. 585p.

———. *Apuntamientos para la historia política i social de la Nueva Granada.* CD-Rom. Bogotá: Imprenta del Neo-Granadino, 1853. 1 libro de un CD-Rom.

———. *Artículos literarios de José María Vergara y Vergara; retrato del autor y una noticia biográfica.* Londres: Juan M. Fonnegra, 1885. 422p.

———. «Artista-soldado». *Papel Periódico Ilustrado* (Bogotá) V.114-116 (mayo 1°, 1888): 296.

———. «Bolivar». *Papel Periódico Ilustrado* (Bogotá) 2.46-48 (jul.24, 1883): 379-380.

———. «Bolívar poeta». *Revista de la Policía Nacional* (Bogotá) 8.4.37-38 (jul.-ag., 1955): 46.

———. *Cartas y discursos de un republicano*. Bruselas: Tipografía de ve Parent et Fils, 1869. 133p.

———. *Chile y su presidente: (rasgo político-biográfico)*. Bogotá: Imprenta de Vapor de Zalamea Hermanos, 1881. 35p.

———. *Cuadernos que contiene la explicación de los principios cardinales de la ciencia constitucional*. Bogotá: Reimpreso en la Imprenta Imparcial, 1852. 27p.

———. *Curso elemental de ciencias de la legislación, dictada en lecciones orales*. Bogotá: Imprenta de Gaitán, 1873. 503p.

———. *Derecho público interno de Colombia*. Bogotá: Imprenta de «La Luz», 1886. Vol. 1: 136p. Vol. 2. 404p. [V.1. Historia crítica del derecho constitucional colombiano desde 1810 hasta 1886. V.2. Comentario científico de la constitución de 1886]

——— Ed. tomada de la de 1886, con un prólogo del doctor Francisco de Paula Pérez. Bogotá: Ministerio de Educación Nacional, 1951. 2 vols.

——— Bogotá: Talleres Gráficos del Banco Popular, 1974. 2 vols.

——— Bogotá: Editorial Temis, 1982. 657p.

———. «Discurso de recepción en la Academia Colombiana». *El Repertorio Colombiano* (Bogotá) XII (sept., 1886); 52-81». *Selección de estudios*. Bogotá: Editorial ABC, 1953. 167-200.

———. «Discurso en los funerales de Ponce de León». *Papel Periódico Ilustrado* (Bogotá) II.37 (abr. 1°, 1883): 200.

———. «Discurso en los funerales de Quijano Otero». *Papel Periódico Ilustrado* (Bogotá) III.51 (sept. 30, 1883): 36-37.

———. «Dr. Manuel Ancízar». *El Liberal Ilustrado* (Bogotá) 2.957-18 (1914): 275-278.

———. «El abogado, su importancia en la sociedad, y sus deberes para con los demás hombres en el ejercicio de su profesión». *El Albor Literario, periódico científico, literario i noticioso* (Bogotá) 1 (1846): 129-132.

———. «El bajo Magdalena». *Hojas de Cultura Popular Colombiana* (Bogotá) 27 (mzo., 1953): [s.p].

———. *El catolicismo y la república*. 3ª ed. Lima: [s.edit], 1867. 48p.

———. «El colegio». «En la universidad». *Historia de la literatura colombiana*. José J. Ortega T. Bogotá: Editorial Cromos, 1935. 290-294.

―――. *El clero ultramontano: colección de artículos publicados en el «Neo-Granadino», periódico de Bogotá en 1856 i 1857*. Bogotá: Imprenta del «Neo-Granadino», 1857. 99p.

―――. *El doctor Manuel Ancízar. Boceto biográfico*. Santiago: J. Núñez, 1878. 505-514p.

―――. «El general don Cosme Marulanda». *El Repertorio Colombiano* (Bogotá) 19 (ene., 1880): 1-13.

―――. «El ilustrísimo señor Herrán». José Joaquín Borda. Ricardo Carrasquilla. J. David Guarín. Jorge Isaacs. José María Quijano Otero. José María Samper. Ricardo Silva. José María Vergara i Vergara. *El Hogar. Periódico dedicado al bello sexo* (Bogotá) I.4 (feb. 15, 1868): 25.

―――. «El Libertador Simón Bolívar». *Selección de estudios*. Bogotá: Editorial ABC, 1953. 7-22.

―――. *El libertador Simón Bolívar: boceto a grandes trazos; respetuosamente dedicado al "Gran Democrata", ciudadano general Francisco L. Alcantara, presidente de los Estados Unidos de Venezuela*. Bogotá: Casa Impresora de «La Tribuna Liberal», 1878. 84p.

―― Buenos Aires: C. Casavalle, 1884. 229p.

―― Bogotá: Editorial Incunables, 1982. 229p.

―――. *El programa de un liberal: dedicado a la Convención Constituyente de los Estados Unidos de la Nueva Granada*. París: Imprenta de E. Thunot, 1861. 60p.

―――. «El sitio de San Agustín». Bogotá: [s.edit], 1860. 73-101.

―― Bogotá: Librería Nueva, 1895. 73-97.

―― *Selección de estudios*. Bogotá: Editorial ABC, 1953. 280-286.

―――. *El sitio de Cartagena de 1885. Narraciones históricas y descriptivas en prosa y en verso*. Bogotá: Imprenta de «La Luz», 1885. 305p.

―――. «El triunvirato parroquial». *Museo de cuadros de costumbres, variedades y viajes*. Biblioteca de «El Mosaico». I. Bogotá: Biblioteca del Banco Popular, 1973. 237-250.

―― *Miscelánea o colección de artículos escogidos*. París: E. Denné Schmitz, 1869. 78-92.

―――. *Ensayo aproximado sobre la jeografía política i estadística de los ocho estados que compondrán el 15 de setiembre de 1857 la Federación Neo-Granadina*. Bogotá: Imprenta del «Neo-Granadino», 1857. 39p.

―――. *Ensayo sobre las revoluciones políticas y la condición social de las Repúblicas Colombianas (Hispano-americanas), con un apéndice sobre la orografía y la población de la Confederación Granadina*. París: Imprenta de E. Thurnot & Cía., 1861. 340p.

―― Bogotá: Ed. Centro, ca.1861. 158p.

―― Bogotá: Editorial Centro, 1945. 355p.

―――― Bogotá: Universidad Nacional de Colombia, Dirección de Divulgación Cultural, 1969. 343p.

―――― Bogotá: Editorial Incunables, 1984. 343p.

――――. «Epigramas i madrigales». *El Hogar. Periódico dedicado al bello sexo* (Bogotá) I.9 (mzo. 21, 1868): 65-68.

――――. «Escuelas de Ubaque. Nota del doctor José María Samper, i Contestación de Dámaso Zapata». *El Maestro de Escuela* (Bogotá) 1.54 (ene. 4, 1873): 213-214.

――――. *Filosofía en cartera: colección de pensamientos sobre religión, moral, filosofía, ciencias sociales, historia, literatura, poesía bellas artes, caracteres, viajes, etc.* Bogotá: Imprenta de «La Luz», 1887. 356p.

――――. Florentino González. *El Liberal Ilustrado* (Bogotá) 4.1376 (mayo 29, 1915): 257-263.

――――. *Galería Nacional de hombres ilustres o notables, o sea colección de bocetos biográficos*. I. Bogotá: Imprenta de Vapor de Zalamea Hermanos, 1879. [s.p]. [Contenido: El Libertador Simón Bolívar, Joaquín Acosta, Julio Arboleda, Isidro Arroyo, Víctor Cardoso, Patrocinio Cuéllar, Pedro Fernández Madrid, Manuel F. Saavedra, Florentino González, Fray Damián González, José Manuel Groot, Santos Gutiérrez, Gregorio G. González, El doctor Antonio Herrán, José Hilario López, Manuel María Mallarino, Don Francisco Montoya, José María Obando, Sebastián Ospina, Joaquín París. Ricardo de la Parra, Cerbeleón Pinzón, José María Plata, Lino de Pombo, Ricardo Vanegas, José María Vergara y Vergara]

――――. «General Santos Gutiérrez». *El Liberal Ilustrado* (Bogotá) 2.903 (feb. 28, 1914): 145-154.

――――. «Gregorio Gutiérrez González». *Selección de estudios*. Bogotá: Editorial ABC, 1953. 139-152.

―――― *Hojas de Cultura Popular Colombiana* (Bogotá) 1.8 (ag., 1951): [s.p].

――――. *Historia crítica del derecho constitucional colombiano: desde 1810 hasta 1886*. Bogotá: Imprenta del Ministerio de Educación Nacional, 1951. 430p.

――――. *Historia de un alma: memorias íntimas y de historia contemporánea, 1834 a 1881*. Bogotá: Imprenta de Vapor de Zalamea Hermanos, 1881. 540p.

―――― *Historia de un alma*. I. Bogotá: Ministerio de Educación Nacional, 1946. [s.p].

―――― *Historia de un alma*. II. Bogotá: Ministerio de Educación Nacional, 1948. 345p.

―――― Medellín: Editorial Bedout, 1971. 637p.

――――. «Inserciones. Al público». *El Tiempo* (Bogotá) 121 (abr. 21, 1857): 3.

———. «Joaquín Acosta». *Selección de estudios*. Bogotá: Editorial ABC, 1953. 125-138.

———. «Joaquín París». *Selección de estudios*. Bogotá: Editorial ABC, 1953. 267-279.

———. «José Manuel Marroquín». *El Repertorio Colombiano* (Bogotá) V.XXIX (nov., 1880): 321-330.

———. «José Manuel Groot». *Selección de estudios*. Bogotá: Editorial ABC, 1953. 201-210.

———. «José María Vergara y Vergara». *Revista del Colegio Mayor de Nuestra Señora del Rosario* (Bogotá) 251.252 (mzo., 1931): 114.

——— *Selección de estudios*. Bogotá: Editorial ABC, 1953. 153-166.

———. «Julio Arboleda». *Selección de estudios*. Bogotá: Editorial ABC, 1953. 105-124.

———. *L'Isthme du Darien. Note sur les Sociétes ou enterprises fondées a Paris pour la colonisation ou la canalisation de l'isthme du Darien*. Paris: Dupont, 1862. 11p.

———. «La felicidad». *El Hogar. Periódico dedicado al bello sexo* (Bogotá) I.20 (jun. 13, 1868): 156-159.

———. «La primera constitución colombiana». *Universidad Pontificia Bolivariana* (Medellín) 32.112 (1971): 331.

———. *La unión colombiana: su constitución i sus partidos*. Bogotá: Imprenta de Gaitán, 1867. 39p.

———. «Las miradas». *El Hogar. Periódico dedicado al bello sexo* (Bogotá) I.10 (mzo. 28, 1868): 75-77.

———. «Las nubes». *El Hogar. Periódico dedicado al bello sexo* (Bogotá) I.6 (fe. 29, 1868): 46-47.

———. «Lino de Pombo». *Selección de estudios*. Bogotá: Editorial ABC, 1953. 254-266.

———. «Literatura fósil». *El Mosaico* (Bogotá) III.26 (jul. 9, 1864): 207-208; *El Mosaico* (Bogotá) III.27 (jul. 16, 1864): 209-211. [Firmado: Juan de la Mina]

——— Bogotá: *Miscelánea o colección de artículos escogidos*. París: E. Denné Schmitz, 1869. 31-47.

——— *Museo de cuadros de costumbres, variedades y viajes*. Biblioteca de «El Mosaico». I. Bogotá: Biblioteca del Banco Popular, 1973. 127-140.

———. «Los animales dañinos». *El Hogar. Periódico dedicado al bello sexo* (Bogotá) I.9 (mzo. 21, 1868): 66-68.

———. «Los árboles». *El Hogar. Periódico dedicado al bello sexo* (Bogotá) I.8 (mzo. 13, 1868): 58-62.

———. *Los partidos en Colombia: estudio histórico-político*. Bogotá: Imprenta de Echeverría, 1873. 184p.

—— Bogotá: Editorial Incunables, 1984. 148p.

———. «Manuel Ancízar». *Papel Periódico Ilustrado* (Bogotá) I.17 (jun. 1°, 1882): 266-269.

—— *El Liberal Ilustrado* (Bogotá) 2.957 (abr. 25, 1914): 273-278.

—— *Selección de estudios*. Bogotá: Editorial ABC, 1953. 211-225.

———. *Memorias académicas sobre la misión de la prensa y la historia del derecho constitucional de Colombia*. Bogotá: Imprenta de Vapor de Zalamea Hermanos, 1881. 146p.

———. «Mi conversión religiosa». *El Repertorio Colombiano* (Bogotá) 2 (oct., 1883): 97-123.

———. *Miscelánea o colección de artículos escogidos*. París: E. Denné Schmitz, 1869. 503p. [Contenido: Anales universitarios. Biografía de un portero. Cambio de ministerio. Caprichos del destino. Coplas de Ricardo Carrasquilla. Daniel Mantilla. Derecho público latino-americano. Descubrimiento y conquista de Chile. El bambuco. El doctor don Pedro Ruiz, Obispo de Chachapoyas. El espíritu en los pies. El Gran Mariscal Don Manuel San Román. El petimetre del pueblo. Historia de la literatura en la Nueva Granada. Honras de un patriota. La felicidad. La mantilla. La vivandera. Las miradas. Las nubes. Las piedras. Los hispano-americanos en Europa. Los animales dañinos. Los árboles. Los loros. Mi compadre Crispín. Nuestra literatura. Olivos y aceitunos todos son unos. Risas y sonrisas. Ruinas. Santiago Pérez. Una lección de economía política]

———. «[Nota de pésame a José M. Vergara y Vergara]». José M. Samper. José Joaquín Borda. Miguel Antonio Caro. Jorge Isaacs. Teodoro Valenzuela. Ricardo Silva. Alejandro A. Posada. Ricardo Carrasquilla. Manuel Pombo. Salvador Camacho Roldán. José María Quijano O. Diego Fallón. J. David. Guarín. Alberto Urdaneta. José Manuel Marroquín. *El Hogar. Periódico dedicado al bello sexo* (Bogotá) I.6 (fcb. 29, 1868): 41.

———. «Patrocinio Cuéllar II, III». *El Liberal Ilustrado* (Bogotá) 4.1352 (mayo 8, 1915): 220-221.

———. «Pedro Fernández Madrid». *Selección de estudios*. Bogotá: Editorial ABC, 1953. 234-253.

———. *Pensamientos sobre moral, política, literatura, relijión i costumbres*. Bogotá: Imprenta de Echeverría, 1856. 40p.

———. «Pensamientos». *Colombia Ilustrada* (Bogotá) 9-10 (feb. 15, 1890): 268-269.

———. (Ed.). «Prefacio». *Revista de Artes y Letras* (Santiago de Chile) 1.1 (Jul. 15, 1884)-18 (1890): [s.p].

———. «Prólogo». *Biografías de hombres ilustres o notables, relativas a la época del descubrimiento, conquista y colonización de la parte de América denominada actualmente EE.UU. de Colombia*. Soledad Acosta de

Samper. Bogotá: Imprenta de «La Luz», 1883. 447p.

———. «Prólogo». *Peregrinación de Alpha*. Manuel Ancízar. Bogotá: Banco Popular, 1970. 2 vols.

——— Bogotá: Banco Popular, 1984. 264p.

———. «Prólogo». *Novelas y cuadros de la vida sur-americana*. Soledad Acosta de Samper. Gante: Impr. de E. Vanderhaeghen, 1869. 438p.

———. *Proyecto de pacto de unión de los Estados Unidos de Colombia*. Bogotá: Imprenta de «La Luz», 1885. 122p.

———. *Reflexiones sobre la Federación Colombiana: folleto dedicado especialmente a los Congresos i a la Juventud de Nueva Granada, Venezuela i Ecuador*. Bogotá: Imprenta de Echeverría Hermanos, 1855. 27p.

——— Caracas: Imprenta Nacional de M. de Briceño, 1856. 57p.

———. (Ed.). *Revista americana. Periodico de politica general, ciencias sociales, fisicas y naturales, historia...* 1-12. Lima: Imprenta del "Comercio" por J. M. Monterota, 1863.

———. «Ricardo Carrasquilla». *Papel Periódico Ilustrado* (Bogotá) V.107 (ene. 1°, 1887): 162-166.

———. Ricardo de la Parra». *El Liberal Ilustrado* (Bogotá) 5.1471-1474 (ag. 21, 1915): 49-54.

———. «Ricardo Silva». *Colombia Ilustrada* (Bogotá) 17 (oct. 22, 1890): 268-269.

———. «Risas i sonrisas». *El Hogar. Periódico dedicado al bello sexo* (Bogotá) I.11 (abr. 4, 1868): 87-88.

———. «San Pedro Alejandrino». *Santafé y Bogotá* (Bogotá) 7.82-84 (nov.-dic., 1930): 499-501.

———. *Selección de estudios*. Bogotá: Editorial ABC, 1953. 305p. [contenido: Don José María Samper, «El Liberatador Simón Bolívar». «Bolívar poeta». «Julio Arboleda». «Joaquín Acosta». «Gregorio Gutiérrez González». «José M. Vergara y Vergara». «Discurso de recepción en la Academia Colombiana». «José Manuel Groot». «Manuel Ancízar»». «Tránsito». «Pedro Fernández Madrid». «Lino de Pombo». «Joaquín París». «El sitio de San Agustín»]

———. «Textos». *Orígenes de los partidos políticos en Colombia*. Bogotá: Instituto Colombiano de Cultura, Subdirección de Comunicaciones Culturales, 1978. [s.p].

———. «Tránsito». *El Repertorio Colombiano* (Bogotá) (ene., 1887): 389-395.

———. «Un impresor famoso (José Antonio Cualla)». *Hojas de Cultura Popular Colombiana* (Bogotá) 77 (mayo, 1957. [s.p].

———. *Viajes de un colombiano en Europa*. Segunda serie. Suiza y Saboya, Alemania del Rin, Bélgica., Francia. París: Imprenta de E. Thunot y Cª, 1862. 2 vols. [Contenido: V.1. Nueva Granada, El océano, Inglaterra, Francia, España. v.2. Suiza y Saboya, Alemania del Rin, Bélgica, Francia]

CRÍTICA:

Aguilera, Miguel. «Un rasgo y un episodio de José María Samper». *Bolívar* (Bogotá) 12 (ag., 1952): 281-297.

Anónimo. «Colección de piezas dramáticas orijinales por José María Samper». *El Tiempo* (Bogotá) 140 (sept. 1°, 1857): 4.

Anónimo. «Crónica de Bogotá. El domingo nos obsequió la compañía dramática...». *El Tiempo* (Bogotá) 99 (nov. 18, 1856): 2. [art. crítico sobre *Un alcalde a la antigua y dos primos a la moderna*]

Anónimo. «Crónica interior. Dios corrige, no mata». *El Catolicismo* (Bogotá) 258 (mzo. 24, 1857): 105-106. [art. crítico sobre *Dios corrige, no mata*]

Anónimo. «Crónica interior. Teatro». *El Pueblo* (Medellín) 97 (sept. 1°, 1858): 388. [art. crítico sobre *Un alcalde a la antigua y dos primos a la moderna*]

Anónimo. «Crónica. Teatro». *El Tiempo* (Bogotá) 100 (nov. 25, 1856): 2. [art. crítico sobre *Un alcalde a la antigua y dos primos a la moderna*]

Anónimo. «Crónica. Teatro». *El Tiempo* (Bogotá) 100 (nov. 25, 1856): 2. [art. crítico sobre *Un alcalde a la antigua y dos primos a la moderna*]

Anónimo. «Don José María Samper». *El Gráfico* (Bogotá) 15.772 (feb. 27, 1926): 11-13.

Anónimo. «El Runcho Neira. Teatro». *El Loco* (Bogotá 14 (dic. 2, 1856): 4. [art. crítico sobre *Un alcalde a la antigua y dos primos a la moderna*]

Anónimo. *José María Samper Agudelo*. Material gráfico. Bogotá: 1994? 1 foto

Anónimo. *José María Samper: recuerdos y homenajes a su memoria. 1888*. Bogotá: Imprenta de M. Rivas, 1889. 96p.

Anónimo. «Hijo del pueblo». *El Tiempo* (Bogotá) 84 (ag. 5, 1856): 4. [art. crítico sobre *El hijo del pueblo*]

Anónimo. «La América» [sobre José María Samper]. *El Mosaico* (Bogotá) I.34 (ag. 20, 1859): 274-275.

Anónimo. «Avisos: Obras de José María Samper». *El Mosaico* (Bogotá) III.12 (abr. 2, 1864): 96.

Anónimo. «Revista de Bogotá. El distinguido literato Samper». *El Tiempo* (Bogotá) 113 (feb. 24, 1857): 1. [art. crítico sobre teatro de José María Samper]

Anónimo. «Revista. El platillo de las conversaciones en esta ciudad». *El Tiempo* (Bogotá) 121 (abr. 21, 1857): 1. [art. crítico sobre José María Samper y una polémica]

Anónimo. «Teatro». *El Tiempo* (Bogotá) 91 (nov. 11, 1856): 3. [art. crítico sobre *Un alcalde a la antigua y dos primos a la moderna*]

Anónimo. «Teatro». *El Tiempo* (Bogotá) 144 (sept. 29, 1857): 2. [art. crítico sobre *Percances de un empleo*]

Anónimo. «Una novela nacional. [*El poeta soldado*]». *El Repertorio Colombiano* (Bogotá) VI (mayo, 1881): 383-388.

Bello, Manuel. *Hoja de servicios del estado del Magdalena en la guerra de1885...* Santa Marta: Imprenta de Juan B. Cevallos, 1886. [s.p].

Borda. José Joaquín. «El Sr. D. José María Samper». *El Hogar. Periódico dedicado al bello sexo* (Bogotá) I.13 (abr. 25, 1868): 97-98.

———. «Réplica a Young». *El Hogar. Periódico dedicado al bello sexo* (Bogotá) I.21 (jun. 20, 1868): 163-164.

Caballero Calderón, Eduardo. «En honor de don José María Samper: discurso del joven Caballero». *El Gráfico* (Bogotá) 16.741 (jul. 4, 1925): 642-643.

Calderón, Camilo y María Fernanda Canal. «Hace 200 años están en todo: Los Samper». *Revista Diners* (Bogotá) 177.XX (1984): [s.p].

Camacho Roldán, Salvador. (Ed.). *José María Samper: recuerdos y homenajes a su memoria, 1888.* Bogotá: [s.edit], 1889. 96p.

———. *Homenajes a la memoria del doctor José María Samper.* Bogotá: [s.edit], 1889. 96p.

Caparroso, Carlos Arturo. «Historia de un alma». *Boletín Cultural y Bibliográfico* (Bogotá) 3.12 (dic., 1960): 818-819.

Cuervo Rojas, Gonzalo. *Biografía de los constituyentes de 1886.* Bogotá Banco de la República, 1886. 7-196.

Duffey, Frank. «José María Samper». *The early cuadro de costumbres in Colombia.* Chapel Hill: The University of North Carolina University Press, 1956. 102-106.

Forero, Manuel José. «Don José María Samper». *Revista de América* (Bogotá) 3.7 (jul., 1945): 138-143.

Galán, Anjel M. *Una defensa.* Bogotá: [s.edit], 1883? 16p.

García Maffla, Jaime. «José María Samper». *Gran Enciclopedia de Colombia.* 4. Santafé de Bogotá: Círculo de Lectores, 1992. 85.

Gimnasio Moderno (Bogotá). *En memoria de don José María Samper.* Bogotá: Editorial de Cromos, 1926. 21p.

——— 2ª ed. aumentada. Bogotá: El Gimnasio, 1996. 53p.

Gómez Muller, Alfredo. «Las formas de la exclusión: la perspectiva de J. M. Samper». *Gaceta: Revista Nacional de Cultura* (Bogotá) 11 (ag.-sept., 1991): 31-34.

Hinds, Harold Earl, Jr. *José María Samper: the thought of a nineteenth-century new granadan during his radical-liberal years (1845-1865).* Nashville: School of Vanderbilt University, 1976. 474h.

Jiménez, David. «José María Samper». *Gran Enciclopedia de Colombia.* 5. Santafé de Bogotá: Círculo de Lectores, 1994. 169-170.

Giraldo Jaramillo, Gabriel. *Viajeros colombianos en Venezuela.* Selección, pról. y notas Gabriel Giraldo Jaramillo. Bogotá: Imprenta Nacional de Colombia, 1954. 162p. [Contenido: José María Samper, Alberto Urdaneta, Isidoro Laverde Amaya, Modesto Garcés, Santiago Pérez Triana, Pedro A. Peña]

Laverde Amaya, Isidoro. «José María Samper». *Colombia Ilustrada* (Bogotá) 9-10 (feb. 15, 1890): 142-143, 146-148; 11 (mzo. 15, 1890): 167, 169-172; 12 (abr. 2, 1890): 181-186.

Martínez, Frederic. «En los orígenes del nacionalismo colombiano: europeísmo e ideología nacional en Samper, Núñez y Holguín (1861-1894)». *Boletín Cultural y Bibliográfico* (Bogotá) 32.39 (1995): 27-59.

Martínez Silva, Carlos. «Don José María Samper». *Anuario de la Academia Colombiana* (Bogotá) IV (1935-1938): 5-14.

Martínez Silva, Carlos. *Tres colombianos: esbozo crítico-biográfico*. Bogota?: [s.edit], 1895? 355p. [Contenido: José María Vergara y Vergara, D. José María Samper, D. Pedro Justo Berrío]

Melo, Jorge Orlando. *Orígenes de los partidos políticos en Colombia*. José María Madiedo, Madiedo, José María Samper y Tomás Cipriano de Mosquera. Bogotá: Colcultura, 1978. 293p.

Mosquera, Tomás Cipriano de. *Los partidos en Colombia: estudio histórico-político*. Popayán: [s.edit], 1874. 69p.

Neira, El Runcho. «Teatro». *El Loco* (Bogotá) 14 (dic. 2, 1856): 4. [Crítica al drama: *Ricaurte en San Mateo* y a la comedia: *Un alcalde a la antigua y dos primos a la moderna*]

Pájaro H., Manuel. *José María Samper, defendido por sí mismo*. Cartagena: Tipografía de D. E. Grau, 1884. 21p.

Palacio, Joaquín María. «El hijo del pueblo». *El Tiempo* (Bogotá) 103 (dic. 16, 1856): 3.

Pérez Silva, Vicente. «José María Samper». *Noticias Culturales* (Bogotá) 139 (ag. 1°, 1972): 11.14.

Pineda Botero, Álvaro. «El poeta soldado». *La fábula y el desastre. estudios críticos sobre la novela colombiana, 1650-1931*. Fondo Editorial. Universidad EAFIT, 1999. 255-266.

Reyes, Carlos José. «José María Samper». *Gran Enciclopedia de Colombia*. 5. Santafé de Bogotá: Círculo de Lectores, 1994. 269-270.

Roa, Jorge. *Colección de grandes escritores nacionales y extranjeros*. XVII. Bogotá: Jorge Roa Editor, 1898. [s.p].

Rodríguez-Arenas, Flor María. «Martín Flórez». *La novela decimonónica colombiana: 1835-1870: estudio, informes 1, 2 e informe final*. Bogotá: Colcultura. Subdirección de Artes, 1995. 3 vols.

———. «El realismo de medio siglo en la literatura decimonónica colombiana: José María Samper y Soledad Acosta de Samper». *Estudios de Literatura Colombiana* (Universidad de Antioquia, Medellín). 14 (Jan,-June, 2004): 55-77.

———. «Martín Flórez». *La novela decimonónica colombiana: 1835-1870: es-*

tudio, informes 1, 2 e informe final*. Bogotá: Colcultura. Subdirección de Artes, 1995. 3 vols.

———. «Viajes y aventuras de dos cigarros». *La novela decimonónica colombiana: 1835-1870: estudio, informes 1, 2 e informe final*. Bogotá: Colcultura. Subdirección de Artes, 1995. 3 vols.

———. «Una taza de claveles». *La novela decimonónica colombiana: 1835-1870: estudio, informes 1, 2 e informe final*. Bogotá: Colcultura. Subdirección de Artes, 1995. 3 vols.

Rojas Osorio, Carlos. «Eugenio M. de Hostos y José M. Samper». *Ideas y Valores* (Bogotá) 85-86 (ag., 1991): 39-49.

Rueda Vargas, Tomás. «Don José María Samper». *Santafé y Bogotá* (Bogotá) 4.39 (mzo., 1926): 127-131.

Tambo, José Eusebio del. *La Convención*. Bogotá: Imprenta Independiente, 1885. 8p.

Torres, Francisco de Paula. «Hechos Diversos: escuela de niños de Ubaque. Donación hecha por el Señor doctor José María Samper». *El Maestro de Escuela* (Bogotá) 2.70 (mzo. 20, 1873): 280.

Torres Duque, Óscar. «José María Samper». *Gran Enciclopedia de Colombia*. 5. Santafé de Bogotá: Círculo de Lectores, 1994. 150.

Urdaneta, Alberto. *José María Samper* [Material gráfico]. 1 dibujo original: lápiz sobre papel; 30 X 22 cm. Passe partout en cartón arte. [Pertenece al cuaderno de dibujo *Personajes nacionales*]

Vega, Fernando de la. «José María Samper». *Crítica*. Fernando de la Vega. Bogotá: Editorial Minerva, 1936. [s.p].

———. «José María Samper». *Revista Colombiana* III.34 (ag., 1934): 290-304.

SAMPER ACOSTA, BERTILDA (Bogotá, 1856-1910) (Seuds. Berenice, B. S., M. J. B.). Nombre religioso: Madre Ignacia.

Poesía:

———. «A Jesús crucificado». *La Mujer. Lecturas para las familias. Revista quincenal, redactada exclusivamente por señoras y señoritas, bajo la dirección de la señora Soledad Acosta de Samper* (Bogotá) I.1 (sept. 1°, 1878): 15. [Firmado: Berenice]

———. «A la virgen de las Mercedes». *La Mujer. Lecturas para las familias. Revista quincenal, redactada exclusivamente por señoras y señoritas, bajo la dirección de la señora Soledad Acosta de Samper* (Bogotá) II.24 (sept. 20, 1879): 279. [Firmado: Berenice]

———. «Álbum de la caridad». *Folletines de «La Luz»*. (Bogotá) 289-361 (1884): [s.p].

———. «A Jesús crucificado». *La Mujer* (Bogotá) I (1878): 15.

———. «Al pie de la cruz». *La Mujer. Lecturas para las familias. Revista quincenal, redactada exclusivamente por señoras y señoritas, bajo la dirección de la señora Soledad Acosta de Samper* (Bogotá) III.34 (mzo. 24, 1880): 223-224.

———. «Bertilda Samper Acosta». *Las sacerdotisas: antología de la poesía femenina de Colombia en el siglo XIX*. Héctor H Orjuela (ed.). Santafé de Bogotá, Colombia: Kelly, 2000. [s.p].

———. «Dar de comer al hambriento». *La Mujer. Lecturas para las familias. Revista quincenal, redactada exclusivamente por señoras y señoritas, bajo la dirección de la señora Soledad Acosta de Samper* (Bogotá) V.59-60 (mayo 15, 1881): 262. [Firmado: Berenice]

———. «"Deo Gratias". Dedicado a mi querida amiga, la señora María Torres de Toro». *La Mujer. Lecturas para las familias. Revista quincenal, redactada exclusivamente por señoras y señoritas, bajo la dirección de la señora Soledad Acosta de Samper* (Bogotá) I.11 (feb. 21, 1879): 257-258. [Firmado: Berenice]

———. «El día de la ascensión». *La Mujer. Lecturas para las familias. Revista quincenal, redactada exclusivamente por señoras y señoritas, bajo la dirección de la señora Soledad Acosta de Samper* (Bogotá) I.3 (oct. 3, 1878): 61. [Firmado: Berenice]

———. *El Parnaso Colombiano*. Julio Áñez. 1ª ed. Bogotá: Imprenta de Medardo Rivas, 1884. [s.p].

———. «En Lourdes». *Colegio de Nuestra Señora del Rosario* (Bogotá) 81.85 (jun., 1913): 295.

———. *Florilegio eucarístico*. P. Jesús María Ruano. Bogotá: Imprenta del Corazón de Jesús, 1913. [s.p].

———. *Folletines de «La Luz»*. III. Rafael María Merchán. Núms. 289-361. Bogotá: Imprenta de «La Luz», 1882-1884. [s.p].

———. «La parábola del sembrador». *La Mujer. Lecturas para las familias. Revista quincenal, redactada exclusivamente por señoras y señoritas, bajo la dirección de la señora Soledad Acosta de Samper* (Bogotá) II.13 (abr. 5, 1879): 15-16. [Firmado: Berenice]

———. «La patria». *Mujer. Lecturas para las familias. Revista quincenal, redactada exclusivamente por señoras y señoritas, bajo la dirección de la señora Soledad Acosta de Samper* (Bogotá) IV.40 (jul. 1°, 1880): 85-86. [Firmado: Berenice]

———. *Las mejores poetisas colombianas*. Bogotá: Editorial Minerva, 1936. 92-95.

——— 2ª ed. Bogotá: Librería de Camacho Roldán, 1886-1887. 2 vols.

———. *Segadores; Florilegio eucarístico*. Francisco María Rengifo. Bogotá: Imprenta de San Bernardo, 1913. [s.p].

———. «Una noche de luna». *La Mujer. Lecturas para las familias. Revista quincenal, redactada exclusivamente por señoras y señoritas, bajo la dirección de la señora Soledad Acosta de Samper* (Bogotá) II.20 (jul. 20, 1879): 175-176. [Firmado: Berenice]

———. «Una tarde en el campo». *La Mujer. Lecturas para las familias. Revista quincenal, redactada exclusivamente por señoras y señoritas, bajo la dirección de la señora Soledad Acosta de Samper* (Bogotá) I.6 (nov. 25, 1878): 124. [Firmado: Berenice]

———. «Visitar al enfermo». *La Mujer. Lecturas para las familias. Revista quincenal, redactada exclusivamente por señoras y señoritas, bajo la dirección de la señora Soledad Acosta de Samper* (Bogotá) V.58 (abr. 15, 1881): 224-225. [Firmado: Berenice]

Relato:

———. [Trad]. «El martirio de los martirios». *La Mujer. Lecturas para las familias. Revista quincenal, redactada exclusivamente por señoras y señoritas, bajo la dirección de la señora Soledad Acosta de Samper* (Bogotá) III.28 (nov. 15, 1879): 90-96. [Relato trad. del inglés por B. S.]

———. [Trad]. «El verdadero consuelo». Anónimo. *La Mujer. Lecturas para las familias. Revista quincenal, redactada exclusivamente por señoras y señoritas, bajo la dirección de la señora Soledad Acosta de Samper* (Bogotá) IV.48 (nov. 1º, 1880): 270-271. [Poesía trad. del francés por Berenice]

———. «La fiesta del Sagrado Corazón de Jesús». *La Mujer. Lecturas para las familias. Revista quincenal, redactada exclusivamente por señoras y señoritas, bajo la dirección de la señora Soledad Acosta de Samper* (Bogotá) IV.39 (jun. 15, 1880): 65-66. [Firmado: B. S.]

———. [Trad]. «Mujeres viajeras. Isabel Godin». Anónimo. *La Mujer. Lecturas para las familias. Revista quincenal, redactada exclusivamente por señoras y señoritas, bajo la dirección de la señora Soledad Acosta de Samper* (Bogotá) IV.47 (oct. 15, 1880): 258-261. [Art. trad. del francés por B. S.]

———. [Trad]. «Un día de asueto entre los ángeles (leyenda)». Ernestina Von Hasselt. *La Mujer. Lecturas para las familias. Revista quincenal, redactada exclusivamente por señoras y señoritas, bajo la dirección de la señora Soledad Acosta de Samper* (Bogotá) III.29 (dic. 1º, 1879): 114-116. [Trad. por B. S.]

Otros:

———. [Trad]. «El martirio de los martirios». *La Mujer. Lecturas para las familias. Revista quincenal, redactada exclusivamente por señoras y señoritas, bajo la dirección de la señora Soledad Acosta de Samper* (Bogotá) III.28 (nov. 15, 1879): 90-96. [Trad. del inglés]. [Firmado: B. S.]

SAMPER, MIGUEL. ver. Miguel Samper Agudelo.

SAMPER AGUDELO, MIGUEL (1825-1899) (Seud. X. Y. Z.; X y Z).
Otros:

———. *Alcance al número 11 de «El Republicano»*. Bogotá: Imprenta de Vapor de Zalamea Hermanos, 1882. [s.p].

———. «Al ilustrísimo señor Arbeláez. Nuestra ofrenda». *Papel Periódico Ilustrado* (Bogotá) IV.74 (sept. 1°, 1884): 19-21.

———. «Baldíos e inmigración». *El Maestro de Escuela* (Bogotá) 2.70 (mzo. 20, 1873): 748-749.

———. *Banco Nacional*. Bogotá: [s.edit], 1880? 68p.

———. *Cuestión crédito público*. Bogotá, [s.edit], 1863. 15p.

———. *Documentos relativos al canal interoceánico*. Bogotá: Imprenta de la Nación, 1869. 24p.

———. *Escritos*. Bogotá: Editorial Minerva, 1900? 225p.

—— Editorial Minerva, 1936. 223p.

—— Bogotá: Editorial Minerva, 1937. 308p.

———. *Escritos político-económicos*. Bogotá: E. Espinosa Guzmán, 1898. 2 vols.

—— *Escritos político-económicos de Miguel Samper*. Edición definitiva publicada bajo la dirección de su hijo de José María Samper y de su nieto Luis Samper Sordo. Bogotá: Cromos, 1925. 4 vols.

—— Bogotá: Publicaciones del Banco de la República, 1977. 4 vols.

———. «Juicio sobre la vida del doctor Rufino Cuervo». *El Repertorio Colombiano* (Bogotá) 3 (jul., 1899): 161-171.

———. *La miseria en Bogotá*. Bogotá: Imprenta de Gaitán, 1867. 68p.

—— Bogotá Editorial Incunables, 1985. 76p.

—— Bogotá: Universidad Nacional, 1969. 291p.

—— Bogotá: Colseguros, 1998. 124p.

———. *La miseria en Bogotá y otros escritos*. Bogotá: Universidad Nacional, 1969. 291p.

———. «La política en Hispanoamérica». *El Repertorio Colombiano* (Bogotá) 14.1 (jul., 1896): 68-71.

———. *La protección*. Bogotá: [s.edit], 1880? 109p.

—— *La protección: análisis económico y político de la República de Colombia en 1880*. [s.l]: [s.edit], 1881? 109p.

———. *Las reformas y el cesarismo*: artículos publicados en «El Repertorio Colombiano». Bogotá: Imprenta de «La Luz», 1898. 50p.

———. *Libertad y orden: artículos destinados a «El Heraldo» de Bogotá*. Casa Editorial de J. & L. Pérez, 1896. 161p.

———. «Libertad y orden». *El Liberal Ilustrado* (Bogotá) 3.1055 (ag.1°, 1914): 119-120.

———. *Los radicales del siglo XIX: escritos políticos*. Prólogo, selección y notas:

Gonzalo España. Bogotá: El Áncora, 1987. 176p.

―――. «Novelas y teatro». *El Catolicismo* (Bogotá) 268 (jun. 2, 1857): 176-177. [Firmado: X y Z]

―――. «Nueva faz de los tratados con Venezuela: carta escrita por don Miguel Samper a don Baltazar Vélez». *El Repertorio Colombiano* (Bogotá) 15.4 (abr., 1897): 269-288.

―――. «Ojeada retrospectiva sobre nuestros partidos y su labor constitucional». *El Repertorio Colombiano* (Bogotá) 14.2-3 (ag.-sept., 1896): 116-136, 169-198.

―――. *Prospecto para la organización de la Compañía Nacional del Ferrocarril del Norte*. Bogotá: Imprenta de Gaitán, 1874. 1h.

―――. *Regulación del sistema monetario. Colección de artículos publicados por Miguel Samper y artículos de "L'Economiste français por M. Paul Leroy-Beaulieu*. Bogotá: Imprenta de «La Nación», 1892. 158p.

―――. «Retrospecto». *El Repertorio Colombiano* (Bogotá) 14.5-6 (oct.-nov., 1896): 321-332, 401-421.

―――. *Selección de escritos*. Bogotá: Instituto Colombiano de Cultura, 1977. 340p. [Contenido: La miseria en Bogotá; La proyección; Libertad y orden; Las reformas y el cesarismo]

―――. *Sistema monetario*. Bogotá: La Nación, 1942. 158p.

―――. «Una página de Miguel Samper». *El Gráfico* (Bogotá) 15.757 (oct. 24, 1925): 340-341.

―――. «Una renuncia». *Revista Moderna* (Bogotá) 1.6 (jun., 1915): 456-464.

CRÍTICA:

Anónimo. *El gran ciudadano: artículos biográfico y necrológicos referentes a D. Miguel Samper*. Bogotá: Imprenta de «La Luz», 1906. 238p.

Anónimo. *Miguel Samper*. Material audiovisual. 1 diapositiva. Colección de diapositivas de la Biblioteca Luis Ángel Arango.

Camacho Roldán, Salvador. «D. Miguel Samper». *El Liberal Ilustrado* (Bogotá) 3.1055 (ag. 1°, 1914): 113-114.

Díaz Guerra, Alirio. «Miguel Samper». New York: [s.edit], 1898. 14p.

Hernández, Carlos Nicolás. *Miguel Samper: su personalidad y su pensamiento*. Bogotá: Tres Culturas Editores, 1994. 213p.

Jaramillo Uribe, Jaime. «Liberalismo y conciencia burguesa en la historia de Colombia». *Eco* (Bogotá) 3.5 (sept., 1961): 457-471.

Martínez Silva, Carlos. *El Gran ciudadano*. Bogotá: Imprenta Departamental, 1976? 230p.

Martínez Delgado, Luis. «Elogio del gran ciudadano». *Arco* (Bogotá) 180 (ene., 1976): 63-67.

Mendoza Pérez, Diego. «Astillas de mi taller, Colombia vieja». *El Gráfico* (Bogotá) 12.597 (mayo 13, 1922): 748.

Mesa Ortiz, Rafael M. [Comp]. *Colombianos ilustres: (estudios y biografías)*. 1. Bogotá: Imprenta de la República, 1916. [s.p].

Nieto Caballero, Luis Eduardo. «Centenario de don Miguel Samper». *El Gráfico* (Bogotá) 15.757 (oct. 24, 1925): 339-340.

Nieto Arteta, Luis Eduardo. «Salvador Camacho Roldán y Miguel Samper precursores de la sicología americana». *Revista de las Indias* (Bogotá) 5.14 (feb., 1940): 81-98.

Núñez, Agustín. *Una contestación al Dr. Miguel Samper*. Bogotá: Imprenta del «Diario de Cundinamarca», 1884. 32p.

Roa, Jorge. *Colección de grandes escritores nacionales y extranjeros*. V. Bogotá: Jorge Roa Editor, 1894. [s.p].

Rodríguez Garavito, Agustín. «La miseria en Bogotá y otros escritos por Miguel Samper». *Boletín Cultural y Bibliográfico* (Bogotá) 16.3 (mzo., 1979): 171-172.

Romero Ortiz, Luis Ernesto. «Don Miguel Samper: la ética y el espíritu de empresa en el siglo XIX». *Revista Escuela de Administración de Negocios* (Bogotá) 4 (ene.-abr., 1988): 21-27.

Samper Gneco, Armando. [et. al]. *Miguel Samper: su personalidad y su pensamiento*. Bogotá: Tres Culturas, 1994. 215p.

SAMPER DE ANCÍZAR, AGRIPINA (Honda, 1833-1892) (Seud. Pía Rigán).

POESÍA:

———. «Acróstico». Pía Rigán. *La Mujer. Lecturas para las familias. Revista quincenal, redactada exclusivamente por señoras y señoritas, bajo la dirección de la señora Soledad Acosta de Samper* (Bogotá) IV.45 (sept. 15, 1880): 199.

———. «Adiós!». *El Mosaico al cual está unida La Biblioteca de Señoritas* (Bogotá) II.8 (feb. 25, 1860): 59. [Firmado: Pía Rigán]

———. «Agripina Samper de Ancízar». *Las sacerdotisas: antología de la poesía femenina de Colombia en el siglo XIX*. Héctor H Orjuela (ed.). Santafé de Bogotá, Colombia: Kelly, 2000. [s.p].

———. «A la señorita Agripina Montes». *El Mosaico* (Bogotá) III.9 (mzo. 12, 1864): 68. [Firmado: Pía Rigán]

———. «Al retrato de mi esposo». *El Mosaico* (Bogotá) III.4 (feb. 3, 1864): 28-29. [Firmado: Pía Rigán]

———. *El álbum de los pobres*. José Caicedo Rojas. (Ed.). Bogotá: Imprenta de Gaitán, 1869. [s.p].

———. *El Parnaso Colombiano*. Julio Áñez. 1ª ed. Bogotá: Imprenta de Medardo Rivas, 1884. [s.p].

———. «El sauce». *El Mosaico* (Bogotá) I.25 (jun. 18, 1859): 197-198. [Firmado: Pía Rigán]

———. «El suelo natal». *El Mosaico* (Bogotá) III.20 (mayo 28, 1864): 157-158. [Firmado: Pía Rigán]

———. «Ensayos poéticos». *Ecos de los Andes*. José María Samper. París: E. Thunot y Cª., 1860. 340-396.

———. «Ensueño i realidad». *El Mosaico* (Bogotá) III.17 (mayo 7, 1864): 132. [Firmado: Pía Rigán]

———. «Felicidad». *El Mosaico* al cual está unida *La Biblioteca de Señoritas* (Bogotá) II.10 (mzo. 10, 1860): 73-74. [Firmado: Pía Rigán]

———. *Las mejores poetisas colombianas*. Bogotá: Editorial Minerva, 1936. 96-103.

———. «Parábola en contestación». *El Mosaico* (Bogotá) III.3 (ene. 27, 1864): 20-21. [Firmado: Pía Rigán]

———. *Poesía americana; composiciones selectas escritas por poetas sud-americanos de fama tanto modernos como antiguos*. Juan María Gutiérrez. T. II. Buenos Aires: Imprenta del Siglo, 1866-1867. [s.p].

———. «Poesías granadinas escogidas». 2 vols. Rafael Pombo. Mss. [s.f]. [s.p]. Biblioteca Nacional de Colombia.

———. *Poetisas americanas*. José Domingo Cortés. París: Librería de A. Bouret e Hijo, 1875, [s.p].

———. «Reflexiones al señor y a la señora Burton». *La Mujer. Lecturas para las familias. Revista quincenal, redactada exclusivamente por señoras y señoritas, bajo la dirección de la señora Soledad Acosta de Samper* (Bogotá) I.3 (oct. 3, 1878): 53.

RELATO:

———. «Al caer de la tarde». *El Mosaico* (Bogotá) III.31 (ag. 13, 1864): 244-245. [Firmado: Pía Rigán]

OTROS:

———. «Costumbres tolimeñas». *El Hogar. Periódico dedicado al bello sexo* (Bogotá) I.40 (oct. 31, 1868): 317-319. [Firmado: Pía Rigán]

———. «Sofía. Romance neo-granadino». Pía Rigán. *El Mosaico* al cual está unida *La Biblioteca de Señoritas* (Bogotá) II.22 (jun. ?, 1860): 170. [Sobre novela de Antonio B. Pineda]

CRÍTICA:

Montes del Valle Agripina. «A mi señora doña Pía Rigán». *El Mosaico, periódico de la juventud. Destinado exclusivamente a la literatura* (Bogotá) II.27 (jul. 23, 1872): 212.

SANCHO MUELAS, seudónimo de Camilo Botero Guerra.

SAND, KARL, seudónimo de Medardo Rivas Mejía.

SANDINO, GABRIEL (Seud. G. S.)

Poesía:

———. «Al carretón». *El Mosaico* (Bogotá) I.10 (feb. 26, 1859): 76. [Firmado: G. Sandino]

———. «Décima». *El Mosaico* (Bogotá) I.8 (feb. 12, 1859): 58. [Firmado: G. Sandino]

———. «El avaro i el prodigio». *El Mosaico* (Bogotá) I.11 (mzo. 5, 1859): 87. [Firmado: G. S.]

———. «La vida humana». *El Mosaico* (Bogotá) I.12 (mzo. 12, 1859): 94. [Firmado: G. S.]

Otros:

———. «Traducción». *El Mosaico* (Bogotá) I.8 (feb. 12, 1859): 59.

SAN JUAN BAUTISTA, SOR EMILIA DE (18 ?- ?). Poeta.

SANTAMARÍA, EUSTACIO (18 ?- ?).

Novela:

———. «José de la Crú Rodrígue, boga de corazón». *El Tiempo* (Bogotá) III.156 (dic. 22, 1857): [2, 3]. IV.160 (ene. 19, 1858): [2].IV.161 (ene. 26, 1858): [2-3]. IV.168 (mzo. 16, 1858): [2-3]. [las páginas no tienen numeración].

Relato:

———. «Las confidencias del cura de mi pueblo». *El Tiempo* (Bogotá) 45 (nov. 6, 1855)-51 (dic. 18, 1855): [s.p].

Otros:

———. «Carta del Cónsul de la Unión en Berlín sobre una obra de instrucción popular que ha publicado». *El Maestro de Escuela* (Bogotá) 1.13 (mayo 22, 1872): 52.

———. *Conversaciones familiares sobre industria, agricultura, comercio etc.* Havre: Imprenta A. Lemale Aine, 1871-1872. 3 vols.

———. *Cosas del Señor J. M. Torres Caicedo*. Bogota: [s.edit], 1870. 29p.

———. *Informe del Secretario Jeneral al Gobernador de Cundinamarca, 1873.* Bogotá: Imprenta de Gaitán, 1873. 120p.

———. *Instrucción objetiva para el aprendizaje combinado del dibujo, la escritura i la lectura. Con nociones rudimentales de hisoria natural, jeometría, aritmética, Jeografía i agricultura.* Havre: Imprenta de A. Lemale Ainé, 1872. 188p.

———. «La instrucción primaria en Alemania». *La Escuela Normal: Periódico Oficial de Instrucción pública* (Bogotá) 2.30 (jul. 29, 1871): 467-470.

———. [Trad]. *Lo que se vé y lo que no se ve ó la economía política en una lección: dada a sus paisanos de Francia*. Federico Bastiat. Interpretada y ofrecida a los suyos de Zipaquira por Eustacio Santamaría. New York: Imprenta del Correo de los Estados Unidos, 1853. 108p.

———. *Primer libro de instrucción objetiva para el aprendizaje combinado de dibujo, la escritura i la lectura con nociones rudimentales de historia natural, jeometría, aritmética, jeografía i agricultura*. Havre: Imprenta de A. Lemale Ainé, 1872. 188p.

——— *Primer libro de instrucción objetiva para el aprendizaje combinado de dibujo, la escritura i la lectura con nociones rudimentales de historia natural, jeometría, aritmética, jeografía i agricultura*. Bogotá, Soldevila i Curriols, 1876. 184p.

———. *Quiebra de Powles, Gower & Cía.:[refutación que hacen los señores Eustacio Santamaría i hermanos, Obregón hermanos i Orjuela y otros, al señor Miguel Rivas por la acusación que presenta en el caso Powles, Gower i Cía.]* Bogotá: [s.edit], 1858. 8p.

———. «Sobre la lana». *Revista Nacional de Agricultura* (Bogotá) 1.1-3 (abr., 1906): [s.p].

SANTANDER, FRANCISCO DE PAULA (1792-1840) (Seuds. El general Santander; F. P. S.; G. S.; Un Granadino).

Otros:

———. *Administraciones de Santander*. Bogotá: Fundación Francisco de Paula Santander, 1990. 6 vols.

———. «Al Congreso de la República de Colombia». *El Constitucional* (Bogotá) 84 (abr. 6, 1826): 1.

———. «Al exmo. Sr. Libertador Presidente de Colombia Jeneral Simón Bolívar». *El Constitucional* (Bogotá) 85 (abr. 13, 1826): 1.

———. «Al Sr. Pedro Gual Secretario de estado y de relaciones exteriores de la República». *El Constitucional* (Bogotá) 59 (oct. 13, 1825): 2.

———. *A los colombianos: proclamas y discursos 1812-1840*. Bogotá: Fundación Francisco de Paula Santander, 1988. 427p.

———. «Amor a la patria». *El Conductor* (Bogotá) 2.41 (jun. 22, 1827): 154-155.

———. *Antología política*. Bogotá: Instituto Colombiano de Cultura, 1981. 590p. [Contenido: Notas al pie de página. Bibliografías de autores liberales del siglo XIX, sobre autores liberales del siglo xix, sobre Rafael Nuñez y la regeneración, sobre historia de las ideas políticas del siglo xix, sobre historia de los sucesos políticos del siglo xix, de autores liberales de libros y ensayos que han contribuido a la formación de la cultura política liberal en Colombia, e índice onomástico, al final del texto]

———. *Antonio Nariño, F. de P. Santander y Julio Arboleda*. Bogotá: Editorial Minerva, ca.1936. 143p.

———. *Apelación al pueblo de Colombia y a los demás pueblos de América: manifestación de la conducta del Jeneral Francisco de Paula Santander, Vicepresidente de Colombia, desde el primer sacudimiento político de Venezuela hasta el día*. Bogotá: [s.edit], 1827. 50p.

———. *Apéndice a la colección de leyes de 1835: Decreto del poder ejecutivo, promulgado como lei de la República los tratados concluidos en Pasto a 8 de diciembre de 1832 entre la Nueva Granada i el Ecuador*. Pasto: [s.edit], 1935. 6p.

———. *Apuntamientos para las memorias sobre Colombia i la Nueva Granada*. Bogotá: Imprenta de Lleras, 1837. 29p.

—— Bogotá: L. M. Lleras, 1838. 138p.

—— Bogotá: L. M. Lleras, 1858. 138p.

———. *Archivo Santander*. Bogotá: Águila Negra Editorial, 1923. 369p.

———. *Archivo Santander*. Bogotá: Águila Negra Editorial, 1913-1932. 24 vols.

———. *Archivo Santander: I: 1792- 1818*. Bogotá: Editorial Cromos, 1940. 351p.

———. «A. S. E. el Vicepresidente de la República, encargado del Poder Ejecutivo». *El Constitucional* (Bogotá) 85 (abr. 13, 1826): 1.

———. *Autógrafo más antiguo que se conoce de Santander*. Mss. 1h. Colección de manuscritos de la Biblioteca Luis Ángel Arango.

———. «Carta a Bolívar con motivo de los últimos acontecimientos del Perú». *Gazeta de Colombia* (Bogotá) 174 (feb., 1825): [s.p].

———. *Carta a los Conciudadanos del Senado y la Camara de Representantes*. Bogotá: [s.edit], 1827. 5p.

———. «Carta Confidencial del Vice-Presidente de la República de Colombia. A.S.E. El Jeneral Bolivar Libertador Presidente». *El Constitucional* (Bogotá) 104 (ag. 24, 1826): 1.

———. *Carta dirigida a Daniel Florencio O'Leary, fechada en Bogotá el 30 de agosto de 1826*. Mss. Bogotá, 1826. 1 carta. Colección de manuscritos de la Biblioteca Luis Ángel Arango.

. *Carta dirigida al Presidente de la Honorable Camara del Senado, presentandole el Tratado de Amistad, Comercio y Navegación con Inglaterra y solicitando su inmediato estudio*. Mss. Bogotá, 1825. 2h. Colección de manuscritos de la Biblioteca Luis Ángel Arango.

———. *Carta no enviada solicitando la publicación, en la Gaceta, del proceso judicial que dictamino su exilio*. Mss. Bogotá, 1831. 2 folios. Colección de manuscritos de la Biblioteca Luis Ángel Arango.

———. *Cartas de Santander: Homenaje a la memoria del ilustre prócer Gral. Francisco de Paula Santander*. Obra formada por Vicente Lecuna; con la colaboración de Esther Barret de Nazaris. Caracas: Litografía Tipografía del Comercio, 1942. 3 vols. [Contenido: v. I: Años 1816-

1824; v.. II: enero de 1825 a octubre de 1826; v.. III: noviembre de 1826 a diciembre de 1839]

———. «Cartas escritas por Francisco de Paula Santander al General Pedro Alcántara Herrán». *El Repertorio Colombiano* (Bogotá) 26 (ag., 1880): 97-114; 27 (sept., 1980): 163-178.

———. *Cartas inéditas*. Cúcuta: [s.edit], 1931. 19p. [Correspondencia íntima con su pariente y amigo don Manuel García Herreros]

———. *Cartas, mensajes y documentos del General Santander, de 1819 a 1833*. Mss. 1819-1833. 23 documentos. Colección de manuscritos de la Biblioteca Luis Ángel Arango.

———. *Cartas política*. 2ªed. Bogotá: Librería Nueva, 1898. 65-155.

———. *Cartas precedidas de una noticia preliminar*. Editor Jorge Roa. Bogotá: Librería Nueva, 1893. 65-168.

———. *Cartas Santander - Bolívar*. Bogotá: Fundación Francisco de Paula Santander, 1988. 6 vols.

——— Bogotá: Fundación Francisco de Paula Santander, 1988-1990. 6 vols.

———. *Cartas y mensajes del general Francisco de Paula Santander*. Bogotá: Editorial Voluntad, 1953-1956. 10 vols. [Contenido: v. 1. 1812-1819; v. 2. 1820; v. 3. 1821; v. 4. 1822-1824; v. 5. 1825; v. 6. 1826; v. 7. 1827-1828; v. 9. 1834-1836; v. 10. 1837-1840; Apéndice]

———. *Código militar para la Nueva Granada*. Santa Fe de Bogotá: Ministerio de Defensa Nacional, 1993? 240p.

———. *Colección de cartas originales manuscritas, cambiadas entre el general Francisco de Paula Santander y su amigo el general colombiano y venezolano José Félix Blanco*. Caracas: [s.edit], 1990? [s.p].

———. «Colombia y Provincias del Río de la Plata». *El Conductor* (Bogotá) 2.44 (jul. 3, 1827): 2.

———. «Comunicación del Poder Ejecutivo al Presidente del Senado. República de Colombia. Francisco de Paula Santander». *El Constitucional* (Bogotá) 123 (ene. 4, 1827): 1.

———. «Comunicaciones entre el poder ejecutivo y el libertador presidente, sobre la reunión del congreso de este año y continuación de Vice-Presidente». *El Constitucional* (Bogotá) 140 (mayo 3, 1827): 1.

———. «Comunicados. Jeneral Santander». *El Conductor* (Bogotá) 3.66 (sept. 19, 1827): 257.

———. «Conciudadanos del Senado y Cámara de Representantes». *El Constitucional* (Bogotá) 90 (mayo 18, 1826): 1.

———. *Copiador de la correspondencia del benemérito Sr. General Francisco de P. Santander, con El Libertador Simón Bolívar: desde el 20 de setiembre de 1819 hasta el 30 de noviembre de 1820*. Mss. 1819-1820. 70h. Colección de manuscritos de la Biblioteca Luis Ángel Arango.

———. *Correspondencia dirigida al General Francisco de Paula Santander*. Roberto Cortázar [Comp]. Bogotá: Academia Colombiana de Historia, 1964-1970. 14 vols. [Contenido parcial: v.1. A-Boh; v.2. Bol; v.3. Bol-Bust; v.4. Cab-Con; v.5. Con-Flo; v.6. Flo-Lef; v.7. Leg-Mon; v.8. Mon-Mut; v.9. Nar-Oya; v.10. Pad-Res; v.12. Sen-Suc; v.13. Tal-Val; v.14. Vel-Ziz]

———. *Cuestión importante o Examen de las razones que convencen, hallarse vigentes las disposiciones de la ley de 30 de julio de 824, sobre confiscación de los bienes y derechos de los súbitos españoles y la convivencia política de su observancia. Por un granadino*. Cartagena: por E. Hernández, 1838. 14p.

———. *De Boyacá a Cúcuta: memoria administrativa, 1819-1821*. Bogotá: Fundación Francisco de Paula Santander, 1990. 469p.

———. «Decreto. Palacio del Gobierno en Bogotá a 2 de Marzo de 1825». *El Constitucional* (Bogotá) 29 (mzo. 17, 1825): 1.

———. «Decreto del Consejo Municipal, sobre espectáculos públicos». *Hojas sueltas o comunicados* (Bogotá) (feb. 14, 1839): 1h.

———. *Decreto del Poder Ejecutivo designando i arreglando el uniforme del Ejército. [Dado a 11 de octubre de 1834]*. Bogotá: [s.edit], 1834. 4p.

———. *Decreto sobre conspiradores*. Bogotá: [s.edit], 1822. 4p.

———. «Decreto sobre educación, enero 18, 1824». *Gaceta de Colombia* (Bogotá) 171 (ene., 1825): [s.p].

———. *Diario de campaña, libro de órdenes y reglamentos militares, 1818-1834*. Bogotá: Fundación Francisco de Paula Santander, 1988. 352p.

———. *Diario del General Santander en Europa y los Estados Unidos: desde que salió proscrito de Bogotá, el 15 de noviembre de 1828, hasta que volvió a pisar tierra colombiana en Santa Marta, el 17 de julio de 1832*. Mss. 1832? Biblioteca Nacional de Colombia.

———. *Diario del General Francisco de Paula Santander en Europa y los EE. UU. 1829-1832*. Bogotá: Imprenta del Banco de la República, 1963. 430p.

Bogotá: Editorial Incunables, 1984. 430p.

———. *Documentos curiosos sobre los acontecimientos de Venezuela del 3 de abril de 1826: carta confidencial del Vicepresidente de la República, al Jeneral José Antonio Páez*. Bogotá: Manuel María Viller Calderón, 1826. 10p.

———. *Documentos que han precedido al decreto del Poder Ejecutivo de 10 de abril sobre la reunión del Congreso, y que el Vicepresidente de la República presenta a Colombia y a las demás naciones*. Bogotá: Imprenta de Pedro Cubides, 1827. 35p.

———. *Documentos y correspondencia*. Bogotá: [s.edit], 1980? 135h.

———. «Dos cartas del general Santander». *Revista Pan* (Bogotá) 10 (sept., 1936): 110.

———. *El ciudadano que suscribe informa a la Nueva Granada de los motivos que ha tenido para opinar en favor de la elección del Jeneral José María Obando para Presidente futuro*. Bogotá: J. A. Cualla, 1836. 12p.

———. *El Excelentísimo Señor Vicepresidente de la República... ha decretado lo que sigue...: Habiendo atribuido la ley de 24 de enero de este año al Poder Ejecutivo el arreglo de las divisas y uniforme del Ejército y Marina... he venido en decretar... el siguiente reglamento de divisas y uniformes militares*. Bogotá: [s.edit], 1826. 8p.

———. *El Gral. de División F. P. Santander, Vicepresidente de Cundinamarca presenta al gobierno de la república y a los pueblos del mundo civilizado los motivos y razones que le obligaron a ordenar la ejecución de 38 oficiales españoles prisioneros de la campaña de 1819, verificada en la ciudad de Bogotá el 11 de octubre del mismo año*. Bogotá: Imprenta de Espinosa, 1820. 36p.

———. *El Jeneral José María Obando, candidato nacional para Presidente de la República en el sesto período constitucional: Adhesiones a la candidatura firmadas por Francisco de Paula Santander y otros*. Bogotá: Imprenta Imparcial, 1852. 2h.

———. [El Patriota (periódico)]

———. *El pensamiento político de Santander*. Bogotá: Librería Voluntad, 1969. 214p.

———. *El pensamiento político de Santander en paz y en guerra*. Bogotá: Norte, 1984. 223p.

———. *El Vicepresidente de Colombia da cuenta a la República de su conducta en la negociación i manejo del empréstito de 1824*. Bogotá: Imprenta J. A. Cualla, 1828. 118p.

———. *El Vicepresidente de Colombia da cuenta a la República de su conducta en la negociación, i manejo del empréstito de 1824.* [s.p.i]. 118p.

———. *El vicepresidente de la República de Colombia a los colombianos*. Bogotá: Palacio de Bogotá, 1826. 1h.

———. *Escritos autobiográficos, 1820-1840*. Bogotá: Fundación Francisco de Paula Santander, ca.1988. 293p.

—— Bogotá: Fundación Francisco de Paula Santander, 1989. 336p.

———. *Escritos políticos*. Bogotá: El Áncora Editores, 1983. 156p.

———. *Escritos políticos y mensajes administrativos, 1820-1837*. Bogotá: Fundación Francisco de Paula Santander, 1988. 496p.

—— Bogotá: Fundación Francisco de Paula Santander, 1988. 367p.

———. «Esposición que el Vicepresidente Constitucional de Colombia a S. E. el libertador luego que se encargue del gobierno de la República». *El Conductor* (Bogotá) 3.60 (ag. 29, 1827): 231.

———. «Espresión de gratitud. A los habitantes de Bogotá». *El Conductor* (Bogotá) 3.66 (sept. 19, 1827): 254.

———. *Firme defensa de la Ley fundamental*. Cartagena: Reimpreso por Juan Antonio Calvo, 1825. 20p.

———. «Fragmento de un discurso». *Lecturas Populares* (Bogotá) 54.1155 (nov. 28, 1914): 186-192.

———. *Historia de las desavenencias con el Libertador Bolívar*. Jorge Roa. (Ed.). Bogotá: Librería Nueva, 1909. 64p.

—— 4ª ed. Bogotá: Editorial Incunables, 1983. 120p.

———. *Hoja de servicio del coronel José Concha al Ejercito libertador*. Mss. Bogotá, 1821. 2 folios. Colección de manuscritos de la Biblioteca Luis Ángel Arango.

———. «Jeneral Santander». *El Conductor* (Bogotá) 3.63 (sept. 8, 1827): 242-243.

———. «La campaña de Boyacá». *Boletín Historial* (Cartagena) 46.139 (sept., 1961): 42-59.

———. *La Conjuración de Septiembre: escritos varios*. Editor Jorge Roa. Bogotá: Librería Nueva, 1894. 437-505

———. *La Nueva Granada al empezar el año de 1836*. Bogotá: Nicomedes Lora, 1835. 19p.

———. *Libro de órdenes generales del ejército de operaciones de la Nueva Granada, de que es comandante en jefe el General de Brigada ciudadano Francisco de Paula Santander, 1819*. Bogotá: Arco, 1819. 126p.

—— Bogotá: Banco Cafetero, 1969 2 vols.

———. *Manifiesto que el Poder Ejecutivo de Colombia presenta a la República y al mundo, sobre los acontecimientos de Venezuela, desde el 30 de abril del presente año de 1826*. Bogotá: Impreso por S. S. Fox, 1826. 26p.

———. *Memorias del General Santander*. Bogotá: Imprenta Banco Popular, 1973. 418p.

———. *Mensaje del Presidente del Estado de la Nueva Granada al congreso en la sesión de 1833*. Bogotá: Imprenta de B. Espinosa, 1833. 4p.

———. *Mensaje del Presidente del Estado de la Nueva Granada al Congreso de 1834*. Bogotá: [s.edit], 1834. 12p.

———. *Mensaje del Presidente de la República de la Nueva Granada al Congreso de 1837*. Bogotá: [s.edit], 1837. 33p.

———. *Mensaje del Presidente de la República de la Nueva Granada al Congreso de 1837*. Bogotá: Imprenta de Nicomedes Lora, 1837. 10p.

———. *Mensaje del Vicepresidente de Colombia, encargado del gobierno al Congreso de 1825*. Bogotá: Imprenta de Espinosa, 1825. 19p.

———. *Mensaje del Vicepresidente de Colombia encargado del Gobierno al Congreso de 1826*. Bogotá: Imprenta de Antonio Mora, 1826. 13p.

———. «Mensaje del Vice-Presidente de Colombia, encargado del gobierno, al Congreso de 1826». *El Constitucional* (Bogotá) 71 (ene. 5, 1826): 1-2.

―――. *Mensaje del Vicepresidente de Colombia Encargado del Gobierno al Congreso de 1827*. Bogotá: Imprenta de Pedro Cubides, 1827. 15p.

―――. «Mi apreciado Bustamante». *El Conductor* (Bogotá) 2.33 (mayo 25, 1827): 124.

―――. *Mis desavenencias con el libertador Simón Bolívar*. Bogotá: Editorial Incunables, 1982. 119p.

――― Bogotá: Editorial Incunables, c1983. 120p.

―――. *Modelos del libro para asentar las dilijencias del papel que se recibe para sellar i del que se entrega sellado en las Tesonerías*. Bogotá: [s.edit], 1833. 56p.

―――. *Noticia biográfica del señor jeneral Francisco de Paula Santander, del orden de los libertadores de Venezuela y Cundinamarca, Vicepresidente encargado del poder ejecutivo de la República de Colombia*. Lima: Imprenta de la Instrucción Primaria, por S. Hurley. 1827. 2p.

―――. «Nuevo memorial del Vicepresidente de la República al Congreso sobre su renuncia». *El Conductor* (Bogotá) 2.31 (mayo 18, 1827): 115-116.

―――. *Obra educativa de Santander*. Bogotá: Fundación Francisco de Paula Santander, 1990. 3 vols. [Contenido: V.1. 1819-1826. V.2. 1827-1835. V. 3. 1835-1837.

―――. *Para la historia: carta confidencial del vicepresidente de la República de Colombia al libertador presidente de la misma sobre los sucesos de Venezuela en 1826*. Bogotá: Imprenta de Manuel María Viller-Calderón, 1826. 7p.

―――. *Proceso seguido al general Santander por consecuencia del acontecimiento de la noche del 25 de septiembre de 1828 en Bogotá*. Presentación de Germán Mejía Pavoni. Bogotá: Fundación Francisco de Paula Santander, 1988. 401p.

―――. «Proclama. El Vicepresidente de la República de Colombia a los Colombianos». *El Constitucional* (Bogotá) 85 (abr. 13, 1826): 1.

―――. «Proclama. El Vice-Presidente de Colombia encargado del poder ejecutivo a la República». *El Constitucional* (Bogotá) 141 (mayo 10, 1827): 1.

―――. *Proyecto de código militar para la República de Nueva Granada*. Santa Fe de Bogotá: Ministerio de Defensa Nacional, 1992. 185p.

―――. *Reglamento interior para el Colejio de Ordenados de Bogotá*. Bogotá: Imprenta de Espinosa, 1823. 16p.

―――. *Reglamento para la conservación de los Exércitos de la República*. Bogotá:[s.edit], 1819 1h.

―――. *Reglamento para la disciplina y subsistencia de las tropas en marcha*. Bogotá: [s.edit], 1819. 2p.

―――. *Reglamento provicional para la organización de los cuerpos de caballería en la Nueva Granada*. Bogotá: [s.edit], 1819. 2p.

———. [Coaut]. *Reglamento y tarifas del Coliseo de Comedias de Santa Fe de Bogotá* Mss. 1800? 2p. Colección de manuscritos de la Biblioteca Luis Ángel Arango.

———. *Salvo conducto concedido a Jorge Campusano*. Mss. Bogotá, 1820. 1 folio. Colección de manuscritos de la Biblioteca Luis Ángel Arango.

———. *Santander ante la historia o sea apuntamientos para las memorias sobre Colombia y la Nueva Granada*. Bogotá: Lorenzo M. Lleras, 1838. 138p.

—— París: Walder, 1869. 124p.

—— Bogotá: Incunables, 1983. 132p.

———. «Santander encargado de negocios de Méjico en Londres». *El Gráfico* (Bogotá) 14.670 (nov. 17, 1923): 1115.

———. *Santander en Europa: diario de viaje*. Bogotá: Fundación Francisco de Paula Santander, 1989. 5 vols.

———. *Santander en sus escritos*. Bogotá: Editorial Kelly, 1944. 360p.

———. *Santander y el congreso de 1823: actas y correspondencia*. Bogotá: Fundación Francisco de Paula Santander, 1989. 3 vols.

———. *Santander y el congreso de 1824: actas y correspondencia*. Bogotá: Fundación Francisco de Paula Santander, 1989. 5 vols.

———. *Santander y el congreso de 1825: actas y correspondencia*. Bogotá: Fundación Francisco de Paula Santander, 1989. 5 vols.

———. *Santander y los ejércitos patriotas 1811-1819*. Compilación, ordenamiento y selección de textos de Andrés Montaña; prologuista y asesor histórico: Camilo Riaño. Bogotá: Fundación Francisco de Paula Santander, 1989. 2 vols.

———. *Santander y los empréstitos de la Gran Colombia, 1822-1828*. Bogotá: Fundación Francisco de Paula Santander, 1988. 479p.

———. *Santander y los sucesos políticos de Venezuela, 1826*. Bogotá: Fundación Francisco de Paula Santander, 1988. 2 vols.

———. *Santander y sus escritos* [Comp]. y pról. de Manuel José Forero. Bogotá: Ministerio de Educación Nacional, 1944. 360p

———. *S. E. el Vice-Presidente de la República encargado del Poder Ejecutivo ha espedido el siguiente decreto. [Dado a 8 de noviembre de 1825]*. Bogotá: [s.edit], 1825. 112p.

———. *S. E. el Vice-Presidente de la República, ... ha tenido a bien espedir el presente Reglamento para el Estado Mayor Jeneral*. Bogotá: [s.edit], 1825. 11p.

———. «Siguen los documentos importantes en favor del Vice-Presidente Santander». *El Conductor* (Bogotá) 3.76 (oct. 24, 1827): 292.

———. *Tercera representación elevada al Libertador Bolívar desde su prisión en las bóvedas de Bocachica: donde esperaba el cumplimiento de la sentencia por la cual se le conmutaba la pena de muerte por la de destierro.* Bocachica, Cartagena, 24 de febrero de 1829. 367p.

———. «Testamento errado que he hecho en Bogotá a 19 de enero de 1838». *Boletín Cultural y Bibliográfico* (Bogotá) 16.7-8 (1979): 5-26.

———. «Tribunales. Contestación del Poder Ejecutivo al acuerdo de la Alta Corte Marcial, inserto en el anterior número de *El Constitucional*». *El Constitucional* (Bogotá) 69 (dic. 22, 1825): 2.

———. *Voz del Pueblo: informe dirijido al Exmo. Libertador Presidente, acompañándole la Exposición que le presentará S. E. el Vicepresidente al devolver el mando supremo de la República.* Bogotá: S. S. Fox, 1828. 7p.

Crítica:

A. B. «Antología bolivariana: el archivo del General Santander». *Revista de las Indias* (Bogotá) 8.26 (feb., 1941): 484-486.

Acevedo Latorre, Eduardo. *Colaboradores de Santander en la organización de la república.* Prólogo de David Bushnell. 2ª ed. Bogotá: Fundación Francisco de Paula Santander, 1988. 486p..

Aguilera, Miguel. «Página histórica: intriguillas y odios de prócer a prócer» *El Gráfico* (Bogotá) 26 1276 (abr., 1936): 12-14.

Anónimo. *Antonio Nariño, F. de Paula Santander y Julio Arboleda*. Bogotá: Ministerio de Educación Nacional, 1936. 143p

Anónimo. «Archivo del Gral. Santander: notas gráficas». *El Gráfico* (Bogotá) 29.283 (abr. 15, 1916): 261.

Anónimo. «*Centenario de la muerte del General Francisco de P. Santander, 1840-1940*». *Registro Municipal* LX. 175-180 (jun. 30, 1940): [s.p].

Anónimo. *Conmemoración del Primer Centenario de la muerte del General Francisco de Paula Santander*. Bogotá: Imprenta Nacional, 1940. 8p.

Anónimo. «El homenaje a Santander: notas gráficas». *El Gráfico* (Bogotá) 49.485-486 (ag. 16, 1919): [s.p].

Anónimo. «El monumento del campo de batalla: notas gráficas». *El Gráfico* (Bogotá) 49.481-482 (ag. 2, 1919): 248.

Anónimo. *La Voz de la verdad: Defensa que hace un colombiano, hijo de Bogotá del General Francisco de Paula Santander*. Bogotá: [s.edit], 1825. 14p.

Arciniegas, Germán. «Santander creador del ejercito colombiano». *Revista de las Fuerzas Armadas* (Bogotá) 45.135 (abr.-jun., 1990): 47-51.

———. «Santander o el nacimiento de la conciencia civil en América». *Revista de las Indias* (Bogotá) 5.16 (abr., 1940): 321-333.

———. «Santander y la lucha por la libertad después de la guerra de la independencia». *Revista de las Indias* (Bogotá) 6.19 (jul., 1940): 303-344.

Barco Vargas, Virgilio. «Preservación de la memoria colectiva : tradición y porvenir». *El Tiempo* [Lecturas Dominicales] (Bogotá) (abr. 30, 1989): 4-5.

Barriga Alarcón, Julio. *Juicio contra el Gral. Santander por la conspiración de septiembre*. Bogotá: Escuelas. Gráficas Salesianas, 1943. 78p.

Becerra, Mariano. *Apóstrofe elegiaco a la ínclita memoria de Francisco de Paula Santander: verso*. [s.p.i]. [s.p].

Buenos Aires. Instituto San Martiniano. *Al general Don Francisco de Paula Santander: memoria*. Buenos Aires: [s.edit], 1941. 61p.

Bushnell, David. *El régimen de Santander en la Gran Colombia*. Trad. de Jorge Orlando Melo. 2ª. ed. Bogotá: Tercer Mundo, Facultad de Sociología de la Universidad Nacional, 1966. 403p.

Camacho Montoya, Guillermo. *Santander: el hombre y el mito*. Prólogo de Laureano Gómez. Bogotá: Librería Nueva, 1941. 221p.

Camacho Roldán, Salvador. «Santander». *Papel Periódico Ilustrado* (Bogotá) I.3 (oct. 15, 1881): 38-42; I.12 (abr. 1°, 1882): 186-194.

———. *Santander*. Bogotá: Academia Colombiana de Historia, 1978. 68p.

——— Bogotá: Instituto de Estudios Constitucionales Carlos Restrepo Piedrahita, 1993. 61p.

Colombia (República de Colombia, 1819-1830). *Los encargados de la Secretaría General del Departamento de Cundinamarca presentan a S. E. el Gral. F. de P. Santander Vicepresidente del mismo departamento, la memoria correspondiente al año de 1820*. Bogotá: Imprenta de Espinosa, 1821. 72p.

Cortázar, Roberto [Comp]. *Correspondencia dirigida al General Francisco de Paula Santander*. Bogotá: Academia Colombiana de Historia, 1964. 9 vols. [Contenido: v.1: A-Boh; v.2: Bol. v.3: Bol.-Bust; v.4: Cab.-Con. v.5: Con. -Flo. v.6: Flo.-Lef. v.7: Leg.-Mon. v.8: Mon.-Mut. v.9: Nar.-Ola]

Díaz del Castillo, Ildefonso. «Bolívar a Santander: dos comunicaciones importantes». *Boletín de Historia y Antigüedades* (Bogotá) 11.124 (feb., 1917): 232-236.

Duarte French, Jaime. *Bolívar libertador: Santander Vicepresidente*. Bogotá: Nuevo Rumbo Editores, 1993. 648p.

Fernández, Carmelo. *Memorias de Carmelo Fernández...* Caracas: Cooperativa de Artes Gráficas, 1940. 109p.

Forero Contreras, Manuel José. *Santander*. Bogotá: Librería de Bernardo Bermúdez, 193? 119p.

———. *Santander: su vida, sus ideas, su obra*. Prólogo de Laureano García Ortiz. 3ª. ed. Bogotá: Águila, 1937. 248p.

Fundación Francisco de Paula Santander (Bogotá). *Francisco de Paula Santander: catálogos*. Bogotá: [s.l]: [s.edit], 198? [s.p].

García Ortiz, Laureano. *Algunos estudios sobre el General Santander*. Bogotá Imprenta Nacional, 1946. 186p.

———. «El carácter del General Santander». *El Gráfico* (Bogotá) 42.414 (jun. 8, 1918): 110-111.

García Samudio, Nicolás. «Santander y los Estados Unidos». *Santafé y Bogotá* (Bogotá) 3.34 (oct., 1925): 178-193.

Gómez, Laureano. *El mito de Santander*. Prólogo de Arturo Abella. Bogotá: Editorial Revista Colombiana, 1966. 2 vols.

Gómez, Ramón. «Ante la estatua de Santander». *El Liberal Ilustrado* (Bogotá) 3.1188 (dic. 5, 1914): 373-374.

Gómez Parra, Pedro. *Santander: ensayo biográfico*. Prólogo de Manuel Serrano Blanco. Bucaramanga: Centro de Historia de Santander, 1940. 310p.

Gómez Picón, Alirio. *Bolívar y Santander: historia de una amistad*. Bogotá: Academia Colombiana de Historia, 1971. 518p.

Gómez Restrepo, Antonio. «General Francisco de Paula Santander». *Historia de la literatura colombiana*. III. Bogotá: Litografía Villegas, 1957. 169-180.

González Ochoa, Fernando. *Santander*. Bogotá: ABC, 1940. 358p.

——— 2ª ed. Medellín: Bedout, 1971. 190p.

Grillo, Max. *El hombre de las leyes: estudios histórico y crítico de los hechos del General Francisco de Paula Santander en la guerra de la independencia y en la creación de la república*. Bogotá: Imprenta Nacional de Colombia, 1940. 339p.

Gual, Pedro. «Archivo Santander: cartas inéditas sobre el congreso de Panamá». *Boletín de Historia y Antigüedades* (Bogotá) 21.246 (nov., 1934): 725-735.

Gutiérrez Vergara, Ignacio. *Las administraciones Santander y Márquez y el autor de la geografía de los Estados Unidos de Colombia*. Bogotá: Imprenta de Foción Mantilla, 1866. 16p.

Hall, Francis. *Santander y la opinión angloamericana: visión de viajeros y periódicos, 1821-1840*. Prólogo de David Sowell; compilación de Luis Horacio López Domínguez. Bogotá: Fundación Francisco de Paula Santander, 1991. 523p.

Hernández Carrillo, Jorge. *Santander y la Gran Colombia*. Prólogo de Juan Lozano y Lozano Bogotá: ABC, 1940. 166p.

Hoenigsberg, Julio. *Santander ante la historia: ensayo histórico-biográfico*. Barranquilla: Imprenta Departamental, 1969-1970. 3 vols. [Contenido: v.1. 1810-1830; v.2. 1824-1828; v.3. 1828-1840]

———. *Santander, el clero y Bentham ...* Bogotá: Editorial ABC, 1940. 286p.

———. *Santander: Como se llegó al Puente de Boyacá el 7 de agosto de 1819*. Barranquilla: Centro de Historia, 1973. 38p.

Ibáñez, Pedro María. «Ante la tumba de Santander». *Boletín de Historia y Antigüedades* (Bogotá) 12.140-141 (jul.-ag., 1919): 496-499.

Jiménez Arrechea, Santiago. *Santander, libertador y padre de la República*. Cali: Editorial América, 1940. 75p.

Lemaitre Román, Eduardo. «Biografía sin beatería: el "Santander de Pilar Moreno"». *El Tiempo* [Lecturas Dominicales] (Bogotá) (Sept. 10, 1989): 14-15.

Lemos Simmonds, Carlos. *Santander*. Bogotá: Fondo de Publicaciones Liberales, 1989. 77p.

Lozano Esquivel, Álvaro. *Santander 1792-1840*. Prólogo de Álvaro Bejarano. Bogotá: Fundación Francisco de Paula Santander, 1988. 355p.

Machado, Gustavo. *Santander en Venezuela*. *Revista de las Indias* (Bogotá) 5.16 (abr., 1940): 407-411.

Martínez Briceño, Rafael. «El diario del general Santander». *Eco* (Bogotá) 7.40 (ag., 1963): 356-366.

Matos Hurtado, Belisario. «Apuntes para un estudio sobre la vida sentimental de Santander». *Boletín de Historia y Antigüedades* (Bogotá) 27.310-311 (ag.-sept., 1940): 650-656.

Matus Caile, Miguel. *Historia de Arauca 1818-1819: consagración de Santander en la epopeya de los Llanos*. Santafé de Bogotá: Tercer Mundo Editores, 1992. 137p.

Mejía, Germán y María Isabel Perdomo [Comps]. *Causas y memorias de los conjurados del 25 de septiembre de 1828*. Bogotá: Fundación Francisco de Paula Santander, 1990. 3 vols.

Mier, José M. de. *Testimonio de una amistad: correspondencia cruzada entre Francisco de Paula Santander y Joaquín Mosquera, 1822-1837*. Prólogo de Germán Arciniegas. Bogotá: Academia Colombiana de Historia, c1983. 486p.

Moreno de Ángel, Pilar. «Dos desavenencias graves: el distanciamiento entre Bolívar y Santander». *El Tiempo* [Lecturas Dominicales] (Bogotá) (mayo 14, 1989): 6-7.

———. *Santander: biografía*. Bogotá: Planeta, 1989. 795p.

———.y Horacio Rodríguez Plata. *Santander, su iconografía*. Bogotá: Arco, 1984. 153p.

Morillo y Morillo, Pablo, Marqués de la Puerta. *General Morillo y General Santander; Campaña de Pacificación de 1816; Campaña Libertadora de 1819: precedidas de una noticia biográfica del primero*. 2ª ed. Bogotá: Librería Nueva, 1897. 30p.

Nieto Caballero, Luis Eduardo. *La lección de Santander*. *El Gráfico* (Bogotá) 15.775 (mzo., 1926): 1263-1264.

———. «Santander y el 25 de septiembre». *El Gráfico* (Bogotá) 14.687 (mayo 17, 1924): 1391-1392.

Olano, Juan de Dios. «Otros documentos importantes en favor del Vice-Presidente Santander». *El Conductor* (Bogotá) 3.74 (oct. 17, 1827): 284.

Ortiz, Sergio Elías. «Apuntes y documentos sobre la historia del obispado de Pasto». *Boletín de Estudios Históricos* (Pasto) 10 (ag., 1928): 319-350.

Otero D'Costa, Enrique. *Archivo Santander*. Bogotá: Ministerio de Educación Nacional, 1900? [s.p].

Otero Muñoz, Gustavo. «Archivo Santander: cartas inéditas». *Boletín de Historia y Antigüedades* (Bogotá) 22.247-250 (feb.-mayo, 1935): 60-71, 274-276.

Pacheco, Luis Eduardo. *La familia de Santander*. 2ª ed. Caracas: Sur-América, 1924. 49p.

Páez, José Antonio. *Respuesta del Jeneral Páez a la carta confidencial que le dirigió el Vicepresidente de la República el 12 de junio del presente año de 1826*. Bogotá: Imprenta de la República, por N. Lora, 1826. 8h.

Pinilla Cote, Alfonso María. «Aspecto religioso del Gral. Santander». *Revista Javeriana* (Bogotá) 45.224 (mayo, 1956): 101.

Posada, Eduardo. «El archivo del General Santander: informe». *Boletín de Historia y Antigüedades* (Bogotá) 14.157 (abr., 1922): 16-42.

Quijano, Arturo. «El código militar del General Santander». *El Gráfico* (Bogotá) 22.1079 (mayo, 1932): 1433-1434.

———. «Santander ofrece su espada a Méjico». *El Gráfico* (Bogotá) 14.670 (nov. 17, 1923): 1114-1115.

Ramírez Ángel, Aníbal. *Perfiles históricos*. Quito: Editorial Colón, 1949. 132p.

Restrepo Jaramillo, Gonzalo. «Santander en Washington». *El Gráfico* (Bogotá) 53.531 (jun. 19, 1920): 481.

Riaño Cano, Germán *El gran calumniado: réplica a la leyenda negra de Santander*. Bogotá: Planeta Colombiana, 2001. 252p.

Roa, Jorge. *Colección de grandes escritores nacionales y extranjeros*. III. Bogotá: Jorge Roa Editor, 1898. [s.p].

Rodríguez Plata, Horacio. «A propósito de la publicación de las cartas de los sin cuenta». *Boletín Cultural y Bibliográfico* (Bogotá) 21.1 (1984): 108-111.

Rodríguez Plata, Horacio. *Santander en el Exilio: proceso, prisión, destierro, 1828-1832*. Bogotá: Editorial Kelly, 1976. 862p.

Salazar Parada, Gilberto. *El pensamiento político de Santander*. Bogotá: Editorial Voluntad, 1969. 214p.

San Miguel, José Ignacio de. *Reflexiones exactas para disipar preocupaciones funestas. Carta que se dirige á el Ilustrísimo Sr. Don Salvador Ximenes, Obispo de Popayán, en observación á la respuesta, que dió á el oficio 29 de Octubre del año próximo pasado, con que le requirió el Exmo. Sr. Vice-Presidente del Departamento de Cundinamarca Francisco de Paula Santander, para que se restituyese a su iglesia*. Bogotá: Imprenta de Bruno Espinosa, 1820 1h.

Sánchez de Iriarte, Alberto. «la tumba de Santander, crónica retrospectiva». *El Gráfico* (Bogotá) 4.38 (mayo 6, 1911): [s.p].

Santa, Eduardo. «Bolívar y Santander a través de unas memorias». *Boletín de Historia y Antigüedades* (Bogotá) 739 (oct.-dic., 1982): 989-1004.

Sanz, José Tiburcio. *Queja al respetable público de Colombia y al mundo entero de un ciudadano, pues no hay a otra autoridad a quien darla, viéndose oprimido por el impulso de la arbitrariedad y justifica con documentos la verdad que manifiesta la "Voz de la justicia"*. Bogotá: Impreso por S. S. Fox, 1827. 10p.

Sociedad de Estudios Históricos «Francisco de Paula Santander». *Homenaje de la Sociedad de Estudios Históricos "Francisco de Paula Santander" al fundador de la República, en el primer centenario de su muerte*. Cali: Editorial América, 1940. 94p.

Solano, Armando. «La gloria de Santander». *El Gráfico* (Bogotá) 49.481-482 (ag. 2, 1919): 241-242.

Stevens, Willy J. «Santander y San Martín en Bruselas: Encuentro de dos desterrados». *El Tiempo* [Lecturas Dominicales] (Bogotá) (jun. 18, 1989): 6-7.

Syro, Samuel. «Tres hombres de leyes: Santander, Fernando Isaza, José Roberto Vásquez». *Universidad de Antioquia* (Medellín) 176 (ene.-mzo., 1970): 7-18.

Torres Duque, Óscar. «Santander». *Gran Enciclopedia de Colombia*. 5. Santafé de Bogotá: Círculo de Lectores, 1994. 146-147.

Tres ciudadanos. *Al pueblo colombiano*. 2ª ed. Bogotá: Imprenta por José Ayarza, 1836. 2p. [Contenido: Dura crítica a Santander de quien se afirma que como mandatario favorece por todos los medios la candidatura presidencial de Obando, al cual se considera indigno de la primera magistratura por haber sido reconocido realista y hallarse sindicado del asesinato del Mariscal Antonio José de Sucre]

Turbay Ayala, Julio César. Perfiles históricos. Prológo de Abelardo Forero Benavides. Bogotá: Presidencia de la República, 1979. 145p.

Uribe Ángel, Manuel. «Un boceto de Santander: del campo histórico». *El Gráfico* (Bogotá) 12.113 (nov. 30, 1912): [s.p].

Uribe Uribe, Rafael. «Santander : discurso pronunciado ante la estatua, el 24 de julio de 1910». *El Liberal Ilustrado* (Bogotá) 3.1042-1046 (jul. 20, 1914): 81-90.

Varios. *Conferencias en homenaje al General Francisco de Paula Santander*. Bogotá: Academia Colombiana de Historia, 1940. 149p. [Contenido: conferencias de: Roberto Cortázar, Laureano García Ortiz, Fabio Lozano y Lozano, Nicolás García Samudio, Manuel José Forero, Moisés de la Rosa, Guillermo Hernández de Alba, Luis Augusto Cuervo y Gustavo Otero Muñoz]

Verlet, Raoul. «Nuevo monumento a Santander». *El Gráfico* (Bogotá) 12. 587 (feb.25, 1922): 588.

Vilar, Pablo. «Documento histórico: enfermedad y muerte del General Santander». *El Liberal Ilustrado* (Bogotá) 6.1667 (feb. 12, 1916): 36-38.

———. «Documento histórico: los funerales del general Santander». *El Liberal Ilustrado* (Bogotá) 6.1675 (feb. 19, 1916): 54-59.

Urisarri, Eladio. *Cartas contra Santander: réplica a las memorias del Hombre de las Leyes*. Compilación, introducción y notas de Vicente Pérez Silva. Santafé de Bogotá: Planeta, 2000. 257p. [Firmado: Los Sin-cuenta, seud. de Eladio Irisarri]

———. *Las cartas de los sin cuenta al ex-general Santander y otros escritos*. Recopilación e introducción de Luis Suárez Cavelier. Bogotá: Cargraphics, 2001. 375p.

Varios. *Escritos sobre Santander*. Bogotá: Fundación Francisco de Paula Santander, 1988. [s.p].

Vives Guerra, Julio. «Anecdotario colombiano: el cucuteño y los dos españoles». *El Gráfico* (Bogotá) 22.1142 (ag., 1933): 720.

Zalamea Borda, Jorge. «Horas de soledad: coloquio para radio». *Revista de las Indias* (Bogotá) 5.16 (abr., 1940) : 334-372.

SANTANDER, RAFAEL ELISEO (1809-1883) (Seuds. Oselie, S. A. [Santander Aldana].

Relato:

———. «El Adelantado Gonzalo Ximénez de Quesada». S. A. *El Albor Literario, periódico científico, literario i noticioso* (Bogotá) 1 (1846): 72-80.

———. *Cuadros de costumbres de Rafael Eliseo Santander, Juan Francisco Ortiz y José Caicedo Rojas*. Bogotá: Editorial Minerva, 1936. 166p. [Contenido: Coloquio de los tres autores que figuran en este volumen. R. E. Santander: Las fiestas de mi parroquia. La calle honda. Historia de unas viruelas. El raizalismo vindicado. Los artesanos. La nochebuena. J. F. Ortiz: Motivo por el cual. Una taza de chocolate. J. Caicedo Rojas: El tiple. El duende en un baile. Las criadas de Bogotá]

———. «El raizalismo vindicado». *Museo de cuadros de costumbres, variedades y viajes. Biblioteca de «El Mosaico»*. Bogotá: Biblioteca del Banco Popular, 1973. 371-390.

———. «Historia de unas viruelas». *Papel Periódico Ilustrado* (Bogotá) I.10 (feb. 15, 1882): 155-162.

——— *Museo de cuadros de costumbres i variedades*. Biblioteca de «El Mosaico». IV. Bogotá: Biblioteca del Banco Popular, 1973. 337-356.

———. «La Calle Honda». *Museo de cuadros de costumbres i variedades*. Biblioteca de «El Mosaico». II. Bogotá: Imprenta a cargo de Foción Mantilla, 1866. 344-348.

——— «Recuerdo de 1816». *Museo de cuadros de costumbres, variedades y viajes. Biblioteca de «El Mosaico»*. II. Bogotá: Biblioteca del Banco Popular, 1973. 211-218.

———. «La justicia y el delito en el Nuevo Reyno». *Cuadros de costumbres y descripciones locales de Colombia* Artículos escogidos y publicados por

José Joaquín Borda. Librería y Papelería de Francisco García Rico, 1878. 348-367.

———— *Museo de cuadros de costumbres, variedades y viajes*. Biblioteca de «El Mosaico». IV. Bogotá: Biblioteca del Banco Popular, 1973. 263-288

———— «La justicia y el delito en la República de la Nueva Granada». *Hojas de Cultura Popular Colombiana* (Bogotá) 34 (1953): [s.p].

————. «La noche-buena». *Museo de cuadros de costumbres i variedades*. Biblioteca de «El Mosaico». II. Bogotá: Imprenta a cargo de Foción Mantilla, 1866. 95-100.

———— *Museo de cuadros de costumbres, variedades y viajes. Biblioteca de «El Mosaico»*. I. Bogotá: Biblioteca del Banco Popular, 1973. 183-194.

————. «Las fiestas en mi parroquia». *Museo de cuadros de costumbres i variedades*. Biblioteca de «El Mosaico». II. Bogotá: Imprenta a cargo de Foción Mantilla, 1866. 241-247.

———— *Museo de cuadros de costumbres, variedades y viajes. Biblioteca de «El Mosaico»*. II. Bogotá: Biblioteca del Banco Popular, 1973. 47-58.

———— *Cuadros de costumbres*. Santafé de Bogotá: Panamericana Editorial, 1998. 175-194.

————. «Los artesanos». *Museo de cuadros de costumbres, variedades y viajes*. Biblioteca de «El Mosaico». III. Bogotá: Biblioteca del Banco Popular, 1973. 149.

————. «Nochebuena bogotana». *Revista Pan* (Bogotá) 26 (dic., 1938): 12.

OTROS:

————. «Honra a quien la merezca». *El Mosaico* al cual está unida *La Biblioteca de Señoritas* (Bogotá) I.45 (nov. 12, 1859): 358.

————. «Nuestros grabados». *Papel Periódico Ilustrado* (Bogotá) 1.10 (feb.15, 1882): 155.

CRÍTICA:

Urdaneta, Alberto. *Rafael Eliseo Santander [Material gráfico]*. 1 dibujo original: lápiz sobre papel; 30 X 22 cm. Passe partout en cartón arte. [Pertenece al cuaderno de dibujo *Personajes nacionales*]

SANZ, E. FLORENTINO (18 ?- ?).

POESÍA:

————. «En un álbum». *El Mosaico* (Bogotá) III.46 (nov. 31, 1864): 368.

————. «Poesía». E. Florentino Sanz. *El Mosaico, periódico de industria, ciencias, artes, literatura e inventos* (Bogotá) VI.32 (sept. 18, 1865): 255.

SAÑUDO, JOSÉ RAFAEL (1872-Pasto, 1944) (Seuds. Pascual Guerra, Próspero Gallo).

NOVELA:

———. *La expiación de una madre*. Pasto: Tipografía de Alejandro Santander, 1894. [s.p].

OTROS:

———. *Apuntes sobre la historia de Pasto*. Pasto: A. Santander, 1894-1897. 2 vols. [Contenido: 1. La conquista. 2. La colonia en el siglo XVII]

—— Pasto: Imprenta La Nariñesa, 1940. 3 vols.

———. «El departamento de Nariño y su capital». *Boletín de Estudios Históricos* (Pasto) 6.66-67 (abr., 1935): 168-173.

———. *Estudios sobre la vida de Bolívar*. Pasto: Editorial Díaz del Castillo y Compañía, 1925. 285p.

—— Pasto: Imprenta «Minerva Nariñesa», 1931. 292p.

—— 3ª ed. Pasto: Editorial Cervantes, 1949. 307p.

—— Medellín: Editorial Bedout, 1975. 511p.

—— Santafé de Bogotá: Editorial Planeta, 1995. 559p.

———. *Filosofía del Derecho*. Pasto: Imprenta Departamental, 1928. 269p.

———. «La batalla de Bomboná, 1822». *Cultura nariñense* (Pasto) 6.61 (jul., 1973): 521-526.

———. *Otro panamismo*. Pasto: Imprenta Jesús Rivera, 1917. 25p.

CRÍTICA:

Botero G. Néstor. «Bolívar "Barro de América"». *Cultura Nariñense* (Pasto) 6.60 (jun., 1973): 410-412.

Caicedo de Cajigas, Cecilia. *La novela en el Departamento de Nariño*. Bogotá: Instituto Caro y Cuervo, 1990. 33-34.

Castillo, Eduardo. «Comentaristas nacionales del doctor Sañudo Bolívar ante la historia». *Cultura Nariñense* (Pasto) 7.64 (oct., 1973): 132-136.

Pérez Silva, Vicente. «José Rafael Sañudo: Vicente Pérez Silva». *Cultura Nariñense* (Pasto) 1.3 (sept., 1968): 9.

———. *Vida y obra de José Rafael Sañudo*. Pasto: [s.edit], 1973. 36p.

Nieto Caballero, Luis Eduardo. «José Rafael Sañudo». *Libros colombianos: Tercera serie*. Bogotá: Editorial Minerva, 1928. [s.p].

Quijano Guerrero, Alberto. «El hombre que intentó bajar del pedestal a Simón Bolívar». *El Siglo* (Bogotá) [Semanario Dominical] 10514 (feb. 23, 1969): 7.

Rodríguez Guerrero, Ignacio. «José Rafael Sañudo». *Cultura Nariñense* (Pasto) 5.44 (feb., 1972): 2-4.

Tisnes Jiménez, Roberto María. «El académico Pérez Silva y el historiador Sañudo». *Cultura Nariñense* (Pasto) 6.55 (ene., 1973): 13-21.

———. «El historiador Sañudo». *Cultura Nariñense* (Pasto) 6.53 (nov., 1972): 7-10.

SARAVIA, HERMÓGENES (Leiva -Boyacá, 1826- ?).

POESÍA:

———. [«En la tumba de María Herrera»]

OTROS:

———. «Discurso del diputado Nicolás Carapacho, al discutirse el proyecto de ley que traslada a Panamá la capital de la Unión». *Museo de cuadros de costumbres i variedades*. Biblioteca de «El Mosaico». II. Bogotá: Imprenta a cargo de Foción Mantilla, 1866. 248-251.

——— «Del Diputado Nicolás Carapacho, al discutirse el proyecto de lei que traslada a Panamá la capital de la Unión». *Museo de cuadros de costumbres, variedades y viajes. Biblioteca de «El Mosaico»*. II. Bogotá: Biblioteca del Banco Popular, 1973. 59-66.

———. «Los percances de un estudiante». *Museo de cuadros de costumbres i variedades*. Biblioteca de «El Mosaico». II. Bogotá: Imprenta a cargo de Foción Mantilla, 1866. 39-44.

——— *Museo de cuadros de costumbres, variedades y viajes. Biblioteca de «El Mosaico»*. I. Bogotá: Biblioteca del Banco Popular, 1973. 83-94.

OTROS:

———. *Muerte de Sagrario Morales: relación escrita*. Bogotá: [s.edit], 1877. 56p.

———. *Muerte de Sagrario Morales*. Bogotá: [s.edit], 1880? 70p.

CRÍTICA:

Gómez Restrepo, Antonio. «Hermógenes Saravia». *Historia de la literatura colombiana*. IV. Bogotá: Litografía Villegas, 1957. 307-309.

SARAVIA, ISABEL (Bogotá 18 ?- ?). Nombre religioso: Madre Ana Joaquina. Poeta y autora de obras teatrales.

SARMIENTO DE SILVESTRE, MARGARITA (18 ?- ?).

POESÍA:

———. [Octavario de la Divina Pastora] (1838) Necrología a la memoria de la señora Dolores Silvestre de Vargas.

S. A. S., seudónimo de Soledad Acosta de Samper.

SABOGAL, seudónimo de Soledad Acosta de Samper.

SANS-T TÉ, seudónimo de Adolfo Sicard y Pérez.

SANTILLANA, CARLOS, seudónimo de José Asunción Silva.

SCARPETA, ADRIANO (1839-1881).
POESÍA:
———. «Al cisne del norte». *El Mosaico, periódico de la juventud. Destinado exclusivamente a la literatura* (Bogotá) 37 (oct. 15, 1871): 292.
———. «La noche». *El Mosaico, periódico de la juventud. Destinado exclusivamente a la literatura* (Bogotá) II.20 (jun. 4, 1872): 156.
NOVELA:
———. *Eva, novela caucana*. Buga: Imprenta del Autor, 1873. [s.p].
———. *Julia*. Palmira: Imprenta de Teodoro Materón, 1871. 109p.
OTROS:
———. «Dios». *El Mosaico, periódico de la juventud. Destinado exclusivamente a la literatura* (Bogotá) II.28 (jul. 30, 1872): 218-219.
———. «Discurso pronunciado en la instalación de la "Sociedad Católica" de Palmira el día 16 de junio del presente año». *El Mosaico, periódico de la juventud. Destinado exclusivamente a la literatura* (Bogotá) II.25 (jul. 9, 1872): 196.
CRÍTICA:
Pineda Botero. Álvaro. «Julia». *La fábula y el desastre: estudios críticos sobre la novela colombiana, 1650-1931*. Fondo Editorial. Universidad EAFIT, 1999. 245-248.

SCARPETTA, OSWALDO (1858-1922) (Seud. Otoniel Suárez).
SEGISMUNDO, seudónimo de Rafael Núñez.
SEGISMUNDU, seudónimo de José Joaquín Borda.

SEGURA, EMILIO (18 ?- ?).
TEATRO:
———. *Ricaurte, ó el parque de San Mateo*; bosquejo dramático en dos actos. Bogotá: Imprenta de la Nación, 1858. 31p.

SELÍN, seudónimo de César Conto.
SERNA, JAVIERITO, seudónimo de Januario Salgar.

SERRANO, NEPOMUCENO. (18?-18?)
NOVELA:
———. «Paulina o los dos plebeyos». *Novelas Santandereanas del siglo XIX*. I. Gonzalo España, Mario Palencia Silva. Bucaramanga, Colombia: Editorial UNAB, 2001. 153-234.
OTROS:

———. *Lectura elemental combinada con la escritura y el dibujo*. 2ª ed. Bogotá: Imprenta de M. Rivas, 1896. 2 vols.

———. *Proyecto de constitución para la República de Colombia*. Bucaramanga: Tipografía de «El Posta», 1895. 40p.

CRÍTICA:

España, Gonzalo. «La novela Santandereana del siglo XIX». *Novelas Santandereanas del siglo XIX*. I. Gonzalo España, Mario Palencia Silva. Bucaramanga, Colombia: Editorial UNAB, 2001. 7-20.

Palencia Silva, Mario. «Visión de mundo en la novela santandereana del siglo XIX». *Novelas Santandereanas del siglo XIX*. I. Gonzalo España, Mario Palencia Silva. Bucaramanga, Colombia: Editorial UNAB, 2001. 379-408.

SERVÍBILIS, seudónimo de Pedro Nel Ospina.

SEVERO, JUSTO, seudónimo de Joaquín Posada Gutiérrez.

S. F., seudónimo de Salomón Forero.

SICAMBRO, seudónimo de Luis Segundo Silvestre.

SICARD, ERNESTO M. (18 ?- ?).

POESÍA:

———. «A mi hijo». *El Mosaico* (Bogotá) IV.19 (jun. 5, 1865): 149-150.

OTROS:

———. [Trad]. *Diario de la familia; instrucción moral y religiosa para todas las edades, épocas, condiciones y circumstancias de la vida civil y doméstica*. Bogotá: Caro Hnos., 1884. [s.p].

SICARD Y PÉREZ, ADOLFO (1836-1893) (Seud. Abdi-Melic/Melik, Sans-Têté).

POESÍA:

———. «A Alberto». *Papel Periódico Ilustrado* (Bogotá) V.114-116 (mayo 1º, 1888): 296.

———. «A María». *El Mosaico, Album Neo-Granadino* (Bogotá) II.48 (dic. 8, 1860): 384.

———. «A mi sobrina Ofelia en sus bodas». *Papel Periódico Ilustrado* (Bogotá) III.70 (jul. 1º, 1884): 359.

———. «A un poeta». *Papel Periódico Ilustrado* (Bogotá) III.65 (mayo 1º, 1884): 299, 302.

———. «Proceso judicial, pero poético. Declaraciones por Lucio Pinzón y por A. Sicard». *El Mosaico al cual está unida La Biblioteca de Señoritas* (Bogotá) II.21 (mayo 30, 1860): 166.

———. «La casa fuerte de Barcelona (Venezuela), 1817». *Papel Periódico Ilustrado* (Bogotá) III.66 (mayo 15, 1884): 283, 286-287.

———. «Las dos rosas». *Papel Periódico Ilustrado* (Bogotá) V.109 (feb. 1º, 1887): 211.

———. «La voz del corazón». *El Mosaico* (Bogotá) 3.27 (jul. 2, 1859): 216-217. [Firmado: Abdi-Melik]

———. «Letrilla». *El Mosaico* (Bogotá) I.6 (ene. 29, 1859): 45.

———. *María: poema lírico*. Bogotá: Colunje y Vallarino, 1891. 32p.

RELATO:

———. «Celibato». *El Mosaico* (Bogotá) I.11 (mzo. 5, 1859): 86-87; I.12 (mzo. 12, 1859): 90-91. [Firmado: Abdi-Melik]

———. «Correspondencia masculina». *El Mosaico* (Bogotá) I.14 (mzo. 26, 1859): 109-110. [Firmado: Abdi-Melik]

———. «Los funerales del lobo». *Papel Periódico Ilustrado* (Bogotá) I.20 (jul. 1º, 1882): 328.

———. «Para cumplir». *El Mosaico* (Bogotá) I.17 (abr. 16, 1859): 135-136. [Firmado: abdi-Melik]

OTROS:

———. *Al señor ministro protestante*. Bogotá: Imprenta de Francisco Torres Amaya, 1858. 1p. [Contenido: Reproche al pastor protestante sus ataques a la Virgen María]

———. «Celibato». Abdi-Melik. *El Mosaico* (Bogotá) I.11 (mzo. 5, 1859): 86-87. [Firmado: Abdi-Melik]

———. «Fr. Diego Francisco Padilla». *Papel Periódico Ilustrado* (Bogotá) III.52 (oct. 15, 1883): 50-53.

———. *La mujer como debe ser*. Bogotá: Imprenta de Antonio María Silvestre, 1891. 217p.

———. *Memoria del presidente y discurso del socio Sr. D. Adolfo Sicard y Pérez, leídos en la sesión solemne celebrada el día 24 de julio de 1892*. Bogotá: Imprenta de Antonio María Silvestre, 1892. 34p.

———. [Trad]. «Traducción de un fragmento de "The age of the bronze" de Byron». *Papel Periódico Ilustrado* (Bogotá) II.46-48 (jul. 24, 1883): 391.

———. «Una visita al hospital de caridad». *El Mosaico* (Bogotá) I.12 (mzo. 12, 1859): 93-94. [Firmado: Abdi-Melik]

SIERRA, JUAN GABRIEL, seudónimo de Florentino Goenaga.

SIGMA, seudónimo de Luis María de Silvestre.

SILÓN, seudónimo de Camilo Botero Guerra.

SILTO, seudónimo de Ruperto Segundo Gómez.

SILVA, JOSÉ ASUNCIÓN [SALUSTIANO FACUNDO] (Bogotá, 1865-1896) (Seuds. Adelina, Benjamín Bibelot Ramírez, Bletnnruoa, Carlos Santillana, F., F. de la Mesa, J. G. C., JAS, José Luis Ríos, Juan Gil, Manuel, Manuel Ignacio, Marcos Gil, Mary Bell, R. V. M., Ramón Rodríguez Rivera, Ramón Romero, Román Romero, S., X.). Poeta máximo del Modernismo en Colombia.

POESÍA:

———. «A Nocturne». *Revista Senderos* (Bogotá) 21-22-23 (oct.-dic., 1935): [s.p].

———. *Aserrín aserrán*. Santafé de Bogotá: Panamericana Editorial, 1997. 73p.

———. «Crisálidas». *Hojas de Cultura Popular Colombiana* (Bogotá) 47 (nov., 1954): [s.p].

———. «Día de los difuntos». *Hojas de Cultura Popular Colombiana* (Bogotá) 23 (nov., 1952): [s.p].

———. «Don Juan de Covadonga». *Hojas de Cultura Popular Colombiana* (Bogotá) 1.6 (jun., 1951): [s.p].

———. *El libro de versos*. Prólogo de Miguel de Unamuno. Bogotá: Tipografía Prag, 1945. 75p.

—— Bogotá: Prensas de la Biblioteca Nacional, 1946. 188p.

—— Bogotá: Editorial Cromos, [s.f]. 182p.

—— Medellín: Politécnico Colombiano Jaime Isaza Cadavid, 1981. 96p.

———. *El libro de versos de José Asunción Silva*. Testo originale con traduzione a fronte a cura di Letizia Falzone. Introduzione di Franco Meregalli. Roma: Bulzoni Editore, c1983. 147p.

———. *El libro de versos, Gotas amargas*. Medellín: Politécnico Colombiano Jaime Isaza Cadavid, 1981. 96p.

———. *El libro de versos y otras poesías*. Madrid: Ediciones. Guadarrama, 1954. 158p.

———. «Estrellas». *Universidad de Antioquia* (Medellín) 101 (ene.-feb., 1951). 926-927.

———. *Gotas amargas*. Santa Fe de Bogotá: Editorial Kelly, 1996. 98p.

———. *Infancia: cartilla poética*. Bogotá: Banco de la República, 1965. 19p.

———. *Intimidades*. Bogotá: Instituto Caro y Cuervo, 1977. 171p.

———. «Imitación de Maurice de Guérin». *Papel Periódico Ilustrado* (Bogotá) III.50 (ag. 20, 1883): 28.

———. «Improntu». *Cultura* (Bogotá) 3.14 (jun., 1916): 111.

———. *Infancia: cartilla poética*. Bogotá: Banco de la República, 1965. 19p.

———. *Intimidades*. Bogotá: Instituto Caro y Cuervo, 1977. 171p.

———. *José Asunción Silva: antología poética*. Selección y prólogo Ernesto

Porras Collantes. Cali: Fica, 1990. 46p.

———. *José Asunción Silva: selección*. Dirección editorial Alberto Ramírez Santos. Santafé de Bogotá: Panamericana Editorial, 1997. 70p.

———. *José Asunción Silva*. Grabación sonora: 1865-1896. Bogotá: HJCK, 1998? 1 disco compacto son.: estéreo; y 1 hoja informativa.

———. *La poesía de José Asunción Silva*. Grabación sonora: leída por Bernardo Romero Lozano y Gloria Valencia de Castaño. Bogotá: HJCK, 1990? Descripción: 1 casete son. ca.90 min.

———. «La última despedida». *Novela Semanal* (Bogotá) 88 (nov. 13, 1924): 315.

———. «Lentes ajenos». *Universidad* (Bogotá) 2ª época. 111 (dic. 7, 1928): 684-685.

———. «Los maderos de San Juan». *Hojas de Cultura Popular Colombiana* (Bogotá) 36 (dic., 1953): [s.p].

———. «Luz de luna». *Revista Senderos* (Bogotá) 1 (feb., 1934): 29.

———. «Midnight dreams...?». *Revista de América* (Bogotá) 14.40 (abr., 1948): 66-67.

———. «Nocturno». *Revista de Indias* (Bogotá) 37.116 (nov.-dic., 1950): 1-40.

——— *Revista de la Policía Nacional* (Bogotá) 7.31-32 (ene.-feb., 1955): 88.

——— *Hojas de Cultura Popular Colombiana* (Bogotá) 18 (jun., 1952): [s.p].

———. *Nocturno*. Edición políglota en homenaje al glorioso autor del inmortal poema. Bogotá: Revista de Indias, 1951. 43p.

———. *Obra poética*. Bogotá: Ediciones La Oveja Negra, 1985. 140p.

——— Madrid: Ediciones Hiperión, 1996. 317p. [Contenido: En busca del Silva perdido, Gabriel García Márquez; Testimonio, Álvaro Mutis; Silva y el modernismo, María Mercedes Carranza; Poesías, Cronología, Héctor H. Orjuela; Indice de primeros versos]

———. *Obra poética*. Registro sonoro, vol. 1. Santa Fe de Bogotá: Alicia Producciones, 1996. 1 disco compacto son. ca. 90 min. estéreo; y 1 folleto, 31p.

———. «Poema de José Asunción Silva». *Universidad* (Bogotá) 2ª época. 110 (dic. 1, 1928): 656-657.

———. *Poemas*. Medellín: Editorial Horizontes, 1970? 40p.

———. *Poemas escogidos*. Medellín: Editorial Bedout, 1983. 40p.

———. *Poesías*. Santiago de Chile: El Cóndor, [s.f]. 196p.

———. *Poesías*. Barcelona: P. Ortega, 1908. 159p.

———. *Poesías*. Barcelona: Casa Editorial Maucci, 1910. 148p.

———. *Poesías*. París, Buenos Aires: Sociedad de Editores Louis - Michaud, [s.f]. 251p.

———. *Poesías*. Buenos Aires: Espasa Calpe, 1948. 147p.

———. *Poesías*. Bogotá: Editorial Cosmos, 1973. 168p.

———. *Poesías*. Edición crítica de Héctor H. Orjuela. Bogotá: Instituto Caro y Cuervo, 1979. 352p.

———. *Poesías*. Bogotá: Editorial La Oveja Negra, 1985. 95p.

———. *Poesías*. Santafé de Bogotá: Disloque Editores, 1996. 126p.

———. *Poesías*. Ed., introducción y notas: Rocío Oviedo y Pérez de Tudela. Madrid: Castalia, 1997. 265p.

———. *Poesía completa*. Prólogo Joaquín Peña Gutiérrez. Santafé de Bogotá: Educar Cultural Recreativa, c1998. 196p.

———. *Poesías. Selecciones. Aserrín, aserrán*. Santafé de Bogotá: Panamericana Editorial, 1997. 73p.

———. *Poesías de José Asunción Silva*. A cura di Franco Meregalli Varese-Milano: Istituto Editoriale Cisalpino, 1950. 135p.

———. *Poesías de José Asunción Silva*. Prólogo de Miguel de Unamuno. Barcelona: Casa Editorial Maucci, 1918. 239p.

———. «Poesías». *Antología de la poesía hispanoamericana: Colombia*. Ginés de Albareda y Francisco Garfias. (Eds.). Madrid: Biblioteca Nueva, 1957. [s.p].

———. *Poésies: à l'occasion du centenaire de la mort de José Asunción Silva*. Trd. de l' espagnol par Jacques Gilard (prose) et Claire Pailler (poèmes). Paris: Unesco, 1996. 264p.

———. *Oeuvres*. Traduites du colombien par Jacques Gilard et Claire Pailler; coordinateur Jacques Gilard France: Stock, 1997, c1996. 522p.

———. «Poesías». *Poemas de Colombia; antología de la Academia Colombiana*. Prólogo y epílogo de Félix Restrepo S. J. Edición y notas de Carlos López Narváez. Medellín: Editorial Bedout, 1959. [s.p].

———. «Poesías». *La Unión Hispanoamericana* IV (Madrid) (1920): 38-39.

———. «Poeta yo». *El Gráfico* (Bogotá) 186 (mayo 30,1914): 286-287.

———. *Silva: poesies*. Paris: Unesco, 1996. 264p.

———. «Sinfonía de color de fresa en leche». *El Tiempo* [Lecturas Dominicales] (Bogotá) (jul. 27, 1986): 11. [Firmado: Benjamín Bibelot Ramírez]

———. «Sus dos mesas». *Hojas de Cultura Popular Colombiana* (Bogotá) 47 (nov., 1954): [s.p].

———. *Sus mejores versos*. Bogotá: La Gran Colombia, 1980? 90-144p.

———. «Taller moderno». *Papel Periódico Ilustrado* (Bogotá) V.110 (feb. 15, 1887): 226.

———. «Una noche». *Universidad de Antioquia* (Medellín) 110 (ene.-feb., 1953): 1129-1130.

NOVELA:

———. «De sobremesa». *La Miscelánea Literaria* (Buga) 1.7 ((mayo 27, 1906): 123-125.

—— *Revista Moderna* (Bogotá) 2.12 (dic., 1915): 421-437.

—— *Cromos* (Bogotá) III.67 (mayo 26, 1917): 282-283.

—— *El Gráfico* (Bogotá) VII.349 (mayo 26, 1917): 380-381.

—— *El Gráfico* (Bogotá) XIV.688 (mayo 24, 1924): 1407.

———. «De sobremesa (fragmento inédito)». *Santafé y Bogotá* (Bogotá) 1.3 (mzo., 1923): 160-164.

———. *De sobremesa*. Bogotá: Editorial Cromos, 1925. 235p.

—— Bogotá: Editorial Cromos, 1928. 235p.

—— Bogotá: Editorial de Cromos, 1930? 235p.

—— *Obras completas*. Bogotá: Editorial Santafé, 1955. 191-414.

—— *Obras completas*. Bogotá: Ministerio de Educación Nacional, Revista Bolívar, 1956. 189-414.

—— Bogotá: Editorial Sol y Luna, 1965. 219p.

—— *Obras completas*. Bogotá Talleres Tipográficos del Banco de la República, 1965. 123-310.

—— Santafé de Bogotá: El Áncora Editores, 1993. 224p.

—— Santafé de Bogotá: El Áncora Editores, 1996. 224p.

—— Bogotá: Imprenta Nacional de Colombia, 1996. 184p.

—— Madrid: Ediciones Hiperión, 1996. 228p.

—— Edición Ricardo Rendón López. Santafé de Bogotá: Panamericana Editorial, 1997. 244p.

RELATO:

———. *Cuentos modernistas*. Madrid: Editorial Popular - Ediciones UNESCO, 1994. 96p.

———. *Cuentos negros*. Santafé de Bogotá: Seix Barral, 1996. 131p. [Cuentos publicados sin el nombre de Silva en el diario bogotano, *El Telegrama* (1888-1896). Contenido: El primer beso, La primera nube, La amiga de entre semana, Misía Ramona, Mi primer amor, Las dos versiones, Un drama matinal, La torre de marfil, Le recit d'un brave, De sobremesa]

———. «La protesta de la musa». *Revista Literaria* (Bogotá) 1.9 (ene., 1891): 133-135.

———. «La protesta de la musa». *Antología del cuento modernista hispanoamericano*. Julio E Hernández-Miyares; Walter Rela. Buenos Aires: Plus Ultra, 1987

Otros:

———. *Antología de versos y prosa*. Bogotá: Instituto Colombiano de Cultura, 1973. 110p.

———. «Carta abierta». *Revista Gris* (Bogotá) 1.2 (nov., 1892): 36-42.

———. «Cartas íntimas». *Revista Colombiana* (Bogotá) 1.3 (mayo, 1933): 69-73. 1.10 (ag., 1933): 313-315.

———. *Cartas: (1881-1896)*. Santafé de Bogotá: Ediciones de la Casa Silva, 1996. 192p.

———. «Cómo se debería honrar a los muertos». *El Gráfico* (Bogotá) 2.16 (nov. 5, 1910): 2.

———. *Cuarenta y cinco cartas, 1881-1896*. Compiladas y anotadas por Enrique Santos Molano. Bogotá: Arango Editores, 1995. 147p.

———. «El paraguas del padre León». *Hojas de Cultura Popular Colombiana* (Bogotá) 20 (ag., 1952): [s.p].

———. *El mal del siglo*. Material audiovisual. 1 diapositiva. Colección de diapositivas de la Biblioteca Luis Ángel Arango.

———. «El poeta en su lecho de muerte (24 de mayo de 1896). Fotografía perteneciente a la familia Holguín». *El Gráfico* (Bogotá) 35.349 (mayo, 1917): 379.

———. *José Asunción Silva*. Registro sonoro: obra poética, volumen 1. Medellín: Alicia Producciones, 1996. 1 disco compacto son. 76 min.: estéreo; y 2 folletos. I: 34p.; II: 31p.

———. *José Asunción Silva*. Material gráfico: retrato para la elaboración del afiche del Banco de la República. Bogotá: [s.edit], 1999. 1 fotografía.

———. *Intimidades*. Introducción de Germán Arciniegas. Ed., prólogo y estudio preliminar de Héctor H. Orjuela. Bogotá: Instituto Caro y Cuervo, 1977. 171p.

———. [Trad]. «Las golondrinas». *Papel Periódico Ilustrado* (Bogotá) II.31 (dic. 16, 1882): 108.

———. «Los poetas sensitivos». *El Liberal Ilustrado* (Bogotá) 732-735 (sept. 6, 1913): 6-7.

———. *Nota hallada en la tumba de Elvira Silva y fotografía de José Asunción Silva con Antonio Vargas Vega*. Bogotá, 1891. 1h.

———. «Notas perdidas». *Universidad* (Bogotá) 106 (nov. 8, 1928): 540.

———. *Obra completa*. Bogotá: Editorial Santafé, 1955. 486p.

——— Bogotá: Banco de la República, 1965. 417p.

——— Medellín: Editorial Bedout, 1968. 376p.

——— Sucre: Editorial Arte, 1977. 325p.

——— Caracas: Biblioteca Ayacucho, 1977. 325p

——— 2ª ed. Caracas: Biblioteca Ayacucho, 1985. 325p.

——— Buenos Aires: Ministerio de Relaciones Exteriores, Bogotá:

Presidencia de la República, 1990. 748p.

────── Madrid: Ediciones del Centenario, 1996. 747p.

──────. *Obra completa*. Héctor H Orjuela (coord.). Nanterre, France: ALLCA XXe, Université Paris X, Centre de recherches latino-américaines, 1990. 748p.

──────. *Obras completas de José Asunción Silva*. Bogotá: Banco de la República, 1965. 417p.

──────. *Obra selecta: poesía, prosa, traducciones*. Santa Fe de Bogotá: Editorial Kelly, 1997. 155p.

──────. *Obras completas*. Bogotá: Banco de la República, 1965. 417p.

────── Madrid: Consejo Superior de Investigaciones Científicas, 1990. 748p.

──────. *Páginas nuevas: textos atribuidos a José Asunción Silva*. Prólogo y compilación de Enrique Santos Molano. Santa Fe de Bogotá: Espasa-Calpe, 1998. 298p. [contenido: Las tres pasiones de José Asunción Silva. La vida literaria. Escenas bogotanas. Prosas líricas. Notas sobre arte. Notas políticas]

──────. «Página poética: los poetas colombianos y Fallón» (a Diego Fallón). *El Gráfico* (Bogotá) 22.1169 (mzo, 1933): 803.

──────. *Poesía completa, De sobremesa. Edición del centenario*. Santa Fe de Bogotá: Casa de Poesía Silva, Barcelona: Grupo Editorial Norma, 1996. 526p.

──────. *Poesía y prosa con 44 textos sobre el autor*. Edición a cargo de: Santiago Mutis Durán y J. G. Cobo Borda. Bogotá: Colcultura, 1979. 849p.

──────. *Poesías compiladas, seguidas de prosas selectas*. Madrid: Aguilar, 1951. 208p.

────── Madrid: Editorial Aguilar, 1963. 202p.

────── México: Editorial Aguilar, 1978. 285p.

──────. *Poesías completas. De sobremesa*. Santafé de Bogotá: Casa de Poesía Silva, Barcelona: Grupo Editorial Norma, 1996. 526p.

──────. *Poesías y prosa*. Con 44 textos sobre el autor. Bogotá: Instituto Colombiano de Cultura, 1974. 849p.

────── Bogotá: Instituto Colombiano de Cultura, 1979. 849p.

────── Bogotá: Círculo de Lectores, 1984. 362p.

────── Santafé de Bogotá: El Áncora Editores, 1993. [s.p].

──────. *Poesías y prosas*: Isagoge: M. de Unamuno; Póstuma: E. Zamacois. Montevideo: Claudio García & Cia., 1980? 239p.

──────. «¡Poeta yo!». *El Gráfico* (Bogotá) 18.186 (mayo 30, 1914): 286-287.

──────. *Prosas de José Asunción Silva*. Bogotá: Ediciones Colombia, 1926. 142p.

———. *Prosas (ensayos)*. San José: Editorial Falco & Borrase, [s.f]. 64p.

———. *Prosas y versos*. México: Editorial Cvltura, 1942. 215p.

—— Madrid: Ediciones Iberoamericanas, 1960. 233p.

———. [Trad]. «Realidad». *Papel Periódico Ilustrado* (Bogotá) IV.95 (jul. 24, 1885): 370.

CRÍTICA:

Abella, Arturo. «El último 'refrigerio' de Silva». *Leyendo a Silva*, III. Juan Gustavo Cobo Borda (ed. e introd.).Bogotá, Colombia: Instituto Caro y Cuervo; 1997. 421-423.

Acosta, Pedro. «Centenario Silva: su eterno nocturno». *La Tadeo* (Bogotá) 11.49 (abr., 1996): 10-16.

Acosta Polo, Benigno. «Algunas consideraciones sobre la sicopatía y el suicidio de Silva». *Boletín Cultural y Bibliográfico* (Bogotá) 8.8 (1965): 1237-1241.

———. «El genio poético de Silva». *Boletín de la Academia Colombiana* (Bogotá) 16.63 (jun., 1966): 149-165.

Aguilera Ardila, Alberto. *Índice bibliográfico José Asunción Silva*. Santa Fe de Bogotá: Ediciones Chibchacum, 1994. 190p.

———. *José Asunción Silva*. Bogotá: Ediciones Chibchacum, 1989. 2 vols.

———. *Serie José Asunción Silva*. Bogotá: Chibchacum, 1988. 6 vols. [v.1: *El Tiempo* [Lecturas Dominicales]. v.2: *El Siglo*. v.3: *Cromos*. v.4: Culturales: parte 1ª. v.5: Culturales, parte 2ª. v.6: Témporas (1897-1940)]

———. y Teresa Galindo Lozano. (Eds.). *En memoria de Silva: su poesía, su prosa, su crítica*. Bogotá: Ediciones Chibchacum, 1991. 7 vols. [Contenido: v.1: Poesía; v.2: Prosa; v.3: Crítica. Anónimos, B; v.4: Crítica C-F; v.5: Crítica G-LL; v.6: Crítica M-Q; v.7: Crítica R-Z]

Aguirre, Alberto. «Los homenajes en que se esfuma Silva». *Número* (Bogotá) 8 (dic., 1995-ene., 1996): 30-35.

Alas, Montserrat. «José Asunción Silva: *De sobremesa*. Etapas de una búsqueda simbólica». *RILCE: Revista de Filología Hispánica* (Pamplona, España) 4.1 (1988): 9-15.

Alstrum, James J. «Las Gotas amargas de José Asunción Silva y la poesía de Luis Carlos López». *Thesaurus: Boletin del Instituto Caro y Cuervo* (Bogotá) 33 (1978): 280-303.

———. «Una relectura global de la obra de José Asunción Silva en un contexto latinoamericano». *Colombia en el contexto latinoamericano*. Myriam Luque; Motserrat Ordóñez; Betty Osorio (ed. e introd.). Bogotá, Colombia: Instituto Caro y Cuervo; 1997. 153-162

Alvarado Tenorio, Harold. *José Asunción Silva*. Bogotá: Centro Colombo Americano, 1982. 44p.

———. «José Asunción Silva». *El Espectador* [Magazín Dominical] (Bogotá) 165 (mayo 25, 1986): 8-10.

———. y Eduardo Jaramillo-Zuloaga. *Memoria del Congreso: "Silva, su obra y su Época".* Bogotá, Colombia: Casa de Poesía Silva, 1997. 402p.

———. «No eres nadie, no eres santo, no eres creador, no eres sabio, no eres hombre siquiera; eres un muñeco de sangre y fuerza que se sienta a escribir necedades: José Asunción Silva (1865-1896)». *El Espectador* [Magazín Dominical] (Bogotá) 164 (mayo 18, 1986): 8-11.

———. *José Asunción Silva*. Bogotá: Centro Colombo-Americano, 1982. 44p.

Álvarez Garzón, Juan. «Vigencia inmortal de Silva». *Anales de la Universidad de Nariño* (Pasto) 4.34 (ene., 1951): 1-20.

Altiven, Marta. «*De sobremesa*: itinerario de una personalidad modernista». *Café Literario* (Bogotá) 4.22 (jul.-ag., 1981): 45-47.

Anderson, R. R. «Naturaleza, música y misterio: Teoría poética de José Asunción Silva». *La Torre: Revista General de la Universidad de Puerto Rico* 61 (1968): 201-214.

Ángel Montoya, Alberto. «Aquellos poetas...». *Boletín Cultural y Bibliográfico* (Bogotá) 9.7 (1966): 1373-1384.

Anónimo. «Bibliografía selecta de José Asunción Silva». *El Espectador* [Magazín Dominical] (Bogotá) 679 (mayo 19, 1996): 21.

Anónimo. *Bibliografía sobre obras de José Asunción Silva. Bibliografías especializadas.* (Bogotá) 129 (1964): 19h.

Anónimo. «Centenario de José Asunción Silva (1865-1896): una gloria literaria creciente». *El Tiempo* [Lecturas Dominicales] (Bogotá) (mayo, 1996): 1-6.

Anónimo. «El monumento a Silva y la iniciativa de "Universidad"». *Universidad* (Bogotá) 2ª época.112 (dic. 15, 1928): 726.

Anónimo. «El poeta en su lecho de muerte (24 de mayo de 1896). Fotografía perteneciente a la familia Holguín». *El Gráfico* (Bogotá) 35.349 (mayo, 1917): 379.

Anónimo. «José A. Silva». *El Gráfico* (Bogotá) 9.86 (mayo 25, 1912): 2.

Anónimo. «José A. Silva». *Revista Ilustrada* (Bogotá) 1.1 (jun., 1898): 14-15.

Anónimo. «José Asunción Silva (Dossier)». *Quimera* (Barcelona) 148 (jun.-jul., 1996): 23-50.

Anónimo. «José Asunción Silva: notas literarias». *Manizales* (Manizales) 7.68 (1946): 254-255.

Anónimo. «José Asunción Silva y la pintura». *Universidad* (Bogotá) 2ª época.104 (oct. 20, 1928): 487-489.

Anónimo. «La poesía nocturna de José Asunción Silva». Colección «Rojo y Negro» (Medellín) 77 (1974): 5- 14.

Anónimo. «Los primeros poemas de Silva». *Universidad* (Bogotá) 106 (nov. 8, 1928): 532-533.

Anónimo. «Los traductores del nocturno de Silva». *El Gráfico* (Bogotá)

12.608 (jul. 29, 1922): 117-118: [Textos del poema nocturno de José Asunción Silva en inglés y francés].

Anónimo. «Notas gráficas». *El Gráfico* (Bogotá) 18.186 (mayo 30, 1914): 289.

Anónimo. «Los 455 días del año Silva». *Revista Casa Silva* (Bogotá) 2.10 (1997): 9-214.

Anónimo. «Silva en Cartagena y Barranquilla». *El Heraldo* (Barranquilla) 805 (mayo, 1996): 1-10.

Anónimo. «Traducciones del "Nocturno"». *Revista de las Indias* (Bogotá) 37.116 (nov.-dic., 1950): 226.

Anónimo. *Tres cantores de Bolívar: Miguel Antonio Caro, José Asunción Silva y José Umaña Bernal.* Bogotá: Banco de la República, 1980. 65p.

Arango, Gonzalo. «El Silva de X-504». *Leyendo a Silva*, III. Juan Gustavo Cobo Borda (ed. e introd.).Bogotá, Colombia: Instituto Caro y Cuervo; 1997. 265-270.

Arango Ferrer, Javier. «Gabriel y Galán imitó a Silva». *Universidad de Antioquia* (Medellín) 118 (ag.-oct., 1954): 403-415.

Arango Jaramillo, Daniel. «José Asunción Silva y el modernismo». *Revista de las Indias* (Bogotá) 28.90 (jun., 1946): 367-385.

Arcila, Eduardo. «¿Cómo era Silva?». *Leyendo a Silva*, III. Juan Gustavo Cobo Borda (ed. e introd.).Bogotá, Colombia: Instituto Caro y Cuervo; 1997.

Arciniegas, Germán. «El padre de la criatura». *Leyendo a Silva*, III. Juan Gustavo Cobo Borda (ed. e introd.).Bogotá, Colombia: Instituto Caro y Cuervo; 1997. 289-291.

Arango L., Manuel Antonio;. «('Nocturno (III)')». *Antología comentada del modernismo.* Francisco E. Porrata; Jorge A. Santana. Sacramento: Dept. of Sp. & Port., California State University, 1974. 215-220.

Arciniegas, Ismael Enrique. «Palique sobre Isaacs y 'El nocturno' de Silva». *Leyendo a Silva*, III. Juan Gustavo Cobo Borda (ed. e introd.). Bogotá, Colombia: Instituto Caro y Cuervo; 1997. 99-107.

———. «Rondel de Rollinat: dedicado a José Asunción Silva». *Revista Gris* (Bogotá) 2.2 (feb., 1894): 36.

———. «Segundo palique sobre Silva». *Leyendo a Silva*, III. Juan Gustavo Cobo Borda (ed. e introd.).Bogotá, Colombia: Instituto Caro y Cuervo; 1997. 109-128

Arévalo, Guillermo Alberto. «*Las gotas amargas de Silva: síntoma de un mal del siglo*». *Folios* (Bogotá) 9-10 (dic., 1982): 83-101.

———. (Ed.). *Siete poetas colombianos: antología.* Bogotá: El Ancora, 1983. 117p. [Contenido: Rafael Pombo. Julio Flórez. José Asunción Silva. Guillermo Valencia. Porfirio Barba Jacob. Luis Carlos López. José Eustasio Rivera]

Arguedas Holguín y Caro, Álvaro. «La muerte de José Asunción Silva: Al margen de un estudio de Alcides». *Leyendo a Silva*, III. Juan Gustavo Cobo Borda (ed. e introd.).Bogotá, Colombia: Instituto Caro y Cuervo; 1997. 75-92.

Argüello, Santiago. «Modernistas: El anunciador José Asunción Silva». *Modernismo y modernistas...* Guatemala, C.A.: Tipografía Nacional, 1935. [s.p].

Arias Argáez, Daniel. *Charla superficial y frívola pronunciada en el Museo Colonial con motivo del cincuentenario de la muerte de José Asunción Silva*. Bogotá: Imprenta Municipal, 1946. 41p.

―――― *José Asunción Silva, bogotano universal*. Juan Gustavo Cobo-Borda. (Ed.). Bogotá: Villegas Editores, 1988. 137-165.

―――. *Perfiles de antaño: (apuntes para unas biografías)*. Bogotá: Editorial Cromos, 1921. 73p.

―――. «Recuerdos de José Asunción Silva». *Revista Bolívar* (Bogotá) V (nov.-dic., 1951): [s.p].

Arístides, César. «José asunción Silva». *El cisne en la sombra: antología de poesía modernista.* México: Alfaguara, 2002. [s.p].

Arturo, Aurelio. «Silva ante el tribunal de la crítica». *Leyendo a Silva*, III. Juan Gustavo Cobo Borda (ed. e introd.).Bogotá, Colombia: Instituto Caro y Cuervo; 1997. 521-535.

Baena, Rafael. *Fotografías tomadas con motivo de los 100 años de la muerte de José Asunción Silva*. [Material gráfico]. Santa Fe de Bogotá: [s.edit], 1996. 13 fotos.

―――. *José Asunción Silva*. [Material gráfico]. Santa Fe de Bogotá: [s.edit], 1996. 1 diapositiva. Colección de diapositivas de la Biblioteca Luis Ángel Arango.

Baker, Armand F. «('Obra humana')». *Antología comentada del modernismo*. Francisco E. Porrata; Jorge A. Santana. Sacramento: Dept. of Sp. & Port., California State University, 1974. 190-192.

―――. «('Risa y llanto')». *Antología comentada del modernismo*. Francisco E. Porrata; Jorge A. Santana. Sacramento: Dept. of Sp. & Port., California State University, 1974. 186-190.

Banco de la República (Bogotá). Biblioteca «Luis Ángel Arango». «De José Asunción Silva». *Boletín Cultural y Bibliográfico* (Bogotá) 7.4 (1964): 623-629.

Baquero, Gastón. «Ejercicio de prosa automática en honor de José Asunción Silva en el cincuentenario de su muerte». *Leyendo a Silva*, III. Juan Gustavo Cobo Borda (ed. e introd.).Bogotá, Colombia: Instituto Caro y Cuervo; 1997. 159-164.

Bar-Lewaw M., Itzhak. «José Asunción Silva: apuntes sobre su obra». *Temas literarios iberoamericanos*. México: B. Costa-Amic, 1961. [s.p].

Battilana, Carlos. «Itinerario y construcción de *De sobremesa* de José Asunción

Silva». *La novela latinoamericana de entresiglos.* Susana Zanetti y José Alberto Barisone. Buenos Aires: Instituto de Literatura Hispanoamericana, Facultad de Filosofía y Letras-UBA, 1997. [s.p].

Bautista, Gloria. «Silva y Poe: influencia y afinidad poética». *Hojas Universitarias* (Bogotá) 4.43 (mayo, 1996): 177-188.

Bayona Posada, Nicolás. «José Asunción Silva». *Revista Senderos* (Bogotá) 21-23 (oct.-dic., 1935): 237.

———. «Traducciones del "Nocturno" de José Asunción Silva». *Revista de las Indias* (Bogotá) 37.116 [Suplemento] (nov.-dic., 1950): 5-6.

Bedoya M., Luis Iván. «La poética de la modernidad en la poesía de Silva». *Revista del Colegio Mayor de Nuestra Señora del Rosario* (Bogotá) 81.543 (jul., 1988): 135-144.

———. «El artificio simbólico de la dialéctica del amor y de la muerte: *De sobremesa* de José Asunción Silva y otros textos». *Estudios de Literatura Colombiana*, 1 (jul.-dic., 1997): 7-17.

Bellini, Giuseppe. «J. A. Silva». *Historia de la literatura hispanoamericana.* Madrid: Editorial Castalia, 1985. 290-294.

——— *José Asunción Silva, bogotano universal.* Juan Gustavo Cobo-Borda. (Ed.). Bogotá: Villegas Editores, 1988. 315-319.

Betancur Cuartas, Belisario. «La noche misteriosa». *Revista Casa Silva* (Bogotá) 10 (1997): 21-28.

Biblioteca Luis Ángel Arango (Bogotá). *José Asunción Silva 1865-1896: centenario Silva 1896-1996.* Santa Fe de Bogotá: Biblioteca Nacional, Biblioteca Nacional, Casa de poesía, Casa Caro y Cuervo, Museo del Fondo Cultural Cafetero, Fundación Santillana, 1996. 79p.

Bonnett Vélez, Piedad. «Silva, José Asunción». *Texto y Contexto* (Bogotá) 30 (mayo-ag., 1996): 60-66.

Borrero Vega, Rafael. *J. Asunción Silva conversa con el doctor A. Vargas Vega pocos días antes de su muerte; fotografía de Rafael Borrero Vega.* Material gráfico. Bogotá: [s.edit], 199? 1 diapositiva. Colección de diapositivas de la Biblioteca Luis Ángel Arango.

Botero Escobar, Ebel. *Cinco poetas colombianos: estudios sobre Silva, Valencia, Luis Carlos López, Rivera y Maya.* Manizales: Imprenta Departamental, 1964. 270p.

Botero Isaza, Horacio. *José Asunción Silva.* Medellín: J. L. Arango, 1919. 35p.

Brigadier Silva, Camilo de. «El infortunio comercial de Silva». *Revista de América* (Bogotá) 6.17 (jun., 1946): 281-288.

Burelli Rivas, Miguel Angel. «El poeta que tenía alma caribe». Revista Casa Silva (Bogotá) 10 (1997): 95-98.

Cadavid, Jorge Hernando. «Dos clásicos». *Boletín Cultural y Bibliográfico* (Bogotá) 35.47 (1998): 135-136.

Callejas Vieira, Agustín. «Obras completas de José Asunción». *Noticias Cul-*

turales (Bogotá) 79 (ag., 1967): 13-17.

Camacho Guizado, Eduardo. *La poesía de José Asunción Silva*. Bogotá: Ediciones Universidad de los Andes, 1968. 131p.

———. «Ubicación de Silva». *Eco* (Bogotá) 11.6 (oct., 1965): 589-608.

Camurati, Mireya. «Un capítulo de versificación modernista: El poema de cláusulas rítmicas». *Leyendo a Silva*, III. Juan Gustavo Cobo Borda (ed. e introd.). Bogotá, Colombia: Instituto Caro y Cuervo; 1997. 293-330.

Cano, Fidel. «José Asunción Silva». *Leyendo a Silva*, III. Juan Gustavo Cobo Borda (ed. e introd.). Bogotá, Colombia: Instituto Caro y Cuervo; 1997. 21-22.

Cano Gaviria, Ricardo. «El nocturno de Elvira y la quinte Chantilly». *Magazín Dominical* (Bogotá) 379 (jul. 29, 1990): 14-16.

———. *José Asunción Silva, una vida en clave de sombra*. Caracas, Venezuela: Monte Avila Editores, 1992. 538p.

Caparroso, Carlos Arturo. «José A. Silva». *Fuerzas de Policía* (Bogotá) 29 (nov., 1954): 40- 42.

———. «José Asunción Silva». *Revista del Colegio Mayor de Nuestra Señora del Rosario* (Bogotá) 367.369 (abr., mayo, 1943): 114.

———. «Las prosas de José Asunción Silva». *Nivel* 102 (1971): 7,10.

———. «Noticia sobre los poemas del primer Silva. *Boletín de la Academia Colombiana* (Bogotá) 30.130 (oct.-dic., 1980): 363-366.

———. «Recuerdo de Baudelaire y Silva una vez en París». *Boletín Cultural y Bibliográfico* (Bogotá) 16.4 (1979): 214-216.

———. *Silva*. Bogotá: Librería Nueva Casa Editorial, 1931. 69p.

——— 2ª ed. Bilbao: Gráficas Ellacuria, 1954. 71p.

———. «Silva y La Sabana de Bogotá». *El Gráfico* (Bogotá) 19.954 (nov., 1929): 1581-1582.

———. «Una edición mejicana de Silva». *Boletín de la Academia colombiana* (Bogotá) 20,90 (oct., 1971): 559-561.

Capdevila, Arturo. «José Asunción Silva, el aristócrata». *José Asunción Silva: poesías completas y sus mejores páginas en prosa*. Buenos Aires: Editorial Elevación, 1944. 9-22.

——— *José Asunción Silva, bogotano universal*. Juan Gustavo Cobo-Borda. (Ed.). Bogotá: Villegas Editores, 1988. 235-243.

Caro, Miguel Antonio. *Tres cantores de Bolívar*. Edición preparada por la Biblioteca Luis Ángel Arango del Banco de la República. Bogotá: Banco de la República, 1980. 65p.

Carranza, María Mercedes. «El año Silva». *Revista Casa Silva* (Bogotá) 9 (ene., 1996): 7-9.

———. «Significado y provecho del año Silva». *Revista Casa Silva* (Bogotá) 10 (ene., 1997): 9-12.

———. «Silva y el modernismo». *Revista Casa Silva* (Bogotá) 10 (1997): 123-129.

Carranza Coronado, Mercedes. «José Asunción Silva y El Modernismo, Obra del poeta». Biblioteca Virtual del Banco de la República, 2005.

Carullo, Sylvia Graciela. «José Asunción Silva: Art Nouveau en *De sobremesa*». *Texto Crítico* 2.2 (ene.-jun., 1996): 49-58.

Carranza, María Mercedes. «Casa para la poesía: biblioteca José Asunción Silva». *El Tiempo* [Lecturas Dominicales] Bogotá (Oct. 13, 1985): 3.

———. «José Asunción Silva y el modernismo». *Credencial Historia* (Bogotá) 76 (abr., 1996): 8-12.

Carranza Fernández, Eduardo. «En torno a Silva». *Revista de las Indias* (Bogotá) 9.28(abr., 1941): 280-281.

———. «Un siglo de poesía colombiana». *Revista de América* (Bogotá) 14.40 (abr., 1948): 50-82.

Carrascosa Miguel, Pablo. «La poética de José Asunción Silva y sus relaciones con las poéticas españolas del siglo XX». *Actas del X Congreso de la Asociación de Hispanistas*. Antonio Vilanova. (Ed.). Barcelona: Promociones y Publicaciones Universitaria, 1992. 515-527.

———. «El erotismo en la poesía de José Asunción Silva». *Eros literario: Actas el Coloquio celebrado en la Facultad de Filosofía de la Universidad Complutense en diciembre de 1988*. Alonso Covadonga López, Juana Martínez Gómez, José Paulino Ayuso, Marcos Roca, Carlos Saínz de la Maza. (Eds.). Madrid: Universidad Complutense, 1989. 191-200.

Carreño, Eduardo. «Silva contra Darío». *Leyendo a Silva*, III. Juan Gustavo Cobo Borda (ed. e introd.).Bogotá, Colombia: Instituto Caro y Cuervo; 1997. 129-136.

Carrera Andrade, Jorge. « José Asunción Silva, el novio de la muerte». *Cuadernos del Congreso por la libertad de la cultura* 98 (1965): 23-30.

Carrillo de Torres, Teresa. *Estudio monográfico de la palabra "vida" en la poesía de José Asunción Silva*. Tesis. Bogotá: Pontificia Universidad Javeriana. Facultad de Filosofía y Letras, 1979. 128h.

Casas Santamaría, Jorge. «Recuerdo inédito de Elvira Silva». *Leyendo a Silva*, III. Juan Gustavo Cobo Borda (ed. e introd.).Bogotá, Colombia: Instituto Caro y Cuervo; 1997. 491-492.

Castagnino, Raúl H. «Correspondencia privada y comercial de José Asunción Silva». *Escritores hispanoamericanos desde otros ángulos de simpatía*. Buenos Aires: Editorial Nova, 1971. 163-172.

——— *José Asunción Silva, bogotano universal*. Juan Gustavo Cobo-Borda. (Ed.). Bogotá: Villegas Editores, 1988. 281-288.

Castillo, Homero. «El tema de Lázaro en un poema de José Asunción Silva». *Hispania: A Journal Devoted to the Interests of the Teaching of Spanish and Portuguese* 50 (1967): 262-265.

———. «Función del tiempo en "Los maderos de San Juan". *Hispania: A Journal Devoted to the Interests of the Teaching of Spanish and Portuguese*. 47 (1964): 703-704.

Castillo, Omar. [Comp]. *Homenaje a José Asunción Silva*. Medellín: Comisión Asesora para la Cultura del Concejo de Medellín, 1996. 136p.

Cerda Muñós, Alfredo. «José asunción Silva». *El modernismo-antología: una aproximación a través del análisis estilístico*. Guadalajara, Jalisco, México: Editorial Universidad de Guadalaja. 1993. 210p.

Charry Lara, Fernando. «Divagación sobre Silva». *Eco* (Bogotá) 12.2 (dic., 1965): 113-132.

———. *José Asunción Silva*. Bogotá: Procultura, 1985. 191p.

———. «La naturalidad del simbolismo en José Asunción Silva». *Boletín de la Academia Colombiana* 46. 191-192 (ene.-jun., 1996): 13-20.

Cobo-Borda, Juan Gustavo. *El Carnero, María, Silva y Arciniegas*. Bogotá: Imprenta Nacional de Colombia, 1998. 231p.

———. «El poeta josé Asunción Silva». *Gran Enciclopedia de Colombia*. 4. Santafé de Bogotá: Círculo de Lectores, 1992. 125-132.

———. «Fronteras que se abren, fronteras que se cierran: Iconoclastas y reformistas en América Latina». *La frontera: Mito y realidad del nuevo mundo*. María José Álvarez (ed.); Manuel Broncano (ed.); José Luis Chamosa (ed. y prólogo). León, España: Universidad de León, 1994. 31-40.

———. *Historia de la poesía colombiana siglo XX: de José Asunción Silva a Raúl Gómez Jattín*. 3ª. ed. corregida y aumentada. Bogotá: Villegas Editores, 2003. 587p.

———. «José Asunción Silva: "Intimidades", 1880-1884». *Visiones de America Latina*. J. G. Cobo Borda. Bogotá, Colombia: Tercer Mundo Editores, 1987. [s.p].

———. (Ed.). *José Asunción Silva, bogotano universal*. Bogotá: Villegas Editores, 1988. 382p.

———. «La alegría de leer: Silva vuelto a visitar». *Eco* (Bogotá) 34.208 (feb., 1979): 445-447.

———. [Comp]. y prólogo. *Leyendo a Silva*. Santafé de Bogotá: Instituto Caro y Cuervo, 1994. 688p.

———. «Leyendo a Silva: 50 lecturas». *Revista Interamericana de Bibliografía. Interamerican Review of Bibliography* (Washington, DC) 44.1 (1994): 109-116.

———. *Silva, Arciniegas, Mutis, García Márquez y otros escritores colombianos*. Santa Fe de Bogotá: Presidencia de la República, 1997. 551p.

———. «Silva: bogotano universal». *Escritura: Revista de Teoría y Crítica Literarias* (Caracas, Venezuela) 12.23-24 (ene.-dic., 31-58.

———. «Silva vuelto a visitar». *Boletín Cultural y Bibliográfico* (Bogotá) 16.2 (feb., 1979): 159-162.

———. «Viviendo con Silva, o, Silva y los poetas». *Apuntes sobre literatura colombiana*. Carmenza Kline. y J. G. Cobo Borda. Santafé de Bogotá, Colombia: Ceiba Editores, 1997. [s.p].

——— «Viviendo con Silva o Silva y los poetas *Leyendo a Silva*, III. Juan Gustavo Cobo Borda (ed. e introd.). Bogotá, Colombia: Instituto Caro y Cuervo; 1997. 459-467.

Coll, Pedro Emilio. «José Asunción Silva». *Revista de América* (Bogotá) 3.9 (sept., 1945): 446-449.

Contino, Ferdinand V. «Preciosismo y decadentismo en De sobremesa de José Asunción Silva». José Olivio Jiménez ; Estudios críticos sobre la prosa modernista hispano-americana. New York: Eliseo Torres; 1975. 135-155 .

Corredor, María Angela. «Dos textos de José Asunción Silva sobre temas económicos y monetarios». *Memoria: Revista* (Bogotá) (1er. semestre, 1997): 142-169.

———. «Poética y estética silvianas». *Gaceta* (Bogotá) 32-33 (abr., 1996): 41-48.

Corredor Moyano, María Ángela. *La poética explicita en la obra de José Asunción Silva*. Bogotá: Uniandes, 1990. 99p.

Cortes Ahumada, Ernesto. «La explicación mágica y "Una noche"». *Boletín de Historia y Antigüedades* (Bogotá) 4.1 (ene., 1961): 36-39.

Cortina Aravena, Augusto. «José Asunción Silva». *Humanidades* (La Plata) 10 (1925): 439-451.

Crema, Eduardo. «El poeta de los contrastes: naturaleza y ambiente en José Asunción Silva». *Bolívar* (Bogotá) 48 (oct., 1957): 439-447.

Cuervo Márquez, Emilio. *José Asunción Silva: su vida y su obra*. Amsterdam: Editorial "De Fam", 1935. 49p.

Davis, Lisa E. «Modernismo y decadentismo en la novela *De sobremesa* de José Asunción Silva». *The Analysis of Hispanic Texts: Current Trends in Methodology*. Mary Ann Beck; Lisa E.Davis; José Hernández; Gary D. Keller; Isabel C. Taran. Jamaica: Bilingual P, York Coll; 1976. 206-220.

De Soto, Janice Lynn Hull. *El universo temporal de José Asunción Silva*. Disertación. Indiana University, 1977. 236p.

Dever, Aileen Cristina. *Being human as the experience of radical insufficiency in the writings of R. de Castro and J. A. Silva*. (Diss.). University of Connecticut, 1998. 167p.

Dever, Aileen. *The radical insufficiency of human life: the poetry of R. de Castro and J. A. Silva*. Jefferson, N.C.: McFarland, 2000.

Díaz Guerra, Alirio. *José A. Silva. Literatura de El Heraldo* (Bogotá) 4 (1895): 313-314.

Díaz-Rinks, Gloria. «Máscaras y símbolos: hacia la poética modernista. Divagaciones sobre la escritura y el artista en *De sobremesa* de José Asunción Silva». *Lucero: A Journal of Iberian and Latin Américan Studies* (Berkeley, CA) 6 (Spring, 1995): 28-36.

Díez Canedo, Enrique. «Poesías». *Leyendo a Silva*, III. Juan Gustavo Cobo Borda (ed. e introd.).Bogotá, Colombia: Instituto Caro y Cuervo; 1997. 27-29.

Dominici. Pedro César. «José Asunción Silva». *Tronos Vacantes. Arte y Crítica*. Buenos Aires: «Librería «La Facultad», 1924. 35-48.

―――― *José Asunción Silva, bogotano universal*. Juan Gustavo Cobo-Borda. (Ed.). Bogotá: Villegas Editores, 1988. 167-176.

Elmore, Peter. «Bienes suntuarios: el problema de la obra de arte en *De sobremesa*, de José Asunción Silva». *Revista de Crítica Literaria Latino-americana* (Berkeley, CA) 22.43-44 (1996): 201-210.

Escalante Peñaranda, Luis Reinaldo. *In memoriam: José Asunción Silva*. Bogotá: Ediciones Novus Milenios, 1996. 27p.

Escandón, Rafael. «Tiempo vida y muerte en la poesía de José Asunción Silva». *Violencia y literatura en Colombia*. Jonathan Tittler. (Ed.). Madrid: Orígenes, 1989. 151-161.

Ewing, Nalsy D'Angelo. *Giacomo Leopardi and José Asunción Silva: a study in the half-tones of twilight*. Tesis University of California, Los Angeles, 1969. 299h.

―――― . «Giacomo Leopardi y José Asunción Silva: Sus teorías poéticas». *La literatura iberoamericana del siglo XIX:Memoria del XV Congreso Internacional de Literatura Iberoamericana* . Renato Rosaldo; Robert Anderson. Universidad de Arizona, Tucson, Arizona, 21-24 de Enero de 1971.. Tucson: University of Arizona, 1974. 27-36.

Figueira, Gastón. «José Asunción Silva». *La sombra de la estatua (impresiones estéticas)*. Buenos Aires: "Librería del Colegio", 1923. [s.p].

Finlayson, Clarence. «La poesía nocturna de José Asunción Silva». *Universidad de Antioquia* (Medellín) 77 (abr.-mayo, 1946): 75-82.

Fogelquist, Donald. «La recepción de Silva en España». *Españoles de América y americanos de España*. Madrid: Editorial Gredos, 1968. 279-289.

―――― *José Asunción Silva, bogotano universal*. Juan Gustavo Cobo-Borda. (Ed.). Bogotá: Villegas Editores, 1988. 187-195.

Forster, Merlin H. «Silva». *Historia de la poesía hispanoamericana*. Indiana: The American Hispanist, 1981. 75-76.

―――― *José Asunción Silva, bogotano universal*. Juan Gustavo Cobo-Borda. (Ed.). Bogotá: Villegas Editores, 1988. 311-312.

Fortun, Clara F. «La prosa artística de José Asunción Silva». *Estudios críticos sobre la prosa modernista hispano-americana*. José Olivio Jiménez. New York: Eliseo Torres, 1975. 157-172.

Fuente, Bienvenido de la. «('Taller moderno')». *Antología comentada del mo-*

dernismo. Francisco E. Porrata; Jorge A.Santana. Sacramento: Dept. of Sp. & Port., California State University; 1974. 196-203.

Galindo, Aníbal. *Certificación de las declaraciones dadas por José Asunción Silva, acerca de la honorabilidad de Simón y Manuel Francisco Vergara, solicitada por Javier Vergara Esguerra*. Mss. Bogotá, 1890. [s.p]. Colección de manuscritos de la Biblioteca Luis Ángel Arango.

García Calderón, Ventura. «José Asunción Silva». *Boletín de Programas* (Bogotá) 22.224 (nov., 1965): 11-15.

———. «José Asunción Silva». *Semblanzas de América*. Madrid: La Revista Hispano-Americana "Cervantes", 1920. [s.p].

García Isaza, Alfonso. «José Asunción Silva». *Universidad Pontificia Bolivariana* (Medellín) 28.98 (jul.-sept., 1965): [s.p].

García Maffla, Jaime. «José Asunción Silva (1865-1896)». *Revista Lámpara* (Bogotá) 34.129 (1996): 2-7.

———. «Silva y su época literaria en Colombia». *Gaceta* (Bogotá) 32-33 (abr., 1996): 27-31.

García Márquez, Gabriel. «Gabo y Mutis en el centenario de Silva: en busca del Silva perdido». *El Tiempo* [Lecturas Dominicales] (Bogotá) (abr.14, 1996): 6.

García Morales, Alfonso. «Juan Ramón Jiménez, crítico de José Asunción Silva: Sus notas manuscritas». *Thesaurus: Boletín del Instituto Caro y Cuervo* 46.1 (ene., abr., 1991): 88-110.

García Núñez. Luis Fernando. (Ed.). *Leyendo a Silva*. Santafé de Bogotá: Instituto Caro y Cuervo, 1994. 2 vols.

García Ortiz, Laureano. «José Asunción Silva». *El Liberal Ilustrado* (Bogotá) 2.910-911 (mzo. 7, 1914): 161-164.

———. «Quid est Veritas». *El Liberal Ilustrado* (Bogotá) 2.910-911 (mzo. 7, 1914): 164-166.

——— «¿Quid est veritas? (la muerte de José Asunción Silva)». *Conversando*. Bogotá: Ediciones Colombia, 1925. [s.p].

——— «¿Quid est veritas?». *Universidad* (Bogotá) 106 (nov. 8, 1928): 544-545.

——— «¿Quid est veritas?». *Boletín de Programas* (Bogotá) 22.224 (nov., 1965): 25-28.

——— «¿Quid est veritas?». *Boletín de la Academia Colombiana* (Bogotá) 46.191-192 (ene.-jun., 1996): 9-12.

García Márquez, Gabriel. «En busca del Silva perdido». *La Nación* [Suplemento Literario] (Buenos Aires) (oct. 27, 1996): 6.

García Posada, Miguel. «José A. Silva (1865-1986)». *Leyendo a Silva*, III. Juan Gustavo Cobo Borda (ed. e introd.).Bogotá, Colombia: Instituto Caro y Cuervo; 1997.

García Prada, Carlos. «El paisaje en la poesía de José Eustasio Rivera y José Asunción Silva». *Letras hispanoamericanas*. Madrid: Ediciones Iberoamericanas, 1963. 134-150.

———. «José Asunción Silva, poeta Colombiano». *Santafé y Bogotá* (Bogotá) 3.31 (jul., 1925): 1-17.

——— *José Asunción Silva, bogotano universal*. Juan Gustavo Cobo-Borda. (Ed.). Bogotá: Villegas Editores, 1988. 221-232.

García Prada, Carlos. «Silva contra Darío?». *Leyendo a Silva*, III. Juan Gustavo Cobo Borda (ed. e introd.).Bogotá, Colombia: Instituto Caro y Cuervo; 1997. 169-185.

García Valencia, Abel. «José Asunción Silva, prosas y versos». *Universidad de Antioquia* (Medellín) 61-62 (feb.-mzo., 1944): 165-166.

Garganta, Juan de. «La política en la poesía de Silva». *Revista de América* (Bogotá) 13. 37 (ene., 1948): 118-134.

———. «La política en la obra de José Asunción Silva». *Revista de América* (Bogotá) 12.34 (oct., 1947): 58-69.

Gariano, Carmelo. «('Ars')». *Antología comentada del modernismo*. Francisco E. Porrata; Jorge A.Santana. Sacramento: Dept. of Sp. & Port., California State University; 1974. 192-195.

Ghiano, Juan Carlos. *José Asunción Silva*. Buenos Aires: Centro Editor de América Latina, 1967. 59p.

Gil Jaramillo, Lino. «El destino enigmático de José Asunción Silva». *Leyendo a Silva*, III. Juan Gustavo Cobo Borda (ed. e introd.).Bogotá, Colombia: Instituto Caro y Cuervo; 1997. 187-193.

Gil Sánchez, Alberto. «Porfirio Barba Jacob, José Asunción Silva». *Universidad de Antioquia* (Medellín) 86 (mzo.-mayo, 1948): 299-308.

Giorgi, Gabriel. «Nombrar la enfermedad: Médicos y artistas alrededor del cuerpo masculino en De sobremesa de José Asunción Silva». *Ciberletras* 1 (ag., 1999): [s.p].

Gimferrer, Pedro. «Recuerdo de José Asunción Silva». *Ínsula: Revista de Letras y Ciencias Humanas* 21.232 (1966): 5.

———. Recuerdo de José Asunción Silva *Leyendo a Silva*, III. Juan Gustavo Cobo Borda (ed. e introd.).Bogotá, Colombia: Instituto Caro y Cuervo; 1997. 277-280.

Giraldo, Juan David. «José Asunción Silva». Biblioteca Virtual del Banco de la República, 2004.

Giusti, Roberto F. «José Asunción Silva». *Siglos, Escuelas, Autores*. Buenos Aires: Editorial Problemas, 1946. 371-389.

——— *José Asunción Silva, bogotano universal*. Juan Gustavo Cobo-Borda. (Ed.). Bogotá: Villegas Editores, 1988. 245-259.

———. «Un corazón atormentado. José Asunción Silva». *Revista de América* (Bogotá) 7.21 (sept., 1946): 341-353.

Goldberg, Rita. «El silencio en la poesía de José Asunción Silva». *Revista Hispánica Moderna: Columbia University Hispanic Studies*, 32 (1966): 3-16.

Gómez, Laureano. «A propósito de un escrito sobre Silva». *Revista Nosotros* (Buenos Aires) XVII.174 ((nov., 1923): 321-326.

—— *José Asunción Silva, bogotano universal*. Juan Gustavo Cobo-Borda. (Ed.). Bogotá: Villegas Editores, 1988. 347-351.

Gómez Nieto, Jaime (Ed.). *José Asunción Silva, 1865-1896: cien años de muerte, homenaje*. Santafé de Bogotá: Tiempo Largo para la Poesía, 1996. 67p.

Gómez Ocampo, Gilberto. «El discurso ensayístico en *De sobremesa* e *Ibis*». *Lingüística y Literatura* (Medellín) 18 (jul.-dic., 1990): 97-107.

—— «El discurso ensayístico en *De sobremesa* e *Ibis*». *Leyendo a Silva*, III. Juan Gustavo Cobo Borda (ed. e introd.).Bogotá, Colombia: Instituto Caro y Cuervo; 1997. 333-348.

Gómez Patarroyo, Eduardo. «Relación entre vida y poesía en José Asunción Silva». *Texto y Contexto* (Bogotá) 14 (mayo-ag., 1988): 49-81.

Gómez Valderrama, Pedro. «Noche oscura del alma». *Revista de la Universidad Nacional de Colombia* (Bogotá) 11.11 (feb.-abr., 1948): 23.

Gómez de Castro, Julio. «Nuestra inquietud». *Universidad* (Bogotá) 2ª época.110 (Dic. 1, 1928): 663.

González, Aníbal. «Estómago y cerebro: la indigestión cultural en *De sobremesa*». *Revista Casa Silva* (Bogotá) 10 (ene., 1997): 193-201.

—— «'Estómago y cerebro': *De sobremesa*, el Simposio de Platón y la indigestión cultural». *Revista Iberoamericana* 63.178-179 (ene.-jun., 1997): 233-248.

González, Guillermo Alberto. «Silva: Nueva cita en Caracas». *Leyendo a Silva*, III. Juan Gustavo Cobo Borda (cd. c introd.).Bogotá, Colombia: Instituto Caro y Cuervo; 1997.

—— «Silva: nueva cita en Caracas». *Revista Casa Silva* (Bogotá) 10 (1997): 89-94.

González, Luna, Javier. «José Asunción Silva y la modernidad». *Apuntes sobre literatura colombiana.* Carmenza Kline. y J. G. Cobo Borda. Santafé de Bogotá, Colombia: Ceiba Editores, 1997. [s.p].

González Martín, Jerónimo P. «José Asunción Silva y Gustavo Adolfo Becquer: Un paralelo». . *La literatura iberoamericana del siglo XIX:Memoria del XV Congreso Internacional de Literatura Iberoamericana* . Renato Rosaldo; Robert Anderson. Universidad de Arizona, Tucson, Arizona, 21-24 de Enero de 1971.. Tucson: University of Arizona, 1974. 37-41.

Gonzalez-Rodas, Publio. «Orígenes del modernismo en Colombia: Sanín Cano, Silva y Darío». *Cuadernos Hispanoamericanos: Revista Mensual de Cultura Hispánica* 268 (1972): 62-92.

González Tuñón, Raúl. «Imagen de José Asunción Silva». *La literatura resplandeciente*. Buenos Aires: Editorial Boedo-Sibalba, 1976. 168-171.

—— *José Asunción Silva, bogotano universal*. Juan Gustavo Cobo-Borda. (Ed.). Bogotá: Villegas Editores, 1988. 291-294.

Grillo, Maximiliano. «En recuerdo de Darío, de Pombo y de Silva». *Revista de América* (Bogotá) 5.15 (mzo., 1946): 408-410.

Guido, José. «José asunción Silva». *Poesías populares de los últimos cincuenta años*. New York, N.Y.: Plus Ultra, 1976. [s.p].

Gutiérrez Girardot, Rafael. «José Fernández Andrade: un artista colombiano finisecular frente a la sociedad burguesa». *La Gaceta* (México) 314 (feb., 1997): 3-14.

Hamilton, C. D. «Nota en el centenario de José Asunción Silva». *Cuadernos del Congreso por la libertad de la cultura* 96 (1965): 21-26.

Hazera, Lydia D. «The Spanish American modernist novel and the psichology of the artistic personality». *Hispanic Journal* (Indiana, PA) 8.1 (Fall, 1986): 69-83.

Hernández, Iván (Ed.). *A propósito de José Asunción Silva y su obra*. Bogotá: Editorial Norma, 1990. 118p.

Hispano, Cornelio. «José Asunción Silva y el misterio en el arte». *Leyendo a Silva*, III. Juan Gustavo Cobo Borda (ed. e introd.).Bogotá, Colombia: Instituto Caro y Cuervo; 1997. 165-168.

Holguín, Andrés. «El sentido del misterio en Silva». *Revista de las Indias* (Bogotá) 28.90 (jun., 1946): 351-365.

Holguín y Caro, Álvaro. «La muerte de José Asunción Silva». *Revista del Colegio Mayor de Nuestra Señora del Rosario* (Bogotá) 306 (jul., 1936): 390-403.

Hoyos Gómez, Camilo. *Oscar Wilde y José Fernández Andrade: una propuesta de lectura de sobremesa*. Bogotá: Universidad de los Andes. Facultad de Artes y Humanidades. Departamento de Humanidades y Literatura, 2003. 115p.

Hurtado García, José. «Homenaje a Silva». *Bolívar* (Bogotá) 39 (mayo,1955): 821.

Iglesia, María Mercedes. (Ed.). *Cuentos modernistas*. Madrid: Editorial Popular, c1994. 96p. [Contenido: J. A. Silva, Rubén Darío, J. Herrera y Reissig, Augusto D'Halmar, Valle Inclán, J. R. Jiménez, G. Miró]

Indias, Juan de las. «Una hora con Sanín Cano». *Leyendo a Silva*, III. Juan Gustavo Cobo Borda (ed. e introd.). Bogotá, Colombia: Instituto Caro y Cuervo; 1997. 93-98.

Ingwersen, Sonya A. *Light and longing: Silva and Darío: modernism and religious heterodoxy*. New York: Peter Lang, 1987. 326p.

Isaacs, Jorge. «Carta desconocida de Jorge Isaacs a Silva». *Universidad*

(Bogotá) 106 (nov., 1928): [s.p].

Jaramillo, María Dolores. «De sobremesa y la estética de la lectura». *Revista Casa Silva* (Bogotá) 10 (ene., 1997): 215-221.

———. «'Gotas amargas' de José Asunción Silva». *Thesaurus: Boletín del Instituto Caro y Cuervo* (Bogotá) 48.1 (ene.-abr., 1993): 153-164.

———. *José Asunción Silva: poeta y lector moderno, ensayos*. Bogotá: Universidad Nacional de Colombia, 2001. 318p.

———. «José Asunción Silva y la crítica: 1987-1998». *Iberoamericana: Lateinamerika Spanien* (Portugal) 23.2.74 (1999): 39-62.

———. «La distancia entre Silva y Darío». *Revista Universidad de Antioquia* 262 (oct.-dic., 2000): 47-57.

———. «Los cánones modernos de la 'Carta abierta'». *Cuadernos Americanos* 15.1.85 (ene.-feb., 2001): 119-125.

Jaramillo Agudelo, Darío. «A cien años de la muerte de José Asunción Silva». *Cuadernos Americanos* 61 (ene.-feb., 1997): 91-106.

———. «Fervor por el poeta». *Revista Casa Silva* (Bogotá) 10 (1997): 40-42.

———. *José Asunción Silva su mito en el tiempo*. México: Universidad Nacional Autónoma de México, 1997. 59p.

———. «Tomás Carrasquilla y José Asunción Silva, en la quiebra: paralelos y coincidencias». *Revista Credencial Historia* (Bogotá) 95 (nov., 1997): 4-7.

———. «Silva, nuestro contemporáneo». *Quimera* (Bogotá) 2 (dic., 1989): 36-42.

Jaramillo Escobar, Jaime. «¿Qué valores tiene Silva para las nuevas generaciones?». *Puesto de Combate* (Bogotá) 4.28 (nov., 1983): 36-40.

———. «La época de Silva». *Leyendo a Silva*, III. Juan Gustavo Cobo Borda (ed. e introd.).Bogotá, Colombia: Instituto Caro y Cuervo; 1997. 469-482.

Jaramillo Uribe, Jaime. «Silva y su época». *Revista Casa Silva* (Bogotá) 10 (ene., 1997): 21-29.

Jaramillo Zuleta, José. «José Asunción Silva, el hombre». *Universidad de Antioquia* (Medellín) 77 (abr.-mayo, 1946): 83-93.

Jaramillo-Zuluaga, J. Eduardo. «Bibliografía cronológica de José Asunción Silva (1871-1996)». *Leyendo a Silva*, III. Juan Gustavo Cobo Borda (ed. e introd.). Bogotá, Colombia: Instituto Caro y Cuervo; 1997.

———. «José Asunción Silva: de la leyenda a la modernidad». *Revista Casa Silva* (Bogotá) 10 (ene., 1997): 13-17.

———. «*De sobremesa* de José Asunción Silva: El joven que llegó de Europa, el rastacuero». *Alba de América: Revista Literaria* 14.24-26 (jul., 1996): 201-210.

———. «Los primeros lectores de José Antonio Silva». *Colombia en el con-

texto latinoamericano. Myriam Luque; Motserrat Ordóñez; Betty Osorio (ed. e introd.). Bogotá, Colombia: Instituto Caro y Cuervo; 1997. 145-152.

———. «Memex y el escritorio de José Fernández (José Asunción Silva y el arte de la lectura en nuestros días)». *La modernidad revis(it)ada: Literatura y cultura latinoamericanas de los siglos XIX y XX*. Inke Gunia; Katharina Niemeyer; Sabine Schlickers (ed. e introd.); Hans Paschen (ed.). Berlín, Alemania: Tranvía; 2000. 132-139.

———. «Premura de José María Rivas Groot: leyendo a Silva». *Revista Casa Silva* (Bogotá) 10 (ene., 1997): 115-124.

———. «Valencia contra Unamuno: ¿Quién tiene derecho a interpretar a Silva?». *Estudios de Literatura Colombiana* 9 (jul.-dic., 2001): 9-17.

———. [res.] «Tres biografías de Silva». *Boletín Cultural y Bibliográfico* (Bogotá) 30.32   (1993): 114-120.

Jiménez, David. «Los inicios de la poesía moderna en Colombia: Pombo y Silva». *Gaceta* (Bogotá) 32-33 (abr., 1996): 32-40.

———. «Lectores-mesa y lectores-piano (Para una poética del "lector artista" en Silva». *Revista Universidad de Antioquia* (Medellín) 54.209 (jul.-sept., 1987): 14-27.

Jiménez, José Olivio. «Elegía y sátira en la poesía de José Asunción Silva». *Revista de Cultura* 26 (1997): 117-126.

———. «José Asunción Silva». *Antología de la poesía modernista hispanoamericana*. Madrid: Ediciones Hiperión, 1985. 138-141.

———. *José Asunción Silva, bogotano universal*. Juan Gustavo Cobo-Borda. (Ed.). Bogotá: Villegas Editores, 1988. 321-323.

Jiménez, Juan Ramón. «Carta a Germán Arciniegas, sobre José Asunción Silva». *Revista de las Indias* (Bogotá) 12.36 (dic., 1941): 121-122.

———. «José Asunción Silva». *Hojas de Cultura Popular Colombiana* (Bogotá) 2.18 (jun., 1952): [s.p].

Jiménez Borja, José. «Elogio de José Asunción Silva». *Universidad de Antioquia* (Medellín) 78-79 (jun.-ag., 1946): 181-190.

Johnson, Kathleen L. *Reflections in the text: self portraits in selected modernist novels*. (Diss.)   State University of New York, Environmental Science, 2001. [s.p].

King, Georgiana Goddard. *A citizen of the twilight*.   Bryn Mawr, Pa., New York [etc.] Bryn Mawr College: Longmans, Green and Co., 1921. 38p.

Lanas, Juan. «Un estudio de Guillermo Valencia: José Asunción Silva». *Bolívar* (Bogotá) 4 (oct., 1951): 613-626.

Laraway, David. «Shadowing Silva». *Revista Canadiense de Estudios Hispánicos* 26.3 (2002 Spring):   537-544.

Ledgard, Melvin Richard. *La evolución del tema del amor en cinco novelas his-*

panoamericanas. Disertación. University of Texas, Austin, 1995. [s.p].

Liévano Aguirre, Indalecio. «Lo que Silva debe a Bogotá». *Revista de las Indias* (Bogotá) 22.72 (dic., 1944): 365-371.

Liévano Reyes, Roberto. «Algo sobre Silva». *Cultura* (Bogotá) 6.31 (oct., 1918): 47-66.

―――. *En torno a Silva: (Selección de estudios e investigaciones sobre la obra y la vida íntima del poeta)*. Bogotá: Editorial *El Gráfico*, 1946. 73p.

―――. «Silva». *El Gráfico* (Bogotá) 41.411-412 (mayo 25, 1918): 85.

―――. *El Gráfico* (Bogotá) 11.552 (mayo 28 1921): [s.p].

Litvak, Lily. «('Vejeces')». *Antología comentada del modernismo*. Francisco E. Porrata; Jorge A. Santana. Sacramento: Dept. of Sp. & Port., California State University, 1974. 204-215.

Lloyd Halliburto, Charles. «La importancia de Colombia en el desarrollo de la poesía hispanoamericana: 1925-1963». *Boletín Cultural y Bibliográfico* (Bogotá) 6.9-10 (1963): 1329-1332, 1483-1487.

Lobera De-Sola, R. J. (Ed.). *José Asunción Silva en Caracas*. Edición R. J. Lobera De-Sola. Caracas: Consejo Nacional de la Cultura, 1994. 201p.

LoDato, Rosemary Cecilia. *Beyond the glitter: Towards a decodification of the language of gems, gemstones, and jewelry in modernismo writers: Rubén Darío, Ramón del Valle-Inclán, and José Asunción Silva*. Tesis (Doctor of Philosophy). University of Texas at Austin, 1994. 293p.

López, Ignacio Javier. «Una descripción de la rima irregular en el "Nocturno" de José Asunción Silva y sus implicaciones estructurales». *Anales de Literatura Hispanoamericana* (Madrid) 15 (1986): 83-93.

López Jaramillo, Eduardo. *El ojo y la Clepsidra: Akhenaton, J. A. Silva, Sade, García Lorca*. Pereira: Fondo Mixto para la Cultura y las Artes de Risaralda 1995. 145p. [Contenido: El himno de Akhenaton; Una cacería al pájaro azul: el tema del amor en José Asunción Silva; Introducción a Sade; Gitano de verde luna; Diecinueve sonetos recuperados; Federico García Lorca]

López de Mesa, Luis. «El legado espiritual de Silva». *Universidad* (Bogotá) 2ª época.110 (dic. 1, 1928): 645-650.

―――. «Intimidad y más alla en la poesía de José Asunción Silva». *Colombia Ilustrada* (Medellín) 2.5 (mayo-ag., 1971): 5-10.

―――. «Intimidad y más allá, en la poesía de José Asunción Silva». *Leyendo a Silva*, III. Juan Gustavo Cobo Borda (ed. e introd.).Bogotá, Colombia: Instituto Caro y Cuervo; 1997. 281-288.

López Michelsen, Alfonso. «El equívoco sobre Silva». *Revista Casa Silva* (Bogotá) 10 (ene., 1997): 311-321.

―――. «El poeta desnudo: Viaje al fondo de Silva». *Leyendo a Silva*, III.

Juan Gustavo Cobo Borda (ed. e introd.).Bogotá, Colombia: Instituto Caro y Cuervo; 1997. 435-450.

———. «Mi José Asunción Silva: 24 de mayo en el centenario de su muerte». *La Tadeo* (Bogotá) 48 (ene., 1996): 40.

Loprete, Carlos Alberto. «José Asunción Silva». *José Asunción Silva: Nocturno y otros poemas*. Buenos Aires: Editorial Eudeba, 1964. 5-11.

——— *José Asunción Silva, bogotano universal*. Juan Gustavo Cobo-Borda. (Ed.). Bogotá: Villegas Editores, 1988. 275-279.

Loveluck, Juan. «*De sobremesa*, novela desconocida del Modernismo». *Revista Iberoamericana* 31 (1965): 17-32.

Luque Muñoz, Henry. «Una lectura del retrato de Silva muerto». *Texto y Contexto* (Bogotá) 30 (mayo-ag., 1996): 47-49.

Madrid-Malo, Néstor. *Un inédito de Silva*. Bogotá: Instituto Caro y Cuervo, 1978. 3p.

Mancini, Guido. «Notas marginales a las poesías de José Asunción Silva». *Thesaurus: Boletín del Instituto Caro y Cuervo* (Bogotá) 16.3 (1961): 614-638.

Manrique, Juan Evangelista. «José Asunción Silva». *Revista de América* (París) III.I.XX (ene., 1914): 28-41.

——— *José Asunción Silva, bogotano universal*. Juan Gustavo Cobo-Borda. (Ed.). Bogotá: Villegas Editores, 1988. 125-134.

———. «Recuerdos íntimos». *El Liberal Ilustrado* (Bogotá) 2.910-911 (mzo. 7, 1914): 166-171.

Manrique Terán, Antonio. «De sobremesa». *El Gráfico* (Bogotá) 15.766 (dic. 26, 1925): 806.

———. «El libro de versos». *El Gráfico* (Bogotá) 14.673 (dic. 8, 1923): 1162-1163.

Martinengo, Alessandro. «Papeles inéditos de Miguel de Unamuno referentes a la edición de las poesías de Silva». *Leyendo a Silva*, III. Juan Gustavo Cobo Borda (ed. e introd.).Bogotá, Colombia: Instituto Caro y Cuervo; 1997. 195-203.

Marún, Gioconda. «*De sobremesa*: el vértigo de lo invisible». *Thesaurus: Boletín del Instituto caro y Cuervo* (Bogotá) 40.2 (mayo-ag., 1985): 361-374.

Maya, Rafael. «Cuatro estampas de Silva». *Boletín Cultural y Bibliográfico* (Bogotá) 8.3 (1965): 337-344.

——— *Boletín de la Academia Colombiana* (Bogotá) 28.122 (oct.-dic, 1978): 256-266.

———. *De Silva a Rivera: (Elogios)*. Bogotá: Publicaciones de la Revista Universidad, 1929. 55p.

———. *Elogios*. Bogotá: "Universidad", 1929. 55p.

———. «José Antonio Silva». *Leyendo a Silva*, III. Juan Gustavo Cobo Borda (ed. e introd.).Bogotá, Colombia: Instituto Caro y Cuervo; 1997. 239-264.

———. «Mi José Asunción Silva». *Boletín de Programas* (Bogotá) 16.152 (mzo., 1957): 53-56.

——— *Revista del Colegio Mayor de Nuestra Señora del Rosario* (Bogotá) 68.481 (oct.-nov., 1968): [s.p].

McGrady, Donald. «Crepúsculo: Otro poema olvidado de José Asunción Silva». *Thesaurus: Boletin del Instituto Caro y Cuervo* (Bogotá) 29 (1974): 350-353.

———. «'Critica ligera': Una prosa olvidada de José Asunción Silva». *Thesaurus: Boletin del Instituto Caro y Cuervo* (Bogotá) 24 (1969): 23-36.

———. «Cuatro notas acerca de algunos poemas atribuidos a José Asunción Silva». *Thesaurus: Boletín del Instituto Caro y Cuervo. Muestra antológica*. Rubén Páez Patiño. (Ed.). Santafé de Bogotá: Instituto Caro y Cuervo, 1993. [s.p].

———. «Diez poesías olvidadas de José Asunción Silva». *Thesaurus: Boletin del Instituto Caro y Cuervo* (Bogotá) 23 (1968): 48-63.

———. «Sobre un poema atribuido a José Asunción Silva». *Thesaurus: Boletin del Instituto Caro y Cuervo* (Bogotá) 22 (1967): 359-368.

———. «Tres poemas atribuidos a José Asunción Silva». *Thesaurus: Boletin del Instituto Caro y Cuervo* (Bogotá) 27 (1972): 104-108.

———. «Un cuento atribuido a José Asunción Silva». *Thesaurus: Boletin del Instituto Caro y Cuervo* (Bogotá) 26 (1971): 347-354.

Medina Rosado, Félix. «Silva y el arte de su tiempo». *Gaceta* (Bogotá) 32-33 (abr., 1996): 95-109.

Medina de Pacheco, Mercedes. *El palomar del príncipe: el poeta José Asunción Silva y los niños.* Tunja: Academia Boyacense de Historia, 1996. 107p.

Meers, Agnes T. «José Asunción Silva y su "Nocturno III"». *Ariel* (Lexington, KY) 6 (Spring, 1989): 44-53.

Mejía, Elías. *Chapolas negras, Silva y la melancolía*. Calarcá: [s.edit], 1996. 23p.

Mejía, Gustavo. «Lector y lectura: Algunas precisiones sobre la poética de Silva». *Revista de Crítica Literaria Latinoamericana* 26.52 (2000): 243-255.

———. «El lector en la poética de Silva». *Revista Casa Silva* (Bogotá) 10 (ene., 1997): 103-113.

Mejía Velilla, David. «Reminiscencias de la vieja literatura colombiana». *Universidad Católica Bolivariana* (Medellín) 17.96 (1965): 149-158.

Mejías-López, Alejandro J. *La novela modernista hispanoamericana: definición y estudio de sus inicios*. Disertación. University of Michigan, 1995. 304p.

Meléndez, Concha. «José Asunción Silva poeta de la sombra». *Figuración de*

Puerto Rico y otros estudios. San Juan de Puerto Rico: Instituto de Cultura Puertorriqueña, 1958. 131-146.

——— *José Asunción Silva, bogotano universal*. Juan Gustavo Cobo-Borda. (Ed.). Bogotá: Villegas Editores, 1988. 203-218.

Mendoza Varela, Eduardo. «José Asunción Silva». *Revista de la Universidad Nacional de Colombia* (Bogotá) 3.6 (abr.-jun., 1946): 173.

Meragalli, Franco. «Sobre el desarrollo de la lírica de José Asunción Silva». *Studi di Letteratura Ispano Americana* (Roma) 11 (1981): 17-28.

Meyer-Minnemann, Klaus. «*De sobremesa* von Jose Asuncion Silva: Ein lateinamerikanischer Roman des Fin de Siecle». *Romanistisches Jahrbuch* 24 (1973): 330-358.

———. «Nietzsche y el alma moderna de José Fernández». *Revista Casa Silva* (Bogotá) 11 (ene., 1998): 149-162.

———. «Silva y la novela de fin de siglo». *Leyendo a Silva*, III. Juan Gustavo Cobo Borda (ed. e introd.).Bogotá, Colombia: Instituto Caro y Cuervo; 1997. 393-414.

———. «Silva y la novela al final del siglo XIX». *Literatura y cultura: Narrativa colombiana del siglo XX* . María Mercedes Jaramillo; Betty Osorio; Angela I. Robledo (eds.). I: La nación moderna: Identidad; II: Diseminación, cambios, desplazamientos; III: Hibridez y alteridades. Bogotá, Colombia: Ministerio de Cultura; 2000. I: 89-111.

Meza Fuentes, Roberto. *De Díaz Mirón a Rubén Darío*. Santiago de Chile: Editorial Nascimento, 1940. 354p.

——— 2ª ed. Santiago: Editorial Andrés Bello, 1964. 329p.

Mignolo, Walter. «La noción de 'competencia' en poética». *Cuadernos Hispanoamericanos: Revista Mensual de Cultura Hispánica* 300 (1975): 605-622.

Millares, Selena. «Sincretismo genealógico y estilístico, parodia e intertextualidad en *De Sobremesa*, de José Asunción Silva». *Anales de Literatura Hispanoamericana* (Madrid) 19 (1990): [s.p].

Miramón, Alberto. *José Asunción Silva*. Bogotá: Biblioteca de Autores Colombianos, 1957. 332p.

———. «El nacimiento de Silva». *Boletín de Programas* (Bogotá) 22. 224 (nov., 1965): 1-4.

———. *José Asunción Silva: ensayo biográfico con documentos inéditos*. Bogotá: Imprenta Nacional, 1937. 196p.

Molina, Felipe Antonio. «José Asunción Silva». *Hojas de Cultura Popular Colombiana* (Bogotá) 1.6 (jun., 1951): [s.p].

Molloy, Sylvia. «Voice Snatching: *De sobremesa*, Hysteria, and the Impersonation of Marie Bashkrtseff». *Latin American Literary Review* 25.50 (jul.dic., 1997): 11-29.

Montero, Óscar. «Escritura y perversión en *De sobremesa*». *Revista Iberoa-*

mericana 63 (178-179) (ene.-jun., 1997): 249-261.

Montoya Toro, Jorge. «José Asunción Silva y su atmósfera tenue». *Universidad de Antioquia* (Medellín) 161 (jul.-dic., 1965): 126-127.

Morales Chaves, Hollman. «José Asunción Silva murió por la vida». *El Mundo al Vuelo* (Bogotá) 213 (oct., 1996): 52-56.

Moreno Durán, Rafael Humberto. «*De sobremesa*: una poética de la transgresión». *Gran Enciclopedia de Colombia*. 4. Santafé de Bogotá: Círculo de Lectores, 1992. 151-157.

———. «*De sobremesa*: una poética de la transgresión». *Gaceta* (Bogotá) 32-33 (abr., 1996): 55-64.

———. «La poesía en *De sobremesa*». *Revista Casa Silva* 1 (ene., 1988): 50-64.

Mujica Velásquez, Elisa. «Memoria de Silva». *Lámpara* (Bogotá) 24.100 (1986): 1-5.

Munárriz, Jesús. «Editar a Silva de cara al siglo XXI». *Revista Casa Silva* (Bogotá) 10 (ene., 1997): 293-307.

———. «Silva y España». *Revista Casa Silva* (Bogotá) 10 (ene., 1997): 225-247.

Naranjo Mesa, Jorge Alberto. «Silva y Carrasquilla». *Universidad de Antioquia* (Medellín) 60.227 (ene.-mzo., 1992): 52-63.

———. «El poeta más grande de América». *El Liberal Ilustrado* (Bogotá) 732-7355 (sept. 6, 1913): 4-6.

Neira Palacio, Edison. «Preso entre dos muros de vidrio: José Asunción Silva entre la hacienda y los mundos del flâneur y del dandy». Estudios de Literatura Colombiana 8 (ene.-jun., 2001): 41-52.

Nieto Caballero, Luis Eduardo. «El monumento a Silva». *Universidad* (Bogotá) 2ª época.137 (jun. 8, 1929): 590.

Noel, Martín Alberto. «José Asunción Silva». Boletín de la Academia Argentina de Letras 61 (241-242) (jul.-dic., 1996): 331-336.

Noguerol, Francisca. «José Asunción Silva, escritor americano». *Revista Casa Silva* (Bogotá) 10 (1997): 151-159.

Núñez de Cela, Nadine Ellen. *Four Artist-Hero Novels of the Modernista Movement in Spanish America*. Dissertation Abstracts International, 1977; 37:(dissertation abstract).

O'Hara, Edgar. «*De sobremesa*: una divagación narrativa». *Revista Chilena de Literatura* (Santiago de Chile) 27-28 (abr.-nov., 1986): 221-227.

———. «Poesía de cinco esquinas». [res.] *Boletín Cultural y Bibliográfico* (Bogotá) 26. 21 (1989): 110-116.

———. «Una errante luciérnaga». [res.] *Boletín cultural y bibliográfico* (Bogotá) 24.11 (1987): 111-112.

Olave, Jorge. «A la sombra de Silva». *Estrategia Económica y Financiera*

(Bogotá) 245 (oct. 15, 1996): 39-40.

Olaya Herrera, Enrique. «León Gambetta». *Cultura* (Bogotá) 3.14 (jun., 1916): 75-93.

Onís, Federico de. «José Asunción Silva». *Antología de la poesía española e hispanoamericana*. New York: Las Américas Publishing, 1961. [s.p].

—— *José Asunción Silva, bogotano universal*. Juan Gustavo Cobo-Borda. (Ed.). Bogotá: Villegas Editores, 1988. 201.

Ordóñez Nates, Edgar. «Derrota de un náufrago». *El malpensante* (Bogotá) 2 (ene., -feb., 1997): 84-86.

Orjuela Gómez, Héctor. *De sobremesa» y otros estudios sobre José Asunción Silva*. Bogotá: Instituto Caro y Cuervo, 1976. 124p.

———. «La primera versión del "Nocturno" de Silva». *Thesaurus: Boletín del Instituto Caro y Cuervo. Muestra antológica*. Rubén Páez Patiño. (Ed.). Santafé de Bogotá: Instituto Caro y Cuervo, 1993. [s.p].

———. «El primer Silva: lectura hecha en la Academia Colombiana, el once de Julio de 1977, para tomar posesión como miembro correspondiente». *Boletín de la Academia Colombiana* (Bogotá) 27.117 (jul.-sept., 1977): 153-179.

———. *La búsqueda de lo imposible: biografía de José Asunción Silva*. Bogotá: Editorial Kelly, 1991. 429p.

———. «Las biografías de José Asunción Silva». *Revista Casa Silva* (Bogotá) 10 (ene., 1997): 55-76.

———. *Las luciérnagas fantásticas: poesía y poética de José Asunción Silva*. Santa Fe de Bogotá: Editorial Kelly, 1996. 216p.

———. «La primera versión del 'Nocturno' de Silva». *Thesaurus: Boletín del Instituto Caro y Cuervo. Muestra antológica*. Rubén Páez Patiño. (Ed.). Santafé de Bogotá: Instituto Caro y Cuervo, 1993. II: 271-281.

———. «Silva ante los lectores y la crítica». *Revista Casa Silva* (Bogotá) 10 (ene., 1997): 283-291.

———. «Una defensa de Pombo y un poema desconocido de José A. Silva«». *Thesaurus: Boletin del Instituto Caro y Cuervo* (Bogotá) 28 (1973): 331-337.

Ortega, Victor Ignacio. *Sobre "De sobremesa": dos estudios psicoanalíticos de la novela de José Asunción Silva*. Medellín: Universidad de Antioquia, 1987. 92p.

Ortiz, Álvaro Pablo. «José Asunción Silva: eco de Prometeo». *Revista del Colegio Mayor de Nuestra Señora del Rosario* (Bogotá) 88.569 (dic., 1995): 45-47.

Ortiz Guerrero, Nubia Amparo. «Concepción del amor y de la mujer en *De sobremesa*». *Espéculo: Revista de Estudios Literarios* 14 (mzo.-jun., 2000): [s.p].

Osiek, Betty Tyree. *A stylistic study of the poetry of José Asunción Silva*. Tesis.

Washington University, 1966. 447h.

———. *José Asunción Silva: estudio estilístico de su poesía*. México: Ediciones de Andrea, 1968. 204p.

Osiek, Betty Tyree, «Las Gotas amargas de José Asunción Silva: Antecedentes de la antipoesía». *XVII Congreso del Instituto Internacional de Literatura Iberoamericana: El barroco en América; Literatura hispanoamericana; Crítica histórico-literaria hispanoamericana*. Madrid: Cultura Hispánica del Centro Iberoamericano de Cooperación, Univ. Complutense de Madrid, 1902. 745-757.

Osorio, José Jesús. *Silva y ciudad: Literatura, cultura y política en Colombia, 1880-1896*. City College University of New York, 2002. [Disertación doctoral]

Otero Ruiz, Efraim. «'El cuervo' de Edgar Allan Poe». *Cuadernos Americanos* 61 (ene.-feb., 1997): 107-125.

Otero, José. «El tiempo en la poesía de José Asunción Silva». *Rocky Mountain Review of Language and Literature* 24 (1970): 162-169.

Oviedo Pérez de Tudela, Rocío. «Una paradoja en la corte europea: José Fernández». *Cuadernos Hispanoamericanos* 560 (feb., 1997): 79-88.

——— «Una paradoja en la corte europea: José Fernández». *Leyendo a Silva*, III. Juan Gustavo Cobo Borda (ed. e introd.).Bogotá, Colombia: Instituto Caro y Cuervo, 1997. 505-520.

Oyuela, Calixto. «José Asunción Silva». *Poetas hispanoamericanos*.2. Buenos Aires: Academia Argentina de Letras, 1950. 92-93.

——— *José Asunción Silva, bogotano universal*. Juan Gustavo Cobo-Borda. (Ed.). Bogotá: Villegas Editores, 1988. 197-198.

Pabón Núñez, Lucio. «Florbela Espanca y José Asunción Silva o la leyenda maldita». *Bolívar* (Bogotá) 10 (jun., 1952): 877-893.

Pacheco, José Emilio. «José Asunción Silva, Bogotá, Colombia, 1865-1896». *Leyendo a Silva*, III. Juan Gustavo Cobo Borda (ed. e introd.).Bogotá, Colombia: Instituto Caro y Cuervo; 1997. 331.

———. «José Asunción Silva en las bocas de ceniza Pacheco, José Emilio; *Leyendo a Silva*, III. Juan Gustavo Cobo Borda (ed. e introd.).Bogotá, Colombia: Instituto Caro y Cuervo; 1997. 483-90 IN: Cobo Borda, Juan Gustavo (ed. and introd.); Leyendo a Silva, III. Bogotá, Colombia: Instituto Caro y Cuervo; 1997. 688

Palacio, Julio H. «La trágica muerte de Silva». *Leyendo a Silva*, III. Juan Gustavo Cobo Borda (ed. e introd.).Bogotá, Colombia: Instituto Caro y Cuervo; 1997. 137-143.

Palacios Albiñana, Joaquín. «José Asunción Silva».*Antología de la poesía macabra española e hispanoamericana*. Madrid: Valdemar, 2001. [s.p].

Palencia Caratt, Luis Felipe. «Ironía de las palabras: Silva y el romanticismo en la América Latina». *Desarrollo Indoamericano* (Barranquilla) 15.62

(sept., 1980): 17-24.

Palmer, Julia. «Some aspects of narrative structure in José Asunción Silva's *De sobremesa*». *Revista Interamericana de Bibliografía. Inter American Review of Bibliography* (Washington, DC) 41.3 (1991): 470-477.

Pardo García, Germán. «Frecuencia de Silva en mi espíritu». *Revista de las Indias* (Bogotá) 28.89 (mayo, 1946): 179-188.

Paucker, Eleanor. «José A. Silva». *Bolívar* (Bogotá) 10.46 (ag., 1957): 58-61.

Pellicer, Rosa. «La mujer en la novela modernista hispanoamericana». *Actas del IX Simposio de la Sociedad Española de Literatura General y Comparada*. I: La mujer: Elogio y vituperio; II: La parodia; El viaje imaginario. Túa Blesa; María Teresa Cacho; Carlos García Gual; Mercedes Rolland; Leonardo Romero Tobar; Margarita Smerdou Altolaguirre (eds.). Zaragoza, España: Universidad de Zaragoza; 1994. I: 291-300 406; 529.

Pera, Cristóbal. «José Asunción Silva: Un coleccionista hispanoamericano en París». Cuadernos Hispanoamericanos: Revista Mensual de Cultura Hispanica 556 (oct., 1996): 115-124.

Perea, Álvaro. «A la sombra de Silva». *Cambio 16* (Bogotá) 155 (jun., 1996): 38- 41.

Peregra, Hipólito. «Silva». *Voces* (Bogotá) 6.58 (abr., 1920): 111-116.

Pérez Silva, Vincente (ed. y prólogo). *Libro de los Nocturnos*. Santafé de Bogotá, Colombia: Instituto Caro y Cuervo; 1996. 185p.

Pérez Villa, Joaquín. «Iniciación a la estilística de Silva». *Universidad de Antioquia* (Medellín) 77 (abr.-mayo, 1946): 59-73.

Phillipps-López, Dolores. «La protesta de la musa. José Asunción Silva». *Cuentos fantásticos modernistas de Hispanoamérica*. Madrid: Cátedra, 2003. [s.p].

Piedrahita, Iván. «Contemporaneidad de Silva». *Revista Universidad de Antioquia* (Medellín) 77 (abr.-mayo, 1946): 138-139.

Picón Garfield, Evelyn. «Al diario íntimo y la mujer soñada: sobre la novela de J. A. Silva». *Revista Universidad de Antioquia* (Medellín) 54.207 (ene.,1987): 16-31.

———. «*De sobremesa*: José Asunción Silva: el diario íntimo y la mujer prerrafaelita». *Nuevos asedios al modernismo*. Iván A. Schulman. (Ed.). Madrid: Taurus, 1987. [s.p].

Pineda Botero. Álvaro. «De sobremesa». *La fábula y el desastre: estudios críticos sobre la novela colombiana, 1650-1931*. Fondo Editorial. Universidad EAFIT, 1999. 317-344.

———. «El poeta como protagonista en las novelas decimonónicas». *Gaceta* (Bogotá) 32-33 (abr., 1996): 49-54.

———. «La escritura especular de Silva en *De sobremesa*». *Texto y Contexto* 19 (mayo-ag., 1992): 193-201.

Porras Collantes, Ernesto. «Estructura del 'Nocturno' de José Asunción Silva». *Thesaurus: Boletin del Instituto Caro y Cuervo* (Bogotá) 33 (1978): 462-494.

Posada Arango, Eduardo. «En honor de José Asunción Silva». *Universidad* (Bogotá) 2ª época. 149 (ag. 31, 1929): 230-231.

Prulletti, Rita G. «Una noche en las noches de José Asunción Silva».*Ábside: Revista de Cultura Mejicana* 37 (1973): 317-322.

―――. Pupo-Walker, Enrique. «Las categorías del paisaje en la poesía de José Asunción Silva». *Hispanófila* 43 (1971): 63-74.

Quintero Ossa, Robinson. *Centenario Silva, 1896-1996: exposiciones conmemorativas del centenario de su muerte: 24 de mayo a 25 de agosto de 1996.* Bogotá: Banco de la República - Biblioteca Luis Angel Arango, 1996. 79p.

―――. «José Asunción Silva (1865-1896)». *Credencial Historia* (Bogotá) 76 (abr., 1996): 4-7.

―――. «Jose Asunción Silva (1865-1896), Vida del poeta». Editorial:Biblioteca Virtual del Banco de la República, 2005.

―――. «La hija de Silva». *Revista Casa Silva* (Bogotá) 10 (1997): 61-68.

Quiroga, Camila. «José Asunción Silva, ó la cantera eterna». *El Gráfico* (Bogotá) 20.980 (mayo, 1930): 200.

Rabin, Lisa. «The 'Voz' and the 'Vocerio': José Asunción Silva Faces Culture at the Foot of Bolivar's Statue» *Revista de Estudios Hispánicos* 34.3 (oct., 2000): 607-624.

Ramos, Óscar Gerardo. «Nocturno». *Boletín de la Academia Colombiana* (Bogotá) 26.111 (ene.-mzo., 1976): 15-20.

Restrepo, Antonio José. « José Asunción Silva». *Leyendo a Silva*, III. Juan Gustavo Cobo Borda (ed. e introd.).Bogotá, Colombia: Instituto Caro y Cuervo; 1997. 69-73.

―――. «Recuerdos de José A. Silva». *Manizales* (Manizales) 18.199 (1957): 219- 220.

Restrepo C. F. «Reminiscencias». *Colombia* (Medellín) (jul. 2, 1919): [s.p].

――― *José Asunción Silva, bogotano universal.* Juan Gustavo Cobo-Borda. (Ed.). Bogotá: Villegas Editores, 1988. 179-182.

Ricardo-Torres, Otto. *El nocturno de Silva, danza elegiaca: una propuesta de lectura.* Santafé de Bogotá: [s.edit], 1995? 13h.

――― *Texto y Contexto* (Bogotá) 30 (mayo-ag., 1996): 50-59.

Rico, Edmundo. *La depresión melancólica en la vida, en la obra y en la muerte de José Asunción Silva.* Tunja: Imprenta Departamental, 1964. 87p.

Rivas, Raimundo. Rivas, Raimundo. «Influencias literarias en José A. Silva». *Lecturas históricas.* Caracas: Tipografía Americana, 1925. [s.p].

Rivera Rodas, Óscar. «Silva y su afán de superar su visión aciaga». *Cinco mo-*

> *mentos de la lírica hispanoamericana*. La Paz: Instituto Boliviano de Cultura, 1978. 51-65.
>
> ——— *José Asunción Silva, bogotano universal*. Juan Gustavo Cobo-Borda. (Ed.). Bogotá: Villegas Editores, 1988. 297-309.

Roberts, Jack. «Life and Death in the Poetry of José Asunción Silva». *The Southern Quarterly: A Journal of the Arts in the South* 10 (1972): 137-165.

Rocha Marcenaro, Ana María. *Ubicación de la actividad artística como un elemento del desarrollo psicológico a partir de la vida de un poeta colombiano: José Asunción Silva*. Bogotá: Uniandes, 1989. 188h.

Rodríguez Garavito, Agustín. «*De sobremesa*». *Boletín Cultural y Bibliográfico* (Bogotá) 8.11 (1965): 1667-1668.

Roggiano, Alfredo. «José Asunción Silva». *Cuadernos Hispanoamericanos* (Madrid) 9 (mayo-jun., 1949): [s.p].

———. «José Asunción Silva a un siglo de su nacimiento». *Letras Nacionales* (Bogotá) 1.5 (nov.-dic., 1965): 21.

———. «José Asunción Silva y la obsesión de lo imposible». *Discurso literario: Revista de Temas Hispánicos* (Asunción, Paraguay) 4.2 (Primavera, 1987): 463-471.

Rojas Herazo, Héctor. «Una ráfaga de Silva». *El Siglo* [Magazín Dominical] (Bogotá) 679 (mayo 19, 1996): 4-20.

Ross, Waldo. «Itinerario de la muerte en José Asunción Silva». *Universidad de Antioquia* (Medellín) 153 (abr.-jun., 1963): 322-337.

> ——— *Ensayos sobre la geografía interior*. Madrid: Gráficas Sánchez, 1971. [s.p].

Rueda Vargas. Tomás. «El Silva que yo conocí». *Boletín de Programas* (Bogotá) 22.224 (nov., 1965): 5-10.

Ruiz Camacho, Rubén. *José Asunción Silva: bio-síntesis de un poeta*. Bogotá: TAO, 1978. 36p.

Sabido, Vicente y Ángel Esteban. «José Asunción Silva». *Antología del modernismo literario hispánico*. Granada, España: Editorial Comares, 2001. [s.p].

Salgado, J. Monserrat. «Aproximación a José Asunción Silva. *Revista del Colegio Mayor de Nuestra Señora del Rosario* (Bogotá) 70.486 (ene., 1970): [s.p].

Salgado, María Antonia. *Modern Spanish American poets. First series*. Detroit, Mich.: Gale Group, 2003. [s.p]. [contenido: Jorge Enrique Adoum. Claribel Alegría. Jorge Artel. Antonio Vila Jiménez. Porfirio Barba-Jacob. Yolanda Bedregal. Jorge Luis Borges. Manuel del Cabral. Jorge Carrera Andrade. Julián del Casal. Oscar Cerruto. Roque Dalton. Julieta Dobles Yzaguirre. Ricardo Freyre. Fina García Marruz. Oliverio Girondo. León de Greiff. Nicolás Guillén. Vicente

Huidobro. Roberto Juarroz. Claudia Lars. José Lezama Lima. Enrique Lihn. Dulce María Loynaz. Leopoldo Lugones. Gabriela Mistral. Nancy Morejón. Alvaro Mutis. Pablo Neruda. Eunice Odio. Olga Orozco. Nicanor Parra. Alejandra Pizarnik. Pedro Prado. Jaime Saénz. Pedro Shimose. José Asunción Silva. Alfonsina Storni. Jorge Teillier. Salomón Ureña de Henríquez. Cintio Vitier. Adela Zamudio]

Sambrano Urdaneta, Óscar. *José Asunción Silva en Caracas*. Caracas: Consejo Nacional de Cultura, 1994. 201p.

Samper, Darío. «Música para los nocturnos de Silva». *Leyendo a Silva*, III. Juan Gustavo Cobo Borda (ed. e introd.).Bogotá, Colombia: Instituto Caro y Cuervo; 1997. 271-276.

Samper, Emilio. «José Asunción Silva». *Leyendo a Silva*, III. Juan Gustavo Cobo Borda (ed. e introd.). Bogotá, Colombia: Instituto Caro y Cuervo; 1997. 23-26.

Samper Pizano, Daniel. «Historias de naufragios: el día que naufragó Silva». *Revista Credencial Historia* (Bogotá) 114 (mayo, 1996): 31- 36.

Samper Pizano, Ernesto. «Recordando a Silva en Caracas». *Leyendo a Silva*, III. Juan Gustavo Cobo Borda (ed. e introd.).Bogotá, Colombia: Instituto Caro y Cuervo; 1997. 381-384.

Sánchez, Luis Alberto. «José Asunción Silva». *Escritores representativos de América*. 2ª ed. Madrid: Editorial Gredos, 1963. 44-57.

——— *José Asunción Silva, bogotano universal*. Juan Gustavo Cobo Borda. (Ed.). Bogotá: Villegas Editores, 1988. 261-272.

Sánchez, Luis Alberto. «La idea de la muerte en José Asunción Silva». *Cuadernos Americanos* (México) 1 (ene.-feb., 1955): 275-283.

Sánchez Escalante, Amparo. *José Asunción Silva*. Bogotá: Universidad Pedagógica Nacional, 1970. 15h

Sánchez Vargas, Alfredo. «Billete de $5000: homenaje al poeta José Asunción Silva». *Revista del Banco de la República* (Bogotá) 68.815 (sept., 1995): 25-31.

Sanín Cano, Baldomero. «El verso castellano en España y en América juicios de un gran crítico inglés sobre Silva y Rubén Darío». *El Tiempo* [Lecturas Dominicales] (Bogotá) 1.8 (jul. 1, 1923): 116-119.

———.«En el cincuentenario del poeta. José Asunción Silva». *Revista de las Indias* (Bogotá) 28.89 (mayo, 1946): 161-178.

———. «En defensa de Silva». *Leyendo a Silva*, III. Juan Gustavo Cobo Borda (ed. e introd.).Bogotá, Colombia: Instituto Caro y Cuervo; 1997. 41-47.

———. «La muerte de Silva». *Boletín de Programas* (Bogotá) 22.224 (nov., 1965): 105-110.

———. «Recuerdos de José Asunción Silva». *Revista Pan* (Bogotá) 23 (ag., 1938): 117.

———. «Una consagración». *Universidad* (Bogotá) 106 (nov. 8, 1928): 533-536.

Sant'Anna, Affonso Romano de. «José Asunción Silva». *O desemprego do poeta*. Belo Horizonte: Estánte Universitaria, 1962. [s.p].

Santos, Gustavo. «Al margen de la literatura nacional: J. A. Silva». *Cultura* (Bogotá) 3.16 (ag., 1916): 255-256.

Santos Molano, Enrique. «Cuatro páginas desconocidas de José Asunción Silva». *Boletín Cultural y Bibliográfico* (Bogotá) 20.2 (1980): 52-69.

———. «Economía, política y vida cotidiana en la época de José Asunción Silva». *Gaceta* (Bogotá) 32-33 (abr., 1996): 14-25.

———. *El corazón del poeta: Los sucesos reveladores de la vida y la verdad inesperada de la muerte de José Asunción Silva*. Bogotá: Nuevo Rumbo, 1992. 920p.

 ——— Santa Fe de Bogotá: Planeta Colombiana Editorial, 1996. 1000p.

 ——— 3ª ed. Bogotá: Presidencia de la República, 1997. 1305p.

———. «José Asunción Silva, el periodista desconocido». *Boletín Cultural y Bibliográfico* (Bogotá 18.2 (1981): 79-86.

———. «Semiramis, Juvenal. El poeta más grande de América». *El Liberal* (Bogotá) 732 (sept., 1913): 4-6.

———. «Silva, cien años después: La trascendencia de la poesía». *Leyendo a Silva*, III. Juan Gustavo Cobo Borda (ed. e introd.).Bogotá, Colombia: Instituto Caro y Cuervo; 1997. 425-432.

Schanzer, George O. «Lo 'mod' del Modernismo: *De sobremesa*». *La literatura iberoamericana del siglo XIX:Memoria del XV Congreso Internacional de Literatura Iberoamericana*. Renato Rosaldo; Robert Anderson. Universidad de Arizona, Tucson, Arizona, 21-24 de Enero de 1971.Tucson: University of Arizona, 1974. 43-50

Sarmiento, Edward. «Estructuracion y simbolismo en *De sobremesa*, de José Asunción Silva». *Actas del Tercer Congreso Internacional de Hispanistas*. Carlos H. Magis; Victor L. Urquidi; Marcel Bataillon; Jaime Torres Bodet. México: El Colegio de México por la Asociación Internacional de Hispanistas; 1970. 807-814.

Serra, Edelweis. «El mundo lírico de José Asunción Silva registrado por el epíteto». *Poesía hispanoamericana; ensayos de aproximación interpretativa*. Santa Fe, Argentina: Instituto de Literaturas Hispánicas, Facultad de Letras de la Universidad Católica de Santa Fe, 1964. [s.p].

Serrano Camargo, Rafael. *Silva: imagen y estudio analítico del poeta*. Bogotá: Tercer Mundo, 1987. 290p.

Serrano Orejuela, Eduardo, [et. al]. *De sobremesa: lecturas criticas*. Santiago de Cali: Programa Editorial Facultad de Humanidades, Departamento de Letras, 1996. 178p.

Schulman, Ivan A. «Génesis del Modernismo: Martí, Nájera, Silva, Casal». Seattle: University of Washington P; 1966. [s.p].

Sierra Mejía, Rubén. «Presentación». *Gaceta* (Bogotá) 32-33 (abr., 1996): 7.

Smith, Mark I. *José Asunción Silva: poetics and literary contexts*. Tesis. University of California, Berkeley, [s.f]. 152h.

———. *José Asunción Silva: contexto y estructura de su obra*. Bogotá: Tercer Mundo Editores, 1981. 118p.

———. «José Asunción Silva: The literary landscape». *Romance Quarterly* (Washington, DC) 29.3 (1982): 283-292.

———. «José Asunción Silva y el sadismo intelectual». *Thesaurus: Boletín del Instituto Caro y Cuervo* (Bogotá) 49.1 (ene.-abr., 1994): 182-190.

Socarras, José Francisco. «Silva, el psicoanálisis y la gazmoñería». *Nueva Frontera* (Bogotá) 14 (ene., 1975): [s.p].

———. «Silva y el psicoanálisis». *Manizales* (Maizales) 39.418 (mzo., 1976): 276-277.

Solano, Armando. «José Asunción Silva». *Universidad* (Bogotá) 106 (nov. 8, 1928): 530-532.

———. «En la tumba de Silva». *El Gráfico* (Bogotá) 3.130 (abr. 26, 1913): [s.p].

Soto Borda, Clímaco. «En la tumba de Silva». *El Gráfico* (Bogotá) 13.130 (abr. 26, 1913): [s.p].

Suardiaz, Luis. *José Asunción Silva, Luis Carlos López, Porfirio Barba Jacob, León de Greiff, Luis Vidales*. Medellín: Editorial Lealón, 1985. 239p.

Suárez, Roberto. «Paréntesis». *El Repertorio Colombiano* (Bogotá) 17.5 (mzo., 1898): 340-375.

Tafur, Javier. «Silva se va por el corazón». *Revista Hispanoamericana* (Cali) 20 (nov., 1996): 49-56.

Tenorio Mejía, Álvaro. *José Asunción Silva*. Bogotá: Centro Colombo Americano, 1982. 44p.

Torres, Mauro. «José asunción Silva». *Psicoanálisis del escritor*. México, Editorial Pax-México 1969. [s.p].

Torres Duque, Óscar. «Al margen de la prensa (1865-1896)». *Gaceta* (Bogotá) 32-33 (abr., 1996): 81-94.

———. «La enfermedad como una de las bellas artes». *Revista Senderos* (Bogotá) 5.27-28 (dic., 1993): 709-717.

Torres Pinzón, Carlos Arturo. «José Asunción Silva». *Universidad* (Bogotá) 106 (nov. 8, 1928): 542.

———. «José Asunción Silva *Leyendo a Silva*, III. Juan Gustavo Cobo Borda (ed. e introd.).Bogotá, Colombia: Instituto Caro y Cuervo; 1997. 61-63.

Torres Rioseco, Arturo. [Comp]. *Antología de poetas precursores del modernismo*. Washington: Unión Panamericana, 1949, 108p.

———. «José Asunción Silva». *Revista Nosotros* (Buenos Aires) XVII.173 (oct., 1923): 180-198.

———. «Las teorías de Poe y el caso de José Asunción Silva». *Boletín de Programas* (Bogotá) 22.224 (nov., 1965): 76-82.

Trigo, Benigno. «La función crítica del discurso alienista en *De sobremesa* de José Asunción Silva». *Hispanic Journal* (Indiana, PA) 15.1 (Spring, 1994): 133-146.

Umaña Bernal, José. «En busca de José Asunción Silva». *Hojas de Cultura Popular Colombiana* (Bogotá) 66 (jun., 1966): [s.p].

Unamuno y Jugo Miguel de. «José Asunción Silva». *Boletín Cultural y Bibliográfico* (Bogotá) 6.4 (1963): 529-548.

Uribe Holguín, Guillermo. «El infortunio comercial de Silva: Réplica a Camilo de Brigard». *Leyendo a Silva*, III. Juan Gustavo Cobo Borda (ed. e introd.).Bogotá, Colombia: Instituto Caro y Cuervo; 1997. 145-149.

———. «Sobre el infortunio de Silva». *Leyendo a Silva*, III. Juan Gustavo Cobo Borda (ed. e introd.).Bogotá, Colombia: Instituto Caro y Cuervo; 1997. 151-157.

———. *Tres canciones de Guillermo Uribe Holguín; sobre textos de José Asunción Silva, Guillermo Valencia y León de Greiff*. Bogotá: Patronato de Artes y Ciencias, 1975. [s.p].

Urueta, Filadelfo. José A. «Silva». *Revista Contemporánea* (Cartagena) 2.7 (ene. 1, 1917): 10-17.

Valencia, Guillermo. «José Asunción Silva». *Boletín de Programas* (Bogotá) 22.224 (nov., 1965): 71-75; 99-104.

Vallejo, Alejandro. *Homenaje a Silva: una interpretación del nocturno. Dos cartas de Silva*. Bogotá: Editorial Kelly, 1946. 11-62p.

———. *Una interpretación del Nocturno*. Bogotá: Editorial Kelly, 1946. 62p.

Vallejo, Fernando. *Chapolas Negras*. Santa Fe de Bogotá: Alfaguara, 1995. 262p.

Vallejo Rendón, Fernando. «Muerte de Silva». *Credencial Historia* (Bogotá) 76 (abr., 1996): 13- 15.

Vargas Ramírez, Enrique. *Muerte en la Candelaria*. Santa Fe de Bogotá: Tercer Mundo Editores, 1997. 133p. [Obra de teatro en memoria de José Asunción Silva]

Vega, Fernando de la. «Silva, poeta». *Leyendo a Silva*, III. Juan Gustavo Cobo Borda (ed. e introd.).Bogotá, Colombia: Instituto Caro y Cuervo; 1997. 49-59.

Villaespesa, Francisco. «Algunas palabras sobre el "Nocturno" de José Asunción Silva y su influencia en la lírica española ». *Santafé y Bogotá* (Bogotá) 1.3 (mzo., 1923): 165-171.

Villanueva Collado, Alfredo. «*De sobremesa* de José Asunción Silva y las doctrinas esotéricas en la Francia de fin de siglo». *Revista de Estudios Hispánicos* (St. Louis. MO) 21.2 (mayo, 1987): 9-21.

———. «Gender ideology and Spanish American critical practice: José Asunción Silva's case». *Translation Perspectives* (Binghamton, NY) 6 (1991): 113-125.

———. «Ideología y política: José Asunción Silva y la corrupción de la semilla histórica en *De sobremesa*». *Discurso Literario: Revista de Temas Hispánicos* 6.1 (Otoño, 1988): 255-266.

———. «José Asunción Silva y la idea de la modernidad: *De sobremesa*». *Inti: Revista de Literatura Hispánica* (Cranston, RI) 20 (otoño, 1984): 47-56.

———. «José Asunción Silva y Karl-Joris Huysmans: Estudio de una lectura». *Revista Iberoamericana* (Pittsburgh) 55.146-147 (ene.-jun., 1989): 273-286.

———. «La ficción crítica». *Leyendo a Silva*, III. Juan Gustavo Cobo Borda (ed. e introd.).Bogotá, Colombia: Instituto Caro y Cuervo; 1997. 349-379.

———. «La funesta Helena: Intertextualidad y caracterización en *De sobremesa*, de José Asunción Silva». *Explicación de Textos Literarios* (Sacramento, CA) 22.1 (1993-1994): 63-71.

Villarreal Vásquez, Luis José, «De José Asunción Silva a José Fernández de Andrade, o la autobiografobomanía del discurso literario». *Thesaurus: Boletín del Instituto Caro y Cuervo* (Bogotá) 49.2 (mayo-ag., 1994): 394-398.

Vives Guerra, Julio. «Anécdotas y decires». *El Gráfico* (Bogotá) 22.1066 (feb.,1932): 741.

Washbourne, Richard Kelly. *In After-Dinner Conversation: The Diary of a Decadent (A Critical Translation of José Asunción Silva's 'De sobremesa')*. University of Massachusetts, 2002. |Disertación doctoral|.

Yunis, José. «A proposito del suicidio de Silva». *El Tiempo* [Lecturas Dominicales] (Bogotá) (sept. 8, 1996): 4-5.

Zalamea, Jorge. «José Asunción Silva». *El Gráfico* (Bogotá) 14.688 (mayo, 1924): 1406-1407.

Zamacois, Eduardo. «José Asunción Silva». *Leyendo a Silva*, III. Juan Gustavo Cobo Borda (ed. e introd.).Bogotá, Colombia: Instituto Caro y Cuervo; 1997. 35-40.

Zapata, José Luis. *José A. Silva*. Videograbación. Santa Fe de Bogotá: Atanor Producciones, 1996. 1 videocasete. 36 min.

Zarate Rhenals, Sergio.« Por la gloria de un poeta». *Colombia* (Bogotá) 1.26 (nov., 1916): 251- 253.

Zuleta, Rodrigo. [res.] «El poeta suicida y la ciudad culpable». *Boletín Cultural y Bibliográfico* (Bogotá) 34.45 (1997): 113-117.

———. *El sentido actual de José Asunción Silva: análisis de la recepción de un clásico de la literatura colombiana.* Frankfurt: Lang, 2000. 144p.

SILVA, RICARDO (Bogotá, 1836-1887).
Poesía:
———. «Epigrama». *El Mosaico, Álbum Neo-Granadino* (Bogotá) II.50 (dic. 22, 1860): 400. [Firmado: R. Silva].
———. «Memorial». *El Mosaico* (Bogotá) III.13 (abr. 9, 1864): 102.
Relato:
———. *Artículos de costumbres.* Bogotá: Imprenta de Silvestre, 1883. 203p. [Contenido: Un domingo en casa. Las cosas de las de casa. Indemnizaciones. El portón de casa. Estilo del siglo. Ponga usted tienda. Tres visitas. Y como usted es mi amigo. Mi familia viajando. El niño Agapito. La cruz del matrimonio. Vaya usted a una junta. Un remiendito. Las llavecitas. Un año en la corte. La niña Salomé]
——— Banco Popular, 1973. 247p.
———. «El portón de casa». *El Mosaico, Álbum Neo-Granadino* (Bogotá) II.50 (dic. 22, 1860): 393-397.
———. «Casa histórica». *El Mosaico, Álbum Neo-Granadino* (Bogotá) II.50 (dic. 22, 1860): 397-398.
———. «El niño Agapito». *Cuadros de costumbres y descripciones locales de Colombia* Artículos escogidos y publicados por José Joaquín Borda. Librería y Papelería de Francisco García Rico, 1878. 215-223.
——— *Diez cuadros de costumbres.* Bogotá: Ed. Antena, [s.f]. [s.p].
———. «El niño Agapito» (fragmento). *Historia de la literatura colombiana.* José J. Ortega T. Bogotá: Editorial Cromos, 1935. 296-299.
———. «El portón de casa». *Museo de cuadros de costumbre i variedades.* Bogotá: Imprenta a cargo de Foción Mantilla, 1866. 214-220.
———. «El tiple». *Cuadros de costumbres.* Eugenio Díaz ... [et. al]. Prólogo de Rafael Maya Cali: Carvajal y Compañía, 1969. [s.p].
———. «La crinolina» *El Mosaico, Álbum Neo-Granadino* (Bogotá) II.50 (dic. 22, 1860): 398-399.
———. «La niña Salomé». *Papel Periódico Ilustrado* (Bogotá) II.30 (nov. 28, 1882): 85-92.
———. «Opiniones sobre una corbata». Señor Ricardo Silva. *El Mosaico* (Bogotá) 3.3 (ene. 27, 1864): 22.
———. «Ponga usted tienda». *El Mosaico* (Bogotá) III.13 (abr. 9, 1864): 98-100.
———. «Relatos». *Relatos costumbristas colombianos.* Medellín: Edilux, 1993. [s.p].
———. «Tiene usted mucha razón». *El Mosaico, Álbum Neo-Granadino* (Bogotá) II.50 (dic. 22, 1860): 399-400.

———. «Un año en la corte». *Papel Periódico Ilustrado* (Bogotá) I.3 (oct. 15, 1881): 42-51.

———. «Un domingo en casa». *Museo de cuadros de costumbres i variedades*. Bogotá: Imprenta a cargo de Foción Mantilla, 1866. 72-75.

——— *Cuadros de costumbres*. Santafé de Bogotá: Panamericana Editorial, 1998.39-51.

———. *Un domingo en casa y otros cuadros*. 3ª ed. Bogotá: Editorial Minerva, 1936 157p.

——— Bogotá: Editorial Minerva, 1943. 111p.

———. «Un remiendito». *Cuadros de costumbres*. Santafé de Bogotá: Panamericana Editorial, 1998. 53-77.

———. [Vaya usted a una junta]

Teatro:

———. «El culto de los recuerdos». *Teatro colombiano: siglo XIX: de costumbres y comedias*. Selección y notas Carlos Nicolás Hernández. Bogotá: Tres Culturas Editores, 1989. 242-266.

Otros:

———. «Contestación». *El Mosaico* (Bogotá) 3.3 (ene. 27, 1864): 22.

———. «De todo». *El Mosaico, Álbum Neo-Granadino* (Bogotá) II.50 (dic. 22, 1860): 393.

———. *Los trabadores ante los partidos*. Bogotá: Antares, 1955. 258p.

———. *Ricardo Silva en el juicio de sucesión promovido por los hermanos de su padre*. Bogotá: Imprenta a cargo de Foción Mantilla, 1869. 30p.

———.«Una esplicación». *El Mosaico* (Bogotá) III.39 (oct. 8, 1864): 312.

Crítica:

Gálvez Osorio, Alberto. «Ricardo Silva». *Hacia la Luz* (Bogotá) 12.127 (oct., 1956): 185-188.

Urdaneta, Alberto. «D. Ricardo Silva». *Papel Periódico Ilustrado* (Bogotá) II.30 (nov. 28, 1882): 85.

SILVERIO, seudónimo de José Manuel Groot.

SILVERIO, seudónimo de Mariano Ospina Rodríguez.

SILVESTRE, BÁRBARO, seudónimo de Diógenes A. Arrieta.

SILVESTRE, LUIS MARÍA DE (18 ?- ?) (Seud. Sigma).

SILVESTRE, LUIS SEGUNDO (Bogotá, 1838-1887) (Seuds. González Cortina, H. P. del P; Hernán Pérez del Pulgar; H. Saldaña; S.; Sicambro).

Novela:

———. *Tránsito*. Bogotá: Imprenta de Silvestre, 1886. 211p.

——— Bogotá: Editorial Minerva, 1932. 251p.

——— Boston, New York: D. C. Heath and Company, 1932. 263p.

——— Bogotá: Editorial Minerva, 1936. 172p.

——— Bogotá: Editorial Minerva, [s.f].172p.

——— Medellín: Editorial Bedout, 1970? 147p.

——— Medellín: Editorial Bedout, 1980. 147p.

——— Medellín: Editorial Bedout, 1982. 147p.

Relato:

———. «El alojado». *Papel Periódico Ilustrado* (Bogotá) V.106 (dic. 15, 1886): 155-160.

———. «Los dos pichones». *Vida* (Bogotá) 3.26 (ag., 1939): 2-3, 38-40.

———. «¿Por qué no tengo patillas?». *Colombia Ilustrada* (Bogotá) 4-5 (jun. 30, 1889): 66-70.

———. «Relatos». *Relatos costumbristas colombianos*. Medellín: Edilux, 1993. [s.p].

———. «Un par de pichones». *El Repertorio Colombiano* (Bogotá) 2 (oct., 1886): 132-150.

——— *Revista del Colegio Mayor de Nuestra Señora del Rosario* (Bogotá) 51.52 (mzo., 1910): 96.

——— *Historia de la literatura colombiana*. José J. Ortega T. Bogotá: Editorial Cromos, 1935. 340-345.

——— «Un par de pichones». *Cuadros de costumbres*. Bogotá: Antares, 1971. [s.p].

Otros:

———. «General Manuel Briceño». *Papel Periódico Ilustrado* (Bogotá) II.44 (jul. 15, 1883): 314-316.

———. y Adolfo Silvestre. [*La Patria* (periódico)]

———. *Proyecto sobre un Instituto Nacional de Ciencias i Bellas Artes: Presentado al ciudadano Presidente de la Nueva Granada, Mariano Ospina*. Bogotá: Imprenta de Francisco Torres Amaya, 1858. 25p.

Crítica:

Caparroso, Carlos Arturo. «Tres clásicos colombianos». *Boletín de la Academia Colombiana*(Bogotá) 23.98 (jun.-jul., 1973): 275-280.

Carreño Avellaneda, María Teresa. *Categorías románticas en «Transito» de Luis Segundo de Silvestre*. Santa Fe de Bogotá: Universidad de la Salle. Facultad de Ciencias de la Educación. Departamento de idiomas, 1979. 122p. [Mecanografiado. Tesis (Licenciado en ciencias de la educación). Universidad de La Salle. Facultad de Ciencias de la Educación, Bogotá, 1978]

Cortázar, Roberto. «Tres novelistas raizales». *Revista del Colegio Mayor de Nuestra Señora del Rosario* (Bogotá) V.41 (feb., 1909): 1-22.

Cristina, María Teresa. «*Tránsito*». *Gran Enciclopedia de Colombia*. 4. Santafé de Bogotá: Círculo de Lectores, 1992. 109-110.

J[iménez] A[rango], R[afael]. «Tránsito por Luis Segundo de Silvestre». *El Tiempo* (Bogotá) [Lecturas Dominicales] 18910 (feb. 20, 1966): 7.

Pineda Botero. Álvaro. «Tránsito». *La fábula y el desastre: estudios críticos sobre la novela colombiana, 1650-1931*. Fondo Editorial. Universidad EAFIT, 1999. 285-290.

Ramos, Óscar Gerardo. «Tránsito». *De Manuela a Macondo*. Bogotá: Instituto Colombiano de Cultura, 1972. 37-40.

Samper, José María. «Tránsito». *El Repertorio Colombiano* (Bogotá) 5 (ene., 1887): 389-395.

SIMÓN, seudónimo de Carlos Martínez Silva.
SOAREZ DE SILVA, seudónimo de Rafael Pombo.
SOLIMÁN, seudónimo de Camilo Botero Guerra.
SOPHIE GAUTIER. Ver Gautier, Sophie.
SOMAYOR, ENRIQUE DE, seudónimo de Antonio Nariño.
SOMEL, seudónimo de Gonzalo Lemos Bonilla.
SOROA, G. DE, seudónimo de Sergio Arboleda.
SOROA, GABRIEL DE, seudónimo de Sergio Arboleda.

SOTO, FRANCISCO (1789-1846) (Seuds. Dos Granadinos, Los Editores de la Bandera, Un vecino).

OTROS:

———. *Arancel en que se estima el precio de los efectos o mercaderías que se importen por las aduanas de los puestos marítimos, secos o de río de la República de la Nueva Granada, para el cobro de los derechos de importación i de alcabala en su caso*. Bogotá: Imprenta de N. Lora, 1835. 79p.

———. «Concluye la memoria de la Comisión de Crédito Nacional». *El Conductor* (Bogotá) 2.36 (jun. 5, 1827): 134-135.

———. «Discurso pronunciado por el senador Francisco Soto, sobre la renuncia del Libertador». *El Conductor* (Bogotá) 2.38 (jun. 12, 1827): 141-142.

———. *Esposición que hace al Congreso Constitucional de la Nueva Granada en 1834 el Secretario de Estado en el Despacho de Hacienda, sobre los negocios de su departamento*. Bogotá: Imprenta de B. Espinosa, 1834. [paginación diversa, 9h. pleg.]

——— Bogotá: Imprenta de B. Espinosa, por José Ayarza, 1834. 248p. en varias paginaciones.

———. *Esposición que hace al Congreso Constitucional de la Nueva Granada en 1835, el Secretario de Estado en el Despacho de Hacienda: sobre los* negocios de su departamento. Bogotá: Imprenta de Nicomedes Lora, 1835. ca.130 en varias paginaciones.

——. *Esposición que hace al Congreso Constitucional de la Nueva Granada en 1837, el Secretario de Estado en el Despacho de Hacienda, sobre los negocios de su departamento*. Bogotá: Impr. de Nicomedes Lora, 1837. 44p.

——. (Ed.). *Felicitación que algunos amigos del ciudadano Obispo de Antioquia Doctor Juan de la Cruz Gómez Plata, le dirijen a consecuencia de haberse recibido en esta ciudad las bulas pontificias de su institución*. Bogotá: Imprenta de N. Lora, 1835. [s.p].

——. *Memorias de 1827*. Bogotá: [s.edit], 1827. 336p.

——. *Memorias de 1827*. Bogotá: Librería Nueva, 1894? 40p.

——. «Memorias: para la historia de la Legislatura de Colombia en 1827». *El Liberal Ilustrado* (Bogotá) 3.1.242-25 (1914): 390-392.

——. «Misceláneas Políticas. Comunicado. Aviso. Vinculación de la verdad y la justicia contra la inexactitud y parcialidad». *El Constitucional* (Bogotá) 92 (jun. 1°, 1826): 3.

——. «Misceláneas Políticas. Discurso que pronunció Ezequiel Rojas, Cursante de Economía política en el Colegio de San Bartolomé de esta ciudad al principiar el acto de Conclusiones que sostuvo, la tarde del 15 del próximo Julio, bajo la dirección de su Catedrático Francisco Soto». *El Constitucional* (Bogotá) 50 (ag. 11, 1825): 2.

——. *Mis padecimientos i mi conducta pública desde 1810 hasta hoi*. Bogotá: [s.edit], 1841. 38p.

—— Bogotá: Academia Colombiana de Historia, 1978. 191p.

——. *Presupuesto jeneral de sueldos i gastos del Departamento de Hacienda, formado con arreglo a las leyes de 27 de marzo de 1832 i 4 de junio de 1833: para el año de 1834*. Bogotá?: Secretaria de Hacienda, 1834. 57p., 5 h. pleg.

——. *Presupuesto jeneral de sueldos y gastos del departamento de hacienda para el año económico contadero de 1° de setiembre de 1837, a 31 de agosto de 1838, formado con arreglo a la lei de sueldos de 26 de marzo de 1832, a la de gastos de 6 de junio de 1836 i a los demás disposiciones vijentes*. Bogotá: [s.edit], 1837. 55p.

CRÍTICA:

Amaya, José Antonio. *Acusación hecha ante el soberano Congreso de Colombia, por el promotor fiscal eclesiástico Doctor José Antonio Amaya, contra los señores, Fiscal Doctor Francisco Soto e Intendente Enrique Umaña en 7 de mayo de 1824 por infractores de la Constitución y las leyes*. Bogotá: Imprenta de Espinosa, 1824. 32p.

Anónimo. *Noticia histórica i biográfica del doctor Francisco Soto*. Bogotá: [s.edit], 1841. 38p.

Anónimo. *Oración fúnebre en honor del doctor Francisco Soto* [s.p.i]. 21p.

Soto, Foción. «Francisco Soto». *El Liberal Ilustrado* (Bogotá) 3.1242 (ene. 30, 1915): 385-390.

SOUVESTRE, EMILIO, seudónimo de Medardo Rivas Mejía.

SUÁREZ, MARCO FIDEL (Hatoviejo (Bello) Antioquia 1855-1927). Escritor, ensayista y diplomático. Político y estadista antioqueño; Presidente de la República durante el período 1918-1921.

Otros:

———. «Aceptación de los designados». *Ecos: semanario de literatura y variedades* (Jericó) 2.13: 1-2.

———. *Análisis gramatical de "Pax"*. Bogotá: Imprenta de «La Luz», 1907. 220p.

———. *Antioquia conservadora*. Medellín: Editorial Granamérica, 1955. 14p.

———.. «Arquidamo: discurso de Isócrates». *El Repertorio Colombiano* (Bogotá) 1 (oct., 1884): 15-36.

———. *Biografías del prócer Juan del Corral*. Bogotá: Editorial Bochica, 1951. 64p.

———. «Carlos Holguín». *Revista del Colegio Mayor de Nuestra Señora del Rosario* (Bogotá) 261.266 (jul., 1932): 344..

———. «Carta-Prólogo». *Revista del Colegio Mayor de Nuestra Señora del Rosario* (Bogotá) 111.111 (feb., 1916):37.

———. *Cartas a Diego Mendoza Pérez y a Emiliano Isaza*. Mss. Bogotá: 1892-1916. 3 cartas. Colección de manuscritos de la Biblioteca Luis Ángel Arango.

———. «Cartas de don Marco Fidel Suárez a don Luis Martínez Silva». *El Gráfico* (Bogotá) 25.1248 (sept., 1935): 1234; 25.1249 (oct.,1935): 1276-1277.

———. «Centenario del insigne patricio Juan Pablo Restrepo». *Revista Javeriana* (Bogotá) 11.55 (jun., 1939): 286-302.

———. «Circular del Directorio Conservador Nacional». *Ecos: semanario de literatura y variedades* (Jericó) 2.12: 1-2.

———. «Colon y el padre Las Casas». *Universidad* (Bogotá) 2ª época. 103. (oct. 13, 1928): 458-460.

———. «Cómo se fundó la Academia Colombiana». *Mundo al Día* (Bogotá) 4.394 (ene. 15, 1927): 27-30.

———. «Con motivo de la paz». *El Gráfico* (Bogotá) 45.443-444 (nov. 16, 1918): 339.

———. «Consideraciones filosóficas». *Revista del Colegio Mayor de Nuestra Señora del Rosario* (Bogotá) 377.381 (jun.-jul., 1944): 146.

―――. «Cristóbal Colón». *Repertorio Histórico* (Medellín) 13.139 (mzo., 1939): 517-519.

―――― *Hojas de Cultura Popular Colombiana* (Bogotá) 34 (oct., 1953): [s.p].

―――. «Del álbum del P. Almaza». *El Gráfico* (Bogotá) 29.289-290 (mayo 27, 1916): 308.

―――. «De la lengua escarola». *Boletín de la Academia Colombiana* (Bogotá) 23. 99 (ag.-sept., 1973): 9-16.

―――. *De los sueños de Luciano Pulgar*. Recopilación de Nazario Bernal Maya. Medellín: Universidad Pontificia Bolivariana, 1999. 150p.

―――. [Coaut]. *Día del idioma: 23 de abril de 1973*. Bogotá: Editorial Kelly, 1973. 43p.

―――. «Discurso pronunciado en la sesión solemne de la Academia Colombiana de la Lengua para conmemorar el tercer centenario de la muerte de D. Miguel de Cervantes Saavedra». *El Liberal Ilustrado* (Bogotá) 6.1792 (jun. 3, 1910): 273-288.

―――. *Doctrinas internacionales*. Bogotá: Imprenta Nacional, 1955. 200p.

―――. *D. Juan, Pablo Restrepo*. Bogotá: Imprenta de la Época, 1896. 41p.

―――. «Don Marco, visto por sí mismo (autobiografía)». *Revista Javeriana* (Bogotá) 43.212-213 (mzo.-abr., 1955): 65-145.

―――. «Don Marco Fidel Suárez». *Santafé y Bogotá* (Bogotá) 5.53 (mayo, 1927): 220-221.

―――. «Don Sergio Arboleda». *Boletín de la Academia Colombiana* (Bogotá) 1.4 (sept., 1936): 45-261

―――. *Dos discursos: Discursos pronunciados en el acto de entrega al señor doctor Marco Fidel Suárez la condecoración de la Sociedad Bolivariana de Colombia*. Bogotá: Águila Negra, 1926. 8p.

―――. «El carácter». *El Gráfico* (Bogotá) 16.826 (abr., 1927): 953.

―――. *El castellano en mi tierra: discurso leído en la Academia Colombiana el 17 de julio de 1910*. Bogotá: Imprenta Eléctrica, 1910. 26p.

―――. «El clero en la política». *Universidad* (Bogotá) 2ª época. 147 (ag. 17, 1929): 171.

―――. *El derecho internacional en los «Sueños de Luciano Pulgar»: doctrinas internacionales*. Bogotá: Imprenta Nacional, 1955. 275p.

―――. *El libro de oro*. Bogotá: Ediciones Colombia, 1927. 178p.

―――. «Elogio de don Miguel Antonio Caro, leído el 12 de octubre de 1909 en la Academia de Historia». *Revista de las Indias* (Bogotá) 18.57 (sept., 1943): 297-327.

―――. *El partido nacional*. Bogotá: Imprenta Eléctrica, 1910. 20p.

―――. «El positivismo». *Revista del Colegio Mayor de Nuestra Señora del Rosario* (Bogotá) 201.208 (sept., 1926): 449.

———. «El progreso». *El Repertorio Colombiano* (Bogotá) 46 (abr., 1882): 280-286.

———. «El pronombre posesivo». *El Repertorio Colombiano* (Bogotá) 10.2 (oct., 1883): 123-150.

———. *El Nacionalista: órgano del directorio del Partido Nacional*. Directores Marco F. Suárez, Antonio Gómez Restrepo. Bogotá: Carlos Tanco, 1897-1898.

———. «El talento de Caro». *Revista Policía Nacional* (Bogotá) 4.33-34 (mzo.-abr., 1955): 41.

———. «Ensayo sobre la gramática castellana de Andrés Bello». *Repertorio Colombiano* (Bogotá) 43-44 (ene.-feb., 1882): 1-34, 81-100.

———. *Escritos*. Bogotá: Arboleda & Valencia, 1914. 429p.

——— 3ª ed. Bogotá: Editorial Minerva, 1935. 171p.

———. *Estudios escogidos*. Bogotá: Editorial Santafé, 1952. 514p.

———. *Escritos escogidos*. Medellín: Imprenta Departamental, 1954. 321p.

———. *Estudios gramaticales; introducción a las obras filológicas de D. Andrés Bello*. Madrid: A. Pérez Dubrull, 1885. 382p.

——— Edición facsímil; Medellín: Universidad de Antioquia, 1955. 367p.

——— Bogotá: Editorial ABC, 1957. 293p.

———. Exposición sobre el viaje presidencial. Bogotá: Imprenta Nacional, 1920. 25p.

———. «Filosofía antifilosóficas». *El Repertorio Colombiano* (Bogotá) 1 (oct., 1884): 36-64.

———. «Francisco Antonio Zea». *Universidad Católica Bolivariana* (Medellín) 28.101 (oct.-dic., 1966): 85-98.

———. «Horacio y sus poesías. Carta prologo a las traducciones de Horacio hechas por don Francisco Vergara Barros». *Universidad de Antioquia* (Medellín) 121 (mzo.-mayo, 1955): 285-291.

———. *Informe del Ministro de Relaciones Exteriores al Congreso de 1915 [1916, 1917]*. Bogotá: Arboleda y Valencia, 1915-1917. 252p.

———. *Informe dirigido al Congreso de !894 por el Ministro de Relaciones Exteriores*. Bogotá: Imprenta de Vapor de Zalamea Hermanos, 1894. [s.p].

———. *Informe que el Subsecretario de Relaciones Exteriores encargado del despacho dirige al Congreso de 1892*. Bogotá: Echeverría, 1892? 186p.

———. *Jesucristo*. Bogotá: Voluntad, 1952. 44p.

——— *Revista Policía Nacional* (Bogotá) 7.31-32 (ene.- feb., 1955): 45.

——— *Boletín Cultural y Bibliográfico* (Bogotá) 19.3 (1982): 5-15.

———. *Jesucristo, la lengua castellana*. Bogotá: Editorial Minerva, 1932. 115p.

[Contenido: Jesucristo: Oración pronunciada por el señor don Marco Fidel Suárez en la Segunda Asamblea General del Congreso Eucarístico de 1913; La lengua castellana: Discurso del académico señor don Marco Fidel Suárez, leído en la sesión solemne del 17 de junio de 1910]

———. «Jesucristo: oración pronunciada en la segunda Asamblea General del Congreso Eucarístico de Bogotá». *El Gráfico* (Bogotá) 22.1123 (abr., 1933): 3378-3382.

———. «José Eusebio Caro». *Universidad de Antioquia* (Medellín) 165 (abr.-jun., 1967): 621-627.

———. «La ciudad heroica». *El Gráfico* (Bogotá) 15.760 (nov. 14, 1925): 500-501.

———. «La educación católica». *Revista del Colegio Mayor de Nuestra Señora del Rosario* (Bogotá) 71.72 (mzo., 1912): 103.

———. *La hija de O'Leary en el centenario de Boyacá, 1819-1919*. Bogotá: Imprenta. y Litografía de Juan Casís, 1919? 15p.

———. «La instrucción pública en Colombia». *Revista del Colegio Mayor de Nuestra Señora del Rosario* (Bogotá) 141.148 (sept., 1920): 466-477.

———. *La jira presidencial: discursos pronunciados por el Excelentísimo sr. don Marco Fidel Suárez Presidente de la República en Barranquilla, Cartagena y Santamarta, 1919*. Barranquilla: La Nación, 1919. 10p.

———. «La locura de Don Quijote y la de Sancho Panza». *Hacia la Luz* (Bogotá) 7.81 (nov., 1952): 282-292.

———. *La Regeneración*. Bogotá: Imprenta de «La Época», 1896. 1h.pleg.

———. *Mensaje del Presidente de la República de Colombia al Congreso Nacional en las sesiones de 1921*. Bogotá: Imprenta Nacional, 1921. 114p.

———. *Mensaje del Presidente de la República de Colombia al Congreso Nacional en las sesiones de 1919 [-1921]*. Bogotá: Imprenta Nacional, 1919-1921. 3 vols.

———. «Nicolás Esguerra». *Revista del Colegio Mayor de Nuestra Señora del Rosario* (Bogotá) 319.325 (ag.- sept., 1938): 505.

———. «Nota del Ministerio de Instrucción Pública al Rector de la Facultad de Matemáticas e Ingeniería». *Anales de Ingeniería* (Bogotá) 11.134 (oct., 1899): 285-287.

———. *Obras*. Bogotá: Librería Voluntad, 1958-1966. 3 vols.

—— Edición preparada por Jorge Ortega Torres y Horacio Bejarano Díaz; prólogo de Fernando Antonio Martínez; introducción Emilio Robledo. Bogotá: Instituto Caro y Cuervo, 1958-1966. 2 vols. [Contenido: v.1. Escritos gramaticales; Escritos literarios e históricos; Semblanzas y necrologías; Escritos religiosos y apologéticos; Escritos filosóficos; Escritos pedagógicos; Traducciones; Índice de nombres propios y corrigenda. v.2. Sueños de Luciano Pulgar; Indice alfabético onomástico y de materias, correcciones y otras adiciones]

—— Bogotá: Instituto Caro y Cuervo, 1980. 3 vols.

———. *Oración a Jesucristo: recuerdo del II congreso eucarístico nacional, obsequiado por «El Pueblo»*. Medellín: Tipografía San Antonio, 1935. 26p.

—— «Oración a Jesucristo». *Hojas de Cultura Popular Colombiana* (Bogotá) 2.14 (feb., 1952): [s.p].

—— Medellín: Imprenta Departamental de Antioquia, [1955] 25p.

———. *Oración de Marco Fidel Suárez a San Francisco de Asís*. Bogotá: Editorial Iris, 1955. 37p.

———. *Oración pronunciada por don Marco Fidel Suárez en la segunda asamblea general del Congreso Eucarístico de Bogotá*. Medellín: Imprenta Departamental, 1913. 27p.

———. *Programa del curso de Derecho Internacional Público*. Bogotá: Imprenta de la Nación, 1888. 35p.

———. «Prólogo». *Colombia en la guerra de independencia: la cuestión venezolana*. Prólogo de Marco Fidel Suárez. Bogotá: Banco Popular, 1972. [s.p].

———. «Prólogo». *Las letras, las ciencias y las bellas artes en Colombia*. Sergio Arboleda. 3ª ed. Santafé de Bogotá: Universidad Sergio Arboleda, 1997. [s.p].

———. *Protesta*. Bogotá: Ministerio de Instrucción Publica, 1900. 1h.

———. *Rafael Núñez*. Bogotá: Imprenta Nacional, 1894. 47p.

———. *Rafael Núñez y Carlos Holguín*. Bogotá: Imprenta Nacional, 1894. 47p.

———. *Selección de escritos*. Edición al cuidado de José J. Ortega Torres. Bogotá: Librería Voluntad, 1942. 471p.

———. «Sobre educación en Colombia». *Revista del Colegio Mayor de Nuestra Señora del Rosario* (Bogotá) 151.157 (ag., 1921): 431.

———. *Sociedad de San Vicente de Paúl (Bogotá). Memoria del Presidente y discurso del socio Marco Fidel Suárez, leídos en la sesión solemne celebrada el día 22 de julio de 1883*. Bogotá: Imprenta de Medardo Rivas, 1883. 25p.

———. *Sociedad de San Vicente de Paúl (Bogotá). Memoria del Presidente; discurso del socio Dr. Marco Fidel Suárez, leídos en la sesión solemne celebrada el día 23 de julio de 1905*. Bogotá: Imprenta de M. Rivas y Compañía, 1905. 48p.

———. *Sueños de Luciano Pulgar*. Bogotá: Editorial Minerva; Imprenta Nacional y Voluntad, 1925-1940. 12 vols. [Contenido apéndices: v.1. La enorme injusticia (1911): 321-330; Marcelino Vélez (1923): 317-328;

Extracto de documentos relativos a usurpación de una defensa (1922): 329-342. v.3. Cartas del Presidente de la República publicadas en el *Diario Oficial* en 1921 (1921): 333-374. v.4. Antioquia conservadora (1915): 345-358. v.5. Poesía de Rudyard Kipling y traducción de Antonio Gómez Restrepo. v.6. Discurso pronunciado en el extremo de la estatua del doctor Murillo: 367-374. v.7. Boceto del doctor Miguel Tobar por José Manuel Groot: 265-269. v.8. Circular a los directores de publicaciones periodísticas de la República (1914): 415-428. v.9. Libertad de imprenta (1920): 313-318. Discurso en el entierro del General Rafael Uribe Uribe (1914): 319-323. Cómo se fundó la Academia Colombiana: 324-333. v.10. Discurso a la juventud católica de Caldas (1926): 368-377. Minucia ortográfica (1911): 378-382. v.11. Pensilvania (1926): 413-430. Discurso ofrecido a San Francisco de Asís: 431-457. Elogio de la paciencia (1926): 458-467. Exposición sobre el viaje presidencial (1920): 468-490. v.12. Una crítica injusta contra Bello (1884): 423-437. La regeneración (1896): 438-452. El partido nacional (1910): 453-481. Horacio y sus poesías (1915): 482-491]

———— Edición al cuidado de Eduardo Guzmán Esponda Bogotá: Voluntad, 1926-1943 8 vols.

———— Bogotá: Editorial ABC, 1954. 12 vols.

————. *Sueños de Luciano Pulgar.* X. Edición al cuidado de José J. Ortega y Manuel Antonio Bonilla. Bogotá: Librería Voluntad, 1940. lxxip.

————. *Sueños de Luciano Pulgar: selección.* Lima: Editora Popular Panamericana, 1961. 134p

————. *Sueños gramaticales de Luciano Pulgar.* Bogotá: Imprenta del Banco de la República, 1952. 427p.

————. *Sursum.* Bogotá: Imprenta de «La Época», 1896. 30p.

———— 2ª ed. con alguna adición y variante. Bogotá: Imprenta Nacional, 1896. 27p.

————. *Sursum: artículo del señor D. Marco Fidel Suárez publicado en los números 148 y 149 de «La Época».* Bogotá: Imprenta Nacional, 1896. 37p.

————. *Tratado entre Colombia y los Estados Unidos.* Bogotá: Casa Editorial de "El Liberal", 1914. 31p. [Contenido: El tratado de 6 de Abril [1914]. Comentarios al tratado del 6 de Abril de 1914 para terminar las diferencias provenientes de la secesión de Panamá, en noviembre de 1903.

————. *Tratados con Venezuela: discurso pronunciado por el sr. Marco Fidel Suárez ante el Senado en la sesión secreta del 12 de Diciembre de 1896 y que se publica de orden de dicha corporación.* Bogotá: Imprenta Nacional, 1897. 36p.

————. «Una crítica injusta contra Bello». *El Repertorio Colombiano* (Bogotá) 12 (ag., 1884): 469-481.

———. «Una obra histórica». *El Nuevo Tiempo Literario* (Bogotá) 14.8-41-20 (jun.14, 1914): 129-130.

———. «Un texto imperecedero de Marco Fidel Suárez: Jesucristo». *Boletín Cultural y Bibliográfico* (Bogotá) 19.3 (1982) 5-15.

———. e Hispano, Cornelio. *Colombia en la guerra de Independencia: la cuestión venezolana*. Bogotá: Arboleda y Valencia, 1914. 318p.

———. y Miguel Antonio Caro. *Del uso en sus relaciones con el lenguaje*. Bogotá: Editorial Minerva, 1932. 205p. [Contenido: Rufino José Cuervo: Castellano en América. Marco Fidel Suárez: Jesucristo; Lengua castellana]

———. y Eduardo Posada. *Córdoba, Girardot, Zea: 3 estudios biográficos*. Medellín: Imprenta Departamental, 1961. 144p.

——— Bogotá: Editorial Kelly, 1972. [s.p].

CRÍTICA:

Acevedo Bernal, Ricardo. *Marco Fidel Suárez*. Material audiovisual. 1 diapositiva: color; 35 mm.

Acosta, Hernán Guillermo. «Trascendencia del pensamiento de Suárez en la vida colombiana». *Revista del Colegio Mayor de Nuestra Señora del Rosario* (Bogotá) 447-448 (ag.-oct., 1958): 42.

Aguilera, Miguel. *Marco Fidel Suárez*. Bogotá: Editorial ABC, 1955. 204p.

Alario di Filippo, Mario. *La doctrina Suárez en el derecho internacional americano*. Bogotá: Penitenciaria Central, 1943. 104p.

Álvarez Restrepo. Antonio. «Colombia en los "Sueños" de Suárez: lectura hecha por Antonio Álvarez Restrepo al posesionarse como académico correspondiente: 13 de agosto de 1973». *Boletín de la Academia Colombiana* (Bogotá) 23.99 (ag.-sept., 1973): 342-359.

———. «Marco Fidel Suárez». *Revista del Banco de la República* (Bogotá) 331 (mayo, 1955): 586-593.

Andrade Crispino, Antonio. «Suárez humanista». *Revista del Colegio Mayor de Nuestra Señora del Rosario* (Bogotá) 231.239 (oct., 1929): 513.

———. *Suárez, humanista*. Bogotá: Talleres de la Revista «Universidad», 1929. 94p.

———. «Suárez humanista: sus cualidades de escritor». *Revista del Colegio Mayor de Nuestra Señora del Rosario* (Bogotá) 231.238 (sept., 1929): 443.

Anónimo. *Álbum del Centenario: homenaje de Bello a Don Marco Fidel Suárez*. Medellín: [s.edit], 1955. 60p.

Anónimo. «Cuatro lustros de gobernantes: Marco Fidel Suárez». *El Gráfico* (Bogotá) 21.989 (jul., 1930): 647.

Anónimo. «Don Marco Fidel Suárez: notas gráficas». *El Gráfico* (Bogotá) 39.391-392 (feb. 9, 1918): 329.

Anónimo. «El Sr. Presidente de la República en Medellín». *El Gráfico* (Bogotá) 46.459 (mzo. 8, 1919): 67.

Anónimo. «El Señor Suárez en la Costa: notas gráficas». *El Gráfico* (Bogotá) 46. 455 (feb. 15, 1919): 36.

Anónimo. «El señor Suárez como internacionalista». *El Gráfico* (Bogotá) 16.826 (abr., 1927): 954-955.

Anónimo. «La llegada del Señor Presidente de la República a la capital». *Cromos* (Bogotá) 9.206 (1920) 215.

Anónimo. «La película del señor Suárez: filmada por los señores Ayala y Galindo y relacionada con la vida del señor Suárez y sus funerales». *El Mundo al Día* (Bogotá) 975.37 (abr., 1927): [s.p].

Anónimo. «La Posesión del nuevo presidente». *El Gráfico* (Bogotá) 43.426-427 (ag. 10, 1918): 206-207.

Anónimo. «Los funerales del señor Suárez». *El Gráfico* (Bogotá) 16..826 (abr., 1927): 957-962.

Anónimo. «Marco Fidel Suárez». *Bolívar* (Bogotá) 55-58 (ene.-dic., 1960): 344-346.

Aragón Henao, Rubén. «El niño de los pájaros de barro». *Hojas de Cultura Popular Colombiana* (Bogotá) 52 (abr., 1955): [s.p].

―――. *El niño de los pájaros de barro: biografía de don Marco Fidel Suárez*. Medellín: Editorial Bedout, 1900? 35p.

―――. Bogotá: Imprenta Nacional de Colombia, 1955. 60p.

Arciniegas, Ismael Enrique. «En la muerte de un prócer». *Revista de la Policía Nacional* (Bogotá) 7.31-32 (ene.-feb., 1955): 43.

Achila, Aristóbulo. «Designación del Dr. Suárez como Jefe del Partido Conservador». *Ecos: semanario de literatura y variedades* (Jericó) 2.13: 1.

Arteaga, José Benjamín. *Boceto moral del Dr. Marco Fidel Suárez*. Cumbal: Imprenta «La Bogotana», 1917. 30p.

Balcázar, Francisco Antonio. «Ante el cadáver del señor Suárez». *El Gráfico* (Bogotá) 16.826 (abr., 1927): 955-956.

Barrera Parra, Manuel. *El Derecho Internacional en los "Sueños de Luciano Pulgar": doctrinas Internacionales. Suárez, Internacionalista americano*. Bogotá: Imprenta Nacional, 1955. 275p.

Barrientos Restrepo, Samuel. «Suárez humanista». *Revista del Colegio Mayor de Nuestra Señora del Rosario* (Bogotá) 241.242 (mzo., 1930): 242.

Becerra F. Franky, Jesús María. *Marco Fidel Suárez; o el hombre de bien: (tesis de grado)*. Bogotá: «Cahur», 1949. 61p.

Betancur Cuartas, Belisario. «La libreta de apuntes». *Boletín de Historia y Antigüedades* (Bogotá) 42.829 (2005): 231-239.

Biblioteca Luis Ángel Arango (Bogotá). *Marco Fidel Suárez*. Bibliografías especializadas. (Bogotá) 27 (1986): 9h.

Biblioteca Nacional de Colombia. *Marco Fidel Suárez, 1855-Abril 23-1955: homenaje de la Biblioteca Nacional*. Bogotá: Empresa Nacional de Publicaciones, 1955. 103p.

Blair Gutiérrez, Bernardo. *Don Marco Fidel Suárez: su vida y su obra*. Medellín: Editorial Universidad de Antioquia, Ediciones «Fondo del Libro», 1955. 317p.

Bonilla, Manuel Antonio. «Datos biográficos de Marco Fidel Suárez». *Noticia de Colombia* (México) 4.13 (dic., 1942): 17-22; 29-30.

———. «Don Marco Fidel Suárez». *Revista de América* (Bogotá) 1.2 (feb., 1945): 310-311.

Botero Restrepo, Juan. *La tierra de Suárez, Bello*. Medellín: Gráficas Girardot, 1990. 377p.

———. «Los padres de Marco Fidel Suárez». *Boletín de Historia y Antigüedades* (Bogotá) 736 (ene.-mzo., 1982): 123-125.

Bronx, Humberto. *Pedro Nel Gómez, Marco Fidel Suárez, el poeta Guillermo Valencia y los grandes acontecimientos del siglo XX en Colombia*. [s.p.i]. 125p.

Builes C., Arturo. «Suárez: apuntes biográficos». *Repertorio Histórico* (Medellín) 16.153-156 (sept., 1942): 86-96.

Caballero Calderón, Eduardo. «Marco Fidel Suárez: un hombre si estatua». *Revista de las Indias* (Bogotá) 1.3 (ene., 1939): 346-358.

———. «Prólogo». *Sueños gramaticales de Luciano Pulgar*. Bogotá: Imprenta del Banco, 1952. 427p.

Cáceres, Humberto. «La vida de don Marco». *Revista Policía Nacional* (Bogotá) 7.31-32 (ene.-feb., 1955): 25.

Calderón Reyes, Carlos. *Discursos leídos ante la Academia Colombiana en la recepción pública del Señor D. Carlos Calderón, el 29 de abril de 1911*. Bogotá: Imprenta de J. Casis, 1911. 60p..

Calvo Sotelo, Joaquín. «Discurso pronunciado por el dramaturgo y académico español Don Joaquín Calvo Sotelo en Hato-Viejo (Bello), en el acto de homenaje a Don Marco Fidel Suárez». *Boletín de la Academia Colombiana* (Bogotá) 10.36 (jul.-sept., 1960): 286-292.

Camacho, Jorge. *Marco Fidel Suárez; biografía*. Bucaramanga: Academia de Historia de Santander, 1955. 299p.

Camacho Carreño, José. «Marco Fidel Suárez». *Revista de la Policía Nacional* (Bogotá) 7.31-32 (ene.-feb., 1955): 7.

Caparroso, Carlos Arturo. «Clásicos colombianos: Marco Fidel Suárez». *Boletín de la Academia Colombiana* (Bogotá) 26.111 (ene.-mzo., 1976): 9-14.

———. «Suárez». *Boletín Cultural y Bibliográfico* (Bogotá) 8.1 (ene., 1960): 39-40.

Caro, Víctor Eduardo. «Los Sueños de don Luciano Pulgar». *Santafé y Bogotá* (Bogotá) 3.33 (sept., 1925): 132-136.

Cock Arango, Alfredo. *Memoria del Sr. Suárez: (estudios)*. Medellín: Universidad Pontificia Bolivariana, 1965. 62p.

———. «El señor Suárez internacionalista». *Universidad de Antioquia* (Medellín) 121 (mzo.-mayo, 1955): 224-239.

Colombia. Ministerio de Educación Nacional. *Marco Fidel Suárez, 1855-Abril 23-1955*. Bogotá: Empresa Nacional de Publicaciones, 1955. 103p.

Concha, José Vicente. *Respuesta al señor Suárez*. Bogotá: Imprenta de Antonio María Silvestre, 1898. 16p.

Correa Arango, Iván. «Sueños de Luciano Pulgar: tomo XI». *Universidad de Antioquia* (Medellín) 42 (sept.-Oct., 1940): 333.

Cortés, Jesús M. *Índice alfabético general de los sueños de Luciano Pulgar*. Bogotá: Imprenta del Banco de la República, 1956. 343p.

Doussin Gue, J. M. «La doctrina Suárez: y su posible influencia en el porvenir de América». *El Gráfico* (Bogotá) 16.829 (abr., 1927): 1059-1062.

Escobar C., Bernardo. «Don Marco Fidel Suárez». *Repertorio Histórico* (Medellín) 14 (jul., 1939): 261-263.

Florencio, Rafael, Hermano. «Mis recuerdos de don Marco Fidel». *Repertorio Histórico* (Medellín) 26.215 (oct.-dic., 1971): 273-278.

Forero, Manuel José. «Don Marco Fidel Suárez». *Boletín de Historia y Antigüedades* (Bogotá) 42.829 (2005): 265-273

Franco Quijano, Juan Francisco. «Suárez el eximio en Colombia». *Revista del Colegio Mayor de Nuestra Señora del Rosario* (Bogotá) 121.130 (nov., 1917): 587.

Gálvis Salazar, Fernando. «Correría de don Marco Fidel Suárez por la Costa Atlántica y Antioquia». *Universidad de Antioquia* (Medellín) 69 (abr.-jun., 1968): 861-870.

———. «Don Marco Fidel Suárez». *Universidad de Antioquia* (Medellín) 140 (ene.-mzo., 1960): 108-115.

———. *Don Marco Fidel Suárez*. Bogotá: Editorial Kelly, 1974. 485p.

———. «En torno a Suárez: de la acusación a la caída». *Bolívar* (Bogotá) 46 (ag., 1957): 9-38.

García Valencia, Abel. «La vida dolorosa y gloriosa de don Marco Fidel Suárez». *Universidad de Antioquia* (Medellín) 121 (mzo.-mayo, 1955): 220-223.

———. «Suárez y la universidad». *Universidad de Antioquia* (Medellín) 123 (sept.-dic., 1955): 648-651.

Giraldo Jaramillo, Gabriel. «Acuerdo dictado por la Academia en el honor a la memoria del señor Suárez». *Boletín de Historia y Antigüedades* (Bogotá) 42.485-486 (mzo.-abr., 1955): 131.

Gómez, Teresa de. «El robo de una defensa: Marco Fidel Suárez». *El Tiempo* [Lecturas Dominicales] (Bogotá) (ag. 12, 1984): 13.

Gómez Hoyos, Rafael. «La biografía de Agustín Rodríguez Garavito». *Contrastes* (Cali) 3.164 (ene. 15, 1984): 4-5.

Gómez Restrepo, Antonio. «El maestro del buen decir». *Boletín de Historia y Antigüedades* (Bogotá) 42.485-486 (mzo.-abr., 1955): 137-143..

———. «Homenaje a la memoria de don Marco Fidel Suárez». *Boletín de Historia y Antigüedades* (Bogotá) 33.377-379 (mzo.-mayo, 1946): 216-221.

———. «Tres discursos de don Antonio Gómez Restrepo». *Boletín de la Academia Colombiana* (Bogotá) 4.16 (mzo., 1948): 1-55.

González Arbeláez, Juan Manuel, Arzobispo. «Marco Fidel Suárez». *Universidad Católica Bolivariana* (Medellín) 28.99 (ene.-mzo., 1966): 186.

———. «Panegírico de un grande hombre». *Revista Policía Nacional* (Bogotá) 7.31-32 (ene.-feb.,1955): 15.

González Escobar, José Ignacio. «Suárez Humanista». *Universidad Católica Bolivariana* (Medellín) 20.73 (feb.-abr., 1955): [s.p].

Guerrero, Jenaro. *Los amigos de Núñez: injusticia, ingratitud y deslealtad del señor Marco Fidel Suárez con sus mejores amigos*. Bogotá: Editorial Minerva, 1921. 26p.

——— 2ª ed. Bogotá: Editorial Minerva, 1923. 25p.

Gutiérrez, Amado. Don Marco Fidel Suárez. *Revista Jurídica* (Bogotá) 26 (sept., 1955): 76-80.

Gutiérrez Echeverri, Raúl. *Anotaciones al pensamiento internacional de don Marco Fidel Suárez*. Bogotá: Pontificia Universidad Javeriana, 1967. 100p.

Guzmán Esponda, Eduardo. «Evocación de Don Marco Fidel Suárez: Discurso pronunciado en la inauguración del busto del ilustre escritor». *Boletín de la Academia Colombiana* (Bogotá) 17.69 (ag.-sept., 1967): 285-289

Henao Mejía, Gabriel. «Estudios gramaticales por Marco Fidel Suárez». *Universidad Católica Bolivariana* (Medellín) 20.73 (feb.-mzo., 955): 284-285.

Hernández de Alba, Guillermo. *Ensayistas colombianos: Miguel Antonio Caro, Rufino José Cuervo, Marco Fidel Suárez, Rafael Núñez, Carlos Arturo Torres*. Buenos Aires: W. M. Jackson, 1945. 460p. [contenido: Miguel Antonio Caro, Rufino José Cuervo, Marco Fidel Suárez, Rafael Núñez, Carlos Arturo Torres]

Herrán Medina, Álvaro. «Economía y finanzas en la obra de Suárez». *Economía Colombiana* (Bogotá) 5.14 (Jun. 1955): 549-556.

———. «Los principios del derecho internacional en la obra de Suárez». *Revista Jurídica* (Bogotá) 26 (sept., 1955): 7-36.

Holguín, Carlos. *Cartas políticas: publicadas en el Correo Nacional*. Imprenta de Vapor de Zalamea Hermanos, 1893. 207p.

Jaramillo, Roberto. *Oración por Suárez*. Medellín: Editorial Bedout, 1900? 21p.

Kipling, Rudyard. «If: A Marco Fidel Suárez». *Boletín de la Academia Colombiana* (Bogotá) 21.88 (jun.-jul., 1971): 286-287.

Lozano Caballero, Abilio. *Marco Fidel Suárez eudemonista*. Bogotá, D. E.: Imprenta Departamental, 1955. 130p.

Llona, Numa Pompilio. *Bosquejos de literatos colombianos*. Bogotá: Imprenta de Silvestre, 1886. 32p.

Luján, José Antonio. *Ecos de un centenario... 23 de abril de 1855: nacimiento del Sr. Suárez. Discurso del Dr. José Antonio Luján*. Roldanillo. [s.l], [s.edit], 1955. 13p.

Maldonado Morales, Antonio. «Marco Fidel Suárez: el más clásico de los prosistas de América». *El Siglo* (Bogotá) (mayo, 1970): 8.

Manrique Terán, Guillermo. «Don Marco Fidel Suárez». *El Gráfico* (Bogotá) 16.826 (abr., 1927): 915.

Martínez, Fernando Antonio. *Suárez: una vivencia del pasado*. Bogotá: Instituto Caro y Cuervo, 1958. 33p.

Martínez Delgado, Luis. *A propósito de don Marco Fidel Suárez*. Bogotá: Instituto Caro y Cuervo, 1964. 31p.

Maya, Rafael. «Elogio de don Marco Fidel Suárez». *Bolívar* (Bogotá) 39 (mayo, 1955): 673-691.

———. «Marco Fidel Suárez». *Hojas de Cultura Popular Colombiana* (Bogotá) 2.14 (feb., 1952): [s.p].

———. «Suárez: clásico de América». *Revista de la Policía Nacional* (Bogotá) 7.31 (ene.-feb., 1955): 28.

Mercado, Jaime. «Suárez, o un polivalente en la cultura». *Udem* (Medellín) 10 (mayo, 1965): 127-132.

Mesa Gómez, Carlos Eduardo. *Cuatro escritores antioqueños*. Medellín: Editorial Granamérica, 1967? 192p. [contenido: Marco Fidel Suárez. Tomás Carrasquilla. La Madre Laura Montoya. Félix Restrepo, S. J.]

———. *Ensayos y semblanzas*. Bogotá: Editorial Santafé, 1956. 364p.

———. «Marco Fidel Suárez». *Hojas de Cultura Popular Colombiana* (Bogotá) 54 (jun., 1955): [s.p].

———. «Suárez hombre de Cristo». *Universidad de Antioquia* (Medellín) 121 (mzo.-mayo, 1955): 191-208.

Miramón, Alberto. *Diplomaticos de la libertad: Manuel Torres, I. Sánchez de Tejada, Pedro Gual*. Bogotá: Empresa Nacional de Publicaciones, 1956 123p.

———. «Suárez, Internacionalista». *Bolívar* (Bogotá) 37 (mzo., 1955): 239-253.

Molina, Felipe Antonio. «Breve elogio del señor Suárez». *Boletín Cultural y Bibliográfico* (Bogotá) 7.6 (1964): 971-973.

Mora Luís, María. «Probidad literaria». *El Tiempo* [Lecturas Dominicales] (Bogotá) 6.143 (feb. 14, 1926): 273-275.

Moreno Mosquera, Antonio José. «Suárez: Humanista». *Universidad* (Bogotá) 2ª época.148 (ag.. 24, 1929): 202-203.

Mosquera Garcés, Manuel. «La concepción política de Marco Fidel Suárez». *Revista de las Indias* (Bogotá) 4.11 (nov., 1939): 95-103.

———. «Suárez o el idioma en la política». *Hojas de Cultura Popular Colombiana* (Bogotá) 2.14 (feb., 1952): [s.p].

———. *Vigencia de la cultura: (ensayos)*. Medellín: Universidad Pontificia Bolivariana, 1972. 61p.

Mosquera Irurita, Tito. «Don Marco Fidel Suárez». *Revista Cancillería de San Carlos* (Bogotá) 17 (ene., 1993): 44-46.

Motta Salas, Julián. «Coloquio sobre Suárez». *Universidad de Antioquia* (Medellín) 132 (ene.-mzo., 1958): 12-45.

Murcia, Luis María. *La armonía boliviana: exposición y desarrollo de la doctrina Suárez*. Bogotá: Editorial Minerva, 1925. 135p.

Nieto Caballero, Luis Eduardo. «En torno de don Marco Fidel Suárez». *Boletín de Historia y Antigüedades* (Bogotá) 41.483-484 (ene.-feb., 1955): 75-126.

———. «La humilde cuna de un gran colombiano: la choza del señor Suárez». *El Gráfico* (Bogotá) 15.765 (dic. 19, 1925): 749-750.

———. «Nota de hoy». *El Gráfico* (Bogotá) 16.749 (ag. 29, 1925): 787-788.

Obando Navarro, León. «Sobre Marco Fidel Suárez». *Universidad Católica Bolivariana* (Medellín) 17.66 (oct.-nov., 1952): 47-149.

Ortega Torres, Jorge. «El Quijote». *Boletín Cultural y Bibliográfico* (Bogotá) 6.5 (oct., 1963): 639-669.

———. *Marco Fidel Suárez: bibliografía*. Bogotá: Instituto Caro y Cuero, Imprenta del Banco de la República, 1956. 547p.

Ortiz Lozano, Álvaro. «Sueños de Luciano Pulgar». *Revista Javeriana* (Bogotá) 13.64 (mayo, 1940): 241-242.

Otero, Luis Alfredo. «Marco Fidel Suárez». *Boletín de Historia y Antigüedades* (Bogotá) 22.249-250 (abr.-mayo, 1935): 224.

Ospina, Pedro Nel. *Discurso del General Pedro Nel Ospina, Presidente del Congreso en el acto de posesión del nuevo Presidente de la República*. Medellín: Tipografía Bedout, 1918. [s.p].

Perico Ramírez, Mario H. *El gran capagatos*. Bogotá: Editorial Cosmos, 1979. 329p.

Pineda, José J. «Estudio sobre Marco Fidel Suárez». *Universidad de Antioquia* (Medellín) 121 (mzo.-mayo, 955): 240-269.

Provincia Franciscana. *Marco Fidel Suárez (ensayos): homenaje de la Provincia Franciscana de Colombia en el primer centenario de su natalicio 1855-1955*. Bogotá: Iris, 1955. 182p.

Quijano, Arturo. «Los milagros de la democracia: Murillo y Suárez». *El Gráfico* (Bogotá) 16.829 (abr., 1927): 1072-1074.

Rengifo B., Ignacio. «Una choza que es un monumento». *El Gráfico* (Bogotá) 15. 765 (dic. 19, 1925): 750-751.

Restrepo, Daniel. «Marco Fidel Suárez: memorias de un trato íntimo». *Revista Javeriana* (Bogotá) 43.213 (abr., 1955): 139.

Restrepo Mejía, Félix. «El oro en el crisol o la tragedia de Marco Fidel Suárez». *Revista Javeriana* (Bogotá) 43.214 (mayo, 1955): 198.

———. «La cultura popular griega a través de la lengua castellana». *Revista Colombiana* (Bogotá) 2.14 (nov., 1933): 65-70.

Rodríguez Garavito, Agustín. *Marco Fidel Suárez*. Bogotá: Universidad La Gran Colombia, 1983. 189p.

Rojas Olarte, Heliodoro de. «Marco Fidel Suárez: escritos escogidos». *Universidad de Antioquia* (Medellín) 120 (ene.-feb., 1955): 168-169.

Savedra Galindo, José Manuel. «Suárez humanista». *Revista del Colegio Mayor de Nuestra Señora del Rosario* (Bogotá) 231.240 (nov., 1929): 610.

Saldarriaga Betancur, Juan Manuel. *Biografía, anecdotario y antología de don Marco Fidel Suárez*. Medellín: Imprenta Departamental de Antioquia, 1954. 236p.:

———. *De sima a cima: o, Marco Fidel Suárez ante la conciencia colombiana*. Medellín: Imprenta Departamental, 1950. 509p.

———. *«Marco Fidel Suárez»: biografía, anecdotario y antología de don Marco Fidel Suárez; edición ordenada por la Dirección de Educación Publica de Antioquia, con motivo del primer centenario del nacimiento de don Marco Fidel Suárez*. Medellín: Imprenta Departamental de Antioquia, 1954. 236p.

Sánchez Camacho, Jorge. Marco Fidel Suárez: biografía. Bucaramanga: Imprenta del Departamento, 1955. 229p.

Sánchez Montenegro, Víctor. «Marco Fidel Suárez». *Boletín Cultural y Bibliográfico* (Bogotá) 11 (dic., 1958): 400-404.

Santacruz Moreno, José Luis. «El centenario de Suárez en España». *Bolívar* (Bogotá) 41 (jul., 1955): 157-165.

Scüetz Buenaventura, Ilse. *Marco Fidel Suárez*. Cali: Imprenta Departamental, 1957. 154p.

Serna Gómez, Jaime. *Clásicos colombianos* Medellín: Imprenta Departamental, 1949. 186p.

Serrano Blanco, Manuel. «Los presidentes que yo conocí». Bucaramanga: Cámara de Comercio de Bucaramanga, 1987. 112p.

Sociedad Boliviana de Colombia, Bogotá. *Dos discursos.* Bogotá: Águila Negra Editorial, 1926. 8p.

Sociedad de San Vicente de Paúl (Bogotá). *Memoria del Presidente; y, Discurso del socio sr. Dr. Marco Fidel Suárez, leído en la sesión solemne celebrada el día 23 de Julio de 1905.* Bogotá: M. Rivas, 1905. 48p.

Solano, Armando. «Frente al mar». *El Gráfico* (Bogotá) 46.455 (feb. 15, 1919): 33-34.

Solís Moncada, José. *Biografía corta de Don Marco Fidel Suárez: 1855 -abril 23- 1955.* Bogotá: Dugand, 1955. 17p.

Tobón Betancourt, Julio. *Marco Fidel Suárez.* Bogotá: Editorial Iris, 1955. 48p.

Torres Quintero, Rafael. *Bello en Colombia.*2ª ed. Bogotá: Instituto Caro y Cuervo, 1981. 260p.

———. «Don Marco Fidel Suárez ante el problema de la lengua». *Bolívar* (Bogotá) 41 (jul., 1955): 141-155.

Triana, Salomón. «Curiosidades de lenguaje de don Marco Fidel Suárez». *Revista Javeriana* (Bogotá) 47.234 (mayo, 1957): 198.

Universidad del Valle. Biblioteca. *El señor Suárez: conferencias leídas con motivo del centenario de su nacimiento.* Cali: Carvajal, 1955. 136p.

Valencia, Guillermo León. *Discurso pronunciado por el presidente de la República Dr. Guillermo León Valencia ante el honorable cuerpo diplomático acreditado en Bogotá, el día 4 de junio de 1966.* Bogotá: Publicaciones. Caligráficas «Overcas», [s.f]. 6h.

Valenzuela Fonnegra, Eduardo. «Don Marco Fidel Suárez». *El Gráfico* (Bogotá) 16.826 (abr., 1927): 954.

Valois Arce, Daniel. *Suárez: el triunfador y el arrogante.* Bogotá: Editorial Santafé, 1955. 23p.

Varela, Héctor Fabio. «Sueños de Luciano Pulgar: por Marco Fidel Suárez». *Revista de las Indias* (Bogotá) 11.34 (oct., 1941): 5-7.

Varios. *El señor Suárez: conferencias leídas con motivo del centenario de su nacimiento.* Cali: Carvajal, 1955. 136p.

Vega, Fernando de la. «Conferencia dictada por D. Fernando de la Vega en la Universidad de Caracas». *Santafé y Bogotá* (Bogotá) 1.2 (feb., 1923): 123-131.

———. «El señor Suárez». *Boletín Historial* (Cartagena) 38.119 (mayo-jun., 1954): 30-37

Villamaría, Humberto. *¿Quién era Súarez?* Medellín: Centro Técnico de Alfabetización, 1966. 20p.

Villegas Jaramillo, Silvio. «Panegírico de Suárez». *Universidad* (Bogotá) 2ª época.80 (mayo 5, 1928): 385-388.

Vives Guerra, Julio. «Anecdotario colombiano: la amargura de don Marco». *El Gráfico* (Bogotá) 22.1179 (mayo, 1933): 141.

Wilches Navas, Arturo. [Comp]. *Homenaje de Chiquinquirá a Don Marco Fidel Suárez en el primer centenario del nacimiento de tan eximio Colombiano.* Chiquinquirá: Veritas, 1955. 127p.

X y Z. *Conceptos referentes a la declaratoria de caducidad del privilegio de la concesión explotados por The Colombiam Northern Railway Company, Limited y a la aprehensión del ferrocarril entre Bogotá y Zipaquirá por el Gobierno de la República.* Bogotá: Editorial Cromos, 1925. 99p.

Zapata Cuencar, Heriberto. *Marco Fidel Suárez.* Medellín: Editorial Copymundo, 1981. 144p.

SUÁREZ, MERCEDES (Neiva 18?-?).

POESÍA:

———. «El hogar paterno». *El Hogar. Periódico dedicado al bello sexo* (Bogotá) I.40 (oct. 31, 1868): 316-317.

———. *Las mejores poetisas colombianas.* Bogotá: Editorial Minerva, 1936. 113-116.

———. *Poetisas americanas.* José Domingo Cortés. París: Librería de A. Bouret e Hijo, 1875, [s.p].

SUÁREZ, OTONIEL, seudónimo de Oswaldo Scarpetta.

T

TÁCITO, seudónimo de Camilo Botero Guerra.

T. A. M., seudónimo de Temístocles Abella Martínez.

TAMURIA, seudónimo de Salvador Camacho Roldán.

TANCO, CARLOS (1846-1913).

OTROS:

―――. *El Progreso*. Carlos Tanco, Director. (Bogotá) 1.1 (feb. 27, 1897)-2.174 (dic. 18, 1897): [s.p].

―――. «El señor de Manuel de Pombo». *Colombia Ilustrada* (Bogotá) 4-5 (jun. 30, 1889): 66-70.

―――. *Exposición que al Excelentísimo Señor Presidente de la República dirige Carlos Tanco en nombre del contratista Leopoldo Tanco*. Bogotá: Imprenta de «La Luz», 1886. 112p.

―――. *Ferrocarril de la Sabana. Exposición que al Excelentísimo Señor Presidente de la republica dirige C. T. en nombre del contratista Leopoldo Tanco*. Bogota, Imprenta de «La Luz». 1886. 112p.

―――. *Reglamentos para la Escuadra y la Escuela Náutica de la República de Colombia*. Bogotá: Imprenta de «La Luz», 1904. 32p.

CRÍTICA:

Camacho, José L. «A la memoria de don Carlos Tanco». *Anales de Ingeniería* (Bogotá) 43.498 (jun., 1935): 355-361.

Espinosa, José María. *Carlos Tanco Chino* [material gráfico] 1 dibujo original: acuarela y tinta sobre papel; 21 X 14 cm. Passe partout en cartón arte. Biblioteca Nacional de Colombia.

TANCO, GENARO (JENARO) SANTIAGO

POESÍA:

―――. «Mi suerte i mi esperanza». *El Mosaico* al cual está unida *La Biblioteca de Señoritas* (Bogotá) II.29 (jul. 25, 1860): 232.

TEATRO:

———. *La Pola: drama histórico en tres actos y cinco cuadros en verso*. Bogotá: Imprenta Echeverría, 1869. 54p.

TANCO, GREGORIO (Seud. G. T. en *La Estrella Nacional*)
OTROS:
———. «Proverbios». *La Estrella Nacional* (Bogotá) 6 (feb. 4, 1836): [3-4]. [Firmado: G. T.]

TANCO Y BOSMENIEL, FÉLIX MANUEL [DE JESÚS] (Honda - Tolima, 1797-New York, 1871).
POESÍA:
———. «Grandeza y magestad de la naturaleza de América (oda)». *Rimas Americanas*. I. Ignacio Herrera Dávila, Ed. La Habana: [s.edit], 1833. 133.

NOVELA:
———. «Petrona y Rosalía». *Cuentos cubanos del siglo XIX*. Salvador Bueno, sel. y pról. La Habana: Editorial Arte y Literatura, 1975. 101-133.
——— 1836. Ciudad de La Habana, Cuba: Editorial Letras Cubanas, 1980. 48p.

RELATO:
———. «Escenas de la vida privada en la isla de Cuba». *Cuba Contemporánea* (La Habana) XIII. XIXXX (sept.-dic., 1925): 255-287.

OTROS:
———. «Epistolario de Félix Tanco y Bosmeniel a Domingo Del Monte». *Centón Epistolario de Domingo Del Monte*. VII (1823-1843). Manuel I. Mesa Rodríguez, Editorial La Habana: Imprenta de «El Siglo XX», 1957. 198p.
———. *Los jesuitas en La Habana*. Philadelphia: [s.edit], 1862. [s.p].
———. [Probable y definitivo porvenir de la isla de Cuba (1870)]
———. [Refutación al folleto intitulado Viaje a la Habana por la Condesa de Merlín (1844)]

CRÍTICA:
Bueno, Salvador. «La novela antiesclavista en Cuba de 1835 a 1839». *Cuadernos Hispanoamericanos* 451-452 (1988): 169-186.
———. «La primitiva narración antiesclavista en Cuba de 1835 a 1839». *El negro en la novela hispanoamericana*. La Habana: Editorial Letras Cubanas, 1986. 85-97.
Escoto, José Augusto. «Félix Manuel Tanco adversario de José de la Luz en la polémica sobre el Eclecticismo». *Revista Histórica Crítica y Bibliográfica de Literatura Cubana* (La Habana) I (1916): 408-422.

Ibáñez, Pedro María. «Bocetos Biográficos». *Boletín de Historia y Antigüedades* (Bogotá) 4.45 (jun., 1907): 574-575.

Luis, William. *Literary Bondage. Slavery in Cuban Narrative*. Austin: University of Texas Press, 1990. 1, 4, 16, 29, 36, 37, 39-41, 44, 50-52, 54, 58, 87, 111, 119, 222, 249 n.1, 258 n.33.

Mesa Rodríguez, Manuel I. «Prefacio», «Partida bautismal de Félix Manuel Tanco y Bosmeniel». *Centón Epistolario de Domingo Del Monte*. VII (1823-1843). Editorial La Habana: Imprenta de «El Siglo XX», 1957. v-xi.

Rodríguez-Arenas, Flor María. «Félix Manuel Tanco y Bosmeniel», «*Petrona y Rosalía*». Santafé de Bogotá: Editorial Códice, 1993. 119-126, 151-160.

———. 2ª ed. Medellín: Editorial Universidad de Antioquia, 1998. 130-139; 171-185.

———. «Literatura colombiana y de colombianos (Colonia y siglo XIX)». *Folios: Revista de la Facultad de Humanidades, Universidad Pedagógica Nacional* (Santafé de Bogotá) 20 época.5 (May, 1996): 55-68.

Schulman, Iván A. "Tanco y la literatura antiesclavista". *Homenaje a Lydia Cabrera*. (Congreso de literatura afro-americana). Barcelona; Ediciones Universal, 1977. 317-337.

Triana y Antorveza, Humberto. «Dos colombianos en Cuba: José Fernández Madrid (1780-1830) y Félix Manuel Tanco y Bosmeniel (1796-1871)». *Boletín de Historia y Antigüedades* (Bogotá) 92.828 (ene.-mzo., 2005): 65-94.

TEGUALDA, seudónimo de Mercedes Álvarez de Flórez |y de Velasco|.

TEJADA, FELICIANA (Cundinamarca, 1863- ?).

POESÍA:

———. «A mi hermano Demetrio». *La Mujer. Lecturas para las familias. Revista quincenal, redactada exclusivamente por señoras y señoritas, bajo la dirección de la señora Soledad Acosta de Samper* (Bogotá) II.23 (sept. 5, 1879): 246.

———. «La noche». *La Mujer. Lecturas para las familias. Revista quincenal, redactada exclusivamente por señoras y señoritas, bajo la dirección de la señora Soledad Acosta de Samper* (Bogotá) II.19 (jul. 5, 1879): 152.

———. «Tengo un amigo». *La Mujer. Lecturas para las familias. Revista quincenal, redactada exclusivamente por señoras y señoritas, bajo la dirección de la señora Soledad Acosta de Samper* (Bogotá) II.23 (sept. 5, 1879): 246.

CRÍTICA:

Acosta de Samper, Soledad. «Una nueva poetisa». *La Mujer. Lecturas para las familias. Revista quincenal, redactada exclusivamente por señoras y señoritas, bajo la dirección de la señora Soledad Acosta de Samper* (Bogotá) II.19 (jul. 5, 1879): 151.

TEJADA, JESÚS TEMÍSTOCLES (1840-1882) (Seuds. Cincinato, J. T. T.)
POESÍA:

———. «A Tunja». *El Iris, periódico literario dedicado al bello sexo* (Bogotá) 4 (mzo. 4, 1866): 37.

———. «A una amiga». *El Mosaico al cual está unida La Biblioteca de Señoritas* (Bogotá) I.45 (nov. 12, 1859): 360.

———. «El esquisito de Muzo». *El Mosaico al cual está unida La Biblioteca de Señoritas* (Bogotá) II.22 (jun. ?, 1860): 176.

———. «El licor nacional». *El Mosaico al cual está unida La Biblioteca de Señoritas* (Bogotá) I.46 (nov. 19, 1859): 370.

———. «El llanto de Virginia». *El Mosaico al cual está unida La Biblioteca de Señoritas* (Bogotá) II.21 (mayo 30, 1860): 167.

———. «En la muerte de Eloísa Soler de Mariño». *El Mosaico al cual está unida La Biblioteca de Señoritas* (Bogotá) I.46 (nov. 19, 1859): 372.

———. «La vejez». *El Mosaico* (Bogotá) III.4 (feb. 3, 1864): 32.

———. «Las aves de Celina». *El Iris, periódico literario dedicado al bello sexo* (Bogotá) 6 (mzo. 18, 1866): 60.

———. «Ocañés». *El Mosaico al cual está unida La Biblioteca de Señoritas* (Bogotá) II.23 (jun. 13, 1860): 184.

———. «Tus ojos». *El Mosaico al cual está unida La Biblioteca de Señoritas* (Bogotá) II.24 (jun. 20, 1860): 192.

RELATO:

———. «El estudiante esterno». *El Mosaico* (Bogotá) III.22 (jun. 11, 1864): 173-175.

———. «La jabonera». *El Mosaico* (Bogotá) III.20 (mayo 28, 1864): 158-159.

———. «Un nevado en los Andes». *El Mosaico* (Bogotá) III.17 (mayo 7, 1864): 134-136.

OTROS:

———. «Anécdota». *El Mosaico al cual está unida La Biblioteca de Señoritas* (Bogotá) II.19 (mayo 16, 1860): 149. [Firmado: J. T. T.]

CRÍTICA:

Anónimo. *Corona de honor que la República y la amistad dedican al señor don Temístocles Tejada, eminente poeta americano.* Bogotá: Imprenta de Echeverría, 1879. 31p.

TEÓFILO, seudónimo de Ruperto Segundo Gómez.
TEODOSIO, seudónimo de José Manuel Groot.
TEQUENDAMA, B., seudónimo de Bernardino Torres Torrente.
TEQUENDAMA, BERNARDO, seudónimo de Bernardino Torres Torrente.

TÍO JUAN, seudónimo de Julián Páez.
TIMÓN, seudónimo de Antonio B. Pineda.
TIMÓN, seudónimo de Ruperto Segundo Gómez.
TIRBE, seudónimo de Mariano Ospina Rodríguez.
TIRIO, seudónimo de Gregorio Llorente.
TIRSO, seudónimo de Venancio Ortiz.
TIRTEO, seudónimo de Rafael Pombo.
TITO C. LESMES. Ver Lesmes, Tito C.
TITO LIVIO, seudónimo de Lázaro María Pérez.

TOBAR SERRATE, MIGUEL (Tocaima, 1782-1861).
　Poesía:
　———. «Al Muña». «Melgar» *Historia de la literatura colombiana*. III. Antonio Gómez Restrepo. Bogotá: Litografía Villegas, 1957. 290-294.
　Relato:
　———. [Los organistas de hogaño]
　Crítica:
　Gómez Restrepo, Antonio. «Don Miguel de Tobar y Serrate». *Historia de la literatura colombiana*. III. Bogotá: Litografía Villegas, 1957. 289-295.

TOBAR Y SERRATE, MIGUEL DE, ver Tobar Serrate, Miguel.
TOBÍAS, seudónimo de José Manuel Groot.

TOBÓN, JUAN CANCIO (1849-1904) (Seud. Jacobino Cantú).
　Poesía:
　———. *La Matilde: Leenday histórica; poema en siete cantos*. Ríonegro: Imprenta de Ríonegro, 1899. 55p.
　Crítica:
　———. *Juan C. Tobón: su obra poética juzgada por varios autores*. Ríonegro: Imprenta de Ríonegro, 1922. 34p.

TOMÁS MONTALBÁN. Ver Montalbán, Tomás.
TORCUATO, seudónimo de Camilo Botero Guerra.
TORIBIO, seudónimo de Ruperto Segundo Gómez.

TORO, MANUEL S. (Seuds. Ánjelo Roca, M. S. T., Quidam).
　Poesía:

———. «A Efraín». *El Oasis. Periódico Literario de Antioquia* (Medellín) 25 (jun. 20, 1868): 199-200. [Firmado: M. S. T.]

———. «La cascada». [Manuel S. Toro]. *El Oasis. Periódico Literario de Antioquia* (Medellín) 12 (mzo. 21, 1868): 95. [Firmado: M. S. T.]

———. «La vida». *El Oasis. Periódico Literario de Antioquia* (Medellín) 5 (feb. 8, 1868): 39. [Firmado: Quidam]

———. «¿Por qué lloras?». *El Oasis. Periódico Literario de Antioquia* (Medellín) 2 (ene. 18, 1868): 15-16. [Firmado: Quidam]

———. «Vaguedad». *El Oasis. Periódico Literario de Antioquia* (Medellín) 40 (oct. 3, 1868): 319-320.

———. «Viniendo de Santarrosa». *El Oasis. Periódico Literario de Antioquia* (Medellín) 16 (abr. 18, 1868): 128. [Firmado: M. S. T.]

OTROS:

———. «Un recuerdo en el álbum de una amiga». *El Oasis. Periódico Literario de Antioquia* (Medellín) 26 (jun. 27, 1868): 203-204. [Firmado: Anjelo Roca]

TORRES, CARLOS ARTURO (1867-1911).
POESÍA:

———. «Ahasverus». *El Gráfico* (Bogotá) 14.691 (jun. 14, 1924): 1457.

———. «A los escritores colombianos del fin del siglo». *Revista Gris* (Bogotá) 2.3 (mzo., 1894): 83-86.

———. *A los escritores colombianos del fin del siglo*. Bogotá: J. J. Pérez, 1894. 10p.

———. «Cristo». *El Gráfico* (Bogotá) 14.691 (jun. 14, 1924):1459.

———. «De profundis». *Colombia Ilustrada* (Bogotá) 19 (nov. 24, 1890): 292, 294.

———. «El desierto». *El Gráfico* (Bogotá) 14.691 (jun. 14, 1924): 1457.

———. *Eleonora: fantasía*. Bogotá: Imprenta Nacional, 1898. 16p.

———. «Eloa». *El Gráfico* (Bogotá) 14.691 (jun. 14, 1924): 1458.

———. «El poeta». *El Gráfico* (Bogotá) 14.691 (jun. 14, 1924): 1459.

———. «El primer canto». *Papel Periódico Ilustrado* (Bogotá) III.70 (jul. 1°, 1884): 349-350.

———. «El trono y la cruz». *Papel Periódico Ilustrado* (Bogotá) IV.95 (jul. 24, 1885): 371.

———. «El viento». *El Gráfico* (Bogotá) 14.691 (jun. 14, 1924): 1457.

———. «La abadía de Westminter». *Sábado* (Bogotá) 7.454 (ag. 2, 1952): 3.

———. «La Abadia de Westminster». *Hojas de Cultura Popular Colombiana* (Bogotá) 62 (feb., 1956): [s.p].

———. *La abadía de Westminster y otros poemas*. Bogotá: Imprenta de «La Crónica», 1902. 32p.

———. «La estrella de la tarde». *El Gráfico* (Bogotá) 14.691 (jun. 14, 1924): 1458.

———. «La madre tierra». *Revista Gris* (Bogotá) 2.5 (mayo, 1894): 166-167.

———. «Las aves de paso». *El Gráfico* (Bogotá) 14.691 (jun. 14, 1924): 1457.

———. «Los pueblos muertos». *El Gráfico* (Bogotá) 14.691 (jun. 14, 1924): 1457.

———. *Obra poética*. Madrid: A. de San Martín, 1906. 224p. [Contenido: 1. Poesías varias; 2. En la arena; 3. Poemas filosóficos, 4. Poemas crepusculares; 5. Poemas simbólicos]

———. *Parnaso venezolano*. Curazao: Imprenta de la Librería de A. Bethencourt e Hijos, 1887. 93p. [Contenido: Carlos Arturo Torres: A los escritores colombianos del fin del siglo; Paolo Mantegazza: El siglo de los nervios; Felipe Pérez: Episodios de un viaje]

———. *Poemas fantásticos*. Paris: R. Roger, pref. 1907. 101p.

———. *Poemas simbólicos: Némesis; El Vencido*. Bogotá: José María Samper Matiz, 1897. 32p.

———. «Poesías». *Antología de la poesía hispanoamericana*: *Colombia*. Ginés de Albareda y Francisco Garfias. (Eds.). Madrid: Biblioteca Nueva, 1957. [s.p].

———. «Poesías». *Poemas de Colombia; antología de la Academia Colombiana*. Prólogo y epílogo de Félix Restrepo S. J. Edición y notas de Carlos López Narváez. Medellín: Editorial Bedout, 1959. [s.p].

———. «Selva». *Revista Gris* (Bogotá) 3.7 (dic., 1895): 203-205.

———. «Soliloquio de Manfredo». *Papel Periódico Ilustrado* (Bogotá) IV.74 (sept. 1°, 1884): 26.

———. «Vida nueva: poema en prosa». *El Gráfico* (Bogotá) 32.313-314 (oct. 12, 1916): 107-108.

———. «Voces errantes de mujeres». *El Gráfico* (Bogotá) 14.691 (jun. 14, 1924): 1457-1458.

Relato:

———. «Alma enferma». *El Gráfico* (Bogotá) 34.339-340 (mzo. 31, 1917): 314.

———. «Amor que termina: cuentos nacionales». *El Gráfico* (Bogotá) 37.365-366 (sept. 1°, 1917): 114.

———. «Del amor». *El Gráfico* (Bogotá) 29 (abr. 1°, 1916): 246-247.

———. *El cíclope*. Bogotá: [s.edit], 1894? 8p.

———. «El llanto de los abuelos: cuentos nacionales». *El Gráfico* (Bogotá) 29.286 (mayo 2, 1916): 288.

———. «Novios: cuentos nacionales». *El Gráfico* (Bogotá) 20.202 (sept. 3, 1914): 414.

———— *El Gráfico* (Bogotá) 29.288 (mayo 20, 1916): 298-299.

———. «Sor silencio». *El Gráfico* (Bogotá) 41.404-405 (abr. 20, 1918):37.

TEATRO:

———. *Lope de Aguirre: poema dramático en tres actos*. Bogotá: Imprenta Echeverría, 1891. 76p.

———— Bogotá: Arango Editores, 1989. 119p.

OTROS:

———. «Amemos las ideas». *El Gráfico* (Bogotá) 38.378 (nov. 10, 1917): 215.

———. «Aquileo Parra». *El Liberal* Ilustrado (Bogotá) 3.1128 (oct. 10, 1914): 257-261.

———. (Ed.). *Asunto personal*. Bogotá: Casa Editorial de J. & L. Pérez, 1896. [s.p].

———. [Trd]. *Bruto* (de Leopardi). [s.l]: {s.edit], 1900? 4p.

———. *Carlos Arturo Torres: principales escritos*. Prólogo: Rafael Gutiérrez Girardot; selección y epílogo de Antonio García Lozada. Boyacá, Colombia: Casa de la Cultura de Sogamoso, 1998. 190p. [contenido: Paul Bourget . Los poemas filosóficos de Alfredo de Vigny. Diletantismo científico. Hacia el futuro. Herbert Spencer. Hostos. Idola fori. Los Ídolos del foro. El movimiento literario en la Europa contemporánea. La estatua del precursor. Introducción a la Obra poética. Reminiscencias tudescas. La muerte de Zolá]

———. «Cuba ante América». *Revista Gris* (Bogotá) 3.8-9 (feb., 1896): 199-213.

———. «Diletantismo científico». *Boletín Cultural y Bibliográfico* (Bogotá) 4.7 (jul., 1961): 569-576.

———. *Discursos*. Caracas: Empresa El Cojo, 1911. 160p

———— Bogotá: Editorial Centro – Ministerio de Educación de Colombia, 1946. 125p.

———. «Dos fuertes reaccionarios». *El Gráfico* (Bogotá) 173-174 (mzo, 7, 1914): 191.

———. «Duelo nacional». *El Gráfico* (Bogotá) 47 (jul. 15, 1911): 5.

———. «El concepto de Patria». *El Gráfico* (Bogotá) 13 (oct. 15, 1910): 3-4.

———. *El desarrollo jurisprudencial en el delito de detención arbitraria*. Bogotá: Uniandes, 1985. 26p.

———. *Estudio sobre las sanciones civiles*. Bogotá: Torres Amaya, 1893. 20p.

———. *Estudios de crítica moderna*. Madrid: Editorial América, 1917. 354p. [contenido: Estudios ingleses: En la cuna de Shakespeare. El primer centenario de Trafalgar. El Manfredo de Byron. Herbert Spencer. John Morley. Estudios americanos: Hostos. Nariño. La literatura de ideas. La literatura histórica en Venezuela. La poesía y la historia. Estudios varios: Paul Bourget. Los poemas filosóficos de Alfredo de

Vigny. Edgar Quinet (Á propósito de su centenario) Diletantismo científico]

———. *Estudios de crítica moderna: estudios ingleses, estudios americanos, estudios varios.* Tunja: Academia Boyacense de Historia, 1997. 204p.

———. *Estudios ingleses: estudios varios.* Madrid: Librería de A. de San Martín, 1907? 325p. [Contenido: Estudios ingleses: La cuna de Shakespeare. El primer centenario de Trafalgar. El Manfredo, de Byron. Herbert Spencer. John Morley; Estudios varios: Núñez de Arce. Waldeck Rousseau. Paul Borget. Los poemas filosóficos de Alfredo de Vigny; Edgar Quinet. Camilo Desmoulins. Luis XVI. El proceso del Mariscal Ney. La muerte de Zola. Cánovas del Castillo. Pí y Margall. Bismark. Murillo. Literatura colombiana: Ultima conversación con Isaacs. Julio Flores. I. E. Arciniegas. Reminiscencias tudescas. Diletantismo científico. Del movimiento literario en la Europa contemporánea]

—— Madrid: Librería de Ángel de San Martín, 1940? 160p.

———. *Estudios varios.* Bogotá: Editorial A. B. C, 1951. 302p.

———. «Guillermo Shakespeare». *Universidad Católica Bolivariana* (Medellín) 26.94 (1964): 322-348.

———. *Hacia el futuro.* Washington: Unión Panamericana, ca.1949. 58p.

———. «La esfinge». *Revista Gris* (Bogotá) 2.11 (nov., 1894): 353-356.

———. *La estatua del Precursor.* Liverpool: Philip Son & Nephew, 1907. 24p.

———. «La figura del precursor». *El Gráfico* (Bogotá) 193-194 (jul. 20, 1914): 346.

———. *Idola Fori.* 2ª ed. corregida y aumentada. Bogotá: Casa Editorial de la Civilización, 1910. 33p.

———. *Idola Fori: ensayo sobre las supersticiones políticas.* Valencia: F. Sempere, 1900. 217p.

—— Bogotá: Editorial Minerva, 1935. 407p.

—— Bogotá: Editorial Minerva, 1935. 207p.

—— Bogotá: Editorial Minerva, 1935. 471p.

—— Valencia: F. Sempere, 1940? 217p.

—— Bogotá: Editorial Kelly, 1944. 230p.

———. *Idola fori: primera edición crítica con 400 notas exegéticas y bio-bibliográficas.* Tunja: Universidad Pedagógica y Tecnológica de Colombia, 1969. 378p.

———. *Inauguración del Monumento a Murillo.* Bogotá: Imprenta de La Crónica, 1902. 31p.

———. «Julio Flórez». *El Liberal* Ilustrado (Bogotá) 4.1368 (mayo 22, 1915): 241-244.

———. *La estatua del Precursor.* Liverpool: Philip, Son and Nephew, 1907. 24p.

———. «La figura del precursor». *El Gráfico* (Bogotá) 19.193-194 (jul. 20, 1914): 346.

———. «La música». *El Gráfico* (Bogotá) 44.437-438 (oct. 12, 1918): 303.

———. (Ed.). *La Opinión Pública*. (Bogotá) (1898). [s.p].

———. *Literatura de ideas: discursos y conferencias*. Caracas: Empresa El Cojo, 1911. 160p.

———. «Literatura de ideas». *Letras Nacionales* (Bogotá) 3.13 (mzo.-abr., 1967): 29.

———. *Los elementos integradores de la violencia en el hurto calificado*. Bogotá: Uniandes, 1985. 37p.

———. *Los ídolos del foro; ensayo sobre las supersticiones políticas*. Madrid: Editorial América, 1916. 304p.

———. «Meditación». *El Gráfico* (Bogotá) 30.296 (jul. 8, 1916): 368.

———. *Memoria que el Ministro del Tesoro presenta al Congreso de la República en sus sesiones ordinarias de 1904*. Bogotá: Imprenta Nacional de Colombia, 1904. 1vol. [(paginación varia)]

———. «Murillo». *El Gráfico* (Bogotá) 9.81 (abr. 20, 1912): [s.p].

———. *Obras*. Bogotá: Instituto Caro y Cuervo. 2001. 821p. [contenido: t. 1. *Idola fori* y escritos políticos]

———. *Obras: tomo II, ensayos históricos y literarios*. Bogotá: Instituto Caro y Cuervo, 2002. 518 p.

———. *Obras: tomo III, obra literaria*. Bogotá: Instituto Caro y Cuervo, 2002. 575p.

———. «Página crepuscular». *El Gráfico* (Bogotá) 33.330 (feb. 3, 1917): 239.

———. «Paisaje gris». *El Gráfico* (Bogotá) 29.283 (abr. 15, 1916): 264.

———. «Pi y Margall». *El Liberal* Ilustrado (Bogotá) 6.1715-1719 (mzo. 25, 1916): 129-132.

———. *Pi y Margall; Aquileo Parra*. Bogotá: Imprenta de la Crónica, 1898. 32p.

———. (Ed.). *Por última vez*. Bogotá: Casa Editorial de J & L. Pérez, 1896. [s.p].

———. *Principales escritos*. Sogamoso: Ediciones Casa de la Cultura de Sogamoso, 1998. 190p.

———. «Prólogo». *Estudios, discursos y escritos varios de J.M. Quijano Wallis*. París: R. Roger y F. Chernoviz, 1908. 478p.

———. *Prosas y esbozos*. Bogotá: Tipografía Minerva, 1900? 174p.

———. «Rotación de la ideas». *El Gráfico* (Bogotá) 9.90 (jun. 22, 1912): [s.p].

———. «Selva». *Revista Gris* (Bogotá). 3.7 (dic., 1895): 203-205.

———. «Última conversación con Isaacs». *Revista de la Universidad Nacional de Colombia* (Bogotá) 2.12 (mayo, 1987): 12-14.

———. y Quijano Wallis, José María. *Estudios, discursos y escritos varios*. París: R. Roger y F. Chernoviz, 1908. 478p.

———. «Roberto Lievano». *El Gráfico* (Bogotá) 36.358-359 (jul. 21, 1917): 58-59.

CRÍTICA:

Anónimo. «C.A. Torres Pinzón. *Prosas y esbozos*. Bogotá, 1917: notas al margen». *El Gráfico* (Bogotá) 39.382-383 (dic. 1°, 1917): 250.

Azula Barrera, Rafael. «Carlos Arturo Torres, el hombre y la tierra: Discurso pronunciado el 24 de abril de 1967, en la Sala de Actos de la Academia Colombiana, con motivo de cumplirse el primer centenario del nacimiento del ilustre escritor». *Boletín de la Academia Colombiana* (Bogotá) 17.68 (jun. -jul., 1967): 228-233.

Bernal Jiménez, Rafael. «Carlos Arturo Torres». *El Gráfico* (Bogotá) 14.670 (nov. 17, 1923): 1105-1106.

Boyacá (Colombia). Secretaria de Educación. Extensión Cultural. *El Departamento de Boyacá a la imperecedera memoria del patricio boyacense doctor Carlos Arturo Torres en el primer centenario de su natalicio*. Tunja: Imprenta Departamental, 1967. 81p.

———. *El Departamento de Boyacá a la imperecedera memoria del patricio boyacense doctor Carlos Arturo Torres, primer centenario de su natalicio Santa Rosa de Viterbo, 17 de abril de 1867, Caracas, 13 de julio de 1911*. Tunja: Ediciones de la Casa de la Cultura, 1967. 142p.

Briceño, Manuel. «Carlos Arturo Torres: ¿un desconocido?». *Revista Javeriana* (Bogotá) 67.333 (abr., 1967): 334.

Burgos, José Joaquín. «"Némesis" y "El vencido"». *El Repertorio Colombiano* (Bogotá) XXV.4 (abr., 1897): 309-314.

Forero Benavides, Abelardo. Carlos Arturo Torres: (Conferencia dictada en la Biblioteca Nacional)». *Sábado* (Bogotá) 7.454 (ag. 2, 1952): 1,5.

García Calderón, Francisco. «Carlos Arturo Torres y su obra». *Universidad de Antioquia* (Medellín) 165 (abr.-jun., 1967): 597-601.

García-Losada, Antonio. *El pensamiento crítico de Carlos Arturo Torres*. (Diss). University of Maryland, 1996. 303p.

Gómez Restrepo, Antonio. «Carlos Arturo Torres». *El Gráfico* (Bogotá) 14.691 (jun. 14, 1924): 1445-1446.

———. «Carlos Arturo Torres en el centenario de su nacimiento: 1867-1911». *Universidad Católica Bolivariana* (Medellín) 29.103 (abr.-sept., 1967): [s.p].

González-Blanco, Andrés. *Escritores representativos de América*. Madrid: Editorial América, 1917. 351p. [Contenido: José Enrique Rodó. José Santos Chocano. Rufino Blanco-Fombona. Carlos Arturo Torres. Carlos Octavio Bunge]

Hernández de Alba, Guillermo. (Ed.). *Ensayistas colombianos: Miguel Antonio*

Caro, Rufino José Cuervo, Marco Fidel Suárez, Rafael Núñez, Carlos Arturo Torres. Buenos Aires: W. M. Jackson, 1945. 460p.

Moreno Durán, Rafael Humberto. «Carlos Arturo Torres». *Gran Enciclopedia de Colombia*. 4. Santafé de Bogotá: Círculo de Lectores, 1992. 164-166.

Naranjo Villegas, Abel. «Carlos Arturo Torres y la anglofilia en Colombia: Discurso pronunciado en el homenaje de la Academia Colombina de la Lengua, el día 24 de abril de 1967, con motivo del centenario del nacimiento de Carlos Arturo Torres». *Boletín de la Academia Colombiana* (Bogotá) 17. 68 (jun. -jul., 1967): 234-240.

Páez M., Julián. *Justo homenaje*. Bogotá?: [s.edit], 1900? 7p.

Pardo Tovar, Andrés. «De la aventura idealista en América». *Revista de las Indias* (Bogotá) 23.73 (ene.,1945): 17-44.

Pérez Pinto, Pedro Pablo. «Némesis y El vencido». *El Repertorio Colombiano* (Bogotá) 15.4 (abr., 1897): 309-314.

Rodríguez Plata, Horacio. «Carlos Arturo Torres y Santiago Pérez». *Boletín Cultural y Bibliográfico* (Bogotá) 10.1 (ene., 1967): 31-35.

Rodríguez Triana, Esteban. «Homenaje a Carlos Arturo Torres». *El Tiempo* [Lecturas Dominicales] (Bogotá) 3.51 (abr. 27, 1924): 1-2.

Salazar Cáceres, Carlos Gabriel. *Carlos Arturo Torres Peña: vida, época, pensamiento*. Tunja: Editorial Talleres Gráficos, Academia Boyacense de Historia, 1997. 98p.

Sierra Mejía, Rubén. *Carlos Arturo Torres*. Bogotá: Procultura, 1989. 128p.

Silva Torres, Julio. *Varones ilustres de mi tierra Santa Rosa de Viterbo*. Bogotá: Editorial ABC, 1947. 230p.

Solano, Armando. «Con ocasión de la muerte de Rodó y Torres». *El Gráfico* (Bogotá) 35.346-347 (mayo 12, 1916): 356-358.

Torres, Paulina. *Carlos Arturo Torres: el hombre al través de su obra*. Bogotá: Editorial Lumen, 1945. 103p. [Tesis. Doctor en Filosofía y Letras. Pontificia Universidad Javeriana

Torres Duque, Óscar. «Idola Fiori». *Gran Enciclopedia de Colombia*. 5. Santafé de Bogotá: Círculo de Lectores, 1994. 152-53.

Torres Pinzón, Carlos Arturo. «Año nuevo político». *El Gráfico* (Bogotá) 16.732 (mayo 2, 1925): 497.

———. «Responsabilidades del presente». *El Gráfico* (Bogotá) 16.721 (feb. 14, 1925): 321.

Varios. *El Departamento de Boyacá a la imperecedera memoria del patricio boyacense doctor Carlos Arturo Torres*. Tunja: Ediciones de la Casa de la Cultura, 1967. 81p.

TORRES CAICEDO, JOSÉ MARÍA (Bogotá 1830-1889).

Poesía:

———. «A Celinda». *El Día* (Bogotá) 710 (abr. 7, 1850): 2.

———. «A Dios (Plegaria). A mi amigo Mariano G. Manrique». *El Día* (Bogotá) 744 (ag. 31, 1850): 2-3.

———. «A Policarpa Salavarrieta». *El Día* (Bogotá) 732 (jul. 20, 1850): 2.

———. «Al sueño». *El Día* (Bogotá) 742 (ag. 24, 1850): 4.

———. «Al toque del alba». *El Día* (Bogotá) 430 (mayo 30, 1847): 3.

———. «A ti». *El Día* (Bogotá) 704 (mzo. 20, 1850): 3-4.

———. «A una estrella». *El Día* (Bogotá) 734 (jul. 27, 1850): 3-4.

———. «A una violeta». *El Día* (Bogotá) 715 (abr. 24, 1850): 2.

———. *Ayes del corazón: Colección de poesías orijinales*. Nueva York: Imprenta de Wm. Geo Stewart, 1853. 352p.

———. «El cementerio de Ubaque». *El Día* (Bogotá) 726 (jun. 29, 1850): 2-3.

———. «El olvido. A mi estimable amigo José Eusebio Caro». *El Día* (Bogotá) 716 (abr. 27, 1850): 2-4.

———. «El senado de 1850». *El Día* (Bogotá) 715 (abr. 24, 1850): 2.

———. «En el álbum de la señorita...». *El Día* (Bogotá) 735 (jul. 31, 1850): 1.

———. «En el álbum de mi amiga, la señorita...». *El Día* (Bogotá) 736 (ag. 3, 1850): 3.

———. «En un álbum». *El Día* (Bogotá) 714 (abr. 20, 1850): 2.

———. «En un álbum de la señorita...». *El Día* (Bogotá) 734 (jul. 27, 1850): 4.

———. «Ilusión». *El Día* (Bogotá) 737 (ag. 7, 1850): 3.

———. «Instantes de dolor». *El Día* (Bogotá) 440 (ag. 1°, 1847): 3.

———. «La mañana». *El Día* (Bogotá) 707 (mzo. 30, 1850): 2.

———. «La muerte. A mis amigas las señoritas..., en la muerte de su padre». *El Día* (Bogotá) 743 (ag. 28, 1850): 2-3.

———. «La visión. Imitación de Víctor Hugo». *El Día* (Bogotá) 736 (ag. 3, 1850): 3.

———. «Recuerdos de un baile. A Elisa en el piano». *El Día* (Bogotá) 691 (feb. 2, 1850). 4.

———. *Religión, patria y amor: colección de versos escritos*. París: Th. Ducessois, 1862. 538p.

———. «Siempre un suspiro lanzaré por ti». *El Día* (Bogotá) 540 (ag. 26, 1848): 2.

——— *El Día* (Bogotá) 689 (ene. 26, 1850): 1.

———. «Tu acento. A ella». *El Día* (Bogotá) 735 (jul. 31, 1850): 1.

———. «Tu sonrisa». *El Día* (Bogotá) 661 (oct. 20, 1849): 3.

Otros:

———. «Al público». *El Día* (Bogotá) 744 (ag. 31, 1850): 3. [art. sobre escrito de Joaquín P. Posada. Contiene partida de nacimiento de Torres Caicedo]

———. «Apuntes biográficos». *Colección de poesías originales*. Andrés Bello. París: Librería de Rosa y Bouret, 1870. 302p.

——— New York: Librería e Imprenta de N. Ponce de León, 1873 182p.

———. «Bello». *Bello en Colombia*. Estudio y selección de Rafael Torres Quintero. 2ª ed. Bogotá: Instituto Caro y Cuervo, 1981. 260p.

———. *Cosas del señor J. M. Torres Caicedo*. Bogotá: Medardo Rivas, 1870. 29p.

———. *Ensayos biográfico y de crítica literaria sobre los principales poetas y literatos hispano-americanos*. París: Guillaumin; Baudry, 1863-1868. 3 vols.

———. *Estudios sobre el gobierno inglés y sobre la influencia anglo-sajona*. París Baudry, 1868. 2 vols.

———. «Falsas aseveraciones del doctor M. Murillo». *El Catolicismo* (Bogotá) 7.433 (jul. 31, 1860): 474.

———. «La autoridad i la libertad». *El Catolicismo* (Bogotá) 2.161 (jul. 10, 1855): 151-152; 2.162 (jul. 17, 1855): 160.

———. *Legación de los Estados Unidos de Colombia cerca del gobierno de S. M. B.: libro de correspondencia con el Foreign-Office y varios en Inglaterra, 1868-1869*. Mss. Bogotá, 1868. 3 legajos. Colección de manuscritos de la Biblioteca Luis Ángel Arango.

———. *Legación de los Estados Unidos de Colombia cerca de los gobiernos de Francia y la Gran Bretaña: libro de correspondencia con el gobierno de Colombia y cónsules de la misma República*. Mss. París, 1868-1870. 3 vols. Colección de manuscritos d ela Biblioteca Luis Ángel Arango.

———. *Legación de los Estados Unidos de Colombia en Francia: libro de correspondencia con el gobierno francés y varios en Francia, 1868-1869-1870*. Mss. París, 1870. 50, 89. Biblioteca Nacional de Colombia.

———. *Mis ideas y mis principios*. Paris: Imprenta Nueva, 1875. 3 vols.

———. «Sobre la propiedad literaria». *El Repertorio Colombiano* (Bogotá) 17 (nov., 1879): 323-329.

———. «Textos unionistas: 1850-1886». *Génesis de la idea y el nombre de América Latina*. [Comp]. Arturo Ardao. Caracas: Centro de Estudios Latinoamericanos Rómulo Gallegos, 1980. 254p.

———. *Unión latino-americana: pensamiento de Bolívar para formar una liga americana, su origen y sus desarrollos y estudio sobre la gran cuestión que tanto interesa a los estados débiles, a saber, un gobierno legítimo es responsable por los daños y perjuicios ocasionados a los extranjeros por las facciones*. Paris: Rosa y Bouret, 1865. 385p.

CRÍTICA:

Anónimo. «A los señores José María Torres Caicedo y L. Fernández». *El Duende. Periódico de buen humor, dedicado a los cachacos de ambos sexos* (Bogotá) 67 (ag. 8, 1847): i-ii.

Ayala y Medrano, grab. *José María Torres Caicedo* (Bogotá-Colombia). Material gráfico. 1866 Bogotá, 1977. 1 placa fotográfica.

Carilla, Emilio. «José María Torres Caicedo: descubridor de la literatura argentina». *Thesaurus* (Bogotá) 44.2 (mayo-ag., 1989): 334-365.

―――. «El primer biógrafo de Alberdi». *Alba de América:* Revista Literaria (Westminster, CA) 6.10-11 (jul., 1988): 235-243.

―――. *Thesaurus* (Bogotá) 43.1 (ene.-abr., 1988): 1-11.

―――. «José María Torres Caicedo y la literatura argentina». *Alba de América:* Revista Literaria (Westminster, CA) 6.14-15 (jul., 1990): 59-74.

Marrero, Julián. «Señor doctor J. M. Torres Caicedo». *El Día* (Bogotá) 678 (dic. 19, 1849): 3.

Ocampo López, Javier. «José María Torres Caicedo y el problema de la identidad de América Latina». *Pensamiento y Acción* (Tunja) 1.4 (jul., 1978): 1-8.

Ortiz, Juan Francisco. «Fantasía dantesca: al señor doctor don José María Torres Caicedo, encargado de negocios de Venezuela y redactor del "Correo de Ultramar"». *La Caridad* (Bogotá) 2.34 (abr. 27, 1866): 531-535.

Ortiz Rojas, José Joaquín. «Los sepulcros de la aldea: al señor doctor José María Torres Caicedo como testimonio de admiración por su constancia valerosa en la defensa de la religión y de la patria». *El Mosaico* (Bogotá) 3.46 (dic. 31, 1864): 133-135.

Quijano, Félix Antonio. «A propósito de la Academia Venezolana de la Historia a José María Torres Caicedo». *Boletín de Estudios Históricos* (Pasto) 6.66-67(abr., 1935): 198-203.

Rivadeneira Vargas, Antonio José. *El Bogotano J. M. Torres Caicedo, 1830-1889: la multipatria latinoamericana*. Bogotá: Academia Colombiana de Historia, 1989. 103p.

Sánchez Montenegro, Víctor. «El duelo de Torres Caicedo». *Boletín Cultural y Bibliográfico* (Bogotá) 4.8 (ag., 1961): 731-736.

―――. «José María Torres Caicedo». *Boletín Cultural y Bibliográfico* (Bogotá) 4.6 (jun., 1961): 474-477.

―――. «Torres Caicedo escritor y poeta». *Boletín Cultural y Bibliográfico* (Bogotá) 4.7 (jul., 1961): 587-593.

TORRES MÉNDEZ, RAMÓN (Bogotá, 1809-1885). Pintor costumbrista, retratista, dibujante, miniaturista, caricaturista y grabador.

Relato:

———. «Antiguo modo de viajar por el Quindío». III. *Museo de cuadros de costumbres, variedades y viajes. Biblioteca de «El Mosaico»*. Bogotá: Biblioteca del Banco Popular, 1973. 75-84.

Otros:

———. *Agonía de Cristo*. Material audiovisual. 1 diapositiva: color. [Biblioteca Luis Ángel Arango]

———. *Álbum de costumbres colombianas*. Bogotá: Junta Nacional del Centenario de la Proclamación de la Independencia de la República de Colombia, Víctor Sperling. 1910? 61h.

———. *Álbum de cuadros de costumbres*. París: A. Delarue, 1860. 35h.

———. Alcalde del departamento de Soto, estado de Santander. Material audiovisual.1 diapositiva: color. [Biblioteca Luis Ángel Arango]

———. *Aldeanos*. Material gráfico. 1 Grabado: Litografía coloreada en acuarela. [Biblioteca Luis Ángel Arango]

———. *A la puerta del cuartel*. Material gráfico. 1 original de arte: Dibujo a lápiz sobre papel. [Biblioteca Luis Ángel Arango]

———. *Alto de cazadores*. Material gráfico. 1 Grabado: Litografía coloreada en acuarela. [Biblioteca Luis Ángel Arango]

———. *América: una confrontación de miradas*. Bogotá: Editora Nacional de Colombia, [s.f]. 56p.

———. *Antiguo modo de conducir los cadáveres*. Material gráfico. 1 Grabado: Litografía coloreada en acuarela. [Biblioteca Luis Ángel Arango]

———. *Antiguo modo de conducir los cadáveres*. Material gráfico. Bogotá: [s.edit], 1980? 4 fotos. [Biblioteca Luis Ángel Arango]

———. *Antiguos frailes y beatos de San Juan de Dios*. Material audiovisual. 1 diapositiva: color. [Biblioteca Luis Ángel Arango]

———. *Antioqueños*. Material gráfico. 1 obra de arte: acuarela sobre papel. [Biblioteca Luis Ángel Arango]

———. *Aprendiz de zapatero*. Material gráfico. 1 original de arte: acuarela sobre papel. [Biblioteca Luis Ángel Arango]

———. *Apuestas el día de San Juan*. Material gráfico. 1 original de arte: dibujo a lápiz sobre papel. [Biblioteca Luis Ángel Arango]

———. *Arriero y su mujer*. Material gráfico. 1 Grabado: Litografía coloreada en acuarela. [Biblioteca Luis Ángel Arango]

———.*Artesano*. Material audiovisual. 1 diapositiva: color. [Biblioteca Luis Ángel Arango]

———. *Ataque a un jinete en la Sabana*. Material audiovisual. 1 diapositiva: color. [Biblioteca Luis Ángel Arango]

———. *Autorretrato*. Material gráfico. 1 original de arte: acuarela sobre papel. [Biblioteca Luis Ángel Arango]

———. *Baile de campesinos*. Material audiovisual. 1 diapositiva: color. [Biblioteca Luis Ángel Arango]

———. *Beata carmelita*. Material gráfico. 1 original de arte: acuarela sobre papel. [Biblioteca Luis Ángel Arango]

———. *Blanqueador, Bogotá*. Material audiovisual. 1 diapositiva: color. [Biblioteca Luis Ángel Arango]

———. *Bogas transportando bultos*. Material gráfico. 1 original de arte: Dibujo a lápiz sobre papel. [Biblioteca Luis Ángel Arango]

———. *Bogotá, Alcalde del departamento*. Material gráfico. 1 obra de arte: acuarela sobre papel. [Biblioteca Luis Ángel Arango]

———. *Bogotá, Damas en la calle 18*. Material gráfico. 1 obra de arte: acuarela sobre papel. [Biblioteca Luis Ángel Arango]

———. *Bogotá, Jinetes de paseo en el campo*. Material gráfico. 1 obra de arte: acuarela sobre papel. [Biblioteca Luis Ángel Arango]

———. *Bogotá, Reyerta de aguadores*. Material gráfico. 1 obra de arte: acuarela sobre papel. [Biblioteca Luis Ángel Arango]

———. *Borriquero en Bogotá*. Material gráfico. 1 Grabado: Litografía coloreada en acuarela. [Biblioteca Luis Ángel Arango]

———. *Camino de montaña*. Material gráfico. 1 Grabado: Litografía coloreada en acuarela. [Biblioteca Luis Ángel Arango]

———. *Campesina conduciendo naranjas al mercado de Bogotá*. Material gráfico. 1 original de arte: acuarela sobre papel. [Biblioteca Luis Ángel Arango]

———. *Campesina de Gachetá*. Material audiovisual. 1 diapositiva: color. [Biblioteca Luis Ángel Arango]

———. *Campesinas Antioquenas*. Material gráfico. 1 original de arte: dibujo a lápiz sobre papel. [Biblioteca Luis Ángel Arango]

———. *Campesinas conduciendo naranjas al mercado de Bogotá*. Material gráfico. 1 Grabado: Litografía coloreada en acuarela. [Biblioteca Luis Ángel Arango]

———. *Campesinos propietarios*. Material gráfico. Colombia, 1851. 1 Grabado: Litografía sobre papel. [Biblioteca Luis Ángel Arango]

———. *Carboneros de Choachí*. Material audiovisual. 1 diapositiva: color. [Biblioteca Luis Ángel Arango]

———. *Carguera de agua*. Material gráfico. 1 obra de arte: acuarela sobre papel. [Biblioteca Luis Ángel Arango]

———. *Carguero de la montaña de Sonsón*. Material audiovisual. 1 diapositiva: color. [Biblioteca Luis Ángel Arango]

———. *Carnicero de Bogotá*. Material gráfico. 1 Grabado: Litografía coloreada en acuarela. [Biblioteca Luis Ángel Arango]

———. *Champán en el río Magdalena*. Material audiovisual. 1 diapositiva: color. [Biblioteca Luis Ángel Arango]

———. *Colección de cuadros de costumbres colombianas*. 3ª ed. Bogotá: Editorial Cromos, [s.f]. 48h.

———. *Cocinera*. Material gráfico. 1 original de arte: acuarela sobre papel. [Biblioteca Luis Ángel Arango]

———. *Colacionera de Bogotá*. Material gráfico. 1 original de arte: acuarela sobre papel. [Biblioteca Luis Ángel Arango]

———. *Conducción de muebles, Bogotá*. Material gráfico. 1 Grabado: Litografía coloreada en acuarela. [Biblioteca Luis Ángel Arango]

———. *Conducción del correo*. Material audiovisual. 1 diapositiva: color. [Biblioteca Luis Ángel Arango]

———. *Correo de la Nueva Granada*. Material gráfico. 1 original de arte: acuarela sobre papel. [Biblioteca Luis Ángel Arango]

———. *Costumbres nacionales*. Prólogo de Eugenio Barney Cabrera. Bogotá: Editoriales Jeroglífico y Desarrollo, 1978. 39h. (35 láminas color).

———. *Costumbres neo-granadinas*. Bogotá: Ediciones Sol y Luna, [s.f]. 50 láminas.

———. *Criada campesina (boceto)*. Material gráfico. 1 original de arte: lápiz sobre papel. [Biblioteca Luis Ángel Arango]

———. *Criada indígena No. 42*. Material gráfico. 1 original de arte: Grafito sobre papel. [Biblioteca Luis Ángel Arango]

———. *Cuadernos de costumbres*. Bogotá: Banco Cafetero, 1950? 55h.

———. *Cuadros de costumbres colombianas*. Paris: A. Delarue, 1860? 19 láminas. (color). [Biblioteca Luis Ángel Arango]

———. *Cuadros de costumbres colombianas*. Leipzing: Ed. Víctor Sperling, 1910. 60h. [Biblioteca Luis Ángel Arango]

———. *Cuadros de costumbres colombianas*. Bogotá: Cooperativa Nacional. Artes Gráficas, Ltda., 1938. 24 láminas.

———. *Cuadros de costumbres neogranadinas*. Leipzig: Ediciones Ed. Victor Sperling, 1910? 61h. de dibujos.

———. *Cuadros de costumbres santafereñas*. Bogotá: Carlos M. Torres, 1938. 16p.

———. *Cucuteño*. Material gráfico. 1 obra de arte: acuarela sobre papel. [Biblioteca Luis Ángel Arango]

———. *Dama de Bogota en traje de viaje*. Material gráfico. Colombia, 1861. 1 Grabado: Litografía sobre papel. [Biblioteca Luis Ángel Arango]

———. *Dama y peón carguero*. Material audiovisual. 1 diapositiva: color. [Biblioteca Luis Ángel Arango]

———. *Damas en la calle*. Material audiovisual. 1 diapositiva: color. [Biblioteca Luis Ángel Arango]

———. *Damas en la calle, 1875, Bogotá.* Material gráfico. 1 Grabado: Litografía coloreada en acuarela. [Biblioteca Luis Ángel Arango]

———. *De Choachí.* Material gráfico. 1 original de arte: acuarela sobre papel. [Biblioteca Luis Ángel Arango]

———. *De paseo en el campo.* Material audiovisual. 1 diapositiva: color. [Biblioteca Luis Ángel Arango]

———. *Día de San Juan, tierra caliente.* Material audiovisual. 1 diapositiva: color. [Biblioteca Luis Ángel Arango]

———. *El Bambuco.* Material gráfico. 1 original de arte: dibujo a lápiz sobre papel. [Biblioteca Luis Ángel Arango]

———. El *Champán, navegación por el Magdalena.* Material gráfico. Colombia, 1851. 1 Grabado: Litografía sobre papel. [Biblioteca Luis Ángel Arango]

———. *El sillón.* Material gráfico. 1 original de arte: dibujo a lápiz sobre papel. [Biblioteca Luis Ángel Arango]

———. *El vendedor de forraje.* Material gráfico. 1 Grabado: Acuarela sobre papel. [Biblioteca Luis Ángel Arango]

———. *El viático.* Material gráfico. 1 Grabado: Litografía coloreada en acuarela. [Biblioteca Luis Ángel Arango]

———. *En un mal camino.* Material gráfico. 1 Grabado: Litografía coloreada en acuarela. [Biblioteca Luis Ángel Arango]

———. *Entierro de niño, Valle de Tenza.* Material audiovisual. 1 diapositiva: color. [Biblioteca Luis Ángel Arango]

———. *Entierro de un niño, Valle de Tenza.* Material gráfico. 1 Grabado: Litografía coloreada en acuarela. [Biblioteca Luis Ángel Arango]

———. *Escena del mercado.* Material audiovisual. 1 diapositiva: color. [Biblioteca Luis Ángel Arango]

———. *Estereros.* Material gráfico. 1 Grabado: Litografía coloreada en acuarela. [Biblioteca Luis Ángel Arango]

———. *Fiesta de la aldea.* Material gráfico. 1 Grabado: Litografía coloreada en acuarela. [Biblioteca Luis Ángel Arango]

———. *Frutera de la mesa.* Material gráfico. 1 original de arte: acuarela sobre papel. [Biblioteca Luis Ángel Arango]

———. *Galleros.* Material gráfico. 1 Grabado: Litografía coloreada en acuarela. [Biblioteca Luis Ángel Arango]

———. *Ganadero en la Sabana.* Material audiovisual. 1 diapositiva: color. [Biblioteca Luis Ángel Arango]

———. *Gendarmes de Bogotá.* Material gráfico. Colombia, 1850. 1 original de arte: acuarela sobre papel. [Biblioteca Luis Ángel Arango]

———. *Habitantes de las orillas del Magdalena.* Material gráfico. 1 original de arte: acuarela sobre papel. [Biblioteca Luis Ángel Arango]

———. *Hombres del pueblo*. Material gráfico. 1 original de arte: lápiz sobre papel (boceto). [Biblioteca Luis Ángel Arango]

———. *India de Chía*. Material gráfico. 1 obra de arte: acuarela sobre papel. [Biblioteca Luis Ángel Arango]

———. *India de Funza*. Material gráfico. 1 obra de arte: acuarela sobre papel. [Biblioteca Luis Ángel Arango]

———. *Indígenas haciendo vasijas ordinarias No. 1 (Boceto)*. Material gráfico. 1 original de arte: dibujo a lápiz. [Biblioteca Luis Ángel Arango]

———. *Indígenas haciendo vasijas ordinarias No. 2 (boceto)*. Material gráfico. 1 original de arte: lápiz sobre papel. [Biblioteca Luis Ángel Arango]

———. *Indio de Moniquirá*. Material audiovisual. 1 diapositiva: color. [Biblioteca Luis Ángel Arango]

———. *Indios pescadores del Funza*. Material gráfico. 1 Grabado: Litografía coloreada en acuarela. [Biblioteca Luis Ángel Arango]

———. *Jardinero*. Material gráfico. 1 original de arte: acuarela sobre papel. [Biblioteca Luis Ángel Arango]

———. *Jinetes de la ciudad y el campo*. Material gráfico. 1 Grabado: Litografía coloreada en acuarela. [Biblioteca Luis Ángel Arango]

———. *Jurisconsulto*. Material gráfico. Colombia, 1864. 1 original de arte: óleo sobre lienzo. [Biblioteca Luis Ángel Arango]

———. *Juzgado Parroquial*. Material gráfico. 1 Grabado: Litografía coloreada en acuarela. [Biblioteca Luis Ángel Arango]

———. *Juzgado parroquial*. Material audiovisual. 1 diapositiva: color. [Biblioteca Luis Ángel Arango]

———. *La Ceja, camino de Guanacas*. Material gráfico. 1 original de arte: acuarela sobre papel. [Biblioteca Luis Ángel Arango]

———. *La dolorosa*. Material audiovisual. 1 diapositiva: color. [Biblioteca Luis Ángel Arango]

———. *Lavandera*. Material gráfico. 1 original de arte: dibujo a lápiz (boceto) sobre papel. [Biblioteca Luis Ángel Arango]

———. *La vuelta del mercado*. Material gráfico. 1 Grabado: Litografía coloreada en acuarela. [Biblioteca Luis Ángel Arango]

———. *Lenatera de Monserrate*. Material gráfico. 1 original de arte: acuarela sobre papel.

———. *Limosna para la Virgen del campo*. Material audiovisual. 1 diapositiva: color. [Biblioteca Luis Ángel Arango]

———. *Limosna para la Virgen del campo 2*. Material audiovisual. 1 diapositiva: color. [Biblioteca Luis Ángel Arango]

———. *Llanero militar*. Material gráfico. 1original de arte: dibujo a lápiz sobre papel. [Biblioteca Luis Ángel Arango]

———. *Llanero propietario*. Material gráfico. 1 original de arte: dibujo a lápiz sobre papel. [Biblioteca Luis Ángel Arango]

———. *Marraneros de las tierras calientes, Colombia*. Material gráfico. 1 Grabado: Litografía coloreada en acuarela. [Biblioteca Luis Ángel Arango]

———. *Matadores de marranos*. Material gráfico. 1 grabado: Litografía coloreada en acuarela. [Biblioteca Luis Ángel Arango]

———. *Matrimonio de artesanos*. Material gráfico. 1 original de arte: dibujo a lápiz sobre papel. [Biblioteca Luis Ángel Arango]

———. *Matrimonio de bogas*. Material gráfico. 1 original de arte: Dibujo a lápiz a sobre papel (boceto). [Biblioteca Luis Ángel Arango]

———. *Mendiga de Bogotá*. Material gráfico. 1 original de arte: acuarela sobre papel. [Biblioteca Luis Ángel Arango]

———. *Mendigo de Bogotá*. Material audiovisual. 1 diapositiva: color. [Biblioteca Luis Ángel Arango]

———. *Mercachifle de (...)*. Material gráfico. 1 original de arte: acuarela sobre papel. [Biblioteca Luis Ángel Arango]

———. *Mielero y conductor de pellejos*. Material gráfico. 1 Grabado: Acuarela sobre papel. [Biblioteca Luis Ángel Arango]

———. *Modo de montar en sillón*. Material gráfico. 1 original de arte: dibujo a lápiz sobre papel. [Biblioteca Luis Ángel Arango]

———. *Modo de viajar en las montañas*. Material gráfico. Colombia, 1851. ` Grabado: Litografía sobre papel. [Biblioteca Luis Ángel Arango]

———. *Monja y su criada (boceto)*. Material gráfico. 1 original de arte: lápiz sobre papel. [Biblioteca Luis Ángel Arango]

———. *Muchacho arriero, Sabana de Bogotá*. Material audiovisual. 1 diapositiva: color. [Biblioteca Luis Ángel Arango]

———. *Muchacho, corneta. Material gráfico*. 1 original de arte: Dibujo a lápiz sobre papel (boceto). [Biblioteca Luis Ángel Arango]

———. *Muchachos vendiendo efectos de talabartería (Boceto)*. Material gráfico. 1 original de arte: lápiz sobre papel. [Biblioteca Luis Ángel Arango]

———. *Muchachos vendiendo efectos de talabartería, Bogotá*. Material gráfico. 1 Grabado: Litografía coloreada en acuarela. [Biblioteca Luis Ángel Arango]

———. *Mujer de Guaduas*. Material gráfico. 1 obra de arte: acuarela sobre papel. [Biblioteca Luis Ángel Arango]

———. *Mujer de Vélez*. Material gráfico. 1 obra de arte: acuarela sobre papel. [Biblioteca Luis Ángel Arango]

———. *Mujeres del pueblo*. Material gráfico. 1 original de arte: acuarela sobre papel. [Biblioteca Luis Ángel Arango]

———. *Mujeres del pueblo en Medellín*. Material gráfico. 1 Grabado: Litografía coloreada en acuarela. [Biblioteca Luis Ángel Arango]

———. *Mujeres del Pueblo 1872, Bogotá*. Material gráfico. 1 Grabado: Litografía coloreada en acuarela. [Biblioteca Luis Ángel Arango]

———. *Mulero antioqueño*. Material gráfico. 1 original de arte: acuarela sobre papel. [Biblioteca Luis Ángel Arango]

———. *Músicos populares*. Material gráfico. 1 Grabado: Litografía coloreada en acuarela. [Biblioteca Luis Ángel Arango]

———. *Niñeras de paseo*. Material gráfico. 1 original de arte: lápiz sobre papel. [Biblioteca Luis Ángel Arango]

———. *Ollero de Tocancipá, Sabana de Bogotá*. Material gráfico. 1 Grabado: Litografía coloreada en acuarela. [Biblioteca Luis Ángel Arango]

———. *Pasajeros en las inmediaciones de Bogotá*. Material gráfico. 1 Grabado: Litografía coloreada en acuarela. [Biblioteca Luis Ángel Arango]

———. *Paseo campestre*. Material gráfico. 1 Grabado: Litografía coloreada en acuarela. [Biblioteca Luis Ángel Arango]

———. *Paseo del agua nueva en 1848*. Material gráfico. 1 Grabado: Litografía coloreada en acuarela. [Biblioteca Luis Ángel Arango]

———. *Pelea de mujeres o Reyerta popular 1*. Material audiovisual. 1 diapositiva: color. [Biblioteca Luis Ángel Arango]

———. *Peligros de los paseos de las niñeras*. Material gráfico. 1 original de arte: acuarela sobre papel . [Biblioteca Luis Ángel Arango]

———. *Peón carguero de las tierras altas*. Material gráfico. Colombia, 1851. 1 Grabado: Litografía sobre papel. [Biblioteca Luis Ángel Arango]

———. *Peón de Soacha*. Material gráfico. 1 obra de arte: acuarela sobre papel. [Biblioteca Luis Ángel Arango]

———. *Planchadora de Bogotá*. Material gráfico. 1 original de arte: acuarela sobre papel. [Biblioteca Luis Ángel Arango]

———. *Polleros de Choachí*. Material gráfico. 1 Grabado: Litografía coloreada en acuarela. [Biblioteca Luis Ángel Arango]

———. *Portería de un convento*. Material gráfico. 1 original de arte: dibujo a lápiz (boceto) sobre papel. [Biblioteca Luis Ángel Arango]

———. *Presidiarios de Bogotá*. Material audiovisual. 1 diapositiva: color. [Biblioteca Luis Ángel Arango]

———. *Ramón Torres Méndez, 1809-1883: costumbres nacionales*. Bogotá: Editoriales Jeroglífico, Desarrollo, 1978. 40h.

———. *Recluta y veterano de infantería*. Material gráfico. 1 original de arte: acuarela sobre papel. [Biblioteca Luis Ángel Arango]

———. *Refrigerio en un camino*. Material gráfico. 1 Grabado: Litografía coloreada en acuarela. [Biblioteca Luis Ángel Arango]

———. *Revendedores de gallinas*. Material audiovisual. 1 diapositiva: color. [Biblioteca Luis Ángel Arango]

———. *Reyerta de aguadoras*. Material audiovisual. 1 diapositiva: color. 1 original de arte: acuarela sobre papel. [Biblioteca Luis Ángel Arango]

———. *Reyerta popular, Bogotá*. Material gráfico. 1 Grabado: Litografía coloreada en acuarela. [Biblioteca Luis Ángel Arango]

———. *Romería de Chiquinquirá*. Material audiovisual. 1 diapositiva: color. [Biblioteca Luis Ángel Arango]

———. *Salida de la iglesia, Bogotá*. Material gráfico. 1 Grabado: Litografía coloreada en acuarela. [Biblioteca Luis Ángel Arango]

———. *Soldado improvisado de caballería*. Material gráfico. Colombia, 1876. 1 original de arte: acuarela sobre papel. [Biblioteca Luis Ángel Arango]

———. *Soldados*. Material audiovisual. 1 diapositiva: color. [Biblioteca Luis Ángel Arango]

———. *Tienda de vender chicha, Bogotá*. Material gráfico. 1 Grabado: Litografía coloreada en acuarela. [Biblioteca Luis Ángel Arango]

———. *Tipos de aguadores*. Material gráfico. 1 Grabado: Litografía coloreada en acuarela. [Biblioteca Luis Ángel Arango]

———. *Tipos de artesanos*. Material gráfico. 1 original de arte: lápiz sobre papel. [Biblioteca Luis Ángel Arango]

———. *Tipos de bogas del Magdalena*. Material gráfico. 1 original de arte: Dibujo a lápiz sobre papel (boceto). [Biblioteca Luis Ángel Arango]

———. *Tipos de Bogotá*. Material audiovisual. 1 diapositiva: color. [Biblioteca Luis Ángel Arango]

———. *Tipos de la gente de pueblo de Bogotá*. Material gráfico. 1 Grabado: Litografía coloreada en acuarela. [Biblioteca Luis Ángel Arango]

———. *Tipos de muchachas del pueblo*. Material gráfico. 1 diapositiva: color. [Biblioteca Luis Ángel Arango]

———. *Tipos de muchachos del pueblo, Bogotá*. Material gráfico. 1 Grabado: Litografía coloreada en acuarela. [Biblioteca Luis Ángel Arango]

———. *Traje y modo de viajar de los campesinos de las tierras altas*. Material gráfico. 1 Grabado: Litografía coloreada en acuarela. [Biblioteca Luis Ángel Arango]

———. *Trajes de montar*. Material gráfico. 1 original de arte: Dibujo a lápiz sobre papel (boceto). [Biblioteca Luis Ángel Arango]

———. *Tren de viaje de un cura*. Material gráfico. 1 Grabado: Litografía sobre papel. [Biblioteca Luis Ángel Arango]

———. *Uniformes de los batallones cívicos y Alcánfor (Revolución de 1876)*. Material gráfico. 1 original de arte: Dibujo a lápiz sobre papel (boceto). [Biblioteca Luis Ángel Arango]

———. *Un provinciano conduciendo a su hijo al colegio*. Material gráfico. 1 Grabado: Litografía coloreada en acuarela. [Biblioteca Luis Ángel Arango]

———. *Vendedor de forraje (Boceto)*. Material gráfico. 1 original de arte: lápiz sobre papel. [Biblioteca Luis Ángel Arango]

———. *Vendedora de carne, Bogotá*. Material gráfico. 1 Grabado: Litografía coloreada en acuarela. [Biblioteca Luis Ángel Arango]

———. *Vendedora de papas, Bogotá*. Material gráfico. 1 Grabado: Litografía coloreada en acuarela. [Biblioteca Luis Ángel Arango]

———. *Viajero propietario*. Material gráfico. 1 Grabado: Litografía coloreada en acuarela. [Biblioteca Luis Ángel Arango]

———. *Viajeros tolimenses*. Material gráfico. 1 Grabado: Litografía coloreada en acuarela. [Biblioteca Luis Ángel Arango]

———. *Viajeros tolimenses*. Material gráfico. 1 original de arte: dibujo a lápiz sobre papel. [Biblioteca Luis Ángel Arango]

CRÍTICA:

Anónimo. «La exposición Torres Méndez: notas gráficas». *El Gráfico* (Bogotá) 44.431 (ag. 31, 1918): 246.

Anónimo. «Pintores bogotanos: Torres Méndez». *El Gráfico* (Bogotá) 43. 425 (ag. 3, 1918): 198-199.

Belver, José. «Ramón Torres Méndez». *Papel Periódico Ilustrado* (Bogotá) 5.112 (mzo.15, 1887): 246-247.

Giraldo Jaramillo, Gabriel. «Ramón Torres Méndez». *Hojas de Cultura de Popular Colombiana* (Bogotá) 66 (jun., 1956): [s.p].

González, Beatriz y Marta Calderón. Caricatura y costumbrismo: José María Espinosa y Ramón Torres Méndez, dos colombianos del Siglo XIX. [s.l]: Lit. Arco, 1999. 100p.

———. *Ramón Torres Méndez: entre lo pintoresco y la picaresca*. 2ª ed. Bogotá: Carlos Valencia Editores, 1986. 28p.

———. «Ramón Torres Méndez entre lo pintoresco y la picaresca». Biblioteca Virtual del Banco de la República, 2004.

Museo Nacional (Bogotá). *Ramón Torres Méndez 1809-1885*. Bogotá: Litografía Arco, 1975. 30p.

Sánchez Cabra, Efraín. *Ramón Torres Méndez: pintor de la Nueva Granada (1809-1885)*. Bogotá: Fondo Cultural Cafetero, 1987. 237p.

———. «Ramón Torres Méndez y la pintura de tipos y costumbres». *Boletín Cultural y Bibliográfico* (Bogotá) 28.28 (1991): 17-39.

Tamayo, Joaquín. «Ramón Torres Méndez». Hojas de Cultura Popular Colombiana (Bogotá) 20 (ag., 1952): [s.p].

Urdaneta, Alberto. *Ramón Torres Méndez* [Material gráfico] 1 dibujo original: lápiz sobre papel; 30 X 22 cm. Passe partout en cartón arte. [Pertenece al cuaderno de dibujo *Personajes nacionales*]

TORRES TORRENTE, BERNARDINO (Facatativá 1813-1886) (Seuds. Alfa, Alfa y Omega, B. Tequendama; Bernardo Tequendama, Erebo, Nir Bretón de Rosa, Nireno Brad, Owen).

POESÍA:

———. «Canto, historia de Alejandro Magno». *El Mosaico* (Bogotá) IV.13 (abr. 22, 1865): 98-100. [Firmado: B. Tequendama]

———. «El candil». *El Mosaico* (Bogotá) I.18 (abr. 25, 1859): 141-142.

———. «El crepúsculo de la tarde en Ibagué». *El Mosaico* al cual está unida *La Biblioteca de Señoritas* (Bogotá) I.40 (oct. 8, 1859): 324.

NOVELA:

———. *El ángel del bosque*. Recreaciones morales-libro para la familia. Novela orijinal. Bogotá: Imprenta de Gaitán, 1876. 263p.

——— *Recreaciones morales, libro para la familia*. Bogotá: Tipografía el Expositor, 1922. 187p.

———. [«Las dos enlutadas». *El Vergel Colombiano* (Bogotá) (1875)]

———. «Los viceversas de Bogotá». *Museo de cuadros de costumbres, variedades y viajes. Biblioteca de «El Mosaico»*. Bogotá: Biblioteca del Banco Popular, 1973. 99-118.

———. *Sombras i misterios o Los embozados. Obra histórica. Contiene los sucesos más notables de la capital de la República de la Nueva Granada en el transcurso de dos años, contados desde 1849 hasta 1851*. Bogotá: Imprenta de Francisco Torres Amaya, 1859. 263p.

——— Bogotá: [s.l]: [s.edit], 1874. 217p.

RELATO:

———. «El Tiempo». *El Mosaico* (Bogotá) IV.9 (mzo. 25, 1865): 67-69. [Firmado: Bernardo Tequemdama]

———. *El viajero novicio: copias en relieve de nuestras costumbres, de nuestros modismos en el lenguaje i de nuestro modo de ser actual en política, literatura, medicina, etc*. 2ª ed. Bogotá: Nicolás Pontón, 1879. 277p.

———. «Los viceversas de Bogotá». *El Mosaico* (Bogotá) IV.2 (feb. 5, 1865): 11-15; IV.4 (feb. 18, 1865): 28-29; IV.9 (mzo. 25, 1865): 73-75; IV.11 (abr. 8, 1865): 81-82; IV.15 (mayo 6, 1865): 117-118. [Firmado: Bernardo Tequendama]

———. «Tequendama i una calavera (cuadro mimoplástico)». *El Iris, periódico literario dedicado al bello sexo* (Bogotá) 3 (25 de febrero de 1866): 30-31; 4 (4 de marzo de 1866): 37-40; 5 (11 de marzo de 1866): 51-54. [Firmado: Bernardo Tequendama]

———. «Un recuerdo». *El Mosaico* (Bogotá) IV.22 (jul. 1°, 1865): 170-171. [Firmado: B. Tequendama]

OTROS:

———. *Candidatura* [Escrito proclamando la candidatura del Jeneral José María Obando para la Presidencia, y respuesta de apoyo con muchas firmas]. Bogotá: Imprenta Provincial por M. González, 1852. 1p.

———. «Carta sobre las conferencias en el Ateneo de Bogotá». *Papel Periódico Ilustrado* (Bogotá) III.71 (jul. 20, 1884): 373-374.

———. «Cultura de la mujer». *El Mosaico* (Bogotá) I.12 (mzo. 12, 1859): 91-93.

———. *Erebo: sus producciones literarias. Bernardino Torres Torrente: colección de algunos artículos en prosa i de varias poesías; publicados unos, i otros que se hallaban inéditos.* Bogotá: Imprenta de Nicolás Pontón i Compañía, 1875. 136p.

———. «Francisco Javier Matís». *Papel Periódico Ilustrado* (Bogotá) IV.87 (mzo. 15, 1885): 234-237.

———.Manifestación del autor de la obra Moral universal, lei de 2 de mayo de 1877 i votos favorables a la obra. Bogotá: Imprenta de Gaitán, 1879. 8p.

———. *Moral universal*. París: Tipografía Lahure, 1878. 144p.

Crítica:

Laverde Amaya, Isidoro. «Los embozados». *El Liberal* (Bogotá) (mayo 26, 1852?): 4.

Pineda Botero, Álvaro. «Sombras i misterios o los embozados». *La fábula y el desastre: Estudios críticos sobre la novela colombiana, 1650-1931*. Fondo Editorial. Universidad EAFIT, 1999. 159-172.

Rodríguez-Arenas, Flor María. «Sombras i misterios o los embozados». *La novela decimonónica colombiana: 1835-1870: estudio, informes 1, 2 e informe final*. Bogotá: Colcultura. Subdirección de Artes, 1995. 3 vols.

Urdaneta, Alberto. «Bernardino Torres Torrente». *Papel Periódico Ilustrado* (Bogotá) IV.87 (mzo. 15, 1885): 234.

TORRES Y PEÑA, JOSÉ ANTONIO (1767-1820) (Seud. J. A. T. P.). Sacerdote.

Poesía:

———. «Santafé cautiva». *La patria boba*. Bogotá: Imprenta Nacional, 1902. 476p.

———. «Santafé cautiva» (1816). *Historia de la literatura colombiana*. III. Antonio Gómez Restrepo. Bogotá: Litografía Villegas, 1957. 299-301.

Otros:

———. *Breve práctica del piadoso exercicio de la Vía Crucis*. Santafé de Bogotá: José Manuel Galagarza, 1821? 32p.

——— Bogotá: Imprenta de Espinosa, 1858. 48p.

———. *Espresión de los sentimientos de la religión, y el patriotismo, que en la Fiesta de Acción de Gracias por la proclamación que hizo el Cabildo Justicia y regimiento de la muy noble, y leal ciudad de Santafé de Bogotá capital del Nuevo Reino de Granada por nuestro católico monarca el Sr. Fernando Séptimo, Rey de España e Indias*. Bogotá: Patriótica, 1808. 32p.

———. *Memorias del presbítero José Antonio Torres y Peña*. Bogotá: Editorial Kelly, 1960. 217p.

———. *Memorias sobre los orígenes de la independencia nacional*. Bogotá: Editorial Kelly, 1960. 217p.

———. *Novena a Nuestro Señor Crucificado, por las almas del purgatorio.* Santafé de Bogotá: José Manuel Galagarza, 1817. 33p.

———. *Novenario devoto en honor de los gloriosos padres de la Madre de Dios, San Joaquín y Santa Ana; dedicada a la Concepción en gracia de María Santísima Nuestra Señora.* Santafé de Bogotá: Imprenta La Patriótica, 1804. 53p.

———. *Oración que en la solemne fiesta de acción de gracias a Dios nuestro Señor por las señaladas victorias... consiguieron las armas españolas contra los exércitos del usurpador Napoleón Bonaparte celebró el cura de la Parroquia de Nuestra Señora de Las Nieves de Santafé de Bogotá, capital del Nuevo Reino de Granada.* Santafé de Bogotá: Imprenta Real, 1809. 40p.

———. *Septenario en honra y gloria de la Virgen Santísima en su advocación de las Angustias, y el santo ejercicio del Vía-Crucis.* Bogotá: Imprenta de Espinosa, 1849. 48p.

CRÍTICA:

Gómez Restrepo, Antonio. «Doctor José Antonio Torres y Peña». *Historia de la literatura colombiana.* III. Bogotá: Litografía Villegas, 1957. 296-302.

Hernández de Alba, Guillermo. «Un poeta, un inquisidor y un matemático». *Santafé y Bogotá* (Bogotá) 4.44 (ag., 1926): 88-96.

Otero Muñoz, Gustavo. *Resumen de historia de la literatura colombiana.* 2ª ed. Bogotá: Editorial ABC, 1937. 54.

Vargas Jurado, J. A. *La patria boba.* Bogotá: Imprenta Nacional, 1902. 476p.

TOSCANO DE AGUIAR, DOLORES (Tunja, 18?- ?) (Seud. Ana Dacier).
POESÍA:

———. *Álbum literario* dedicado al Centenario del Libertador Simón Bolívar. Bogotá: N. Torres, 1983. [s.p].

———. «La oración de Jesús». *La Mujer. Lecturas para las familias. Revista quincenal, redactada exclusivamente por señoras y señoritas, bajo la dirección de la señora Soledad Acosta de Samper* (Bogotá) I.5 (nov. 5, 1878): 116.

———. «Poesías». *Álbum literario dedicado al Centenario del Libertador Simón Bolívar.* Bogotá: N. Torres, 1883. [s.p].

TRASÍBULO, seudónimo de Medardo Rivas Mejía.

TRUJILLO, JOSÉ IGNACIO (1833-1912).
POESÍA:

———. «El día de la ira». *El Repertorio Colombino* (Bogotá) 13 (jul., 1879): 22-35.

———. *Horas de solaz: poesías de J. Ignacio Trujillo N.* París: Librería de Rosa y Bouret, 1873. 154p.

———. «La fuga (oriental)». *El Hogar. Periódico dedicado al bello sexo* (Bogotá) I.34 (sept. 19, 1868): 270.

———. «¡No llores!!». *El Hogar. Periódico dedicado al bello sexo* (Bogotá) I.18 (mayo 30, 1868): 144.

———. «¡Ora por mí!». *El Hogar. Periódico dedicado al bello sexo* (Bogotá) I.36 (oct. 3, 1868): 284.

———. «Oremos por nuestros muertos». *Colegio Mayor de Nuestra Señora del Rosario* (Bogotá) 71.71 (feb., 1912): 4.

———. «Partida». *El Hogar. Periódico dedicado al bello sexo* (Bogotá) I.21 (jun. 20, 1868): 168.

———. «Poemas». *Colegio Mayor de Nuestra Señora el Rosario* (Bogotá) 151.155 (jun., 1921): 284.

OTROS:

———. *Informe que el Ministro de Instrucción Pública presenta al Congreso de Colombia en sus sesiones ordinarias de 1892.* Bogotá: Papelería y Tipografía de Samper Matiz, 1892. 199p.

———. *La manifestación conservadora y su defensa.* Bogotá: Imprenta de Luis M. Holguín, 1899. 16p.

CRÍTICA:

Acevedo, Alfonso. *Un pedagogo de diez años: José Ignacio Trujillo.* Bogotá?: [s.edit], 1843? 8p.

Guerra, José Joaquín. «Un pedagogo de diez años: José Ignacio Trujillo». *Revista Jurídica* (Bogotá) 98 (oct., 1918): 481-489.

T

TRUTH, JOHN, seudónimo de Jerónimo de Argáez.

TUDELA, seudónimo de José David Guarín.

TULIO, seudónimo de José María Facio Lince.

TULIO, seudónimo de Ruperto Segundo Gómez.

U

UJUETA SÁNCHEZ, JOAQUÍN

NOVELA:

———. *Lucrecia o La rosa de Damasco: novela orijinal*. Bogotá: Nicolás Pontón i Compañía, 1875. 64p.

OTROS:

———. [Trad]. *La cueva de Rolando: o Una casa de bandidos*; traducción del inglés por Joaquín Ujueta S. Maga: [s.edit], 1859. 24p.

ULIRA, seudónimo de Gregorio Gutiérrez González.

ULISES, seudónimo de Jesús María Urrea.

ULLOA, FRANCISCO ANTONIO (Popayán, 1783-Santafé 1816).

OTROS:

———. *A la memoria del magno prócer doctor Ignacio de Herrera precursor y genitor de la revolución proclamada en el cabildo abierto de Santafé el 20 de julio de 1810*. Cali: Archivo Municipal, 1812. 212p.

———. y Dionisio de Texada. *Decreto del Supremo Gobierno de Antioquia: dado en el Palacio del Supremo Gobierno de la República (Río Negro, julio 2 de 1814)*. Río Negro: [s.edit], 1814. 1h.

———. «Ensayo sobre influjo del clima en la educación física y moral del hombre del Nuevo Reyno de Granada». *Semanario del Nuevo Reyno de Granada* (Bogotá) 31 (jul. 31, 1808): 274-281; 32 (ag. 7, 1808): 282-289; 33 (ag. 14, 1808): 290-297; 34 (ag. 21, 1808): 298-305; 35 (ag. 28, 1808): 306-313; 36 (sept. 4, 1808): 314-321; 37 (sept. 11, 1808): 322-329; 38 (sept. 18, 1808): 330-337; 39 (sept. 25, 1808): 338-345; 40 (sept. 2?, 1808): 346-353; 41 (oct. 9, 1808): 354-360.

CRÍTICA:

Gómez Restrepo, Antonio. «Don Francisco Antonio Ulloa». *Historia de la literatura colombiana*. Bogotá: Litografía Villegas, 1957. 128-132.

UN BOGOTANO, seudónimo de Eladio Vergara y Vergara.

UN COLOMBIANO, seudónimo de Amenodoro Urdaneta.

UN EMPLEADO DE LA BIBLIOTECA, seudónimo de Miguel Antonio Caro.

UN GRANADINO, seudónimo de Francisco de Paula Santander.

UN GRANADINO, seudónimo de Santiago Pérez.

UNA GRANADINA, seudónimo de María Josefa Acevedo de Gómez.

UN SACERDOTE CATÓLICO, seudónimo de José Joaquín Ortiz Rojas.

UN SANTAFEREÑO. Seudónimo.
NOVELA:

———. *María i las coincidencias*. Bogotá: Imprenta de «El Núcleo Liberal», 1858. 25p.

UNA SEÑORA GRANADINA, seudónimo de María Josefa Acevedo de Gómez.

UN SERVIDOR DE UD., seudónimo de Juan de Dios Uribe.

UN VECINO, seudónimo de Francisco Soto.

URDANETA, ALBERTO (Bogotá, 1845-1887) (Seud. Beralto). Pintor, grabador y publicista.
POESÍA:

———. «Pesebre». *Vida* (Bogotá) 5.41 (dic., 1941): 9.

OTROS:

———. *Abraham Aparicio: 1849 - 1914*. [Material gráfico] 1 dibujo original: lápiz sobre papel; 38 X 24 cm. Passe partout en cartón arte. [Pertenece al cuaderno *Dibujos y caricaturas*]

———. *Abraham Mosquera*. [Material gráfico] 1 dibujo original: lápiz sobre papel; 30 X 21 cm. [Pertenece al cuaderno de dibujo *Ecos de mi segunda prisión*]

———. *A José Acevedo Gómez: la patria agradecida*. [Material gráfico] 1 dibujo original: lápiz sobre papel; 38 X 24 cm. [Pertenece al cuaderno *Dibujos y caricaturas*]

———. «Adolfo Sicard y Pérez». *Papel Periódico Ilustrado* (Bogotá) III.52 (oct. 15, 1883): 51.

———. *Afición a la caza (Recuerdos de hospitalidad): primera hazaña*. [Material gráfico] 1 dibujo original: lápiz sobre papel; 38 X 24 cm. Passe partout en cartón arte. [Pertenece al cuaderno *Dibujos y caricaturas*]

———. *Aguadora*. [Material gráfico] 1 dibujo original: lápiz sobre papel; 38 X 24 cm. [Pertenece al cuaderno *Dibujos y caricaturas*]

———. *Aguardiente de olla: monopolios, arbitrios rentísticos.* [Material gráfico] 1 dibujo original: lápiz sobre papel; 38 X 24 cm. [Pertenece al cuaderno *Dibujos y caricaturas*]

———. *A la estatua de la justicia se le ha caído la pesa con que sostenía en balanza a Jacobo Sánchez, gobernador de Cundinamarca.* [Material gráfico] 1 dibujo original: lápiz sobre papel; 38 X 24 cm. Passe partout en cartón arte. [Pertenece al cuaderno *Dibujos y caricaturas*]

———. *Alberto Urdaneta - autorretrato.* Material audiovisual. Dibujo (técnica mixta) 1886. 1 diapositiva: color. Colección de diapositivas de la Biblioteca Luis Ángel Arango.

———. *Álbum de dibujos de Alberto Urdaneta: personajes nacionales.* Bogotá: Talleres Gráficos del Banco Popular, 1975. 138p. [Reproducción facsímil de 103 retratos a lápiz, algunos autografiados. Poemas y dedicatorias mss.]

———. *Alejo Madero.* [Material gráfico] 1 dibujo original: lápiz sobre papel; 30 X 21 cm. [Pertenece al cuaderno de dibujo *Ecos de mi segunda prisión*]

———. *Alfonso Arboleda.* [Material gráfico] 1 dibujo original: lápiz sobre papel; 30 X 21 cm. [Pertenece al cuaderno de dibujo *Ecos de mi segunda prisión*]

———. «Amenodoro Urdaneta». *Papel Periódico Ilustrado* (Bogotá) III.61 (mzo. 15, 1884): 198-199.

———. *Andrés Escallón.* [Material gráfico] 1 dibujo original: lápiz sobre papel; 30 X 21 cm. [Pertenece al cuaderno de dibujo *Ecos de mi segunda prisión*]

———. «Andrés Posada Arango». *Papel Periódico Ilustrado* (Bogotá) III.57 (ene. 15, 1884): 134.

———. *Andrés Umaña* [Material gráfico] 1 dibujo original: lápiz sobre papel; 30 X 21 cm. Passe partout en cartón arte. [Pertenece al cuaderno de dibujo *Ecos de mi segunda prisión*]

———. *Ángel cabalgando sobre galgo.* [Material gráfico] 1 dibujo original: lápiz sobre papel; 30 X 21 cm. [Pertenece al cuaderno de dibujo *Ecos de mi segunda prisión*]

———. *Antonio Baraya (Colombia).* [Material gráfico]: 1882. Bogotá, 1975. 1 placa fotográfica.

———. «Antonio Nariño». *Papel Periódico Ilustrado* (Bogotá) I.2 (oct. 1º, 1881): 23.

———. *Antonio Suárez.* [Material gráfico] 1 dibujo original: lápiz sobre papel; 30 X 21 cm. [Pertenece al cuaderno de dibujo *Ecos de mi segunda prisión*]

———. *Arbitrios: a las necesidades del Gobierno General Re-cursos.* [Material gráfico] 1 dibujo original: lápiz sobre papel; 38 X 24 cm. Passe partout en cartón arte. [Pertenece al cuaderno *Dibujos y caricaturas*]

―――. *¡Arbitrios rentísticos: alto!* [Material gráfico] 1 dibujo original: lápiz sobre papel; 30 X 21 cm. [Pertenece al cuaderno de dibujo *Ecos de mi segunda prisión*]

―――. *Armas de la ciudad de Santa Fe de Bogotá (Bogotá-Colombia).* [Material gráfico]: 1882.   Bogotá, 1975. 1 placa fotográfica.

―――. *Artículo 91.* [Material gráfico] 1 dibujo original: lápiz sobre papel; 38 X 24 cm. [Pertenece al cuaderno *Dibujos y caricaturas*]

―――. *Arzobispo Vicente Arbeláez.* [Material gráfico] 1 dibujo original: lápiz sobre papel; 30 X 22 cm. Passe partout en cartón arte. [Pertenece al cuaderno de dibujo *Personajes nacionales*]

―――. «A Simón Bolívar». *Papel Periódico Ilustrado* (Bogotá) II.46-48 (jul. 24, 1883): 346.

―――. «A Simón Bolívar: Libertador». *Papel Periódico Ilustrado* (Bogotá) 3.53 (oct. 28, 1883): 66-69.

―――. «Ateneo de Bogotá». *Papel Periódico Ilustrado* (Bogotá) III.68 (jun. 5, 1884): 318.

―――. «Ateneo de Bogotá». *Papel Periódico Ilustrado* (Bogotá) III.69 (jun. 25, 1884): 332.

―――. «Ateneo de Bogotá». *Papel Periódico Ilustrado* (Bogotá) III.70 (jul. 1°, 1884): 350-351; 354-355.

―――. «Augusta Holmés». *Papel Periódico Ilustrado* (Bogotá) IV.90 (mayo 1°, 1885): 296.

―――. *Augusto Paz.* [Material gráfico] 1 dibujo original: lápiz sobre papel; 38 X 24 cm. [Pertenece al cuaderno *Dibujos y caricaturas*]

―――. *Autorretrato de Alberto Urdaneta quien desde una colina contempla la despedida de varias parejas: detrás de él simbólicamente la cruz de la tumba de Sofía.* [Material gráfico] 1 dibujo original: tinta sobre papel; 30 X 21 cm. [Pertenece al cuaderno de dibujo *Ecos de mi segunda prisión*]

―――. «Bazar de los pobres». *Papel Periódico Ilustrado* (Bogotá) II.40 (mayo 5, 1883): 260-261.

―――. «Bernardino Torres Torrente». *Papel Periódico Ilustrado* (Bogotá) IV.87 (mzo. 15, 1885): 234.

―――. «Bernardo Jacinto de Cologán». *Papel Periódico Ilustrado* (Bogotá) V.113 (abr. 1°, 1887): 262.

―――. «Bibliografía». *Papel Periódico Ilustrado* (Bogotá) IV.88 (abr. 1°, 1885): 254.

―――. «Bibliografía». *Papel Periódico Ilustrado* (Bogotá) V.97 (ag. 6, 1886): 14; V.99 (sept. 1°, 1886): 44-45; V.100 (sept. 20, 1886): 61; V.102 (oct. 15, 1886): 92-93; V.103 (oct. 28, 1886): 109.

―――. «Bienvenida». *Papel Periódico Ilustrado* (Bogotá) V.100 (sept. 20, 1886): 60-61.

———. *Boceto*. [Material gráfico] 1 dibujo original: lápiz sobre papel; 30 X 21 cm. [Pertenece al cuaderno de dibujo *Ecos de mi segunda prisión*]

———. *Boceto a lápiz de personaje anónimo*. [Material gráfico] 1 dibujo original: lápiz sobre papel; 38 X 24 cm. [Pertenece al cuaderno *Dibujos y caricaturas*]

———. *Boceto a lápiz del rincón de un cementerio: aparecen dos bellos cipreses que sirven de fondo al pequeño monumento funerario*. [Material gráfico] 1 dibujo original: lápiz sobre papel; 38 X 24 cm. [Pertenece al cuaderno *Dibujos y caricaturas*]

———. *Boceto de escena*. [Material gráfico] 1 dibujo original: lápiz sobre papel; 30 X 22 cm. Passe partout en cartón arte. [Pertenece al cuaderno de dibujo *Personajes nacionales*]

———. *Boceto de rostro*. [Material gráfico] 1 dibujo original: lápiz sobre papel; 30 X 21 cm. [Pertenece al cuaderno de dibujo *Ecos de mi segunda prisión*]

———. *Boceto de un monumento funerario*. [Material gráfico] 1 dibujo original: lápiz sobre papel; 38 X 24 cm. [Pertenece al cuaderno *Dibujos y caricaturas*]

———. «Bocetos Biográficos. Gregorio Vásquez de Arce y Ceballos». *Boletín de Historia y Antigüedades* (Bogotá) 2.24 (ag., 1904): 747-752.

———. *Bocetos: personajes típicos de Bogotá*. [Material gráfico] 1 dibujo original: lápiz sobre papel; 38 X 24 cm. [Pertenece al cuaderno *Dibujos y caricaturas*]

———. *Bocetos: representación de la conquista*. [Material gráfico] 1 dibujo original: lápiz sobre papel; 38 X 24 cm. [Pertenece al cuaderno *Dibujos y caricaturas*]

———. *Boga en el río Magdalena*. [Material gráfico] 1 dibujo original: lápiz sobre papel; 30 X 21 cm. Passe partout en cartón arte. [Pertenece al cuaderno de dibujo *Ecos de mi segunda prisión*]

———. «Bogotá en enero». *Papel Periódico Ilustrado* (Bogotá) II.33 (ene. 31, 1883): 141-144.

———. «Bogotá en marzo». *Papel Periódico Ilustrado* (Bogotá) II.37 (abr. 1º, 1883): 209-212.

———. *Boleta de entrada a la inauguración de la Escuela de Bellas Artes de Bogotá dirigida por el señor Manuel Ma. de Narváez*. Material gráfico. Bogotá: Tipografía de Samper Matiz, 1886. 1 tarjeta.

———. *Boletín. 48: 1876*. [Material gráfico] 1 dibujo original: lápiz sobre papel; 38 X 24 cm. [Pertenece al cuaderno *Dibujos y caricaturas*]

———. «Bolívar». *Papel Periódico Ilustrado* (Bogotá) III.72 (jul. 24, 1884): 388-389.

———. Camilos Salinas [Material gráfico] 1 dibujo original: lápiz sobre papel; 30 X 21 cm. [Pertenece al cuaderno de dibujo *Ecos de mi segunda prisión*]

———. *Candelario Obeso* [Material gráfico] 1 dibujo original: lápiz sobre papel; 30 X 22 cm. Passe partout en cartón arte. [Pertenece al cuaderno de dibujo *Personajes nacionales*]

———. *Carcelero civil de la prisión del antiguo Colegio Seminario.* [Material gráfico] 1 dibujo original: lápiz sobre papel; 38 X 24 cm. [Pertenece al cuaderno *Dibujos y caricaturas*]

———. *Conquistador.* [Material gráfico] 1 dibujo original: lápiz sobre papel; 38 X 24 cm. [Pertenece al cuaderno *Dibujos y caricaturas*]

———. *Constitución de Río Negro: Art. 91.* [Material gráfico] 1 dibujo original: lápiz sobre papel; 38 X 24 cm. Passe partout en cartón arte. [Pertenece al cuaderno *Dibujos y caricaturas*]

———. *Crisóstomo Gómez.* [Material gráfico] 1 dibujo original: lápiz sobre papel; 30 X 21 cm. [Pertenece al cuaderno de dibujo *Ecos de mi segunda prisión*]

———. *El agricultor.* Material audiovisual. Grabado (1868). 1 diapositiva: color. Colección de diapositivas de la Biblioteca Luis Ángel Arango.

———. «El Callao». *Papel Periódico Ilustrado* (Bogotá) IV.82 (ene. 1°, 1885): 158.

———. «El campo de Garrapata». *Papel Periódico Ilustrado* (Bogotá) I.11 (mzo. 1°, 1882): 180.

———. «Caldas bajando las escaleras del Colegio del Rosario (cuadro de Alberto Urdaneta)». *El Gráfico* (Bogotá) 30.292 (jun. 10, 1916): 332.

———. «Candelario Obeso». *Papel Periódico Ilustrado* (Bogotá) III.71 (jul. 20, 1884): 381.

———. *Carlos Morales.* [Material gráfico] 1 dibujo original: lápiz sobre papel; 30 X 21 cm. [Pertenece al cuaderno de dibujo *Ecos de mi segunda prisión*]

———. *Carlos Sáenz Echeverría.* [Material gráfico] 1 dibujo original: lápiz sobre papel; 30 X 21 cm. [Pertenece al cuaderno de dibujo *Ecos de mi segunda prisión*]

———. «Carta a José Caicedo Rojas». *Papel Periódico Ilustrado* (Bogotá) IV.92 (jun. 1°, 1885): 314.

———. «Centenario de Bello». *Papel Periódico Ilustrado* (Bogotá) I.6 (dic. 1°, 1881): 95-100.

———. «Centenario de Bolívar». *Papel Periódico Ilustrado* (Bogotá) II.40 (mayo 5, 1883): 262-263; II.42 (mayo 25, 1883): 293.

———. *Centenario de los comuneros; texto extractado del libro de "Los Comuneros" por Manuel Briceño.* Bogotá: Imprenta de Silvestre, 1981. 17h.

———. «Centenario de Ricaurte». *Papel Periódico Ilustrado* (Bogotá) V.97 (ag. 6, 1886): 14.

———. *Cinco rostros de niño.* [Material gráfico] 1 dibujo original: lápiz sobre papel; 30 X 21 cm. [Pertenece al cuaderno de dibujo *Ecos de mi segunda prisión*]

———. «Colombia y Ecuador». *Papel Periódico Ilustrado* (Bogotá) I.14 (mayo 1°, 1882): 218.

———. «Concierto». *Papel Periódico Ilustrado* (Bogotá) III.71 (jul. 20, 1884): 374.

———. «Concurso de grabado en madera». *Papel Periódico Ilustrado* (Bogotá) I.11 (mzo. 1°, 1882): 180; II. 41 (mayo 15, 1883): 279.

———. «Concurso para la designación de notabilidades colombianas». *Papel Periódico Ilustrado* (Bogotá) III.63 (abr. 15, 1884): 243; III.65 (mayo 1°, 1884): 275; III.68 (jun 5, 1884): 321; III.69 (jun. 25, 1884): 344; III.71 (jul. 20, 1884): 370, 381.

———. «Condolencia». *Papel Periódico Ilustrado* (Bogotá) III.66 (mayo 15, 1884): 289.

———. «Condolencia». *Papel Periódico Ilustrado* (Bogotá) IV.80 (dic. 1°, 1884): 127, 130.

———. *Conferencias sobre perspectiva y otros asuntos de dibujo, dictadas en el Colegio de San Bartolomé*. Bogotá: Imprenta de Silvestre y Compañía, 1881. 32p.

———. *Coro de las beatas música*. Bogotá: Editorial Musical H. Conti, 1946? 1 partitura. 3p.

———. *¡Cuenta!!* [Material gráfico] 1 dibujo original: lápiz sobre papel; 30 X 21 cm. [Pertenece al cuaderno de dibujo *Ecos de mi segunda prisión*]

———. *Cuidado con un pleito*. [Material gráfico] 1 dibujo original: lápiz sobre papel; 30 X 21 cm. [Pertenece al cuaderno de dibujo *Ecos de mi segunda prisión*]

———. «El cuadro de D. Epifanio Garay». *Papel Periódico Ilustrado* (Bogotá) V.100 (sept. 20, 1886): 64.

———. «D. Ricardo Silva». *Papel Periódico Ilustrado* (Bogotá) II.30 (nov. 28, 1882): 85.

———. *Dama y caballero*. [Material gráfico] 1 dibujo original: lápiz sobre papel; 30 X 21 cm. [Pertenece al cuaderno de dibujo *Ecos de mi segunda prisión*]

———. *Daniel Arboleda*. [Material gráfico] 1 dibujo original: lápiz sobre papel; 38 X 24 cm. [Pertenece al cuaderno *Dibujos y caricaturas*]

———. «Daniel Florencio O'Leary». *Papel Periódico Ilustrado* (Bogotá) I.2 (oct. 1°, 1881): 34-35.

———. «De Bogotá a Caracas. Cartera de viaje». *Papel Periódico Ilustrado* (Bogotá) III.52 (oct. 15, 1883): G1-63; III.53 (oct. 28, 1883): 70-75; III.54 (nov. 20, 1883): 93-95; III.55 (dic. 20, 1883): 106-108; III.56 (ene. 1°, 1884): 127-128; III.57 (ene. 15, 1884): 145-147; III.58 (feb. 1°, 1884): 154-156; III.62 (abr. 1°, 1884): 218-222; III.66 (mayo 15, 1884): 290-292; IV.75 (sept. 21, 1884): 38-42.

———. *De cómo se pierde una secretaría*. [Material gráfico] 1 dibujo original:

lápiz sobre papel; 38 X 24 cm. Passe partout en cartón arte. [Pertenece al cuaderno *Dibujos y caricaturas*]

———. *Desde Estados Unidos Santiago Pérez extiende una cacerola a Manuel Murillo Toro, quien se encuentra a punto de ahogarse*. [Material gráfico] 1 dibujo original: lápiz sobre papel; 38 X 24 cm. [Pertenece al cuaderno *Dibujos y caricaturas*]

———. « Despedida a la virgen, Salve a dos voces». *Mundo al Día* (Bogotá) 2201 (mayo 30, 1931): [s.p].

———. *Dibujo mortuorio de un hombre*. [Material gráfico] 1 dibujo original: lápiz sobre papel; 30 X 22 cm. Passe partout en cartón arte. [Pertenece al cuaderno de dibujo *Personajes nacionales*]

———. *Dibujos y caricaturas*. Edición de Seguros Colombia y Banco Nacional. Bogotá: Ediciones Sol y Luna, 1976. 64p.

———. «Diccionario de Cuervo». *Papel Periódico Ilustrado* (Bogotá) IV.79 (nov. 15, 1884): 116-117.

———. *Diego Fallón*. [Material gráfico] 1 dibujo original: lápiz sobre papel; 30 X 22 cm. Passe partout en cartón arte. [Pertenece al cuaderno de dibujo *Personajes nacionales*]

———. *Dimas Daza*. [Material gráfico] 1 dibujo original: lápiz sobre papel; 30 X 22 cm. Passe partout en cartón arte. [Pertenece al cuaderno de dibujo *Personajes nacionales*]

———. «Dimas Daza». *Papel Periódico Ilustrado* (Bogotá) I.22 (jul. 20, 1882): 352.

———. «Discurso al cerrar la exposición de bellas artes». *Papel Periódico Ilustrado* (Bogotá) V.113 (abr. 1°, 1887): 275-276.

———. «Discurso al inaugurar la exposición de bellas artes». *Papel Periódico Ilustrado* (Bogotá) V.110 (feb. 15, 1887): 222-226.

———. *Domingo A. Maldonado*. [Material gráfico] 1 dibujo original: lápiz sobre papel; 30 X 22 cm. Passe partout en cartón arte. [Pertenece al cuaderno de dibujo *Personajes nacionales*]

———. «Domingo Antonio Maldonado». *Papel Periódico Ilustrado* (Bogotá) V.99 (sept. 1°, 1886): 34.

———. «Don Diego de Alcalá». *Papel Periódico Ilustrado* (Bogotá) III.57 (ene. 15, 1884): 147.

———. *Don Ricardo Carrasquilla: 25 de 10bre de 1886*. [Material gráfico] 1 dibujo original: lápiz sobre papel; 30 X 22 cm. Passe partout en cartón arte. [Pertenece al cuaderno de dibujo *Personajes nacionales*]

———. «Dos grabados». *Papel Periódico Ilustrado* (Bogotá) I.17 (jun. 1°, 1882): 273.

———. *Dos placas que se conservaban en el antiguo palacio municipal de Bogotá*. [Material gráfico] 1 dibujo original: lápiz sobre papel; 38 X 24 cm.

———. «Duelo». *Papel Periódico Ilustrado* (Bogotá) III.50 (ag. 20, 1883): 32.

———. *Ecos de mi segunda prisión*. Bogotá: Ediciones Sol y Luna, 1975. 98p.

———. *Ecos de mi segunda prisión: álbum de dibujos*. Prólogo de Pilar Moreno de Ángel. Bogotá: Editorial Sol y Luna, 1975. 92p.

———. «El arte del grabado». *Hojas de Cultura Popular Colombiana* (Bogotá) 1.9 (sept., 1951): [s.p].

———. *El asesinato de Julio Arboleda*. [Material gráfico] 1 dibujo original: lápiz sobre papel; 30 X 21 cm. Passe partout en cartón arte. [Pertenece al cuaderno de dibujo *Ecos de mi segunda prisión*]

———. «El día de difuntos (cementerio de Bogotá». *Papel Periódico Ilustrado* (Bogotá) IV.78 (nov. 2, 1884): 90-104.

——— Bogotá: Banco de América Latina, 1975. 26p.

———. «El doctor D. Francisco de Paula Rueda». *Papel Periódico Ilustrado* (Bogotá) II.32 (dic. 31, 1882): 118.

———. *Eleazar Urdaneta*. [Material gráfico] 1 dibujo original: lápiz sobre papel; 30 X 22 cm. Passe partout en cartón arte. [Pertenece al cuaderno de dibujo *Personajes nacionales*]

———. «El grabado en madera». *Papel Periódico Ilustrado* (Bogotá) I.15 (mayo 12, 1882): 242-245

———. *El guitarrista Nicomedes Matta*. [Material gráfico] 1 dibujo original: lápiz sobre papel; 30 X 22 cm. Passe partout en cartón arte. [Pertenece al cuaderno de dibujo *Personajes nacionales*]

———. «Eliseo Payán». *Papel Periódico Ilustrado* (Bogotá) V.108 (ene. 15, 1887): 182.

———. *El presidente de la República, Aquileo Parra, aprieta con una soga el cuello del gobernador de Cundinamarca, Jacobo Sánchez, obligándolo a arrojar por la boca gran cantidad de monedas*. [Material gráfico] 1 dibujo original: lápiz sobre papel; 38 X 24 cm. Passe partout en cartón arte. [Pertenece al cuaderno *Dibujos y caricaturas*]

———. *En el destierro*. Música: Romanza para soprano o tenor y piano. Bogotá: L. M. Aguillón, [s.f]. 1 partitura. 4p.

———. *Enrique Arboleda*. [Material gráfico] 1 dibujo original: lápiz sobre papel; 30 X 21 cm. [Pertenece al cuaderno de dibujo *Ecos de mi segunda prisión*]

———. *Enrique Berbeo* [Material gráfico] 1 dibujo original: lápiz sobre papel; 30 X 22 cm. Passe partout en cartón arte. [Pertenece al cuaderno de dibujo *Personajes nacionales*]

———. «Enrique Ponce de León». *Papel Periódico Ilustrado* (Bogotá) V.103 (oct. 28, 1886): 108.

———. *Escudo de Santafé de Bogotá*. [Material gráfico] 1 dibujo original: lápiz sobre papel; 30 X 22 cm. Passe partout en cartón arte. [Pertenece al cuaderno de dibujo *Personajes nacionales*]

———. «Escuela de Bellas Artes en Colombia». *Papel Periódico Ilustrado* (Bogotá) V.97 (ag. 6, 1886): 5-7; V.99 (sept. 1°, 1886): 43.

———. «Escuela de Bellas Artes de Colombia. Sección de grabado en madera». *Papel Periódico Ilustrado* (Bogotá) V.100 (sept. 20, 1886): 55-59.

———. «Escuela de Bellas Artes de Colombia». *Papel Periódico Ilustrado* (Bogotá) V.104 (nov. 15, 1886): 122-124.

———. «Esjematología o ensayo iconográfico de Bolívar». *Papel Periódico Ilustrado* (Bogotá) II.46-48 (jul. 24, 1883): 403-422.

———. «Exposición acerca del retrato del general Santander». *Papel Periódico Ilustrado* (Bogotá) I.3 (oct. 15, 1881): 52.

———. «Exposición nacional». *Papel Periódico Ilustrado* (Bogotá) I.2 (oct. 1º, 1881): 32-33.

———. «Ezequiel Hurtado». *Papel Periódico Ilustrado* (Bogotá) III.67 (mayo 25, 1884): 294.

———. «Facundo Mutis Durán». *Papel Periódico Ilustrado* (Bogotá) I.13 (abr. 15, 1882): 205.

———. *F. A. Zea*. [Material gráfico] 1 dibujo original: lápiz sobre papel; 38 X 24 cm. Passe partout en cartón arte. [Pertenece al cuaderno *Dibujos y caricaturas*]

———. «Felipe Angulo». *Papel Periódico Ilustrado* (Bogotá) IV.91 (mayo 15, 1885): 298.

———. *Felipe de Peñarredonda* [Material gráfico] 1 dibujo original: lápiz sobre papel; 30 X 21 cm. Passe partout en cartón arte. [Pertenece al cuaderno de dibujo *Ecos de mi segunda prisión*]

———. *Fidela Zelina*. [Material gráfico] 1 dibujo original: lápiz sobre papel; 30 X 21 cm. [Pertenece al cuaderno de dibujo *Ecos de mi segunda prisión*]

———. «Fiesta de caridad». *Papel Periódico Ilustrado* (Bogotá) IV.75 (sept. 21, 1884): 47.

———. *F. J. Palacio*. [Material gráfico] 1 dibujo original: lápiz sobre papel; 30 X 22 cm. Passe partout en cartón arte. [Pertenece al cuaderno de dibujo *Personajes nacionales*]

———. *Francisco A. Gutiérrez*. [Material gráfico] 1 dibujo original: lápiz sobre papel; 30 X 22 cm. Passe partout en cartón arte. [Pertenece al cuaderno de dibujo *Personajes nacionales*]

———. *Francisco Javier Zaldúa*. [Material gráfico] 1 dibujo original: lápiz sobre papel; 30 X 22 cm. Passe partout en cartón arte. [Pertenece al cuaderno de dibujo *Personajes nacionales*]

———. «Fugitivo, pasillo colombiano para piano». *Mundo al Día* (Bogotá) 1154 (nov. 26, 1927): [s.p].

———. *Eladio Urisarri*. [Material gráfico] 1 dibujo original: lápiz sobre papel; 30 X 22 cm. Passe partout en cartón arte. [Pertenece al cuaderno de dibujo *Personajes nacionales*]

———. «El fin del año». *Papel Periódico Ilustrado* (Bogotá) I.24 (ag. 2, 1882): 382.

———. «El general Lucio Estrada». *Papel Periódico Ilustrado* (Bogotá) V.104 (nov. 15, 1886): 124.

———. *El tirano: hablar es crimen y el silencio es ley*. [Material gráfico] 1 dibujo original: lápiz sobre papel; 30 X 21 cm. [Pertenece al cuaderno de dibujo *Ecos de mi segunda prisión*]

———. *Estudio de niña*. [Material gráfico] 1 dibujo original: lápiz sobre papel; 38 X 24 cm. [Pertenece al cuaderno *Dibujos y caricaturas*]

———. *Estudio de un niño*. [Material gráfico] 1 dibujo original: lápiz sobre papel; 38 X 24 cm. Passe partout en cartón arte. [Pertenece al cuaderno *Dibujos y caricaturas*]

———. «Florentino Vezga». *Papel Periódico Ilustrado* (Bogotá) III.68 (jun. 5, 1884): 311.

———. *Francisco Javier Cisneros*. [Material gráfico] 1 dibujo original: lápiz sobre papel; 30 X 22 cm. Passe partout en cartón arte. [Pertenece al cuaderno de dibujo *Personajes nacionales*]

———. «Francisco Javier Zaldúa». *Papel Periódico Ilustrado* (Bogotá) I.12 (abr. 1°, 1882): 183.

———. *Fin de la guerra: empréstito voluntario*. [Material gráfico] 1 dibujo original: lápiz sobre papel; 38 X 24 cm. Passe partout en cartón arte. [Pertenece al cuaderno *Dibujos y caricaturas*]

———. «Gaspar Núñez de Arce». *Papel Periódico Ilustrado* (Bogotá) III.63 (abr. 15, 1884): 231.

———. *General Rudecindo López* [Material gráfico] 1 dibujo original: lápiz sobre papel; 30 X 22 cm. Passe partout en cartón arte. [Pertenece al cuaderno de dibujo *Personajes nacionales*]

———. «Germán Vargas». *Papel Periódico Ilustrado* (Bogotá) II.31 (dic. 16, 1882): 99.

———. «Glorias colombianas». *Papel Periódico Ilustrado* (Bogotá) V.97 (ag. 6, 1886): 12.

———. «Gonzalo Jiménez de Quesada». *Papel Periódico Ilustrado* (Bogotá) V.97 (ag. 6, 1886): 3-4.

———. «Guabina Chiquinquireña». *Revista de Folklore* (Bogotá) 2ª época.1 (dic., 1952): 110.

———. *Guabina chiquinquireña: aire colombiano para piano y canto a dos voces*. Bogotá: Editorial Conti, 1944. 3p. [partitura]

———. *Guabina chiquinquireña música: arte colombiano para piano y canto a dos voces. Música colombiana*. 9ª ed. revisada por el autor. Bogotá: Editorial Musical H. Conti, 1944. 1 partitura. 2p.

———. *Guardianes*. [Material gráfico] 1 dibujo original: lápiz sobre papel; 30 X 21 cm. [Pertenece al cuaderno de dibujo *Ecos de mi segunda prisión*]

———. *Guillermo Quintero Calderón* [Material gráfico] 1 dibujo original: lápiz sobre papel; 30 X 22 cm. Passe partout en cartón arte. [Pertenece al cuaderno de dibujo *Personajes nacionales*]

———. *Guillermo Rubiano: Machete*. [Material gráfico] 1 dibujo original: lápiz sobre papel; 30 X 21 cm. [Pertenece al cuaderno de dibujo *Ecos de mi segunda prisión*]

———. *Guillermo Uribe*. [Material gráfico] 1 dibujo original: lápiz sobre papel; 30 X 21 cm. [Pertenece al cuaderno de dibujo *Ecos de mi segunda prisión*]

———. *Hacendado* [Material gráfico] 1 original de arte: dibujo a lápiz sobre papel rosado. [Biblioteca Luis Ángel Arango]

———. *Hacienda Buenavista, mapa y plano de la casa*. [Material gráfico] 1 diapositiva: color. [Biblioteca Luis Ángel Arango]

———. *Hasta el XVIII día de prisión*. [Material gráfico] 1 dibujo original: lápiz sobre papel; 38 X 24 cm. [Pertenece al cuaderno *Dibujos y caricaturas*]

———. «Hernando Arboleda». *Papel Periódico Ilustrado* (Bogotá) II.30 (nov. 28, 1882): 84.

———. *Hijinio Cediel*. [Material gráfico] 1 dibujo original: lápiz sobre papel; 30 X 21 cm. [Pertenece al cuaderno de dibujo *Ecos de mi segunda prisión*]

———. «Himno de los excursionistas de los Andes». *Mundo al Día* (Bogotá) 1574 (abr. 20, 1929): [s.p].

———. *Honorato Lozada*. [Material gráfico] 1 dibujo original: lápiz sobre papel; 30 X 21 cm. [Pertenece al cuaderno de dibujo *Ecos de mi segunda prisión*].

———. *Horacio Sáenz*. [Material gráfico] 1 dibujo original: lápiz sobre papel; 30 X 21 cm. [Pertenece al cuaderno de dibujo *Ecos de mi segunda prisión*]

———. «Ifigenio, pasillo para piano». *Mundo al Día* (Bogotá) 1921 (jun. 21, 1930): [s.p].

———. «Ignacio Gutiérrez Vergara». *Papel Periódico Ilustrado* (Bogotá) IV.76 (oct. 1°, 1884): 50-53.

———. «Ilmo Sr. D. Fr. Luis Zapata de Cárdenas». *Papel Periódico Ilustrado* (Bogotá) IV.81 (dic. 20, 1884): 138-141.

———. «Ilustrísimo Sr. D. José Telésforo Paúl». *Papel Periódico Ilustrado* (Bogotá) IV.83 (ene. 20, 1885): 170.

———. «Impresiones». *Papel Periódico Ilustrado* (Bogotá) III.53 (oct. 28, 1883): 75-77.

———. «In memoriam». *Papel Periódico Ilustrado* (Bogotá) III.63 (abr. 15, 1884): 243.

———. *Invitación de Alberto Urdaneta, Rector de la Escuela de Bellas Artes de*

Bogotá, al Sr. Manuel Ma. de Narváez, a la inauguración de esa Escuela. Material gráfico. Bogotá: Tipografía de Samper Matiz, 1886. 1 tarjeta.

———. *Isidro Maestre.* [Material gráfico] 1 dibujo original: lápiz sobre papel; 30 X 21 cm. [Pertenece al cuaderno de dibujo *Ecos de mi segunda prisión*]

———. *Jarrón y poema manuscrito.* [Material gráfico] 1 dibujo original: lápiz sobre papel; 30 X 21 cm. [Pertenece al cuaderno de dibujo *Ecos de mi segunda prisión*]

———. «J. A. Anzoátegui». *Papel Periódico Ilustrado* (Bogotá) 2. 42 (mayo.25, 1883): 281-282.

———. *Januario Nariño* [Material gráfico] 1 dibujo original: lápiz sobre papel; 30 X 22 cm. Passe partout en cartón arte. [Pertenece al cuaderno de dibujo *Personajes nacionales*]

———. *Jefe militar de la prisión.* [Material gráfico] 1 dibujo original: aguada sobre papel; 38 X 24 cm. [Pertenece al cuaderno *Dibujos y caricaturas*]

———. «Jerónimo Argáez». *Papel Periódico Ilustrado* (Bogotá) IV.75 (sept. 21, 1884): 35.

———. *J. Fonseca Plazas.* [Material gráfico] 1 dibujo original: lápiz sobre papel; 30 X 21 cm. [Pertenece al cuaderno de dibujo *Ecos de mi segunda prisión*]

———. *Joaquín F. Vélez.* [Material gráfico] 1 dibujo original: lápiz sobre papel; 30 X 22 cm. Passe partout en cartón arte. [Pertenece al cuaderno de dibujo *Personajes nacionales*]

———. *Joaquín Posada Gutiérrez:84 años de edad.* [Material gráfico] 1 dibujo original: lápiz sobre papel; 30 X 22 cm. Passe partout en cartón arte. [Pertenece al cuaderno de dibujo *Personajes nacionales*]

———. *J. M. Domínguez.* [Material gráfico] 1 dibujo original: lápiz sobre papel; 30 X 22 cm. Passe partout en cartón arte. [Pertenece al cuaderno de dibujo *Personajes nacionales*]

———. *Jorge Isaacs .*[Material gráfico] 1 dibujo original: lápiz sobre papel; 30 X 22 cm. Passe partout en cartón arte. [Pertenece al cuaderno de dibujo *Personajes nacionales*]

———. *Jorge Vargas.* [Material gráfico] 1 dibujo original: lápiz sobre papel; 30 X 22 cm. Passe partout en cartón arte. [Pertenece al cuaderno de dibujo *Personajes nacionales*]

———. *Jorge Vargas H.* [Material gráfico] 1 dibujo original: lápiz sobre papel; 38 X 24 cm. [Pertenece al cuaderno *Dibujos y caricaturas*]

———. «J[osé] A[ntonio] Anzoátegui». *Papel Periódico Ilustrado* (Bogotá) II.42 (mayo 25, 1883): 282.

———. «José Antonio Soffia». *Papel Periódico Ilustrado* (Bogotá) I.6 (dic. 1°, 1881): 86.

———. *José Belver: edad 73 años.* [Material gráfico] 1 dibujo original: lápiz sobre papel; 30 X 22 cm. Passe partout en cartón arte. [Pertenece al cuaderno de dibujo *Personajes nacionales*]

———. *José Belver: edad 75 años.* [Material gráfico] 1 dibujo original: lápiz sobre papel; 30 X 22 cm. Passe partout en cartón arte. [Pertenece al cuaderno de dibujo *Personajes nacionales*]

———. «José Belver». *Papel Periódico Ilustrado* (Bogotá) I.9 (feb. 1°, 1882): 139.

———. Jose Caicedo Rojas [Material gráfico] 1 dibujo original: lápiz sobre papel; 30 X 22 cm. Passe partout en cartón arte. [Pertenece al cuaderno de dibujo *Personajes nacionales*]

———. «José Caicedo Rojas». *Papel Periódico Ilustrado* (Bogotá) I.5 (nov. 15, 1881): 81.

———. «José Caicedo Rojas». *Papel Periódico Ilustrado* (Bogotá) IV.94 (jul 1°, 1885): 346-347.

———. «José Eusebio Otálora». *Papel Periódico Ilustrado* (Bogotá) II.32 (dic. 31, 1882): 114.

———. *José I. Trujillo.* [Material gráfico] 1 dibujo original: lápiz sobre papel; 30 X 22 cm. Passe partout en cartón arte. [Pertenece al cuaderno de dibujo *Personajes nacionales*]

———. *José Joaquín Malo Manrique.* [Material gráfico] 1 dibujo original: lápiz sobre papel; 30 X 21 cm. [Pertenece al cuaderno de dibujo *Ecos de mi segunda prisión*]

———. *José Joaquín Ortiz.* [Material gráfico] 1 dibujo original: lápiz sobre papel; 30 X 22 cm. Passe partout en cartón arte. [Pertenece al cuaderno de dibujo *Personajes nacionales*]

———. «José Joaquín Ortiz». *Papel Periódico Ilustrado* (Bogotá) I.1 (ag. 6, 1881): 5.

———. *José M. Lugo.* [Material gráfico] 1 dibujo original: lápiz sobre papel; 30 X 21 cm. [Pertenece al cuaderno de dibujo *Ecos de mi segunda prisión*]

———. *José Manuel Marroquín.* [Material gráfico] 1 dibujo original: lápiz sobre papel; 30 X 22 cm. Passe partout en cartón arte. [Pertenece al cuaderno de dibujo *Personajes nacionales*]

———. «José María Campo Serrano». *Papel Periódico Ilustrado* (Bogotá) V.98 (ag. 22, 1886): 18.

———. *José María Castillo.* [Material gráfico] 1 dibujo original: lápiz sobre papel; 38 X 24 cm. Passe partout en cartón arte. [Pertenece al cuaderno *Dibujos y caricaturas*].

———. *José María Espinoza.* [Material gráfico] 1 dibujo original: lápiz sobre papel; 30 X 22 cm. Passe partout en cartón arte. [Pertenece al cuaderno de dibujo *Personajes nacionales*]

———. *José María González Malo.* [Material gráfico] 1 dibujo original: lápiz sobre papel; 30 X 21 cm. [Pertenece al cuaderno de dibujo *Ecos de mi segunda prisión*]

———. *José María Mallarino: 1837 - 1885*. [Material gráfico] 1 dibujo original: lápiz sobre papel; 38 X 24 cm. Passe partout en cartón arte. [Pertenece al cuaderno *Dibujos y caricaturas*]

———. «José María Mallarino». *Papel Periódico Ilustrado* (Bogotá) IV.85 (feb. 20, 1885): 206.

———. *José María Polanía*. [Material gráfico] 1 dibujo original: lápiz sobre papel; 30 X 21 cm. [Pertenece al cuaderno de dibujo *Ecos de mi segunda prisión*]

———. *José María Quijano Otero*. [Material gráfico] 1 dibujo original: lápiz sobre papel; 30 X 21 cm. Passe partout en cartón arte. [Pertenece al cuaderno de dibujo *Ecos de mi segunda prisión*]

———. «José María Quijano Otero». *Papel Periódico Ilustrado* (Bogotá) II.25 (ag. 6, 1882): 3.

———. «José María Quijano Wallis». *Papel Periódico Ilustrado* (Bogotá) I.9 (feb. 1°, 1882): 135.

———. «José María Salazar». *Papel Periódico Ilustrado* (Bogotá) III.71 (jul 20, 1884): 372.

———. *José María Samper*. [Material gráfico] 1 dibujo original: lápiz sobre papel; 30 X 22 cm. Passe partout en cartón arte. [Pertenece al cuaderno de dibujo *Personajes nacionales*]

———. «José María Samper Agudelo». *Papel Periódico Ilustrado* (Bogotá) I.17 (jun. 1°, 1882): 267.

———. *José V. Uribe*. [Material gráfico] 1 dibujo original: lápiz sobre papel; 30 X 22 cm. Passe partout en cartón arte. [Pertenece al cuaderno de dibujo *Personajes nacionales*]

———. *José Vera*. [Material gráfico] 1 dibujo original: lápiz sobre papel; 30 X 21 cm. [Pertenece al cuaderno de dibujo *Ecos de mi segunda prisión*]

———. *J. M. Pinzón Rico*. [Material gráfico] 1 dibujo original: lápiz sobre papel; 30 X 22 cm. Passe partout en cartón arte. [Pertenece al cuaderno de dibujo *Personajes nacionales*]

———. *Juan de D. Sarmiento* [Material gráfico] 1 dibujo original: lápiz sobre papel; 30 X 21 cm. [Pertenece al cuaderno de dibujo *Ecos de mi segunda prisión*]

———. *Juan de Dios Díaz*. [Material gráfico] 1 dibujo original: lápiz sobre papel; 30 X 21 cm. [Pertenece al cuaderno de dibujo *Ecos de mi segunda prisión*]

———. *Juan de Dios Restrepo: Emiro Kastos (seudónimo)*. [Material gráfico] 1 dibujo original: lápiz sobre papel; 30 X 22 cm. Passe partout en cartón arte. [Pertenece al cuaderno de dibujo *Personajes nacionales*]

―――. *Juan E. Ulloa*. [Material gráfico] 1 dibujo original: lápiz sobre papel; 30 X 22 cm. Passe partout en cartón arte. [Pertenece al cuaderno de dibujo *Personajes nacionales*]

―――. *Juan Miguel Acevedo*. [Material gráfico] 1 dibujo original: lápiz sobre papel; 30 X 22 cm. Passe partout en cartón arte. [Pertenece al cuaderno de dibujo *Personajes nacionales*]

―――. *Juliana Caldas*. [Material gráfico] 1 dibujo original: lápiz sobre papel; 30 X 22 cm. Passe partout en cartón arte. [Pertenece al cuaderno de dibujo *Personajes nacionales*]

―――. «Julio Arboleda». *Papel Periódico Ilustrado* (Bogotá) III.54 (nov. 20, 1883): 82-87.

―――. *Julio Barriga*. [Material gráfico] 1 dibujo original: lápiz sobre papel; 30 X 22 cm. Passe partout en cartón arte. [Pertenece al cuaderno de dibujo *Personajes nacionales*]

―――. *Julio Rengifo*. [Material gráfico] 1 dibujo original: lápiz sobre papel; 30 X 22 cm. Passe partout en cartón arte. [Pertenece al cuaderno de dibujo *Personajes nacionales*]

―――. *Justo Pastor Lozada: 78 años - 1883*. [Material gráfico] 1 dibujo original: lápiz sobre papel; 30 X 22 cm. Passe partout en cartón arte. [Pertenece al cuaderno de dibujo *Personajes nacionales*]

―――. *La amistad*. 30 X 22 cm. Passe partout en cartón arte. [Pertenece al cuaderno de dibujo *Personajes nacionales*]

―――. «La catedral de Guayaquil». *Papel Periódico Ilustrado* (Bogotá) II.42 (mayo 25, 1883): 293.

―――. *La opinión pública*. [Material gráfico] 1 dibujo original: lápiz sobre papel; 38 X 24 cm. Passe partout en cartón arte. [Pertenece al cuaderno *Dibujos y caricaturas*]

―――. *La razón y la fuerza en 1876*. [Material gráfico] 1 dibujo original: lápiz sobre papel; 38 X 24 cm. Passe partout en cartón arte. [Pertenece al cuaderno *Dibujos y caricaturas*]

―――. «La "Virgen de la silla" de Rafael». *Papel Periódico Ilustrado* (Bogotá) IV.82 (ene., 1°, 1885): 155-157.

―――. «La santa semana«. *Papel Periódico Ilustrado* (Bogotá) III.63 (abr. 15, 1884): 230.

―――. «La Virgen de la silla de Rafael». *Papel Periódico Ilustrado* (Bogotá) 4.82 (ene.,1°, 1885): 155-157.

―――. *Leonardo Infante*. [Material gráfico] 1 dibujo original: lápiz sobre papel; 30 X 22 cm. Passe partout en cartón arte. [Pertenece al cuaderno de dibujo *Personajes nacionales*]

―――. *Leonidas Posada G*. [Material gráfico] 1 dibujo original: lápiz sobre papel; 38 X 24 cm. [Pertenece al cuaderno *Dibujos y caricaturas*]

―――. *Leopoldo Arias Vargas* [Material gráfico] 1 dibujo original: lápiz sobre papel; 30 X 22 cm. Passe partout en cartón arte. [Pertenece al cuaderno de dibujo *Personajes nacionales*]

———. *Ley 2ª de 1876* [Material gráfico] 1 dibujo original: lápiz sobre papel; 38 X 24 cm. Passe partout en cartón arte. [Pertenece al cuaderno *Dibujos y caricaturas*]

———. *Leyes 2ª y 3ª [de 1876]: Cundinamarca*. [Material gráfico] 1 dibujo original: lápiz sobre papel; 38 X 24 cm. Passe partout en cartón arte. [Pertenece al cuaderno *Dibujos y caricaturas*]

———. *Libertad, igualdad: 1878 - 1880*. [Material gráfico] 1 dibujo original: lápiz sobre papel; 38 X 24 cm. [Pertenece al cuaderno *Dibujos y caricaturas*]

———. *Liboria Cañon [y] Biviana Zetina*. [Material gráfico] 1 dibujo original: lápiz sobre papel; 30 X 21 cm. [Pertenece al cuaderno de dibujo *Ecos de mi segunda prisión*]

———. *Liborio Zerda*. [Material gráfico] 1 dibujo original: lápiz sobre papel; 30 X 22 cm. Passe partout en cartón arte. [Pertenece al cuaderno de dibujo *Personajes nacionales*]

———. «Liborio Zerda». *Papel Periódico Ilustrado* (Bogotá) III.55 (dic. 20, 1883): 99.

———. «Libros». *Papel Periódico Ilustrado* (Bogotá) III.52 (oct. 15, 1883): 60-61.

———. «Libros». *Papel Periódico Ilustrado* (Bogotá) III.55 (dic. 20, 1883): 108-109.

———. «Libros». *Papel Periódico Ilustrado* (Bogotá) III.58 (feb. 1°, 1884): 163.

———. «Libros». *Papel Periódico Ilustrado* (Bogotá) III.63 (abr. 15, 1884): 242-243.

———. «Libros». *Papel Periódico Ilustrado* (Bogotá) III.65 (mayo 1°, 1884): 275.

———. «Libros». *Papel Periódico Ilustrado* (Bogotá) III.66 (mayo 15, 1884): 289.

———. «Libros». *Papel Periódico Ilustrado* (Bogotá) III.67 (mayo 25, 1884): 307.

———. «Libros». *Papel Periódico Ilustrado* (Bogotá) III.68 (jun. 5, 1884): 322.

———. «Libros». *Papel Periódico Ilustrado* (Bogotá) III.71 (jul. 20, 1884): 383.

———. «Libros». *Papel Periódico Ilustrado* (Bogotá) IV.74 (sept. 1°, 1884): 30.

———. «Libros». *Papel Periódico Ilustrado* (Bogotá) IV.75 (sept. 21, 1884): 46-47.

———. «Libros». *Papel Periódico Ilustrado* (Bogotá) IV.82 (ene. 1°, 1885): 157-158.

———. «Libros, folletos y periódicos». *Papel Periódico Ilustrado* (Bogotá) III.57 (ene. 15, 1884): 139; 142-143.

———. *L. Mariño*. [Material gráfico] 1 dibujo original: lápiz sobre papel; 38 X 24 cm. [Pertenece al cuaderno *Dibujos y caricaturas*]

———. *Lo que va de ayer a hoi: Disgustos en familia*. [Material gráfico] 1 dibujo original: lápiz sobre papel; 38 X 24 cm. [Pertenece al cuaderno *Dibujos y caricaturas*]

———. «Los retratos». *Papel Periódico Ilustrado* (Bogotá) I.2 (oct. 1°, 1881): 33.

———. *Ludwig van Beethoven: 1770 - 1827*. [Material gráfico] 1 dibujo original: lápiz sobre papel; 38 X 24 cm. [Pertenece al cuaderno *Dibujos y caricaturas*]

———. «Luis Eduardo Villegas». *Papel Periódico Ilustrado* (Bogotá) III.64 (abr. 22, 1884): 247.

———. «Luis G. Rivas». *Papel Periódico Ilustrado* (Bogotá) II.40 (mayo 5, 1883): 251.

———. *Luis García*. [Material gráfico] 1 dibujo original: lápiz sobre papel; 30 X 21 cm. [Pertenece al cuaderno de dibujo *Ecos de mi segunda prisión*]

———. *Luis García de Hevia*. [Material gráfico] 1 dibujo original: lápiz sobre papel; 30 X 22 cm. Passe partout en cartón arte. [Pertenece al cuaderno de dibujo *Personajes nacionales*]

———. *Luis María Cuervo Urisarri: 1829 - 1885*. [Material gráfico] 1 dibujo original: lápiz sobre papel; 38 X 24 cm. [Pertenece al cuaderno *Dibujos y caricaturas*]

———. *Luna de miel aborigen*. [Material gráfico] 1 dibujo original: lápiz sobre papel; 30 X 22 cm. Passe partout en cartón arte. [Pertenece al cuaderno de dibujo *Personajes nacionales*]

———. «Llegada del señor Arzobispo Paúl». *Papel Periódico Ilustrado* (Bogotá) IV.85 (feb. 20, 1885): 208-210.

———. *Lo que debería ser*. [Material gráfico] 1 dibujo original: lápiz sobre papel; 38 X 24 cm. Passe partout en cartón arte. [Pertenece al cuaderno *Dibujos y caricaturas*]

———. «Manuel Ancízar». *Papel Periódico Ilustrado* (Bogotá) I.10 (feb. 15, 1882): 151.

———. *Manuel Antonio Arango*. [Material gráfico] 1 dibujo original: lápiz sobre papel; 30 X 21 cm. [Pertenece al cuaderno de dibujo *Ecos de mi segunda prisión*]

———. *Manuel Antonio López*. [Material gráfico] 1 dibujo original: lápiz sobre papel; 30 X 22 cm. Passe partout en cartón arte. [Pertenece al cuaderno de dibujo *Personajes nacionales*]

———. «Manuel Briceño». *Papel Periódico Ilustrado* (Bogotá) II.26 (sept. 1°, 1882): 19.

———. «Manuel Briceño». *Papel Periódico Ilustrado* (Bogotá) IV.96 (ag., 1885): 378-380.

———. «Manuel José Vega». *Papel Periódico Ilustrado* (Bogotá) I.21 (jul. 10, 1882): 331.

———. *Manuel María de Narváez* [Material gráfico] 1 dibujo original: lápiz sobre papel; 30 X 21 cm. Passe partout en cartón arte. [Pertenece al cuaderno de dibujo *Ecos de mi segunda prisión*]

———. *Manuel Murillo Toro*. [Material gráfico] 1 dibujo original: lápiz sobre papel; 30 X 22 cm. Passe partout en cartón arte. [Pertenece al cuaderno *Personajes nacionales*]

———. *Manuel Murillo Toro*. [Material gráfico] 1 dibujo original: lápiz sobre papel; 30 X 21 cm. [Pertenece al cuaderno de dibujo *Ecos de mi segunda prisión*]

———. *Manuel Sánchez*. [Material gráfico] 1 dibujo original: lápiz sobre papel; 30 X 21 cm. Passe partout en cartón arte. [Pertenece al cuaderno de dibujo *Ecos de mi segunda prisión*]

———. *Manuel Uribe Ángel*. [Material gráfico] 1 dibujo original: lápiz sobre papel; 30 X 22 cm. Passe partout en cartón arte. [Pertenece al cuaderno de dibujo *Personajes nacionales*]

———. *Marcelino Sabogal: El Gallino*. [Material gráfico] 1 dibujo original: lápiz sobre papel; 30 X 21 cm. Passe partout en cartón arte. [Pertenece al cuaderno de dibujo *Ecos de mi segunda prisión*]

———. «Marco Antonio Pizano». *Papel Periódico Ilustrado* (Bogotá) I.19 (jun. 20, 1882): 299.

———. «Marco Fidel Suárez». *Papel Periódico Ilustrado* (Bogotá) II.41 (mayo 15, 1883): 267.

———. «Matrimonio». *Papel Periódico Ilustrado* (Bogotá) III.59 (feb. 15, 1884): 168.

———. «Matrimonios». *Papel Periódico Ilustrado* (Bogotá) III.60 (mzo. 1°, 1884): 194.

———. «Matrimonios». *Papel Periódico Ilustrado* (Bogotá) III.72 (jul. 24, 1884): 393.

———. *Medallón con la imagen de Sofía Arboleda de Urdaneta y boceto de su caballo*. [Material gráfico] 1 dibujo original: lápiz sobre papel; 38 X 24 cm. Passe partout en cartón arte. [Pertenece al cuaderno *Dibujos y caricaturas*]

———. *Medardo Rivas: (Carlos Rasch Z)*. [Material gráfico] 1 dibujo original: lápiz sobre papel; 30 X 22 cm. Passe partout en cartón arte. [Pertenece al cuaderno de dibujo *Personajes nacionales*]

———. «Medardo Rivas». *Papel Periódico Ilustrado* (Bogotá) II.29 (oct. 28, 1882): 67.

———. *Mercedes Ramires [y] Fidela Zetina*. [Material gráfico] 1 dibujo original: lápiz sobre papel; 30 X 21 cm. Passe partout en cartón arte. [Pertenece al cuaderno de dibujo *Ecos de mi segunda prisión*]

———. *Mientras echa globos Parra don Jacobo nos amarra*. [Material gráfico] 1 dibujo original: lápiz sobre papel; 30 X 21 cm. [Pertenece al cuaderno de dibujo *Ecos de mi segunda prisión*]

———. *Miguel Cane*. [Material gráfico] 1 dibujo original: lápiz sobre papel; 30 X 22 cm. Passe partout en cartón arte. [Pertenece al cuaderno de dibujo *Personajes nacionales*]

―――. *Miguel de Peñarredonda*. [Material gráfico] 1 dibujo original: lápiz sobre papel; 38 X 24 cm. [Pertenece al cuaderno *Dibujos y caricaturas*]

―――. *Miguel Jaramillo* [Material gráfico] 1 dibujo original: lápiz sobre papel; 30 X 21 cm. [Pertenece al cuaderno de dibujo *Ecos de mi segunda prisión*]

―――. *Militar*. [Material gráfico] 1 dibujo original: lápiz sobre papel; 38 X 24 cm. Passe partout en cartón arte. [Pertenece al cuaderno *Dibujos y caricaturas*]

―――. *Mis discípulos: entregados a mi arte*. [Material gráfico] 1 dibujo original: lápiz sobre papel; 38 X 24 cm. [Pertenece al cuaderno *Dibujos y caricaturas*]

―――. *Monogramas y rostro de Sofía Arboleda de Urdaneta*. [Material gráfico] 1 dibujo original: lápiz sobre papel; 30 X 21 cm. Passe partout en cartón arte. [Pertenece al cuaderno de dibujo *Ecos de mi segunda prisión*]

―――. *Monumento a Simón Bolívar por Pietro Tenerani inaugurado el 20 de julio de 1846 en la Plaza Mayor de Bogotá: la estatua vista de espaldas*. [Material gráfico] 1 dibujo original: lápiz sobre papel; 38 X 24 cm. [Pertenece al cuaderno *Dibujos y caricaturas*]

―――. «Muerte del señor Arzobispo de Bogotá». *Papel Periódico Ilustrado* [Suplemento] (Bogotá) III.70 (jul. 1°, 1884): 362-367.

―――. «Nicolás Tanco Armero». *Papel Periódico Ilustrado* (Bogotá) I.18 (jun. 10, 1882): 67.

―――. *Notas*. [Material gráfico] 1 dibujo original: lápiz sobre papel; 38 X 24 cm. [Pertenece al cuaderno *Dibujos y caricaturas*]

―――. «Notas editoriales». *Papel Periódico Ilustrado* (Bogotá) I.13 (abr. 15, 1882): 215.

―――. «Notas editoriales». *Papel Periódico Ilustrado* (Bogotá) I.14 (mayo 1°, 1882): 227.

―――. «Notas editoriales». *Papel Periódico Ilustrado* (Bogotá) I.15 (mayo 12, 1882): 247.

―――. «Notas ligeras». *Papel Periódico Ilustrado* (Bogotá) I.10 (feb. 15, 1882): 163.

―――. «Notas y grabados». *Papel Periódico Ilustrado* (Bogotá) IV.81 (dic. 20, 1884): 141-142.

―――. «Notas y grabados». *Papel Periódico Ilustrado* (Bogotá) IV.87 (mzo. 15, 1885): 238.

―――. «Notas y grabados». *Papel Periódico Ilustrado* (Bogotá) IV.88 (abr. 1°, 1885): 255.

―――. «Notas y grabados». *Papel Periódico Ilustrado* (Bogotá) IV.89 (abr. 15, 1885): 275-276.

―――. «Notas y grabados». *Papel Periódico Ilustrado* (Bogotá) IV.90 (mayo 1°, 1885): 291-292.

———. «Notas y grabados». *Papel Periódico Ilustrado* (Bogotá) IV.91 (mayo 15, 1885): 308.

———. «Notas y grabados». *Papel Periódico Ilustrado* (Bogotá) IV.92 (jun. 1°, 1885): 328.

———. «Notas y grabados». *Papel Periódico Ilustrado* (Bogotá) IV.94 (jul. 1°, 1885): 351.

———. «Notas y grabados». *Papel Periódico Ilustrado* (Bogotá) IV.95 (jul. 24, 1885): 364.

———. «Notas y grabados». *Papel Periódico Ilustrado* (Bogotá) V.101 (oct. 1°, 1886): 77.

———. «Notas y grabados». *Papel Periódico Ilustrado* (Bogotá) V.102 (oct. 15, 1886): 93.

———. «Notas y grabados». *Papel Periódico Ilustrado* (Bogotá) V.103 (oct. 28, 1886): 112.

———. «Notas y grabados». *Papel Periódico Ilustrado* (Bogotá) V.105 (dic. 4, 1886): 144.

———. «Notas y grabados». *Papel Periódico Ilustrado* (Bogotá) V.107 (ene. 1°, 1887): 177.

———. «Notas y grabados». *Papel Periódico Ilustrado* (Bogotá) V.108 (ene. 15, 1887): 196.

———. «Notas y grabados». *Papel Periódico Ilustrado* (Bogotá) V.109 (feb. 1°, 1887): 212.

———. «Notas y grabados». *Papel Periódico Ilustrado* (Bogotá) V.110 (feb. 15, 1887): 227.

———. «Notas y grabados». *Papel Periódico Ilustrado* (Bogotá) V.113 (abr. 1°, 1887): 276.

———. «Noticias necrológicas». *Papel Periódico Ilustrado* (Bogotá) I.2 (oct. 1°, 1881): 34.

———. *Nuestro carcelero: Nbre 16 de 76*. [Material gráfico] 1 dibujo original: lápiz sobre papel; 38 X 24 cm. [Pertenece al cuaderno *Dibujos y caricaturas*]

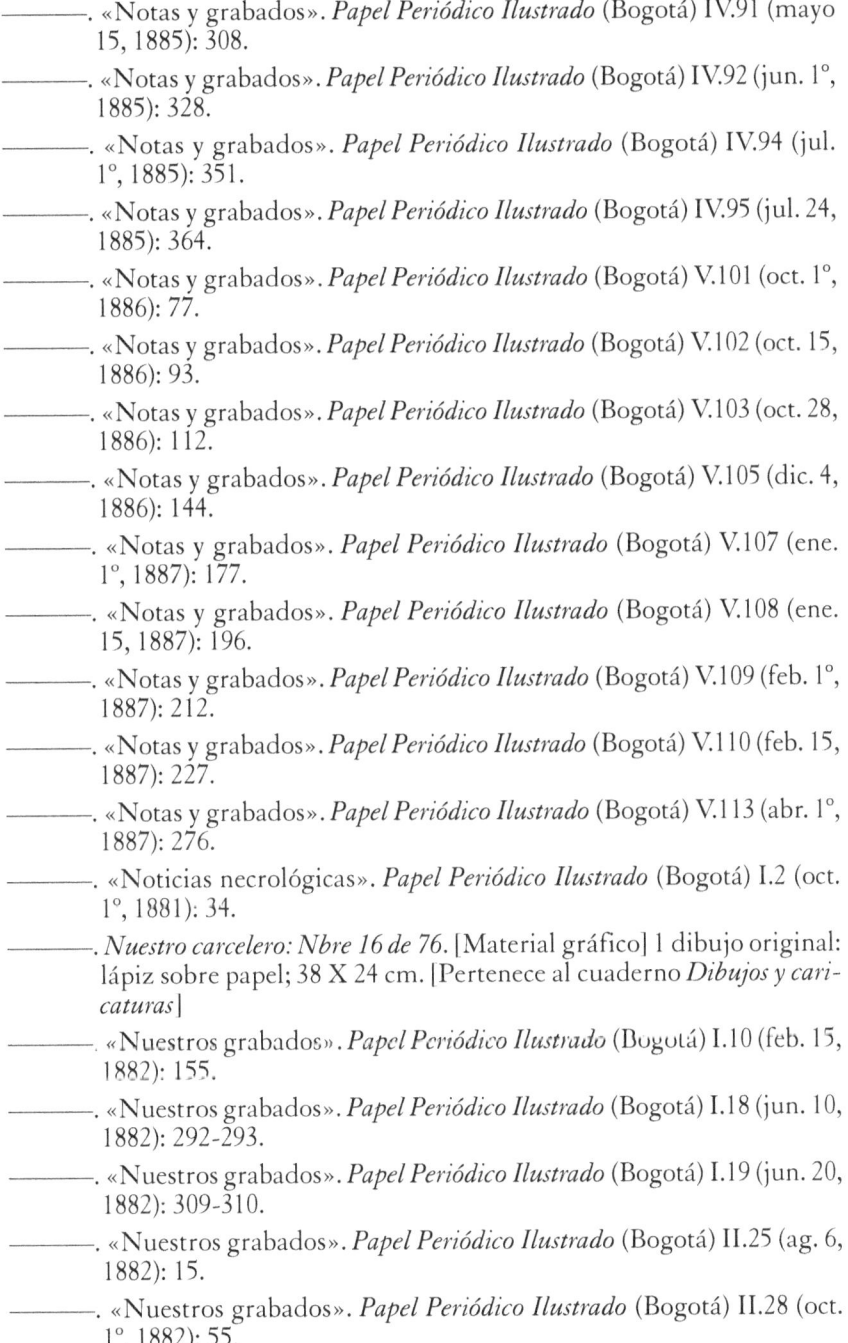

———. «Nuestros grabados». *Papel Periódico Ilustrado* (Bogotá) I.10 (feb. 15, 1882): 155.

———. «Nuestros grabados». *Papel Periódico Ilustrado* (Bogotá) I.18 (jun. 10, 1882): 292-293.

———. «Nuestros grabados». *Papel Periódico Ilustrado* (Bogotá) I.19 (jun. 20, 1882): 309-310.

———. «Nuestros grabados». *Papel Periódico Ilustrado* (Bogotá) II.25 (ag. 6, 1882): 15.

———. «Nuestros grabados». *Papel Periódico Ilustrado* (Bogotá) II.28 (oct. 1°, 1882): 55.

———. «Nuestros grabados». *Papel Periódico Ilustrado* (Bogotá) II.29 (oct. 28, 1882): 79.

———. «Nuestros grabados». *Papel Periódico Ilustrado* (Bogotá) II.31 (dic. 16, 1882): 111.

———. «Nuestros grabados». *Papel Periódico Ilustrado* (Bogotá) II.33 (ene. 31, 1883): 135.

———. «Nuestros grabados». *Papel Periódico Ilustrado* (Bogotá) II.35 (mzo. 1º, 1883): 135.

———. «Nuestros grabados». *Papel Periódico Ilustrado* (Bogotá) II.35 (mazo. 1º, 1883): 180.

———. «Nuestros grabados». *Papel Periódico Ilustrado* (Bogotá) II.38 (abr. 15, 1883): 231.

———. «Nuestros grabados». *Papel Periódico Ilustrado* (Bogotá) II.43 (jul. 5, 1883): 303.

———. «Nuestros grabados». *Papel Periódico Ilustrado* (Bogotá) II.44 (jul. 15, 1883): 328.

———. «Nuestros grabados». *Papel Periódico Ilustrado* (Bogotá) III.51 (sept. 30, 1883): 43-44.

———. «Nuestros grabados». *Papel Periódico Ilustrado* (Bogotá) III.56 (ene. 1º, 1884): 126.

———. «Nuestros grabados». *Papel Periódico Ilustrado* (Bogotá) III.57 (ene. 15, 1884): 147-148.

———. «Nuestros grabados». *Papel Periódico Ilustrado* (Bogotá) III.58 (feb. 1º, 1884): 162-163.

———. «Nuestros grabados». *Papel Periódico Ilustrado* (Bogotá) III.59 (feb. 15, 1884): 177.

———. «Nuestros grabados». *Papel Periódico Ilustrado* (Bogotá) III.60 (mzo. 1º, 1884): 195.

———. «Nuestros grabados». *Papel Periódico Ilustrado* (Bogotá) III.61 (mzo. 15, 1884): 212.

———. «Nuestros grabados». *Papel Periódico Ilustrado* (Bogotá) III.62 (abr. 1º, 1884): 226.

———. «Nuestros grabados». *Papel Periódico Ilustrado* (Bogotá) III.64 (abr. 22, 1884): 259.

———. «Nuestros grabados». *Papel Periódico Ilustrado* (Bogotá) III.65 (mayo 1º, 1884): 274.

———. «Nuestros grabados». *Papel Periódico Ilustrado* (Bogotá) III.66 (mayo 15, 1884): 289.

———. «Nuestros grabados». *Papel Periódico Ilustrado* (Bogotá) III.67 (mayo 25, 1884): 308.

———. «Nuestros grabados». *Papel Periódico Ilustrado* (Bogotá) III.70 (jul. 1º, 1884): 359.

———. «Nuestros grabados». *Papel Periódico Ilustrado* (Bogotá) III.72 (jul. 24, 1884): 393.

———. «Nuestros grabados». *Papel Periódico Ilustrado* (Bogotá) IV.73 (ag. 6, 1884): 7.

———. «Nuestros grabados». *Papel Periódico Ilustrado* (Bogotá) IV.74 (sept. 1°. 1884): 32.

———. «Nuestros grabados». *Papel Periódico Ilustrado* (Bogotá) IV.76 (oct. 1°, 1884): 63-64.

———. «Nuestros grabados». *Papel Periódico Ilustrado* (Bogotá) IV.77 (oct. 15, 1884): 76-78.

———. «Nuestros grabados». *Papel Periódico Ilustrado* (Bogotá) IV.79 (nov. 15, 1884): 117.

———. «Nuestros grabados». *Papel Periódico Ilustrado* (Bogotá) IV.80 (dic. 1ª, 1884): 131.

———. «Nuestros grabados». *Papel Periódico Ilustrado* (Bogotá) IV.83 (ene. 20, 1885): 171-172.

———. «Nuestros grabados». *Papel Periódico Ilustrado* (Bogotá) IV.84 (feb. 5, 1885): 197.

———. «Nuestros grabados». *Papel Periódico Ilustrado* (Bogotá) IV.86 (mzo. 1°, 1885): 222-223.

———. «Nuestros grabados». *Papel Periódico Ilustrado* (Bogotá) V.111 (mzo. 1°, 1887): 243.

———. «Nuestros grabados». *Papel Periódico Ilustrado* (Bogotá) V.112 (mzo. 15, 1887): 260.

———. «Nueve villancicos». *Hojas de Cultura Popular Colombiana* (Bogotá) 1.12 (dic., 1951): [s.p]

———. «Nuevo Arzobispo de Bogotá». *Papel Periódico Ilustrado* (Bogotá) III.71 (jul. 20, 1884): 381.

———. «Nuevo pedestal de la estatua de Bolívar por Tenerani». *Papel Periódico Ilustrado* (Bogotá) I.4 (oct. 28, 1881): 58-59.

———. «Obituario». *Papel Periódico Ilustrado* (Bogotá) IV.82 (ene. 1°, 1885): 157.

———. *Olegario Rivera* [Material gráfico] 1 dibujo original: lápiz sobre papel; 30 X 21 cm. [Pertenece al cuaderno de dibujo *Ecos de mi segunda prisión*]

———. «Once de noviembre». *Papel Periódico Ilustrado* (Bogotá) IV.80 (dic. 1°, 1884): 131-132.

———. «Palabras en los funerales de Ponce de León». *Papel Periódico Ilustrado* (Bogotá) II.37 (abr. 1°, 1883): 200.

———. *Papel Periódico Ilustrado*. Director. Alberto Urdaneta. (Bogotá) 1.116 (ag. 6, 1881-mayo 29, 1888): [s.p].

——— Cali: Carvajal, 1975-1979. 5 vols. [Contenido: v.1: Año 1: 1881-82; v.2: Año 2: 1882-1883: v.3: Año 3: 1883-1884; v.4: Año 4: 1884-1885: v.5: Año 5: 1886-1888]

———. «Papel Periódico Ilustrado». *Papel Periódico Ilustrado* (Bogotá) I.1 (ag. 6, 1881): 2-4.

———. «Papel Periódico Ilustrado». *Papel Periódico Ilustrado* (Bogotá) II.25 (ag. 6, 1882): 2.

———. «Papel Periódico Ilustrado». *Papel Periódico Ilustrado* (Bogotá) III.49 (ag. 6, 1883): 2.

———. «Papel Periódico Ilustrado». *Papel Periódico Ilustrado* (Bogotá) III.56 (ene. 1°, 1884): 118.

———. «Papel Periódico Ilustrado». *Papel Periódico Ilustrado* (Bogotá) IV.73 (ag. 6, 1884): 2.

———. «Papel Periódico Ilustrado». *Papel Periódico Ilustrado* (Bogotá) IV.75 (sept. 21, 1884): 34.

———. «Papel Periódico Ilustrado». *Papel Periódico Ilustrado* (Bogotá) IV.97 (ag. 6, 1886): 2.

———. *Papel Periódico Ilustrado 1881-1887: reproducción de los grabados en madera (xilografías) del «Papel Periódico Ilustrado»*. Bogotá: Banco de la República, 1968. 405p.

———. *Pareja besándose: regreso de la guerra.* [Material gráfico] 1 dibujo original: tinta sobre papel; 30 X 21 cm. [Pertenece al cuaderno de dibujo *Ecos de mi segunda prisión*]

———. *Paz en la tierra a los hombres, 1874-1876: Progreso, paz, 1874 1 de abril.* [Material gráfico] 1 dibujo original: lápiz sobre papel; 38 X 24 cm. [Pertenece al cuaderno *Dibujos y caricaturas*]

———. «Pedro Fernández Madrid». *Papel Periódico Ilustrado* (Bogotá) III.62 (abr. 1°, 1884): 215.

———. «Pedro María Ibáñez». *Papel Periódico Ilustrado* (Bogotá) II.38 (abr. 15, 1883): 219.

———. «Pedro Pablo Cervantes». *Papel Periódico Ilustrado* (Bogotá) II.43 (jul. 5, 1883): 298.

———. *Pedro Puyo.* [Material gráfico] 1 dibujo original: lápiz sobre papel; 30 X 21 cm. Passe partout en cartón arte. [Pertenece al cuaderno de dibujo *Ecos de mi segunda prisión*]

———. «Philalethes». *Papel Periódico Ilustrado* (Bogotá) II.31 (dic. 16, 1882): 111.

———. *Pináculo de gloria: más hazañas.* [Material gráfico] 1 dibujo original: lápiz sobre papel; 38 X 24 cm. Passe partout en cartón arte. [Pertenece al cuaderno *Dibujos y caricaturas*]

———. «Plaza y calle principal de Roldanillo». *Papel Periódico Ilustrado* (Bogotá) II.37 (abr. 1°, 1883): 216.

———. *Poderosas razones* [Material gráfico] 1 dibujo original: lápiz sobre papel; 38 X 24 cm. Passe partout en cartón arte. [Pertenece al cuaderno *Dibujos y caricaturas*]

———. «Poesía en el álbum de Isabel Argáez». *Papel Periódico Ilustrado* (Bogotá) V.109 (feb. 1°, 1887): 211.

———. *Portada del álbum "Ecos de mi segunda prisión"*. [material gráfico] 1 dibujo original: lápiz sobre papel; 28 X 21 cm. [Pertenece al cuaderno de dibujo "Ecos de mi segunda prisión"

———. *Pozo del olvido*. [Material gráfico] 1 dibujo original: lápiz sobre papel; 38 X 24 cm. [Pertenece al cuaderno *Dibujos y caricaturas*]

———. «Preguntas». *Papel Periódico Ilustrado* (Bogotá) I.16 (mayo 20, 1882): 262.

———. «Prensa asociada de Colombia». *Papel Periódico Ilustrado* (Bogotá) III.53 (oct. 28, 1883): 66-70.

———. «Presidente Olaya, marcha militar para piano». *Mundo al Día* (Bogotá) 2257 (ag. 8, 1931): [s.p].

——— Bogotá: L. M. Aguillón, 1931. 1 partitura. 1p.

———. «Primera exposición en la Escuela de Bellas Artes». *Papel Periódico Ilustrado* (Bogotá) V.105 (dic. 4, 1886): 144.

———. *Qué se le ocurrirá: preparándose para la defensa de San Francisco*. [Material gráfico] 1 dibujo original: lápiz sobre papel; 38 X 24 cm.

———. *Rafael Bayona*. [Material gráfico] 1 dibujo original: lápiz sobre papel; 30 X 21 cm. Passe partout en cartón arte. [Pertenece al cuaderno de dibujo *Ecos de mi segunda prisión*]

———. *Rafael Eliseo*. Santander [Material gráfico] 1 dibujo original: lápiz sobre papel; 30 X 22 cm. Passe partout en cartón arte. [Pertenece al cuaderno de dibujo *Personajes nacionales*]

———. «Rafael Eliseo Santander». *Papel Periódico Ilustrado* (Bogotá) I.10 (feb. 15, 1882): 158.

———. «Rafael María Carrasquilla». *Papel Periódico Ilustrado* (Bogotá) II.28 (oct. 28, 1882): 51.

———. *Rafael Núñez*. [Material gráfico] 1 dibujo original: lápiz sobre papel; 30 X 22 cm. Passe partout en cartón arte. [Pertenece al cuaderno de dibujo *Personajes nacionales*]

———. «Rafael Núñez». *Papel Periódico Ilustrado* (Bogotá) I.11 (mzo. 1°, 1882): 167.

———. «Rafael Núñez». *Papel Periódico Ilustrado* (Bogotá) I.12 (abr. 1°, 1882): 182.

———. *Rafael Pombo*. [Material gráfico] 1 dibujo original: lápiz sobre papel; 30 X 22 cm. Passe partout en cartón arte. [Pertenece al cuaderno de dibujo *Personajes nacionales*]

———. «Ramón Azpurúa». *Papel Periódico Ilustrado* (Bogotá) III.58 (feb. 1°, 1884): 151.

———. *Ramón Chabur.* [Material gráfico] 1 dibujo original: lápiz sobre papel; 30 X 22 cm. Passe partout en cartón arte. [Pertenece al cuaderno de dibujo *Personajes nacionales*]

———. *Ramón Gómez: El Sapo.* [Material gráfico] 1 dibujo original: lápiz sobre papel; 38 X 24 cm. Passe partout en cartón arte. [Pertenece al cuaderno *Dibujos y caricaturas*]

———. *Ramón Guerra Azuola.* [Material gráfico] 1 dibujo original: lápiz sobre papel; 30 X 21 cm. Passe partout en cartón arte. [Pertenece al cuaderno de dibujo *Ecos de mi segunda prisión*]

———. *Ramón Torres Méndez.* [Material gráfico] 1 dibujo original: lápiz sobre papel; 30 X 22 cm. Passe partout en cartón arte. [Pertenece al cuaderno de dibujo *Personajes nacionales*]

———. *Rancho "El mochuelo": situado en la serranía de la región de Tunjuelo.* [Material gráfico] 1 dibujo original: lápiz sobre papel; 38 X 24 cm. Passe partout en cartón arte. [Pertenece al cuaderno *Dibujos y caricaturas*]

———. «Rectificación». *Papel Periódico Ilustrado* (Bogotá) III.67 (mayo 25, 1884): 306-307.

———. «Rectificaciones». *Papel Periódico Ilustrado* (Bogotá) IV.85 (feb. 20, 1885): 212.

———. «Recuerdo». *Papel Periódico Ilustrado* (Bogotá) V.112 (mzo. 15, 1887): 256.

———. *Recuerdo de Alberto Urdaneta con su esposa y última estrofa del poema "Entonces" de Heinrich Heine traducido por Carlos Sáenz.* [Material gráfico] 1 dibujo original: tinta sobre papel; 30 X 21 cm. [Pertenece al cuaderno de dibujo *Ecos de mi segunda prisión*]

———. «Reglamento para la organización de la 1° exposición anual [de la Escuela de Bellas Artes]». *Papel Periódico Ilustrado* (Bogotá) V.104 (nov. 15, 1886): 123-124.

———. «Reina Mora, danza para piano». *Mundo al Día* (Bogotá) 1309 (jun. 2, 1928): 17.

———. *Remedios oportunos I.* [Material gráfico] 1 dibujo original: lápiz sobre papel; 30 X 21 cm. [Pertenece al cuaderno de dibujo "Ecos de mi segunda prisión"

———. *Remedios oportunos II]: sesión del 5 de noviembre de 1876.* [Material gráfico] 1 dibujo original: lápiz sobre papel; 30 X 21 cm. [Pertenece al cuaderno de dibujo *Ecos de mi segunda prisión*]

———. «Restos de don Gonzalo Jiménez de Quesada». *Papel Periódico Ilustrado* (Bogotá) II.36 (mzo. 15, 1883): 195.

———. *Retrato de hombre.* [Material gráfico] 1 dibujo original: lápiz sobre papel; 30 X 22 cm. Passe partout en cartón arte. [Pertenece al cuaderno de dibujo *Personajes nacionales*]

———. *Retrato de hombre: 11 Nbre 76*. [Material gráfico] 1 dibujo original: lápiz sobre papel; 38 X 24 cm. [Pertenece al cuaderno *Dibujos y caricaturas*]

———. *Retrato de perfil de militar*. [Material gráfico] 1 dibujo original: lápiz sobre papel; 30 X 22 cm. Passe partout en cartón arte. [Pertenece al cuaderno de dibujo *Personajes nacionales*]

———. *Retrato de hombre con manuscrito*. [Material gráfico] 1 dibujo original: lápiz sobre papel; 30 X 21 cm. [Pertenece al cuaderno de dibujo *Ecos de mi segunda prisión*]

———. *Retrato de niño*. [Material gráfico] 1 dibujo original: lápiz sobre papel; 30 X 21 cm. [Pertenece al cuaderno de dibujo *Ecos de mi segunda prisión*]

———. «Retratos de los arzobispos en la sacristía de la catedral de Bogotá». *Papel Periódico Ilustrado* (Bogotá) IV.92 (jun. 1°, 1885): 319-323.

———. «Retratos de los arzobispos en la sacristía de la catedral de Bogotá». *Papel Periódico Ilustrado* (Bogotá) IV.94 (jul. 1°, 1885): 347-350.

———. *Reverendo Padre Bernal*. [Material gráfico] 1 dibujo original: lápiz sobre papel; 30 X 22 cm. Passe partout en cartón arte. [Pertenece al cuaderno de dibujo *Personajes nacionales*]

———. *Ricardo Vaquero de Chipaque, Catalina Usme, complicada en el crimen del 20 de 10bre de 76. Cristos*. [Material gráfico] 1 dibujo original: lápiz sobre papel; 30 X 21 cm. [Pertenece al cuaderno de dibujo *Ecos de mi segunda prisión*]

———. *Ricardo Portocarrero C*. [Material gráfico] 1 dibujo original: lápiz sobre papel; 38 X 24 cm. Passe partout en cartón arte. [Pertenece al cuaderno *Dibujos y caricaturas*]

———. *Ronda nocturna cada media hora*. [Material gráfico] 1 dibujo original: lápiz sobre papel; 30 X 21 cm. Passe partout en cartón arte. [Pertenece al cuaderno de dibujo *Ecos de mi segunda prisión*]

———. «Ruperto Segundo Gómez». *Papel Periódico Ilustrado* (Bogotá) I.22 (jul. 20, 1882): 347.

———. «Saludo». *Papel Periódico Ilustrado* (Bogotá) III.55 (dic. 20, 1883): 109.

———. «Saludo». *Papel Periódico Ilustrado* (Bogotá) III.66 (mayo 15, 1884): 289.

———. «Saludo». *Papel Periódico Ilustrado* (Bogotá) IV.77 (oct. 15, 1884): 80.

———. «Saludo». *Papel Periódico Ilustrado* (Bogotá) IV.82 (ene. 1°, 1885): 157.

———. *Santafé de Bogotá*. 1h: 38 X 24 cm. Passe partout en cartón arte. Mss. perteneciente al cuaderno de dibujo *Personajes nacionales*]

———. *Semblanza de José María Polanía*. 1h: 30 X 22 cm. [Pertenece al cuaderno de dibujo *Personajes nacionales*]

———. *Silveria Espinoza de Rendón* [Material gráfico] 1 dibujo original: lápiz sobre papel; 30 X 22 cm. Passe partout en cartón arte. [Pertenece al cuaderno de dibujo *Personajes nacionales*]

———. «Similia similibus». *Papel Periódico Ilustrado* (Bogotá) III.55 (dic. 20, 1883): 115-116.

———. *Simón Bolívar*. [Material gráfico] 1 dibujo original: lápiz sobre papel; 38 X 24 cm. Passe partout en cartón arte. [Pertenece al cuaderno *Dibujos y caricaturas*]

———. *Sofía Arboleda de Urdaneta*. [Material gráfico] 1 dibujo original: lápiz sobre papel; 38 X 24 cm. [Pertenece al cuaderno *Dibujos y caricaturas*]

———. «Tarde sabanera, idilio campestre. Música para voz y piano. Partituras». *Mundo al Día* (Bogotá) 1619 (jun. 15, 1929): [s.p].

——— Bogotá: L. M. Aguillón, 1929. 1 partitura. 1p.

———. «Teatro». *Papel Periódico Ilustrado* (Bogotá) IV.81 (dic. 20, 1884): 142-143.

———. *Tercera hazaña: equivocación de contrincante*. [Material gráfico] 1 dibujo original: lápiz sobre papel; 38 X 24 cm. [Pertenece al cuaderno *Dibujos y caricaturas*]

———. «Tic-Tac, pasillo colombiano para piano». *Mundo al Día* (Bogotá) 1439 (nov. 10, 1928): [s.p].

——— Bogotá: L. M. Aguillon, 1928. 1 partitura. 1p.

———. *Tomás Cipriano de Mosquera: 1792?-1877*. [Material gráfico] 1 dibujo original: lápiz sobre papel; 30 X 21 cm. [Pertenece al cuaderno de dibujo *Ecos de mi segunda prisión*]

———. *Ulises Díaz Balaguera*. [Material gráfico] 1 dibujo original: lápiz sobre papel; 38 X 24 cm. [Pertenece al cuaderno *Dibujos y caricaturas*]

———. «Una excursión a España: carta escrita por Alberto Urdaneta a Carlos Martínez Silva». *El Repertorio Colombiano* (Bogotá) 5 (dic., 1879): 456-464.

———. *Un joven estudiante*. [Material gráfico] 1 dibujo original: lápiz sobre papel; 38 X 24 cm. [Pertenece al cuaderno *Dibujos y caricaturas*]

———. «Urdaneta y Campoamor». *El Gráfico* (Bogotá) 13.622 (nov. 4, 1922): 349-350.

———. *Valeriano Solorzano*. [Material gráfico] 1 dibujo original: lápiz sobre papel; 38 X 24 cm. Passe partout en cartón arte. [Pertenece al cuaderno *Dibujos y caricaturas*]

———. «Varia». *Papel Periódico Ilustrado* (Bogotá) I.7 (ene. 1°, 1882): 115.

———. «Varia». *Papel Periódico Ilustrado* (Bogotá) I.21 (jul. 10, 1882): 343.

———. «Varia». *Papel Periódico Ilustrado* (Bogotá) III.58 (feb. 1°, 1884): 163.

———. «Varia». *Papel Periódico Ilustrado* (Bogotá) III.62 (abr. 1°, 1884): 226.

———. «Varia». *Papel Periódico Ilustrado* (Bogotá) III.68 (jun. 5, 1884): 321-322.

―――. «Varia». *Papel Periódico Ilustrado* (Bogotá) III.69 (jun. 25, 1884): 344.

―――. «Varia». *Papel Periódico Ilustrado* (Bogotá) III.70 (jul. 1º, 1884): 359.

―――. «Varia». *Papel Periódico Ilustrado* (Bogotá) III.73 (ag. 6, 1884): 7.

―――. «Varia». *Papel Periódico Ilustrado* (Bogotá) IV.74 (sept. 1º, 1884): 31.

―――. «Varia». *Papel Periódico Ilustrado* (Bogotá) IV.79 (nov. 15, 1884): 115.

―――. «Varia». *Papel Periódico Ilustrado* (Bogotá) IV.80 (dic. 1º, 1884): 130.

―――. *Vista de techos dibujada desde el claustro prisión de San Agustín*. [Material gráfico] 1 dibujo original: lápiz sobre papel; 30 X 21 cm. Passe partout en cartón arte. [Pertenece al cuaderno de dibujo *Ecos de mi segunda prisión*]

―――. «Un libro curioso y útil». *Papel Periódico Ilustrado* (Bogotá) I.16 (mayo 20, 1882): 260-262.

―――. «Una obra nueva». *Papel Periódico Ilustrado* (Bogotá) I.17 (jun. 1º, 1882): 271.

―――. *Uno de los más pequeños huéspedes de nuestro salón* [Material gráfico] 1 dibujo original: lápiz sobre papel; 30 X 21 cm. Passe partout en cartón arte. [Pertenece al cuaderno de dibujo *Ecos de mi segunda prisión*]

―――. «1º de enero de 1885». *Papel Periódico Ilustrado* (Bogotá) IV.82 (ene. 1º, 1885): 154.

―――. «20 de julio de 1882». *Papel Periódico Ilustrado* (Bogotá) I.22 (jul. 20, 1882): 346.

―――. «6 de agosto». *Papel Periódico Ilustrado* (Bogotá) I.1 (ag. 6, 1881): 14.

―――. «18 de septiembre de 1810». *Papel Periódico Ilustrado* (Bogotá) IV.75 (sept. 21, 1884): 37.

―――. *1876: Ley - Libertad*. [Material gráfico] 1 dibujo original: lápiz sobre papel; 38 X 24 cm. [Pertenece al cuaderno *Dibujos y caricaturas*]

―――. «20 de julio de 1882». *Papel Periódico Ilustrado* (Bogotá) I.22 (jul. 20, 1882): 346.

CRÍTICA:

Acevedo Bernal, Ricardo. *Alberto Urdaneta*. Material audiovisual 1 diapositiva. Colección de diapositivas de la Biblioteca Luis Ángel Arango.

Anónimo. «En memoria de Urdaneta». *El Gráfico* (Bogotá) 3.114 (dic. 7, 1912): [s.p].

Anónimo. *Homenaje de amistad a Alberto Urdaneta (En su cumpleaños: mayo 29 de 1887*. Bogotá: Imprenta de «La Luz», 1887. 103p.

Banco de la República (Bogotá). Biblioteca Luis Ángel Arango. *Alberto Urdaneta: vida y obra*. Santa Fe de Bogotá: Banco de la República. Departamento Editorial, 1992. 38p.

Briceño Manuel. *Centenario de los comuneros*. Bogotá: Impreso por Silvestre, 1881. 16p.

U

Caicedo Rojas, José. «Alberto Urdaneta». *Papel Periódico Ilustrado* (Bogotá) 5.114-116 (abr. 20, 1888): 279-283, 286-287.

———. «Carta a Alberto Urdaneta». *Papel Periódico Ilustrado* (Bogotá) IV.92 (jun. 1°, 1885): 314.

———. «Carta cuarta». *Papel Periódico Ilustrado* (Bogotá) (I.18 (jun. 10, 1882): 294-295.

———. «Carta quinta». *Papel Periódico Ilustrado* (Bogotá) I.19 (jun. 20, 1882): 307-309.

———. «Carta segunda». Al señor D. Alberto Urdaneta». *Papel Periódico Ilustrado* (Bogotá) I.2 (oct. 1°, 1881): 30-32.

———. «Carta sexta». *Papel Periódico Ilustrado* (Bogotá) I.23 (jul. 24, 1882): 375-377.

———. «Carta sétima». *Papel Periódico Ilustrado* (Bogotá) II.25 (ag. 6, 1882): 11-15.

———. «Carta tercera». *Papel Periódico Ilustrado* (Bogotá) I.13 (abr. 15, 1882): 212-215.

———. «La portada, carta escrita por el señor Caicedo Rojas a don Alberto Urdaneta». *El Repertorio Colombiano* (Bogotá) VII.38 (ag., 1881): 136-146.

——— «La portada». *Papel Periódico Ilustrado* (Bogotá) IV.92 (jun. 1°. 1885): 314-317.

Flórez, Julio Cesar. *Alberto Urdaneta*. Material gráfico. Bogotá: 1988? 2 placas fotográficas.

Giraldo Jaramillo, Gabriel. (Ed.). *Viajeros colombianos en Venezuela*. Bogotá: Imprenta Nacional de Colombia, 1954. 162p

Girón, Lázaro María. *El museo-taller de Alberto Urdaneta: estudio descriptivo*. Bogotá: E. Zalamea, 1888. 86p.

———. *Homenaje de amistad a Alberto Urdaneta. Microforma: (en su cumpleaños). Mayo 29 de 1887. El museo-taller de Alberto Urdaneta: estudio descriptivo / por Lázaro María Girón. Guía de la primera exposición anual / organizada bajo la dirección de Alberto Urdaneta*. Bogotá: 1887.

———. *El Museo Taller de Alberto Urdaneta*. Material audiovisual. 1 diapositiva. Colección de diapositivas de la Biblioteca Luis Ángel Arango.

Hernández de Alba, Guillermo. «Alberto Urdaneta: su vida y su obra». *Revista de las Indias* (Bogotá) 25.79 (jul., 1945): 35-58.

Moreno de Ángel, Pilar. *Alberto Urdaneta*. Bogotá: Instituto Colombiano de Cultura, 1972. 207p.

———. «Urdaneta, Paredes, Racines y la fotografía». *Revista Credencial Historia* (Bogotá) 75 (mzo.,1996): 8-11.

Pombo, Rafael. «Alberto Urdaneta». *El Gráfico* (Bogotá) 22.1041 (ag.,1931): 769.

Quijano, Arturo A. «Guerras de caballería». *El Gráfico* (Bogotá) 45.447 (dic. 7, 1918): 374-375.

Rengifo, Francisco María. «El XXV aniversario de la muerte de Don Diego Fallón». *El Gráfico* (Bogotá) 21.995 (sept.,1930): 937-940.

Rivas, Raimundo. «Los trece de la empresa». *Santafé y Bogotá* (Bogotá) 4.39 (mzo., 1926): 132-136.

Santa, Eduardo. «Alberto Urdaneta». *Arco* (Bogotá) 169 (feb., 1975): 65-71.

———. «Alberto Urdaneta y su época». *Boletín de Historia y Antigüedades* (Bogotá) 61.705 (jul.-ag., 1974): 357-363.

Segura, Martha. «Alberto Urdaneta». Biblioteca Virtual del Banco de la República, 2004.

Urdaneta Rico, María Fernanda. *Alberto Urdaneta: vida y obra*. Santafé de Bogotá: Banco de la República, 1992. 38p.

Uribe White, Enrique. «Corto crucero a bordo del "Papel Periódico"». *Revista de América* (Bogotá) 2.6 (jun., 1945): 318-320.

URDANETA, AMENODORO (Bogotá, 1829-Caracas, 1905) (Seud. Un Colombiano). Miembro fundador de la Academia Venezolana de La Lengua. Miembro fundador de la Academia Venezolana de Historia.

POESÍA:

———. «A Fabio». «Dios». *Papel Periódico Ilustrado* (Bogotá) III.61 (mzo. 15, 1884): 199.

———. *La Batalla de Carabobo: canto dedicado a la memoria del General Páez*. Caracas: "El Avisador Comercial", 1888. 16p.

———. «Epigrama». *Papel Periódico Ilustrado* (Bogotá) III.51 (sept. 30, 1883): 47.

OTROS:

———. *Bolívar en su centenario: opúsculo dedicado al señor Juan B. Pérez y Soto*. Panamá: Imprenta «La Estrella de Panamá», 1883. 8p.

———. *Cervantes y la crítica*. Caracas: Imprenta Vapor de «La Opinión Nacional», 1877. 608p.

———. *El libro de la infancia: por un amigo de los niños*. Caracas: Imprenta de los Estados Unidos de Venezuela, 1865. 201p.

——— Caracas: Fundación Latino, Fundación Banco de Maracaibo, Biblioteca Nacional de Venezuela, 1993. 293p.

——— Caracas: Biblioteca Nacional, 1998. 293p.

———. *Eureka: la verdadera acentuación castellana según el uso, la razón gramatical y la sanción de los maestros del idioma*. Lérida: Imprenta Mariana, 1894. 41p.

———. *La fe cristiana: consideraciones sobre "La revolución religiosa" de D. Emilio Castelar y otras obras heréticas*. Caracas: Imprenta de Espinal e Hijos, 1881. 204p.

———. *Memorias del Gral. Rafael Urdaneta: adicionadas con notas ilustrativas y algunos otros apuntamientos relativos á su vida pública, coleccionadas por Amenodoro Urdaneta y Nephtalí Urdaneta y publicadas por concesión del gobierno de la república.* Caracas: Imprenta y tipografía del Gobierno Nacional, 1888. 672p.

———. *Sucre.* [s.p.i]. 24p.

———. *Sucre, gloria americana.* Caracas: Imprenta Venezolana, 1895. 24p.

CRÍTICA:

Diez, Manuel A. *Discursos leídos en la Academia Nacional de la Historia en la recepción pública del Dr. Manuel A. Diez, el día 19 de abril de 1900.* Caracas: Imprenta Bolívar, 1900. 39p. [Contestación al discurso de recepción del Dr. Manuel A. Diez]

Urdaneta, Alberto. «Amenodoro Urdaneta». *Papel Periódico Ilustrado* (Bogotá) III.61 (mzo. 15, 1884): 198-199.

URIBE, JUAN DE DIOS (1859-1900) (Seuds. Publio, Quincio, Rennepot, Un servidor de Ud.).

RELATO:

———. «Somatén». *El Liberal* Ilustrado (Bogotá) 4.1424 (jul. 10, 1915): 357-358.

OTROS:

———. *Biografía del reverendo Valerio A. Jiménez, escrita con motivo del primer centenario de su natalicio.* Medellín: Imprenta Oficial, 1906. 27p.

———. *Borrador del diario, principia el 31 de enero de 1874 y termina el 31 de agosto de 1881.* Mss. Santafé de Bogotá, 1879-1881. 1 libro manuscrito.182 folios.

———. *Candelario Obeso.* Bogotá: Imprenta de Vapor de Zalamea Hermanos, 1886. 28p.

———. «Carlos Nicolás Rodríguez». *El Liberal Ilustrado* (Bogotá) 4.1344 (mayo 1°, 1915): 195.

———. «Con el poeta». *Sábado* (Medellín) 1.13 (jul. 30, 1921): 134-135. [entrevista a Antonio José Restrepo y Epifanio Mejía]

———. «Discurso pronunciado en San José de Costa Rica el 11 de noviembre de 1885». *El Liberal Ilustrado* (Bogotá) 4.1424 (jul. 10, 1915): 359-361.

———. (Ed.). *El correo liberal.* Bogotá: Imprenta de Fernando Pontón, 1.1-7 (ene. 8-mzo. 4, 1888): [s.p].

———. *El Indio Uribe: su obra.* Medellín: Ediciones Togilber, 1972. 560p.

———. «En el centenario de Ricaurte». *El Liberal Ilustrado* (Bogotá) 2.928 (mzo. 25, 1914): 217-217.

———. «En honor a los próceres». *El Gráfico* (Bogotá) 15.142 (jul. 19, 1913): [s.p].

———. *En la fragua*. Quito: Imprenta de "El Pichincha", 1896. 30p.

———. «Epifanio Mejía». *Sábado* (Bogotá) 8.438 (abr. 5, 1952): 7, 15.

———. «Epifanio Mejía». *Hojas de Cultura Popular Colombiana* (Bogotá) 26 (feb., 1953): [s.p].

———. «Felipe Zapata». *El Liberal* Ilustrado (Bogotá) 3.1096 (sept. 12, 1914): 193-196.

———. «José M. Rojas Garrido». *El Liberal* Ilustrado (Bogotá) 3.1082 (ag. 29, 1914): 161-165.

———. «La celebridad de un nombre sin el estímulo de la ganancia». *El Gráfico* (Bogotá) 168-169 (feb. 7, 1914): 143.

———. *La fragua*. Manizales: Imprenta Departamental, 1934. 37p.

———. (Ed.). *Lecturas de Juan Montalvo: arregladas por Juan de D. Uribe*. Quito: Tipografía de la Esc. de Artes y Oficios, 1898. 332p.

———. y Julio Áñez. *Los desgraciados*. Bogotá: M. Rivas, 1887. 20p.

———. *Obras completas*. Bogotá: La Tribuna, 1913. 2 vols.

———. Medellín: Editorial Montoya, 1965. 3 vols. [Contenido: v.1: El panfletario; El político; v.2: El orador; El biógrafo; v.3: El periodista; El socialista; Su lucha por la libertad; Lecturas amenas; El crítico; Género epistolar; Miscelánea]

———. «Pacho Carrasquilla y el escritor epigramático». *El Tiempo* [Lecturas Dominicales] (Bogotá) 1.10 (jul. 15, 1923): 146-147.

———. *Prosas del indio Uribe*. Benigno A. Gutiérrez [Comp]. Medellín: Tipografía Industrial, 1939. 215p.

———. «Ricardo Gaitán Obeso». *El Liberal* Ilustrado (Bogotá) 4.1306-8 (mzo. 27, 1915): 113-116.

———. *Sobre el yunque: Obras completas, publicadas, ordenadas y anotadas*. Bogotá: Imprenta de La Tribuna, 1913. 2 vols.

———. «Un juicio sobre el héroe liberal». *Sábado* (Bogotá) 223 (oct. 18, 1947): 7,13. [Rafael Uribe Uribe]

———. (Ed.).*Un mal conocimiento*. Bogotá: Imprenta del «Diario de Cundinamarca», 1884. [s.p].

CRÍTICA:

Anónimo. *Alcance al número 1º de «El octavo mandamiento»: la conversión de Juan de Dios Uribe*. Bogotá: Imprenta de Ochoa, 1884. 9p.

Carrasquilla, Tomás. «Tres hombres». *El Liberal* Ilustrada (Bogotá) 725-723 (ag. 30, 1913): 14-16.

Cevallos Arizaga, Benjamín. *Homenaje a la memoria de Juan de Dios Uribe: en el septuagésimo aniversario de su fallecimiento (Quito 1900-1970)*. Pasto: Imprenta del Departamento, 1970. 85p.

Escobar Uribe, Arturo. *El indio Uribe: o, La lucha por la libertad en el siglo XIX*. Bogotá: Tipografía Rojas, 1952. 372p.

―――― 2ª ed. Bogotá: Ed. y Tipografía Hispana, 1964. 384p.

―――――. *Primer centenario de Juan de Dios Uribe Restrepo (el indio)*. Bogotá: Ed. Santafé, 1969. 75p.

Jiménez P., David. *Historia de la crítica literaria en Colombia: siglos XIX y XX*. Bogotá: Universidad Nacional de Colombia, Instituto Colombiano de Cultura, 1992. 239p. [Contenido: Juan de Dios Uribe, Rafael Núñez, Miguel Antonio Caro]

López de Mesa, Luis. «Juan de Dios Uribe Restrepo». *Universidad de Antioquia* (Medellín) 140 (ene.-mzo., 1960): 192-202.

Martel, Luis. {Comp.}. *Juan de Dios Uribe: el Indio Uribe, su obra*. Medellín: Editorial Universo, 1972. 560 p.

Mejía, Epifanio. *Poesías de Epifanio Mejía, precedidas del discurso pronunciado por Juan de D. Uribe en elogio del poeta, el 5 de agosto de 1893*. Medellín: Tipografía Central, 1902. [s.p].

Osorio Lizarazo, J. A. *Caudillos liberales*. Prólogo de Armando Solano. Bogotá: Antena, 1936. [s.p].

Pérez Silva, Vicente. «Recuerdo de Juan de Dios Uribe en el Ecuador». *Arco* (Bogotá) 202 (nov., 1977): 47-51.

Porras, José Lisardo. *Juan de Dios Uribe*. Bogotá: Imprenta de «El Progreso», 1888. 16p.

Restrepo González, Alberto. *Testigos de mi pueblo*. Medellín: Argemiro Salazar, 1978. 301p.

Vargas Vila, José María. «Juan de D. Uribe». *El Liberal* Ilustrado (Bogotá) 4.1424-23 (jul. 10, 1915): 353-356.

Vives Guerra, Julio. «Anecdotario colombiano: el destierro de "El Indio"». *El Gráfico* (Bogotá) 22.1107 (dic., 1932): 2685.

URIBE ÁNGEL, MANUEL (Envigado, 1822-1904) (Seud. Mua).

NOVELA:

―――――. «La serrana. Leyenda histórica». *Papel Periódico Ilustrado* (Bogotá) I.2 (oct. 1º, 1881): 33-34; III.64 (abr. 22, 1884): 249-251; III.68 (jun. 5, 1884): 322-323; V.97 (ag. 6, 1886): 14-15; V.98 (ag. 22, 186): 30-31; V.99 (sept. 1º, 1886): 45-47; V.100 (sept. 20, 1886): 61-63; V.101 (oct. 1º, 1886): 78-79; V.102 (oct. 15, 1886): 93-95; V.103 (oct. 28, 1886): 109-111; V.104 (nov. 15, 1886): 125-128; V.105 (dic. 4, 1886): 141-143; V.107 (ene. 1º, 1887): 177-180; V.108 (ene. 15, 192-195.

―――――. *La Serrana: leyenda histórica*. Publicación de *Papel Periodico Ilustrado* en 1895. Bogotá: Acción difusora del Centro de Historia de Envigado, 1984. 80p.

RELATO:

―――――. [Bolívar poeta]

———. «De Lima al bajo Chocó-1849: recuerdos de un viaje. Alpha». (Medellín) 2.23-24 (dic., 1907): 911-939.

———. «El gallo». «Gregorio Gutiérrez González». *Historia de la literatura colombiana*. José J. Ortega T. Bogotá: Editorial Cromos, 1935. 170-174.

———. «El recluta». *Colección de grandes escritores nacionales y extranjeros*. IX. Bogotá: Jorge Roa Editor, 1895. 328p.

———. [La caña de azúcar]

———. «Rafaelito Garcés». *Sábado* (Medellín) 2.61 (sept. 2, 1922): 735-740.

———. «Recuerdo de un viaje de Medellín a Bogotá, 1862, 1863». *Boletín de Historia y Antigüedades* (Bogotá) 2.17 (ene., 1904): [s.p]; 2.22 (jun., 1904): [s.p].

OTROS:

———. [Álvaro de Oyón]

———. [América]

———. *Biografía del doctor Alejandro Eduardo Restrepo y Callejas*. Medellín: Imprenta del Departamento, 1889. 19p.

———. «Bocetos biográficos». *Boletín de Historia y Antigüedades* (Bogotá) 4.48 (sept., 1907): [s.p].

———. «Cartas sobre Medellín: carta quinta». *Revista Literaria* (Bogotá) 2.20 (dic., 1891): 499-505.

———. «Cervantes: discurso pronunciado en Nueva York el 23 de abril de 1875». *El Liberal* Ilustrado (Bogotá) 3.1075 (ag. 22, 1914): 153-155.

———. *Colón, América, Medellín*. Medellín: Imprenta del Departamento, 1892. 113p.

———. *Compendio de geografía del departamento de Antioquia en la República de Colombia*. Medellín: Imprenta Departamental, 1887. 207p.

———. *Compendio histórico del departamento de Antioquia*. Medellín: Imprenta Republicana, 1887. 192p.

——— Medellín: Editorial Tomás Carrasquilla, 1972. 178p.

———. *Defensa del señor Gregorio María Urreta*. Medellín: [s.edit], 1871. 29p.

———. «De Lima al bajo Chocó». *Alpha* (Medellín) 2.23-24 (dic., 1907): 911-939.

———. *Discursos y páginas históricas*. [s.p.i]. 140p.

———. «El Dr. Antonio Mendoza». *El Liberal* Ilustrado (Bogotá) 5.1503 (sept. 18, 1915): 113-117.

———. «En el álbum de Alberto Urdaneta». *Papel Periódico Ilustrado* (Bogotá) III.64 (abr. 22, 1884): 259.

———. *Geografía general y compendio histórico del estado de Antioquia en Colombia*. París: Imprenta de Victor Goupy y Jourdan, 1885. 783p.

———. *Geografía general del estado de Antioquia en Colombia*. 2ª ed.. Roberto Luis Jaramillo (Ed.). Medellín: Editora Nacional, ca.1985. 493p.

———. *La medicina en Antioquia*. Bogotá: Editorial Minerva, 1932. 125p.

——— Bogotá: Editorial Minerva, 1936. 141p.

——— 3ª ed. Bogotá: Editorial Minerva, 1936. 141p.

———. *Las empresas del señor Francisco J. Cisneros*. Medellín: Imprenta del Estado, 1889. 8p.

———. «Medellín». *Revista Literaria* (Bogotá) 2.15 (jul., 1891): 183-189.

———. «Medellín: carta cuarta». *Revista Literaria* (Bogotá) 2.18 (oct., 1891): 376-385.

———. «Medellín: carta segunda». *Revista Literaria* (Bogotá) 2.16 (ag., 1891): 253-262.

———. «Medellín: carta sexta». *Revista Literaria* (Bogotá) 2.21 (ene., 1892): 574-579.

———. «Medellín: carta tercera». *Revista Literaria* (Bogotá) 2.17 (sept., 1891): 306-314.

———. *Monumento al Salvador del mundo*. Medellín: Imprenta Departamental, 1900. 13p.

———. «Notas».*Poesías de Gregorio Gutiérrez González*. Bogotá: Imprenta de Medardo Rivas, 1881. 255p.

———. *Obras completas*. Medellín: Secretaría de Educación y Cultura, 1979. 313p.

———. «Prólogo: Emiro Kastos». *Mi compadre Facundo, y otros cuadros*. Bogotá: Ministerio de Educación Nacional, 1936. 169p.

———. «Prólogo». *Tratado de puntuación y acentuación castellanas*. Januario Henao. 4ª ed. Barcelona. Imprenta de Henrich y Cía., en comandita, 1907. 156p.

———. «Un boceto de Santander». *El Gráfico* (Bogotá) 12.113 (nov. 30, 1912): [s.p].

———. «Un episodio colombiano». *Revista Moderna* (Bogotá) 2.10 (oct., 1915): 272-282.

———. «Un retrato de Ignacio Herrera». *El Gráfico* (Bogotá) 159 (nov. 15, 1913): 72.

CRÍTICA:

Cano Gutiérrez, Fidel. *Entre dos cigarros: (a Luis Eduardo Villegas)*. Medellín: [s.edit], 1904. 170-174.

Cuervo, Luis Augusto. «Algunos escritos del doctor Evaristo García: El doctor Pío Rengifo, el doctor Enrique Garcés, Manuel Uribe Ángel». *Boletín de Historia y Antigüedades* (Bogotá) 32.371-374 (sept.-dic., 1945): 917-929.

Forero, Manuel José. «Don Manuel Uribe Ángel». *Arco* (Bogotá) 247 (ag., 1981): 49-55.

Gómez Barrientos, Manuel. «Bocetos biográficos». *Boletín de Historia y Antigüedades* (Bogotá) 2.23 (jul., 1904): 683-685.

Greñas, Alfredo, grab. y Urdaneta, Alberto, dib. *Manuel Uribe Ángel* (Bogotá-Colombia) Material gráfico: 1884. Bogotá, 1975. 1 placa fotográfica.

Lozano, Pilar. *Manuel Uribe Ángel: el medico y geógrafo que amó a su país*. Santafé de Bogotá: Panamericana Editorial. Colciencias, 1998. 76p.

Restrepo, Carlos E. *El anciano blanco*. Medellín: [s.edit], 1904. 167-170.

Samper Ortega, Daniel. *Manuel Uribe Ángel y los literatos de Antioquia*. *Boletín de la Academia Colombiana* (Bogotá) 2.7-8 (mzo. 30, 1937): 165-167.

Tamayo O., Dora Helena y Hernán Botero R. *Manuel Uribe Ángel: narrador*. Medellín: Editorial Universidad de Antioquia, 2000. 411p.

Tatis, José Gabriel. *Manuel Uribe Ángel*. [Material gráfico] Colombia, 1844. 1 original de arte: óleo sobre marfil; 9 x 7 cm. Miniatura. Biblioteca Nacional de Colombia.

Villegas, Luis Eduardo. [Comp]. *Boceto del Dr. Manuel Uribe A*. Medellín: Imprenta Oficial, 1905. 199p.

―――. «Manuel Uribe Ángel». *Papel Periódico Ilustrado* (Bogotá) 3.64 (abr. 22, 1884): 246-249.

―――. «Manuel Uribe Ángel». *El Liberal Ilustrado* (Bogotá) 3.1075 (ag. 22, 1914): 145-153.

―――. «Manuel Uribe Ángel». *Lecturas Populares* (Bogotá) 63 (feb. 13, 1915): 67-83.

―――. *Manuel Uribe A.: boceto, piezas oficiales, artículos, discursos y otras publicaciones relativas al ilustre antioqueño*. Medellín: Imprenta Oficial, 1904. 199p.

Vives Guerra, Julio. «Anecdotario colombiano: el doctor Manuelito». *El Gráfico* (Bogotá) 22.1160 (dic., 1933): 403-404.

Urdaneta, Alberto. *Manuel Uribe Ángel*. [Material gráfico] 1 dibujo original: lápiz sobre papel; 30 X 22 cm. Passe partout en cartón arte. [Pertenece al cuaderno de dibujo *Personajes nacionales*]

Zuleta, Eduardo. «De Manuel Uribe Ángel y los literatos de Antioquia». *Boletín de la Academia Colombiana* (Bogotá) 3.13 (ag., 1937): 417-424

―――. *Manuel Uribe Ángel y los literatos antioqueños de su época*. Bogotá: Talleres "Mundo al Día", 1937. 131p.

URICOECHEA, EZEQUIEL (Bogotá, 1834-Beirut, 1880) (Seud. E. U.).

OTROS:

―――. *Antigüedades neogranadinas*. Bogotá: Editorial Minerva, 1936. 198p.

――― 3ª ed. Editorial Minerva, 19650? [s.p].

―――. «Biografía de Mariano Rivero». *El Mosaico* (Bogotá) I.25 (jun. 18, 1859): 197.

———. *Contribuciones de Colombia a las ciencias i a las artes*. Bogotá: «El Mosaico», Londres: Trubner, 1860. 194p.

——— Bogotá: «El Mosaico», Londres: Trubner, 1860-1861. 2 vols.

———. *El alfabeto fonético de la lengua castellana*. Madrid: Cuesta, 1872. 51p.

———. *Elementos de mineralogía: dictados a sus discípulos en el curso que hizo de dicha ciencia en 1859 i copiados de las notas de uno de ellos*. Mss. Bogotá, 1859. 96p. Biblioteca Nacional de Colombia.

———. *Epistolario de Ezequiel Uricoechea con Rufino José Cuervo y Miguel Antonio Caro*. Presentación y notas de Mario Germán Romero. Bogotá: Instituto Caro y Cuervo, 1976. 340p.

——— Santafé de Bogotá: Instituto Caro y Cuervo, 1998. 382p.

———. «Francisco Javier Matis». *El Mosaico* al cual está unida *La Biblioteca de Señoritas* (Bogotá) II.5 (feb. 4, 1860): 33-35; II.6 (feb. 11, 1860): 41-42.

———. *Gramática, vocabulario, catecismo i confesionario de la lengua chibcha según antiguos manuscritos anónimos e inéditos, aumentados i correjidos por Ezequiel Uricoechea*. París: Maisonneuve & Cie, 1871. 252p.

———. «Hortus bogotano». *El Mosaico* (Bogotá) I.32 (ag., 1859): 257-258.

———. «Introducción y apéndice». *Gramática, catecismo i vocabulario de la lengua goajira*. Rafael Celedón, Obispo de Santa Marta. París: Maisonneuve i Cia., 1878. 129p.

———. «La escultura en América». *Boletín Cultural y Bibliográfico* (Bogotá) 5.4 (abr., 1962): 427-430.

———. *Mapoteca colombiana: colección de títulos de todos los mapas, planos, vistas, etc., relativos a la América española, Brasil e islas adyacentes, arreglada cronológicamente i precedida de una introducción sobre la historia cartográfica de América*. Londres: Trubner, 1860. 215p.

———. *Memoria sobre las antigüedades Neo-Granadinas*. Berlín: F. Scneider, 1854. 76p.

——— Bogotá: Editorial Minerva, 1935. 277p.

——— Bogotá: Banco Popular, 1971. 152p.

——— Bogotá: Banco Popular, 1984. 161p.

———. «Memorias sobre antigüedades neogranadinas». *Revista del Colegio Mayor de Nuestra Señora del Rosario* (Bogotá) 311.313 (abr., 1937): 349

———. «Numismatolojía colombiana». *El Mosaico* (Bogotá) I.35 (ag. 27, 1859): 278-279. *El Mosaico, Álbum Neo-Granadino* (Bogotá) II.51 (dic. 29, 1860): 403.

———. «Observaciones de metereolojía». *El Mosaico* (Bogotá) I.27 (jul. 2, 1859): 219.

———. «Observaciones meterolójicas». *El Mosaico* (Bogotá) I.35 (ag. 27, 1859): 282; *El Mosaico* al cual está unida *La Biblioteca de Señoritas*

(Bogotá) II.5 (feb. 4, 1860): 35; II.7 (feb. 18, 1860): 50; II.11 (mzo. 17, 1860): 88.

———. «Revista científica: Mariano E. de Rivero». *El Mosaico* (Bogotá) I.23 (mayo 28, 1859): 177-178; I.25 (jun. 18, 1859): 197.

———. «Revista científica: Meteorología granadina». *El Mosaico* (Bogotá) I.21 (mayo 14, 1859): 161-162.

———. «Sección científica: sobre el Otovil». *El Mosaico* al cual está unida *La Biblioteca de Señoritas* (Bogotá) I.40 (oct. 8, 1859): 317-318.

———. «Sociedad de naturalistas neogranadinos». *El Mosaico* (Bogotá) 3.30 (jul. 23, 1859): 241.

———. «Adiciones, correcciones y vocabulario páez-castellano». *Vocabulario páez-castellano; catecismo, nociones gramaticales i dos pláticas conforme a lo que escribió el señor Eugenio del Castillo i Orosco; con adiciones, correcciones i un vocabulario páez-castellano*. París: Maisonneuve, 1877. 123p.

CRÍTICA:

Arbeláez R., Gonzalo. «Un sudamericano». *Revista del Colegio Mayor de Nuestra Señora del Rosario* (Bogotá) 71.75 (jun., 1912): 282.

Arias Arias, Inés. *Silencios históricos del siglo XIX: Ezequiel Uricoechea*. Bogotá: Antares Impresores, 2002. 236p.

Botero, Clara Isabel. «Ezequiel Uricoechea en Europa: del naturalismo a la filología». *Boletín Cultural y Bibliográfico* (Bogotá) 39.59 (2002): 3-27.

Cuervo, Luis Augusto. *Don Ezequiel Uricoechea: elogio hecho en la Academia Colombiana de Historia en la sesión publica del 10 de agosto de 1948*. Bogotá: Editorial Kelly, 1948. 23p.

Instituto Caro y Cuervo (Bogotá). *Ezequiel Uricoechea: noticia bibliográfica y homenaje en la ciudad de Bruselas*. Bogotá: Instituto Caro y Cuervo, 1968. 104p.

Lleras Codazzi, Ricardo. «Bocetos Biográfico». *Boletín de Historia y Antigüedades* (Bogotá) 5.56 (feb., 1909): 490-491.

———. «Galería de hijos del Colegio». *Revista del Colegio Mayor de Nuestra Señora del Rosario* (Bogotá) 41.42 (mzo., 1909): 103.

Ordóñez, Luis A. «Memoria sobre las antigüedades neogranadinas: Ezequiel Uricoechea». *Historia y Espacio* (Cali) 14 (jun., 1991): 141-147.

Páramo Pomareda, Jorge. «Ezequiel Uricoechea». *Gran Enciclopedia de Colombia*. 4. Santafé de Bogotá: Círculo de Lectores, 1992. 112-113.

Román, Celso. *Ezequiel Uricoechea: el niño que quería saberlo todo*. Santafé de Bogotá: Colciencias, Panamericana Editorial, 1998. 75p.

Samper Ortega, Daniel. «Don Ezequiel Uricoechea». *Revista Senderos* (Bogotá) 4 (mayo, 1934): 202.

Sánchez Montenegro, Víctor. «Don Ezequiel de Uricoechea». *Boletín Cul-*

tural y Bibliográfico (Bogotá) 4.12 (dic., 1961): 2028-2033.

―――― *Boletín Cultural y Bibliográfico* (Bogotá) 5.1 (ene., 1962): 53-59.

Schutz, Gunther. «Ezequiel Uricoechea y la Real Academia de Ciencias de Amsterdam». *Thesaurus* (Bogotá) 44.3 (sept.-dic., 1989): 559-566.

―――. «Ezequiel Uricoechea y la sociedad físico-médica de Erlangen». *Thesaurus* (Bogotá) 44.2 (mayo-ag., 1989): 327-333.

―――. «Ezequiel Uricoechea y la sociedad mexicana de geografía y estadística». *Thesaurus* (Bogotá) 43.2-3 (mayo-dic., 1988): 264-272.

―――. «Uricoechea en los Estados Unidos». *Thesaurus* (Bogotá) 44.1 (ene.-abr., 1989): 29-63.

Uricoechea, Álvaro de. «Ezequiel Uricoechea y Rufino J. Cuervo». *Colegio Mayor de Nuestra Señora del Rosario* (Bogotá) 121.123 (abr., 1917): 143.

URIEL, seudónimo de Manuel María Madiedo.

URQUINONA Y PARDO, FRANCISCO DE (Santa Fe de Bogotá, 1785-1835).

POESÍA:

―――. [«A Jesús crucificado»]

CRÍTICA:

―――. «Don Francisco de Urquinona y Pardo». *Historia de la literatura colombiana*. III. Bogotá: Litografía Villegas, 1957. 284-286. 364.

URQUINONA Y PARDO, PEDRO DE (?- 18 ?).

OTROS:

―――. [Memorias (1820)]

CRÍTICA:

Gómez Restrepo, Antonio. «Don Pedro de Urquinona y Pardo». *Historia de la literatura colombiana*. III. Bogotá: Litografía Villegas, 1957. 281-283.

URREA, JESÚS MARÍA (1860-1910) (Seud. Ulises).

URRUTIA, FRANCISCO MARIANO (1792-1860).

POESÍA:

―――. «Himnos para las escuelas». *El Mosaico* al cual está unida *La Biblioteca de Señoritas* (Bogotá) II.30 (jul. 1°, 1860): 238-239.

URUETA, RUFO (18 ?- ?).

RELATO:

———. «La bruja». *Cuadros de costumbres y descripciones locales de Colombia* Artículos escogidos y publicados por José Joaquín Borda. Librería y Papelería de Francisco García Rico, 1878. 329334.

——— *Museo de cuadros de costumbres, variedades y viajes*. Biblioteca de «El Mosaico». IV. Bogotá: Biblioteca del Banco Popular, 1973. 237-244.

OTROS:

———. *Memoria del Secretario de Instrucción Pública correspondiente al año de 1882*. Bogotá: Imprenta de «La Luz», 1883 126p.

———. «Mistress Holly o la independencia de los Estados Unidos». *El Hogar. Periódico dedicado al bello sexo* (Bogotá) I.26 (jul. 25 1868): 204-206. [de *La Aurora* de Cartagena]

URRUTIA Y VALDÉS, MAGDALENA (Popayán 1832-1892).

POESÍA:

———. *Pequeño año nuevo*; dedicado por los editores a las señoritas y jóvenes de Popayán. Popayán: Imprenta de «La Matricaria», 1856. 26p.

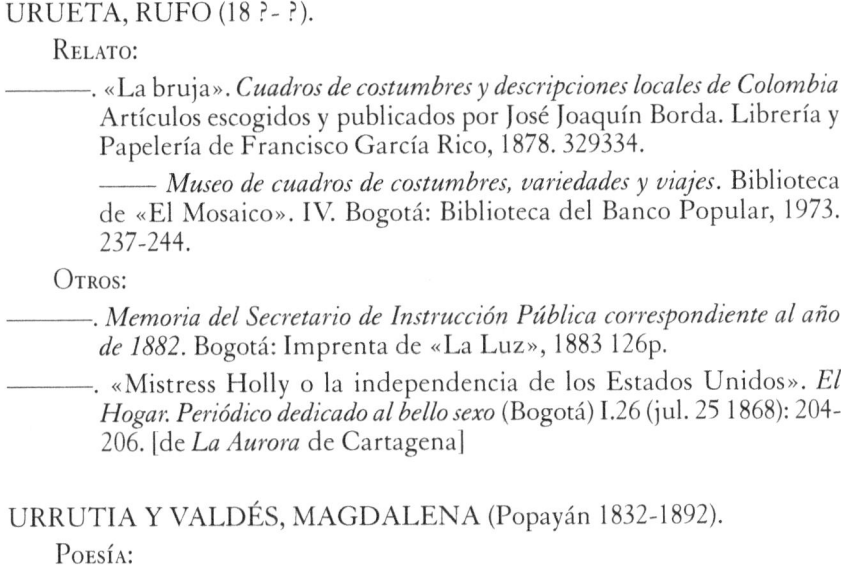

V

VALDERRAMA, GENARO (18 ?- ?)
RELATO:
———. «El Meta i las llanuras de San Martín». *El Hogar. Periódico dedicado al bello sexo* (Bogotá) I.32 (sept. 5, 1868): 255-256; I.34 (sept. 19, 1868): 271-272; I.35 (sept. 26, 1868): 279-280; I.36 (oct. 3, 1868): 287-288; I.37 (oct. 10, 1868): 295-296; I.38 (oct. 17, 1868): 303-304; I.39 (oct. 24, 1868): 311-312. [Firmado: Jenaro Balderrama (Beta)]

———. «Noche a orillas el Meta». *Cuadros de costumbres y descripciones locales de Colombia* Artículos escogidos y publicados por José Joaquín Borda. Librería y Papelería de Francisco García Rico, 1878. 89-91. [Firmado: Jenaro Balderrama (Beta)]

——— *Museo de cuadros de costumbres, variedades y viajes*. Biblioteca de «El Mosaico». III. Bogotá: Biblioteca del Banco Popular, 1973. 327-330.

OTROS:
———. *Exposición* Nacional (1871: Bogotá) Catálogo de los productos del Territorio de Casanare. Bogotá: Imprenta de Medardo Rivas, 1871. 7 [Firmado: Jenaro Balderrama (Beta)]

———.. «Las palmas». *Papel Periódico Ilustrado* (Bogotá) 1.11 (mzo.1°, 1882): 178-180.

———. *Nociones generales de agricultura*. Bogotá: Torres Amaya, 1889. 80 [Firmado: Jenaro Balderrama (Beta)]

———., «Palmas útiles». *Papel Periódico Ilustrado* (Bogotá) 1.8 (ene.15, 1882): 129-130.

VALDÉS, ADOLFO (1840-1873) (Seud. Leonor Manrique)
CRÍTICA:
Sacchetti, Pedro. *La muerte del poeta Adolfo Valdés: marcha dedicada a los poetas que han tejido su corona fúnebre; Marcha fúnebre para piano i bandas militares*. Valparaíso: Lit. Gillet, 1874. 7

Tafur, Eusebio. *Los últimos días del poeta colombiano Adolfo Valdés*. Valparaíso: Imprenta del Mercurio, 1874. 482

VALDÉS, JOAQUÍN (Cartago 18 ?- ?)
POESÍA:

———. [Novena en memoria y alabanza de la prodigiosa, portentosa e ínclita quebrada de Catarnica, sita en la ciudad de Tocaima, al pie del hermoso cerro de Guacaná, compuesta por don Joaquín Valdés, natural de Cartago, poema de tono picaresco y trágico]

VALENCIA, DARÍO (18 ? - ?)
POESÍA:

———. «A. L.». *El Mosaico* (Bogotá) I.19 (abr. 30, 1859): 152.

VALENCIA, GUILLERMO (Popayán, 1873-Popayán, 1943) (Seuds. Dom Matuzalem Anarkos, Juan Lanas, Matuzalén Anarkos). Poeta y político. Fue jefe del partido conservador, desempeñó diversos cargos públicos y aspiró dos veces, sin éxito, a la presidencia de la República. Dentro del Modernismo hispanoamericano, representa la orientación parnasiana, determinada y enriquecida, en su caso, por su formación grecolatina.

POESÍA:

———. «A Charles Baudelaire: soneto autógrafo». *Revista de América* (Bogotá) 5.15 (mzo., 1946): 320.

———. «A don Pedro Felipe de Valencia: Conde de Casa Valencia». *Hojas de Cultura Popular Colombiana* (Bogotá) 35 (nov., 1953): [s.p].

———. «A Julio Flórez». *Hojas de Cultura Popular Colombiana* (Bogotá) 79 (jul., 1957): [s.p].

———. «A la memoria de Josefina». *Revista de la Policía Nacional* (Bogotá) 7.31 (ene.-feb., 1955): 91.

———. «A Palmira». *Hojas de Cultura Popular Colombiana* (Bogotá) 71 (nov., 1956): [s.p].

———. *A Popayán*. Popayán: Editorial de la Universidad del Cauca, 1906. 4

——— Popayán: Imprenta de «La Tarde», 1906. 6h.

——— *Hojas de Cultura Popular Colombiana* (Bogotá) 57 (Sept., 1955): [s.p].

———. «A San Antonio de Padua». *Hojas de Cultura Popular Colombiana* (Bogotá) 75 (mzo., 1957): [s.p].

———. «A Torres». *Revista Policía Nacional* (Bogotá) 8.39-40 (sept.-oct., 1955): 1.

———. «A un conductor». *Revista del Colegio Mayor de Nuestra Señora del Rosario* (Bogotá) 435 (dic., 1953): 31.

———. [Trad]. «A una urna griega». John Keats. *Revista Pan* (Bogotá) 1 (ag., 1935): 4.

―――― *Hojas de Cultura Popular Colombiana* (Bogotá) 64 (abr., 1956): [s.p].

―――. «Alma Mater». *Hojas de Cultura Popular Colombiana* (Bogotá) 2.16 (abr., 1952): [s.p].

―――. «Amor verdadero». *Revista del Colegio Mayor de Nuestra Señora del Rosario* (Bogotá) 405.405 (mzo.-mayo, 1947): 124.

―――― *Universidad de Antioquia* (Medellín) 106-107 (mzo.-mayo, 1952): 1067.

―――. *Anarkos*. Bogotá: Tipografía Prag, 1941. 76

―――. «Anarkos». *Hojas de Cultura Popular Colombiana* (Bogotá) 31 (jul., 1953): [s.p].

―――. *Anarkos*. Bogotá: Tipografía de Colombia Artística, 1967? 500 [en varias paginaciones].

―――― Bogotá: Publicaciones Caligráficas Oswaldo Vergara, 1973? [Carece de paginación]

―――. «Ayacucho». *Revista de la Policía Nacional* (Bogotá) 8.41-42 (Nov.-dic., 1955): 139.

―――. «Balada». *Hojas de Cultura Popular Colombiana* (Bogotá) 68 (ag., 1956): [s.p].

―――. [Trad]. «Balada de la cárcel de Reading». Oscar Wilde. *Hojas de Cultura Popular Colombiana* (Bogotá) 2.13 (Ene., 1952): [s.p].

―――. «Bolívar». *Revista de la Policía Nacional* (Bogotá) 1.4 (mzo., 1952): 55.

―――. «Bolívar en San Pedro Alejandrino». *Revista de la Policía Nacional* (Bogotá) 1.1.1 (oct., 1951): 51.

―――. «Caballeros teutones». *Hojas de Cultura Popular Colombiana* (Bogotá) 34 (oct., 1953): [s.p].

―――. *Catay: Poemas orientales*. Bogotá: Librería Colombiana, Camacho Roldan, 1929. 166

―――. «Catleya». *Hojas de Cultura Popular Colombiana* (Bogotá) 53 (mayo, 1955): [s.p].

―――. «César Borgia». *Hojas de Cultura Popular Colombiana* (Bogotá) 38 (feb., 1954): [s.p].

―――. «Cigüeñas blancas». *Hojas de Cultura Popular Colombiana* (Bogotá) 56 (Ag., 1955): [s.p].

―――. «Croquis». *Hojas de Cultura Popular Colombiana* (Bogotá) 68 (ag., 1956): [s.p].

―――. [Trad]. «Después del Diluvio». Eugenio de Castro. *Hojas de Cultura Popular Colombiana* (Bogotá) 51 (mzo., 1955): [s.p].

―――. «El caballero de Emmaús: poesía». *El Gráfico* (Bogotá) 22.1124 (abr., 1933): 3423.

———. «El desdén trascendental». *Universidad* (Bogotá) Segunda Época.146 (ag. 10, 1929): 52.

———. «Elegía de Marienbad». *Revista de las Indias* (Bogotá) 3.8 (ag., 1939): 53-55.

———. [Trad]. «El retrato». Charles Pierre Baudelaire. *Hojas de Cultura Popular Colombiana* (Bogotá) 64 (abr., 1956): [s.p].

——— *Revista de las Indias* (Bogotá) 17.54 (jun., 1943): 329.

———. «El retrato de la amada; Versión de la Oda XXVIII de Anacreonte». *Hojas de Cultura Popular Colombiana* (Bogotá) 68 (ag., 1956): [s.p].

———. *Guillermo Valencia: selección*. Santafé de Bogotá: Panamericana Editorial, 1997. 58

———. «Hay un instante». *Revista Pan* (Bogotá) 36 (mayo, 1940): 74.

——— *Universidad de Antioquia* (Medellín) 77 (abr.-mayo, 1946): 451.

———. «Hay un instante del crepúsculo». Música. Luis Miguel de Zaltegui y Guillermo Uribe Holguín. *Revista de las Indias* (Bogotá) 32.100 (oct.-dic., 1947): 134.

———. «Himno a la raza». *Revista Javeriana* (Bogotá) 9.45 (jun., 1938): 332-339.

——— *Revista de las Indias* (Bogotá) 32.102 (mzo.-mayo, 1948): 9-12.

———. *Himno a la raza*. Bogotá: Imprenta del Departamento, 1938. 15

———. «Job». *Revista Pan* (Bogotá) 21 (mayo, 1938): 83.

——— *Hojas de Cultura Popular Colombiana* (Bogotá) 1.9 (sept., 1951): [s.p].

——— Tunja: Fondo de Publicaciones de la U. T. C., 1973. 16

———. «Judith y Holofornes: Salomé y Jaokanann; La palabra de Dios». *Revista de América* (Bogotá) 14.40 (abr., 1948): 73-75.

.. [Trad]. «La balada de la vida exterior». *Revista Casa Silva* (Bogotá) 13 (2000): 43.

———. «La balada del pozo: El camello robado; El desdén trascendental». *Hojas de Cultura Popular Colombiana* (Bogotá) 48 (dic., 1954): [s.p].

———. «La parábola del foso». *Revista Pan* (Bogotá) 18 (dic., 1937): 109.

——— *Hojas de Cultura Popular Colombiana* (Bogotá) 36 (dic., 1953): [s.p].

———. «Las dos cabezas». *Hojas de Cultura Popular Colombiana* (Bogotá) 55 (jul., 1955): [s.p].

———. [Trad]. «Las guacamayas; El señor de la isla». George Stefan. *Hojas de Cultura Popular Colombiana* (Bogotá) 37 (ene., 1954): [s.p].

———. «La razón de don Quijote». *Hojas de Cultura Popular Colombiana* (Bogotá) 48 (dic., 1954): [s.p].

———. «La serie sustantiva». *Hojas de Cultura Popular Colombiana* (Bogotá) 57 (sept., 1955): [s.p].

———. [Trad]. «Las manos». *Hojas de Cultura Popular Colombiana* (Bogotá) 38 (feb., 1954): [s.p].

——— *Hojas de Cultura Popular Colombiana* (Bogotá) 71 (nov., 1956): [s.p].

———. «La visita». *Hojas de Cultura Popular Colombiana* (Bogotá) 47 (nov., 1954): [s.p].

———. «Leyendo a Silva». *Hojas de Cultura Popular Colombiana* (Bogotá) 38 (feb., 1954): [s.p].

———. «Loa del pobrecillo». *Hojas de Cultura Popular Colombiana* (Bogotá) 33 (sept., 1953): [s.p].

———. «Los caballos de Herodes». *El Gráfico* (Bogotá) 3.132 (mayo 10, 1913): [s.p].

——— *Hojas de Cultura Popular Colombiana* (Bogotá) 68 (ag., 1956): [s.p].

———. «Los camellos». *Hacia la luz* (Bogotá) 7.68 (ag., 1951): 360-361.

——— *Hojas de Cultura Popular Colombiana* (Bogotá) 39 (mzo., 1954): [s.p].

———. «Los Crucificados». *Hojas de Cultura Popular Colombiana* (Bogotá) 79 (jul., 1957): [s.p].

———. «Los poemas chinos». *Universidad* (Bogotá) Segunda Época..113 (dic. 22, 1928): 768-769

———. «Los pollos de Guateque». A Enrique Pérez Arbeláez. *Revista Pan* (Bogotá) 22 (jul., 1938): 75.

———. «Melancolía». *Universidad* (Bogotá) Segunda Época.76 (abr. 7, 1928): 300.

——— *Revista Pan* (Bogotá) 22 (jul., 1938): 70.

———. «Motivos». *Hojas de Cultura Popular Colombiana* (Bogotá) 49 (ene., 1955): [s.p].

———. [Trad]. «Mujer y gata; Agonía». Paul Verlaine. *Hojas de Cultura Popular Colombiana* (Bogotá) 64 (abr., 1956): [s.p].

———. *Obra poética*. Bogotá: Círculo de Lectores, 1984. 299

———. «Oh, Poeta». *Hacia la luz* (Bogotá) 5.43 (ag., 1949): 194.

———. «Palemón el estilista». *Hojas de Cultura Popular Colombiana* (Bogotá) 21 (sept., 1952): [s.p].

———. «Poemas». *Revista Colombiana* (Bogotá) 1.1 (abr., 1933): 10-11.

———. *Poemas*. Bogotá: Instituto Colombiano de Cultura, 1973. 147

———. *Poemas de Guillermo Valencia*. Medellín: Horizonte, 1900? 40

———. *Poemas escogidos*. Medellín: Editorial Bedout, 1983. 40

———. «Poemas orientales». *Universidad* (Bogotá) Segunda Época.78 (abr. 21, 1928): 340-341.

———. *Poesías.* Bogotá: Papelería de Samper Matiz, 1898. 144
———. «Pórtico». *Revista de América* (Bogotá) 4.10 (oct., 1945): 16-17.
———. «Pro Centenario». *Hojas de Cultura Popular Colombiana* (Bogotá) 37 (ene., 1954): [s.p].
———. «Puntos de vista». *Hojas de Cultura Popular Colombiana* (Bogotá) 1.11 (nov., 1951): [s.p].
———. «Regina mors». *Revista de las Indias* (Bogotá) 17.54 (jun., 1943): 343.
———. *Ritos.* Londres: Tipografía de Wertheimer, Lea, 1914. 223
—— Santander de Quilichao: Carvajal, 1979. 223
—— Bogotá: Editorial La Oveja Negra, 1985. 106
—— Santa Fe de Bogotá: El Áncora Editores, 1998. 243
———. «Sapientia». *Revista de las Indias* (Bogotá) 17.54 (jun., 1943): 332.
———. «Seis sonetos». *Hojas de Cultura Popular Colombiana* (Bogotá) 58 (oct., 1955): [s.p].
———. «Sol poniente». *El Gráfico* (Bogotá) 3.114 (dic. 7, 1912): [s.p].
———. «Soneto: Inédito a Cornelio Hispano». *Revista de América* (Bogotá) 7.20 (ag., 1946): 176.
———. «Sonetos». *Revista Colombiana* (Bogotá) 1.4 (mayo, 1933): 101.
———. *Sus mejores poemas.* Madrid: Editorial América, 1926. 219
———. *Sus mejores versos.* Bogotá: La Gran Colombia, 1943. 48
———. «Temas antiguos: El cuadro de Zeuxis». *Revista Nacional* (Bogotá) 1.5 (sept., 1897): 447.
———. «Temas antiguos: Homero». *Revista Nacional* (Bogotá) 1.5 (sept., 1897): 439.
———. «Temas antiguos: Pigmalión». *Revista Nacional* (Bogotá) 1.5 (sept., 1897): 443.
———. *Versos de Guillermo Valencia, Victor M. Londoño, Cornelio Hispano, Max Grillo.* Bogotá: Editorial Minerva, 1925. 116
———. *Un poema.* Bogotá: Tipografía Prag, 1941. 40h.
RELATO:
———. «La mosca azul». *El Gráfico* (Bogotá) 3.129 (abr. 19, 1913): [s.p].
OTROS:
———. *Antecedentes del proyecto de ley sobre paternidad ilegítima.* Bogotá: Imprenta Nacional, 1934. 124
———. «Camilo Torres». *Universidad Católica Bolivariana* (Medellín) 28.101 (oct-dic., 1966): 113-122.
———.. *Carta dirigida al doctor Diego Mendoza Pérez, con alguna información pedida por este, sobre Francisco José de Caldas.* Mss. Popayán, 1917. 5h.
———. y Otros. *Como mira el poeta a Bolívar.* San José de Costa Rica: Imprenta Greñas, 1915. 64

———. «Del pasado». *Boletín de Estudios Históricos* (Pasto) 2.21 (jun., 1929): 257-270.

———. «Discurso ante la tumba del General Ospina: el 28 de Abril de 1929». *Revista de la Policía Nacional* (Bogotá) 12.61-62 (jul.-ag., 1957): 33.

———. «Discurso pronunciado el 9 de noviembre de 1924 en la quinta de Bolívar». *Revista del Colegio Mayor de Nuestra Señora del Rosario* (Bogotá) 68.478 (mzo.-abr., 1968): 63.

———. *Discurso pronunciado por el Dr. Guillermo Valencia en la quinta de San Pedro Alejandrino (Santa Marta) el 17 de diciembre de 1930 en representación del H. Senado de Colombia.* Panamá: Imprenta Nacional, 1931. 20

———. *Discurso pronunciado en Popayán por el Dr. Guillermo Valencia, comisionado del gobierno nacional y departamental, en la inauguración de la estatua del General Francisco de Paula Santander, el 6 de mayo de 1940.* Popayán: Talleres Editoriales del Departamento, 1940. 17

———. *Discursos.* Bogotá: Imprenta de Eustacio Ramos, 1918. 28

—— Bogotá: Editorial Minerva, 1935? 166

—— Bogotá: Instituto Caro y Cuervo, 1973-1974. 3 vols.

———. «El conflicto italo-etiope». *Revista del Colegio Mayor de Nuestra Señora del Rosario* (Bogotá) 301.304 (mayo-jun., 1936): 268.

CRÍTICA:

Anónimo. *Guillermo Valencia.* Videograbación. Santa Fe de Bogotá: Vieducar, 1998? 1 videocasete (007 min.)

Anónimo. *Guillermo Valencia 1873-1973: memoria de los actos de homenaje organizados por la Embajada de Colombia en la República Argentina con ocasión del primer centenario del nacimiento del ilustre Colombia* Buenos Aires: Federación Nacional de Cafeteros de Colombia, 1973. 77.

Aguilera Ardila, Alberto. *Guillermo Valencia.* Bogotá: Ediciones Chibchacum, 1989. 5v.

Albareda, Gines de «Guillermo Valencia: gran poeta colombiano». Universidad de Antioquia (Medellín) 150 (jul.-sept., 1962) 722- 727.

Alvarez, Juan. «Guillermo Valencia». *Revista Javeriana* (Bogotá) 20.97 (ag., 1943): 49-50.

Aragón, Víctor. «Guillermo Valencia». *Sábado* (Bogotá) 2 (jul. 24, 1943): 3.

Azuero, Lope de. «Guillermo Valencia». *Universidad* (Bogotá) Segunda Época146 (ag. 10, 1929): 160-161, 167.

Bejarano, Luis Guillermo. *Guillermo Valencia y su relación con el simbolismo francés.* Norman: University of Oklahoma, 1997. 298p. [Disertación de doctorado]

———.. *Versatilidad y unidad estética en Guillermo Valencia a la luz del simbolismo francés.* New York, NY: Peter Lang; 1999. 211p.

Caballero Calderón, Eduardo. «Guillermo Valencia: el hombre». *Revista de las Indias* (Bogotá) 17.54 (jun., 1943): 350-353.

Carranza Fernández, Eduardo. «Guillermo Valencia». *Revista de América* (Bogotá) 1.1 (ene., 1945): 156-157.

Cuervo, Luis Augusto. «Guillermo Valencia proposición». *Boletín de Historia y Antigüedades* (Bogotá) 30.350 (dic., 1943): 11-22.

Duarte French, Alberto. *Guillermo Valencia*. Bogotá: Ed. Jotade, 1941. 241p.

———. Guillermo Valencia. 2á. ed. revisada. Bogota: Instituto Colombiano de Cultura, 1973. 187p.

Echeverri Mejía, Óscar. Guillermo Valencia: estudio y antologia. Madrid: Compañía Bibliográfica Española, 1965. 226p.

Espinosa, Germán. Guillermo Valencia. Bogotá: Procultura, 1989. 140p.

———. *Ensayos Completos*. Medellín: Fondo Editorial Universidad EAFIT, 2002. vol. 2. [Guillermo Valencia 1989].

Forero Benavides, Abelardo. «Antonio José Restrepo y Guillermo Valencia. El cadalso ante el Senado». Biblioteca Virtual del Banco de la República, 2005.

García Valencia, Abel. «Guillermo Valencia fue plagiado en Rusia: De las relaciones entre *Anarkos* y *Los doce* y cómo Valencia fue el verdadero poeta de la revolucion rusa». *Revista del Colegio Mayor de Nuestra Señora del Rosario* (Bogotá) 434 (mayo-ag., 1952): 167.

——— *Sábado* (Bogotá) 10.489 (mayo 2, 1953): 3-14.

Glickman, Robert Jay. *Guillermo Valencia and the poetic world of "Ritos": interpretations based upon use of a concordance*. Ann Arbor: University Microfilms International, 1983. 585h. [Disertación doctoral]

———. «Guillermo Valencia: Aspectos de la cosmografía simbólica de Ritos». *Estudios, edición en homenaje a Guillermo Valencia 1873-1973*. Hernán Tprre (Ed.). Cali: Colombia: Carvajal; 1976. 11-38.

Gómez Jaime, Alfredo. «Guillermo Valencia». *Revista de América* (Bogotá) 12.34 (oct., 1947): 105-112

Holguín, Andrés. «Guillermo Valencia». *Sábado* (Bogotá) 208 (jul. 5, 1947): 7,12.

Jaramillo-Zuluaga, J. Eduardo. «Valencia contra Unamuno: ¿Quién tiene derecho a interpretar a Silva?». *Estudios de Literatura Colombiana* 9 (jul.-dic., 2001): 9-17.

Leal G., Jorge Enrique. «Guillermo Valencia». *Boletín Cultural y Bibliográfico* (Bogotá) 6 (jul., 1958): 144-150.

Karsen, Sonja. «El modernismo en Colombia: Guillermo Valencia: El poeta como traductor». *Thesaurus: Boletin del Instituto Caro y Cuervo* (Bogotá) 40.2 (mayo-ag., 1985): 349-361.

———. *Guillermo Valencia: colombian poet, 1873-1943*. New York: Hispanic Institute, 1951. 269p

———. Guillermo Valencia, orador máximo». *Thesaurus: Boletin del Instituto Caro y Cuervo* (Bogotá) 45.1 (ene,-abr., 1990): 162-173.

———. «Guillermo Valencia: Poeta modernista». *Modern Language Studies* 8.3 (1978): 70-76.

———. «La obra poética de Guillermo Valencia». Titus Heydenreich; Eberhard Leube; Ludwig Schrader (Eds.). *Romanische Lyrik: Dichtung und Poetik-Walter Pabst zu Ehren*. Tübingen: Stauffenburg; 1993. 103-112.

López Lemus, Virgilio. «Modernismo y postmodernismo. Dos grandes poetas colombianos: Guillermo Valencia y Porfirio Barba Jacob». *Estudios de Literatura Colombiana* 5 (jul.-dic., 1999): 23-32.

Lozano y Lozano, Carlos. «Guillermo Valencia». *Boletín de Historia y Antigüedes* (Bogotá) 30.35 (dic., 1943): 1122-1127.

Maya, Rafael. «Guillermo Valencia». *Universidad Católica Bolivariana* (Medellín) 3.8-9 (oct.-nov., 1938-feb.-mzo., 1939): [s.p].

Maya, Rafael. «Guillermo Valencia: poeta». *Universidad* (Bogotá) Segunda Época 146 (ag. 10, 1929) 145-149.

Mejía Velilla, David. «La tristeza creadora de Valencia». *Boletin de la Academia Colombiana* 43.181-182 (jul.-dic., 1993): 61-75.

Mena Betancourt, Ana Ruth. *Guillermo Valencia: Ritos y el poeta*. Bogotá: Ed. Sipa, 1954. 78p..

Mora, Luis Maria. «Guillermo Valencia: juzgado por sus contemporáneos». *Sábado* (Bogotá) 6.357 (jun. 24, 1950): 4.

Muñoz, Juan Jacobo. «Guillermo Valencia: Discurso del Doctor Juan Jacobo Muñoz, Ministro de Educacion Nacional, el 25 de octubre de 1973, en la Academia Colombiana». Boletín de la Academia Colombiana (Bogotá) 24.101 (feb.-mzo., 1974): 19-25.

Osorio, Luis Enrique. «Guillermo Valencia me dijo». *Vida* (Bogotá) 5.39 (oct., 1941): 28-33.

Olivera, Otto. «El dolor de vivir en Guillermo Valencia». *Cuadernos de Antropología Poética* (Popayán) 1.2 (1999): 41p.

Pastrana Borrero, Misael. «Guillermo Valencia: discurso del Presidente de la República, Dr. Misael Pastrana Borrero, pronunciado en Popayán el 20 de octubre de 1973». *Boletín de la Academia Colombiana* (Bogotá) 24.101 (feb.-mzo., 1974): 3-7.

Pérez Silva, Vicente. «Bernardo Arias Trujillo y Guillermo Valencia». *Boletin Cultural y Bibliografico* 16.9-10 (1979): 123-245.

———. «Guillermo Valencia». *Cultura Nariñense* (Pasto) 7.65 (nov., 1973): 165-181.

Rocha Alvira, Antonio. «Guillermo Valencia y el humanismo colombiano». *Revista de las Indias* (Bogotá) 21.66-67 (jun.-jul., 1944): 147-163.

Rodríguez Arce, Ricardo León. «Conferencia: la poesía de Guillermo Valencia». Popayán, 2004. 39p.

Rojas, José Domingo. «Guillermo Valencia». *Revista Javeriana* (Bogotá) 14.68 (sept., 1940): 155-162

Salazar Flor, Carlos. «Guillermo Valencia: la más alta cumbre de América». *Universidad de Antioquia* (Medellín) 61-62 (feb.-mzo., 1944): 149-152.

Sanín Echeverri, Jaime. «Valencia el colombiano». *Boletín de la Academia Colombiana* 51.207-208 (ene.-jun., 2000): 89-95.

Schulman, Ivan A. «La Salomé de Julián del Casal y Guillermo Valencia: Trasposición y werden». *Estudios, edición en homenaje a Guillermo Valencia 1873-1973.* Hernán Torre (Ed.). Cali: Colombia: Carvajal; 1976. 67-84.

Torres, Edelberto. «Guillermo Valencia: 25 años de su muerte». *Universidad de Antioquia* (Medellín) 170 (jul.-sept., 1968): 1029-1040.

Universidad Pedagógica y Tecnológica de Colombia (Tunja). *Guillermo Valencia: homenaje en el primer centenario de su nacimiento (1873-1973).* Tunja: Ediciones la Rana y el Aguila, 1973. 9p.

Valencia de Hubach, Josefina. «Guillermo Valencia: mi padre». *Colombia Ilustrada* (Medellín) 3.8 (may0-ag., 1972): 39-41.

Villegas Jaramillo, Silvio. «Guillermo Valencia». *Universidad* (Bogotá) Segunda época 66 (ene. 28, 1928): 55-56.

———. «Guillermo Valencia». *Universidad de Antioquia* (Medellín) 83 (jun.-ag., 1947): 351-361.

Zulueta, Luis de. «Guillermo Valencia». *Revista de América* (Bogotá) 3.9,444-446 (sept., 1945): [s.p].

VALENZUELA, MARIO (Bogotá, 1836-Panamá, 1922)

POESÍA:

———. «Colombia». *Revista del Colegio Mayor de Nuestra Señora del Rosario* (Bogotá) 51.57 (jul., 1910): 395.

———. «El llanero». *Papel Periódico Ilustrado* (Bogotá) IV.88 (abr. 1°, 1885): 252.

———. «El llanero». «Los pastores». «Triunfaste». *Historia de la literatura colombiana.* José J. Ortega T. Bogotá: Editorial Cromos, 1935. 302-307.

———. *Poesías de Mario Valenzuela, precedidas de una breve noticia biográfica i seguida de algunas composiciones poéticas que le han dirijido sus amigos.* José María Vergara y Vergara, Ed. Bogotá: Imprenta de la Nación, 1859. 102p.

OTROS:

———. *Apuntamientos sobre el principio de utilidad.* Bogotá: Imprenta de Ortiz, 1857. 32p.

———. «Cartas a Juan Moncayo». *Boletín de Estudios Históricos* (Pasto) 2.20 (mayo, 1929): 227-228.

———. *Compendio del Código Civil en armonía con la conciencia.* Bucaramanga: Tipografía de «La Voz Católica», 1898. 176

—— Panamá: Tipografía «El Istmo», 1910. 184p.

———. *Escritos escogidos en prosa y en verso del reverendo padre Mario Valenzuela.* Joaquín Emilio González. (Ed.). Bogotá: Editorial Minerva, 1921-1930. 3 vols. [Contenido: v. 1: Escritos religiosos. v. 2: Escritos filosóficos. v. 3: Escritos literarios, Poesía]

———. *Los embaucadores o la irreligión al alcance de todos.* Bogotá: Imprenta del Corazón de Jesús, 1915. 46p.

———. *Notas jurídico-teológicas según el derecho colombia* Pasto: Imprenta de la Diócesis, 1895. 89p.

CRÍTICA:

Borda, José Joaquín y José María Vergara i Vergara. «Poesías». *La lira granadina: colección de poesías nacionales.* Bogotá: El Mosaico, 1860. 199p.

Gómez Restrepo, Antonio. «Mario Valenzuela». *Historia de la literatura colombiana.* IV. Bogotá: Litografía Villegas, 1957. 299-305.

Restrepo, Daniel. *Mario Valenzuela, S. J.: su vida, sus escritos, sus labores sociales.* Bogotá: Editorial Pax, 1946. 225p.

VALENZUELA, RÓMULO (18 ?- ?)

POESÍA:

———. «La golondrina». *La Caridad* (Bogotá) 3.39 (jun. 25, 1867): 620-621.

RELATO:

———. «Cueva de toluní». *Cuadros de costumbres y descripciones locales de Colombia* Artículos escogidos y publicados por José Joaquín Borda. Librería y Papelería de Francisco García Rico, 1878. 307-311.

—— *Museo de cuadros de costumbres, variedades y viajes.* Biblioteca de «El Mosaico». IV. Bogotá: Biblioteca del Banco Popular, 1973. 207-210.

———. «El nevado». *La Caridad ó Correo de las Aldeas* (Bogotá) 4.46 (jun. 3, 1869): 735.

OTROS:

———. y F. A. Vélez. *El clero de Felipe II y el de Monseñor Velasco juzgados a la luz de la candidatura por F. A. Vélez.* Bogotá: Imprenta de la Nación, 1891. 16p.

VALLE, REGINA DEL, seudónimo de Hortensia Antommarchi de Vásquez.

VALJEAN, JUAN, seudónimo de Lisandro Restrepo.

VALMAR, JAIME, seudónimo de Francisco de Paula Rendón.

VARELA, seudónimo de José Manuel Groot.

VARGAS, JOSÉ JOAQUÍN (1830-1899)

Relato:

———. «El reloj i la pila de Tunja». *Museo de cuadros de costumbres i variedades*. Biblioteca de «El Mosaico». II. Bogotá: Imprenta a cargo de Foción Mantilla, 1866. 122-125.

——— *Museo de cuadros de costumbres, variedades y viajes. Biblioteca de «El Mosaico»*. I. Bogotá: Biblioteca del Banco Popular, 1973. 23-34.

———. «La laguna de Tota». *El Mosaico* (Bogotá) 3.41 (nov. 26, 1864): 325-327.

———. «Los cojines de Tunja». *Cuadros de costumbres y descripciones locales de Colombia*. Artículos escogidos y publicados por José Joaquín Borda. Librería y Papelería de Francisco García Rico, 1878. 268-271.

——— *Museo de cuadros de costumbres, variedades y viajes*. Biblioteca de «El Mosaico». IV. Bogotá: Biblioteca del Banco Popular, 1973. 151-154.

Otros:

———. *A mi paso por la tierra: asuntos políticos, históricos, filosóficos, etc.* Bogotá: Colón Editorial, 1938. [s.p].

———. *Homenaje tributado a la memoria del doctor Juan Nepomuceno Parra*. Bogotá: Imprenta de Echeverría Hermanos, 1853. 7p.

———. «José del C. Rodríguez». *El Liberal* Ilustrado (Bogotá) 4.1384 (jun. 5, 1915): 273-277.

———. *José del Carmen Rodríguez: bosquejo biográfico*. Tunja: [s.edit], 1944. 24p.

———. «Ricardo de la Parra». *El Gráfico* (Bogotá) 14.659 (sept. 1°, 1923): 941-942.

Crítica:

Anónimo. *Corona fúnebre del Dr. José Joaquín Vargas*. Tunja: Imprenta de la Crónica, 1899. 80p.

Mendoza Pérez, Diego. «Astillas de mi taller, Colombia vieja». *El Gráfico* (Bogotá) 14.659 (sept. 1°, 1923): 940-941.

Vargas-Barón, Aníbal. *José Joaquín Vargas: artículos y ensayos* . Eugene; Oregon: University of Oregon, Books, 1963. 197p.

———. *José Joaquín Vargas y su contribución a la democracia colombiana*. (Diss). University of Washington, 1943. 325h.

VARGAS B. ISIDORO (18 ?- ?)
Poesía:
———. «Poesías». *Álbum literario dedicado al centenario del Libertador Simón Bolívar*. Bogotá: N. Torres, 1883. [s.p].

VARGAS, TEÓDULO (Guapotá - Santander, 1844-1911)
Poesía:
———. «El crucifijo del jesuita» (oda) *Historia de la literatura colombiana*. José J. Ortega T. Bogotá: Editorial Cromos, 1935. 190-194.
Crítica:
Arias, Juan de Dios. «El padre Teódulo Vargas, S. J». *Revista Javeriana* (Bogotá) 23.111 (feb., 1945): 21-27.

VARGAS TEJADA, LUIS (Bogotá, 1802-1829) (Seuds. Eufilos, Gustavo Garlaix).
Poesía:
———. «Al anochecer». *El Liberal* Ilustrado (Bogotá) 3.1027 (jul. 4, 1914): 55.

———. «Al anochecer». «Recuerdos». «Mis compañeros». «Esperanza frustrada». *Historia de la literatura colombiana*. José J. Ortega T. Bogotá: Editorial Cromos, 1935. 56-58.

———. «Al Aztura». *Papel Periódico Ilustrado* (Bogotá) I.2 (oct. 1°, 1881): 335.

———. [Catón de Útica]

———. *El año nuevo*. Bogotá: Imprenta de Ancízar, 1849. 63 3 de música.

———. [El Parnaso transferido]

———. [La madre de Pausanas]

———. *Poesía selecta. Luis Vargas Tejada*. Edición, introducción y notas de Héctor H. Orjuela. Bogotá: Editora Guadalupe, 2001. 115p.

———. «Poesías». *Antología de poetas hispanoamericanos: Luis Vargas Tejada, Julio Arboleda, José Eusebio Caro, Rafael Núñez, Olegario Andrade, Rafael M. Merchán, G. Núñez de Arce, José Velarde, Fray Luis de León*. Bogotá: Librería Nueva, 1900? [s.p].

———. «Poesías». *Antología de la poesía hispanoamericana: Colombia*. Ginés de Albareda y Francisco Garfias. (Eds.). Madrid: Biblioteca Nueva, 1957. [s.p].

———. *Poesías de Caro i Vargas Tejada*. José Joaquín Ortiz, Ed. Bogotá: Imprenta de Ortiz, 1857. 2 vols.

———. *Poesías de Vargas Tejada*. José Joaquín Ortiz, Ed. Bogotá: 1857. [s.p].
Relato:

———. *Fábulas políticas*. 3ª ed. Bogotá: Jorge Roa, Editor, 1897. 189-215

TEATRO:

———. [Aquimín]

———. *Comedia: El Parnaso transferido*. Bogotá: Imprenta de Sur América, 1914. 32p?

———. Doraminta.-Tragedia. *Santafé y Bogotá* Bogotá 6.63 (mzo., 1928): 97-113; 6.65 (mayo, 1928): 184-198; 6.66 (jun., 1928): 244-256; 6.67 (jul., 1928): 10-23.

——— *Doraminta*. Bogotá: Editorial Minerva, 1935. 163p.

———. *Las convulsiones y Doraminta*. Bogotá: Editorial Minerva, 1935? 167p.

——— Bogotá: Editorial Minerva, 1936. 167p.

———. *Las convulsiones*. [s.l]: [s.edit], 1828. [s.p].

——— *sainete; su autor un ciudadano granadi* Bogotá: G. Morales, 1851. 44p.

——— Bogotá?: [s.edit], 189-? 44p.

——— Bogotá: Instituto Colombiano de Cultura, 1971. 85p.

——— *Las convulsiones: teatro en verso*. Medellín: Editorial Bedout, 1980. 106p.

——— Bogotá: Panamericana Editorial, 1986? 63p.

——— Bogotá: Editorial La Oveja Negra, 1986. 60p.

——— Bogotá: Arango Editores, 1989. 57p.

——— *Teatro colombiano: siglo XIX: de costumbres y comedias*. Selección y notas Carlos Nicolás Hernández. Bogotá: Tres Culturas Editores, 1989. 139-240.

——— Santafé de Bogotá: Panamericana Editorial, 1996. 61p.

——— Santafé de Bogotá: El Pensador, 1998. 40p

——— Bogotá: Cupido, 2000. 48p.

———. «Las convulsiones». *El Gráfico* (Bogotá) 29.281 (abr. 1°, 1916): 243.

———. *Las convulsiones y Doraminta*. 3ª ed. Bogotá: Editorial Minerva, 1935? 167p.

——— Bogotá: Editorial Minerva, 1936. 167p.

———. *La madre de Pausanías; Doraminta*. Bogotá: Arango Editores, 1989. 111p.

———. [Sacresazipa]

———. [Sugamuxi]

———. [Witikindo]

OTROS:

———. «Carta de Luis Vargas Tejada». *Bolívar* (Bogotá) 9 (mayo, 1952): 861-867.

———. *Escritos de Luis Vargas Tejada*. Mss. Bogotá, 1828. 80h. Colección de manuscritos de la Biblioteca Luis Ángel Arango.

———. «Lista de los señores senadores que se hallan presentes en esta capita». *El Conductor* (Bogotá) 1.6 (feb. 20, 1827): 22-23.

———. *Literatura colombiana*. Bogotá: Universidad de los Andes, 1960? 53h.

———. *Obras literarias de José Eusebio Caro, Luis Vargas Tejada i Juan Francisco Ortiz: poesías de José Eusebio Caro*. I. Bogotá: Imprenta de Ortiz, 1857. 2 vols.

———. *Recuerdo histórico*. Bogotá: Librería Nueva, 1904. 93-193.

———. «Recuerdo histórico». *El Liberal* Ilustrado (Bogotá) 3.1027 (jul. 4, 1914): 52-54.

———. *Recuerdo histórico*. Bogotá: Academia Colombiana de Historia, 1978. 171p.

CRÍTICA:

Achury Valenzuela, Darío. *El libro de los cronistas*. Bogotá: Editorial Minerva, 1936. 198p.

Aguilera, Miguel. «Histórica lección de preceptiva literaria». *Revista Policía Nacional* (Bogotá) 14.70 (jul. ag., 1958): 77.

Anónimo. «El verdadero sitio o lugar donde murió Luis Vargas Tejada». *El Gráfico* (Bogotá) 16.833 (mayo, 1927): 1212-1213.

Anónimo. «Teatro». *Gaceta de la Nueva Granada* (Bogotá) 72 (feb. 10, 1833): 4. [sobre representación de *Sugamuxi*]

Borda, José Joaquín y José María Vergara i Vergara. «Poesías». *La lira granadina: colección de poesías nacionales*. Bogotá: El Mosaico, 1860. [s.p].

Botero Saldarriaga, Roberto. «Luis Vargas Tejada». *Noticias de Colombia* (México) 7 (mzo., 1942): 12- 13.

Caicedo Rojas, José. «Luis Vargas Tejada». *Apuntes de ranchería y otros escritos escogidos*. Bogotá: Imprenta Nacional, 1945. [s.p].

Caparroso, Carlos Arturo. «Fernández Madrid y Vargas Tejada». *Revista de las Indias* (Bogotá) 17.53 (mayo, 1943): 272-278.

———. «Luis Vargas Tejada». *Boletín Cultural y Bibliográfico* (Bogotá) 4.6 (jun., 1961): 496-497.

García Maffla, Jaime. «Luis Vargas Tejada». *Gran Enciclopedia de Colombia*. 4. Santafé de Bogotá: Círculo de Lectores, 1992. 68-69.

Gómez Restrepo, Antonio. «Don Luis Vargas Tejada». *Historia de la literatura colombiana*. III. Bogotá: Litografía Villegas, 1957. 334-347.

———. «Las Convulsiones de Luis Vargas Tejada». *Santafé y Bogotá* (Bogotá) 6.72 (dic., 1928): 205-212.

———. «Luis Vargas Tejada». *Hojas de Cultura Popular Colombiana* (Bogotá) 58 (oct., 1955): [s.p].

Guerra, José Joaquín. «Fernández Madrid y Vargas Tejada». *El Gráfico* (Bogotá) 42.415-416 (jun. 15, 1918): 127-128.

Ibáñez Tovar, Pedro María. «Vargas Tejada». *El Liberal Ilustrado* (Bogotá) 3.1034-5 (jul. 11, 1914): 71-75.

León-Gómez, Adolfo. «Vargas Tejada». *Santafé y Bogotá* (Bogotá) 5.55 (jul., 1927): 27-48.

Maya, Rafael. *Estampas de ayer y retratos de hoy*. Bogotá: Imprenta Nacional de Colombia, 1958. [s.p].

———. «Luis Vargas Tejada». *Bolívar* (Bogotá) 9 (mayo, 1952): 853-858.

Miramón, Alberto. *Los septembrinos: primera serie*. Bogotá: Biblioteca "*Revista de las Indias*", 1939. 300p. [Contenido: Luis Vargas Tejada, El misterioso doctor Arganil, La vida ardiente de Manuelita Sáenz]

———. *Luis Vargas Tejada; estampa de un poeta conspirador*. Bogotá: Editorial Kelly, 1970. 87p.

———. «Luis Vargas Tejada». *Revista de las Indias* (Bogotá) 2.10 (ag., 1938): 12-35.

Peñaloza Rueda, Juan. «El teatro en Bogotá: Vargas Tejada y Fernández Madrid». *Teatro Colón* (Bogotá) 1.4 (mayo, 1952): 1-3.

Pérez, Felipe. «Luis Vargas Tejada». *El Liberal* Ilustrado (Bogotá) 3.1027 (jul. 4, 1914): 49-52.

Pérez Santiag. «Luis Vargas Tejada». *El Tiempo* [Lecturas Dominicales] (Bogotá) 1.3 (mayo 27, 1923): 37-38.

Posada, Eduardo. «Apuntes sobre Luis Vargas Tejada». *Boletín de Historia y Antigüedades* (Bogotá) 16.182 (feb., 1927): 81-87;

———. «Apuntes sobre Vargas Tejada». *Santafé y Bogotá* (Bogotá) 5.49 (ene., 1927): 17-31; 5.50 (feb., 1927): 57-69; 5.51 (mzo., 1927): 113-121; 5.53 (mayo, 1927): 222-225; 5.58 (oct., 1927): 156-164; 6.61 (ene., 1928): 22-34; 6.67 (jul., 1928): 32-43; 6.70 (oct., 1928): 156-159.

Quijano, Arturo. «Vargas Tejada en el teatro: en honor de Vargas Tejada». *El Gráfico* (Bogotá) 29. 281 (abr. 1°, 1916): 242-243.

Reyes, Carlos José. «Luis Vargas Tejada». *Gran Enciclopedia de Colombia*. 5. Santafé de Bogotá: Círculo de Lectores, 1994. 266-267.

Roa, Jorge. (Ed.). *Colección de grandes escritores nacionales y extranjeros*. 1. Bogotá: Jorge Roa Editor, 1893. [s.p].

———. *Colección de grandes escritores nacionales y extranjeros*. VII. Bogotá: Jorge Roa Editor, 1894. [s.p].

———. *Colección de grandes escritores nacionales y extranjeros*. XX. Bogotá: Jorge Roa Editor, 1899. [s.p].

Rodríguez, Antonio, grab. *Luis Vargas Tejada* (Bogotá-Colombia) Material gráfico: 1881. Bogotá, 1974. 1 placa fotográfica.

Suárez, Roberto. «Vargas Tejada y Miralla». *El Repertorio Colombiano* (Bogotá) 16. 3 (jul., 1897): 161-176.

VARGAS VILA, JOSÉ MARÍA (1860-1933)

POESÍA:

———. *Archipiélago sonoro; poemas sinfónicos*. Edición definitiva. Barcelona: Ramón Sopena, 1930. 203

—— México: Don Quijote, 1954. 203p.

—— Medellín: Editora Beta, 1974. 113p.

———. *Del opio*. Caracas: Tipografía Herrera Irigoyen & Ca., 1904. 173p.

———. *Pasionarias: álbum para mi madre muerta*. San Cristóbal: El Torbes, 1887. 57p.

———. «Recuerdos de mi primera comunión». *Papel Periódico Ilustrado* (Bogotá) III.68 (jun. 5, 1884): 322.

———. *Versos frágiles*. Caracas: Empresa El Cojo, 1906. 101p.

NOVELA:

———. *Alba roja*. Barcelona, [s.edit], 1901. 279p.

—— Madrid: Establecimiento Tipográfico de Ricardo Fe, 349p.

—— París: Librería Americana, 1903. 245p.

—— *Páginas escogidas*. París: Librería de la Vda. de Ch. Bouret, 1913. 245p.

—— Barcelona: Ramón Sopena Editor, 1919. 279p.

—— París: Librería Americana, 1924. 320p.

—— Edición definitiva... [debidamente revisada y corregida por el autor]. Barcelona: Ramón Sopena Editor, 1930. 279p.

—— Edición definitiva. México: Editorial Don Quijote, 1954. 279p.

—— Medellín: Editora Beta, 1973. 279p.

———. *Almas dolientes*. Medellín: Editora Beta, 1973. 161p.

———. *Ante los bárbaros*. Edición Juan Carlos González Espitia. Santafé de Bogotá: Panamericana Editorial, 1997. 218p.

———. *Ante los bárbaros; (los Estados Unidos y la guerra); El yanqui; He ahí el enemigo*. Barcelona: Casa Editorial Maucci, 1907. 232p.

—— Bogotá: Litografía Villegas, 1968. 174p.

—— Medellín: Editora Beta, 1974. 178p.

—— Bogotá: Editorial La Oveja Negra, 1981. 174p.

—— Bogotá: La Oveja Negra, 1983. 155p.

—— Bogotá: Editorial La Oveja Negra, 1985. 100p.

———. *Aura o las violetas*. Curaçao: Bethencourt, 1889. [s.p].

—— Bogotá: Torres Amaya, 1892. 131p.

—— Buenos Aires: Ed. Olimpo, 1945. 125p.

—— Buenos Aires: Sociedad Editora Latino-Americana, 1956.

126p.

—— Medellín: Editora Beta, 1973. 263p.

—— Bogotá: Fundación Pluma-Oveja Negra, 1981. 90p.

—— Bogotá: Pluma; La Oveja Negra, 1983. 80p.

—— Bogotá: Editorial La Oveja Negra, 1985. 74p.

—— Bogotá: Arango Editores; El Áncora Editores, 1988. 85p.

——. *Aura o Las violetas, Lo irreparable*. Nueva edición. París: Librería de la Vda. de Ch. Bouret, 1918. 295p.

——. *Aura o las violetas; Emma; lo irreparable*. París, México: Librería de la Vda. de Ch. Bouret, 1898. 295 [Contenido: A los lectores por J. M. V. V.: vii-viii; Aura y las violetas: 3-90; Emma: 9-130; Lo irreparable: narración sobre un hecho histórico: 131-295]

—— París, México: Librería de la Vda. de Ch. Bouret, 1904. 295p.

—— París, México: Librería de la Vda. de Ch. Bouret, 1906. 295p.

—— París, México: Librería de la Vda. De Ch. Bouret, 1918. [s.p].

—— Barcelona: Editorial Ramón Sopena, 1919. 276p.

—— París, México: Librería de la Vda. de Ch. Bouret, 1920. [s.p].

—— Barcelona: Editorial Ramón Sopena, [s.f]. [s.p].

—— París, México: Librería de la Vda. de Ch. Bouret, 1930. [s.p].

—— Barcelona: Ramón Sopena S. A., 1934. 276p.

—— *Obras completas*. Buenos Aires: Talleres Gráficos Jorge Washington, 1946. [s.p].

—— Edición René Hernández Vera. Santafé de Bogotá: Panamericana Editorial, 1999. 308p.

——. *Aura o las violetas, Emma*. Buenos Aires: Editorial Olimpo, 1945. 125p.

—— Buenos Aires: Colección Joyario, 1956. 126p.

—— México: El Libro Español, 1962. 188p.

—— México: Editorial Bucéfalo, 1964. 191p.

—— Bogotá: Editorial Iqueima, 1965. [s.p].

——. *Aura o Las violetas, Emma, Lo irreparable, Flor de fango*. Germán Arciniegas. [Ed] prólogo. Bogotá: Círculo de Lectores, 1984. 374p.

——. *Clépsidra roja*. Barcelona: Casa Editorial Maucci, 1916. 234p.

—— Barcelona: Ramón Sopena, 1930. 240p.

——. *Copos de espuma*. París; México: Vda. de Ch. Bouret, 1902. 163p.

—— México: El Libro Español, 1947. 184p.

—— México: Medina Hermanos, [s.f]. 163p.

—— Buenos Aires: Sociedad Editora Latinoamericana, 1957. 155p.

—— Medellín: Editora Beta, 1974. 150p.

—— Bogotá: Círculo de Lectores, 1984. 374p.

—— Santafé de Bogotá: Panamericana Editorial, 1999. 300p.

———. «Desiderio». *Gestos de la vida*. Barcelona: Ramón Sopena, ca.1922. [s.f].

———. *Die neunte symphonie: román berechtigte ubersetzung von H. G. Neuendorff* Berlín: Eden-Verlag, ca.1933. 320p.

———. *El alma de los lirios*. París: Librería de la Vda. de Ch. Bouret, 1904. 510p.

—— París: Librería de la Vda. de Ch. Bouret, 1926. 510p.

———. *El camino del triunfo*. La Habana: Editorial Cárdenas, 1909? 96p.

—— «Las adolescencias». París: Librería Americana, 1911. [s.p].

—— *Páginas escogidas*. París: Librería de la Vda. de Ch. Bouret, 1913. [s.p].

—— *Las adolescencias*. París: Librería Americana, 1917. [s.p].

—— *Las adolescencias*. Barcelona: Sopena, 1920. [s.p].

———. *El cisne blanco*. (Novela psicológica) Barcelona: Casa Editorial Maucci, 1917. 223p.

———. *Eleonora*. (Novela de la vida artística) [s.l]: [s.edit], 1917. [s.p].

—— Barcelona: Casa Editorial Maucci, 192? 319p.

—— *Obras completas de Vargas Vila*. Buenos Aires: Talleres Gráficos Jorge Washington, 1946.II. 391-536.

—— México: El Libro Español, 1952. 187p.

—— Medellín, Editorial Álvarez y Compañía, 1969. 5-265.

———. *El final de un sueño*. Barcelona: Ramón Sopena, 1918. 285p.

—— Barcelona: Editorial Sopena, [s.f]. 285p.

—— La Habana: Editorial Cárdenas, [s.f]. 95p.

—— Barcelona: Ramón Sopena, 136. 285p.

—— México: Medina Hermanos, 1954. 285p.

—— Buenos Aires: Colección Joyario, 1956. 158p.

—— Medellín: Editora Beta, 1974. 166p.

—— Santafé de Bogotá: Panamericana Editorial, 1998. 256p.

—— Santafé de Bogotá: Panamericana Editorial, 1999. 222p.

———. «El maestro». Novela corta. *La Novela Corta* (Madrid) III.58 (1917): 34.

—— La Habana: Ramón Palacio Viso, 1935. 154p.

———. *El minotauro*. Madrid: Antonio Rubiños, [s.f]. 222p.

—— Barcelona: Ramón Sopena Editor, 1920. 220p.

—— Buenos Aires: [s.edit], 1940? 144p.
—— México: El Libro Español, 1958. 185p.
—— México: El Libro Español, 1961. 185p.
—— Medellín: Editora Beta, 1974. 202p.
——. «El rescate». *Gestos de vida*. Barcelona: Ramón Sopena, ca.1922. [s.p].
——. *El sendero de las almas. Novelas cortas*. Barcelona: Sopena, 1921. 265p.
——. *Emma, Lo irreparable*. México: Editorial «Don Quijote», 1968. 273p.
—— México: Editorial Planeta, 1969. 79p.
—— México: Editora Beta, 1973. 263p.
—— [s.i]. 118p.
——. *Etopea*. París: Librería de la Vda de Ch. Bouret, 1930. 256p.
—— Buenos Aires: [s.edit], 1931. 159p.
—— *Obras completas de Vargas Vila*. Buenos Aires: Talleres Gráficos Jorge Washington, 1946. II. 7-162.
—— México: EL Libro Español, 1965. 159p.
—— Medellín; Editorial Carpel-Antorcha, 1967. 225p.
—— México D. F.: [s.edit], [s.f]. 189p.
—— Buenos Aires: [s.edit], [s.f]. 189p.
——. *Flor de fango*. [s.l]: [s.edit], 1898. [s.p].
—— Medellín: Carpel-Antorcha, 1967. 225p.
—— Medellín: Editora Beta, 1974. 250p.
—— Bogotá: Editorial La Oveja Negra, 1980? 158p.
—— Bogotá: Editorial Oveja Negra, 1983. 174p.
—— Bogotá: Editorial Oveja Negra, 1985? 158p.
—— Santafé de Bogotá: Panamericana Editorial, 1998. 304p.
——. *Flor de fango, Etopea*. New York: Imprenta América, 1898. [s.p].
—— París, México: Librería de la Vda. de Ch. Bouret, 1906. 256p.
—— *Páginas escogidas*. París: Librería de la Vda. de Ch. Bouret, 1913. [s.p].
—— Barcelona: Ramón Sopena Editor, [s.f]. 296p.
—— París, México: Librería de la Vda. de Ch. Bouret, 1921. 256p.
——. *Ibis*. París: Librería Americana, 1902. 248p.
—— París: Librería Americana, 1906. 248p.
—— París: Librería Americana, 1908. [s.p].
—— *Páginas escogidas*. París: Librería de la Vda. de Ch. Bouret, 1913. [s.p].
—— Barcelona: Editorial Sopena, 1918. 316p.

—— Barcelona: Sopena, 1919. [s.p].
—— París: Librería Americana, 1920. [s.f].
—— París: Librería Americana, 1930. 248p.
—— Paris: Librería de la Vda. de Ch. Bouret, 1930. 256p.
—— *Obras completas de Vargas Vila*. Buenos Aires: Talleres Gráficos Jorge Washington, 1946. II. 163-321.
—— Buenos Aires: Editorial. Jungla, 1946.127p.
—— México: El Libro Español, 1947. [s.p].
—— París: Librería Americana, 1947. [s.p].
—— París: Librería Americana, 1949-1950. [s.p].
—— México: El Libro Español, 1955. 191p.
—— Bogotá: Editorial Iqueima, [s.f]. 223p.
—— México: El Libro Español, 1962. [s.p].
—— Bogotá: Ediciones Triángulo, 1965. 223p.
—— Medellín: Antorcha Monserrate, 1968. [s.p].
—— Medellín: Editora Beta, 1973. 255p.
—— México: El Libro Español, [s.f]. 187p.
—— Barcelona: Ramón Sopena, [s.f]. 316p.
—— México: Editorial Cultural, [s.f]. 205p.
—— Bogotá: Editorial La Oveja Negra, 1981. 224p.
—— Bogotá: Editorial La Oveja Negra, 1983. 224p.
—— Santafé de Bogotá: Panamericana Editorial, 1998. 290p.

———. *La conquista de Bizancio*. París: Librería de la Vda. de Ch. Bouret, 1910. 355p
—— París, México: Librería de la Vda. de Ch. Bouret, 1919. [s.p].
—— Buenos Aires: [s.edit], 1919? 112p.
—— Barcelona: R. Sopena, 1919. 252 p.
—— Buenos Aires: [s.edit], [s.f]. 112p.
—— Buenos Aires: Sociedad Editora Latinoamericana, 1947. 190p.
—— México: Don Quijote, 1954. 252p.
—— Buenos Aires: Colección Joyario, 1956. 158p.
—— Barcelona: Ramón Sopena Editor, [s.f]. 252p.
—— Medellín: Editora Beta, 1974. 254p.
—— Medelín: Editorial Bedout, 1974. 254p.

———. *La demencia de Job*. Madrid: A. Rubiños, ca.1916. 223p.
—— Barcelona: Ramón Sopena, 192? 205p.
—— México, D. F. Editorial Don Quijote, 1954. 205p.

———. *La gloria*. Barcelona: Imprenta Bartolomé Bauzá, 1920. 90p.

——— *Gestos de vida*. Barcelona: Ramón Sopena, ca.1922. [s.p].

———. *La novela sinfonía*; novela. Madrid: Biblioteca Nueva, ca.1928. 7-241.

——— Madrid: Espasa-Calpe, [s.f]. 421p.

———. «La sembradora del mal». *Gestos de vida*. Barcelona: Ramón Sopena, ca.1922. [s.p].

———. *La simiente*. París; México: Librería de la Vda. de Ch. Bouret, 1905. 245p.

——— París; México: Librería de la Vda. de Ch. Bouret, 1906. 245p.

——— París; México: Librería de la Vda. de Ch. Bouret, 1909. [s.p].

——— *Páginas escogidas*. París: Librería de la Vda. de Ch. Bouret, 1913. [s.p].

——— París: Librería de la Vda. de Ch. Bouret, 1914. 245p.

——— Barcelona: Editorial Sopena, 1919. 262p.

——— Buenos Aires: Sociedad Editora Latinoamericana, 1947. 160p.

——— México: Editorial don Quijote, 1954. 262p.

——— *Obras completa de Vargas Vila*. Buenos Aires: Talleres Gráficos Jorge Washington, 1946. I. 377-515.

——— Medellín: Editora Beta, 1973. 224p.

———. *La tragedia del Cristo o María Magdalena*. México: Editorial Don Quijote, 1954. 241p.

——— Medellín: Editorial Álvarez, 1971. 242p.

———. *La ubre de la loba*. Barcelona: Ramón Sopena Editor, [s.f]. 269p.

——— Barcelona: Ramón Sopena Editor, [s.f]. 269p.

——— México: El Libro Español, 1955. 183p.

——— México: El Libro Español, 1962. 183p.

——— Medellín: Editora Beta, 1973. 192p.

———. *Las rosas de la tarde*. París; México: Librería de la Vda. de C. Bouret, 1901. 286p.

——— Roma: Pistolesi, 1901. 315p.

——— París, México: Librería de la Vda. de Ch. Bouret, 1906. [s.p].

——— París, México: Librería de la Vda. de Ch. Bouret, 1909. [s.p].

——— *Páginas escogidas*. París: Librería de la Vda. de Ch. Bouret, 1913. [s.p].

——— Barcelona: Editorial Sopena, 1918. 258p.

——— París, México: Librería de la Vda. de Ch. Bouret, 1918. [s.p].

——— París, México: Librería de la Vda. de Ch. Bouret, 1927. [s.p].

——— Barcelona: Ramón Sopena. 1933. 256p.

—— Buenos Aires: [s.edit], 1935. 160p.

—— *Obras completas de Vargas Vila*. Buenos Aires: Talleres Gráficos Jorge Washington, 1946. I. 73-203.

—— México: El Libro Español, 1947. 189p.

—— Buenos Aires: Colección Joyario, 1956. 160p.

—— Medellín: Editora Beta, 1973. 248p.

—— Bogotá?: Editorial Álvarez, 1973. 195p.

—— Medellín: Editora Beta, 1974. 248p.

—— Santafé de Bogotá: Panamericana Editorial, 1998. 260p.

———. *Lirio blanco*. *El alma de los lirios*. París, México: Librería de la Vda. de Ch. Bouret, 1904. 128p.

—— *El alma de los lirios*. París, México: Librería de la Vda. de Ch. Bouret, 1910. [s.p].

—— *El alma de los lirios*. París, México: Librería de la Vda. de Ch. Bouret, 1914. 128p.

—— *Vuelo de cisnes*. Barcelona: Ramón Sopena, 1917. [s.p].

—— París, México: Librería de la Vda. de Ch. Bouret, 1926. 128p.

—— *Lirio blanco: (Delia)* Barcelona: Ramón Sopena, 1932. 218p.

—— Buenos Aires: Colección Joyario, 1943. [s.p].

—— *Obras completas de Vargas Vila*. Buenos Aires: Talleres Gráficos Jorge Washington, 1946. II. 323-389.

—— México: El Libro Español, 1959. 125p.

—— México: El Libro Español, 1953. [s.p].

—— *Vuelo de los cisnes*. México: Editorial Don Quijote, 1954. [s.p]. [con el título: «El cisne de la aurora»]

—— Buenos Aires: Colección Joyario, 1956. 128p.

—— Medellín: Editora Beta, 1974. 158p.

—— México: Editorial Victoria, [s.f]. 183p.

—— Santafé de Bogotá: Panamericana Editorial, 1999. 236p.

———. «Lirio negro». *El alma de los lirios*. París, México: Librería de la Vda. de Ch. Bouret, 1904. 395-510.

—— *El alma de los lirios*. París, México: Librería de la Vda. de Ch. Bouret, 1910. [s.p].

—— *El alma de los lirios*. París, México: Librería de la Vda. de Ch. Bouret, 1914. 395-510.

—— *Vuelo de cisnes*. Barcelona: Ramón Sopena, 1917. [s.p].

—— Barcelona: Editorial Sopena, 1920. 236p.

—— *El alma de los lirios*. París, México: Librería de la Vda. de Ch. Bouret, 1926. [s.p].

—— «Germania». *Obras completas de Vargas Vila*. Buenos Aires: Talleres Gráficos Jorge Washinton, 1946. II. 391-536.

—— *Vuelo de cisnes*. Editorial don Quijote, 1954. [s.p]. [con el título: «El cisne del crepúsculo».

—— México: El Libro Español, 1955. 159p.

—— México: El Libro Español, 1960. [s.p].

—— Medellín: Antorcha, Monserrate, 1968. 130p.

—— *Germania*. Medellín: Editora Beta, 1975. 110p.

—— México: Editorial Victoria, [s.f]. 215p.

—— Santafé de Bogotá: Panamericana Editorial, 1998. 230p.

——. «Lirio rojo». *El alma de los lirios*. París, México: Librería de la Vda de Ch. Bouret, 1904. 129-323.

—— *El alma de los lirios*. París, México: Librería de la Vda de Ch. Bouret, 1910. 129-323.

—— *El alma de los lirios*. París, México: Librería de la Vda de Ch. Bouret, 1914. 129-323.

—— Barcelona: Casa Editorial Maucci, 1917. 319p.

—— Barcelona: Editorial Sopena, 1920. 236p.

—— *El alma de los lirios*. París, México: Librería de la Vda de Ch. Bouret, 1926. 129-323.

—— Buenos Aires: Biblioteca Nueva, 1946. 126p.

—— Buenos Aires: Colección Joyario, 1946. 126p.

—— Medellín: Editorial Álvarez y Cía., 1969. 265p.

—— Medellín: Editora Beta, 1975. 219p.

——. *Los discípulos de Emaús*. (Novela de la vida intelectual) Barcelona: Casa Editorial Maucci, 1917. 217

—— Barcelona: R. Sopena, 1919? 213p.

—— Buenos Aires: Ediciones Cabaleiro, 1945. 125p.

—— Buenos Aires: Colección Joyario, 1956.123p.

—— Buenos Aires: Sociedad Editora Latinoamericana, 1956. 123p.

—— Medellín: Editora Beta, 1974. 149p.

—— Santafé de Bogotá: Panamericana Editorial, 1999. 220p.

——. *Los estetas de Teópolis*. Madrid: Librería de Antonio Rubiños, Editor, 1918. 216p.

—— Edición definitiva. Barcelona: Ramón Sopena, 1922. 232p.

—— Buenos Aires: Colección Joyario, 1947. 128p.

—— Medellín: Editora Beta, 1976. 207p.

——. *Los parias*. París: Librería Americana, 1903. 279p.

—— París: Librería Americana, 1907. [s.p].

—— *Páginas escogidas*. París: Librería de la Vda. de Ch. Bouret, 1913. [s.p].

—— París: Librería Americana, 1914. [s.p].

—— París: Librería Americana, 1919. [s.p].

—— Barcelona: Editorial Sopena, 1920. 282p.

—— París: Librería Americana, 1926. [s.p].

—— Buenos Aires: Colección Joyario, 1956. 141p.

—— Medellín: Editora Beta, 1975. 305p.

—— Santafé de Bogotá: Panamericana Editorial, 1999. 332p.

———. *María Magdalena*. Novela lírica. Barcelona Ramón Sopena, [s.f]. 263p.

—— La Habana: Edit Cárdenas, [s.f]. 94p.

—— *Obras completas de Vargas Vila*. Buenos Aires: Talleres Gráficos Jorge Washington, 1946. I. 291-376.

—— México: El Libro Español, 1947. 159p.

—— México: El Libro Español, 1953. 157p.

—— México: El Libro Español, 1962. 157p.

—— Medellín: Editora Beta, 1973. 151p.

—— Santafé de Bogotá: Panamericana Editorial, 1999. 212p.

———. *Mis mejores cuentos; (novelas breves)* Madrid: Prensa Popular, ca.1922. 191p.

———. «Rosa mística».*Copos de espuma*. París: Librería, de la Vda. de Ch. Bouret, 1913. [s.p].

———. *Copos de espuma*. París: Librería de la Vda. de Ch. Bouret, 1918. [s.p].

—— París: Librería de la Vda. de Ch. Bouret, 1923. [s.p].

—— Barcelona: Editorial Sopena, 1930. 272p.

—— Medellín: Editora Beta, 1974. 142-149.

—— Santafé de Bogotá: Panamericana Editorial, 1999. 266p.

———. *Salomé: novela poema*. Barcelona: Sopena, 1918. 251p.

—— La Habana: Editorial Cárdenas, 191? 93p.

—— Bogotá: Ediciones Arvilam, 1920? 151p.

—— Barcelona: Editorial Sopena, 1936. 251p.

—— *Obras completas de Vargas Vila*. Buenos Aires: Talleres Gráficos Jorge Washington, I. 205-290.

—— México: El Libro Español, 1955. 159p.

—— México: El Libro Español, 1961. 159p.

—— Medellín: Editora Beta, 1973. 159p.

—— Barcelona: Ramón Sopena, [s.f]. 251p.

—— [s.i]. 161p.

—— Santafé de Bogotá: Panamericana Editorial, 1999. 220p.

———. *Sobre las viñas muertas*. Barcelona: Sopena, 1919. 212p.

—— Barcelona: Casa Editorial Maucci, [s.f]. 255p.

—— Barcelona: Ramón Sopena Editor, 1930. 212p.

—— Barcelona: Editorial Olimpo, 1945. 128p.

—— Buenos Aires: Colección Joyario, 1959. 127p.

—— Medellín: Editora Beta, [s.f]. 151p.

———. *Vuelo de cisnes: Díptico pasional*. Barcelona: Sopena, 1917. 317p.

—— Bogotá: [s.edit], 1940? 150p.

—— México: Editorial Don Quijote, 1954. 317p.

—— Medellín: Editora Beta, 1974. 233p.

Relato:

———. *Cuentos colombianos*. Bogotá: Editorial Supernova, 1990. 77 [Contenido: La muerte del abuelo: Gustavo González Zafra; El ánima sola: Tomás Carrasquilla; Patricialinda: Andrés Caicedo; Emma: José María Vargas Vila; El diccionario: Germán Espinosa]

Teatro:

———. *El huerto del silencio: tragedia lírica*. Bogotá: [s.edit], [s.f]. 183p.

—— Barcelona: Ramón Sopena, 1935. 235p.

—— Medellín: Editora Beta, 1974. 183p.

—— Santafé de Bogotá: Panamericana Editorial, 1999. 236p.

Otros:

———. [Adolfo Mario Amador]

———. *A la hora del crepúsculo*. Barcelona: Cada Editorial Maucci, [s.f]. 243p.

———. *Antes del último sueño*. París, México: Librería de la Vda. de Ch. Bouret, 1924. [s.p].

———. *Ars-verba*. París; México: Librería de la Vda. de Ch. Bouret, 1910. 229p.

—— Buenos Aires: Sociedad Editora-Latinoamericana, 1958. 123p.

—— Medellín: Editora Beta, 1973. 162p.

———. *Belona dea urbis*. Barcelona: Casa Editorial Maucci, 191? 208p.

———. «Bolívar hombre de la libertad». *Desarrollo Indoamericano* (Barranquilla) 15.60 (jul., 1980): 5.

———. *Cachorros de león*. Buenos Aires: Olimpo, 1945. 127p.

—— Buenos Aires: Sociedad Editora Latinoamericana, 1959. 126p.

—— Medellín: Editora Beta, 1974. 187p.

―――. «Daniel Hernández». *El Liberal* Ilustrado (Bogotá) 5.1627 (ene. 8, 1916): 353-356.

―――. *Del rosal pensante*. París: Bouret, 1914. 295p.

――― Medellín: Editora Beta, 1974. 176p.

―――. *De los viñedos de la eternidad*. Barcelona: R. Sopena, 1931. 279p.

――― Buenos Aires: Editorial Olimpo, 19?? 127p.

――― Medellín: Editora Beta, 1973. 181p.

―――. *De sus lises y de sus rosas*. París; México: Librería de la Vda. de Ch. Bouret, 1912. 316p.

――― París: México: Librería de la Vda de Ch. Bouret, 1925. 316p.

――― México: Don Quijote, 1954. 256p.

――― Buenos Aires: Sociedad Editora Latinoamericana, 1957. 125p.

――― Medellín: Editora Beta, 1973. 244p.

―――. *Diario secreto*. Consuelo Triviño, sel. introducción y notas. Bogotá: Arango Editores - Áncora editores, 1989. 209p.

―――. *Dietario crepuscular*. Madrid: Biblioteca Nueva, 1928. 213p.

―――. «Diógenes A. Arrieta». *Boletín Cultural y Bibliográfico* (Bogotá) VIII.5 (1965): 719-721.

―――. *El imperio roma* Medellín: Editora Beta, [s.f]. 188p.

――― Medellín: Editora Beta, 1973? 188p.

―――. *El maestro*. La Habana: Montalvo y Cárdenas, 1935. 154p.

―――. *El ritmo de la vida*. París; México: Vda. de Ch. Bouret, 1911. 351p.

――― [s.i]. 213p.

―――. *En las cimas*. Santafé de Bogotá: Panamericana Editorial, 1998. 154p.

―――. *En las zarzas del Horeb*. Paris, México: Librería de la Vda. de Ch. Bouret, 1913. 272

――― Medellín: Editora Beta, 1973. 189p.

―――. «Fortunato Bernal». *El Liberal* Ilustrado (Bogotá) 5.1597 (dic. 11, 1915): 289-292.

―――. *Históricas y política*. Medellín: Editora Beta, 1973. 230p.

―――. *Hombres y crímenes del capitolio*. Medellín: Editora Beta, 1974. 146p.

―――. *Horario reflexivo*. Medellín: Editora Beta, 1974. 210p.

―――. *Huerto agnóstico: cuadernos de un solitario*. París; México: Librería de la Vda. de Ch. Bouret, 1912. 304p.

――― Medellín: Editora Beta, 19?? 208p.

―――. «Juan de D. Uribe». *El Liberal Ilustrado* (Bogotá) 4.1424-23 (jul. 10, 1915): 353-356.

―――. *Juicio sobre Rafael Reyes*. Bogotá: Publicitaria, 1972. 39p.

————. *La cuestión religiosa en México*. Ciudad de México: [s.edit], 1926. 35p.

———— Puebla, México: [s.edit], 1927. 23p.

————. «La esperanza». *Boletín Cultural y Bibliográfico* (Bogotá) 8.5 (1965): 709p..

————. *La muerte del cóndor; del poema, de la tragedia, y de la historia*. Barcelona: Casa Editorial Maucci, 1914. 261p.

———— Buenos Aires: [s.edit], ca.1921. 127p.

———— Buenos Aires: Sociedad Editora Latinoamericana, 1958. 133p.

———— Medellín: Editora Beta, 1973. 158p.

———— Santafé de Bogotá: Panamericana Editorial, 1999. 220p.

————. *La Regeneración de Colombia ante el tribunal de la historia*. Maracaibo: Tipografía de los Ecos del Zulia, 1889. 109p.

————. *La República romana*. París: México: Librería de la Vda. de Ch. Bouret, 1909. 249p.

———— Medellín: Editora Beta, [s.f]. 249p.

————. *Laureles rojos*. París: Librería Americana, 1906. 219p.

———— Buenos Aires: Editorial Olimpo, 1945. 116p.

———— Medellín: Editora Beta, 1976. 241p.

————. *La voz de las horas*. Medellín: Editora Beta, 1973. 192p.

————. *Libre estética*. México: Don Quijote, 1954. 222p.

———— Medellín: Editora Beta, 1974. 175p.

————. *Los césares de la decadencia*. París: Librería Americana, 1907. 244p.

———— París: Librería Americana, 1918. 244p.

———— Barcelona: Ramón Sopena, 1920. 219p.

———— Barcelona: Editorial Sopena, 1930? 219p.

———— Buenos Aires: Editorial Olimpo, 1945. 126p.

———— México: Medina Hermanos, [s.f]. 163p.

———— Medellín: Editora Beta, 1973. 172p.

———— Medellín: Editora Beta, 1974. 160

———— Santa Fe de Bogotá: Planeta Colombiana Editorial, 1995. 195p.

————. *Los divinos y los humanos*. París: Librería Americana, 1903. 207p.

———— México: Editorial Planeta, 1969. 204p.

———— Medellín: Editora Beta, 1974. 173p.

———— Bogotá: Editorial La Oveja Negra; Fundación Pluma, 1981. 173p.

———— Bogotá: Fundación Pluma; La Oveja Negra, 1983. 154p.

———— Bogotá: Editorial La Oveja Negra, 1985. 100p.

———— Santafé de Bogotá: Panamericana Editorial, 1997. 210p.

V

———. «Melo». *Boletín Cultural y Bibliográfico* (Bogotá) 5 (1965): 722-724.

———. *Mi viaje a La Argentina: odisea romántica.* Medellín: Editora Beta, [s.f]. 227p.

———. *Mis ideas.* Maracaibo Imprenta Americana, 1902. 35p.

———. *Némesis: palabras política.* París: Imprenta Álvarez, 1904. Paginación variada.

—— Barcelona: Sopena, 1921-1927. 4 vols. [Contenido: v.1: 1921-1922; v.2: 1923; v.3: 1924-1925: v.4: 1926]

———. *Obras completas de Vargas Vila.* Buenos Aires: Talleres Gráficos «Jorge Washington», 1946. 2 vols. [Contenido: v.1: Aura o las violetas; Rosas de la tarde; Salomé; María Magdalena; La simiente. v.2: Flor de Fango; Ibis; Lirio blanco; Lirio Rojo; Lirio negro]

———. *Páginas escogidas: ante la tumba de Diógenes Arrieta. Juicio sobre Núñez, Caro y Marroquín.* Bogotá: Editorial Publicitaria, 1972. 40p.

———. *Pinceladas sobre la última revolución de Colombia y siluetas políticas por J. M. Vargas Vila.* Maracaibo: Imprenta Americana, 1887. 103p.

———. *Polen lírico: conferencias* Medellín: Editora Beta, 1974. 141p.

———. *Política e históricas: (páginas escogidas)* París, México: Librería de la Vda. de Ch. Bouret, 1912. 328p.

———. «Prefacio». Ojo y alma. Santiago Argüello. París; México: Librería de la Vda. de Ch. Bouret, 1908. 176p.

———. *Pretéritas.* París; México: Librería de la Vda. de Ch. Bouret, 1924. 267p.

—— México: Editorial Don Quijote, 1954. 267p.

—— México: Editorial Don Quijote, 1969. 273p.

—— Medellín: Editora Beta, 1974. 246p.

—— Santafé de Bogotá: Panamericana Editorial, 1998. 280p.

———. «Prólogo». *Don Secundino en París.* Francisco Tosta García. Buenos Aires: Editorial América, [s.f]. 190p.

———. *Prosas-laudes.* París; México: Librería de la Vda. de Ch. Bouret, 1907. 260p.

—— Medellín: Editora Beta, 1973. 239p.

———. *Rubén Darío.* Madrid: V. H. de Sáenz Calleja, 1917. 177p.

—— Madrid: V. H. de Sanz Calleja, 1922. [s.p].

—— México: Medina Hermanos, [s.f]. 247p.

—— México: Medina, 1940? 247p.

—— Buenos Aires: Ediciones Cabaleiro, 1946. 127p.

—— Medellín: Editora Beta, [s.f]. 136p.

—— Caracas: Biblioteca Ayacucho, 1994. 105p.

——— Santafé de Bogotá: Panamericana Editorial, 1998. 166p.

———. *Saudades tácitas*. Medellín: Editora Beta, 1974. 230p.

———. *Sueños azules*. Caracas: Tipografía Herrera Irigoyen, 1902. 72 [Contenido: Amor de plumas, Polycroma, Santiago, Leyenda, Marina, Estela, Flor salvaje, Amor felino, Dolor plebeyo]

———. *Sombras de águilas: obras inéditas*. México: Don Quijote, 1954. 270p.

——— Medellín: Editora Beta, 1974. 150p.

——— Santafé de Bogotá: Panamericana Editorial, 1998. 180p.

———. *Vargas Vila: Sufragio, selección, epitafio*. Malcom Deas. (Ed.). Bogotá: Fondo de Promoción de la Cultura del Banco Popular, 1984. 304p.

———. *Verbo de admonición y de combate*. París, México; Librería de la Vda. de Ch. Bouret, 1905. 206p.

———. «Veritas Vía». *Boletín Cultural y Bibliográfico* (Bogotá) 8.5 (1965): 715.

———. «Unidad hispánica». *Boletín Cultural y Bibliográfico* (Bogotá) 8.5 (1965): 707-708.

CRÍTICA:

Anónimo. «El diario inédito de Vargas Vila: cuitas de "El Divino"». *El Tiempo* [Lecturas Dominicales] (Bogotá) (abr. 30, 1989): 8-11.

Anónimo. «Literatos contra dictadores». *El Tiempo* [Lecturas Dominicales] (Bogotá) (1981): 11.

Anónimo. «Los programas de Vargas Vila». *Voces* (Barranquilla) 5.47 (jul. 20, 1919): 292-294.

Biblioteca Luis Ángel Arango (Bogotá) *Bibliografía sobre Vargas Vila, José María*. Bibliografías especializadas (Bogotá) 192 (1985): 2h.

Botero Escobar, Ebel. «Un hombre en blanco y negro: Vargas Vila». *Boletín Cultural y Bibliográfico* (Bogotá) 8.5 (1965): 671-674.

Coba Gutiérrez, Patricia. *De Maria Magdalena y las otras: la mujer fatal en Vargas Vila*. Ibagué: SMD Editorial, Fondo Mixto de Cultura del Tolima, 1996. 110p.

Congrains Martín, Enrique. *Vida y obra de colombianos célebres*. Bogotá: Editorial Forja, 1985. 215p.

Cuervo, Luis Enrique. «¿Por que se fue Vargas Vila de Colombia?». *Revista Javeriana* (Bogotá) 99.494 (mayo, 1983): 295-299.

Deas, Malcolm. *Vargas Vila: sufragio, selección, epitafio*. Bogotá: Fondo de Promoción de la Cultura del Banco Popular, 1984. 304p.

Domínguez Michael, Christopher. «El increíble caso Vargas Vila». *El Malpensante* (Bogotá) 22 (mayo 1°-jun. 15, 2000): 68-70.

Escobar Uribe, Arturo. *El divino Vargas Vila: Ensayo biográfico*. Bogotá: Editorial Gráficas Venus, 1968. 338p.

———. «¿Fue Vargas Vila un resentido?». *Boletín Cultural y Bibliográfico* (Bogotá) 8.5 (1965): 679-683.

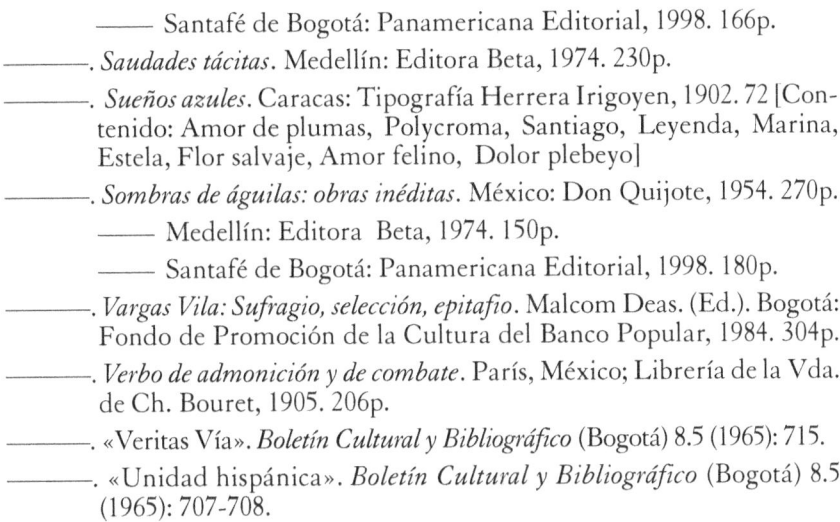

Gómez, Ernesto. «Las intimidades de Vargas Vila». *Quimera* (Bogotá) 1 (oct., 1989): 64p..

Gómez G., Rafael. «José María Vargas Vila». *Boletín Cultural y Bibliográfico* (Bogotá) 16.4 (abr., 1979): 203-209.

Gómez Casseres, Eduardo. «Vargas Vila vuelve a Colombia». *Audes* (Sincelejo) 1 (ene.-mzo., 1981): 22-25.

Guerra, José Joaquín. *La Primera Comunión y el Apostolado de Vargas Vila*. Bogotá: Casa Ed. de «La Cruzada», 1924. 17p.

Guerrieri, Kevin Gene. *Palabra, poder y nación: la novela moderna en Colombia de 1896 a 1927*. (Diss). University of California, Riverside, 2002. 433p.

Iriarte, Alfredo. «Cincuenta años de Vargas Vila». *Nueva Frontera* (Bogotá) 434 (jun., 1983): 19-20.

Jaramillo Ángel, Humberto. *Vargas Vila con otros escritores*. Armenia: Editorial Quingráficas, 1998. 182p.

Julio, Arnulfo. «Flor de fango». *Magazín Dominical* (Bogotá) (oct. 28, 1984): 20p..

Mantilla Trejos, Eduardo. *Historia verídica de los tumbatiranos: itinerario bélico e ideológico que empieza con Vargas Vila y termina con Juan Vicente Gómez, teniendo por escenario los ardientes llanos de Colombia y Venezuela*. Editor Juan Pablo Arbeláez Santa Fe de Bogotá: Tecnovélez Impresores, 1993. 192p.

Maya, Rafael. «Crónica sobre Vargas Vila». *Boletín Cultural y Bibliográfico* (Bogotá) 8.5 (1965) 656-662.

——— *Mosaico* (Bogotá) 1.2 (abr.-jun., 1981): 25- 30.

Molinos, Fernán. «Tres minutos frente a Vargas Vila». *Boletín Cultural y Bibliográfico* (Bogotá) 9,7 (jul., 1966): 1412-1414.

Moreno Acero, Jorge Eduardo. *¿Vargas Vila mejor que García Márquez?* Bogotá: Ediciones Tercer Mundo, 1981. 109p.

Moreno Durán, Rafael Humberto. «El panfleto: Vargas Vila». *Gran Enciclopedia de Colombia*. 4. Santafé de Bogotá: Círculo de Lectores, 1992. 161-164.

Murillo Bustamante, Hernando. *Dialéctica trágica en Vargas Vila*. Una contribución a la estilística de *Rosas de la Tarde*. Pereira: Talleres Editoriales Universidad Tecnológica, 1990. 392p.

Ordóñez Díaz, Olegario. y Héctor E. Nieves. *Flor de fango; Aura, o, Las violetas, José María Vargas Vila: análisis literario*. Santafé de Bogotá: Editorial Esquilo, 2000. 82p.

Osorio, Betty. «Cien años de *Ibis*, novela erótica y misógina de José María Vargas Vila: una educación sentimental a comienzos del siglo XX». *Revista Credencial Historia* (Bogotá) 125 (mayo, 2000): 8-11.

Panesso Robledo, Antonio. «Vargas Vila: forma e ideas». *Boletín Cultural y Bibliográfico* (Bogotá) 8.5 (1965): 663-665.

Pérez Ramírez, Gustavo. *El género panfletario: dos paradigmas: Montalvo y Vargas Vila*. Quito: Casa de la Cultura Ecuatoriana Benjamín Carrión, 2001. 36p.

Perico Ramírez, Mario H. *Yo, rebelde, Yo, hereje, yo, Vargas Vila*. Bogotá: Editorial Cosmos, 1982. 261.

———. *Las uñas de satanás?* 3ª. ed. Bogotá: Editorial El Buho, 2004. 236p.

Pineda Botero. Álvaro. «Aura o las violetas». *La fábula y el desastre: estudios críticos sobre la novela colombiana, 1650-1931*. Fondo Editorial. Universidad EAFIT, 1999. 297-300.

Rojas Pérez , Guillermo. *Vargas Vila*. Manizales: Editorial Renacimiento, 1966. 57p.

Rubino María Teresa. «El hallazgo del diario: Fidel lo tenía». *El Tiempo* [Lecturas Dominicales] (Bogotá) (abr. 30, 1989): 11.

Russo Berguido, Alessandro. *Vargas Vila: novela*. Panamá: La Estrella de Panamá, 1972. 83p.

Salóm Becerra, Álvaro. «El miedo a unas cenizas». *Arco* (Bogotá) 236 (sept., 1980): 73-76.

Sánchez, Luis Alberto. «Vargas Vila». *Boletín Cultural y Bibliográfico* (Bogotá) 8.5 (1965): 690-700.

Santana, Esther M. *Narrative transgressions a study of Vargas Vila's prose fiction*. (Diss). University of Chicago. Faculty of the Division of the Humanities, 1998. 263p.

Schulman, Iván A. «Ibis y el motivo de la metamorfosis». *Eco* (Bogotá) 30.186 (abr., 1977): 390-402.

Solano, Armando. «A propósito del regreso del divino». *Nueva Frontera* (Bogotá) 332 (mayo, 1981): 17.

Sux, Alejandro. «Como conocí a Vargas Vila». *El Gráfico* (Bogotá) 21.1008 (dic., 1930): 453-454.

Torres, Mauro. *Psicoanálisis del escritor*. México: Editorial Pax-México, 1969. 369p.

Torres Duque, Óscar. «El caso de Vargas Vila». *Gran Enciclopedia de Colombia*. 5. Santafé de Bogotá: Círculo de Lectores, 1994. 156.

Triviño, Consuelo. *José María Vargas Vila*. Bogotá: Procultura, 1991. 81p.

Triviño Anzola, Consuelo. *Vargas Vila, Mercedes Guigou y La Habana*. Lámpara (Bogotá) 28.111: 8-13.

———. *José María Vargas Vila*. Bogotá: Procultura, 1991. 81p.

Ugarte, Manuel. «Estampas de Vargas Vila». *Boletín Cultural y Bibliográfico* (Bogotá) 8.5 (1965): 684-689.

Vidales Jaramillo, Luis. «Iniciación al estudio crítico sobre José María Vargas Vila». *Boletín Cultural y Bibliográfico* (Bogotá) 8.5 (1965): 666-670.

Valdés, Emilio. *Análisis de Aura o las violetas*. Bogotá: Panamericana Editorial, 2003. 80p.

Velandia, Roberto. «Pinceladas sobre la última revolución en Colombia y siluetas políticas: el primer libro de Vargas Vila?; si no fué el primero, al menos no es muy conocido». *Sábado* (Bogotá) 10.555 (sept. 11, 1954): 10, 12.

VARGAS VILLEGAS DE FRANCO MÉNDEZ, MERCEDES (Bogotá 18 ?- 1890)
Poesía:

———. *Las mejores poetisas colombianas*. Bogotá: Editorial Minerva, 1936. 121-122.

———. *Versos*. Bogotá: Imprenta Gaitán, 1874. 48p.

VELÁSQUEZ BOTERO, SAMUEL (1865-1942)
Poesía:

———. «Dulce bien mio». *El Gráfico* (Bogotá) 30.301-302 (ag. 12, 1916): 12.

———. «Homenaje de *El Gráfico* a los departamentos: Manizales». *El Gráfico* (Bogotá) 25.1239 (jul., 1935): 623.

———. «La lucha». *Revista Gris* (Bogotá) 1.11 (ag., 1893): 358-360.

———. «La perla: poesía premiada en el 25° aniversario de *El Gráfico*». *El Gráfico* (Bogotá) 25.1239 (jul., 1935): 610.

———. *Magdalena*. Bogotá: Imprenta de la Nación, 1889. 41p.

——— Bogotá: Imprenta de la Nación, 1916. 30p.

———. «Manizales». *Revista Senderos* (Bogotá) 2.9 (oct., 1934): 134.

———. *Poesías*. Manizales: Imprenta Oficial, 1882. 107p.

Novela:

———. *Al pie del Ruiz*. Medellín: Librería de Carlos A. Molina, Tipografía del Comercio, 1898. 559p.

———. *Hija*. Manizales: Tipografía Caldas, 1904. [s.p].

——— Manizales: Tipografía Caldas, 1905. [s.p].

——— Bogotá: Editorial Cromos, 1923. 63p.

——— *El Cuento* (Medellín) 11 (mayo, 1955): 283-321.

——— *Boletín Cultural y Bibliográfico* (Bogotá) 7.1 (1964): 92-122.

———. *Madre*. San José, Costa Rica: J. García Monge, 1922. 85p.

——— Bogotá: Editorial de Cromos, 1923. 63p.

———. «Madre». *Cuentistas antioqueños*. Bogotá: Editorial Minerva, 1937. 247p.

——— *El cuento* (Medellín) 11 (mayo, 1955): 283-321.

——— *Boletín Cultural y Bibliográfico* (Bogotá) 7.1 (1964): 92-122.

———. *Tres novelas: madre, al pie del Ruiz, hija*. Edición Edilda Muñoz C., Camilo Jiménez E. Medellín: Universidad Pontificia Bolivariana, 1998. 397p.

RELATO:

———. «Caridad infinita». *El Gráfico* (Bogotá) 200 (ag. 22, 1914): 398-399.

———. «El barranco de los ángeles». *El Gráfico* (Bogotá) 46.460 (mzo. 15, 1919): 72-73.

———. «El novio soñado». *El Gráfico* (Bogotá) 34.335-336 (mzo. 10, 1917): 279.

———. «El punto final». *El Gráfico* (Bogotá) 28.272 (ene. 29, 1916): 170-171.

———. «El zapato Zora». *El Gráfico* (Bogotá) 27.270 (dic. 24, 1915): 154.

———. «Esa carretera: cuentos nacionales». *El Gráfico* (Bogotá) 46.458 (mzo. 1°, 1919): 58-59.

———. «La fiesta de la luz». *El Gráfico* (Bogotá) 14.674 (dic. 15, 1923): 1186-1187.

———. «Los pies de un muerto: cuentos nacionales». *El Gráfico* (Bogotá) 24.239-240 (jun. 12, 1915): 714.

———. «Nieves incendiadas». *El Gráfico* (Bogotá) 46.454 (feb. 8, 1919): 26-27.

——— *Novela Semanal* (Bogotá) 81(sept. 25, 1924): 90-91.

———. «Sarcasmo: cuentos nacionales». *El Gráfico* (Bogotá) 30.294 (jun. 24, 1916): 351-352.

———. *Sueños y verdades*. Manizales: Tipografía «Blanco y Negro», 1900? 202p

———. *Varios cuentistas antioqueños*. Bogotá: Editorial Minerva, 1936. 158 [Contenido: Samuel Velásquez. Jesús del Corral. Pedro Uribe Gómez. Alfonso Castro]

OTROS:

———. «Alma señorial». *El Gráfico* (Bogotá) 46.453 (feb. 1°, 1919): 23-24.

———. «Cargazón de palmas». *El Liberal Ilustrado* (Bogotá) 3.1148 (oct. 31, 1914): 303-304.

———. «Charla semanal». *El Gráfico* (Bogotá) 26.254 (sept. 11, 1915): 25.

———. «Con Acevedo Bernal: entrevistas de "El Gráfico"». *El Gráfico* (Bogotá) 23.226 (mzo. 13, 1915): 609-611.

———. «Cosecha eterna». *El Gráfico* (Bogotá) 27.266 (nov. 27, 1915): 121-122.

———. «El club Noel». *El Gráfico* (Bogotá) 166-167 (ene. 31, 1914): 122-123.

———. «El cuento nacional: Gacela fugaz». *El Gráfico* (Bogotá) 22.1116 (feb., 1933): 3117-3118.

———. «Excarceos». *El Gráfico* (Bogotá) 24.235 (mayo 15, 1915): 677-678.

———. «Exposición de bellas artes». *El Liberal Ilustrado* (Bogotá) 5.1463 (ag. 14, 1915): 39-44.

———. «La montaña de las tristezas». *El Gráfico* (Bogotá) 23. 224 (feb. 27, 1915): 590.

———. «Mensaje filial». *El Gráfico* (Bogotá) 33.322-323 (dic. 9, 1916): 184.

———. «Oro y azul». *El Gráfico* (Bogotá) 27.269 (dic. 18, 1915): 145-146.

———. «Pasa la vida». *El Gráfico* (Bogotá) 28.271 (ene. 22, 1915): 161-162.

———. «Por los niños pobres». *El Gráfico* (Bogotá) 17.166-167 (ene. 31, 1914): 122-123.

———. «Una obra de arte». *El Gráfico* (Bogotá) 29.284-285 (abr. 29, 1916): 276.

———. «Y una loca». *El Gráfico* (Bogotá) 22.1122 (abr., 1933): 3337-3338.

CRÍTICA:

Grillo, Maximilia «Un canto de Samuel Velásquez». *Revista Gris* (Bogotá) 1. 2 (nov. 1892):66-68.

Pizano Restrepo, Roberto. «Exposición Samuel Velásquez». *El Gráfico* (Bogotá) 13.632 (feb. 17, 1923): 506.

VELÁSQUEZ C., FEDERICO (1819-1884) (Seud. Rico de Fe)

POESÍA:

———. «A la señorita E. E.». *El Oasis. Periódico Literario de Antioquia* (Medellín) 20 (mayo 16, 1868): 160.

———. «A las señoritas». *El Oasis. Periódico Literario de Antioquia* (Medellín) 1 (enc. 11, 1868): 5.

———. «A mi amigo Vicente Micolao i S., al partir». *El Oasis. Periódico Literario de Antioquia* (Medellín) 1868): 160. [Firmado: F. V.]

———. «A mi esposa». *El Oasis. Periódico Literario de Antioquia* (Medellín) 22 (mayo 30, 1868): 175.

———. «A Pedro». [Federico Velásquez]. *El Oasis. Periódico Literario de Antioquia* (Medellín) 16 (abr. 18, 1868): 127. [Firmado: F. V.]

———. «A un artista al partir». *El Oasis. Periódico Literario de Antioquia* (Medellín) 11 (mzo. 14, 1868): 88. [Firmado: Rico de Fe]

———. «Ayes del alma». *El Mosaico, periódico de la juventud. Destinado exclusivamente a la literatura* (Bogotá) 30 (ag. 27, 1871): 234-235.

———. «En un álbum». [Federico Velásquez]. *El Oasis. Periódico Literario de Antioquia* (Medellín) 10 (mzo. 11, 1868): 79-80. [Firmado: Rico de Fe]

———. «Improvisación». [Federico Velásquez]. *El Oasis. Periódico Literario de Antioquia* (Medellín) 14 (abr. 7, 1868): 112. [Firmado: Rico de Fe]

———. «Paráfrasis». *El Oasis. Periódico Literario de Antioquia* (Medellín) 7 (feb. 22, 1868): 55-56.

———. *Poesías*. Manizales: Imprenta Oficial, 1882. 107p.

Otros:

———. «Amaos los unos a los otros». *El Oasis. Periódico Literario de Antioquia* (Medellín) 5 (feb. 8, 1868): 34.

———. «Carta cuarta». *El Oasis. Periódico Literario de Antioquia* (Medellín) 4 (feb. 1°, 1868): 31-32. [Firmado: Z. Y. X.]

———. «Carta primera». *El Oasis. Periódico Literario de Antioquia* (Medellín) 1 (ene. 11, 1868): 8. [Firmado: Z. Y. X.]

———. «Carta quinta». *El Oasis. Periódico Literario de Antioquia* (Medellín) 5 (feb. 8, 1868): 39-40. [Firmado: Z. Y. X.]

———. «Carta segunda». *El Oasis. Periódico Literario de Antioquia* (Medellín) 2 (ene. 18, 1868): 16. [Firmado: Z. Y. X.]

———. «Carta tercera». *El Oasis. Periódico Literario de Antioquia* (Medellín) 3 (ene. 25, 1868): 23-24. [Firmado: Z. Y. X.]

———. «Dumas hijo y su escuela». *El Oasis. Periódico Literario de Antioquia* (Medellín) 2 (ene. 18, 1868): 10. 8 (feb. 29, 1868): 58.

———. «El jenio». *El Oasis. Periódico Literario de Antioquia* (Medellín) 4 (feb. 1°, 1868): 26.

———. «Recuerdos». *El Oasis. Periódico Literario de Antioquia* (Medellín) 3 (ene. 25, 1868): 18.

VELÁSQUEZ, SAMUEL. (1865-1942)

Novela:

———. *Al pie del Ruiz*. Medellín: Tipografía. del Comercio, 1898. 559p.

———. |Madre (1897)|

——— San José de Costa Rica: A. C., J. García Monge, 1922. 85p.

——— Bogotá: Editorial de Cromos, 1923. 63p.

———.*Tres novelas*. Medellín: Autores Antioqueños, 1998. [s.p].

——— Medellín, Colombia: Secretaría de Educación y Cultura, Dirección de Cultura, 1999. 397p. [contenido: Madre. Al pie del Rúiz. Hija]

Relato:

———. *Sueños y verdades*. Manizales, Colombia: Tipografía Blanco y Negro, 1927-1929? 2002

VÉLEZ, JOAQUÍN F. (1832-1906) (Seud. Abelardo)

Otros:

———. *Carta dirigida al doctor Luis Cuervo Márquez a Washington.* Mss. Roma, 1900. 1h. Colección de manuscritos de la Biblioteca Luis Ángel Arango.

———. «La familia». *El Hogar. Periódico dedicado al bello sexo* (Bogotá) I.18 (mayo 30, 1868): 139-140.

Crítica:

Urdaneta, Alberto. *Joaquín F. Vélez* [Material gráfico] 1 dibujo original: lápiz sobre papel; 30 X 22 cm. Passe partout en cartón arte. [Pertenece al cuaderno de dibujo *Personajes nacionales*]

VÉLEZ. MARCELIANO (1832-1923)

Relato:

———. «El Guadalupe». *El Mosaico* (Bogotá) I.11 (mzo. 5, 1859): 85-86.

———. «San Pedro». *Cuadros de costumbres y descripciones locales de Colombia.* Artículos escogidos y publicados por José Joaquín Borda. Librería y Papelería de Francisco García Rico, 1878. 253-255.

——— *Museo de cuadros de costumbres, variedades y viajes.* Biblioteca de «El Mosaico». IV. Bogotá: Biblioteca del Banco Popular, 1973. 127-132.

Otros:

———. «Carta Política». *El Guardián: Órgano de la Sociedad del Carmen* (Aguadas) 3.27 (jun. 23, 1911): 1-2.

———. *Cartas al General Marceliano Vélez: enviadas por Santos Acosta, Julio Arboleda, Tulio Ospina y Ramón González Valencia.* Mss. Bogotá, Medellín, Cali, Popayán, etc. 1861-1904. 157h. Colección de manuscritos de la Biblioteca Luis Ángel Arango.

———. *Las memorias del señor Camilo A. Echeverri: mis actos en la revolución de 1876.* Medellín: Imprenta de Gutiérrez, 1878. 17p.

Crítica:

Anónimo. *La renuncia del Sr. General Marceliano Vélez.* Bogotá: [s.edit], 1901. 10p.

Botero Saldarriaga, Roberto. «El general Marceliano Vélez: discurso pronunciado en sus funerales». *El Tiempo* [Lecturas Dominicales] (Bogotá) 1.1 (mayo 13, 1923): 15-16.

Galán, Ángel María. [Comp]. *Rectificaciones para la historia: artículos tomados del «Diario de Cundinamarca».* Bogotá: Imprenta a cargo de B. Andrade, 1879. 25p.

García, Julio Cesar. «La Universidad de Antioquia: 21 General Marceliano Vélez». *Universidad de Antioquia* (Medellín) 31 (mzo.-jun., 1939): 343-354.

Holguín, Carlos. *El Dr. Holguín y sus detractores.* Bogotá: Imprenta de Vapor de Zalamea Hermanos, 1894. 39p.

Mejía Velilla, David. «Marceliano Vélez: benemérito de la patria». *Boletín de Historia y Antigüedades* (Bogotá) 740 (ene.-mzo., 1983): 76-105.

Monsalve, José Dolores. *El general Marceliano Vélez: (apuntes biográfico)* Bogotá: Imprenta de Antonio María Silvestre, 1890. 30p.

Núñez, Rafael. *Cartas de Rafael Núñez a Marceliano Vélez.* Mss. Bogotá, 1885-1891. 162h. Colección de manuscritos de la Biblioteca Luis Ángel Arango.

Ribera, grab. *Marcelino Vélez* (Colombia) Material gráfico: 1897. Bogotá, 1978. 1 placa fotográfica.

VENCAPAVENCA, seudónimo de Rafael Pombo.

VENECIO, seudónimo de Manuel María Madiedo.

VERBEL Y MAREA, EVA CEFERINA (Cartagena, 1856-1900) (Seud. Flora del Campo)

POESÍA:

―――. «A Mercedes». *La Mujer. Lecturas para las familias. Revista quincenal, redactada exclusivamente por señoras y señoritas, bajo la dirección de la señora Soledad Acosta de Samper* (Bogotá) IV.43 (ag. 15, 1880): 150-151.

―――. «A mi corazón». *La Mujer. Lecturas para las familias. Revista quincenal, redactada exclusivamente por señoras y señoritas, bajo la dirección de la señora Soledad Acosta de Samper* (Bogotá) I.2 (sept 18, 1878): 32. [Firmado: Eva Verbel]

―――. *Antología americana.* colección de composiciones escogidas de los más renombrados poetas americanos. Barcelona: Montaner y Simón, 1897. [s.p].

―――. «A una flor silvestre». *La Mujer. Lecturas para las familias. Revista quincenal, redactada exclusivamente por señoras y señoritas, bajo la dirección de la señora Soledad Acosta de Samper* (Bogotá) I.1 (sept 1°, 1878): 20. [Firmado: Eva Verbel]

―――. «Contrastes». *La Mujer. Lecturas para las familias. Revista quincenal, redactada exclusivamente por señoras y señoritas, bajo la dirección de la señora Soledad Acosta de Samper* (Bogotá) I.1 (sept 1°, 1878): 21. [Firmado: Eva Verbel]

―――. *El Parnaso Colombia* Julio Áñez. 1ª ed. Bogotá: Imprenta de Medardo Rivas, 1884. [s.p].

――― 2ª ed. 2 vols. Bogotá: Librería de Camacho Roldán, 1886-1987. [s.f].

―――. *Ensayos Poéticos en dos series*; verso y prosa. Cartagena: A. Araújo L., 1874. 476p.[Contiene 232 composiciones en verso y 38 en prosa]

―――. *Folletines de «La Luz»*. I. Rafael María Merchán. Núms. 117-189. Bogotá: Imprenta de «La Luz», 1882-1884. [s.p].

―――. *Folletines de «La Luz»*. III. Rafael María Merchán. Núms. 289-361. Bogotá: Imprenta de «La Luz», 1882-1884. [s.p].

―――. *Homenaje del Gobierno de Colombia al Capitán Antonio Ricaurte, héroe de San Mateo, en el primer centenario de su natalicio*. Cupertino Salgado, [Comp]. Bogotá: Imprenta de «La Luz», 1886. [s.p].

―――. «La fe». *La Mujer. Lecturas para las familias. Revista quincenal, redactada exclusivamente por señoras y señoritas, bajo la dirección de la señora Soledad Acosta de Samper* (Bogotá) III.27 (nov. 1°, 1879): 64-65.

―――. «Laureles». *La Mujer. Lecturas para las familias. Revista quincenal, redactada exclusivamente por señoras y señoritas, bajo la dirección de la señora Soledad Acosta de Samper* (Bogotá) IV.41 (jul. 15, 1880): 103.

―――. «Mi primer ¡ay!». *La Mujer. Lecturas para las familias. Revista quincenal, redactada exclusivamente por señoras y señoritas, bajo la dirección de la señora Soledad Acosta de Samper* (Bogotá) V.51 (dic. 15, 1880): 55.

―――. «Páginas sueltas». *La Mujer* (Bogotá) I (1878): 20, 32.

―――. *Poesía de autoras colombianas*. Eddy Torres. [Comp]. Bogotá: Oficina de Divulgación de la Caja de Crédito Agrario, 1975. 87-92.

―――. «Reminiscencias». *La Mujer. Lecturas para las familias. Revista quincenal, redactada exclusivamente por señoras y señoritas, bajo la dirección de la señora Soledad Acosta de Samper* (Bogotá) IV.47 (oct. 15, 1880): 247.

―――. «Silencio». *La Mujer. Lecturas para las familias. Revista quincenal, redactada exclusivamente por señoras y señoritas, bajo la dirección de la señora Soledad Acosta de Samper* (Bogotá) I.1 (sept 1°, 1878): 21. [Firmado: Eva Verbel]

―――. «¡Sufre y espera!». *La Mujer. Lecturas para las familias. Revista quincenal, redactada exclusivamente por señoras y señoritas, bajo la dirección de la señora Soledad Acosta de Samper* (Bogotá) I.6 (nov. 25, 1878): 144. [Firmado: Eva Verbel]

―――. «Su sueño». *La Mujer. Lecturas para las familias. Revista quincenal, redactada exclusivamente por señoras y señoritas, bajo la dirección de la señora Soledad Acosta de Samper* (Bogotá) IV.44 (sept. 1°, 1880): 175. [Firmado: E. C. V. M.]

―――. «Toma tu cruz». *La Mujer. Lecturas para las familias. Revista quincenal, redactada exclusivamente por señoras y señoritas, bajo la dirección de la señora Soledad Acosta de Samper* (Bogotá) V.59-60 (mayo 15, 1881): 250.

Novela:

―――. «La Mujer». «A mis lectoras». *La Mujer. Lecturas para las familias. Revista quincenal, redactada exclusivamente por señoras y señoritas, bajo *la dirección de la señora Soledad Acosta de Samper* (Bogotá) III.33 (mzo. 1°, 1880): 207-209; III.34 (mzo. 24, 1880): 229-233; III.35 (abr. 15, 1880): 252-254; III.36 (mayo 1°, 1880): 277-280; IV.37 (mayo 15, 1880): 13-17; IV.38 (jun. 1°, 1880): 35-37; IV.39 (jun. 15, 1880): 62-64.

———. «Soledad; novela original colombiana». *La Patria* (Bogotá) III (1879): 26-31 [Colección incompleta]

——— *Soledad*, novela original. Panamá: Imprenta y Encuadernación de Aquilino Aguirre, 1893. 156p.

TEATRO:

———. [El honor de un arte sano] (en verso)

———. [María] (en verso)

CRÍTICA:

Blanco, Marcial. *Eva C. Verbel y Marea: poetisa e institutora: esbozo biográfico dedicado a Rafael Pombo, en prueba de cariño*. Bogotá: Imprenta de Antonio María Silvestre, 1894. 16

VERGARA Y VERGARA, ELADIO (1821-1888) (Seud. Un bogotano)

POESÍA:

———. «Coconuco». *El Hogar. Periódico dedicado al bello sexo* (Bogotá) I.32 (sept. 5, 1868): 254.

———. *La guerra de Neo-Granada*. Popayán: Imprenta de la Matricaria, 1855. 28p.

NOVELA:

———. *El mudo. secretos de Bogotá*. por Un bogota Imprenta de J. A. Cualla, 1848. 2 vols. I: 257; II: 348

———. *La Capilla del Sagrario de Bogotá*. Bogotá: Imprenta de los Niños Desamparados, 1886. 175p.

TEATRO:

———. [El oidor de Santafé. 1857]

———. [El misionero. 1851. 84]

———. *Roland, bandido de San Lotario*; drama en cinco actos, en prosa i verso; escrito para el teatro granadi Popayán: Imprenta del Colejio Mayor, 1859. 14p.

OTROS:

———. «Rufino Cuervo». *Papel Periódico Ilustrado* (Bogotá) IV.85 (feb. 20, 1885): 202-203.

CRÍTICA:

Pineda Botero. Álvaro. «El mudo, secretos de Bogotá». *La fábula y el desastre: estudios críticos sobre la novela colombiana*. Fondo Editorial. Universidad EAFIT, 1999. 113-120.

Rodríguez-Arenas, Flor María. «El mudo. Secretos de Bogotá». *La novela decimonónica colombiana: 1835-1870: estudio, informes 1, 2 e informe final*. Bogotá: Colcultura. Subdirección de Artes, 1995. 3 vols.

VERGARA Y VERGARA, JOSÉ MARÍA (1831-Bogotá, 1872) (Seuds. Aglae, Amadeo, Areizipa, Corpus, Chamizo, Lao, Mayo)

Poesía:

———. «Adiós a un amigo». *El Mosaico, Álbum Neo-Granadino* (Bogotá) II.45 (nov. 17, 1860): 355-356. [Firmado: Areizipa]

———. «Adhesión». *El Mosaico* al cual está unida *La Biblioteca de Señoritas* (Bogotá) II.9 (mzo. 3, 1860): 69. [Firmado: Areizipa]

———. «A la señora M. H. de S.». *El Mosaico* al cual está unida *La Biblioteca de Señoritas* (Bogotá) II.9 (mzo. 3, 1860): 67. [Firmado: Areizipa]

———. «A la señorita Isabel Bunch». *El Mosaico* (Bogotá) III.5 (feb. 10, 1864): 39. [Firmado: Areizipa]

———. *Al benemérito ciudadano Jeneral José Hilario López defensor de la Constitución; cantado en la noche del 17 de junio de 1854*. Mss. 2 Colección de manuscritos de la Biblioteca Luis Ángel Arango.

———. «A mi amigo Epifanio Mejía». *El Mosaico, periódico de la juventud. Destinado exclusivamente a la literatura* (Bogotá) 24 (jul. 16, 1871): 188.

———. «A mi desposada». *Papel Periódico Ilustrado* (Bogotá) I.1 (ag. 6, 1881): 19.

———. «A mi hija». *El Mosaico* (Bogotá) I.21 (mayo 14, 1859): 164. [Firmado: Areizipa]

———. «A un amigo». *El Mosaico* al cual está unida *La Biblioteca de Señoritas* (Bogotá) II.17 (mayo 2, 1860): 130. [Firmado: Areizipa]

———. *Canción patriótica; dedicada a los jefes i soldados de la División Restauradora del Sur*. Popayán: [s.edit], 1854. 1.

———. «Crónica del vecindario». *El Mosaico* al cual está unida *La Biblioteca de Señoritas* (Bogotá) I.51 (dic. 24, 1859): 408-409. [Firmado: Areizipa]

———. «Declaración». *El Mosaico* al cual está unida *La Biblioteca de Señoritas* (Bogotá) II.19 (mayo 16, 1860): 149.

———. «De vuelta del baile». *El Mosaico, periódico de la juventud. Destinado exclusivamente a la literatura* (Bogotá) 31 (sept. 3, 1871): 241.

———. «Día de finados». *El Mosaico, periódico de la juventud. Destinado exclusivamente a la literatura* (Bogotá) 4 (feb. 23, 1871): 30.

———. «El esclavo». *El Mosaico* al cual está unida *La Biblioteca de Señoritas* (Bogotá) II.19 (mayo 16, 1860): 147. [Firmado: Areizipa]

———. «El peregrino». *El Mosaico* (Bogotá) III.2 (ene. 20, 1864): 14. [Firmado: Areizipa]

———. «El San Juan». *El Mosaico* (Bogotá) I.26 (jun. 25, 1859): 207-208. [Firmado: Areizipa]

———. «En el álbum de una desconocida». *El Mosaico* al cual está unida *La Biblioteca de Señoritas* (Bogotá) II.5 (feb. 4, 1860): 35-36. [Firmado: Areizipa]

———. «En la muerte de la señora Leonarda Solórzano de Calvo». *El Mosaico* (Bogotá) I.18 (abr. 25, 1859): 150. [Firmado: Areizipa]

———. *En la muerte del M. R. Arzobispo de Bogotá, doctor Manuel José Mosquera*. Bogotá: Imprenta de Estanislao Vergara, 1855. 6p.

———. «En mi cumpleaños». *El Mosaico* al cual está unida *La Biblioteca de Señoritas* (Bogotá) II.17 (mayo 2, 1860): 132-133. [Firmado: Areizipa]

———. «Glosa dedicada a mi amigo Abraham Salazar». *El Mosaico, periódico de la juventud. Destinado exclusivamente a la literatura* (Bogotá) 17 (mayo 28, 1871): 131.

———. «Isemberga». *El Mosaico, Álbum Neo-Granadino* (Bogotá) II.45 (nov. 17, 1860): 359-360. [Firmado: Areizipa]

———. «La bienvenida». *El Mosaico* al cual está unida *La Biblioteca de Señoritas* (Bogotá) II.1 (ene. 7, 1860): 5. [Firmado: Areizipa]

———. *La dictadura; a mi amigo el doctor Teodoro Valenzuela*. Bogotá: Reimpreso por E. Vargas Tenorio, 1854. 16p.

———. *La libertad de Granada*. Popayán: Imprenta de Hurtado, 1855. 4p.

———. «La Fe». *El Mosaico, periódico de la juventud. Destinado exclusivamente a la literatura* (Bogotá) 28 (ag. 13, 1871): 220.

———. «La fortuna». *El Mosaico, Álbum Neo-Granadino* (Bogotá) II.37 (sept. 19, 1860): 294. [Firmado: Areizipa]

———. «La loca». *El Mosaico, Álbum Neo-Granadino* (Bogotá) II.31 (ag. 8, 1860): 245-246.

———. «Mi musa». *El Mosaico, Álbum Neo-Granadino* II.31 (ag. 8, 1860): 243-244.

———. «Oración». *El Mosaico* (Bogotá) III.16 (abr. 30, 1864): 124. [Firmado: Areizipa]

———. «Poesías». *Antología de la poesía hispanoamericana: Colombia*. Ginés de Albareda y Francisco Garfias. (Eds.). Madrid: Biblioteca Nueva, 1957. [s.p].

———. «Recuerdos». *Historia de la literatura colombiana*. José J. Ortega T. Bogotá: Editorial Cromos, 1935. 314-316.

———. «Recuerdos del hogar». *El Mosaico* (Bogotá) III.19 (mayo 21, 1864): 150. [Firmado: Areizipa]

———. «Serenata en Coconuco». *El Mosaico, Álbum Neo-Granadino* (Bogotá) II.51 (dic. 29, 1860): 404-406. [Firmado: Areizipa]

———. «Te vuelvo a ver. A mi esposa». *El Mosaico* (Bogotá) I.9 (feb. 12, 1859): 69. [Firmado: Areizipa]

———. «Tristeza». *El Mosaico* al cual está unida *La Biblioteca de Señoritas* (Bogotá) II.3 (ene. 22, 1860): 18-19. [Firmado: Areizipa]

———. «Tristeza». *El Mosaico, Álbum Neo-Granadino* (Bogotá) II.37 (sept. 19, 1860): 289. [Firmado: Areizipa]

———. «Troya y Homero». *El Mosaico* (Bogotá) I.11 (mzo. 5, 1859): 84-85.

———. «Un hombre». *El Mosaico* (Bogotá) I.8 (feb. 12, 1859): 59. [Firmado: Areizipa]

———. «Un soneto». *Revista de Bogotá. Literatura, ciencias, filosofía, historia, viajes, teatro, memorias, etc., etc., etc. (Bogotá) I* (1871): 246.

———. «Versos a María». *El Mosaico, Álbum Neo-Granadino* (Bogotá) II.48 (dic. 8, 1860): 380. [Firmado: Areizipa]

———. *Versos en borrador*. Bogotá: Imprenta de Gaitán, 1869. 207p.

NOVELA:

———. «Jacinta; historia referida a tres amigos y d dedicada a D.Antonio de Trueba». *El Pasatiempo* (Bogotá) 25 (mzo. 20, 1878): 197-200.

———. *Olivos y aceitunos, todos son unos*. Novela de costumbres por «Un Ingenio de esta Corte». *La República* (Bogotá) 33 (feb. 5, 1868): 130-131. 34 (feb. 12, 1868): 134-135. 35 (feb. 19, 1868): 138-139. 36 (feb. 26, 1868): 142-143. 37 (jun. 24, 1868): 146-147. 38 (jul. 1º, 1868): 150-151. 39 (jul. 8, 1868): 154-155. 40 (jul. 15, 1868): 158-159. 41 (jul. 22, 1868): 162-163. 42 (jul. 29, 1868): 166-167. 43 (ag. 5, 1868): 170-171. 44 (ag. 12, 1868): 174-175. 45 (ag. 19, 1868): 178-179. 46 (ag. 26, 1868): 182-183. 47 (sept. 2, 1868): 186-187. 48 (sept. 9, 1868): 190-191. 49 (sept. 16, 1868): 194-195..

—— Bogotá: Imprenta a cargo de Foción Mantilla, 1868. 226p.

—— «Olivos y aceitunos todos son unos». *Artículos literarios*. Londres: J. M. Fonnegra, 1885. [s.p].

—— Bogotá: Academia Colombiana, 1972. 207p.

—— Bogotá: Editorial Pax, 1972. 207p.

RELATO:

———. *Artículos literarios de José María Vergara y Vergara con un retrato del autor y una noticia biográfica por d. José María Samper*. Londres: Juan M. Fonnegra, 1885. 422p.

———. «Casamiento i mortaja». *El Mosaico, Álbum Neo-Granadino* (Bogotá) II.31 (ag. 8, 1860): 244-245.

———. «Consejos a mi potro (conclusión)». *El Iris, periódico literario dedicado al bello sexo* (Bogotá) 2 (feb. 18, 1866): 19-20. [Firmado: Areizipa]

———. «Consejos a mi potro». *Historia de la literatura colombiana*. José J. Ortega T. Bogotá: Editorial Cromos, 1935. 310-314.

———. «Cosas de estos poetas!». *El Mosaico, Álbum Neo-Granadino* (Bogotá) II.31 (ag. 8, 1860): 241-243.

———. *Cuadros de costumbres*. Bogotá: Ediciones Sol y Luna, 1967. 192p.

———. *Diez cuadros de costumbres*. Bogotá: Editorial Antena, [s.f]. 116p.

———. «El correísta». *El Mosaico* (Bogotá) I.1 (dic. 24, 1858): 1-2; I.3 (ene. 8, 1859): 18-19. [Firmado: Areizipa]

——— *Museo de cuadros de costumbres i variedades*. Biblioteca de «El Mosaico». I. Bogotá: Imprenta a cargo de Foción Mantilla, 1866. 76-81.

——— *Museo de cuadros de costumbres, variedades y viajes. Biblioteca de «El Mosaico»*. I. Bogotá: Biblioteca del Banco Popular, 1973. 145-156.

———. «El chino de Bogotá». J. M. Vergara i Vergara. *El Mosaico, Album Neo-Granadino* (Bogotá) II.31 (ag. 8, 1860): 246-248.

———. «El humo». *El Hogar. Periódico dedicado al bello sexo* (Bogotá) I.2 (feb. 1°, 1868): 13-16.

——— *Cuadros de costumbres*. Bogotá: Panamericana Editorial, 1998. 217-238.

———. «El lenguaje de las casas». *El Mosaico* (Bogotá) III.47 (ene. 7, 1865): 374-376; IV.14 (abr. 29, 1865): 105-108.

——— *Museo de cuadros de costumbres i variedades*. Biblioteca de «El Mosaico». II. Bogotá: Imprenta a cargo de Foción Mantilla, 1866. 392-401.

——— «El lenguaje de las casas». *Revista Senderos* (Bogotá) 18-19 (jul.-ag., 1935): 42.

——— *Museo de cuadros de costumbres, variedades y viajes. Biblioteca de «El Mosaico»*. II. Bogotá: Biblioteca del Banco Popular, 1973. 297-314.

———. «El mercado de La Mesa». *El Mosaico* (Bogotá) I.5 (ene. 22, 1859): 34-36; I.6 (ene., 29, 1859): 41-42; I.7 (feb. 5, 1859): 50-52. [Firmado: Areizipa].

——— *Museo de cuadros de costumbres i variedades*. Biblioteca de «El Mosaico». II. Bogotá: Imprenta a cargo de Foción Mantilla, 1866. 223-233.

——— *Museo de cuadros de costumbres, variedades y viajes. Biblioteca de «El Mosaico»*. II. Bogotá: Biblioteca del Banco Popular, 1973. 13-32.

———. [«El San Juan». *El Mosaico* (Bogotá) I (1859)]

———. «El Sr. Eugenio Díaz». *Museo de cuadros de costumbres, variedades y viajes*. Biblioteca de «El Mosaico». III. Bogotá: Biblioteca del Banco Popular, 1973. 201-210.

———. «El viento». *El Hogar. Periódico dedicado al bello sexo* (Bogotá) I.1 (ene. 25, 1868): 2-4.

——— *Obras escogidas de don José María Vergara y Vergara*. Artículos literarios. II. Bogotá: Editorial Minerva, 1931.

——— *Revista Moderna* (Bogotá) 1.2 (feb., 1915): 136-143.

———. «El último abencerraje o la trata de caballos». «El último abencerraje o biografías de mis caballos». *El Mosaico* (Bogotá) III.34 (sept. 3, 1864): 267-270. [Firmado: J. M. V. i V.]

——— III. *Museo de cuadros de costumbres, variedades y viajes. Biblioteca de «El Mosaico»*. Bogotá: Biblioteca del Banco Popular, 1973. 53-63.

———. «En qué consiste? *El Hogar. Periódico dedicado al bello sexo* (Bogotá) I.3 (feb. 8, 1868): 23-24.

———. «En Quindío esperan a un rei». *El Mosaico* (Bogotá) I.8 (feb. 12, 1859): 58-59.

———. «Esquina de avisos». *Museo de cuadros de costumbres, variedades y viajes*. Biblioteca de «El Mosaico». II. Bogotá: Biblioteca del Banco Popular, 1973. 325-330.

———. «Fábula». *Revista del Colegio Mayor de Nuestra Señora del Rosario* (Bogotá) 251.252 (Mzo., 1931): 127.

———. «Fueros populares». *Revista Pan* (Bogotá) 9 (jul., 1936): 89.

———. «Fundación de Bogotá». *Cuadros de costumbres y descripciones locales de Colombia* Artículos escogidos y publicados por José Joaquín Borda. Librería y Papelería de Francisco García Rico, 1878. 202-205.

——— *Museo de cuadros de costumbres, variedades y viajes*. Biblioteca de «El Mosaico». IV. Bogotá: Biblioteca del Banco Popular, 1973. 65-72.

——— *Hojas de Cultura Popular Colombiana* (Bogotá) 26 (feb., 1953): [s.p].

———. «Fueros populares». *Papel Periódico Ilustrado* (Bogotá) V.101 (oct. 1°, 1886): 75-77.

———. «La familia de Juan Miguel». *El Mosaico* al cual está unida *La Biblioteca de Señoritas* (Bogotá) II.12 (mzo. 24, 1860): 89-90. [Firmado: Areizipa]

———. «La ópera. Artículo enteramente a gusto de Celta». *El Mosaico* (Bogotá) I.3 (ene. 8, 1859): 20-21. [Firmado: Areizipa]

———. «La Semana Santa en Popayán». *Museo de cuadros de costumbres i variedades*. Biblioteca de «El Mosaico». II. Bogotá: Imprenta a cargo de Foción Mantilla, 1866. 167-175.

——— *Museo de cuadros de costumbres, variedades y viajes. Biblioteca de «El Mosaico»*. I. Bogotá: Biblioteca del Banco Popular, 1973. 293-308.

———. *La Semana Santa en Popayán, sus crónicas, sus leyendas*. Popayán: Talleres Editoriales del Departamento, 1942. 56

——— *Hojas de Cultura Popular Colombiana* (Bogotá) 2 (abr., 1952): [s.p].

———. *Las fiestas de toros... y otras fiestas: cuadros de costumbres*. Bogotá: Instituto Colombiano de Cultura, 1971. 146p.

———. «Las tres tazas». *Cuadros de costumbres y descripciones locales de Colombia*. Artículos escogidos y publicados por José Joaquín Borda. Librería y Papelería de Francisco García Rico, 1878. 285-308.

——— Bogotá: Editorial Minerva, 1933. 111p.

——— *Costumbristas de América Latina* (Antología) Susana Zanetti. Buenos Aires: Centro Editor de América Latina, 1973. [s.p].

——— *Museo de cuadros de costumbres, variedades y viajes*. Biblioteca de «El Mosaico». IV. Bogotá: Bogotá: Biblioteca del Banco Popular, 1973. 177-206.

———. *Las tres tazas y otros cuadros*. Bogotá: Editorial Minerva, 1936. 161p. [Contenido: Las tres tazas. El último Abencerraje. Un manojito de hierba. La política. El alma y el cuerpo. Los buitres. Consejos a una niña. Lenguaje de las casas].

———. «Los buitres». *El Mosaico* (Bogotá) III.45 (nov. 24, 1864): 354-358.

———. «*Revista de Bogotá*». *El Mosaico, periódico de la juventud. Destinado exclusivamente a la literatura* (Bogotá) 22 (jul. 2, 1871): 170-173. [Prospecto de la nueva publicación]

———. «Revista de la moda». *Cuadros de costumbres y descripciones locales de Colombia* Artículos escogidos y publicados por José Joaquín Borda. Librería y Papelería de Francisco García Rico, 1878. 343-347.

——— *Museo de cuadros de costumbres, variedades y viajes*. Biblioteca de «El Mosaico». IV. Bogotá: Biblioteca del Banco Popular, 1973. 257-262.

———. «Semana Santa en Popayán». *Hojas de Cultura Popular Colombiana* (Bogotá) 2.16 (abr., 1952): [s.p].

———. «Un buque de vapor». *Cuadros de costumbres y descripciones locales de Colombia* Artículos escogidos y publicados por José Joaquín Borda. Librería y Papelería de Francisco García Rico, 1878. 38-42.

——— *Museo de cuadros de costumbres, variedades y viajes*. Biblioteca de «El Mosaico». III. Bogotá: Biblioteca del Banco Popular, 1973. 253-258.

———. «Un manojito de hierba». *Revista de Bogotá. Literatura, ciencias, filosofía, historia, viajes, teatro, memorias, etc., etc., etc.* (Bogotá) I.1 (ag., 1871): 187-193; 259-262; 305-314.

———. «Un par de viejos». *El Mosaico al cual está unida La Biblioteca de Señoritas* (Bogotá) II.18 (mayo 9, 1860): 138-139; II.21 (mayo 30, 1860): 162; II.25 (jun. 27, 1860): 194-195. [Firmado: Areizipa]

——— *Museo de cuadros de costumbres i variedades*. Biblioteca de «El Mosaico». II. Bogotá: Imprenta a cargo de Foción Mantilla, 1866. 325-331.

——— *Museo de cuadros de costumbres, variedades y viajes. Biblioteca de «El Mosaico»*. II. Bogotá: Biblioteca del Banco Popular, 1973. 189-200.

———. «Un pesebre». *El Repertorio Colombiano* (Bogotá) 31 (ene., 1881): 24-31.

———. *Un refresco en Santafé*. Bogotá: Prensas de la Universidad Nacional, 1948. 28p.

———. «Venturas, aventuras y desventuras». *El Mosaico, Álbum Neo-Granadino* (Bogotá) II.39 (oct. 3, 1860): 310-311. [Firmado: Areizipa]

TEATRO:

———. [*El espíritu del siglo. Drama escrito con pluma y corregido con lápiz. En un prólogo y en un acto.*]

——— *Teatro colombiano: siglo XIX: de costumbres y comedias*. Selección y notas Carlos Nicolás Hernández. Bogotá: Tres Culturas Editores, 1989. 99-138.

OTROS:

———. «Actas de la Academia Hispano-Colombiana». Sesión del 10 de mayo de 1871». *Revista de Bogotá. Literatura, ciencias, filosofía, historia, viajes, teatro, memorias, etc., etc., etc. (Bogotá) I.1* (ag., 1871): 14-15.

———. «Actas de la Academia Hispano-Colombiana». Sesión del 10 de junio de 1871». *Revista de Bogotá. Literatura, ciencias, filosofía, historia, viajes, teatro, memorias, etc., etc., etc. (Bogotá) I.1* (ag., 1871): 15-16.

———. *Almanaque de Bogotá y guía de forasteros*. Bogotá: Carvajal, [s.f]. 382p.

———. *Almanaque de Bogotá y guía de forasteros: para 1867*. Bogotá: Imprenta Gaitán, 1866. 417p.

———. *Almanaque, 1866.* ed. facsimilar Bogotá: Carvajal, 1986. 382p.

———. *Al señor Ignacio M. de Vergara y Santamaría*. Bogotá?: [s.edit], 1867? 532p.

———. «Anarquía literaria». *El Hogar. Periódico dedicado al bello sexo* (Bogotá) I.23 (jul. 4, 1868): 183-184. [crítica]

———. «A Pía Rigán». *El Mosaico, periódico de la juventud. Destinado exclusivamente a la literatura* (Bogotá) 17 (mayo 28, 1871): 129-131.

———. *Artículos literarios*. Londres: J. M. Fonnegra, 1885. 422p.

———. «A Saint - Amour». *El Mosaico, periódico de la juventud. Destinado exclusivamente a la literatura* (Bogotá) 30 (ag. 27, 1871): 234.

———. «Bibliografía» (sobre la novela "Viene por mí y carga con U.")». *El Mosaico* (Bogotá) I.18 (abr. 25, 1859): 139-140.

———. «Bibliografía Neo-Granadina». *El Mosaico* al cual está unida *La Biblioteca de Señoritas* (Bogotá) I.47 (nov. 26, 1859): 377; I.49 (dic. 10, 1859): 391-392. [Firmado: Areizipa]

———. *Biografías*. Bogotá: Editorial Minerva, 1944. 304p.

———. «Caballos nacionales». *El Mosaico* (Bogotá) III.33 (ag. 27, 1864): 259-262. [Firmado: Areizipa]

———. «Camilo Torres». *Papel Periódico Ilustrado* (Bogotá) I.9 (feb. 1°, 1882): 142.

———. *Colección escogida de artículos en prosa y verso*. Bogotá: Imprenta de Borda, 1884. 205 [Contenido: La luz; El viento; El humo; El agua; El cuerpo y el alma; La felicidad; En que consiste; La causa cural; Colombia; La política; El Correísta; Un manojito de hierba; El pacto de unión; En Quindío esperan a un rey; Las tres tazas; Consejos a una niña]

———. *Comunicación de la Gobernación del Estado de Cundinamarca al señor Felipe Pérez, nombrándolo Procurador del Estado*. Mss. 1800? 1h. Colección de manuscritos de la Biblioteca Luis Ángel Arango.

———. *Conferencia primera sobre la existencia de Dios, i la indiferencia de los cristianos en materias relijiosas*. Bogotá: [s.edit], 1900? 18p.

———. [Comp]. *Corona fúnebre de la señora Saturia Belalcázar de Vergara*. Bogotá: Imprenta de Echeverría Hermanos, 1971. 77p.

———. y Molina, Felipe. *Costa-Rica y Nueva Granada: examen de la cuestión de límites que hay pendiente entre las dos repúblicas mencionadas*. Washington: Imprenta de R. A. Waters, 1852. 62p.

———. «Creación de Academias en América». *Revista de Bogotá. Literatura, ciencias, filosofía, historia, viajes, teatro, memorias, etc., etc., etc.* (Bogotá) I.1 (ag., 1871): 9-10.

———. *Cuestión española: cartas dirijidas al doctor M. Murillo*. Bogotá: Imprenta de la Nación, 1859. 70p.

———. «Dos tumbas» *El Mosaico* al cual está unida *La Biblioteca de Señoritas* (Bogotá) II.19 (mayo 16, 1860): 145-146. [Firmado: J. M. V. i V.]

———. «El amor» (por J. Michelet) [Trad]. *El Mosaico* (Bogotá) I.20 (mayo 7, 1859): 157-159.

———. «El agua». *El Hogar. Periódico dedicado al bello sexo* (Bogotá) I.13 (abr. 25, 1868): 99-102.

———. «El alma i el cuerpo». *El Hogar. Periódico dedicado al bello sexo* (Bogotá) I.5 (feb. 23, 1868): 34-37.

———. «El capitán Manuel M. Paz». *Hojas de Cultura Popular Colombiana* (Bogotá) 46 (oct., 1954): [s.p].

———. «El desarrollo urbano de la capital y las obras del cuarto centenario». *Registro Municipal* (Bogotá) 75-76 (feb. 29, 1936): 116-131.

———. «El ilustrísimo señor Herrán». José Joaquín Borda. Ricardo Carrasquilla. J. David Guarín. Jorge Isaacs. José María Quijano Otero. José María Samper. Ricardo Silva. José María Vergara i Vergara. *El Hogar. Periódico dedicado al bello sexo* (Bogotá) I.4 (feb. 15, 1868): 25.

———. «El lenguaje de las casas». *Revista Senderos* (Bogotá) 18-19 (jul. -ag., 1935): 42.

———. «El libro del estudiante». *El Mosaico* (Bogotá) IV.9 (mzo. 25, 1865): 65-67. [Firmado: J. M. V. V.]

———. *El parnaso colombia* 1867. [s.p].

———. «El señor Eujenio Díaz». *El Mosaico* (Bogotá) IV.12 (abr. 15, 1865): 89-91. [art. necrológico] [Firmado: J. M. V. V.]

———. «El viento». *Revista Moderna* (Bogotá) 1.2 (feb., 1915): 136-143.

———. *Escritores colombianos: colección escogida de artículos en prosa y verso de mas de cien literatos.* Bogotá: Imprenta de Ignacio Borda, 1884. 205p.

———. y José Manuel Marroquín. «Exámenes en el Colejio de Pérez». *El Mosaico, Album Neo-Granadino* (Bogotá) II.46 (nov. 24, 1860): 361-362. [Firmado: J. M. M. J. M. V. i V.]

———. «Francisco Javier Matís». *Papel Periódico Ilustrado* (Bogotá) IV.87 (mzo. 15, 1885): 235-237.

———. «Fundación de Bogotá». *Hojas de Cultura Popular Colombiana* (Bogotá) 26 (feb., 1953): [s.p].

———. «George Sand». *El Mosaico, periódico de la juventud. Destinado exclusivamente a la literatura* (Bogotá) 27 (ag. 6, 1871): 212-213.

———. *Guía oficial i descriptiva de Bogotá.* Bogotá: Imprenta de la Nación, 1858. 136p.

———. *Historia de la literatura de la Nueva Granada.* Bogotá: Echeverría Hermanos, 1867. [s.p].

——— Bogotá: Librería Americana, 1905. 515p.

——— Bogotá: Editorial ABC, 1958. 3 vols.

——— Bogotá: Talleres Gráficos Banco Popular, 1974. 2 vols.

———. «Humbolt en el Cauca». *El Mosaico* (Bogotá) I.28 (jul. 9, 1859): 222-223. [Firmado: Areizipa]

———. «Introducción». *Revista de Bogotá. Literatura, ciencias, filosofía, historia, viajes, teatro, memorias, etc., etc., etc.* (Bogotá) 1.1 (ag., 1871): 3-8.

———. «Jorge Tadeo Lozano». *Papel Periódico Ilustrado* (Bogotá) III.71 (jul. 20, 1884): 372-373.

———. «La felicidad». *El Hogar. Periódico dedicado al bello sexo* (Bogotá) I.48 (dic. 19, 1868): 380-381.

———. «La fundación de Bogotá». *Universidad* (Bogotá) 2ª época.146 (ag. 10, 1929): 154-156

———. y José Joaquín Borda. (Eds.). *La lira granadina. Colección de poesías nacionales escojidas i publicadas.* Bogotá: Imprenta de «El Mosaico», 1860. 199

———. «La luz». *El Hogar. Periódico dedicado al bello sexo* (Bogotá) I.9 (mzo. 21, 1868): 68-70.

———. «La ópera». *El Mosaico* (Bogotá) I.3 (ene. 8, 1859): 20-21.

———. «Le récit d'une soeur». *El Mosaico, periódico de la juventud. Destinado exclusivamente a la literatura* (Bogotá) 13 (abr. 27, 1871): 97-98.

———. «Manuel del Socorro Rodríguez». *El Hogar. Periódico dedicado al bello sexo* (Bogotá) I.8 (mzo. 13, 1868): 63-64.

———. «Manuela. Novela original de Eujenio Díaz. Prólogo». *El Mosaico* (Bogotá) I.1 (dic. 24, 1858): 8; I.2 (ene. 1°, 1859): 16.

———. «[Nota de pésame a José M. Vergara y Vergara]». José M. Samper. José Joaquín Borda. Miguel Antonio Caro. Jorge Isaacs. Teodoro Valenzuela. Ricardo Silva. Alejandro A. Posada. Ricardo Carrasquilla. Manuel Pombo. Salvador Camacho Roldán. José María Quijano O. Diego Fallón. J. David. Guarín. Alberto Urdaneta. José Manuel Marroquín. *El Hogar. Periódico dedicado al bello sexo* (Bogotá) I.6 (feb. 29, 1868): 41.

———. *Obras escogidas de don José María Vergara y Vergara*. Publicadas por sus hijos Francisco José Vergara, Ana Vergara; Daniel Samper Ortega, (Ed.). II. Artículos literarios. Bogotá: Editorial Minerva, 1931. [s.p]. [Contenido: El viento. El humo. La luz. El agua. La tierra. En Quindío esperan a un rey. La política. El alma y el cuerpo. La felicidad. Consejos a una niña. Colombia. Carta a Fernán Caballero. Una ópera nueva. La santa alianza. El Baile. Los buitres. El pacto de unión. En la tesorería. Jacinta. Una manojito de hierba. Una visita a Enrique Conscience. Una visita a Manzoni. Le recit d'une soeur. A Pía Rigán. Juicio crítico: María. Historia de Colombia por el Sr. J. M. Restrepo. Manuela: novela original de Eugenio Díaz]

———. *Obras escogidas de don José María Vergara y Vergara*. Publicadas por sus hijos Francisco José Vergara, Ana Vergara; Daniel Samper Ortega, (Ed.). III. Biografía». Bogotá: Editorial Minerva, 1931. [s.p].

———. *Obras escogidas de don José María Vergara y Vergara*. Publicadas por sus hijos Francisco José Vergara, Ana Vergara; Daniel Samper Ortega, (Ed.). IV-V. Historia de la literatura en la Nueva Granada, desde la conquista hasta la independencia (1538-1820) 3ª ed. Con notas de Antonio Gómez Restrepo y Gustavo Otero Muñoz. Bogotá: Editorial Minerva, 1931. [s.p].

———. «Poetas granadinos: José Fernández Madrid». *El Mosaico* al cual está unida *La Biblioteca de Señoritas* (Bogotá) I.43 (oct. 29, 1859): 346-347. [Firmado: Areizipa]

———. *Recopilación de leyes y decretos del Estado Soberano de Cundinamarca*. Bogotá: Imprenta de Gaitán, 1868. 3 vols.

———. «Recuerdo». *El Mosaico* (Bogotá) IV.6 (mzo. 4, 1865): 41-42. [art. necrológico] [Firmado: J. M. V. V.]

———. Reglamento del Archivo Nacional de los Estados Unidos de Colombia, fundado el 17 de enero de 1868. Bogotá: Imprenta i Estereotipia de «*El Liberal* », 1869. 15p.

———. «Respuesta». *El Mosaico* (Bogotá) III.46 (nov. 31, 1864): 367.

———. «Revista». *El Mosaico, Álbum Neo-Granadino* (Bogotá) II.31 (ag. 8, 1860): 241. [art.]

———. Director. *Revista de Bogotá. Literatura, ciencias, filosofía, historia, viajes, teatro, memorias, etc., etc., etc. (Bogotá)* I.1-12 (ene.-dic., 1871): 781.

———. «Revista de Bogotá». *El Mosaico, periódico de la juventud. Destinado exclusivamente a la literatura* (Bogotá) 22 (jul. 2, 1871): 170-173. [Prospecto de la nueva publicación]

———. *Textos escogidos.* Prólogo y selección de Alfredo Iriarte. Santa Fe de Bogotá: Colseguros, 1994. 152p.

———. «Una ambición». *Revista de Bogotá* (Bogotá) 1.9 (abr., 1872): 584-585.

———. «Un arzobispo célebre». *Revista de Bogotá* (Bogotá) 1.9 (abr., 1872): 553-556.

———. «Un colegial de antaño». *Revista del Colegio Mayor de Nuestra Señora del Rosario* (Bogotá) 181.185 (jun., 1924): 301.

———. «Una ambición». *Revista de Bogotá* (Bogotá) 1.9 (abr., 1872): 584-585.

———. «Una carta autobiográfica de don José María Vergara y Vergara». *Boletín de Historia y Antigüedades* (Bogotá) 91.827 (oct.-dic., 2004): 903-909

———. «Una visita a Enrique Conscience». *Revista de Bogotá. Literatura, ciencias, filosofía, historia, viajes, teatro, memorias, etc., etc., etc. (Bogotá)* I.1-12 (ag., 1871): 132-137.

———. «Una visita a Manzoni». *El Mosaico, periódico de la juventud. Destinado exclusivamente a la literatura* (Bogotá) 36 (oct. 8, 1871): 281-283.

———. *Vida i escritos del general Antonio Nariño.* Bogotá: Imprenta de Pizano i Pérez, 1859. [s.p].

——— 2ª ed. Bogotá: Imprenta Nacional, 1946. 342p.

CRÍTICA.

Amador de los Ríos, José. «*Historia de la literatura en la Nueva Granada* por don José María Vergara y Vergara». *Revista de Bogotá. Literatura, ciencias, filosofía, historia, viajes, teatro, memorias, etc., etc., etc.* (Bogotá) I (1871): 194-204.

Anónimo. *Carta dirijida al Sr. José María Vergara i Vergara, redactor de «El Heraldo».* Bogotá: Imprenta de La Nación, 1860. 22p.

Anónimo. «Don José María Vergara y su época». *Boletín de la Academia Colombiana* (Bogotá) 1.1 (jun., 1936): 36-69.

Anónimo. «Vergara y Vergara: (Fotografía)». *El Gráfico* (Bogotá) 38.273-274 (oct., 1917): 195.

Biblioteca Nacional (Bogotá) *Vergara y Vergara: fondo especial.* Edición revisada y ampliada por Lucía Reyes y Luz Marina de Ramírez. Bogotá: Colcultura, 1990. 221p.

Borda, José Joaquín. «Discurso pronunciado en el cementerio [a la muerte de José María Vergara y Vergara]». *El Mosaico, periódico de la juventud.*

Destinado exclusivamente a la literatura (Bogotá) II.8 (mzo. 12, 1872): 57-58.

———. «Historia de la literatura granadina, de don J. M. Vergara y Vergara». *Revista de Bogotá. Literatura, ciencias, filosofía, historia, viajes, teatro, memorias, etc., etc., etc. (Bogotá) I* (1871): 455-460.

———. «El N° 2 de *La Revista de Bogotá*». *El Mosaico, periódico de la juventud. Destinado exclusivamente a la literatura* (Bogotá) 41 (nov. 12, 1871): 322.

———. «El Sr. J. M. Vergara i V.». *El Hogar. Periódico dedicado al bello sexo* (Bogotá) I.48 (dic. 19, 1868): 379-380.

———. «El Señor J. M. Vergara y Vergara». *El Mosaico, periódico de la juventud. Destinado exclusivamente a la literatura* (Bogotá) 12 (abr. 20, 1871): 89.

———. «El señor José María Vergara y Vergara». *El Mosaico, periódico de la juventud. Destinado exclusivamente a la literatura* (Bogotá) II.9 (mzo. 19, 1872): 65-66.

———. «José María Vergara y Vergara». *El Mosaico, periódico de la juventud. Destinado exclusivamente a la literatura* (Bogotá) II.8 (mzo. 12, 1872): 57. [art. necrológico]

———. «*La Revista de Bogotá*». *El Mosaico, periódico de la juventud. Destinado exclusivamente a la literatura* (Bogotá) II.9 (mzo. 19, 1872): 67.

———. «*Revista de Bogotá*». *El Mosaico, periódico de la juventud. Destinado exclusivamente a la literatura* (Bogotá) 35 (oct. 1°, 1871): 274.

Cabrera de Borda, Eufemia. «Recuerdo [de José María Vergara y Vergara]». *El Mosaico, periódico de la juventud. Destinado exclusivamente a la literatura* (Bogotá) II.9 (mzo. 19, 1872): 66.

Caicedo Rojas, José. «Sr. José María Vergara i Vergara». *El Hogar. Periódico dedicado al bello sexo* (Bogotá) I.6 (feb. 29, 1868)· 41-41. [Firmado: J. R. C.]

Caparroso, Carlos Arturo. «Clásicos colombianos: Vergara y Vergara». *Boletín de la Academia Colombiana* (Bogotá) 28.120 (abr.-jun., 1978): 100-104.

Carrasquilla, Ricardo. «A mi amigo José María Vergara i Vergara». *El Mosaico al cual está unida La Biblioteca de Señoritas* (Bogotá) II.12 (mzo. 24, 1860): 90-91.

Colombia. Congreso. «Ley 35 de 1931. (Marzo 3): por la cual se honra la memoria de José María Vergara y Vergara en el primer centenario de su nacimiento y se crea el premio nacional de literatura». *Boletín de la Academia Colombiana* (Bogotá) 1.1 (jun., 1936): 9-11.

Eddin. «A mi amigo el señor José María Vergara y Vergara». B. tu M. [= Eddin]. *El Mosaico* (Bogotá) I.34 (ag. 20, 1859): 272-273.

Eliezer. «A la memoria del ilustre poeta señor don José María Vergara y

Vergara». *El Mosaico, periódico de la juventud. Destinado exclusivamente a la literatura* (Bogotá) II.11 (abr. 2, 1872): 85.

García Prada, Carlos. «Resúmenes biográfico de los fundadores de la Academia Colombiana». *Boletín de la Academia Colombiana* (Bogotá) 21.86 (feb.-mzo., 1971): 98-113.

Gómez Hoyos, Rafael. «El ingenioso hidalgo don José María Vergara y Vergara». *Boletín de la Academia Colombiana* (Bogotá) 22.92 (abr.-mayo, 1972): 106-120.

Gómez Restrepo, Antonio. «Introducción a la historia de la literatura colombiana». *Boletín de la Academia Colombiana* (Bogotá) 1.4 (sept., 1936): 238-246.

González, Francisco José. «Un apologista del siglo XIX: Don José María Vergara y Vergara». *Revista Javeriana* (Bogotá) 32.157 (ag., 1949): 79.

———. «Un bartolino de antaño. Don José María Vergara y Vergara». *Revista Javeriana* (Bogotá) 15.72 (mzo., 1941): 80-89.

———. «Un corazón de antaño». *Revista Javeriana* (Bogotá) 25.125 (jun., 1946): 276-281.

Gutiérrez de Alba, J. M. «Discurso pronunciado en el cementerio [a la muerte de José María Vergara y Vergara]». *El Mosaico, periódico de la juventud. Destinado exclusivamente a la literatura* (Bogotá) II.8 (mzo. 12, 1872): 58.

Jiménez, David. *Historia de la crítica literaria en Colombia: siglos XIX y XX*. Bogotá: Universidad Nacional de Colombia, Instituto Colombiano de Cultura, 1992. 239p. [Contenido: Baldomero Sanín Cano, José María Samper, José María Vergara y Vergara, Salvador Camacho Roldán, Juan de Dios Uribe, Rafael Núñez, Miguel Antonio Caro]

———. «Vergara y Vergara». *Gran Enciclopedia de Colombia*. 5. Santafé de Bogotá: Círculo de Lectores, 1994. 169.

Marroquín, José Manuel. «José María Vergara y Vergara». *Obras escogidas de don José María Vergara y Vergara*. Artículos literarios. II. Bogotá: Editorial Minerva, 1931. 3-30.

Martínez Silva, Carlos. *A la memoria de José María Vergara y V.: recuerdo de sus hijos*. Bogotá: [s.edit], 1890. 28p.

———. «José María Vergara y Vergara». *El Repertorio Colombiano* (Bogotá) XVII (nov., 1879): 368-394.

Mejía, Epifanio. «A mi amigo José María Vergara y Vergara». *El Mosaico, periódico de la juventud. Destinado exclusivamente a la literatura* (Bogotá) 24 (jul. 16, 1871): 187-188.

Montes del Valle. Agripina. «José María Vergara y Vergara». *El Mosaico, periódico de la juventud. Destinado exclusivamente a la literatura* (Bogotá) II.13 (abr. 16, 1872): 104.

Pérez Silva, Vicente. «José María Vergara y Vergara». *Cultura Nariñense* (Pasto) 5.48 (jun., 1972): 47-51.

Pineda Botero, Álvaro. «Olivos y aceitunos todos son unos». *La fábula y el desastre: Estudios críticos sobre la novela colombiana, 1650-1931*. Fondo Editorial. Universidad EAFIT, 1999. 231-236.

Pombo, Manuel. «La última noche a José María Vergara y Vergara». *El Mosaico, periódico de la juventud. Destinado exclusivamente a la literatura* (Bogotá) II.9 (mzo. 19, 1872): 66-67.

Reyes, Carlos José. «Vergara y Vergara». *Gran Enciclopedia de Colombia*. 5. Santafé de Bogotá: Círculo de Lectores, 1994. 271-271.

Rodríguez-Arenas, Flor María. «Olivos y aceitunos, todos son unos». *La novela decimonónica colombiana: 1835-1870: estudio, informes 1, 2 e informe final*. Bogotá: Colcultura. Subdirección de Artes, 1995. 3 vols.

Quija, J. M. «Al Sr. José M. Vergara i Vergara». *El Hogar. Periódico dedicado al bello sexo* (Bogotá) I.6 (feb. 29, 1868): 42.

Saint - Amour. «Vergara y Vergara». *El Mosaico, periódico de la juventud. Destinado exclusivamente a la literatura* (Bogotá) II.24 (jul. 2, 1872): 185-186.

Samper, José María. «José María Vergara y Vergara». *Revista del Colegio Mayor de Nuestra Señora del Rosario* (Bogotá) 251.252 (mzo., 1931): 114.

Syro, Samuel. «Breves evocaciones de escritores rosaristas». *Revista del Colegio Mayor de Nuestra Señora del Rosario* (Bogotá) 396.396 (feb.-abr., 1946): 131.

[Varios]. «[Nota de pésame a José M. Vergara y Vergara]». José M. Samper. José Joaquín Borda. Miguel Antonio Caro. Jorge Isaacs. Teodoro Valenzuela. Ricardo Silva. Alejandro A. Posada. Ricardo Carrasquilla. Manuel Pombo. Salvador Camacho Roldán. José María Quijano O. Diego Fallón. J. David. Guarín. Alberto Urdaneta. José Manuel Marroquín. *El Hogar. Periódico dedicado al bello sexo* (Bogotá) I.6 (feb. 29, 1868): 41.

Vergara Díaz, Lucía. «A don José María Vergara y Vergara». *Boletín de la Academia Colombiana* (Bogotá) 22.94 (ag.-sept., 1972): 399.

Uribe Castro, José. «No me preguntes como pasa el tiempo». *Boletín Cultural y Bibliográfico* (Bogotá) 26.19 (1989): 127-130. [Reseña tomada de: Vergara y Vergara, José María. *Almanaque de Bogotá y guía de forasteros*. Cali, Carvajal, 1988]

Wilson, Jorge. «José María Vergara y Vergara». *Revista Gris* (Bogotá) 2.10 (oct., 1894): 327-337.

Zalamea, Jorge. «Informe del jurado calificador». *Boletín de la Academia Colombiana* (Bogotá) 1.1 (jun., 1936): 12-21.

VERGARA Y VERGARA, RAFAEL (18 ?-?)

POESÍA:

———. *Mi desgracia (Silva) en estilo romántico i figurado; dedicado a mi ilustra amigo el señor Juan Buenaventura Ortiz (Recitado en la Academia de Ciencias del Colejio Santo Tomás de Aquino)* Bogotá: Imprenta Francisco Torres Amaya, 1856. 16p.

RELATO:

———. «Un recuerdo». *El Hogar. Periódico dedicado al bello sexo* (Bogotá) I.10 (mzo. 28, 1868): 78-79.

OTROS:

———. «Abelardo». *El Hogar. Periódico dedicado al bello sexo* (Bogotá) I.17 (mayo 23, 1868): 130-132.

———. «Disertación crítico histórica sobre el origen de los indios». *El Mosaico* al cual está unida *La Biblioteca de Señoritas* (Bogotá) II.7 (feb. 18, 1860): 50-51; II.8 (feb. 25, 1860): 57-59.

———. *Disertaciones morales. Primera parte.* Bogotá: Imprenta Imparcial, 1856. 29p.

———. «El jeneral Antonio Narváez». *El Mosaico* al cual está unida *La Biblioteca de Señoritas* (Bogotá) II.26 (jul. 4, 1860): 203-204.

———. [Trad]. «Los desposados de Albania». *El Hogar. Periódico dedicado al bello sexo* (Bogotá) I.24 (jul. 11 1868): 187. Trad. del art. de Beyerlin]

———. «Un hombre olvidado». *El Mosaico* (Bogotá) I.31 (jul. 30, 1859): 246-250. [art.]

VÉRITAS, seudónimo de José Caicedo Rojas.

VÉRITAS, seudónimo de Lisandro Restrepo.

VÉRITAS, seudónimo de José María Facio Lince.

VEZGA, FLORENTINO (1833-1890)

OTROS:

———. *Botánica indígena.* Bogotá: Editorial Minerva, 1934. 195p.

——— Bogotá: Ministerio de Educación Nacional, 1936. 158p.

———. «Gabriel Reyes Patria». *El Liberal* Ilustrado (Bogotá) 6.1723 (abr. 1°, 1916): 145-151.

———. *Informe del Director Jeneral (sic) de Correos al Poder Ejecutivo para el conocimiento del Congreso Federal de 1869.* Bogotá: Imprenta de Galán, 1869. 32p.

———. *Informe del Director Jeneral de Correos al Poder Ejecutivo para conocimiento del Cogreso Federal de 1870.* Bogotá: Imprenta de Gaitán, 1870. 20p.

———. *La expedición botánica.* Bogotá: Ministerio de Educación Nacional, 1936. 212p.

———— Bogotá: Editorial Minerva, 1937. 418p.

————. *Memoria sobre la historia del estudio de la botánica en la Nueva Granada*. Bucaramanga: Imprenta Departamental de Santander, 1938. 328p.

————. *Memoria sobre la historia de la botánica en la Nueva Granada: presentada respetuosamente a la Sociedad de Naturalistas Neogranadinos*. Bogotá: [s.l]: [s.edit], 1860? 194p.

————. «Necrolojía». *El Mosaico* al cual está unida *La Biblioteca de Señoritas* (Bogotá) II.4 (ene. 29, 1860): 32.

————. *Por sus frutos los conoceréis*. Bogotá: Imprenta del Estado de Cundinamarca, 1863. 1h. [Contenido: Refutación hecha al Pbro Fernández Saavedra sobre sus afirmaciones respecto a la entrevista del 10 de Junio con el remitente, en la cual trataron cuestiones relativas al juramento exigido por la ley a los eclesiásticos]

————. «Señor redactor de El Mosaico». *El Mosaico* al cual está unida *La Biblioteca de Señoritas* (Bogotá) II.25 (jun. 27, 1860): 200.

CRÍTICA:

Anónimo. «Un centenario: doctor Florentino Vezga». *El Gráfico* (Bogotá) 22.1144 (sept., 1933): 808.

Gómez Valderrama, Pedro. «Un sesquicentenario: Florentino Vezga un hombre de ciencia y de progreso». *Nueva Frontera* (Bogotá) 446 (ag., 1983): 18-21.

Groot, José Manuel. *Defensa de la pastoral de 19 de Agosto sobre la ley de celibato eclesiástico, ó, impugnación de las reflexiones del señor Florentino Vezga sobre la misma pastoral*. Bogotá: Imprenta Metropolitana, 1869. 24p.

Jiménez Laña-Vezga, Luis Enrique. «Florentino Vezga, vida y obra». *Boletín de Historia y Antigüedades* (Bogotá) 737 (abr.-jun., 1982): 429-437.

————. «La libertad 1888: contrapunto de historia de Colombia y autobiografía de Florentino Vezga». *Revista Senderos* (Bogotá) 7.29-30 (dic., 1994): 948-953.

————. «Memoria de la botánica». *Nueva Frontera* (Bogotá) 446 (ag,, 1983): 22-23. [Escrita por Florentino Vezga, es la primera historia de la Expedición Botanica]

Plata Azuero, *Impugnación de las opiniones del Sr. Florentino Vezga sobre el celibato eclesiastico*. Bogotá: Impreso por Foción Mantilla, 1869. 16p.

Urdaneta, Alberto. «Florentino Vezga». *Papel Periódico Ilustrado* (Bogotá) III.68 (jun. 5, 1884): 311.

VIANA. DEMETRIO (1827-1898) (Seuds. Carlos, Decio, Ego, Eiman)

OTROS:

————. «Manuel Uribe Ángel». *Papel Periódico Ilustrado* (Bogotá) I.2 (oct. 1°, 1881): 34.

———. *Misterios*. Mss. Bogotá: 1884. 84h. Colección de manuscritos de la Biblioteca Luis Ángel Arango.

———. *Páginas íntimas*. Bogotá: Imprenta de Vapor de Zalamea Hermanos, 1887. 56p.

———. «Una rectificación histórica». *Papel Periódico Ilustrado* (Bogotá) II.36 (mzo. 15, 1883): 191-194.

CRÍTICA:

Redactores de *La Caridad*. «Correspondencia: al señor Demetrio Viana-Medellín, Bogotá, 12 de enero de 1865 de los redactores del periódico *La Caridad*». *La Caridad* (Bogotá) 1.17 (ene. 13, 1865): 257-258.

VÍCTOR HEIM. Ver Heim, Víctor.

EDUARDO, VILLA.
NOVELA:
———. [Miss Canda (1878)].

VILLEGAS, ALEJANDRO (18 ?-?)
POESÍA:
———. «El día de nochebuena». *El Oasis. Periódico Literario de Antioquia* (Medellín) 2 (ene. 18, 1868): 14-15.

———. «Mudanzas». *El Oasis. Periódico Literario de Antioquia* (Medellín) 8 (feb. 29, 1868): 63-64.

———. «Señora Salomé Mejía de Nicholls». *El Oasis. Periódico Literario de Antioquia* (Medellín) 22 (mayo 30, 1868): 175-176.

RELATO:
———. «Apodos». *El Oasis. Periódico Literario de Antioquia* (Medellín) 1868): 73-74.

VILLEGAS, J. M.
POESÍA:
———. «Qué le sucede al último mono?». *El Mosaico, periódico de industria, ciencias, artes, literatura e inventos* (Bogotá) VI.27 (ag. 12, 1865): 212.

W., seudónimo de Rafael Núñez.
W. W. W., seudónimo de Juan Francisco Ortiz.
WALTERIO, seudónimo de Aníbal Galindo.
WENZEL, seudónimo de Rafael Núñez.
WERTI, seudónimo de Rafael Pombo.

X., seudónimo de José Asunción Silva.
X. Y. Z., seudónimo de Miguel Samper.
X. y Z., seudónimo de Miguel Samper.

Y

YARILPA, seudónimo de José Caicedo Rojas.
YEZID, seudónimo de José Manuel Royo Torres.
YO, seudónimo de Rafael Pombo.
YOUNG, seudónimo de José María Samper Agudelo.

Z

ZACARÍAS GEUSSOR. Ver Geussor, Zacarías.
ZACONE, seudónimo de Gregorio Gutiérrez González.
ZADIK, seudónimo de Ricardo Carrasquilla.

ZEA, FRANCISCO ANTONIO (1770-1822).
Poesía:

———. «Poesías». *Antología de la poesía hispanoamericana: Colombia*. Ginés de Albareda y Francisco Garfias. (Eds.). Madrid: Biblioteca Nueva, 1957. [s.p].

Otros:

———. «Avisos de Hebephilo (1871)». *Cuadernos de Filosofía Latinoamericana* (Bogotá): 41-42 (oct.-mzo., 1989-1990): 105-114.

———. *Bolívar, Camilo Torres y Francisco Antonio Zea*. Bogotá: Editorial Minerva, 1936. 282p.

———. *Cartas dirigidas al General José María Vergara*. Mss. Londres, 1820-1821. 6 cartas. Colección de manuscritos de la Biblioteca Luis Ángel Arango.

———. *Cartas dirigidas al señor José María Vergara*. Mss. Londres, 1820-1821. Colección de manuscritos de la Biblioteca Luis Ángel Arango.

———. *Colombia: Being a Geographical, Statistical, Agricultural, Comercial, and Political Account of that Country*. London: Baldwin, Cradock, and Joy, 1822. 2 vols.

———. *Colombia constituida, por un español americano; dado a luz por J. de Echeverría*. París: Imprenta de Moreau, 1922. 19p.

———. *Colombia: siendo una relación geográfica, tipográfica, agricultural, comercial, política, &c de aquel pays; adaptada para todo lector en general y para el comerciante y colono en particular*. Londres: Baldwin, Cradock, y Joy, 1822. 2 vols.

———. *Decreto del Senado y la Cámara de Representantes reconociendo deuda pública*. Bogotá: Imprenta F. M. Stokes, 1826. 12h.

———. *Decreto sobre asignaciones de sueldos a los servidores de la Patria.[Dado a 19 de enero de 1820]*. Bogotá: [s.edit], 1820. 4p.

———. *Diario de los debates políticos y literarios, Francia, París*. Mss. 1822.

———. *El senado y cámara de representantes de la república de Colombia reunidos en congreso. Vistas las contratas celebradas entre el Sr. Francisco Antonio Zea, ministro plenipotenciario que fue de Colombia, y los ss. Rivero, Boussengault, Roullin, Bourdon y Goudet, en París en el mes de mayo de 1822...* Bogotá: [s.l], 1823. 3p.

———. *Manifiesto*. Caracas: Imprenta de Juan Gutiérrez, 1821. 22p.

———. *Manifiesto, que leyó en el soberano Congreso de Colombia el señor presidente Francisco Antonio Zea, después de instalar la Diputación permanente el día 19 de enero de 1820*. Guayaquil: Reimpreso en la Imprenta de la ciudad, 1822. 12p.

———. Manifiesto sobre la creación de la Republica de Colombia. Caracas: [s.edit], 1821. 8p.

———. *Mediación entre España y América: discursos del ciudadano Francisco Antonio Zea*. Caracas: H. M. Ellis, 1845. 98p.

———. «Nota [al secretario del congreso]». *Papel Periódico Ilustrado* (Bogotá) II.33 (ene. 31, 1883): 144.

———. *Selección de sus escritos*. Humberto Bronx, [Comp]. Medellín: Imprenta Municipal, 1967. 155p.

———. *Varios discursos del ciudadano Francisco Antonio Zea*. Caracas: Reimpresos en la Imprenta de Domingo Navas Spinola, 1825. 99p.

CRÍTICA:

Anónimo. *Bolívar, Camilo Torres y Francisco Antonio Zea*. Bogotá: Editorial Minerva, 1937. 436p.

Anónimo. «Francisco A. Zea. *Repertorio Histórico* (Medellín) 1.10-12 (dic., 1913): 565-578.

Anónimo. «Homenaje al Departamento de Antioquia, en el primer centenario de su independencia». *El Liberal* (Bogotá) 3.706-707 (ag. 11, 1913): 1-53.

Barriga Villalba, Antonio María. *El empréstito de Zea y el préstamo de Erick Bollmann de 1822*. Bogotá: Banco de la República, [s.f]. 90p.

Botero Saldarriaga, Roberto. *Francisco Antonio Zea*. Bogotá: Imprenta Municipal, 1945. 342p.

———. *Francisco Antonio Zea*. Bogotá: Editorial Kelly, 1969-1970. 2 vols.

———. «El primer Vicepresidente». *Revista Pan* (Bogotá) 5 (dic., 1935): 91.

———. «Los afrancesados: De "Zea"». *Revista de las Indias* (Bogotá) 2.5 (abr., 1939): 36-57.

Cadavid Restrepo, Tomás. «Francisco Antonio Zea». *Repertorio Histórico* (Medellín) 5.6-8 (ag., 1923): 61-200.

———. *Francisco Antonio Zea, (biografía)*. Medellín: Universidad Pontificia Bolivariana, 1966. 64p.

Echeverri Herrera, Jorge. «Francisco Antonio Zea». *Economía Colombiana* (Bogotá) 3-13.36-37 (abr.-mayo, 1957): 71; 255.

Franco V., Constancio. *Rasgos biográficos de los próceres i mártires de la Independencia*. Bogotá: M. Rivas, 1880. 288p. [contenido: Simón Bolívar. Antonio Nariño. Francisco de Paula Santander. Francisco José de Caldas. Camilo Tórres. José María Córdoba. Francisco Antonio Zea. Rafael Cuervo. José María Castillo Rada. Antonio Ricaurte. José María Cabal. Diego F. Padilla. Policarpa Salabarrieta. Antonio Morales Galavis. Manuel Piar. Francisco J. Yánez. Antonio José de Sucre. José Antonio Páez. Juan Jerman Roscio. José Félix Rivas. Santiago Mariño. Juan Bautista Arismendi. Mariano Montilla. José A. Anzoátegui. Manuel Cedeño. Pedro Zaraza. Leonardo Infante]

García Valencia, Abel. «Francisco Antonio Zea». *Universidad de Antioquia* (Medellín) 118 (ag.-oct., 1954): 514-516.

Gironza, Telmo O. «Francisco Antonio Zea». *Universidad de Antioquia* (Medellín) 89-90 (ene., 1949): 65-86.

Gómez Barrientos, Estanislao. «En el centenario de Zea». *Repertorio Histórico* (Medellín) 4.9-12 (dic., 1922): 770-773.

Gómez Restrepo, Antonio. «Don Francisco Antonio Zea». *Historia de la literatura colombiana*. III. Bogotá: Litografía Villegas, 1957. 181-198.

González Bueno, Antonio. *Tres botánicos de la ilustración: la ciencia al servicio del poder: Gómez Ortega, Zea, Cavanilles*. Madrid: Nivola, 2002. 154p.

Lee López, Alberto, Fray. «Francisco Antonio Zea». *Repertorio Histórico* (Medellín) 22.199 (abr., 1967): 297-309.

———. «Segundo centenario del nacimiento de don Francisco Antonio Zea: (1766-23 de Noviembre-1969)». *Boletín de Historia y Antigüedades* (Bogotá) 53.775-789 (dic., 1966): [s.p].

López Ruiz, Sebastián Josef. *Defensa y demostración del verdadero descubridor de las quinas del Reyno de Santa Fé, con varias noticias útiles de este específico, en contestación a la memoria de don Francisco Antonio Zea*. Madrid: Imprenta de la viuda é hijo de Marín, 1802. 24p.

Lozano y Lozano, Fabio. «Doctor Francisco Antonio Zea: figuras del Congreso de angosturas». *El Gráfico* (Bogotá) 52.513 (feb. 7, 1919): 198-199.

Marín Parra, Néstor. «Los próceres de la patria». *Hacia la Luz* (Bogotá) 12.122 (mayo, 1956): 50-53.

Navas Sierra, J. Alberto. *Utopía y atopía de la Hispanidad: el proyecto de Confederación Hispánica de Francisco Antonio Zea*. Madrid: Ediciones Encuentro, 2000. 579p.

Ortiz, Sergio Elías. «Francisco Antonio Zea y sus actividades científicas». *Boletín Cultural y Bibliográfico* (Bogotá) 9.5 (mayo, 1966): 839-848.

———. «Francisco antonio Zea». *Boletín de Historia y Antigüedades* (Bogotá) 65.720 (ene.-mzo., 1978): 83-97.

Ovalles, Lautaro. *Francisco Antonio Zea y su proyecto de integración Hispano-Americana*. Buenos Aires: Ediciones Literatura Americana Reunida, 1990. 32p.

Pérez, Felipe. *Apuntamientos biográfico sobre Francisco Antonio Zea*. Bogotá: Imprenta de Gaitán, 1876. 53p.

Posada, Eduardo. *3 estudios biográficos: Córdoba, Girardot, Zea*. Medellín: Imprenta Departamental, 1961. 144p.

Posada, Marcelino. «La medalla del merito universitario Francisco Antonio Zea». *Universidad de Antioquia* (Medellín) 161 (jul. -dic., 1965): 141-145.

Posada Arango, Andrés. «Francisco Antonio Zea». *Boletín de Historia y Antigüedades* (Bogotá) 8.87 (ag., 1912): 174-177.

———. «Más sobre Zea». *Boletín de Historia y Antigüedades* (Bogotá) 8.87 (ag., 1912): 177.

Ramírez B., Roberto. *Elocuencia colombiana*. Bogotá: Imprenta Comercial, 1912. 78p.

Rivas, Raimundo. «La familia de Zea». *Cultura* (Bogotá) 2.9 (nov., 1915): 189-200.

Soto Arango, Diana. Francisco Antonio Zea: un criollo ilustrado. Madrid: Ediciones Doce Calles, 2000. 325p.

Suárez, Marco Fidel. *Doctrinas internacionales*. Bogotá: Imprenta Nacional, 1955. 200p.

———. *Escritos de Marco Fidel Suárez*. Carlos Núñez Borda, [Comp]. Prólogo de D. Antonio Gómez Restrepo. Bogotá: Arboleda y Valencia, 1914. 429p.

———. «Francisco Antonio Zea». *Universidad Católica Bolivariana* (Medellín) 28.101 (oct.-dic., 1966): 85-98.

Urdaneta, Alberto. *F. A. Zea*. [Material gráfico] 1 dibujo original: lápiz sobre papel; 38 X 24 cm. Passe partout en cartón arte. [Pertenece al cuaderno *Dibujos y caricaturas*]

Vásquez Carrizosa, Alfredo. «Algunos rasgos en la vida de Zea». *Revista Colombiana* (Bogotá) 14.158 (dic., 1942): 1-6.

ZORAIDA, seudónimo de Diógenes A. Arrieta.

ZORAIDA MAUS. Ver Maus, Zoraida.

ZORRILLA, HERMELINDA (18 ?- ?).

Poesía:

———. *Corona fúnebre en honor del Dr. Eustaquio Palacios: homenaje de sus hijos*. Cali: Imprenta de Palacios, 1899. [s.p].

———. *Homenaje del Gobierno de Colombia al Capitán Antonio Ricaurte, héroe de San Mateo, en el primer centenario de su natalicio*. Cupertino Salgado. [Comp]. Bogotá: Imprenta de «La Luz», 1886. [s.p].

———. *La poesía en el Valle del Cauca*. Guillermo E. Martínez Martínez, Ed. Cali: Imprenta Departamental, 1954. [s.p].

———. «Los lázaros». Por caridad: colección de pensamientos, en prosa y en verso Originales y escritos especialmente para favorecer a los leprosos del Lazareto de Cali. Cali 3 de mayo de 1893.". "A los lectores" por Eustaquio Palacios, Cali, 24 de Abril de 1893. Eustaquio Palacios (Ed.). Cali, Colombia: Imprenta de H. A. del Pino, 1893. 23p. [contenido: La caridad: Roberto Escovar Pino. Beneficencia: Zenón Fabio Lemos. Los leprosos: José M. Payán. Consolar al triste: Juan A. Sánchez. Caridad: Sadecil. Los huérfanos: Eduardo González. La caridad: Nelson. Los Lazáros: Hermelinda Zorrilla. El Lazarino: Gama. Mendicidad: Francisco de P. Ulloa. El Lazareto: Eva P. Corsino]

ZULETA, EDUARDO (Remedios – Antioquia, 1860-1937) (Seud. José Ignacio Pérez).

NOVELA:

———. *Tierra virgen*. Medellín: Imprenta Departamental, 1897. 403p.

—— Medellín: C. A. Molina, [s.f]. 403p.

—— Bogotá: Carlos Valencia Editores, 1978. 243p.

—— Bogotá: Carlos Valencia Editores, 1996. 306p.

RELATO:

———. «Las manos en la cabeza». *Boletín de la Academia Colombiana* (Bogotá) 3.13 (ag., 1937): 425-430.

OTROS:

———. *Artículos y discursos*. Madrid: Tipografía de Ricardo Fe, 1900. 58p.

———. «Benalcázar». *Santafé y Bogotá* (Bogotá) 2.18 (jun., 1924): 380-382. [Argumentos documentados para aclarar si el nombre del adelantado es Benalcazar o Belalcazar]

———. «Caicedos». *Boletín de Historia y Antigüedades* (Bogotá) 19.221 (jun., 1932): 336-344.

———. «Cicerón». *Revista Senderos* (Bogotá) 3.16-17 (mayo-jun., 1935): 596-598.

———. «Contestación al discurso de Don Alfonso Robledo». *Revista Senderos* (Bogotá) 1.5 (jun., 1934): 234-240.

———. «De "Manuel Uribe Ángel y los literatos de Antioquia"». *Boletín de la Academia Colombiana* (Bogotá) 3.13 (ag., 1937): 417-424.

———. «Del Álbum de la Patria, facsímile del autógrafo que con destino a la Revista *El Gráfico*, nos fue remitido por el prestigioso publicista, historiador y diplomático doctor Eduardo Zuleta». *El Gráfico* (Bogotá) 22.1164 (feb.,1933) 591.

———. «Discurso pronunciado en la Universidad de Antioquia». *Boletín de la Academia Colombiana* (Bogotá) 3.13 (ag., 1937): 431-437.

———. «Discurso pronunciado por el doctor Eduardo Zuleta en el acto de su recepción como miembro de número en la Academia Nacional de Historia». *Santafé y Bogotá* (Bogotá) 5.52 (abr., 1927): 149-158.

———. *Discursos*. Medellín: Tipografía Industrial, 1919. 23p.

———. «Don Justo Arosemena». *Revista Colombiana* (Bogotá) 3.25 (abr., 1934): 8-16.

———. «Doña Cruz: para *El Gráfico* en su 25° aniversario». *El Gráfico* (Bogotá) 25.1239 (jul., 1935): 580-582.

———. «Eduardo Zuleta». *Boletín de la Academia Colombiana* (Bogotá) 3.13 (ag., 1937): 403-410. [Artículos publicados en: Selección Samper Ortega, *El Tiempo*, *El Siglo*, agosto 13 de 1937, *La Razón*, agosto 13 de 1937, *Cromos*, agosto 21 de 1937, *El Espectador*, agosto 13 de 1937, *El Diario Nacional*, agosto 13 de 1937]

———. *Eduardo Zuleta*. Bogotá: Editorial Cromos, 1938. 155p.

———. «El Dr. Montoya y Flórez». *Lectura y Arte* (Medellín) 3.11 (jun., 1905): 195-196.

———. «El historiador Restrepo». *Revista del Colegio Mayor de Nuestra Señora del Rosario* (Bogotá) 111.112 (mzo., 1916): 65.

———. «El historiador Zuleta». *Revista Contemporánea* (Cartagena) 4.19 (ene., 1919): 29-35.

———. «El maestro del Libertador». *Repertorio Histórico* (Medellín) 2.14-15 (jun., 1919): 572-575.

———. «El Oidor Mon y Velarde». *Boletín de Historia y Antigüedades* (Bogotá) 16.185 (mayo, 1927): 273-285.

———. «En Antioquia». *Revista Literaria* (Bogotá) 1.5 (sept., 1890): 348-350.

———. «La guerra de Melo y la administración de Obaldía y Mallarino». *Repertorio Histórico* (Medellín) 14.144 (jul., 1939): 268-274.

———. «Libros nuevos». *Revista Senderos* (Bogotá) 1.2 (mzo., 1934): 61-62.

———. *Manuel Uribe Ángel y los literatos antioqueños de su época*. Bogotá: Talleres «Mundo al Día», 1937. 131p.

———. «Movimiento antiesclavista en Antioquia». *Boletín de Historia y Antigüedades* (Bogotá) 10.109 (mayo, 1915): 32-37.

———. «Oleaginosas». *Agricultura Tropical* (Bogotá) 11 (nov., 1965): 699-706.

———. *Papeles viejos y nuevos*. Caracas: Litografía y Tipografía Vargas, 1929. 204p.

———. «Papeles viejos y nuevos». *Revista del Colegio Mayor de Nuestra Señora del Rosario* (Bogotá) 241.242 (mzo., 1930): 100.

―――. *Pedro Justo Berrío*. Medellín: Imprenta del Departamento, 1895. 16p.

――― Medellin, Imprenta Oficial, 1927. 25p.

―――. «Reliquia de la batalla de Bárbula». *Boletín de Historia y Antigüedades* (Bogotá) 18.205 (ene., 1930): 33.

―――. *Sobre Cervantes y el Quijote*. Medellín: Tipografía Comercial, 1916. 17p.

―――. «Sobre Cervantes y el Quijote». *Revista del Colegio Mayor de Nuestra Señora del Rosario* (Bogotá) 121.129 (oct., 1917): 523.

―――. «Sobre la palabra "Antioquia"». *Santafé y Bogotá* (Bogotá) 2.16 (abr., 1924): 198-200.

―――. «Sobre la palabra Antioquia». *Revista de la Policía Nacional* (Bogotá) 15.74 (mzo.-abr., 1959): 32.

Crítica:

Anónimo. *Oradores conservadores*. Bogotá: Ministerio de Educación Nacional, 1936. 263p.

――― 2ª ed. Santafé de Bogotá: Universidad Sergio Arboleda, 1997. 242p.

Anónimo. «Eduardo Zuleta». *Boletín de la Academia Colombiana* (Bogotá) 3.13 (ag., 1937): 403-410. [Artículos publicados en: Selección Samper Ortega, *El Tiempo*, *El Siglo* agosto 13 de 1937, *La Razón* agosto 13 de 1937, *Cromos* agosto 21 de 1937, *El Espectador* agosto 13 de 1937, *El Diario Nacional* agosto 13 de 1937]

Casas Dupuy, Rosario. *Los comienzos de la literatura nacional en Colombia: la obra de Eduardo Zuleta*. Bogotá: Universidad Pedagógica Nacional. Centro de Investigaciones, 1977. 67h.

Castro, Alfonso. «Eduardo Zuleta, cultor de juventudes». *Universidad de Antioquia* (Medellín) 27-28 (oct.-nov., 1938): 297-305.

Cuervo, Luis Augusto. «Doctor Eduardo Zuleta». *Boletín de Historia y Antigüedades* (Bogotá) 14.275 (sept., 1937): 556-559.

―――. «Discurso pronunciado por el académico de número doctor Luis Augusto Cuervo, en respuesta al del doctor Eduardo Zuleta, en el acto de la recepción de este último en la Academia Nacional de Historia». *Santafé y Bogotá* (Bogotá) 5.52 (abr., 1927): 153-163.

Gálvis Salazar, Fernando. «Semblanza del doctor Eduardo Zuleta». *Boletín de Historia y Antigüedades* (Bogotá) 51.600-602 (oct.-dic., 1964): 557-561.

Gómez Restrepo, Antonio. «Proposición aprobada por la Academia colombiana en Junta Ordinaria de 13 de agosto de 1937». *Boletín de la Academia Colombiana* (Bogotá) 3.13 (ag., 1937): 401-402.

Marroquín, Lorenzo. «Tierra virgen: Novela por Eduardo Zuleta». *Revista Nacional* (Bogotá) 1.3 (jul., 1897): 212-223.

Mesa Ortiz, Rafael M. [Comp]. *Colombianos ilustres: (estudios y biografías)*. Vol. 3. Bogotá: Imprenta de la República, 1916. [s.p].

Pineda Botero. Álvaro. «Tierra virgen». *La fábula y el desastre: estudios críticos sobre la novela colombiana. 1650-1931*. Fondo Editorial. Universidad EAFIT, 1999. 345-358.

Rendón, Ricardo. *El zoológico*. Material audiovisual.1 diapositiva. Colección de diapositivas de la Biblioteca Luis Ángel Arango.

Robledo, Alfonso. *Discurso de recepción del señor D. Alfonso Robledo, el día 23 de junio de 1934, contestación del señor Eduardo Zuleta*. Bogotá: Editorial A. B.C., 1934. 29p.

———. *Recepción del señor D. Alfonso Robledo el día 23 de junio de 1934 en el salón de actos de la Universidad Javeriana, contestación del señor Eduardo Zuleta*. Bogotá: Ed. A. B. C., [s.f]. 29p.

Universidad Pedagógica Nacional (Bogotá, Colombia). *Centro de Investigaciones. Los comienzos de la literatura nacional en Colombia: la obra de Eduardo Zuleta*. Bogotá: Universidad Pedagógica Nacional, ca.1977. 67h.

Vásquez, Juan Gabriel. [res.] «Sabiduria del tiempo». *Boletín cultural y bibliográfico* (Bogotá) 33.41 (1996): 131-133.

Zuleta Ángel, Eduardo. *Eduardo Zuleta: homenaje de sus hijos Eduardo y Alberto Zuleta Ángel*. Bogotá: Cromos, 1938. 155p.

ZULOAGA DE GARCÍA, MARÍA LUISA (18 ?- ?).

Poesía:

———. *Homenaje del Gobierno de Colombia al Capitán Antonio Ricaurte, héroe de San Mateo, en el primer centenario de su natalicio*. Cupertino Salgado, [Comp]. Bogotá: Imprenta de «La Luz», 1886. [s.p].

ZURRIAGO, seudónimo de Manuel María Madiedo.

Thank you for acquiring

Bibliografía de la Literatura Colombiana del Siglo XIX

from the
Stockcero collection of Spanish and Latin American significant books.

This book is one of a large and ever-expanding list of titles Stockcero regards as classics of Spanish and Latin American literature, history, economics, and cultural studies. A series of important books are being brought back into print with modern readers and students in mind, and thus including updated footnotes, prefaces, and bibliographies.

We invite you to look for more complete information on our website, **www.stockcero.com**, where you can view a list of titles currently available, as well as those in preparation. On this website, you may register to receive desk copies, view additional information about the books, and suggest titles you would like to see brought back into print. We are most eager to receive these suggestions, and if possible, to discuss them with you. Any comments you wish to make about Stockcero books would be most helpful.

The Stockcero website will also provide access to an increasing number of links to critical articles, libraries, databanks, bibliographies and other materials relating to the texts we are publishing.

By registering on our website, you will allow us to inform you of services and connections that will enhance your reading and teaching of an expanding list of important books.

You may additionally help us improve the way we serve your needs by registering your purchase at:
http://www.stockcero.com/bookregister.htm

www.ingramcontent.com/pod-product-compliance
Lightning Source LLC
Chambersburg PA
CBHW021112300426
44113CB00006B/129